中華書局校刊

聚珍仿宋版

十三經注疏

十

禮記注疏

中華書局

禮記注疏

四部備要

經部

上海中華書局據阮刻本校刊

桐鄉　陸費逵　總勘
杭縣　高時顯　吳汝霖　輯校
杭縣　丁輔之　監造

漢鄭元注唐孔穎達疏隋書經籍志曰漢初河閒獻王得仲尼弟子及後學者所記一百三十一篇獻之時無傳之者至劉向考校經籍檢得一百三十篇第而敘之又得明堂陰陽記三十三篇孔子三朝記七篇王史氏記二十一篇樂記二十三篇凡五種合二百十四篇戴德刪其煩重合而記之爲八十五篇謂之大戴記而戴聖又刪大戴之書爲四十六篇謂之小戴記漢末馬融遂傳小戴之學融又益月令一篇明堂位一篇樂記一篇合四十九篇云云其說不知所本今考後漢書橋元傳云七世祖仁著禮記章句四十九篇號曰橋君學仁卽班固所謂小戴授梁人橋季卿者成帝時嘗官大鴻臚其時已稱四十九篇無四十六篇之說又孔疏稱別錄禮記四十九篇樂記第十九四十九篇之首疏皆引鄭目錄鄭目錄之末必云此於劉向別錄屬某門月令目錄云此於別錄屬明堂陰陽記明堂位目錄云此於別錄屬明堂陰陽記樂記目錄云此於別錄屬樂記蓋

十一篇今爲一篇則三篇皆劉向別錄所有安得以爲馬融所增疏又引元六藝論曰戴德傳記八十五篇則大戴禮是也戴聖傳禮四十九篇則此禮記是也元爲馬融弟子使三篇果融所增元不容不知豈有以四十九篇屬於戴聖之理況融所傳者乃周禮若小戴之學一授橋仁一授楊榮後傳其學者有劉祐高誘鄭元盧植融絶不預其授受又何從而增三篇乎知今四十九篇實戴聖之原書隋志誤也元延祐中行科舉法定禮記用鄭元注故元儒說禮率有根據自明永樂中敕修禮記大全始廢鄭注改用陳澔集說禮學遂荒然研思古義之事好之者終不絶也爲之疏義者唐初尚存皇侃熊安生二家（案明北監本以皇侃爲皇甫侃以熊安生爲熊安二人姓名並誤足徵校刊之疎謹附訂於此）貞觀中敕孔穎達等修正義乃以皇氏爲本以熊氏補所未備穎達序稱熊則違背本經多引外義猶之楚而北行馬雖疾而去愈遠又欲釋經文惟聚難義猶治絲而棼之手雖繁而絲益亂也皇氏雖章句詳正微稍繁廣又既遵鄭氏乃時乖鄭義此是木落不歸其本狐死不首其邱

此皆二家之弊未爲得也故其書務伸鄭注未免有附會之處然採摭舊文詞富理博說禮之家鑽研莫盡譬諸依山鑄銅煮海爲鹽卽衛湜之書尚不能窺其涯涘陳澔之流盆如莛與楹矣

禮記正義序

國子祭酒上護軍曲阜縣開國子臣孔穎達等奉

勑撰

夫禮者經天緯地本之則大一之初原始要終體之乃人情之欲夫人上資六氣下乘四序賦清濁以醇醨感陰陽而遷變故曰人生而靜天之性也感物而動性之欲也喜怒哀樂之志於是乎生動靜愛惡之心於是乎在精粹者雖復凝然不動浮躁者實亦無所不爲是以古先聖王鑒其若此欲保之以正直納之於德義猶襄陵之浸修隄防以制之要（方用切）駕之馬設銜策以驅之故乃上法圓象下參方載道之以德齊之以禮然飛走之倫皆有懷於嗜慾則鴻荒之世非無心於性情燔黍則大享之濫觴土鼓乃雲門之拳石冠冕飾於軒初玉帛朝於虞始夏商革命損益可知文武重光典章斯備洎乎姬旦負扆臨朝述曲禮以節威儀制周禮而經邦國禮者體也履也郁郁乎文哉三百三千於斯爲盛綱紀萬事彫琢六情非彼日月照大明於寰宇類此松筠負貞心於霜雪

順之則宗祏固社稷寧君臣序朝廷正逆之則紀綱廢政教煩陰陽錯於上人神怨於下故曰人之所生禮爲大也非禮無以事天地之神辯君臣長幼之位是禮之時義大矣哉暨周昭王南征之後彝倫漸壞彗星東出之際憲章遂泯夫子雖定禮正樂頹綱暫理而國異家殊異端並作畫蛇之說文擅於縱橫非馬之談辨離於堅白暨乎道喪兩楹義乖四術上自游夏之初下終秦漢之際其間歧塗詭說雖紛然競起而餘風曩烈亦時或獨存於是博物通人知今温古考前代之憲章參當時之得失俱以所見各記舊聞錯綜鳩聚以類相附禮記之目於是乎在去聖逾遠異端漸扇故大小二戴共氏而分門王鄭兩家同經而異注爰從晉宋逮于周隋其傳禮業者江左尤盛其爲義疏者南人有賀循賀瑒庾蔚崔靈恩沈重宣皇甫侃等北人有徐道明李業興李寶鼎侯聰熊安等其見於世者唯皇熊二家而已熊則違背本經多引外義猶之楚而北行馬雖疾而去逾遠矣又欲釋經文唯聚難義猶治絲而棼之手雖繁而絲益亂也皇氏雖章句詳正微稍繁廣又既遵鄭氏乃時乖鄭義此是木落不歸其本

狐死不首其丘此皆二家之弊未爲得也然以熊比皇皇氏勝矣雖體例既別
不可因循今奉
勑刪理仍據皇氏以爲本其有不備以熊氏補焉必取文證詳悉義理精審翦
其繁蕪撮其機要恐獨見膚淺不敢自專謹與中散大夫守國子司業臣朱子
奢國子助教臣李善信守太學博士臣賈公彥行太常博士臣柳士宣魏王東
閣祭酒臣范義頵魏王參軍事臣張權等對共量定至十六年又奉
勑與前修疏人及儒林郎守太學助教雲騎尉臣周玄達儒林郎守四門助教
雲騎尉臣趙君贊儒林郎守四門助教雲騎尉臣王士雄等對　勑使趙弘智
覆更詳審爲之正義凡成七十卷庶能光贊大猷垂法後進故敘其意義列之
云爾

禮記正義

夫禮者經天地理人倫本其所起在天地未分之前故禮運云夫禮必本於大一是天地未分之前已有禮也禮者理也其用以治則與天地俱與故昭二十六年左傳稱晏子云禮之可以爲國也久矣與天地竝但于時質略物生則自然而有尊卑若羊羔跪乳鴻鴈飛有行列豈由教之者哉是三才既判尊卑自然而有但天地初分之後卽應有君臣治國但年代緜遠無文以言案易緯通卦驗云天皇之先與乾曜合元君有五期輔有三名注云君之用事五行王亦有五期輔有三名公卿大夫也又云遂皇始出握機矩注云遂皇謂遂人在伏犧前始王天下也矩法也言遂皇持斗機運轉之法指天以施政教既云始王天下是尊卑之禮起於遂皇也持斗星以施政教者卽禮緯斗威儀云宮主君商主臣角主父徵主子羽主夫少宮主婦少商主政是法北斗而爲七政七政之立是禮迹所與也鄭康成六藝論云易者陰陽之象天地之所變化政教之所生自人皇初起人皇卽遂皇也既政教所生初起於遂皇則七政是也六藝

論又云遂皇之後歷六紀九十一代至伏犧始作十二言之教然則伏犧之時
易道旣彰則禮事彌著案譙周古史考云有聖人以火德王造作鑽燧出火教
民熟食人民大悅號曰遂人次有三姓乃至伏犧制嫁娶以儷皮爲禮作琴瑟
以爲樂又帝王世紀云燧人氏沒包羲氏代之以此言之則嫁娶嘉禮始於伏
犧也但古史考遂皇至于伏犧唯經三姓六藝論云歷六記九十一代其又不
同未知孰是或於三姓而爲九十一代也案廣雅云一紀二十七萬六千年方
叔機注六藝論云六紀者九頭紀五龍紀攝提紀合洛紀連通紀序命紀凡六
紀也九十一代者九頭一五龍五攝提七十二合洛三連通六序命四凡九十
一代也但伏犧之前及伏犧之後年代參差所說不一緯候紛紜各相乖背且
復煩而無用今並略之唯據六藝論之文及帝王世紀以爲說也案易繫辭云
包犧氏沒神農氏作案帝王世紀云伏犧之後女媧氏亦風姓也女媧氏沒次
有大庭氏柏皇氏中央氏栗陸氏驪連氏赫胥氏尊盧氏渾沌氏昊英氏有巢
氏朱襄氏葛天氏陰康氏無懷氏凡十五代皆襲伏犧之號然鄭玄以大庭氏

是神農之別號案封禪書無懷氏在伏犧之前今在伏犧之後則世紀之文未可信用世紀又云神農始教天下種穀故人號曰神農案禮運云夫禮之初始諸飲食燔黍捭豚蕢桴而土鼓又明堂位云土鼓葦籥伊耆氏之樂又郊特牲云伊耆氏始爲蜡蜡卽田祭與種穀相協土鼓葦籥又與蕢桴土鼓相當故熊氏云伊耆氏卽神農也既云始諸飲食致敬鬼神則祭祀吉禮起於神農也又史記云黃帝與蚩尤戰於涿鹿則有軍禮也易繫辭黃帝九事章云古者葬諸中野則有凶禮也又論語撰考云軒知地利九牧倡教既有九州之牧當有朝聘是賓禮也若然自伏犧以後至黃帝吉凶賓軍嘉五禮始具皇氏云禮有三起禮理起於大一禮事起於遂皇禮名起於黃帝其禮理起於大一其義通也其禮事起於遂皇禮名起於黃帝其義乖也且遂皇在伏犧之前禮運燔黍捭豚在伏犧之後何得以祭祀在遂皇之時其唐堯則舜典云修五禮鄭康成以爲公侯伯子男之禮又云命伯夷典朕三禮五禮其文亦見經也案舜典云類于上帝則吉禮也百姓如喪考妣則凶禮也羣后四朝則賓禮也舜征有苗則

軍禮也嬪于虞則嘉禮也是舜時五禮具備直云典朕三禮者據事天地與人爲三禮其實事天地唯吉禮也其餘四禮並人事兼之也案論語云殷因於夏禮周因於殷禮則禮記總陳虞夏商周則是虞夏商周各有當代之禮則夏商亦有五禮鄭康成注大宗伯唯云唐虞有三禮至周分爲五禮不言夏商者但書篇散亡夏商之禮絕滅無文以言故據周禮有文者而言耳武王沒後成王幼弱周公代之攝政六年致太平述文武之德而制禮也故洛誥云考朕昭子刑乃單文祖德又禮記明堂位云周公攝政六年制禮作樂頒度量於天下但所制之禮則周官儀禮也鄭作序云禮者體也履也統之於心曰體踐而行之曰履鄭知然者禮器云禮者體也祭義云禮者履此者也禮記既有此釋故鄭依而用之禮雖合訓體履則周官爲體儀禮爲履故鄭序又云然則三百三千雖混同爲禮至於並立俱陳則曰此經禮也此曲禮也或云此經文也此威儀也是周禮儀禮有體履之别也所以周禮爲體者周禮是立治之本統之心體以齊正於物故爲禮賀瑒云其體有二一是物體言萬物貴賤高下小大文質

各有其體二曰禮體言聖人制法體此萬物使高下貴賤各得其宜也其儀禮但明體之所行踐履之事物雖萬體皆同一履履無兩義也于周之禮其文大備故論語云周監於二代郁郁乎文哉吾從周也然周既禮道大用何以老子云失道而後德失德而後仁失仁而後義失義而後禮禮者忠信之薄道德之華爭愚之始故先師準緯候之文以爲三皇行道五帝行德三王行仁五霸行義若失義而後禮豈周之成康在五霸之後所以不同者老子盛言道德質素之事無爲靜默之教故云此也禮爲浮薄而施所以抑浮薄故云忠信之薄且聖人之王天下道德仁義及禮並蘊于心但量時設教道德仁義及禮須用則行豈可三皇五帝之時全無仁義禮也殷周之時全無道德也老子意有所主不可據之以難經也既周禮爲體其周禮見於經籍其名異者見有七處案孝經說云禮經三百一也禮器云經禮三百二也中庸云禮儀三百三也春秋說云禮經三百四也禮說云有正經三百五也周官外題謂爲周禮六也漢書藝文志云周官經六篇七也七者皆云三百故知俱是周官周官三百六十舉其

大數而云三百也其儀禮之別亦有七處而有五名一則孝經說春秋及中庸
並云威儀三千二則禮器云曲禮三千三則禮說云動儀三千四則謂爲儀禮
五則漢書藝文志謂儀禮爲古禮經凡此七處五名稱謂並承三百之下故知
卽儀禮也所以三千者其履行周官五禮之別其事委曲條數繁廣故有三千
也非謂篇有三千但事之殊別有三千條耳或一篇一卷則有數條之事今行
於世者唯十七篇而已故漢書藝文志云漢初高堂生傳禮十七篇是也至武
帝時河閒獻王得古禮五十六篇獻王獻之又六藝論云後得孔子壁中古文
禮凡五十六篇其十七篇與高堂生所傳同而字多異其十七篇外則逸禮是
也周禮爲本則聖人體之儀禮爲末賢人履之故鄭序云體之謂聖履之爲賢
是也旣周禮爲本則重者在前故宗伯序五禮以吉禮爲上儀禮爲末故輕者
在前故儀禮先冠昏後喪祭故鄭序云二者或施而上或循而下其周禮六藝
論云周官壁中所得六篇漢書說河閒獻王開獻書之路得周官有五篇失其
冬官一篇乃購千金不得取考工記以補其闕漢書云得五篇六藝論云得其

六篇其文不同未知孰是其禮記之作出自孔氏但正禮殘缺無復能明故范武子不識殽烝趙鞅及魯君謂儀爲禮至孔子沒後七十二之徒共撰所聞以爲此記或錄舊禮之義或錄變禮所由或兼記體履或雜序得失故編而錄之以爲記也中庸是子思伋所作緇衣公孫尼子所撰鄭康成云月令呂不韋所修盧植云王制謂漢文時博士所錄其餘衆篇皆如此例但未能盡知所記之人也其周禮儀禮是禮記之書自漢以後各有傳授鄭君六藝論云案漢書藝文志儒林傳云傳禮者十三家唯高堂生及五傳弟子戴德戴聖名在也又案儒林傳云漢興高堂生傳禮十七篇而魯徐生善爲容孝文時徐生以容爲禮官大夫瑕丘蕭奮以禮至淮陽太守孟卿東海人事蕭奮以授戴德戴聖六藝論云五傳弟子者熊氏云則高堂生蕭奮孟卿后倉及戴德戴聖爲五也此所傳皆儀禮也六藝論云今禮行於世者戴德戴聖之學也又云戴德傳記八十五篇則大戴禮是也戴聖傳禮四十九篇則此禮記是也儒林傳云大戴授琅邪徐氏小戴授梁人橋仁字季卿楊榮字子孫仁爲大鴻臚家世傳業其周官

者始皇深惡之至孝武帝時始開獻書之路既出於山巖屋壁復入祕府五家之儒莫得見焉至孝成時通人劉歆校理祕書始得列序著于錄略爲衆儒排棄歆獨識之知是周公致太平之道河南緱氏杜子春永平時初能通其讀鄭衆賈逵往授業焉其後馬融鄭玄之等各有傳授不復繁言也

禮記注疏校勘記序

小戴禮記隋唐志竝二十卷唐石經所分是也貞觀中孔穎達等爲正義舊新
唐志皆云七十卷晁氏讀書志陳氏書錄解題皆同案古人義疏皆不附於經
注而單行猶古春秋三傳詩毛傳不附於經而單行也單行之疏北宋皆有鐫
本今廑有存者儀禮穀梁爾雅間存藏書家而他經多亡正義多附載經注之
下其始謂之兼義其後直謂之某經注疏其始本無釋文其後又附以釋文謂
之附釋音某經注疏最後又去附釋音三字蓋皆紹興以後所爲而北宋無此
也有在兼義之先爲之者今所見吳中藏本有春秋禮記二種春秋曰春秋正
義卷第幾禮記曰禮記正義卷第幾皆不標爲某經注疏其卷數則春秋三十
六卷禮記七十卷皆與唐志正義卷數合蓋以單行正義爲主而以經注分置
之此紹興初年所爲非如兼義注疏之以經注爲主而以疏附之既不用經注
之卷數又不用正義之卷數春秋爲六十卷禮記爲六十三卷遂使唐人正義
之卷次不可知蓋古今之遷變如此禮記七十卷之本出於吳中吳泰來家乾

隆閒惠棟用以校汲古閣本識之云譌字四千七百有四脫字一千一百四十有五闕文二千二百一十有七文字異者二千六百二十有五羨文九百七十有一點勘是正四百年來闕誤之書犂然備具爲之稱快今記中所云惠棟校宋本者是也其真本今藏曲阜孔氏近年有巧僞之書賈取六十三卷舊刻添注塗改綴以惠棟跋語鬻於人鏤板京師者乃鴈本耳今屬臨海生員洪震煊以惠棟本爲主並合元舊校本及新得各本考其異同元復定其是非爲校勘記六十有三卷釋文則別爲四卷後之爲小戴學者庶幾有取於是阮元記

引據各本目錄

經本

石經唐開成二年刻石所謂唐國子學石經是其中虎淵世民豫誦純恆湛等字及偏傍涉者皆缺末一筆惟月令經明皇更定與本經乖違不足據

南宋石經宋高宗御書禮記止中庸一篇今又止存一碑自必自邇譬如登高起至篇末止

經注本

岳本宋岳珂刻本　武英殿翻刻仿宋本

嘉靖本 此本不著刊板人姓氏書分二十卷每卷後記經若干字注若干字段玉裁定爲嘉靖時仿宋刻本但中如曲禮上情不正之言五字羼入正義檀弓下曹桓公依注音宣一條羼入釋文卽宋本當亦在附音本之後

注疏本

附釋音本 此卽所謂十行本據十行本以校各本故又稱十行本爲此本此本爲南宋時原刻中有明正德時補頁山井鼎卽據以爲正德本是也

閩本 明嘉靖時閩中李元陽刻每頁中縫著記疏字尙沿十行本舊式七經孟子考文補遺所稱嘉靖本是也

監本 明神廟時國子監刻本每卷首有監臣田一儁吳士元等校刊重修字樣

毛本 卽汲古閣本書末有明崇禎十二年歲在屠維單閼古虞毛氏鐫題字一行

衞氏集說 宋衞湜禮記集說通志堂刻本其中載注疏不全亦間有刪節改次不可盡據惟當其未經刪節改次之處所據之本究係真宋本

校本

惠棟校宋本 宋刊本禮記正義七十卷不附釋音惠棟據以校汲古閣本

盧文弨校本

孫志祖校本 校汲古閣本

段玉裁校本 校監本

考文宋板日本山井鼎物觀七經孟子考文補遺所載宋板禮記正義與惠棟校所據宋本是一書間有不合處不及千分之一亦傳寫之譌非二書有不同也兹既據惠棟校宋本凡惠棟校所有者不複載入必惠棟校所無者始采之

浦鏜校本浦鏜十三經正誤禮記正誤十五卷其以各本校者仍歸各本錄其以意校爲各本所無而不誤者稱浦鏜校

釋文

通志堂本經典釋文禮記音義

葉本明葉林宗影寫宋本

撫州公使庫本宋淳熙四年刊本

附釋音禮記注疏卷第一

國子祭酒上護軍曲阜縣開國子臣孔穎達等撰

國子博士兼太子中允贈齊州刺史吳縣開國男臣陸德明釋文

禮記○陸德明音義曰此記二禮之遺闕故名禮記

疏 正義曰夫禮者經天地理人倫本其所起在天地未分之前故禮運云夫禮必本於大一是天地未分之前已有禮也禮者理也其用以治則與天地俱興故昭二十六年左傳稱晏子云禮之可以爲國也久矣與天地並但于時質略物生則自然而有尊卑若羊羔跪乳鴻鴈飛有行列豈由教之者哉是三才既判尊卑自然而有但天地初分之後即應有君臣治國但年代緜遠無文以言案易緯通卦驗云天皇之先與乾曜合元君有五期輔有三名注云君之用事五行王亦有五期輔有三名公卿大夫也又云遂皇始出握機矩注云遂皇謂遂人在伏犧前始王天下也矩法也言遂皇持斗機運轉之法指天以施政教既云始王天下是尊卑之禮起於遂皇也持斗星以施政教者即禮緯斗威儀云宮主君商主臣角主父徵主子羽主夫少宮主婦少商主政是法北斗而爲七政七政之立是禮迹所興也鄭康成六藝論云易者陰陽之象天地之所變化政教之所生自人皇初起人皇即遂皇也既政教所生初起於遂皇則七政是也六藝論又云遂皇之後歷六紀九十一代至伏犧始作十二言之教然則伏犧之時易道既彰則禮事彌著案譙周古史考云有聖人以火德王造作鑽燧出火教民熟食人民大悅號曰遂人次有三姓乃至伏犧制嫁娶以儷皮爲禮作琴瑟以爲樂又帝王世紀云燧人氏沒包犧氏代之以此言之則嫁娶嘉禮始於伏犧也但古史考遂皇至于伏犧唯經三姓六藝論云歷六紀九十一代其文不同未知孰是或於三姓而爲九十一代也案廣雅云一紀二十七萬六千年方叔機注六藝論云六紀者九頭紀五龍紀攝提紀合洛紀連通紀序命紀凡六紀也九

十一代者九頭一五龍五攝提七十二合洛三連通六序命四凡九十一代也但伏犧之前及伏犧之後年代參差所說不一緯候紛紜各相乖背且復煩而無用今並略之唯據六藝論之文及帝王世紀以爲說也案易繫辭云包犧氏沒神農氏作案帝王世紀云伏犧之後女媧氏亦風姓也女媧氏沒次有大庭氏柏皇氏中央氏栗陸氏驪連氏赫胥氏尊盧氏渾沌氏昊英氏有巢氏朱襄氏葛天氏陰康氏無懷氏凡十五代皆襲伏犧之號然鄭玄以大庭氏是神農之別號案封禪云無懷氏在伏犧之前今在伏犧之後則世紀之文未可信用世紀又云神農始教天下種穀故人號曰神農案禮運云夫禮之初始諸飲食燔黍捭豚蕢桴而土鼓又明堂位云土鼓葦籥伊耆氏之樂又郊特牲云伊耆氏始爲蜡蜡卽田祭與種穀相協土鼓葦籥又與蕢桴土鼓相當故熊氏云伊耆氏卽神農也既云始諸飲食致敬鬼神則祭祀吉禮起於神農也又史記云黃帝與蚩尤戰於涿鹿則有軍禮也易繫辭黃帝九事章云古者葬諸中野則有凶禮也又論語撰考云軒知地利九牧倡教既有九州之牧當有朝聘是賓禮也若然自伏犧以後至黃帝吉凶賓軍嘉五禮始具皇氏云禮有三起禮理起於太一禮事起於遂皇禮名起於黃帝其禮理起於太一其義通也其禮事起於遂皇禮名起於黃帝其義乖也且遂皇在伏犧之前禮運燔黍捭豚在伏犧之後何得以祭祀在遂皇之時其唐堯則舜典云修五禮鄭康成以爲公侯伯子男之禮又云命伯夷典朕三禮五禮其文亦見經也案舜典云類于上帝則吉禮也百姓如喪考妣則凶禮也羣后四朝則賓禮也舜征有苗則軍禮也嬪于虞則嘉禮也是舜時五禮具備直云典朕三禮者據事天地與人爲三禮其實事天地唯吉禮也其餘四禮並人事兼之也案論語云殷因於夏禮周因於殷禮則禮記總陳虞夏商周則是虞夏商周各有當代之禮則夏商亦有五禮鄭康成注大宗伯唯云唐虞有三禮至周分爲五禮不言夏商者但書篇散亡夏商之禮絕滅無文以言故據周禮有文者而言耳武王沒後成王幼弱周公代之攝政六年致太平述文武之德而制禮也故洛誥云考朕昭子刑乃單文祖德又禮記明堂位云周公攝政六年制禮作樂頒度量於天下但所制之

禮則周官儀禮也鄭作序云禮者體也履也統之於心曰體踐而行之曰履鄭知然者禮器云禮者體也祭義云禮者履此者也禮記既有此釋故鄭依而用之禮雖合訓體履則周官爲體儀禮爲履故鄭序又云然則三百三千雖混同爲禮至於並立俱陳則曰此經禮也此曲禮也或云此經文也此威儀也是周禮儀禮有體履之別也所以周禮爲體者周禮是立治之本統之心體以齊正於物故爲。體賀瑒云其體有二一是物體言萬物貴賤高下小大文質各有其體二曰禮體言聖人制法體此萬物使高下貴賤各得其宜也其儀禮但明體之所行踐履之事物雖萬體皆同一履履無兩義也于周之禮其文大備故論語云周監於二代郁郁乎文哉吾從周也然周既禮道大。用何以老子云失道而後德失德而後仁失仁而後義失義而後禮禮者忠信之薄道德之華爭愚之始故先師準緯候之文以爲三皇行道五帝行德三王行仁五霸行義若失義而後禮豈周之成康在五霸之後所以不同者老子盛言道德質素之事無爲靜默之教故云此也禮爲浮薄而施所以抑浮薄故云忠信之薄且聖人之王天下道德仁義及禮並蘊于心但量時設教道德仁義及禮須用則行豈可三皇五帝之時全無仁義禮也殷周之時全無道德也老子意有所主不可據之以難經也既周禮爲體其周禮見於經籍其名異者見有七處案孝經說云經。禮三百一也禮器云經禮三百二也中庸云禮儀三百三也春秋說云禮經三百四也禮說云有正經三百五也周官外題謂爲周禮六也漢書藝文志云周官經六篇七也七者皆云三百故知俱是一周官周官三百六十舉其大數而云三百也其儀禮之別亦有七處而有五名一則孝經說春秋及中庸並云威儀三千二則禮器云曲禮三千三則禮說云動儀三千四則謂爲儀禮五則漢書藝文志謂儀禮爲古禮經凡此七處五名稱謂並承三百之下故知即儀禮也所以三千者其履行周官五禮之別其事委曲條數繁廣故有三千也非謂篇有三千但事之殊別有三千條耳。或一篇一卷則有數條之事今行於世者唯十七篇而已故漢書藝文志云漢初高堂生傳禮十七篇是也至武帝時河間獻王得古禮五十六篇獻王獻之又六藝論云後得孔子壁中古文禮凡五十六篇其十七篇與高堂生所傳同而字多異其十七篇外則逸禮是也周禮爲本則聖人體之儀禮爲末賢人履之故鄭序云體之謂聖履之爲賢是也既周禮爲本則重者在前故宗伯序五禮以吉禮爲上儀禮爲末故輕者在前故儀禮先冠昏後喪祭故鄭序云二者或施而上或循而下其周禮六藝論云周官壁中所得六篇漢書說河間獻王開獻書之路得周官有五篇失其冬官一篇乃購千金不得取考工記以補其闕漢書云得五篇六藝論云得其六篇其文不同未知孰是其禮記之作出自孔氏但正禮殘缺無復能明故范武子不識殽烝趙鞅及魯君謂儀爲禮至孔子沒後七十二。之徒共撰所聞以爲此記或錄舊禮之義或錄變禮所由或兼記體履或雜序得失故編而錄之以爲記也中庸是子思伋所作緇衣公孫尼子所撰鄭康成云月令呂不韋所修盧植云王制謂漢文時博士所錄其餘衆篇皆如此例但未能盡知所記之人也其周禮儀禮。是禮記之書自漢以後各有傳授鄭君六藝論云案漢書藝文志儒林傳云傳禮者十三家唯高堂生及五傳弟子戴德戴聖名在也又案儒林傳云漢興高堂生傳禮十七篇而魯徐生善爲容孝文時徐生以容爲禮官大夫瑕丘蕭奮以禮至淮陽太守孟卿東海人事蕭奮以授戴德戴聖六藝論云五傳弟子者熊氏云則高堂生蕭奮孟卿后倉及戴德戴聖爲五也此所傳皆儀禮也六藝論云今禮行於世者戴德戴聖之學也又云戴德傳記八十五篇則大戴禮是也戴聖傳禮四十九篇則此禮記是也儒林傳云大戴授琅邪徐氏小戴授梁人橋仁字季卿楊榮字子。孫。仁爲大鴻臚家世傳業其周官者始。皇深惡。之至孝武帝時始開獻書之路既出於山巖屋壁復入祕府五家之儒莫得見焉至孝成時通人劉歆校理祕書始得列序著于錄略爲衆儒排棄歆獨識之知是周公致太平之道河南緱氏杜子春永平時初能通其讀鄭衆賈逵往。授業焉其後馬融鄭玄之等各有傳授不復繁言也

曲禮上第一。

○陸曰本或作曲禮上者後人加也檀弓雜記放此曲禮者是儀禮之舊名委曲說禮之事

疏 正義曰案鄭目錄云名曰曲禮

者以其篇記五禮之事祭祀之說吉禮也喪荒去國之說凶禮也致貢朝會之說賓禮也兵車旌鴻之事說軍禮也事長敬老執贄納女之說嘉禮也此於別錄屬制度案鄭此說則此曲禮篇中有含五禮之義是以經云禱祠祭祀之說當吉禮也送喪不由徑歲凶年穀不登又云大夫士去國如此之類是喪荒去國之說當凶禮也五官致貢曰享天子當宁而立曰朝相見於郤地曰會如此之類是致貢朝會之說當賓禮也兵車不式前有水則載青旌如此之類是兵車旌鴻之說當軍禮也侍坐於長者故君子式黃髮婦人之贄椇榛棗栗納女於天子如此之類是事長敬老執贄納女之說當嘉禮也必知執贄當婦人之贄者以其士相見鄭目錄以士執贄爲賓禮故也此篇既含五禮故其篇名爲曲禮曲禮之與儀禮其事是一以其屈曲行事則曰曲禮見於威儀則曰儀禮但曲之與儀相對周禮統心爲號若總而言之則周禮亦有曲名故藝文志云帝王爲政世有損益至周曲爲之防事爲之制故曰經禮三百威儀三千是二禮互而相通皆有曲稱也云上者對下生名本以語多簡策重大分爲上下更無義也第一通者小爾雅云第次也呂靖云一者數之始禮記者一部之大名曲禮者當篇之小目既題曲禮於上故著禮記於下以配注耳鄭氏者姓鄭名玄字康成北海高密縣人前漢僕射鄭崇八世之孫也後漢徵爲大司農年七十四乃卒然。鄭亦附盧馬之本而爲之注注者即解書之名但釋義之人多稱爲傳傳謂傳述爲義或親承聖旨或師儒相傳故云傳今謂之注者謙也不敢傳授直注己意而已若然則傳之與注各出己情皇氏以爲自漢以前爲傳自漢以後爲注然王肅在鄭之後何以亦謂之傳其義非也

曲禮曰毋不敬 禮主於敬○陸曰毋音無說文云止之詞其字從女內有一畫象有姦之形禁止之勿令姦古人云云毋猶今人言莫也案毋字與父母字不同俗本多亂讀者皆朱點毋字以作無音非也後放此疑者特復音之 儼。若思 儼矜莊貌人之坐思貌必儼然○嚴魚檢反本亦作儼同矜莊貌思如字徐息嗣反矜君冰反 安定辭 審言語也易曰言語者君子之樞機○樞昌朱反 安民哉 此上三句可以安民說曲禮者美之

云耳【疏】正義曰此一節明人君立治之本先當肅心謹身慎口之事○曲禮曰者案下文安民哉是爲君上所行故記人引儀禮正經毋不敬以下三句而爲實驗也○毋不敬者人君行禮無有不敬行五禮皆須敬也儼若思者儼矜莊貌也若如也思計慮也夫人計慮狀必端慤今明人君矜莊之貌如人之思也○安定辭者安定審也辭言語也人君出言必當慮之於心然後宣之於口是詳審於言語也○安民哉者但人君發舉不離口與身心既心能肅敬身乃矜莊口復審慎三者依於德義則政教可以安民也云哉者記人美此三句者也○注禮主於敬○正義曰孝經云禮者敬而已矣是也又案鄭目錄云曲禮之中體含五禮今云曲禮曰毋不敬則五禮皆須敬故鄭云禮主於敬然五禮皆以拜爲敬禮則祭極敬主人拜尸之類是吉禮須敬也拜而後稽顙之類是凶禮須敬也主人拜迎賓之類是賓禮須敬也軍中之拜肅拜之類是軍禮須敬也冠昏飲酒皆有賓主拜荅之類是嘉禮須敬也兵車不式乘。玉路不式鄭云大事不崇曲敬者謂敬天神及軍之大事故不崇曲小之敬熊氏以爲此不敬者恐義不然也既云曲禮曰是引儀禮正經若引春秋曰詩曰之類所引者若冠禮戒辭云壽考惟祺介爾景福之等今不見者或在三千散亡之中也○注儼矜至儼然○正義曰經唯云儼若思不云坐鄭必知坐思者案大學云定而後能靜靜而後能安安而後能慮慮則思故知思必當坐也○注審言至樞機○正義曰論語云駟不及舌故審言語也易曰者易繫辭之文也故彼云君子出其言善則千里之外應之況其邇者乎出其言不善則千里之外違之況其邇者乎言行者君子之樞機鄭注樞謂戶樞機謂弩牙戶樞之發或明或闇弩牙之發或中或否以喻君子之言或榮或辱引之者證審言語之事彼爲言行鄭云言語者既證經辭無取於行故變文爲語也

○敖。不可長欲不可從。志不可滿樂不可極

四者慢遊之道桀紂所以自禍○敖五報反慢也王肅五高反遨遊也長丁丈反盧植馬融王肅並直良反欲如字一音喻從足用反放縱也樂音洛皇侃音岳極如字皇紀力反桀其列反夏之末主名癸紂直丑反殷之末主名辛【疏】○敖。不。至。可。

極○正義曰此一節承上人君敬慎之道此亦據人君恭謹節儉之事故鄭引桀紂以證之○此敖不可長者敖者矜慢在心之名長者行敖著迹之稱夫矜我慢物中人不免若有心而無迹則於物無傷若迹著而行用則侵虐爲甚傾國亡家必由乎此故戒不可長○欲不可從者心所貪愛爲欲則飲食男女人之大欲存焉是也人皆有欲但不得從之也○志不可滿者六情偏覩在心未見爲志凡人各有志意但不得自滿故六韜云器滿則傾志滿則覆○樂不可極者樂者天子宮縣以下皆得有樂但主歡心人情所不能已當自抑止不可極爲故樂記云樂盈而反以反爲文○注四者至自禍○正義曰案尚書史記說紂惡甚多不可具載皇氏云斮朝涉之脛剖賢人之心是長敖也糟丘酒池之等是從欲也玉杯象箸之等是志滿也靡靡之樂是樂極也桀之爲惡唯有民隊塗炭淫於妹嬉之事雖史傳不言四事亦應俱有四者之惡故紂焚宣室桀自放南巢但天作孽猶可違自作孽不可逭桀紂皆自身爲惡以致滅亡故云自禍也

○賢者狎而敬之狎習也近也謂附而近之習其所行也月令曰雖有貴戚近習○狎戶甲反近附近之近下注內不出者皆同戚音戚本亦作戚畏而愛之心服曰畏曾子曰吾先子之所畏愛而知其惡憎而知其善謂凡與人交不可以己心之愛憎誣人之善惡○誣音無後並同積而能散謂己有蓄積見貧窮者則當能散以賙救之若宋樂氏○蓄勑六反賙音周樂音岳謂宋司城樂喜安安而能遷謂己今安此之安圖後有害則當能遷晉咎犯與姜氏醉重耳而行近之○害如字本亦作難乃旦反咎其九反重直龍反臨財毋苟得爲傷廉也○爲于僞反下爲傷爲近皆同臨難毋苟免爲傷義也○難乃旦反很毋求勝分毋求多爲傷平也很鬩也謂爭訟也詩云兄弟鬩於牆○很胡懇反勝舒證反分扶問反鬩呼歷反猶鬬也爭爭鬬之爭下文皆同疑事毋質質成也彼己俱疑而己成言之終不然則傷知○知音智直而勿有直正也己若不疑則當稱師友而正之謙也

【疏】賢者至勿有○正義曰此一節總明

愛敬安危忠信之事各隨文解之○賢者狎而敬之者賢是有德成之稱狎謂
近也習也賢者身有道藝朋類見賢思齊焉必須附而近之習其德藝齊倫易
相褻慢故戒令相敬也○注狎習至近習○正義曰引月令者案月令仲冬之
月禁戒婦功不得奢慢貴戚謂王之姑姊妹近習謂王之所親幸嬪御之屬言
近習者王附而近之習其色引之者證賢者附而近之習其道藝連引貴戚於
義無所當也○畏而愛之○正義曰賢者有其德行人皆心服畏之既有所畏
必當愛其德義不可疏之○注心服至所畏○正義曰引曾子曰吾先子之所
畏者孟子云或問曾西曰吾子與子路孰賢曾西蹴然曰吾先子之所畏也先
子謂祖曾參不在四科而子路入四科故曾參心服子路引之者證經畏是
心服之義○愛而知其惡憎而知其善正義曰愛謂己所親幸憎謂己所嫌慢
人多愛而不知其惡憎而不知其善故記人戒之云凡人雖愛必當知其心懷
惡行崔氏云若石碏知子厚是也心雖憎疾亦當知其善人能若祁奚知其解狐
是也若然乃可審知人之賢愚○積而能散○正義曰凡人貪畜皆好積而不好
散是今謂己有畜積能賑乏賙無則是仁惠也○注謂己至樂氏○正義曰引宋
樂氏者案襄二十九年左傳云鄭國饑子皮貸民粟戶一鍾樂氏者宋司城官
姓樂氏名喜字子罕宋亦饑樂喜請於平公云鄰於善民之望請貸民粟并使諸
大夫亦貸之今不引鄭罕氏而引宋樂氏者鄭罕氏施而斂之宋樂氏施而不
斂故晉叔向聞之曰鄭之罕宋之樂施而不德樂氏加焉熊氏之云禮家施不及
國大夫不收公利二家皆非也今鄭爲能散者直取一邊能散之義是同不據
家施非禮之事鄭不言是而言若者但禮與諸經事實是一惟文字不同鄭則
言是若檀弓云諸侯伐秦曹桓公卒於會鄭注引春秋傳云曹伯廬卒於師是
出以其一事故云是也此禮本不爲樂氏而作但事類相似引以爲證故云若
也○安安而能遷○正義曰上安安據心下安據處凡人多居危如安故記人戒
之云謂己心安於此所處之安當圖謀於後有害以否若後當有害必須早遷
則離害也○注謂己至近之○正義曰晉舅犯者案左傳僖二十三年晉重耳
自翟之齊齊桓公妻之有馬二十乘重耳心安於齊不欲歸晉從者重耳之舅

字子犯謀於桑下蠶妾在其上以告姜氏姜氏殺之而謂公子曰子有四方之志其聞之者吾殺之矣公子曰無之姜氏曰行也懷與安實敗名公子不可姜
氏與子犯謀醉而遣之醒以戈逐子犯至秦秦伯納之卒爲霸主是安安而能遷之事鄭不云是又不云若而言近之者安安能遷亦不爲重耳而作不得云
是遷又非重耳之意不得云若故云近之也○臨財毋苟得○正義曰財利人之所貪非義而取謂之苟得故記人戒之今有財利元非兩人之物兩人俱臨
而求之若苟得入己則傷廉隅故鄭云爲傷廉也○臨難毋苟免○正義曰難謂有寇之仇謀害君父爲人臣子當致身授命以救之故記人戒之云若君父有
難臣子若苟且免身而不鬭則陷君父於危亡故云毋苟免見義不爲無勇也故鄭云爲傷義也○很毋求勝分毋求多○正義曰很謂小小鬩很凡人所爭
皆欲求勝故記人戒之云。而有小小鬩很當引過歸己不可求勝○分毋求多者此元是衆人之物當共分之人皆貪欲望多入己故記人戒之云所分之物
毋得求多也○注爲傷至於牆○正義曰所引詩者是小雅常棣閔管蔡失道之詩也彼云兄弟鬩於牆外禦其侮引之者證經很亦是小小鬩很之事若大
很則當報之故論語孔子云以直報怨是也○疑事毋質○正義曰人多專固未知而爲己知故戒之云彼己俱疑而來問己質成也若己亦疑則無得成言
之若成言疑事後爲賢人所譏則傷己智也故孔子戒子路云不知爲不知也○直而勿有○正義曰此謂彼疑己不疑者仍須謙退直正也彼有疑事而來
問己己若不疑而答之則當稱師友所說以正之勿爲己有此義也○若夫言若欲爲丈夫也春秋傳曰是謂我非夫○丈夫方于反丈夫也坐如
尸視貌正立如齊磬且聽也齊謂祭祀時○齊側皆反本亦作齋音同注同禮從宜事不可常也晉士匄帥師侵齊聞齊侯卒乃還春秋
善之○丐本亦作匄音蓋還音旋後放此使從俗亦事不可常也牲幣之屬則當從俗所出禮器曰天不生地不養君子不以爲禮鬼神不饗○使色
吏反幣徐扶世反饗許兩反

疏

若。夫。至。從。俗。○正義曰此一節論爲丈夫之法當坐如尸以下四行並備乃可立身各依文解之○若夫者凡人若爲丈

夫之法必當如下所陳故目丈夫於上下乃論其行以結之〇注言若至非夫〇正義曰案左傳宣十二年邲之戰楚侵鄭晉救之及河聞鄭既及楚平中軍將荀林父欲還不濟一上軍將士會曰善中軍佐先縠曰不可成師以出聞敵彊而退非夫也又哀十一年齊伐魯魯武叔初不欲戰爲冉求所非武叔曰是謂我不成丈夫也退而蒐。乘二傳之言當是先縠之辭也彼無是謂我鄭君足之也〇坐如尸者尸居神位坐必矜莊言人雖不爲尸若所在坐法必當如尸之坐故鄭云視貌正也〇立如齊者人之倚立多慢不恭故戒之云倚立之時雖不齊亦當如祭前之齊必須磬折屈身〇注磬且至祀時〇正義曰磬且聽案士虞禮云無尸者主人哭出復位祝闔牖戶如食間是祭時主人有聽法云磬者謂屈身如磬之折殺案考工記云磬氏爲磬倨句一矩有半鄭云必先度一矩爲句一矩爲股而求其弦既而以一矩有半觸其弦則磬之倨句也是磬之折殺其形必曲人之倚立亦當然也又云齊謂祭祀時者凡齊皆在祭前自整齊之名並於適寢之中坐而無立今云立如齊者齊有立者但祭前有齊所以自整齊也則祭日神前亦當齊則齋者是先後通稱此言立如齋非祭前坐齋故鄭云齋謂祭祀時也若然此立謂侍尊者之時故王藻云凡侍於君紳垂足如履齋視下聽上是也〇禮從宜者皇氏云上二事丈夫爲儼恪之儀此下二事丈夫爲君出使之法義或然也禮從宜者謂人臣奉命出使征伐之禮雖奉命出征梱外之事將軍裁之知可而進知難而退前事不可準定貴從當時之宜也〇注事不至善之〇正義曰案春秋襄十九年齊侯。還卒晉士匄帥師侵齊至穀聞齊侯卒乃還公羊云還者何善辭也何善爾大其不伐喪也此受命於君而伐齊則何大其不伐喪也大夫以君命出使進退在大夫也〇使從俗者使謂臣爲君出聘之法皆出土俗牲幣以爲享禮土俗若無不可境外求物故云使從俗也皇氏云上禮從宜與此使從俗互而相通皆是以禮而使義或然也〇注亦事至不饗〇正義曰牲幣之屬當從俗所出者謂若郊特牲及聘禮朝聘皆有皮馬龜金竹箭璧帛之等有則致之無則已故云不可常也禮器曰天不生者謂天不以四時而生若李梅冬實地不養者謂居山以魚鼈居澤

以鹿豕君子不以為禮者謂天不生地不養之等君子不將為饗禮鬼神不饗者言君子不以為禮者祇由鬼神不歆饗此非常之物明鬼神依人也〇

夫禮者所以定親疏決嫌疑別同異明是非也禮不妄說人為近佞媚也君子說之不以其道則不說也〇夫音扶凡發語之端皆然後放此疏所居反或作踈決徐古穴反嫌戶恬反別彼列反下注下文同說音悅又始悅反注同佞乃定反口才曰佞媚眉忌反向曰媚

意不辭費為傷信君子先行其言而後從之〇辭本又作詞同說文以詞為言詞之字辭不受也後皆放此費芳味反言而不行為辭費

禮不踰節不侵侮不好狎為傷敬也人則習近為好狎〇侮徐云撫反輕慢也好呼報反注同

脩身踐言謂之善行踐履也反履而行之行下孟反下行脩同〇

行脩言道禮之質也言道言合於道質猶本也禮為之文飾耳

禮聞取於人不聞取人謂君人者取於人謂高尚其道取人謂制服其身〇取於舊七樹反謂趣就師求道也皇如字謂取師之道取人如字謂制師使從己

禮聞來學不聞往教尊道藝

疏夫。禮。至。往。教。〇正義曰此一節總明治身立行交接得否皆由於禮故以禮為目各隨文解之〇夫禮者所以定親疏者五服之內大功已上服麤者為親小功已下服精者為疏故周禮小史掌定繫世辨昭穆也〇決嫌疑者若妾為女君期女君為妾若。報之則太重降之則有舅姑為婦之嫌故全不服是決。嫌。疑。者孔子之喪門人疑所服子貢曰昔者夫子喪顏回若喪子而無服喪子路亦然請喪夫子若喪父而無服是決疑也〇別同異者賀瑒云本同今異姑姊妹是也本異今同世母叔母及子婦是也〇明是非也者得禮為是失禮為非若主人未。斂子游裼裘而弔得禮是也曾子襲裘而弔失禮非也但嫌疑同異是非之屬在禮甚衆各舉一事為證而皇氏具引今亦略之〇禮不妄說人者禮動不虛若說人之德則爵之問人之寒則衣之若無爵無衣則為妄說近於佞媚也〇注君子至說也〇正義曰此論語文孔子曰君子說之不以其道則不說也不以其道說之是妄說故君子不說也引證經禮不妄說人之事○不辭費。者正義曰凡爲人之道當言行相副今直有言而無行爲辭費○禮不至好狎○禮者所以辨尊卑別等級使上不逼下下不僭上故云禮不踰越節度也不侵侮者禮主於敬自卑而尊人故戒之不得侵犯侮慢於人也○不好狎者賢者當狎而敬之若直近而習之不加於敬則是好狎故鄭云習近爲好狎也○行脩至質也○凡爲禮之法皆以忠信仁義爲本禮以文。飾行脩者忠信之行脩言道者言合於仁義之道質本也則可與禮爲本也○禮聞取於人者能氏以爲此謂人君在上招賢之禮當用賢人德行不得虛致其身禮聞取於人者謂禮之所聞既招致有賢之人當於身上取於德行用爲政教不聞直取賢人授之以位制服而已故鄭云謂君人者皇氏以爲人君取師受學之法取於人謂自到師門取其道藝○禮聞來學不聞往教。○禮聞來學者凡學之法當就其師處北面伏膺不聞往教者不可以屈師親來就己故鄭云尊道藝也

○道。德仁義非禮不成教訓正俗非禮不備分爭辨。訟非禮不決君臣上下父子兄弟非禮不定宦學事師非禮不親班朝治軍涖官行法。非禮威嚴不行禱祠祭祀供。給鬼神非禮不誠不莊分辨皆別也官仕也班次也涖臨也莊敬也學或爲御○辨皮勉反徐方勉反上下上謂公卿下謂大夫士宦音患朝直遙反涖本亦作莅徐音利沈力二反又力位反禱丁老反鄭云求福曰禱祠音詞求得曰祠共音恭本或作供莊側良反徐側亮反學或爲御鄭此注爲見他本也後放此

是以君子恭敬撙。節退讓以明禮撙猶。趨也○撙祖本反趨士俱反就也向也鸚。鵡。能言不離飛鳥猩猩能言不離禽。獸今人而無禮雖能言不亦禽獸之心乎夫唯禽獸無禮故父子聚麀聚猶共也鹿牝曰麀○嬰本或作鸚厄耕反母本或作鵡同音武諸葛恪茂后反離力智

反下同狌本又作猩音生禽獸盧本作走獸麀音憂牝鹿也牝頻忍反徐扶盡反舊扶允反是故。聖人作爲禮以教人使人以有禮知自別於禽獸

疏道。德。至。禽。獸。○正義曰此一節明禮爲諸事之本言人能有禮然可異於禽獸也○道德仁義非禮不成者道者通物之名德者得理之稱仁是施恩及物義是裁斷合宜言人欲行四事不用。禮無由得成故云非禮不成也道德爲萬事之本仁義爲羣行之大故舉此四者爲用禮之主則餘行須禮可知也道是通物德是理物理物由於開通是德從道生故道在德上此經道謂才藝德謂善行故鄭注周禮云道多才藝德能躬行非是老子之道德也熊氏云此是老子失道而後德失德而後仁失仁而後義今謂道德大而言之則包羅萬事小而言之則人之才藝善行無問大小皆須禮以行之是禮爲道德之具故云非禮不成然人之才藝善行得爲道德者以身有才藝事得開通身有美善於理爲得故稱道德也○教訓正俗非禮不備者熊氏云教謂教人師法訓謂訓說義理以此教訓正其風俗非得其禮不能備具故云非禮不備但教之與訓小異大同。分爭辨訟非禮不決者周禮司寇以兩造禁民訟又云以兩劑禁民獄故鄭云爭罪曰獄爭財曰。訟則萬事通名故左傳云凡有血氣皆有爭心又云錐刀之末將盡爭之是也此爭財曰訟對文異耳散則通名故左傳云衛侯與元咺訟是爭罪亦曰訟也○君臣上下父子兄弟非禮不定者上謂公卿大夫下謂士也君父南面臣子北面公卿大夫則列位於上士則列位於下兄前弟後唯禮能定也白虎通云君羣也羣下之所歸心也臣堅也厲志自堅也父矩也以法度教子也子孳也孳孳無已也兄況也況父法也弟悌也心順行篤也官學事師非禮不親者熊氏云官謂學仕官之事學謂習學六藝此二者俱是事師非禮不親左傳宣二年趙盾見靈輒餓問之云官三年矣服虔云官學也是學職事爲。官也○班朝治軍涖官行法非禮威嚴不行者班次也朝朝廷也次謂司士正朝儀之位次也治軍謂師旅卒伍各正其部分也涖臨也官謂卿大夫士各有職掌行法謂司寇士師明刑法也皆用禮威嚴乃行也禱祠祭祀供給鬼神非禮不誠不莊者

周禮都宗人云國有大故則令禱祠鄭注云祠謂報。塞又小宗伯注云求福曰禱得求曰祠熊氏云祭祀者國家常禮牲幣之屬以供給鬼神唯有禮乃能誠敬○是以君子恭敬撙節退讓以明禮者君子是有德有爵之通稱王肅云君上位子下民又康成注少儀云君子卿大夫若有異德者凡禮有深疑則舉君子以正之恭敬者何胤云在貌為恭在心為敬何之所說從多舉也夫貌多心少為恭心多貌少為敬所以知者書云奉先思孝接下思恭又云貌曰恭又少儀云賓客主恭祭祀主敬論語云巧言令色足恭又云至於犬馬皆能有養不敬何以別乎又孝經說君父同敬為母不同敬以此諸文言之凡稱敬多為尊故知貌多為恭心多為敬也又通而言之則恭敬是一左傳云敬恭父命士昏禮云敬恭聽宗父母之言孝經云恭敬安親此並恭敬連言明是一也撙者趨也節法度也言恆趨於法度退讓以明禮者應進而遷曰退應受而推曰讓以明禮者。既道德仁義已下並須禮以成故君子之身行恭敬趨法度及退讓之事以明禮也○猩猩至禽獸○正義曰爾雅云猩猩小而好啼郭注山海經云人面豕身能言語今交。阯封谿縣出猩猩狀如貛㹠聲似小兒啼今案禽獸之名經記不同爾雅云二足而羽謂之禽四足而毛謂之獸今鸚鵡是羽曰禽猩猩四足而毛正可是獸今並云禽謂獸者凡語有通別別而言之羽則曰禽毛則曰獸所以然者禽者擒也言鳥力小可擒捉而取之獸者守也言其力多不易可擒先須圍守然後乃獲故曰獸也通而為說鳥不可曰獸獸亦可曰禽故鸚鵡不曰獸而猩猩通曰禽也故易云王用三驅失前禽則驅走者亦曰禽也又周禮司馬職云大獸公之小禽私之以此而言則禽未必皆鳥也又康成注周禮云凡鳥獸未孕曰禽周禮又云以禽作六。摯卿羔大夫鴈白虎通云。禽者鳥獸之總名以此諸經證禽名通獸者以其小獸可擒故得通名禽也

○太。上貴德太上帝皇之世其民施而不惟報○大音泰注同大上謂三皇五帝之世施始鼓反下同其次務施報三王之世禮始與焉禮尚往來往而不來非禮也來而不往亦非禮也人有禮則安無禮則危故曰禮

者不可不學也夫禮者自卑而尊人雖負販者必有尊也而況富貴乎負販者尤輕恌志利宜若無禮然〇販方萬反佻吐彫反富貴而知好禮則不驕不淫貧賤而知好禮則志不懾懾猶怯惑〇好呼報反下同懾之涉反怯丘刼反何胤云憚所行爲怯

疏〇大上至不懾〇正義曰此一節明世變道殊所貴有異雖負販者必須有禮各隨文解之〇大上貴德者大上謂三皇五帝之世也其時猶淳厚其德不尚往來之禮所貴者在於有德故曰貴德也德主務施其事但施而不希其反也皇是三皇帝是五帝不云皇帝者恐是一事不分故鄭升帝於皇上以殊異代矣然五帝雖有三禮五玉陟方朝會而猶是揖讓故上同三皇是以禮運注謂五帝爲大道之時也熊氏云三皇稱皇者皆行合天皇之星故詩緯含神務宋均注云北極天皇大帝其精生人然則稱皇者皆得天皇之氣也鄭玄意則以伏犧女媧神農爲三皇故注中候敕省圖引運斗樞伏犧女媧神農爲三皇也然宋均注援神契引甄耀度數燧人伏犧神農爲三皇譙周古史考亦然白虎通取伏犧神農祝融爲三皇孔安國則以伏犧神農黄帝爲三皇並與鄭不同此皆無所據其言非也鄭數伏犧女媧神農非謂其人身自相接其間代之王多矣六藝論云燧人至伏犧一百八十七代宋均注文耀鉤云女媧以下至神農七十二姓譙周以爲伏犧以次有三十三姓始至女媧女媧之後五十姓至神農神農至炎帝一百三十三姓是不當身相接譙周以神農炎帝爲別人又以神農爲木德女媧爲水德皆非鄭義也其五帝者鄭注中候敕省圖云德合五帝坐星者稱帝則黄帝金天氏高陽氏高辛氏陶唐氏有虞氏是也實六人而稱五者以其俱合五帝坐星也五帝所以稱帝者坤靈圖云德配天地在正不在私稱之曰帝三王稱王者莊三年穀梁傳曰其曰王者人所歸往也散而言之則三皇亦稱帝帝則月令云其帝太昊是也五帝亦稱皇則呂刑云皇帝清問下民是也至三王德劣不得上同於天唯稱王而已此云太上貴德鄭云帝皇之世則帝皇以上皆行德也所以中候握河紀云皇道帝德非朕所事是三皇行道五帝

行德不同者但德由道生道爲其本故道優於德散而言之德亦是道故總云
貴德既三皇行道五帝行德以次推之則三王行仁五霸行義五帝雖行德亦
能有仁故大學云堯舜率天下以仁是也案老子云道常無名河上公云能生
天地人則當大易之氣也道德經云上德不德其德稍劣於常道則三皇之世
法大易之道行之也然則可行之道則伏犧畫八卦之屬是也三皇所行者也
下德不失德河上公云下德謂號謚之君則五帝所行者也但三皇則道多德
少五帝則道少德多此皆熊氏之說也今謂道者開通濟物之名萬物由之而
有生之不爲功有之不自伐虛無寂莫隨物推移則天地所生微妙不測聖人
能同天地之性其愛養如此謂之爲道此則常道人行大道也其如此善行爲
心於己爲得雖不矜伐意恆爲善謂之爲德此則劣於道也既能推恩濟養惻
隱矜恤於物謂之爲仁又劣於德若其以仁招物物不從己征伐刑戮使人服
從謂之爲義又劣於仁以義服從恐其叛散以禮制約苟相羇縻是之謂禮又
劣於義此是人情小禮非大禮也聖人之身俱包五事遇可道行道可德行德
可仁行仁可義行義皆隨時應物其實諸事並有非是有道德之時無仁義有
仁義之時無道德也此道德以大言之則天地聖人之功也以小言之則凡人
之行也故鄭注周禮云道多才藝德能躬行謂於一人之上亦能開通亦於己
爲德以此言之則周禮三德六德及皋陶九德及洪範三德諸經傳道德皆有
分域小大殊名不足怪也○注其民施而不惟報○正義曰惟思也世既貴德
但有施惠而不思求報也○其次務施報○正義曰其次謂三王之世也務猶
事也三王之世獨親其親獨子其子貨力爲己施則望報以爲恆事故云務施
報○禮尚往來者言三王之世其禮主尚往來○貧賤而知好禮則志不懾者
懾怯也惑也貧者之容好怯惑畏人使心志不遂若知禮者則持禮而行之故
志不懾怯是以於貧賤之中必有所尊也○注懾猶怯惑
○正義曰何胤云憚所行爲怯迷於事爲惑義或當然

○人生十年曰幼學

名曰幼時始可學也內則曰十
年出就外傅居宿於外學書計

二十曰弱冠三十曰壯有室

有室有妻也妻稱
室○冠古亂反

四十曰強而仕五十曰艾服官政艾老也○艾五蓋反謂蒼艾色也一音刈治也六十曰耆指使指事使人也六十不與服戎不親學○耆渠夷反賀瑒云至也至老境也與音預七十曰老而傳傳家事任子孫是謂宗子之父○傳直專反沈直戀反八十九。十曰耄。耄。惛忘也春秋傳曰謂老將知耄又及之○旄本又作耄同亡報反注同本或作八十曰耋九十曰旄後人妄加之惛音昏一音呼困反忘亡亮反又如字知音智七年曰悼悼憐愛也○悼徒報反悼與耄雖有罪不加刑焉愛幼而尊老百年曰期頤期猶要也頤養也不知衣服食味孝子要盡養道而已○頤羊時反要於遙反又如字下同養道羊尚反又如字大夫七十而致事致其所掌之事於君而告老若不得謝謝猶聽也君必有命勞苦辭謝之其有德尚壯則不聽耳○聽吐丁反後可以意求皆不音勞如字又力報反則必賜之几杖行役以婦人適四方乘安車自稱曰老夫凡杖婦人安車所以養其身體也安車坐乘若今小車也老夫老人稱也亦明君。貪賢春秋傳曰老夫耄矣於其國則稱名君雖尊異之自稱猶若臣越國而問焉必告之以其制鄰國來問必問於老者以答之制法度

疏人。生。至。其。制。○正義曰此一節明人幼而從學至於成德終始之行皆遵禮制各隨文解之○人生十年曰幼學者謂初生之時至十歲依內則子生八年始教之讓九年教之數。目十年出就外傳居宿於外學書計故以十年為節也幼者自始生至十九時故檀弓云幼名者三月為名稱幼冠。禮云棄爾幼志是十九以前為幼喪服傳云子幼鄭康成云十五已。下皆別有義今云十年曰幼學是十歲而就業也○二十曰弱冠者二十成人初加冠體猶未壯故曰弱也至二十九通得名弱冠以其血氣未定故也不曰人生並承上可知也今謂庶人及士之子若卿大夫十五以上則冠故喪服云大夫為昆弟之長殤是也其冠儀與士同故郊特牲云無大夫冠禮是也其大夫之子亦

二十而冠其諸侯之子亦二十○十三而冠天子之子則三十二而冠若天子諸侯之身則皆十二而冠具釋在冠義○三十曰壯有室者則三十二而立血氣已定故曰壯也壯有妻妻居室中故呼妻爲室若通而言之則宮室通名故爾雅云宮謂之室室謂之宮別而言之論其四面穹隆則曰宮因其貯物充實則曰室室之言實也今不云有妻而云有室者妻者齊也齊爲狹局云室者含妾媵事類爲廣案媒氏云男三十女二十鄭康成云二三者天地相承覆之數也易曰參天兩地而地而奇數焉白虎通云男三十筋骨堅強任爲人父女二十肌膚充盛任爲人母合爲五十應大衍之數生萬物也○四十曰強而仕者三十九以前通曰壯壯久則強故四十曰強強有二義一則四十不惑是智慮強二則氣力強也○五十曰艾服官政者四十九以前通曰強年至五十氣力已衰髮蒼白色如艾也五十是知天命之年堪爲大夫服事也大夫得專事其官政故曰服官政也鄭康成注孝經云張官設府謂之卿大夫郎此之謂也熊氏云案中候運衡云年者既艾注云七十曰艾言七十者以時堯年七十故以七十言之又中候準讖哲云仲父年艾誰將逮政注云七十曰艾者云誰將逮政是告老致政致政當七十之時故以七十曰艾○六十曰耆指使者賀瑒云耆至也至老之境也六十耳順不得執事但指事使人也鄭注射義云耆耆皆老也○注六十至不親學○正義曰此王制文引之者證不自使也○七十曰老而傳者六十至老境而未全老七十其老已至故言老也既年已老則傳徙家事付委子孫不復指使也○注傳家至之父○正義曰然庶子年老亦得傳付子孫而鄭唯云謂宗子者爲喪服有宗子孤爲殤鄭云言孤有不孤者謂父有廢疾若七十而老子代主宗事者也鄭今欲會成喪服義故引宗子之父也又一云宗子並謂五宗也五宗之子並是傳祭之身故指之也庶子乃授家事於子非相傳之事此既云傳故鄭知非庶子也必爲宗子父者以經言傳傳者上受父祖之事下傳子孫子孫之所傳家事祭事爲重若非宗子無由傳之但七十之時祭祀之事猶親爲之其視濯漑則子孫故序卦注云謂父退居田里不能備祭宗廟長子當親視滌濯鼎俎是也若至八十祭亦不爲故王制云八十齊喪之事不及

也注云不齊則不祭也○八十九十曰耄耄者僻謬也人或八十而耄或九十而耄故並言二時也○注耄惛至及之○正義曰耄惛忘也者惛忘即僻謬也○所引春秋案左傳昭元年周景王使劉定公勞晉趙孟定公勸趙孟纂禹之績廣○樹之功趙孟對云老夫罪戾朝不謀夕劉子歸語王曰諺所謂老將知而耄及之者其趙孟之謂乎引之者證老爲耄同○七年曰悼悼者悼憐愛也未有識慮甚可憐愛也年七歲而在九十後者以其同不加刑故退而次之也○悼與耄雖有罪不加刑焉者幼無識慮則可憐愛老已耄而可尊敬雖有罪而同不加其刑辟也周禮司刺有三赦一曰幼弱二曰老耄三曰惷愚鄭注云若今時律令未滿八歲八十以上非手殺人他皆不坐故司刺有三赦皆放免不坐也○百年曰期頤者期要也頤養也人年百歲不復知衣服飲食寒煖氣味故人子用心要求親之意而盡養道也頤養也易序卦文大夫七十而致事者七十曰老在家則傳家事於子孫在官致所掌職事還君退還田里也不云置而云致者置是廢絕致是與人明朝廷必有賢代己也白虎通云臣年七十懸車致仕者臣以執事趨走爲職七十耳目不聰明是以退老去避賢也所以長廉遠恥懸車示不用也致事致職於君君不使退而自去者尊賢也○若不得謝者謝猶聽許也君若許其罷職必辭謝云在朝日久勋勞歲積是許其致事也今不得聽是其有德尚壯猶堪掌事不聽去也則必賜之几杖者熊氏云既不聽致事則祭義云七十杖於朝是也不聽致事則王制云七十杖於國八十杖於朝是也案書傳云七十杖於朝鄭注云朝當爲國者以其下有八十杖於朝故以朝當爲國也與王制同並謂聽致事也○行役以婦人者行役謂本國巡行役事婦人能養人故許自隨也○適四方乘安車者適四方謂遠聘異國時乘安車安車小車也亦老人所宜然此養老之具在國及出皆得用之今言行役婦人四方安車則相互也從語便故離言之耳○自稱曰老夫者若此老臣行役及適四方應與人語其自稱爲老夫言己是老大夫也必稱老者明君貪賢之故而臣老猶在其朝也○注几杖至耄矣○正義曰安車坐乘若今小車者古者乘四馬之車立乘此臣既老故乘一馬小車坐乘也庾蔚云漢世駕一馬

而坐乘也熊氏云案書傳略說云致仕者以朝乘車輲輪鄭云乘車安車言輲輪明其小也春秋傳曰老夫耄矣者引左傳證老臣對他國人自稱老夫也此是春秋隱四年衞石碏辭也石碏子厚與衞州吁遊吁弒其異母兄完而自立未能和民欲結強援特陳侯有寵於周桓王州吁與石厚往陳欲因陳自達於周而石碏遣人告陳曰衞國褊小老夫耄矣無能為也此二人者實弒寡君敢卽圖之○於其國則稱名者於其國謂自與其君言也雖老猶自稱名也○注君雖尊異之自稱猶若臣者案玉藻云上大夫曰下臣士相見禮云士大夫於他邦之君曰外臣是上大夫於己君自稱為下臣於他國君自稱為外臣又玉藻云下大夫自名又鄭注玉藻云下大夫自名於他國則曰外臣某是下大夫於己君稱名於他國曰外臣某此既自稱老夫宜是上大夫而稱名從下大夫者既被君尊異故臣亦謙退從下大夫之例而稱名也且玉藻所云是其從下大夫例然臣於君單稱名無嫌也○越國而問焉必告之以其制者越國猶他國也若他國來問己國君之政君雖已達其事猶宜問於老賢老賢則稱國之舊制以對他國之問也

○謀於長者必操几杖以從之從猶就也○長丁丈反下皆同操七刀反長者問不辭讓而對非禮也當謝不敏若曾子之為

疏　謀於至從之○正義曰此一節明有事取謀議於長者各依文解之○操几杖以從之者操執持也杖可以策身几可以扶己俱是養尊者之物故於謀議之時將就也○

凡為人子之禮冬溫而夏清昏定而晨省安定其牀衽也省問其安否何如○夏遐嫁反清七性反字從冫冰冷也衽本或作水旁非也衽而審反徐而鴆反席也在醜夷不爭醜眾也夷猶儕也四皓曰陛下之等夷○儕仕皆反等也沈才詣反皓元老反四皓園公綺季夏黃公角里先生

疏　凡為至不爭○正義曰此一節明人子事親奉養之禮又去爭訟今各隨文解之○昏定而晨省者上云冬溫夏清是四時之法今說一日之法定安也晨旦也應臥當齊整牀衽使親體安定之後退至明旦既隔夜早來視親之安否何如先昏後晨兼示經宿之禮熊氏云晨省

者案內則云同宮則雞初鳴異宮則昧爽而朝○在醜夷不爭者此一句明朋儕禮也醜衆也夷猶儕也皆等類之名風俗語不同故兼言之夫貴賤相臨則存畏憚朋儕等輩喜爭勝負亡身及親故宜誡之以不爭○注醜衆至等夷○正義曰醜衆也釋語文謂在衆不忿爭也云四皓曰陛下之等夷者證夷是等類也四皓漢時隱人高士也其四人一東園公二綺里季三夏黃公四。角里先生皆老髮白皓素因呼爲四皓隱商山不仕高祖數召不出後爲高祖欲廢呂后之子盈而立戚夫人之子趙王如意爲太子張良使太子卑辭安車遣辨士以請四皓四皓果來舍建。城侯所至漢十一年黥布反高祖令太子將兵擊之四皓自相謂曰凡來欲以安太子太子將兵事危矣乃說建。城侯曰太子將兵有功則位不益無功則從此受禍且太子所與諸將皆嘗與上定天下驍將也今使太子將之此無異使羊將狼皆不肯爲用其無功必矣臣聞母愛者子抱之今戚夫人日夜侍御趙王常居前上終不使不肖子居愛子之上明乎其代大子之位必矣君何不急請呂后承閒爲上泣言黥布天下猛將善用兵諸將皆陛下之等夷今令太子將此屬莫肯爲用於是呂后如四皓言以請高祖高祖時疾自行十二年破黥布還而疾益甚愈欲易太子及燕置酒太子侍四皓從太子高祖驚曰吾召公數歲公逃我今反從我兒乎四皓曰陛下輕士善罵臣等義不受辱故恐而亡匿

○夫爲人子者三賜不及車馬三賜三命也凡仕者一命而受爵再命而受衣服三命而受車馬。車馬而身所以尊者備矣卿大夫士之子不受不敢以成尊比踰於父天子諸侯之子不受自卑遠於君○遠于萬反故州閭鄉黨稱其孝也兄弟親戚稱其慈也僚友稱其弟也執友稱其仁也交遊稱其信也。不敢重。受。賜者心也如。此而五者備有焉周禮二十五家爲閭四閭爲族五族爲黨五黨爲州五州爲鄉僚友官同者執友。志同者○僚本又作寮了彫反同官者弟大計反下註同見父之執。不謂之進不敢進不謂之退不敢退不問不敢對敬父同志如事父

此孝子之行也疏夫為至行也○正義曰此一節明人子謙卑行著於外所敬又廣今各隨文解之言夫者貴賤悉然也三賜三命也言為人子雖受三命之尊終不敢受車馬車馬則身有成尊便比踰於父故不受所以許受三命而不許受車馬者命是榮美光顯祖父故受也車馬是安身身安不關先祖故不受也不云不受而云不及者受是已到之日明人子非唯外迹不受抑亦心所不及於此賜也○注三賜至於君○正義曰云三賜不及者受命卽受賜故三賜三命故公羊云命者何加我服錫者何賜也是其命賜將相也云凡仕者一命受爵再命受衣服三命受車馬者皆約周禮大宗伯之文案大宗伯一命受職職則爵也又宗伯三命受位鄭康成云始有列位於王朝今言受車馬者但三命受位卽受車馬以經云車馬故以車馬言之云卿大夫士之子不受不敢以成尊比踰於父者以公侯伯卿三命其子不受不敢比於父公侯伯大夫子男卿再命公侯伯士一命子男之士不命其子三命不受車馬者皆是不敢踰於父不言天子諸侯之子不敢受者以其父位既尊不得言不敢比踰故云自卑遠於君案周禮九儀一命受職再命受服三命受位四命受器五命賜則六命賜官七命賜國八命作牧九命作伯案含文嘉九賜一曰車馬二曰衣服三曰樂則四曰朱戶五曰納陛六曰虎賁七曰斧鉞八曰弓矢九曰秬鬯宋均注云進退有節行步有度賜以車馬以代其勞言成文章行成法則賜以衣服以表其德動作有禮賜以納陛以安其體長於教誨內懷至仁賜以樂則以化其民居處修理房內不泄賜以朱戶以明其別勇猛勁疾執義堅強賜之虎賁以備非常抗揚威武志在宿衛賜以斧鉞使得專殺內懷仁德執義不傾賜以弓矢使其專行慈孝父母賜以秬鬯以歸祭祀鄭司農以周禮九命與九賜是一也然則此三賜鄭康成知非九賜之第三而云三命之賜者康成以九命與九賜不同九賜謂八命作牧九命作伯之後始加九賜知者王制云三公一命卷若有加則賜二曰衣服之屬是也又宗伯八命作牧注云侯伯有功德加命得專征伐王制云賜弓矢然後征詩云瑟彼玉瓚黃流在中傳曰九命然後賜以圭瓚又尚書文侯仇受弓矢秬鬯左傳晉文公受大路戎路弓

矢秬鬯虎賁此皆九命之外始有衣服弓矢秬鬯等之賜故知九賜不與九命同也且此云三賜不及車馬其九賜一曰車馬何由三賜不及車馬乎故知此三賜非九賜之三賜也若是九賜之三賜卽是身八命九命之尊禮絕凡庶何得下文云州閭鄉黨僚友交遊也故康成以爲諸侯及卿大夫之子三命者其公羊說九賜之次與含文嘉不同一曰加服二曰朱戶三曰納陛四曰輿馬五曰樂則六曰虎賁七曰斧鉞八曰弓矢九曰秬鬯異人之說故文有參差大略同也異義許愼說九賜九命鄭康成以爲不同具如前說其大夫賜樂鄉飲酒注云大夫若君賜樂及左傳魏絳有金石之樂非九賜之正法也車馬之賜進退由於君命今言不受者君子仕辭位不辭祿其物終必受之故鄭注下文不敢受重賜者心也○故州閭至稱其信也周禮司徒去王城百里遠郊遠郊之內爲六鄉六鄉之民五家爲比使之相保五比爲閭使之相受四閭爲族使之相葬五族爲黨使之相救五黨爲州使之相賙五州爲鄉使之相賓又遂人職主六遂六遂之民在遠郊之外五家爲鄰五鄰爲里四里爲酇五酇爲鄙五鄙爲縣五縣爲遂遂今不言六遂者舉近耳若六遂之中有此孝者則亦稱之也○兄弟親戚稱其慈也親指族內戚言族外慈者篤愛之名兄弟外內通稱親疏交接並見其慈而稱之○僚友稱其弟也僚友同官者也弟者事長次弟之名孝子能接同官有所次序不敢踰越等級故同官之友稱之○執友稱其仁也執友執志同者也同師之友意趣相得綢繆切磋故其見仁恩之心而稱之○交遊稱其信也交遊汎交也結交遊往本資信合故稱信也熊氏云然此五句上始州閭下及交遊亦其次也前孝後信又爲差序略舉五者餘行可知不敢受賜者心也不受由心故有五稱也○見父之執者此亦承爲人子之事也明非惟見交遊爲善乃偏至父友也自上詣下曰見自下朝上曰見父之執謂執友與父同志者也或故往見或路中相見也

○夫爲人子者出必告反必面告面同耳反言面者從外來宜知親之顏色安否○行音下孟反告古毒反○所遊必有常所習必有業緣親之意欲知之恒言不稱老廣敬年長以倍

則父事之謂年二十於四十者人年二十弱冠成人有為人父之端今四十於二十者有子道內則曰年二十惇行孝弟○冠工喚反惇都溫反十年以長則兄事之五年以長則肩隨之○肩隨者與之並行差退差初佳反徐初宜反羣居五人則長者必異席度以四人為節因宜有所尊

疏夫為至異席○正義曰此一節亦明人子事親之法遊方習業及汎交之禮亦各隨文解之○恒言不稱老者老是尊稱若其稱老乃是己自尊大非是孝子卑退之情故注云廣敬言廣者非但敬親因敬親廣敬他人或云子若自稱老父母則甚老則感動其親故舜年五十而慕是也○年長以倍則父事之者此謂鄉里之中非親非友但二十以後年長倍己則以父道事之即父黨隨行也○注謂年至孝弟○正義曰人年三十而娶於後乃有子則三十於六十乃是倍年今鄭言二十於四十者但二十加冠成人責以為人父為人子之禮雖未有妻子有為人父之端又內則云二十乃能敦行孝弟可責以孝子之行故二十於四十約之為倍年也以二十未合有子故鄭云為人父之端有子道也○二十年以長則兄事之者謂年二十於三十者全倍者父事之半倍故兄事之也凡事之則正差退而鴈行也○五年以長則肩隨之者謂並行而差退若未二十童子則無此禮以其不能惇行孝弟論語云與先生並行王制云父之齒隨行兄之齒鴈行者舉成人有此禮也童子禮則無也此謂二十於二十五者肩隨則齊於鴈行也然則以此肩隨而推之上云父兄事之豈是溫凊如親正言其或行來坐席推前相類耳○羣居五人則長者必異席者謂朋友居處法也羣朋友也子夏曰吾離羣是也古者地敷橫席而容四人四人則推長者居席端若有五人會應一人別席因推長者一人於異席也○注四人至所尊○正義曰熊氏云知四人為節者以此云羣居五人則長者必異席既長者一人異席餘則四人矣案公食大夫禮云蒲筵常加萑席尋此以蒲席者故得容四人此羣居之法若賓主禮席皆無同坐之法故鄉飲酒賓介異席又云衆賓之席皆不屬焉不相連屬也鄉射衆賓之席繼而西謂相連屬也燕禮及大射公三重大夫再重是

皆異席也○爲人子者居不主奧坐不中席行不中道立不中門謂與父同宮者也不敢當其尊處室中西南隅謂之奧道有左右中門謂棖闑之中央內則曰由命士以上父子皆異宮○奧烏報反沈於六反處昌慮反下同棖宜衡反闑魚列五結二反上時掌反凡言以上皆放此

食饗不爲槩槩量也不制待賓客饌具之所有○食音嗣饗本又作享香兩反槩古愛反饌士戀反祭祀

不爲尸尊者之處爲其失子之道然則尸卜筮無父者○爲其音于僞反下注除不爲孤皆同聽於無聲視於無形恒若親之

將有教使然不登高不臨深。不苟訾不苟笑。爲其近危辱也人之性不欲見毀訾不欲見笑君子樂然後笑○訾音紫毀也沈又將知反樂音洛

疏爲人至苟笑○正義曰此一節明孝子居處及行立待賓祭祀敬慎之事各隨文解之○此明孝子居處閨門之內不言凡者或異居禮則不然○居不主奧者主猶坐也奧者室內西南隅也室嚮南戶近東南角則西南隅隱奧無事故呼其名爲奧常推尊者于閑樂無事之處故尊者居必主奧也既是尊者所居則人子不宜處之也○坐不中席者一席四人則席端爲上今不云上席而言中者舊通有二一云敬無餘席非唯不可上亦不可中也一云共坐則席端爲上獨坐則席中爲尊尊者宜獨不與人共則坐常居中故卑者坐不得居中也○行不中道者尊者常正路而行卑者故不得也男女各路路各有中也○立不中門者中央有闑闑傍有棖棖謂之門梐今云不中門者謂棖闑之中是尊者所行故人子不得當之而行也○注謂與至異宮○正義曰凡上四事皆謂與父同宮者爾若命士以上則父子異宮則不禁所以爾者有命既尊各有臣僕子孫應敬己故也云不敢當其尊處者四事皆尊者之處室中西南隅謂之奧者爾雅釋宮文郭璞注云隱奧之處西北隅謂之屋漏孫氏云日光所漏入東北隅謂之宧孫氏云日側之明是宧明也東隅謂之窔郭氏云隱闇也云內則曰由命士以上父子皆異宮者證有異居之道也○食饗不爲槩者熊氏云謂傳家事任子孫若不傳家事則子孫無待賓之事

大夫士或相往。來設於饗食槩量也不制設待賓饌其事由尊者所裁而子不得輒豫限量多少也○祭祀不爲尸者尸代尊者之處故人子不爲也○聽於無聲者謂聽而不聞父母之聲此明人子常禮也○視於無形者謂視而不見父母之形雖無聲無形恒常於心想像似見形聞聲謂父母將有教使己然也○不苟呰不苟笑者苟且也相毀曰呰不樂而笑爲苟笑彼雖有是非而己苟譏毀呰笑之皆非彼所欲必反見毀辱故孝子不爲也○注爲其至後笑○正義曰危解不登高不臨深辱釋不呰不笑也云君子樂然後笑者引論語證不苟笑之事也此是公明賈答孔子云夫子樂然後笑人不厭其笑也

孝子不服闇不登危懼辱親也服事也闇冥也不於闇冥之中從事爲卒有非常且嫌失禮也男女夜行以燭○暝本亦作冥莫定反下同卒才忽反

父母存不許友以死。爲忘親也死爲報仇讎。不有私財

疏孝。子。至。私。財○正義曰此一節明孝子自謹慎其身不許友以死及不得有私財之事各隨文解之○不服闇者服事也謂不行事於闇中也一則爲卒有非常一則闇中行事好生物嫌故孝子深戒之○父母存不許友以死者謂不許爲其友報仇讎親存須供養則孝子不可死也若父母存許友報仇怨而死是忘親也親亡則得許友報仇故周禮有主友之讎視從父兄弟白虎通云。親友之。道不得行者亦不許友以死耳○不有私財者家事統於尊財關尊者故無私財

○爲人子者父母存冠衣不純素。爲其有喪象也純緣也玉藻曰縞冠玄武子姓之冠也縞冠素紕既祥之冠也深衣曰具父母衣純以青○純諸允反又之閏反下及注皆同緣悅絹反縞古老反沈又古到反紕婢支反徐補移反

疏○爲。人。至。純。素。○正義曰此一節明爲人子父母存及孤子衣冠純飾不同之事各隨文解之不言凡者若仕者或遇凶荒雖親存亦須素服非要在親沒故不言凡○父母存冠衣不純素者冠純謂冠飾也衣純謂深衣領緣也禮具父母大父母。存冠衣純以。繢若有父母無太父母則純以青若少而幷無則乃純素也故親存者不得純素也○注爲其至以青○正義曰引玉藻縞冠玄武子姓

之冠謚冠純有吉凶之別也縞冠者薄絹爲之玄武者以黑繒爲冠卷也子姓者姓生也孫是子所生故謂孫爲子姓父有服未畢子雖已除猶未全吉也故縞冠玄武玄武是吉縞冠爲凶明吉凶兼服也何胤云繒裹卷武也云縞冠素紕既祥之冠也又謚有素爲凶也當祥之日朝服縞冠祥祭之後則縞冠素紕何胤云素紕謂緣冠兩邊云深衣曰具父母衣純以青者引謚不純以素之事

孤子當室冠衣不純采

早喪親雖除喪不忘哀也謂年未三十者三十壯有室有代親之端不爲孤也當室適子也深衣曰孤子衣純以素○早喪息浪反適丁歷反

【疏】孤子至純采○正義曰上言有親而不素此言無親而素者也孤子謂二十九以下而無父者當室謂適子也既少孤故雖除服猶自素也然深衣云孤子衣純以素則嫡庶悉然今云當室則似庶子不同所以爾者通者有二云凡子皆然豈唯當室但嫡子內理蒸嘗外交宗族代親既備嫌或不同故特明之所以鄭引深衣爲注會謚凡孤子悉同也崔靈恩云指謂當室不當室則純采所以然者當室之孤內理蒸嘗外交宗族所履之事莫不傷心故特純素示哀也深衣不云當室者文略耳○注早喪至以素○正義曰三十以外遭喪者除服後即得純采今所言雖是除喪未三十不得純采若至三十則亦采也故云當室適子也深衣曰孤子衣純以素也然注前解適子後引深衣似崔解也深衣不言冠者從可知也

○幼子常視毋誑

視今之示字小未有所知常示以正物以正教之無誑欺○視音示誑本或作迋注同九況反欺也

童子不衣裘裳

裘大溫消陰氣使不堪苦不衣裘裳便易○衣於既反下同大音泰徐他佐反便婢面反易以豉反

立必正方不傾聽

習其端正

自長者與之提攜則兩手奉長者之手

習其扶持尊者提攜謂牽將行○提大兮反攜戶圭反奉芳勇反又扶恭反下及注奉扃奉席奉箕皆同

負劍辟咡詔之

負謂置之於背劍謂挾之於旁辟咡詔之謂傾頭與語口旁曰咡○辟匹亦反側也徐芳益反沈扶赤反注同咡徐如志反何云口耳之間曰咡挾音協

則掩口而對

習其鄉尊者屏氣也

○掩於檢反鄉許亮反本又作嚮後文注皆同屏必領反

疏幼。子。至。裘。裳。○正義曰此一節明父母教子及衣裘裳之法也各隨文解之○小兒恒習效長者長者常示以正事不宜示以欺誑恐即學之故曾子兒啼。妻云兒莫啼吾當與汝殺豕兒聞輒止妻後向曾子說之曾子曰勿教兒欺即殺豕食兒是不誑也○注視今之示字○正義曰古者觀視於物及以物視人則皆作示傍著見後世已來觀視於物作示傍著見。以物示人單作示字故鄭注經中視字者是今之以物示人之示也是舉今以辨古昏禮視諸衿鞶注云視乃正字今文視作示俗誤行之言視正字也言古之以物示人作視字爲正故云視乃正字今文儀禮應爲古視字乃作今示字故言俗誤也○童子不衣裘裳者童子未成人之名也衣猶著也童子體熱不宜著裘裘大溫傷陰氣也又應給役若著裳則不便故並不著也故童子並緇布襦袴也○注裘大至便易○正義曰使不堪苦者熱消陰氣則不堪苦使也此童子不衣裘裳二十則可故內則云二十可以衣裘帛國君十二冠則裘裳早矣女子十五許嫁者則亦衣帛詩云乃生男子載衣之裳是初生暫行此禮○立必至而對○立必正方立宜正鄉一方不得傾頭屬聽左右也張逸云此說其威儀常然○長者與之提攜則兩手奉長者之手者非唯教之聽立至於行步亦宜教之提攜謂牽將行時因牽行之又教之爲節也奉長者之手爲兒長大方當供養扶持長者故先使學之令習便也張逸云說其見與行之法也○負劍辟咡詔之者豈但在行須教正在抱時亦令習也負謂致兒背上也劍謂挾於脅下如帶劍也辟傾也咡口旁也詔告也長者或若負負兒之時而與之語當傾頭以告之也不正嚮之令氣不觸兒也亦令見長者所爲而復習之也張逸云辟咡詔之傾頭以告教之也此長者之爲也此負謂兒在人背上曰負兒在懷中亦稱負謂兒負之故內則云三日始負子注云負之謂抱之○注口旁曰咡○正義曰案管子書弟子職云食已循咡覆手謂弟子食訖以手循覆於咡故知是口旁也○則掩口而對者鄉長者告語之此是童子答長者童子雖未能掩口而對長者亦教其爲之其禮以爲後法掩口恐氣觸人張逸云謂令小者如是所習鄉尊者屏氣。也

附釋音禮記注疏卷第一

禮記注疏卷一校勘記　　阮元撰盧宣旬摘錄

禮記正義序

國子祭酒上護軍曲阜縣開國子臣孔穎達等奉勅撰此本序題如此與七經孟子考文所記宋板題式同勅字提行閩本同監本改題唐孔穎達撰五字毛本因之非舊式也

燔黍則大享之濫觴閩監毛本同嘉善浦鏜正誤云享當烹字誤按大享見書盤庚享與饗通大饗見本經者多矣浦鏜非是

而國異家殊閩監毛本同惠棟校宋本而作然○凡惠棟校宋本與監本同者不載

俱以所見惠棟校宋本作俱閩監毛本作是此本俱字闕

各記舊聞閩本同監毛本聞誤門

南人有賀循賀瑒庾蔚崔靈恩沈重宣皇甫侃等北人有徐道明李業興李寶鼎侯聰熊安等閩監毛本同盧文弨校本蔚下補之字浦鏜從衛氏集說宣上補范字安下補生字皆是也○按道明當作遵明

恐獨見膚淺閩監毛本作膚此本膚誤虜

禮記正義此本於禮記正義序之後別出此篇目閩本脫監毛本無

夫禮者經天地至不復繁言也 案此篇卽曲禮二字下正義考文於曲禮二字下正義云正德嘉靖二本以此一段別題禮記正義四字以在正義序後亦爲重複也指此篇

附釋音禮記注疏卷第一 惠棟校宋本作禮記正義卷第一

國子祭酒上護軍曲阜縣開國子臣孔穎達等撰 惠棟校宋板撰上有奉勅二字勅字提行

國子博士兼太子中允贈齊州刺史吳縣開國男臣陸德明釋文 案七十卷正義不附音釋無此行題名此本附釋音故兼題之如此閩本始變此本題式於首行去附釋音三字又削去二臣署銜改題曰漢鄭氏注唐孔穎達疏陸德明釋文監本又削云陸德明釋文五字毛本因之又改卷第一爲卷之一皆不如此本原題之善

禮記 閩監毛本同考文云宋板無禮記二字案此禮記二字不當冠此節正義上當次在曲禮上第一下如此本二卷以後題式庶爲得之

正義曰夫禮者 閩監毛本同考文引宋板無正義曰三字

故禮運云夫禮必本於大一 惠棟校宋本同閩監毛本大作太案禮運作大經典太字多作大荀子禮論以歸大一楊倞注云大讀爲太

天皇之先與乾曜合元 閩監毛本同浦鏜云元繹史作德天皇下有氏字案今本通卦驗天皇作太皇元亦作元鄭注謂皇君也元天之始也不當如繹史所引

君之用事五行王亦有五期閩監毛本同浦鏜云君疑天字誤王當皇字誤案今本通卦驗鄭注作君字與此同又王上有代字然則王當讀爲生王之王浦鏜說非也

遂皇謂遂人閩監毛本同浦鏜從周禮序校遂人改人皇案通卦驗又云燧人之皇故可稱遂皇可稱遂人可稱人皇其實一也疏下文云自人皇初起人皇卽遂皇也使此處已作遂皇謂人皇下又何必申言人皇卽遂皇也

至伏犧始作十二言之教閩監毛本同案左氏定四年傳正義引虙羲作十言之教曰乾坤震巽坎離艮兌消息此疏二字誤衍段玉裁校本云二字衍是也

一紀二十七萬六千年七六二字誤倒段玉裁云禮運正義可證也

方叔機注六藝論云閩監毛本同惠棟校宋本機作璣

案封禪云閩監毛本同惠棟校宋本云作書

禮理起於太一閩監毛本同惠棟校宋本太作大下其禮理起於太一同按作大是

統之心體以齊正於物故爲體惠棟校宋本作爲體此本爲體誤爲禮閩監毛本同

然周旣禮道大用閩監毛本同浦鏜校云用疑備字誤

案孝經說云經禮三百閩監毛本同惠棟校宋本經禮作禮經

或一篇一卷閩監毛本同惠棟校宋本或作故

七十二子之徒共撰所聞惠棟校宋本有子字此本子字脫閩監毛本同衞氏集說亦作七十二子之徒

其周禮儀禮是禮記之書閩監毛本同案此是禮記之是猶下則此禮記是也之此非謂周禮儀禮皆爲禮記也浦鏜從衞氏集說校於是上補亦字大誤

楊榮字子孫仁爲大鴻臚閩監毛本同惠棟校宋本孫仁二字倒山井鼎云漢書儒林傳注子孫孫楊榮字宋板爲非仁即橋仁○按宋刻漢書作楊子榮子孫師古曰子孫子榮之字也

其周官者始皇深惡之閩監毛本同惠棟校宋本皇誤星之字脫

鄭衆賈逵往授業焉閩監毛本同衞氏集說授改受杜佑通典亦云鄭衆賈逵皆往受業

曲禮上第一閩監毛本同按此下當有禮記鄭氏注五字石經嘉靖本皆有正義本亦當有觀此節正義云禮記者一部之大名曲禮者當篇之小目既題曲禮於上故著禮記於下以配注耳是解曲禮二字又鄭氏者姓鄭名元云云是解鄭氏二字注者即解書之名云云是解注字皆隨文詮解也此本二卷以後題當篇小目下多有禮記鄭氏注五字亦刪除之不盡者釋文出曲禮云本或作曲禮上者後人加也正義本從作曲禮上所謂上者對下生名本以語多簡策重大分爲上下是也

然鄭亦附盧馬之本而爲之注閩監本同毛本鄭誤後案考文引宋板亦作鄭

曲禮曰節

儼若思閩監毛本同石經同岳本同嘉靖本同釋文出嚴云本亦作儼正義本作儼○按儼正字嚴假借字

乘玉路不式閩監毛本同浦鏜校玉改王

敖不可長節

敖不可長欲不可從閩監毛本同石經同岳本同嘉靖本同考文引古本敖作傲從作縱案古傲縱多止作敖從釋文出敖字並引王肅遨遊訓遨遊決不作傲字出可從云放縱也以縱訓從知亦不作縱也

敖不至可極閩監毛本同惠棟校宋本無此五字

必由乎此閩監毛本同惠棟校宋本乎作於

玉杯象箸之等閩本同監毛本箸作著案作箸是也

唯有民隊塗炭淫於妹嬉之事惠棟校宋本同閩本隊作墜監毛本隊作墜嬉作喜

賢者狎而敬之節

雖有貴戚近習閩監毛本同岳本同嘉靖本同案釋文出貴傶云音戚本亦作戚正義本作戚

晉咎犯閩監毛本同岳本同惠棟校宋本咎作舅嘉靖本同宋監本同案作咎者釋文本也作舅者正義本也今正義本亦作咎則後人依釋文

改之疏中舅字尚仍其舊衛氏集說亦作晉舅犯○凡宋監本與監本同者不載

彼已俱疑而已成言之 閩監毛本同嘉靖本同惠棟校宋本己作已宋監本同岳本同案己已二字不同惟唐石經及宋本不誤此本以下率混作之此當作己下已若不疑同後可意會者不出

賢者至勿有 惠棟校宋本無此五字

賢是有德成之稱 閩監毛本同浦鏜謂成字衍從衛氏集說也

不在四科而子路入四科 監毛本如此此本而上誤閒一○閩本同

憎謂己所嫌慢 閩監毛本同惠棟校宋本己作已考文云宋板慢作恨

若祁奚知其解狐是也 惠棟校宋本同閩監毛本其下有仇字

今謂己有畜積 惠棟校宋本畜同己作已閩監毛本畜作蓄案古蓄多作畜

鄭國飢子皮貸民粟戶一鐘 閩監毛本同浦鏜校飢改饑鐘改鍾案五經文字云饑穀不熟飢餓也經典或借用飢字是飢饑二字通也

有害以否 惠棟校宋本同閩監本以作與毛本作於案以與於一聲之轉詩擊鼓不我以歸鄭箋以猶與也儀禮鄉射各以其耦進鄭注今文以爲與以古文與今文於誤字○按唐人正義多作以否

而有小小鬩很閩本同惠棟校宋本同監毛本而作如案而如一聲之轉古通用

不知爲不知也閩監毛本同惠棟校宋本也上有是知二字考文引宋板不知也下有是知也三字

若夫節

晉士匄閩監毛本同岳本同嘉靖本同釋文出士丐云本亦作匄正義本亦作匄是也丐別爲一字音彌兗切

若夫至從俗惠棟校宋本無此五字

退而蒐乘此本乘字模糊監毛本作乘閩本作集非

齊侯還卒閩本同監毛本還作環是也

故云不可常也惠棟校宋本作也此本也誤云閩監毛本同

夫禮者節

夫禮至往教惠棟校宋本無此五字

女君爲妾若報之則太重惠棟校宋本同閩監毛本報誤服案喪服有報程瑤田云報者同服相爲之名是故以期報期

以大小功報大小功以緦報緦無此重彼輕之殊故謂之報三本不知報義妄改爲服誤甚

是決嫌疑者孔子之喪字閩監毛本同惠棟校宋本嫌下有也字無疑者二字是也衞氏集說同

若主人未斂閩監毛本同考文引宋板斂上有小字○按檀弓有小字

不辭費者閩監毛本同惠棟校宋本無者字

禮以文飾閩監毛本同考文引宋板以下有爲字○按當作文下有爲字考文誤

禮聞來學不聞往教惠棟校宋本此節以上爲第一卷卷末標禮記正義卷第一終案各本俱六十三卷故無此標題惠棟又記云凡十三頁

道德仁義節惠棟校宋本自此節起至幼子常視毋誑節止爲第二卷卷首題禮記正義卷第二

分爭辨訟石經同嘉靖本同閩監毛本辨作辯岳本同釋文出辯訟衞氏集說亦作辯案五經文字云辯理也辨別也經典或通用之此注辨訓別固當以辨爲本字也

涖官行法石經同宋監本同岳本同嘉靖本同閩監毛本法作灋衞氏集說同案釋文不爲灋字作音是亦作法不作灋盧文弨校云此書不應用周官字俱當作法爲是

供給鬼神閩監毛本同石經同岳本同嘉靖本同釋文出共給云本或作供正義本作供賈誼新書禮篇亦作供給○按供給字古亦借共字爲之

是以君子恭敬撙節退讓以明禮各本同案說文無撙字錢大昕云撙當爲剸說文剸減也又荀子不苟篇恭敬縛屈仲尼篇尊貴之則恭敬而僔其義皆與撙同○按剸撙古今字

撙猶趨也 段玉裁云案趨同趣疾也當音促非趨走之趨

鸚鵡能言 閩監毛本同石經同岳本同嘉靖本同釋文出嬰母云本或作鸚鵡正義本作鸚鵡○按說文作鸚䳇

不離禽獸 閩監毛本同石經同岳本同釋文出禽獸云盧本作走獸案正義云鸚鵡不曰獸而猩猩通曰禽是正義本從作禽之證

是故聖人作 閩監毛本同岳本同嘉靖本同衞氏集說同石經故作以考文引古本足利本同

道德至禽獸 惠棟校宋本無此五字

不用禮無由得成 惠棟校宋本作禮此本禮誤理閩監毛本同

小異大同分爭辨訟 閩監本同惠棟校宋本同毛本分上有○

爭則萬事通名 惠棟校宋本有爭字此本脫爭字閩監毛本同

是學職事爲官也 閩監毛本同惠棟校宋本官作宦案此本注疏中宦字皆作官卽經文宦字亦爲有修改疑初是官字後改作宦若閩監毛本則皆作宦唯此一字尙仍作官也

祠謂報塞 惠棟校宋本同閩監毛本塞作賽案文選勸晉王牋云西塞江源李善注塞謂報神恩也後漢書曹節傳云詔大官給塞具李賢注塞報祠也是古報賽通作邊塞字○按周禮注正作塞塞賽古今字

既道德仁義已下 閩監毛本同浦鏜校既作自

今交阯封谿縣閩監本同毛本阯作趾案交趾古通作交阯說文無趾字爾雅釋木注交阯釋文云本亦作趾

以禽作六摯閩監毛本作摯此本摯誤鷙考文引宋板作贄五經文字云摯握持也經典通以爲執摯之摯與贄同○按依說文當作𡠗假借作摯

禽者鳥獸之總名按白虎通是也王用三驅失前禽則驅者亦曰禽矣

太上貴德節

太上貴德衞氏集說亦作太閩監毛本太作大石經同岳本同嘉靖本同案釋文出大云音泰五經文字大爲太假借字經典通用○按大太古今字

負販者尤輕恌志利閩監毛本作恌岳本同嘉靖本同此本恌誤桃釋文作佻

宜若無禮然惠棟校宋本同宋監本同岳本同嘉靖本同衞氏集說同閩監毛本然然誤爲考文引古本足利本亦作然

太上至不懾惠棟校宋本無此五字

故詩緯含神務閩監毛本同惠棟校宋本務作霧不誤

皇道帝德非朕所事惠棟校宋本作事此本事誤專閩監毛本同

人生十年曰幼節

二十曰弱冠三十曰壯有室閩監毛本同岳本同嘉靖本同石經二十作廿三十作卅案說文廿二十幷也卅三十幷也古文省〇按段玉裁云廿讀如入卅讀如颯秦刻石文如是幷爲一字則不讀爲兩字也

六十曰耆石經作耆岳本嘉靖本監毛本並同此本耆誤耆閩本同五經文字云耆從老省從旨今或作耆下目非則知作耆俗字其來已久衞氏集說亦作耆

八十九十曰耄閩監毛本同岳本嘉靖本同石經耄作耄衞氏集說同釋文出八十九十曰旄云本又作耄注同案耄正字耄俗字旄假借字正義本當從作耄釋文又云本或作八十九十曰耋九十曰旄後人妄加之錢大昕云曲禮有曰耋二字者當是古本而陸氏以爲後人妄加蓋失之矣臧琳經義雜記鄭注本則無曰耋二字故曲禮注不解耋字或又益之鄭本陸氏所以斥爲妄加也案疏云人或八十而耄或九十而耄故並言二時是正義本無曰耋二字〇按宋監本作耄後同依說文當作薹從老蒿省聲

耄惛忘也監毛本同岳本同閩本惛作昏案衞氏集說亦作耄惛忘也嘉靖本惛作惽

亦明君貪賢閩監毛本同岳本同惠棟校宋本貪作尊嘉靖本同儀禮經傳通解同案考文引古本足利本亦作尊

人生至其制惠棟校宋本無此五字

九年教之數日惠棟校宋本作日此本日誤目閩監毛本同

冠禮云棄爾幼志閩監毛本同衞氏集說同惠棟校宋本禮作義案棄爾幼志四字見儀禮士冠禮禮記冠義無之宋本非也

十五已下閩監毛本同惠棟校宋本已作以案以與已字本同見檀弓下注詩文王傳帝乙已上

論其四面穹隆則宮案則下脫曰字

參天兩地而倚數焉閩監毛本如此此本地下誤衍而地二字倚誤奇案易說卦釋文蜀才本作奇此非用別本但偏旁省耳

年耆既艾閩監毛本同浦鏜云北史作堯年耆艾

賀瑒云閩監毛本作瑒此本瑒誤場

故引宗子之父也閩監毛本同浦鏜校云引當云字誤

廣樹之功閩監毛本如此此本樹上誤隔一〇考文云宋板作廣遠樹之功

老已耄而可尊敬閩監毛本同衛氏集說而作則

人年百歲閩監毛本同考文引宋板年作生

安車坐乘若今小車者閩監本同毛本安誤坐考文引宋板作安

謀於長者節惠棟云宋本此節經長者問至凡爲人子者節疏不敢以成尊比踰於父止闕

几可以扙己閩本同監毛本扙作扶衛氏集說同

故於謀議之時將就也閩監毛本將作持考文引宋板持作將正德本同

凡爲人子之禮節

安定其牀衽也閩監毛本作衽此本衽誤在岳本安定作定安嘉靖本同考文引宋板同通典六十八同案以安其牀衽訓定字與以問其安否何如訓省字文法同岳本爲是正義亦云定安也

四角里先生閩本同監毛本角作甪盧文弨禮記音義攷證云甪係俗字宋本作角李匡乂資暇錄云漢四皓其一角里先生角音祿今多以覺音呼誤也至於改角里爲甪里則益謬矣案今所刻隸釋有四老神坐机作甪里乃沿俗誤寫非必本來如此

四皓果來舍建城侯所閩本同監毛本城作成下乃說建城侯同案建成侯呂澤也今史記漢書成字俱無土旁

夫爲人子者三賜不及車馬節

車馬而身所以尊者備矣閩監毛本同岳本同嘉靖本同考文引古本足利本車馬上有受字衛氏集說同

不敢重受賜者心也如此閩監毛本亦誤作重受此本賜誤賜此誤北考文引宋板古本足利本作受重岳本嘉靖本同案受重與疏合

執友志同者閩監毛本同岳本同嘉靖本同考文引古本足利本志上有執字案執志同者與疏合

見父之執閩監毛本同石經同岳本同考文引古本足利本執下有友字案疏云父之執謂執友是正義本執下亦無友字

夫爲至行也惠棟校宋本無此五字

受是已到之日閩監毛本同考文引宋板日作目

云三賜不及者閩監毛本同考文引宋板不及作三命

是其命賜相將也監毛本作相將此本相將二字倒閩本同

以代其勞公羊莊元年疏引作以代其步

內懷仁德公羊疏引作內懷至仁

使其專行閩監毛本行作征公羊疏引作使得專征

以歸祭祀公羊疏引作使之祭祀

鄭司農以周禮九命與九賜是一也閩監本同毛本周誤九

而云三命之賜者閩監毛本云誤亡惠棟校宋本作云考文引宋板作云並與此本同毛本三字闕上二畫似一字

其物終必受之閩監毛本同惠棟校宋本物作賜

去王城百里置遠郊惠棟校宋本作百里置此本里字脫閩監毛本脫置字毛本去誤云

事長次弟之名閩監毛本弟作第案說文次弟字本作弟

緺繆切瑳閩監毛本瑳作磋案磋字說文所無陸氏大學釋文亦作如瑳然大學經疏自作磋此處正義或從瑳二字亦通用也

故稱信也熊氏云 閩監毛本熊氏上誤隔一〇考文引宋板與此本同

夫爲人子者出必告節

恒言不稱老 恒字闕筆閩本同監本作恆毛本作恆岳本作恒石經此恒字漶滅以他處定之此恒字亦當作恒顧炎武謂避穆宗諱是也此本尚沿其缺筆耳

以二十未合有子 閩監毛本作合此本合誤今

則正差退而鴈行也 閩監本同毛本鴈作雁下鴈行同案依說文當從雁段玉裁云許意隹部雁爲鴻雁鳥部鴈爲鵝

爲人子者居不主奧節

道有左右 此本左字闕閩監毛本作左通典六十八左誤宅

爲其失子之道 閩監毛本同岳本同衞氏集說無之字嘉靖本同宋監本同

不臨深 閩監本同石經同岳本同毛本深作㴱五經文字云㴱說文深經典相承隸省〇按依說文當作㴱罙㴱古今字說詳段玉裁說文注

不苟笑 閩監毛本同岳本作笑石經作笑案說文竹部笑解闕五經文字笑從竹下犬九經字樣謂笑本字笑經典相承

人之性不欲見毀訾 閩監本同岳本嘉靖本同衞氏集說同毛本欲誤敢考文引宋板古本足利本亦作欲通典六十八同

爲人至苟笑 惠棟校宋本無此五字

常推尊者于閑樂無事之處閩監本同毛本閑作閒案閑閒古通用顏氏家訓書證篇云古無二字又多假借以中爲仲以閒爲閑如此之類亦不勞改是也

故尊者居必主奧也閩監毛本同考文引宋板主作至按至字非

東北隅謂之宧惠棟校宋本同閩監毛本宧誤窅

東南隅謂之窔惠棟校宋本有南字此本南字脫閩監毛本同

大夫士或相往來閩監毛本同考文引宋本來作者

孝子不服闇節

闇冥也閩監毛本同岳本嘉靖本同釋文出暝云本亦作冥正義本從作冥通典六十八亦作冥也

男女夜行以燭閩監毛本同岳本同衞氏集說同考文引古本足利本男上有禮字通典六十八禮字亦無

死爲報仇讎閩監毛本如此岳本嘉靖本同衞氏集說同此本讎誤有考文引古本爲作謂

孝子至私財惠棟校宋本無此五字

自謹慎其身不許友以死閩監本同毛本死誤私考文引宋板作死是也

爲其友報仇讎親存存須供養閩監毛本親上有也字存字不重是也

白虎通云親友之道不得行者閩監毛本同浦鏜校謂親爲朋誤道下脱親在二字

爲人子者父母存節

冠衣不純素閩監毛本同岳本同石經純字缺筆作紅後同顧炎武云避憲宗諱

爲人至純素惠棟校宋本無此五字

具父母大父母存冠衣純以繢閩監毛本作繢此本繢作貴省去糸旁非也浦鏜云存字衍○按浦鏜是也否則與深衣不合

孤子當室節

孤子至純采惠棟校宋本無此五字

指謂當室閩監毛本同考文引宋板當室下有者字

幼子常視毋誑節

幼子至裘裳惠棟校宋本無此五字

故曾子兒啼妻云監毛本作妻此本妻誤箋閩本同衞氏集說不誤

以物示人單作示字閩監本同毛本以誤於

所習嚮尊者屏氣也惠棟校宋本此下另行標禮記正義卷第二終又記云凡十九頁

禮記注疏卷一校勘記

附釋音禮記注疏卷第二

曲禮上

禮記　　鄭氏注　　孔穎達疏

從於先生不越路而與人言尊不二也先生老人教學者○從才用反下皆同遭先生於道趨而進正立拱手爲有教使○拱俱勇反先生與之言則對不與之言則趨而退爲其不欲與己並行從長者而上丘陵則必鄉長者所視爲遠視不察有所問○上時掌反下同疏從於至所視○正義曰此一節明事師長之禮幷自此恭謹之法今各隨文解之○從於先生者謂從行時先生師也謂師爲先生者言彼先己而生其德多厚也自稱爲弟子者言己自處如弟子則尊師如父兄也故公西華子夏之徒荅孔子皆自稱弟子也雷次宗以爲師如父兄故自稱弟子也今明若從師行不得輒往路傍與他人言也而論語云有酒食先生饌則先生之號亦通父兄崔靈恩云凡言先生謂年德俱高又教道於物者凡云長者直以年爲稱也凡言君子者皆爲有德尊之不據年之長幼故所稱不同也○遭先生至拱手者此明道路與師長相逢之法遭逢也趨疾也拱手見師而起敬故疾趨而進就之也又不敢斥問先生所爲故正立拱手而聽先生之教○注先生老人教學者○正義曰案書傳略說云大夫士七十而致仕大夫爲父師士爲少師教於周禮鄉射注云先生鄉大夫致仕者此云老人教學者則通凡老而教學者是未必皆致仕者○與之言則對者此謂問時事之言則對若問己大事則辭讓然後對故前文云長者問不辭讓而對非禮也○則必鄉長者所視者長者東視則東視長者西視則西視從先生君子亦然登城不指城上不呼爲惑人○呼火故反號叫也將適

舍求毋固謂行而就人館固猶常也求主人物不可以舊常。致時乏無周禮土訓辨地物原其生以詔地求其類將上堂聲必揚
警內人也○警京領反【疏】將適舍求毋固○正義曰自此以下雖從師長兼明爲賓客禮也適猶往也舍主人家也固猶常也凡往人家不可責求於主
人覓常舊有之物故曰求毋固也○注周禮至其類○正義曰案地官土訓職云辨地物鄭注云別其所有所無原其生生者生有時以告王之求也若地所無
及物未生則不求與此相類也故引之證求毋固也戶外有二屨言聞則入言不聞則不入將入戶視必
下入戶奉扃視瞻毋回不于掩人之私也奉扃敬也○屨紀具反單下曰屨聞音問又如字下同視常止反下同徐音示沈又市志反
扃古螢反何云關也一云門扇上鐶鈕瞻毋徐音如字戶開亦開戶闔亦闔不以後來變先○闔胡臘反有後入者闔
而勿遂示不拒人○拒其許反毋踐屨毋踖席摳衣趨隅必慎唯諾趨隅升席。必由下也慎唯諾者不先舉見
問乃應○踖在亦反一音席躐也摳苦侯反提也下及注同趨七俱反向也注同本又作走徐音奏又如字唯于癸反應辭也注同徐于比反沈以水反諾乃
各反應應對之應【疏】戶外至唯諾○正義曰此一節明謂室有兩人故戶外有二屨此謂兩人體敵故二屨在外知者以鄉飲酒無。筭爵賓主皆降脫屨
於堂下以體敵故也若尊卑不同則長者一人脫屨於戶內故少儀云排闔脫屨於戶內者一人而已矣是也案屨人注云複下曰舄。禪下曰屨古人言屨以
通於複今世言屨以通於禪如鄭此言古人之言無問禪之與複皆名爲屨今人言屨正謂禪者也○言聞則入言不聞則不入者若一屨有一人一人無非
法之私事則外人可即入若有二屨二屨是有二人或。清。閑密事若內人語聞於戶外。則外人乃可入也熊氏以爲一人之屨在戶內其戶外有二屨則三人
也下文云離坐離立無往參焉則知戶內二人不得參之故知戶外有二屨者當有三人義亦通也○將入戶視必下者雖聞言而入亦不得舉目而視恐覩

人私故必下○入戶奉扃者奉扃之說。事有多家今謂禮有鼎扃所以關鼎今關戶之木與關鼎相似亦得稱扃凡常奉扃之時必兩手向心而奉之今入戶雖不奉扃木其手若奉扃然以其手對戶若奉扃言恭敬故言奉扃也是以注云奉扃敬也○視瞻毋回者初將入時視必下而竟不得迴轉廣有瞻視也○戶開亦開者既入戶不以後來變先若戶本開則今入者不須闔也○戶闔亦闔者戶若本闔則今入者不須開也○有後入者闔而勿遂者有後入者謂己於先入後猶有人又應入者也雖已應還闔當徐徐欲作闔勢以待後入不得遂闔以成拒後人故注云示不拒人○毋踐屨者踐蹋也既並脫屨戶外其人或多若後進者不得蹋先入者屨○毋踏席者踏猶躐也席既地鋪當有上下將就坐當從下而升當已位上不發初從上從上爲。躐席也玉藻云升席升席不由前爲。躐席也熊氏以爲踏席猶逆席逆席謂從上升故鄭云必由下玉藻所云者自是不由席前升與此別○摳衣趨隅者摳提也衣裳也趨猶向也隅猶角也既不踏席當兩手提裳之前徐徐向席之下角從下而升當己位而就坐也○必慎唯諾者唯唹也唹諾應對也既坐定又慎於應對○注趨隅至乃應○正義曰案鄉飲酒云賓升席自西方注云升由下也升必中席彼謂近主人爲上故以主西爲之下凡席皆升由下降由前云慎唯諾者不先舉見問乃應者舉猶問也謂不先問也

大夫士出入君門由闑右

臣統於君闑門橛○闑魚列反橛也橛求月反門中木

不踐閾

閾門限也○閾于逼反一音況域反

疏。大。夫。至。踐。閾○正義曰此一節明大夫士出入君門之法門以向堂爲正右在。東故盧注檀弓下云門以向堂爲正主人位在門東客位在門西今此大夫士是臣臣皆統於君不敢自由賓故出入君門恆從闑東也其士之朝位雖在西方東面入時仍依闑東其大射注云左則由闑西者汎解賓客入門之法也○不踐閾者踐履也閾門限也出入不得踐履門限所以爾者一則自高二則不淨並爲不敬

○凡與客入者每門讓於客

下賓也敵者迎於大門外聘禮君迎賓於大門內○下遐嫁反

曰客至於寢門則主人請入

爲席爲猶敷也雖君亦然○敷芳夫反然後出迎客客固辭又讓先入主人肅客而入肅進也進客謂道之○道音導主人入門而右客入門而左右就其右左就其左主人就東階客就西階客若降等則就主人之階降下也謂大夫於君士於大夫也不敢輒由其階卑統於尊不敢自專主人固辭然後客復就西階復其正○復音服後此音更不重出主人與客讓登主人先登客從之拾級聚足拾當爲涉聲之誤也級等也涉等聚足謂前足躡一等後足從之併○拾依注音涉級音急階等躡女攝反併步頂反連步以上重蹉跌也連步謂足相隨不相過也○上時掌反下皆同重直勇反徐治恭反蹉本亦作差同七何反跌大結反過古臥反後不音者放此上於東階則先右足上於西階則先左足近於相鄉敬

疏凡與至左足○正義曰此一節明賓與主人送迎相讓及升堂行步之法各隨文解之○言凡者通貴賤也每門者天子五門諸侯三門大夫二門客敵者主人出門外迎客主人輒先讓不先入故曰每門讓於客也貴賤禮不並存且諸侯自相爲賓之禮凡賓主各有副賓副曰介主副曰擯及行人若諸侯自行則介各從其命數至主國大門外主人及擯出門相接若主君是公則擯者五人侯伯則擯者四人子男則擯者三人所以不隨。命者謙也故並用強半之數也賓若是公來至門外直當闑西去門九十步而下車當軹北鄉而立鄭注考工記云軹轂末也其侯伯立當前。疾胡下。此子男立當衡注衡謂車軶其君當軫而九介立在公之北邐迤西北並東鄉而列主公出直闑東南西鄉立擯在主人之南邐迤東南立並西鄉也使末擯與末介相對中間傍相去三丈六尺列擯介既竟則主君就賓求。辭所以須求辭者不敢自許人來詣己恐爲他事而至故就求辭自謙之道也求辭之法主人先傳求辭之言與上擯上擯傳以至次擯次擯繼傳以至末擯末擯傳與賓末介末介以次繼傳上至於賓賓荅辭隨其來意又從上介而傳下至末介末介又傳與末擯末擯傳相次而上至於主人傳辭既竟而後進迎賓至門知擯介朝位如此者大行人職文又知傳辭拜迎賓前至門者司儀職文其傳辭司儀之交擯也其列擯介傳辭委曲約聘禮文若諸侯使卿大夫相聘其介與主位則大行人云卿大夫之禮各下其君。二等鄭注云介與朝位是也主君待之擯數如待其君其有異者主君至大門而不出限南面而立也若公之使亦直闑西北鄉七介而去門七十步侯伯使列五介而去門五十步子男使三介而去門三十步上擯出闕外闑東南西鄉陳介西北東面邐迤如君自相見也而末介末擯相對亦相去三丈六尺陳擯介竟則不傳命而上擯進至末擯間南揖賓賓亦進至末介間上擯與賓相去亦三丈六尺而上擯揖而請事入告君君在限內後乃相與入也知者約聘禮文不傳辭司儀及聘禮謂之旅擯君自來所以必傳命者聘義云君子於其所尊弗敢質敬之至也又若天子春夏受朝宗則無迎法受享則有之故大行人云廟中將幣三享鄭云朝先享不言朝者朝正禮不嫌有等也若秋冬覲遇一受之於廟則亦無迎法故郊特牲云覲禮天子不下堂而見諸侯明秋冬遇依秋也此云凡與客入者謂燕也故下文云至寢門謂燕在寢也若相朝饗食皆在廟○每門讓於客者每門讓於客自謙下敬於賓也○注迎於至門內○正義曰迎於大門外證敵者則主人自出聘禮云君迎賓於大門內者證不敵者主人不出門也使者是彼臣故主君迎至門內而不出也客至於寢門則主人請入為席寢門最內門也謂客與主人入至主人內門也主人請入為席者為猶敷也客至於內門而主人一請先獨入敷席也然主人鄉己應正席今客至門方請先入敷席者其意有二一則自謙示不敢逆設席以招賢也二則重慎更宜。視之○注雖君亦然○正義曰知君迎臣君亦先入者案聘禮云及廟門公揖入于中庭是也若敵者則更出迎其不敵則不出迎故聘禮云立於中庭注不復出如此得君行一臣行二是也聘禮君使卿歸饔餼於賓賓迎於門外及廟門賓揖俱入是敵禮不重出迎者尊主君之命不敢當也聘禮賓見主國大夫及廟門大夫揖入不出迎者尊聘君之命不敢當也○然後出迎客。者入鋪席竟後更出迎客也○客固辭者固如故也禮有。二辭初曰禮辭再曰固辭三曰終辭主人入鋪席竟出而迎客再辭不先入也○主人肅客而入者肅進也謂先導之也客以再辭故主人進道客也故公食大夫禮云公揖入賓從是也○客若降等則就主人之階者降等卑下之客也不敢亢禮故就主人階是繼屬於主人○注降下至自專○正義曰謂大夫於君士於大夫者此大夫於君大夫謂他國大夫也案聘禮云公迎賓賓不就主人階公食大夫禮公迎賓賓入門左注云左西方此皆聘是降等不就主人階者以聘禮及公食大夫禮並奉己君之命不可苟下主人故從客禮也若君燕於臣命宰夫為主人則主人與賓皆從西階升與此異也案聘禮賓面主國大夫他國大夫是敵禮賓亦入門右鄭注見私事雖敵賓猶謙入門右為若降等然○主人與客讓登者客主至其階又各讓不先升也○主人先登者讓必以三三竟而客不從故主人先登亦肅客之義不言三者略可知也○客從之者言主人前升至第二級客乃升中較一級故云從之也公食禮云公升二等賓升是也案燕禮大射賓先升者公以宰夫為主人賓尊也故下注云賓每先升尊也案聘禮君使卿歸饔餼於賓館卿升一等賓從於時賓為主人不賓先升者卿銜主君之命尊故先升也至於賓設禮擯卿賓升一等大夫從升者以賓作主人故也拾級聚足者此上階法也拾涉也級等也聚足謂每階先舉一足而後足併之不得後過前也涉等聚足前足躡一等後足從而併之也○連步以上者上上堂也在級末在堂後足不相過故云連步也涉而升堂故云以上

○帷薄之外不趨不見尊者行自由不為容也入則容行而張足曰趨○帷位悲反帷幔也薄平博反簾也堂上不趨為其迫也堂下則趨○為于偽反下並同迫音伯執玉不趨志重玉也聘禮曰上介授賓玉於廟門外○介音界堂上接武武迹也迹相接謂每移足半躡之中人之迹尺二寸堂下布武。武謂每移足各自成迹不相躡室中不翔又為其迫也行而張拱曰翔並坐不橫肱為害旁人○並如字又步頂反後放此肱古弘反授立不跪授坐不立為煩尊者俛仰受之○跪求委反本又作危授

坐本又作俛仰【疏】帷。薄。至。不。立。○正義曰此一節言趨步授受之儀帷幔也薄簾也趨謂行而張足疾趨而行敬也貴賤各有臣吏故其敬處亦各有遠近也禮天子外屏諸侯內屏卿大夫以簾士以帷外屏門外爲之內屏門內爲之邦君樹塞門是也臣來朝君至屏而加肅敬屏外不敬故不趨也今言帷薄謂大夫士也其外不趨則內可趨爲敬也此帷薄外不趨謂平常法也若祭祀之禮爾雅云室中謂之時堂上謂之行堂下謂之步門外謂之趨中庭謂之走大路謂之奔知爾雅是祭祀者以召誥云王朝步自周則至于豐注云告文王廟告文王則告武王可知出廟入廟不以遠爲文是也若迎賓則樂師云行以肆夏趨以采。齊。行謂大寢之庭至路門趨謂路門至應門○堂上不趨者亦謂不疾趨堂上迫狹故也下階則趨故論語云沒階趨進翼如也然論語云是孔子見於君也執玉不趨者執玉須慎不論堂之上下皆不疾趨也若張足疾趨則或蹉跌失玉故不趨注云聘禮曰上介授賓玉於廟門外者引證賓有執玉於堂下時也賓當進聘故上介授賓玉於主人廟門外賓執玉進入門內不疾趨而爲徐趨。徐。趨者則玉藻云圈豚行不舉足齊如流注云孔子執圭則然也又云執龜玉舉前曳踵蹜蹜如也注云著徐趨之事疾趨者則玉藻云疾趨則欲授。而手足毋移注云疾趨謂直行也疏數自若毋移欲其直且正也堂上接武者武跡也既不欲疾趨故跡相接也鄭云每移足半躡之王云足相接也庾云謂接則足連非半也武跡相接謂每移足半躡之也中人跡一尺二寸半躡之是每進六寸也○堂下布武者鄭謂每移足各自成跡不半相躡王云謂跡間容足若間容足則中武王說非也○授立不跪者謂尊者立之時卑者以物授尊者不得跪煩尊者俯俛若尊者形短雖卑者得跪以授之故少儀云受立授立不坐性之直者則有之也注云尊者短則跪不敢以長臨之是也○凡

爲長者糞。之禮必加帚於箕上

如是得兩手奉箕恭也謂初執而往時也弟子職曰執箕膺。擖厥中有帚○爲于僞反⿰扌糞本又作糞徐音奮掃席前曰⿰扌糞帚之手反箕音基膺於陵反葉如字箕舌

以袂拘而退其塵不及長者

謂掃時也以袂擁帚之前掃而

卻行之○袂武世反衣袖末拘古侯反徐音俱謂之掃先報反又先早反擁於勇反以箕自鄉。而扱之。扱讀曰吸謂收糞時也箕去。弃物以

鄉尊者則不恭○扱依注音吸許急反斂也去丘呂反下注同奉席如橋衡橫奉之令左。昂右低如有首尾然橋井上⿰木挈槔衡上低昂○橋居廟

反令力呈反卬本又作昂又作仰同五剛反又魚丈反下同⿰木挈本又作契又作絜同音結槔古毫反絜皋依字作桔槔見莊子請席何鄉請衽

何趾順尊者所安也衽臥席也坐問鄉臥問趾因於陰陽○衽而審反趾音止席南鄉北鄉以西方爲上東鄉西鄉

以南方爲上布席無常此其順之也上謂席端也坐在陽則上左坐在陰則上右○坐才臥反又如字疏。凡。爲。至。爲。上○正義曰此一節明爲

尊者掃除布席之儀各隨文解之必加帚於箕上者謂初持箕往時也以帚加置箕上兩手舉箕也○注弟子職曰執箕膺擖厥中有帚○正義曰證加帚箕

上弟子職者管子之書篇名也其書述爲弟子職也膺胷前也擖箕舌也厥其也言執箕之禮以箕舌鄉胷而帚置於箕中箕是棄物之器故不持鄉尊也○

以袂拘而退者謂埽時也袂衣袂。也退還也當埽時卻還以一手捉帚又舉一手衣袂以拘障於帚前且埽且還故云拘而退○以箕自鄉而扱之者扱斂取

也謂以箕自鄉斂取糞穢亦不以箕鄉尊也○注扱讀曰吸○正義曰必讀扱爲吸者以其穢物少吸然則盡不得爲一扱再扱故讀從吸也○奉席如橋衡

者所奉席頭令左昂右低如橋之衡衡橫也左尊故昂右卑故垂也但席舒則有首尾卷則無首尾此謂卷席奉之之法故注云如有首尾然言如有則實無

首尾至於舒席之時則有首尾故公食禮云莞席尋卷自末注云末終也終則尾也○請席何鄉請衽何趾者既奉席來當隨尊者所欲眠坐也席坐席也鄉

面也衽臥席也趾足也坐爲陽面亦陽也坐故問面欲何所鄉也臥是陰足亦陰也臥故問足欲何所趾也皆從尊者所安也○注衽臥席也○正義曰案昏

禮同牢禮畢將臥云御衽於奧媵衽良席有枕北趾此是衽爲臥席也○席南鄉北鄉以西方爲上者謂東西設席南鄉北鄉則以西方爲上頭也所以然者

凡坐隨於陰陽若坐在陽則貴左坐在陰則貴右南坐是陽其左在西北坐是陰其右亦在西也俱以西方爲上○東鄉西鄉以南方爲上者謂南北設席皆以南方爲上。者坐在東方西鄉是在陽以南方爲上坐若在西方東鄉是在陰亦以南方爲上亦是坐在陽則上左坐在陰則上右此據平常布席如此若禮席則不然案鄉飲酒禮注云賓席牖前南面主人席阼階上西面介席西階上東面與此不同是也

若非飲食之客則布席席間函丈謂講問之客也函猶容也講問宜相對容丈足以指畫也飲食之客布席於牖前丈或爲杖○函胡南反丈如字丈尺之丈王肅作杖畫胡麥反牖羊九反○主人跪正席雖來講問猶以客禮待之異於弟子客跪撫席而辭撫之者荅主人之親。正客徹重席主人固辭徹去也去重席謙也再辭曰固○重直龍反注同再辭曰固一本作曰固固辭客踐席。乃坐客安主人乃敢安也講問宜坐主人不問客不先舉客自外來宜問其。安。否無恙及所爲來故○恙羊尚反爾雅云恙憂也爲于僞反下同將卽席容毋作。作顏色變也○作才洛反慙也兩手摳衣去齊尺齊謂裳下緝也○齊音咨注同本又作齋緝七立反衣毋撥撥發揚貌○撥半末反發揚足毋蹶蹶行遽貌○蹶本又作蹷居衞反又求月反行急遽貌遽其據反

疏若非至毋蹶○正義曰此一節明客主之禮儀○云若非飲食之客者飲食之客謂來共飲食者非飲食客謂來講問者布席謂舒之令相對若飲。食。之客不須相對若講問之客布席相對須講說指畫使相見也○席間函丈者函容也既來講說則所布兩席中間相去使容一丈之地足以指畫也文王世子云侍坐於大司成遠近間三席席之制三尺三寸三分寸之一則三席是一丈故鄭云容丈也○注講問至爲杖○正義曰凡飲食燕饗則賓位在室外牖前列筵南鄉不得布席相對相對者唯講說之客耳不在牖前或在於室云丈或爲杖者王肅以爲杖言古人講說用杖指畫故使容杖也然二家可會○主人跪正席者客雖來講問而主人宜敬故跪而正席示親客之來也雖來

講問猶以客禮待之異於弟子也○客跪撫席而辭者撫謂以手按止之也客跪以手按止於席而辭不聽主人之正席也撫之者答主人之親正席也○客
徹重席者禮器云諸侯三重大夫再重又鄉飲酒之禮公三重大夫再重是尊者多卑者少故主人為客設多重席客謙而自徹也○主人固辭者固辭再辭
止客之徹也然尊卑有數而客必徹之者既言講說本以德義相接不以尊卑為用故雖尊猶自徹也客踐席者猶履也客起徹重席主人止之故客還履席
將坐○乃坐者主人待客坐乃坐也○主人不問客不先舉者舉亦問也客從外來宜問路中寒熱無恙若主人未問則客不可先問也爾雅釋詁云恙憂也
○將即席容無怍者此明弟子講問初來之法即就也怍顏色變也初將來就席顏色宜莊不得變動顏。色○兩手摳衣去齊尺者摳提挈也衣謂裳也齊是
裳下緝也亦謂將就席之時以兩手當裳前提挈裳使起令裳下緝去地一尺恐衣長轉足躡履之足毋蹶者蹶行急遽貌也亦謂客初至之時勿得以為行
遽恐有蹶躓之貌也先生書策。琴瑟在前坐而遷之戒勿越廣敬也在前謂當行之前○筴本又作策初革反編簡也
虛坐盡後謙也○盡津忍反後放此食坐盡前為汙席○汙汙辱之汙又一故反後放此坐必安執爾顏執猶守也長
者不及毋儳言儳猶暫也非類雜○儳徐仕鑒反又蒼鑒反又蒼陷反正爾容聽必恭聽先生之言既說又敬○說音悅
毋勦說。勦猶擥也謂取人之說以為己說○勦初交反一音初教反擥取說如字注同徐舒銳反擥徐力敢反毋雷同雷之發聲物無不同
時應者人之言當各由己不當然也孟子曰人無是非之心非人也○應應對之應下同必則古昔稱先王言必有依據侍坐於
先生先生問焉終則對不敢錯亂尊者之言○坐才臥反後放此請業則起請益則起尊師重道也起若今摳衣
前請也業謂篇卷也益謂受說不了欲師更明說之子路問政子曰先之勞之請益曰無倦○卷音眷徐久戀反○父召無諾先生召無

諾唯而起應辭唯恭於諾○唯于癸反徐于比反注同○侍坐於所尊敬毋餘席必盡其所近尊者之端爲有後來者○爲
于僞反下爲饌同○見同等不起不爲私敬燭至起異晝夜食至起爲饌變上客起敬尊者燭不見跋
跋本也燭盡則去之嫌若燼多有厭倦○見賢遍反跋半末反去起呂反下風去免去同燼才信反厭於豔反下同尊客之前不叱狗主人
於尊客之前不敢倦嫌若風去之○叱尺質反狗古口反風音芳鳳反讓食不唾嫌有穢惡○唾吐臥反穢紆廢反徐烏外反惡烏路反

疏

先。生。至。不。唾○正義曰此一節明弟子事師子事父之禮各隨文解之○先生書策者策篇簡也坐亦跪也坐通名跪跪名不通坐也越踰也弟子將行若遇
師諸物或當己前則跪而遷移之戒慎勿得踰越廣敬也○虛坐盡後者凡坐各有其法虛空也空謂非飲食坐也盡後不敢近前以爲謙也玉藻云徒坐不
盡席尺是也食坐盡前者謂飲食坐也古者地鋪席而俎豆皆陳於席前之地若坐近後則濺汙席故盡前也玉藻云讀書食則齊豆去席尺是也○坐必安
者凡坐好自搖動故戒之令必安坐執爾顏者執守也久坐好異故必戒之宜如嚮者無作顏容也故注云執猶守也○爾長者不及毋儳言者長者猶先生也
互言耳及謂所及之事也儳暫也長者正論甲事未及乙事少者不得輒以乙事雜甲事暫然雜錯師長之說○正爾容者正謂矜莊也方受先生之道當正
己矜莊也顏容通語耳○聽必恭者聽師長之說宜恭敬也○毋勦說者語當稱師友而言無得擥取人之說以爲己語○毋雷同者凡爲人之法當自立己
心斷其是非不得聞他人之語輒附而同之若聞而輒同則似萬物之生聞雷聲而應故云毋雷同但雷之發聲物無不同時而應者人之言當各由己不當
然也○必則古昔者則法也雖不雷同又不得專輒故當必法於古昔之正○稱先王者既法古。昔而所言之事必稱先王先王聖人爲天子者也如孔子說
孝經稱先王有至德也言必有所依據○注人之至人也○正義曰人之言評議是非須自出己情不當然者然謂如此也謂不當如此隨附他意孟子云人

無惻隱之心非人也人無是非之心非人也引之者明是非由己不可一同餘人請益則起者益謂己受說而不解了更諮問審之也尊師重道也起若今摳
衣前請也漢時受學有摳衣前請之法故鄭引證之也○注子路至無倦○正義曰子路受師說不了故就孔子請益也案論語云子路問為政之道孔子荅
云為政先行恩惠後乃可使人為勞役子路嫌少就孔子更請益孔子荅云但勤行前恩惠之事無倦怠則自足為政引之者證請益也○注唯恭於諾○正
義曰父與先生呼召稱唯唯㕧也不得稱諾其稱諾則似寬緩驕慢但今人稱諾猶古之稱唯則其意急也今之稱㕧猶古之稱諾其意緩也是今古異也○
侍坐於所尊敬毋餘席者謂先生坐一席己坐一席己必坐於近尊者之端勿得使近尊者之端更有空餘之席所以然者欲得親近先生似若扶持然備擬
先生顧問不可過遠且擬後人之來故闕其在下空處以待之○見同等不起者雖見己之同等後來不為之起任其坐在下空處所以然者尊敬先生不敢
曲為私敬也○上客起者上客謂尊者之上客也尊者見之則起故侍者宜從之而起然食與燭至起則尊者不起○燭不見跋者小爾雅云跋本也本把處
也古者未有蠟燭唯呼火炬為燭也火炬照夜易盡盡則藏所然殘本所以爾者若積聚殘本客見之則知夜深慮主人厭倦或欲辭退也故不見殘本恆如
然未盡也○尊客之前不叱狗者若有尊客客至而主人叱罵於狗則似厭倦其客欲去之也卑客亦當然舉尊為甚○侍坐於君子君子
欠伸撰杖屨視日蚤莫侍坐者請出矣以君子有倦意也撰猶持也○欠丘劍反伸音身撰仕轉反屨紀具反下同蚤
音早莫音暮侍坐於君子君子問更端則起而對離席對敬異事也君子必令復坐○離力智反令力呈反侍坐
於君子若有告者曰少閒。願有復也則左右屏而待復白也言欲須少空閒有所白也屏猶退也隱也○
閒音閑注同○毋側聽嫌探人之私也側聽耳屬於垣○探音貪屬之玉反垣音袁毋噭應毋淫視毋怠荒遊毋

倨立毋跛坐毋箕寢毋伏斂髮毋髢冠毋免勞毋袒暑毋褰裳

皆爲其不敬嗷號呼之聲也淫視睇眄也怠荒放散身體也跛偏任也伏覆也髢髲也毋垂餘如髲也免去也褰袪也髢或爲肆○嗷古弔反視如字徐市志反倨音據跛彼義反髲又波我反徐方寄反髢徒細反髮垂如髲袒徒旱反露也褰起連反爲于僞反下爲妨爲于皆爲爲其爲後同號戶高反本又作嗁字呼火故反又如字睇大計反眄莫遍反覆芳伏反髲皮義反袪丘魚反肆以二反餘也

【疏】侍坐至褰裳○正義曰此一節明卑者事君子之禮○君子欠伸者君子志疲則欠體疲則伸撰杖屨者則君子自執杖在坐著屨升堂脫之在側若倦則自撰持之也○視日蚤莫者君子或瞻視其庭影望日蚤晚也○侍坐者請出矣者禮卑者賤者請進不請退退由尊者是以論語云杖者出斯出矣不敢自專今若見尊者爲上諸事皆是欲起之漸故侍坐者得請出矣○侍坐於君子者此又明卑侍。尊事異於上故又言侍坐也○君子問更端者更端別事也謂嚮語已畢更問他事則起而對者事異宜新更敬又起對也○侍坐於君子者此亦卑事於尊所明既異故更言侍坐○若有告者曰少間願有復也者間謂清。閑也復白也卑者正侍坐於君子而忽有一人來告君子云欲得君子少時無事清。閑己願有所白也○則左右屏而待者此屏退也侍者聞告欲有所白則當各自屏退左右避之不得。遠也○毋側聽者此已下亦是侍君子之法凡人宜當正立不得傾欹側聽人之語嫌探人之私故注云側聽耳屬於垣若側聽則耳屬於垣壁聽旁人私言也○毋噭應者噭謂聲響高急如叫之號呼也應荅宜徐徐而和不得高急也○毋淫視者淫謂流移也目當直瞻視不得流動邪。眄也○毋怠荒者謂身體放縱不自拘斂也○遊毋倨者遊行也倨慢也身當恭謹不得倨慢也○立毋跛者跛偏也謂挈舉一足一足蹋地立宜如齊雙足並立不得偏也○坐毋箕者箕謂舒展兩足狀如箕舌也○寢毋伏者寢臥也伏覆也臥當或側或仰而不覆也○斂髮毋髢者髢髲也垂如髲也古人重髮以纚韜之不使垂也○冠毋免者免脫也常著。在首不可脫也○勞毋袒者袒露也雖有疲勞之事厭患其衣而不得袒露身體○暑毋褰裳者暑雖炎熱而不得褰袪取涼也然上諸事條目誡侍者左右屏隱之人也既屏隱好生上事或私䙝清閑或隔尊
自恣故宜兼。戒亦可通。戒爲人之法也○侍坐於長者屨不上於堂屨賤空則不陳於尊者之側○上時掌反解屨不
敢當階爲妨後升者○妨音芳就屨跪而舉之屏於側謂獨退也就猶著也屏亦不當階○著丁略反鄉長者而
屨跪而遷屨俯而納屨謂長者送之也不得屏遷。之而己俯俛也納內也遷或爲還疏。侍。坐。至。納。屨○正義曰此一節明解屨著
屨之法事異於上故別言侍坐也屨不上於堂者長者在堂而侍者屨賤故脫於階下不著上堂若長者在室則侍者得著屨上堂而不得入室戶外有二屨
是也或云悉不得上也戶外有二屨是狎客非須擯通也○解屨不敢當階者解脫也屨既不上於堂故解之於階下也謂脫爲解者案內則云屨著綦鄭云
綦屨繫也又冠禮云黑屨青絇鄭云絇之言拘也以爲行戒狀如刀衣鼻在屨頭案內則注有屨繫之文冠禮有絇如刀衣鼻在屨頭及行戒之間故師說云
用物穿屨頭爲絇相連爲行戒也今云解屨是解繫也故隱義云古者屨頭鼻綦繩相連結之將升堂解之也不敢當階者謂人與屨並不當階側就階邊而
解若留屨置階道爲妨後升也就屨跪而舉之者此。侍者或獨暫退時取屨法也就猶著也初升時解置階側今下著之先往階側跪舉取之。故云就屨跪而
舉之○屏於側者屏退也退不當階也○鄉長者而屨者此明少者禮畢退去爲長者所送之法也既爲長者所送則於階側跪取屨稍移之面鄉長者而著
之故云鄉長者而屨○跪而遷屨者遷徙也就階側跪取稍移近前○俯而納屨者納內也既取因俯身向長者而內足著之不跪者若跪則足向後不便故
俯也雖不並跪亦坐左納右坐右納左耳○離坐離立毋往參焉離立者不出中間爲干人私也離兩也○男
女不雜坐不同椸枷。不同巾櫛不親授嫂叔不通問諸母不漱裳外言不入於

梱內言不出於梱女子許嫁纓非有大故不入其門姑姊妹女子子已嫁而反兄弟弗與同席而坐弗與同器而食皆爲重別防淫亂不雜坐謂男子在堂女子在房也椸可以枷衣者通問謂相稱謝也諸母庶母也漱澣也庶母賤可使漱衣不可使漱裳裳賤尊之者亦所以遠別外言內言男女之職也不出入者不以相問也梱門限也女子許嫁系纓有從人之端也大故宮中有災變若疾病乃後入也女子有。宮者亦謂由命士以上也春秋傳曰羣公子之舍則已卑矣女子十年而不出嫁及成人可以出矣猶不與男子。共席而坐亦遠別也○椸羊支反衣架也枷本又作架徐音稼古本無此字榧側乙反嫂字又作㛮素早反漱悉侯反梱本又作閫苦本反別彼列反下及注同澣戶管反○父子不同席異尊卑也男女非有行媒不相知名。見媒往來傳昏姻之言乃相知姓名○媒音梅不相知本或作不相知名名衍字耳傳直專反非受幣不交不親重別有禮乃相纏固故日月以告君周禮凡取判妻入子者媒氏書之以告君謂此也○判普叛反齊戒以告鬼神昏禮凡受女之禮皆於廟爲神席以告鬼神謂此也○齊側皆反爲酒食以召鄉黨僚友會賓客也以厚其別也厚重慎也取妻不取同姓故買妾不知其姓則卜之爲其近禽獸也妾賤或時非媵取之於賤者世無本繫○取七住反本亦作娶下賀取妻同媵羊證反又繩證反繫音計又音戶計反寡婦之子非有見焉弗與爲友。辟嫌也有見謂有奇才卓然衆人所知○見賢遍反辟音避本亦作避下同餘皆放此

【疏】。離坐至。爲。友○正義曰此一節總明不干人私并遠嫌之法今各隨文解之○離坐離立離兩也若見彼或二人併坐或兩人併立既唯二人恐密有所論則已不得輒往參預也○離立者不出中間者又若見有二人併立當己行路則避之不得輒當其中間出也不云離坐者道路中非安坐之地故不云坐也識與不

識通如此也○注離兩也○正義曰案易象云明兩作離是離爲兩也○男女
至而食○不親授者男女有物不親相授也內則云非祭非喪不相授器○其相
授則女授以篚無篚則皆坐奠之而后取之○諸母不漱裳者諸母謂父之諸
妾有子者漱浣也諸母賤乃可使漱浣盛服之而不可使漱裳裳卑褻也欲尊崇
於兄弟之母故不可使漱裳耳又欲遠別也○外言不入於梱者外言男職也
梱門限也男職在於官政各有其限域不得令婦人預之故云外言不入於梱
也○內言不出於梱者內言女職也女職謂織紝男子不得濫預故云不出梱
也○女子許嫁纓者女子婦人通稱也不要對文故不重云子也婦人質弱不
能自固必有繫屬故恆繫纓纓有二時一是少時常佩香纓二是許嫁時繫纓
此則爲許嫁時繫纓何以知然者內則云男女未冠笄衿纓鄭以爲佩香纓不
云纓之形制此云許嫁有從人之端也又昏禮主人入親說婦纓鄭注云婦人
十五許嫁笄而禮之因著纓明有繫也蓋以五采爲之其制未聞又內則云婦
事舅姑衿纓鄭云婦人有纓示繫屬也以此而言故知有二纓也但婦人之衿
纓卽是五采者故鄭云示繫屬也今此許嫁謂十五時○非有大故不入其門
者大故謂喪病之屬也女子已許嫁則有宮門列爲成人唯有喪病等乃可入
其門非大故則不入門也○女子子者謂已嫁女子子是己之女不直云女子
而云女子子者凡男子女子皆是父生同爲父之子男子則單稱子女子則重
言子者案鄭注喪服云重言女子子是別於男子故云女子子○兄弟弗與同
席而坐者雖已嫁及成人猶宜別席不云姪及父唯云兄弟者姪父尊卑禮殊
不嫌也○弗與同器而食者熊氏以爲不得傳同器未嫁亦然今嫌嫁或有異
於未出故明之皆爲重別防淫亂也○注不雜至別也○正義曰謂男子在堂
女子在房也○熊氏云謂若大宗收族宗子燕食族人於堂宗子之婦燕食族
婦於房也○注春秋傳曰羣公子之舍則已卑矣引公羊傳證女子有別宮也
莊元年秋築王姬之館於外公羊傳曰路寢則不可小寢則嫌羣公子之舍則
以卑矣何休云路寢是君聽事之處不可嫁他女小寢是夫人所居天王女宜
遠別不可住也羣公子之舍則以卑矣者羣公子是魯侯之諸女也魯侯女宮

珍倣宋版印

爲卑不可處王女也何休又云當築夫人宮下羣公子宮上公羊以爲築宮於外非禮也左氏以爲築宮於外禮也鄭康成亦以爲築宮當於宮外是也○男女非有行媒不相知名者相知男女名者先須媒氏行傳昏姻之意後乃知名見媒往來傳昏姻之言乃相知姓名也故昏禮有六禮二曰問名○非受幣不交不親者幣謂聘之玄纁束帛也先須禮幣然後可交親也○故日月以告君者既男女須辨故婦來則書取婦之年月日時以告國君也注周禮凡取判妻入子者媒氏書之以告君謂此也引媒氏職證必書告君也妻是判合故云判也入子者鄭康成注云入子者謂容媵及姪娣不聘者也妾既非判合但廣其子胤而已故云入子○齊戒以告鬼神者並厚重遠別也齊戒謂嫁女之家受於六禮並在於廟布席告先祖也明女是先祖之遺體不可專輒許人而取婦之家父命子親迎乃並自齊絜但在己寢不在廟也所以爾者白虎通云娶妻不告廟者示不必人女也然夫家若無父母則三月廟見亦是告鬼神故云齊戒以告鬼神○注昏禮至此也○正義曰昏禮納采主人筵於戶西西上右几注爲神布席將以先祖之遺體許人不敢不告昏禮又云受諸禮於廟而設几筵也○故買妾不知其姓則卜之○熊氏云卜者卜吉凶既不知其姓但卜吉則取之○義或然也○注爲其至本繫○正義曰郊特牲云無別無義禽獸之道此不取同姓爲其近禽獸故也云妾賤或時非媵取之於賤者如諸侯取一國之女則二國同姓以姪娣媵媵送也妾送嫡行則明知姓氏大夫士取亦各有妾媵或時非此媵類取於賤者不知何姓之後則世無本繫但卜得吉者取之○寡婦之子非有見焉弗與爲友者明避嫌也見謂奇才卓異可見也寡婦無夫若其子有奇才異行者則己可與之爲友若此子凡庸而已與其往來則於寡婦有嫌也是以鄭注有見謂奇才卓然衆人所知也

○賀取妻者曰某子使某聞子有客使某羞謂不在賓客之中使人往者羞進也言進於客古者謂候爲進其禮蓋壺酒束脩若犬也不斥主人昏禮不賀

疏賀取至羞○正義曰謂親朋友有昏己有事碍不得自往而遣人往也案郊特牲云昏禮不賀人之序也此云賀者聞彼昏而送筐

筐將。奉。淳意身實不在爲賀故云賀而其辭則不稱賀曰○某子使某者此使者辭也某子者賀者名使某者使自稱名也言彼使我來也○聞子有客者聞子呼娶妻者爲子也昏禮既不稱賀故云聞子有客也客者鄉黨僚友之屬也○使某羞者某是使者名也羞進也子既召賓客或須飲食故使我將此酒食以與子進賓。客○注謂不至不賀○正義曰羞進也言進於客也古者謂候爲進者證呼送禮爲進候猶進也古時謂迎客爲進漢時謂迎客爲候此記是古法故飲食與彼迎接呼爲進也鄭注周禮候人云候候迎賓客之來是也云其禮蓋壺酒束脩若犬也者言於禮物用壺酒及束脩束脩十脡脯也若無脯則壺酒及一犬故云若犬也少儀云其以乘壺酒束脩一犬賜人若獻人則陳酒執脩以將命是酒脩獻人之法也此賀用酒或亦四壺也云不斥主人昏禮不賀者解所以不云賀主人昏而云有客之義主人有嗣代之序故不斥云賀也

○。貧者不以貨財爲禮老者不以筋力爲禮禮許儉不非無也年五十始杖八十拜君命一坐再至○筋音斤

○。名子者不以國不以日月不以隱疾不以山川此在常語之中爲後難諱也春秋傳曰名終將諱之隱疾衣中之疾也謂若黑臀黑肱矣疾在外者雖不得言尙可指摘此則無時可辟俗語云隱疾難爲醫○臀徒孫反摘徐吐歷反或音的醫於其反

疏名子至山川○正義曰此一節明與子造名字之法各依文解之○名子者不以國者不以本國爲名故杜氏注春秋桓六年傳云不以本國爲名如是他國卽得爲名故桓十二年衞侯晉卒襄十五年晉侯周卒是也○不以日月者不以甲乙丙丁爲名殷家得以爲名者殷質不諱名故也然案春秋魯僖公名申蔡莊公名甲午者周末亂世不能如禮或以爲不以日月二字爲名也○不以隱疾者謂不以體上幽隱之處疾病爲名○注謂若黑臀黑肱矣○正義曰案宣二年晉使趙穿迎公子黑臀於周而立之周語單子云吾聞晉成公之生夢神規其臀以黑使有晉國此天所命也有由而得爲名昭元年楚公子黑肱昭三十一年邾黑肱得爲名或亦有由或亂世而不能如禮云名終將諱之者案桓六

年九月丁卯子同生公問名於申繻申繻對曰名有五有信有義有象有假有類以名生爲信杜注云若唐叔虞魯公子友以德命爲義若文王名昌武王名發以類命爲象若仲尼首象尼丘取於物爲假若伯魚生人有饋之魚因名之曰鯉取於父爲類若魯莊公與桓公同日生名之曰同也按傳文云不以官不以畜牲不以器幣此記文略耳傳云以官則廢職以山川則廢主以畜牲則廢祀以器幣則廢禮晉以僖侯廢司徒宋以武公廢司空先君獻武廢二山杜注云司徒改爲中軍司空改爲司城魯獻公名具武公名敖按國語范獻子聘魯問具敖之山魯人以鄉名對獻子云何不云具敖乎對曰先君獻武之所諱也此等所以皆爲名者以其不能如禮故申繻言之周人以諱事神者謂周人諱神之名而事神其名終沒爲神之後將須諱之故不可以爲名也○男女異長各自爲伯季也

男子二十冠而字成人矣敬其名○冠古亂反

父前子名君前臣名對至尊無大小皆相名

女子許嫁笄而字以許嫁爲成人○笄古兮反

【疏】○男○女○至○而○字○正義曰此一節明男女冠笄名字之法各依文解之○男女異長者按冠禮加字之時伯某甫仲叔季唯其所當又檀弓云幼名冠字五十以伯仲知女子亦各自爲叔季者春秋隱公二年伯姬歸于紀隱七年叔姬歸于紀是也禮緯含文嘉云文家稱叔質家稱仲以此言之則周有管叔蔡叔之屬是文家故稱叔也禮緯又云嫡長稱伯庶長稱孟○君前臣名者成十六年鄢陵之戰公陷于淖欒書欲載晉侯鍼曰書退鍼是書之子對晉侯而稱書是於君前臣名其父也

○凡進食之禮左殽右胾食居人之左羹居人之右皆便食也殽骨體也胾切肉也食飯屬也居人左右明其近也殽在俎胾在豆○殽戶交反熟肉有骨曰殽胾側吏反大臠食音嗣飯也注食飯屬同徐音自羹古衡反舊音衡便音婢面反下同近如字

膾炙處外醯醬處內殽胾之外內也近醯醬者食之主膾炙皆在豆○膾古外反炙章夜反注同醯徐音海本又作醯呼兮反醬子匠反

葱渫處末渫烝葱也處醯醬之左言末者殊。加

也涑在豆○涑以制反烝之承反酒漿處右。處羹之右此言若酒若漿耳兩有之則左酒右漿此大夫士與賓客燕食之禮其禮食則宜放公食大夫禮云○漿子羊反字亦作將燕本亦作宴於遍反放方兩反公食音嗣此儀禮篇名也後放此下文及注執食同以脯脩置者左朐右末亦便食也屈中曰朐○朐其俱反客若降等執食興辭辭者辭主人之臨己食若欲食於堂下然主人興辭於客然後客坐復坐主人延客祭延道也祭祭先也君子有事不忘本也客若降等則先祭○客祭禮飲食必祭示有所先也干寶注周禮云祭五行六陰之神與人起居道音導祭食祭所先進主人所先進先祭之所後進後祭之。如其次殽之序徧祭之三飯主人延客食胾。然後辯。謂胾炙膾也以其本出於牲體也公食大夫禮魚腊。湆。醬不祭也○徧音遍下注同腊音昔湆音泣殽先食胾後食殽殽尊也凡食殽。辯於肩食肩則飽也○飯扶晚反下注禮飯以手同依字書食旁作卞扶萬反食旁作反符晚反二字不同今則混之故隨俗而音此字辯音遍下同主人未辯客不虛口俟主人也虛口謂酳也客自敵以上其酳不待主人飽主人不先飽也○酳以音胤又士覲反嗽口也以酒曰酳以水曰漱

疏。凡。進。至。虛。口○正義曰此一節。推明飲食之法也各隨文解之今此明卿大夫與客燕食之禮○左殽右胾者熟肉帶骨而臠曰殽純肉切之曰胾骨是陽故在左肉是陰故在右○食居人之左羹居人之右者食飯燥爲陽故居左羹濕是陰故右設之並在殽胾之內○注皆便至在豆○正義曰皆便食也者此中有三便一則純肉在右先取爲便也二則羹飯並近人之食先取羹飯亦便三則飯在左羹在右右手取羹羹重於右亦便故云皆便食云食飯屬者知食是飯者春秋左氏傳云粢食不鑿論語云一簞食玉藻云子卯稷食食皆飯也言屬者諸飯悉然故云屬也云居人左右明其近也者以其繫人言之故云近也云殽在俎者春秋宣十六年王享士會殽烝下云宴有折俎又昏禮及特牲少牢皆骨體在俎是殽在俎知胾在豆者

公食大夫禮庶羞十六豆有牛胾羊胾是胾在豆○注殽胾至在豆○正義曰知在殽胾之外內者以此饌之設羹食最近人羹食之外乃有殽胾今云膾炙處外醯醬處內明其不得在羹食之內故知在殽胾之外內此醯醬徐音作海則醢之與醬兩物各別依昏禮及公食大夫禮醬在右醢在左此醢醬處內亦當醬在右醢在左也按公食大夫禮宰夫自東房授醯醬公設之鄭注云以醯和醬也又周禮醯人祭祀共齏菹醯物則醯醬共爲一物也今此經文若作醯字則是一物也醯之與醢其義皆通未知孰是但鄭注蔥渫云處。醯醬之左則醯醬一物爲勝云膾炙皆在豆者以公食下大夫十六豆有牛炙羊炙及芥醬魚膾故知在豆○注處醯至在豆○正義曰知處醯醬之左者地道尊右既云處末則末在左上繼醯醬文承其下故云在醯醬之左知蔥渫殊加者以儀禮正饌唯有菹醢無蔥渫故知蔥渫爲殊加也以其菹類故知在豆也○注若酒至禮云正義曰卑客則或酒或漿若尊客則有酒有漿案公食大夫禮云設酒於豆東是酒在左也公食大夫禮又云賓三飯設漿飲於稻西鄭注云酒在東漿在西所謂左酒右漿是也云此大夫與賓客燕食之禮其禮食則宜放公食大夫禮云者從上進食之禮至此所陳饌具皆是卿大夫燕食也其禮食則似公食大夫禮所陳是也案公食大夫禮醯醬陳於席前豆六設於醬東西上韭菹以東醯醢昌本南麋臡以西菁菹鹿臡士設俎於豆南牛俎在西牛俎東羊俎羊俎東豕俎又牛俎南魚俎魚俎東腊俎腊俎東有腸胃俎又有膚俎在兩行俎之東縱設之黍稷六簋設於俎西黍簋當牛俎西其西稷稷西黍黍南稷稷東黍黍東稷屈爲兩行大羹在醬西鉶四設於豆西牛鉶在東牛西羊羊南豕豕東牛飯酒設於豆東梁飯設於湆西稻于梁西庶羞十六豆設於稻南屈折而陳凡爲四行膷東臐臐東膮膮東牛炙炙南醢醢西牛胾胾西醢醢西牛膾膾南羊炙炙東羊胾胾東醢醢東豕炙炙南醢醢西豕胾胾西芥醬醬西魚膾。此是公食下大夫禮云若上大夫八豆八簋六鉶九俎庶羞二十也○以脯脩置者設食竟所須也脯訓始始作即成也脩亦脯也脩訓治治之乃成鄭注腊人云薄折曰脯。捶而施薑桂曰。鍛脩今明置設脯脩與客之法故云以脯脩置者〇左胸右末者胸謂中屈也屈脯胸以胸然也左胸胸置左也右末末邊際置。右右手取際擘之便也脯脩則處酒左以燥爲陽也脯脩皆左邊也注亦便至便也〇客若降等者降下等也謂大夫爲卿之客其品等卑下也〇執食興辭者執捉也食飯也興起也客既卑故未食必先捉飯而起以辭謝主人之臨己也又若欲往堂下食然也堂下是卑者食處飯爲食主故特執之也公食大夫禮云賓北面自間坐左擁簠。粱右執湆以降是也鄭云自間坐由兩饌之間也辭主人臨己食若欲食於堂下然此降等謂大夫於卿故欲降而不降若臣於君則降也故公食云賓擁簠粱以降是也若敵者全無欲降之禮故公食禮云大夫相食賓執粱與湆之西序端無降法也〇主人興辭於客然後客坐者主人見客執飯起故主人亦起辭止之則客從辭而止乃坐食復坐也〇主人延客祭者延道也祭者君子不忘本有德必酬之故得食而種種出少許置在豆間之地以報先代造食之人也若敵客則得自祭不須主人之延道今此卑客聽主人先祭道之己乃從之故云延客祭也〇祭食祭所先進凡祭食之法隨主人所設前後次第種種而次祭之故主人所先進先祭之所後進後祭之所從如其次也〇殽之序偏祭之者序次序也謂膾炙胾之屬也偏匝也炙胾之屬。雖同出於牲今祭之故種種次序偏匝祭之〇注謂胾至祭也〇正義曰案公食大夫禮云三牲之肺不離贊者辯取之。壹以授賓賓興受坐祭捝手又云魚腊醬湆不祭也〇三飯主人延客食胾者三飯謂三食也禮食三飧而告飽須勸乃更食三飯竟而主人乃道客食胾也公食大夫禮云賓三飯以湆醬鄭云每飯歠湆以殽擩醬食正饌也案彼文是三飯但食醬及他饌而未食胾故三飧竟而主人道客使之食胾也所以至三飧後乃食胾者公食禮亦以胾爲加故客三飧前未食之故鄭注云以殽擩醬食正饌正饌則非胾也然公食禮三飧竟捝手起受漿漱口受束帛之物升降拜禮畢方是升還坐食取飽飽又三漱不云三飯延客食胾者與此異也〇然後辯殽者然後謂食胾竟後也辯匝也主人皆道客令食至飽食殽得匝也〇注先食至飽也〇正義曰純肉爲陰陰卑也帶骨爲陽陽尊也尊故後食之也云凡食殽辯於肩食肩則飽也案特牲少牢云初食殽次食脊次食骼後食肩是辯於肩也故云食肩則飽也鄭云舉前正脊後肩。自上而卻下綧而前終始之次也案鄭云是先食脇脊次食骼食骼竟又屈食脇脊竟乃食肩○主人未辯客不虛口者虛口謂食竟飲酒蕩口使清絜及安食也用漿曰漱令口以絜清爲義用酒曰酳酳訓演言食畢以酒演養其氣主人若食殽未辯則客雖已辯而不得輒酳漱也主人恆讓客不自先飽故客待主人辯乃得爲酳也此謂卑客耳敵客以上則不待主人也。音。義。隱云飯畢蕩口也○注俟主至酳也○正義曰案公食禮云賓卒食會飯三飲鄭云三飯三漱漿也明是食竟漱也又初三飯竟設漿稻西賓坐祭遂飲鄭云飲漱也案此漱是三飧竟又有事故用漿漱口若如斯則公食之禮雖設酒爲優賓不得用酳故鄭注彼云設而不舉明但以漿漱口而已也此是私客故用酒以酳所以異於公食禮也故鄭此云謂酳也云客自敵已上其酳不待主人飽者客不敵故待主人主人不先飽者緣主人不先飽故待之也

待食於長者主人親饋則拜而食勸長者食耳雖賤不得執食與辭拜而己示敬也○饋徐其類反

主人不親饋則不拜而食以其禮於己不隆

疏 侍食至而食○正義曰嚮是自爲客法此明侍從尊長爲客禮也主人親饋則拜而食者饋謂進饌也己雖侍尊長而主人若自親饋與己己則拜謝之而後食也○注勸長至敬也○正義曰言己今侍食雖賤不得執食與辭故但拜之以示敬。也

共食不飽謙也謂共羹飯之大器也

共飯不澤手爲汗。手不。絜也澤謂挼莎也禮飯以手澤或爲擇○爲于僞反汗下半反本或作汗挼乃禾反沇耳佳反莎息禾反沇又息隨反○

疏 共食至澤手○正義曰共食謂同事聚居非禮食則有同器食法共食宜謙不輒厭飫爲飽也共飯不澤手者亦是共器盛飯也澤謂光澤也古之禮飯不用箸但用手既與人共飯手宜絜淨不得臨食始挼莎手乃食恐爲人穢也○注爲汗手不絜○正義曰絜淨也若澤手手必汗生則不絜。淨一本汗生不圭圭絜也言手澤。汙飯也

毋摶飯爲欲致飽不謙○摶徒端反爲于僞反下皆同

疏 毋摶飯○正義曰共器若取飯作摶

則易得多是欲爭飽非謙也故注云爲欲致飽不謙也毋放飯去手餘飯。於器中人所穢○去起呂反毋流歠大歠嫌欲疾○歠川悅反
毋咤食嫌薄之○咤陟嫁反叱咤也毋齧骨爲有聲響不敬○齧五結反毋反魚肉爲已歷口人所穢毋投與狗
骨爲其賤飲食之物毋固獲爲其不廉也欲專之曰固爭取曰獲固獲並如字徐云鄭橫霸反一音護○毋揚飯飯黍毋以
箸毋嚃羹亦嫌欲疾也嚃爲不嚼菜○飯扶晚反箸直慮反說文云飯歠也嚃他荅反一音吐計反又音退嚼疾略反又序略反毋絮羹
爲其詳於味也絮猶調也絮勑慮反謂加以鹽梅也○毋刺齒爲其弄口也口容止刺七亦反弄魯凍反○毋歠醢亦嫌詳於味也歠者
爲其淡故淡度敢反○客絮羹主人辭不能亨。客歠醢主人辭以窶優賓○亨普彭反責也窶其禹反貧也
濡肉齒決決猶斷也○濡音濡字亦作濡斷音短乾肉不齒決堅宜用手毋嘬炙爲其貪食甚也嘬謂一舉盡臠特牲少牢
嚌之加于俎○嘬初怪反炙章夜反臠力轉反少徐式照反凡少牢皆同嚌音才細反【疏】毋放至嘬炙○正義曰放飯者手就器中取飯飯若黏著手不
得拂放本器中。也去手餘飯於器中人所穢。者當棄餘於篚無篚棄餘於會會
謂簋蓋也○毋流歠者謂開口大歠汁入口如水流則欲多而速是傷廉也故
鄭云大歠嫌欲疾○毋咤食者咤謂以舌口中作聲也似若嫌主人之食也○
毋齧骨者一則有聲二則嫌主人食不足以骨致飽故庾云爲無肉之嫌三則
齧之口脣可憎故不齧也爲有聲響不敬鄭舉一隅也毋反魚肉者謂與人同
器也己齧殘不可反還器中爲人穢之也故鄭云謂已歷口人所穢崔靈恩云
不可反於故處是以少牢禮尸所食之餘肉皆別致於所俎不反本處也○毋
投與狗骨者投致也狗犬也言爲客之禮無得食主肉後棄其骨與犬故鄭云
爲其賤飲食之物○毋固獲者專取曰固爭取曰獲與人共食不可專固獨得
及爭取也盧植云固獲取之爲其不廉也○毋揚飯者飯熱當待冷若揚去熱

氣則爲食快傷廉也○飯黍毋以箸者飯黍無用箸當用匕故少牢云廩人溉匕與敦注云匕所以匕黍稷是也○毋嚃羹者人若不嚼菜含而歠吞之其欲速而多又有聲不敬傷廉也故鄭云亦嫌欲疾也嚃爲不嚼菜羹有菜者用。挾故不得歠當。挾嚼也○毋絮羹者絮謂就食器中調和鹽梅也若羹得主人羹更於器中調和是嫌主人食味惡也○注爲其詳於味也絮猶調也詳審也謂更詳審嫌淡也○毋刺齒者口容止不得刺弄之爲不敬也謂其弄口少儀曰口容止容儀欲静止也毋歠醢者醢肉醬也醬宜鹹客若歠之則是醬淡也○客絮羹主人辭不能亨者亨責也若客失禮而絮羹則主人宜有優賓之辭謝之云。已家不能亨責故羹味不調適也○客歠醢主人辭以窶者窶無禮也若客失禮而歠醢則主人亦致謝云主人作醢淡而無鹽故可歠也詩云終窶且貧毛云窶無禮也箋云君於己祿薄終不足以爲禮也兩辭皆優饒於賓也濡肉齒決者濡濕也濕軟不可用手擘故用齒斷決而食之決猶斷也○乾肉不齒決者乾肉脯屬也堅肕不可齒決斷之故須用手擘而食之鄭注腊人云大物解肆乾之謂之乾肉也毋嘬炙者火灼曰炙炙肉濡若食炙先當以齒嚌而反置俎上不一舉而併食併食之曰嘬是貪食也○注爲其至于俎○正義曰不細齧之是一舉盡臠也特牲少牢嚌之加于俎者嚌至齒也特牲少牢。饋食禮尸及祝佐食主人之徒得肉皆嚌之嚌之竟而加置于俎上也但此所嚌取彼嚌至齒反置于俎則同然前云無反魚肉此得反于俎者上文謂共人同器而食者故鄭云爲其已歷口人所穢特牲少牢獨食故得反也

卒食客自前跪徹飯齊。以授相者謙也自從也齊醬屬也相者主人贊饌者公食大夫禮賓卒食北面取。粱與醬以降也○卒子恤反後更不音者同蠭本又作齊將兮反相息亮反注同

主人與辭於客

然後客坐不聽親徹

疏卒食至相者○正義曰卒食食已也自從也食坐在前面嚮候客食竟加于俎起從坐前北面當。以坐而跪自徹己所食飯與齊食主故荅主人初所親饋者也此是卑者侍食之客耳若敵者則否以授相者相者謂主人所使進食者賓以所徹飯齊以授之○注謙也至降

也正義曰齊醬屬也齊醬菹通名耳公食大夫禮賓卒食北面取粱與醬以降者引證自徹是卑客也大夫卑於公所爲客故食竟親取飯及醬以降下當知敵者否○主人至客坐者主人起辭不聽自徹則客亦止而坐也

侍飲於長者酒進則起拜受於尊所降席拜受敬也燕飲之禮鄉尊○鄉音嚮

長者辭少者反席而飲長者舉未釂少者不敢飲不敢先尊者盡爵曰釂燕禮曰公卒爵而後飲也○少式召反下皆同釂子妙反盡也先悉薦反又如字

疏

侍飲至敢飲○正義曰明侍尊長飲酒法也食竟宜飲酒故次之○酒進則起者謂長者賜侍者酒進至侍者前則起侍者見酒至不敢即飲故起也○拜受於尊所者尊所者以陳尊之處也侍者起而往尊處拜受之也陳尊之所貴賤不同若諸侯燕禮大射設尊在東楹之西自北嚮南陳之酌者在尊東西嚮以酌者之左爲上尊尊面有鼻鼻向君示君專有此惠也若鄉飲酒及卿大夫燕則設尊陳於房戶之間賓主共之尊面嚮南酌者嚮北以西爲上尊時主人在阼西嚮賓在戶西牖之前南嚮使賓主得夾尊示不敢專惠也今云拜受於尊所者當是燕禮而燕禮不云拜受於尊所鄉飲酒亦無此語正是文不具耳近尊嚮長者故往於尊所嚮長者而拜○注降席至鄉尊○正義曰何胤云尊者主人也拜者在尊所對主人也降席下奠爵再拜稽首嚮尊謂主人尊也崔靈恩云鄉大夫燕飲主人面亦嚮尊若鄉飲酒皆主人與賓夾尊也今案何崔並是解此拜受尊若所嚮長者之證也○長者辭少者反席而飲者長者辭止少者之起長者既止故少者復反還其席而飲賜也○長者舉未釂少者不敢飲者舉猶飲也釂盡也飲酒尊卑異爵故燕禮公執膳爵受賜爵者執散爵今少者雖反席而飲要須待長者盡爵後少者乃得飲也若長者飲未盡則少者不敢飲也○注不敢至飲也○正義曰證長者未盡少者不敢飲也燕禮曰受賜爵者以爵就席坐公卒爵然後飲鄭注云不敢先虛爵明此勸惠從尊者來也然此與燕禮及注合而與士相見及玉藻違案士相見禮云若君賜之爵則下席再拜稽首受爵升席祭卒爵而俟君卒爵然後授虛爵鄭云受爵者於尊所至

於授爵坐授人耳必俟君卒爵者若欲其釂然也玉藻云君若賜之爵則越席再拜稽首受登席祭之飲卒爵而俟君卒爵然後授虛爵注云不敢先君盡爵案二文皆先君卒爵而此云後飲者此據燕飲正禮故引燕禮以證之玉藻及士相見禮謂私燕之禮故不同也

長者賜少者賤者不敢辭不敢。亢禮也賤者僮僕之屬○亢苦浪反僮音同

疏長者至敢辭○正義曰此明凡受賜禮也少謂幼稚賤謂僮僕之屬也若少者及賤者被尊長之賜則不敢辭謙宜卽受也不敢亢禮也敵者亢而有辭少者賤者故不敢也

賜果於君前其有核者懷其核嫌。棄尊者物。也木實曰果○核戶革反

御食於君君賜餘器之漑者不寫其餘皆寫重汙辱君之器也漑謂陶梓之器不漑謂萑竹之器也寫者傳。已器中乃食之也勸侑曰御○漑古愛反重直勇反徐治龍反陶音桃瓦器也沈音遙萑音丸葦也傳直專反侑音又○

疏御食至。皆。寫○正義曰御者非侍者但是勸侑君食也○君賜餘者謂君食竟以食殘餘賜御者也○器之漑者不寫者漑滌也寫謂倒傳之也若所賜食之器可滌漑者不畏汙則不須倒寫仍於器中食之食訖乃澡絜以還君也○其餘皆寫者其餘謂不可滌漑之器也若不倒寫久則浸汙其器又不可澡絜則壞尊者物也故皆倒寫之○注重汙至曰御○正義曰漑謂陶梓之器者陶是瓦甒之屬梓是杯杅之屬並可滌絜之者何胤云梓漆也不漑謂萑竹之器者萑葦也是織萑爲之器竹是織竹爲之器並謂筐筥之屬並不可澡絜者鄭注司几筵識云萑如葦而細云勸侑曰御者何胤云勸侑謂卑者勸美尊者之食也

餕餘不祭父不祭子夫不祭妻食人之餘曰餕餕而不祭唯此類也食尊者之餘則祭盛之○餕子閏反

疏餕餘至祭妻○正義曰餕者食餘之名祭謂祭先也因前有賜餘故明食人之餘不祭者也凡食人之餘及日晚食。饌之餘皆云餕故玉藻云日中而餕鄭云餕食朝之餘也今此明凡食餘悉祭若不祭者唯此下二條也父不祭子夫不祭妻者若父得子餘夫得妻餘不須祭者言其卑故也非此二條悉祭也父得有子餘者熊氏

云謂年老致仕傳家事於子孫子孫有賓客之事故父得餕其子餘夫餕其妻餘者謂宗婦與族人婦燕飲有餘夫得食之〇御同於長者雖
貳不辭謂侍食於長者饌具與之同也貳謂重殽膳也辭之爲長者嫌〇重直龍反疏御同至不辭〇正義曰御謂侍也同謂侍食而與長者同
饌也貳謂重也侍者雖獲殽膳重而已不須辭其多也所以然者此饌本爲長者設耳若辭之則嫌當長者何胤云禮當盛饌宜辭以賤不能當之此侍食於
長者盛饌不在己故鄭云貳謂重殽膳也辭之爲長者嫌也偶坐不辭盛饌不爲己〇偶五口反配也一曰副貳也坐才臥反又如字疏偶坐
不辭〇正義曰偶媲也或彼爲客設饌而召己往媲偶於客共食此饌本不爲己設故己不辭之也又一云偶二也若唯獨有己主人設饌己當辭謝若與他
人俱坐則己不假辭以主人意不必在己也故鄭云盛饌不爲己並會兩通也羹之有菜者用梜其無菜者不用梜梜猶
箸也今人或謂箸爲梜提〇梜古協反沈又音甲字林作筴云箸也公洽反箸直慮反疏羹之至用梜〇正義曰有菜者爲鉶羹是也以其有菜交橫非
梜不可無菜者謂大羹湆也直歠之而已其有肉調者犬羹兎羹之屬或當用七也爲天子削瓜者副之巾以絺副析也既削又
四析之乃橫斷之而巾覆焉〇爲于僞反下同削息略反瓜古華反副普逼反絺勑宜反細葛析星歷反下同斷音短下同疏爲天至以絺〇正義曰此
爲人君削瓜禮也削刊也副析也絺細葛也謂先刊其皮而析爲四解又橫切之既破又橫解而細葛爲巾覆上而進之也爲國君者華之
巾以綌華中裂之不四析也〇華胡瓜反綌去逆反麤葛爲大夫累之累倮也謂不巾覆也〇累力果反一音如字倮力果反沈胡瓦
反士疐之不中裂橫斷去疐而已〇疐音帝去丘呂反庶人齕之不橫斷〇齕恨沒反徐胡切反疏爲國至齕之〇正義曰爲國君
者華之巾以綌者華謂半破也綌麤葛也諸侯禮降故破而不四析也亦橫斷之雖與天子俱無文推理亦橫斷而巾用麤葛覆而進之爾雅云瓜曰華之郭

璞云食啖治擇之名○爲大夫累之者累倮也不巾覆也大夫降於諸侯直削而中裂橫斷而已不巾覆而進之知對破而橫斷之者鄭云士不中裂橫斷去疐而已則知大夫猶中裂而橫斷倮而已○士疐之者疐謂脫華處士不半破但除疐而橫斷亦不覆也下注庶人云不橫斷則知士橫斷也故鄭云士不中裂橫斷去疐而已○庶人齕之者庶人府史之屬也齕齧也既注云不橫斷故知去疐而齧之也然此削瓜等級不同非謂平常之日當是公庭大會之時也

父母有疾冠者不櫛行不翔憂不爲容也○冠如字徐古亂反爲如字徐于僞反言不惰。憂不在私好。惰不。正。之。言○惰徒禾反一音徒臥反好音呼報反琴瑟不御憂在樂食肉不至變味飲酒不至變貌憂不在味笑不至矧怒不至詈憂在心難變也齒本曰矧大笑則見○矧本又作哂失忍反又詩忍反詈力智反罵詈則見賢遍反疾止復故自若常也

有憂者側席而坐側猶特也憂不在接人不布他面席有喪者專席而坐降居處也專猶單也

疏父。母。至。而坐。○正義曰此已下明親疾人子之禮及除喪後之儀各隨文解之○言不惰者惰訛不正之言○注憂不在私好者○正義曰好謂華好言語戲劇華飾文辭故云不在私好○食肉不至變味○正義曰猶許食肉但不許多耳變味者少食則味不變多食則口味變也○有憂者側席而坐者憂亦謂親有。病也側猶獨也獨席謂獨坐不舒他面席也明憂不在接人故也平常則舒他面席也○注側猶特也○正義曰案聘禮云公禮賓公側受醴是側猶特也○有喪者專席而坐○正義曰專猶單也吉時貴賤有重席之禮若父母始喪寢苫無席卒哭後乃有芐翦不納自齊衰以下始喪而有席並不重降居處也

○。水潦降不獻魚鼈不饒多也○潦音老雨水謂之潦獻鳥者佛。其首爲其喙害人也佛戾也蓋爲小竹籠以冒之○拂本又作佛扶弗反下同爲于僞反下爲其同喙吁廢反又陟遘反又知冒反又丁角反戾力計反籠力東反冒莫報反畜鳥者則勿佛也畜養也養則馴○畜

許六反徐況又反馴似遵反狎也徐食倫反沈養純反獻車馬者執策。綏獻甲者執冑獻杖者執末獻民虜者操右袂獻粟者執右契獻米者操量鼓獻孰食者操醬齊獻田宅者操書致凡操執者謂手所舉以告者也設其大者舉其小者便也甲鎧也冑兜鍪也民虜軍所獲也操其右袂制之契。券要也右爲尊量鼓量器名○綏音雖執以登車者冑直又反操七刀反持也下及注皆同契苦計反量音亮又音良升斛鼓隱義云樂浪人呼容十二石者爲鼓齊本又作齏同子兮反便婢面反鎧苦愛反兜下侯反鍪莫侯反券字又作桊音勸凡遺人弓者張弓尚筋弛弓尚角弓有往來體皆欲令其下曲隤然順也遺人無時已定體則張之未定體則弛之○遺于季反與也注同弛本又作施同式是反謂之不張也注同隤本又作頹徒回反順貌右手執簫左手承弣簫弭頭也謂之簫簫邪也弣把中○弣音撫徐音甫下同弭亡婢反弓末也邪似嗟反把音霸手執處也尊卑垂帨帨佩巾也磬折則佩垂授受之儀尊卑一○帨徐始銳反磬苦定反折徐時列反又之列反沈云舊音逝徐若主人拜拜受也則客還辟辟拜辟拜謙不敢當○辟辟上扶亦反下辟音避注同主人自受由客之左接下承弣由從也從客之左右客尊之接下接客手下也承弣卻手則簫覆手與○覆芳服反與音餘鄉與客並然後受於堂上則俱南面禮敵者並授進劍者左首左首尊也進戈者前其鐏後其刃進矛戟者前其鐓後刃敬也三兵鐏鐓雖在下猶爲首銳底曰鐏取其鐏地。平底曰鐓取其鐓。地○鐏在困反舊子困反注同一讀注音作管反矛本又作鍒音謀兵器鐓本又作錞徒對反注同一讀注丁亂反【疏】○水。潦。至。其。鐓。○正義曰此一節明獻遺人物及授受之儀今各隨文解之○水潦降不獻魚鼈者案定四年左傳云水潦方降今謂水潦降者天降下水潦魚鼈難得故注云不饒多也盧植庾蔚之等並以爲然或解鄭云不饒多者以爲水潦降下魚鼈豐足不饒益其多○獻鳥者佛其首者王云佛謂取首戾轉之恐其喙害人也鄭云佛戾也盡爲小竹籠以冒之案王鄭義同而加籠籠之爲其喙害人也○畜鳥者則勿佛也者畜養也以養則馴也馴善也鳥經人養則不喙害人故獻之不用籠冒及戾之○獻車馬者執策綏者策是馬杖綏是上車之繩車馬不上於堂不可投進尊者之前但執策綏易呈呈之則知有車馬○獻甲者執胄者甲鎧也不謂鎧爲甲者言如龜鼈之有甲也胄兜鍪也鎧大兜鍪小小者易舉執以呈之耳○獻杖者執末者末。杖地頭也。杖地不淨不可嚮人故執以自嚮持淨頭。授與人○獻民虜者操右袂者民虜謂征伐所獲彼民以爲外虜故云民虜也右袂者右邊袖也獻之。以左手操于囚之右邊袂。右邊。袂右邊有力故此用右手以防其異心凡言執操互言耳○獻粟者執右契者粟粱稻之屬也契謂兩書一札同而別之鄭注此云契券要也右爲尊以先書爲尊故也○獻米者操量鼓者米六米之等量是知斗斛之數鼓是量器名也隱義云東海樂浪人呼容十二斛者爲鼓以量量米故云量鼓獻米者執量器以呈之米云量則粟亦量粟云契則米亦書但米可即食爲急故言量粟可久儲爲緩故云書書比量爲緩也○獻孰食者操醬齊者孰食葱渫之屬醬齊爲食之主執主來則食可知若見芥醬必知獻魚膾之屬也○獻田宅者操書致者書致謂圖書於板丈尺委曲書之而致之於尊者也以上諸物可動故不云致而田宅著土故板圖書畫以致之故言書又言致也然古者田宅悉爲官所賦本不屬民今得此田宅獻者是或有重勳爲君王所賜可爲己有故得有獻凡遺人弓者此謂敵體故稱遺者也張弓尚筋者弓之爲體以木爲身以角爲面筋在外面張之時曲來嚮內故遺人之時使筋在上弓身曲嚮其下其弛弓之時反張嚮外筋在曲內角在曲外今遺人之時角嚮其上弓形。亦曲嚮下故鄭注皆欲令其下曲隤然順也○注遺人至弛之○正義曰案槀人云春獻素秋獻成注云矢箙春作秋成矢箙既獻素明知弓亦獻素素形朴也故士喪禮注云形法定爲素又弓人云秋合三材冬定體則合三材之時可以獻入故此注云未定體則弛之是也○右手執簫者簫弓頭頭稍剡差邪似簫故謂為簫也謂弓頭為鞘鞘簫之言亦相似也然執簫謂捉下頭客覆右手執弓下頭也○左手承弣者弣謂弓把也授在地地道
貴右主人推客居右客覆右手執弓下頭又卻下左手以承弓把把當中央而高兩頭頹下以授主人主人在左所以知是執於弓下頭者下頭拄地不淨不
可與人故自執之而以上頭授人所以為敬也尊卑垂帨者尊卑謂賓主俱是大夫則為尊若俱是士則為卑帨佩巾也若主人拜者主人將受應當賓前而
拜受所遺也○則客還辟辟拜者還辟猶逡巡也客謙不欲當主人之拜己故少逡巡還延辟之也不云客答拜者執弓不得拜也何胤云執弓者迴還見主
人拜而辟之也○主人自受由客之左者由從也主人既敵故自受也拜客既竟從客左而受之○接下承弣者主人既還在客左與客並以卻左手接客左
手之下而承弣又覆右手捉弓下頭○注由從至下○正義曰客在右故云右客也是尊客故使客在右也云接下接客手下也者客卻○左手承弣今主人
卻左手接客左手之下而取弓必知其客主俱卻左手承弣右手覆簫者若主人用右手承弣便是主人倒執弓故知然也云承弣卻手則簫覆手與者簫謂
弓下頭也客以弓上頭授與主人主人以左手卻之接客手下故又覆右手接捉弓下頭也是客主授受皆卻左手承弣覆右手執簫也○鄉與客並然後受
者前漫云由左恐人或相對而左右也今明既拜客竟則還前立處與客俱嚮南面立乃後受弓故云鄉與客並然後受也○注於堂至並授○正義曰俱南
面解鄉與客並也言於堂上俱南面是嚮明故也若不於堂上則未必南面當隨時便而俱嚮明云禮敵者並授者若不敵則不並授此又證遺人是敵者也
然敵者並授案聘禮賓問主國之卿卿北面受幣聘賓南面授幣卿與聘賓是敵不並授者以聘賓銜聘君之命問卿故卿北面受之敬聘君之命也○進劍
者左首者正義曰進亦謂遺也言進授與人時也首劍拊環也少儀曰澤劍首鄭云澤弄也推尋劍刃利不容可弄正是劍環也又云刃卻刃授穎鄭云穎鐶
也案少儀而言首則鐶也不以刃授人敬也春秋魯定公十年叔孫之圉人欲殺公若僞不解禮而授劍末杜云以劍鋒末授之案解鋒為末則鐶是首也然

劍有匣又有衣也故少儀云劍則啓櫝蓋襲之加夫襓是也鄭云左首尊者客在右主人在左劍首首爲尊以尊處與主人也假令對授則亦左首首尊左亦尊爲宜也○進戈者前其鐏後其刃○正義曰戈鉤子戟也如戟而橫安刃但頭不嚮上爲鉤也直刃長八寸橫刃長六寸刃下接柄處長四寸並廣二寸用以鉤害人也刃當頭而利者也利故不持嚮人也鐏在尾而鈍鈍嚮人爲敬所以前鐏後刃也○進矛戟者前其鐓者矛如鋋而三廉也戟今之戟也古作戟兩邊皆安橫刃長六寸中刃長七寸半橫刃下接柄處又長四寸半並廣寸半鐓爲矛戟柄尾平底如鐓柄下也以平嚮人敬也亦應並授不云左右而云前後者互文也若相對則前後也若並授則左右也○進几杖者拂之尊者所馮。依拂去塵敬○拂如字馮皮冰反去起呂反○效馬效羊者右牽之用右手便效猶呈見○效胡教反下同便婢面反見賢遍反○效犬者左牽之犬齧人右手當禁備之○齧本亦作噬常世反執禽者左首左首尊飾羔鴈者以繢繢畫也諸侯大夫以布天子大夫以畫○繢胡對反受珠玉者以掬慎也掬手中○掬九六反兩手曰掬受弓劍者以袂敬也飲玉爵者弗揮爲其寶而。脆○揮音煇何云振去餘酒曰揮脆七歲反凡以弓劍苞苴簞笥問人者問猶遺也苞苴裹魚肉或以葦或以茅簞笥盛飯食者圜曰簞方曰笥○苞苴子餘反苞裹也苴藉也簞音單笥思嗣反字林先自反沈息里反簞笥竹器也裹音果葦韋鬼反盛音成圜音員○操以受命如使之容謂使者○使色吏反注及下使者使使也並同

疏進几至之容○正義曰此一節皆謂相獻遺及呈見之儀各依文解之○進几杖者拂之謂拂去塵埃爲當馮執故也前云獻杖執末與此互文也此兼言几者几雖無首末亦拂之或云進几者以彎外授人亦得順也○互效馬效羊者右牽之者效呈見也此亦是遺人而言效亦互文也馬羊多力人右手亦有力故用右手牽製之也○効犬者左牽之者犬好齧齧人故左牽之而右手防禦也案少儀云獻犬則右牽之者彼

是田犬畜犬不齧人不須防今此是充食之犬故防禦之也然通而言之狗犬
通名若分而言之則大者爲犬小者爲狗故月令皆爲犬而周禮有犬人職無
狗人職也故爾雅云未成毫狗是也但燕禮亨狗或是小者或通語耳○執禽
者左首者禽鳥也左陽也首亦陽也左首謂橫捧之也凡鳥皆然若並授則主
人在左故客以鳥首授之也不牽故執之也○飾羔鴈者以繢者飾覆也羔羊
也繢畫也畫布爲雲氣以覆羔鴈爲飾以相見也士相見禮云下大夫以鴈上
大夫以羔飾之以布並不言繢此言繢者鄭云彼是諸侯之卿大夫卑但用布
此天子之卿大夫尊故畫之也受珠玉者以掬者掬謂手中也珠玉寶重宜慎
若受之開匣而出置在手中下用袂承之恐墜落也○受弓劍者以袂者不露
手取之故用衣袂承接之以爲敬也○飲玉爵者弗揮者玉爵玉杯也揮振去
餘也春秋左氏傳云奉匜沃盥既而揮之揮之是振去餘也○凡以弓劍苞苴
簞笥問人者凡謂凡此數事皆同然苞者以草苞裹魚肉之屬也故尚書云厥
苞橘柚是其類也苴者亦以草藉器而貯物也簞圓笥方俱是竹器亦以葦爲
之問人者問謂因問有物遺之也問者或自有事問人或謂聞彼有事而問之
問之悉有物表其意故自弓劍以下皆是也○注苞苴至以茅○正義曰知裹
魚肉者詩云野有死麕白茅苞之內則云炮取豚編萑以苴之既夕禮云葦苞
長三尺是其裹魚肉用茅用葦也○操以受命如使之容者言使之容者言使
者操持此上諸物以進受尊者之命如臣爲君聘使受君命先習其威儀進退
令如其至所使之國時之
儀容故云如使之容也○

禮記注疏卷二校勘記　阮元撰盧宣旬摘錄

附釋音禮記注疏卷第二　惠棟校宋本禮記正義卷第三

曲禮上　三字在禮記鄭氏注之前閩監毛本移置鄭氏注孔穎達疏之後失其舊式

禮記　鄭氏注　孔穎達疏　此本自二卷以後至六十三卷多如此作題禮記鄭氏注五字閩監毛本無禮記二字改題曰漢鄭氏注唐孔穎達疏皆非其舊

從於先生節　惠棟云從於先生節登城不指節戶外有二屨節宋本合為一節

先生老人教學者　閩監毛本作老岳本嘉靖本同衛氏集說同此本老誤耆

則必鄉長者所視　閩監毛本同石經同岳本嘉靖本同衛氏集說同考文引古本鄉作嚮通典六十八作向○按鄉向古今字嚮俗鄉字

從於至所視　惠棟校宋本無此五字

又教道於物者　閩監毛本同衛氏集說物作幼

遭先生至拱手者　閩監毛本同惠棟校宋本無者字

教於州里儀禮鄉射注云　監毛本如此此本作教於周禮鄉射注云字有脫誤也閩本同考文引宋板無儀禮二字盧文弨校本云儀禮鄉射無此注惟鄉飲酒注云先生鄉中致仕者

登城不指節

不可以舊常致時乏無閩監本同毛本致作或岳本嘉靖本同

尸外有二屨節

升席必由下也閩監本同岳本嘉靖本同衞氏集說同考文引宋板古本足利本同毛本必誤也

以鄉飲酒無筭爵閩本同監毛本筭作算○按段玉裁云說文算數也筭爲算之器算爲筭之用監毛不誤

襌下曰屨惠棟校宋本同閩監毛本襌作單下以通於襌無問襌之與複正謂襌者皆同

或清閞密事惠棟校宋本作閑此本閑作閞閩監本作問毛本清閑作請問

若內人語聞於戶外則外人乃可入也閩監毛本同衞氏集說則下有非私事三字恐以意添也

奉扃之說事有多家閩本同毛本事誤奉監本奉誤本事字不誤考文引宋板作事

從上爲躐席也閩監毛本同惠棟校宋本躐作蹹下躐席同是也躐爲蹹之或體說詳下

大夫士出入君門節

大夫至踐閾惠棟校宋本無此五字

右在東閩監毛本同惠棟校宋本東下有也字衞氏集說同

凡與客入者節

謂前足躡一等閩監毛本同嘉靖本同衞氏集說同岳本躡作蹴釋文亦作躡

凡與至左足惠棟校宋本無此五字

所以不隨命者謙也閩監毛本同浦鏜校命下補數字

其侯伯立當前疾惠棟云詩疏及論語刑疏皆作前侯獨此作前疾非也

下此子男立當衡閩本同惠棟校宋本同監毛本此誤地

則主君就賓求辭閩監毛本同惠棟校宋本辭作辤辤下有主人先傳求辭之言同五經文字辭辤辝上說文中古文下籀文經典相承通用上字

各下其君二等閩監本同毛本二誤一考文引宋板作二不誤

二則重愼更宜視之閩監本同考文引宋板同毛本視誤親

然後出迎客者閩監毛本同惠棟校宋本無者字

禮有二辭閩本同監毛本二作三○按當作三

帷薄之外不趨節

武謂每移足各自成迹不相躡閩監毛本同嘉靖本同岳本武上有布字毛居正云注武字當作布蓋上句注已云武迹也此注釋布字義不當又云武按此武上脫布字當從岳本衞氏集說亦作布武

帷薄至不立惠棟校宋本無此五字

趨以采齊閩監毛本同惠棟校宋本齊作薺案此引周禮樂師當作薺

而爲徐趨徐趨者監本同毛本徐趨二字不重

疾趨則欲授而手足毋移毛本同閩監本授作發考文引宋板同案玉藻正作發注云發謂起屨也

凡爲長者糞之禮節

凡爲長者糞之禮閩監毛本同石經同岳本嘉靖本同釋文出擹云本又作糞正義本從作糞考文引古本作擹

執箕膺擖閩監毛本同岳本同嘉靖本同衞氏集說同釋文擖作葉考文引古本亦作葉山井鼎云古本作葉管子作揲而今此注作擖者蓋涉少儀篇誤耳當以古本及釋文爲證也案山井鼎說非也正義本自作擖故疏中皆作擖字○按段玉裁云凡柶之屬物箕之底皆謂之葉或作楪譌作揲葉亦謂之櫼少儀作擖乃櫼之誤古音𢧵聲葛聲相近故從𢧵字或多作葛也

以箕自鄉而扱之閩監毛本同石經同岳本嘉靖本同衞氏集說同考文引古本鄉作嚮案釋文於上出鄉尊云本又作嚮後文注皆同知此鄉字釋文亦作嚮正義本作鄉與釋文本同考文引古本作嚮與釋文又本同○按作嚮非也

扱讀曰吸　閩監毛本同岳本嘉靖本同衞氏集說同惠棟校宋本扱作扱

箕去弃物　宋監本同後並同岳本同閩監毛本弃作棄嘉靖本同衞氏集說同案此因正義作棄改注弃字亦作棄也

令左昂右低　閩監毛本同岳本嘉靖本同衞氏集說同釋文出卬云本又作昂又作仰正義本作昂考文引古本作仰

凡爲至爲上　惠棟校宋本無此五字

袂衣袂也退還也　閩監毛本同通解衣袂也下有拘障也三字案衞氏集說亦無此三字

謂南北設席皆以南方爲上者　閩監毛本同浦鏜校云者疑若字誤

若非飲食之客節

答主人之親正　閩監毛本同岳本嘉靖本同衞氏集說同通解正下有席字

再辭曰固　閩監毛本同岳本嘉靖本同衞氏集說同釋文云一本作曰固辭考文引古本固下有辭也二字

客踐席乃坐　閩監毛本同石經同岳本同考文引古本作客踐席主人乃坐案疏云乃坐者主人待客坐乃坐也經無主人字故正義申言之考文據以補入非也

且問其安否無恙　閩監毛本同岳本嘉靖本同衞氏集說同釋文否作不考文引古本無安否二字

怍顏色變也　閩監毛本同岳本嘉靖本同衞氏集說同宋監本怍下補謂字

蹶行遽貌　閩監毛本同岳本嘉靖本同衞氏集說同惠棟校宋本遽作遂案釋文出行遽音其據反正義亦云行急遽貌也作遂者誤字

若飲食之客　閩監本同考文引宋板同毛本誤若飲之客客

席之制三尺三寸三分寸之一　閩監毛本同衞氏集說同浦鏜校制下補廣字嚴杰云補廣字與今本文王世子注同釋文云一本作廣三尺三寸三分是陸氏所據之注本無廣字正義正與之合

故使容杖也　閩本同惠棟校宋本同監毛本使作或衞氏集說同

○乃坐者　閩監本同考文引宋板同毛本無○乃誤入

不得變動顏色　閩監毛本同衞氏集說同惠棟校宋本色下有也字

先生書策琴瑟在前節

先生書策琴瑟在前　閩監毛本同石經同岳本嘉靖本同衞氏集說同釋文出書筴云本又作策正義本作策考文引古本作筴○按依說文當作冊策者冊之假借字筴者又策之俗字也

毋勦說　閩監毛本同石經同嘉靖本同衞氏集說同岳本勦作剿案勦說之勦曹憲謂當從刀與左傳勦民字從力者不同錢大昕云說文勦訓勞鄭訓爲擥卽取勞之轉聲而借其義非有異文也說文刀部無剿字曹憲俗儒未達六書之旨故多妄說案五經文字力部勦字云楚交反見禮記當指此文是張參亦不從曹憲說也岳本全改從刀非

不敢倦嫌若風去之閩監毛本同岳本嘉靖本同考文引古本倦上有厭字風作諷案釋文於上注出有厭云於豔反下同知釋文本此處有厭字正義云則似厭倦其客欲去之也知正義本此處亦有厭字古諷字多作風釋文本亦作風通典六十八引嫌若諷去之古諷風字通

嫌有穢惡閩監毛本同岳本嘉靖本同衛氏集說同考文引古本作嫌有惡穢釋文出有穢惡也二字亦不倒惡下有也字各本所無

先生至不唾惠棟校宋本無此五字

既法古昔閩監毛本同惠棟校宋本昔作者

古者未有蠇燭惠棟校宋本蠇作蠟

侍坐於君子節

少閒願有復也閩監毛本同嘉靖本同石經閒作閑岳本同衛氏集說同釋文出少閑云音閑注同五經文字云閑從月經典閑暇字用之則字當作閑爲是然此閑並從日後放此

暑毋褰裳閩監本同石經同岳本嘉靖本同衛氏集說同考文引宋板古本足利本同毛本褰誤蹇釋文出毋騫○按騫正字褰假借字

此又明卑侍尊閩毛本同惠棟校宋本尊下有也字監本卑誤異

閒謂清閑也閩監本同毛本閑作閒下無事清閑同

不得遠也閩本同考文引宋板同監本作不得迫也毛本作不得近也並誤

不得流動邪盼也　閩本同監毛本盼作眄衞氏集說作不得斜眄

常著在首　閩本同惠棟校宋本同衞氏集說同監毛本在作於

故宜兼戒亦可通戒爲人之法也　閩監毛本二戒字作誡衞氏集說同案此作戒者省文耳

侍坐於長者節

不得屏遷之而已　閩監毛本同岳本同嘉靖本同衞氏集說同通解遷之作遷就近

侍坐至納屨　惠棟校宋本無此五字

此侍者或獨暫退時　閩監毛本作侍此本侍誤待今正

離坐離立節

不同椸枷　閩本監本毛本同石經同岳本嘉靖本同衞氏集說同釋文出同杝又出枷云本又作架徐音稼古本無此字正義此句闕疏其本無可考臧琳經義雜記云案注云椸可以枷衣者然則經無枷字矣今內則亦有枷字疑誤詩鄭箋鵲巢云鵲之作巢冬至架之至春乃成記注枷字與詩箋同意並是運動之言非實指器物之名也釋器竿謂之箷亦單稱箷郭注云衣架與鄭合據徐音知此字晉以來已衍古本無此字陸當據徐本云然耳

女子許嫁系纓　閩監毛本系作繫岳本同衞氏集說同嘉靖本同

女子有宮者　閩毛本同岳本嘉靖本同衞氏集說同監本宮誤官

猶不與男子共席而坐閩監本同岳本同衛氏集說同考文引宋板古本足利本同毛本共誤同

不相知名閩監毛本同石經同岳本嘉靖本同衛氏集說同釋文出不相知云本或作不相知名名衍字耳正義本作不相知名經義雜記云案注云見媒往來傳昏姻之言乃相知姓名經如本有名字鄭可無庸注矣案臧說非也注正解經名字爲姓名耳當以正義本爲長

辟嫌也閩監毛本同岳本嘉靖本同衛氏集說同考文引古本辟作避釋文出避嫌云本亦作避正義云明避嫌也字亦作避○按避正字辟假借字

離坐至爲友惠棟校宋本無此五字

當築夫人宮下羣公子宮上○按今公羊注無二宮字

白虎通云娶妻不告廟者示不必人女也閩本同考文引宋板同監毛本告上有先字人女二字併作安字與今白虎通同

弗與爲友者明避嫌也閩監毛本作者此本者誤○

賀取妻者節

賀取妻者閩監本同石經同岳本嘉靖本同衛氏集說同毛本取作娶釋文於上出取妻云本亦作娶下賀取妻同則作娶者釋文之又本也正義本從作取

古者謂候爲進　閩毛本同岳本嘉靖本同衞氏集說同監本候誤侯

昏禮不賀　閩監本同岳本嘉靖本同衞氏集說同考文引宋板同毛本禮誤賓

碍不得自往　閩監毛本碍作礙衞氏集說同

將奉淳意　閩監毛本奉淳作表厚是也衞氏集說同

以與子進賓客　閩監毛本同惠棟校宋本客下有也字

貧者節　惠棟云貧者節經注之下接上節賀取至羞疏文

名子者節　惠棟云常語之中至後頁注無大小皆相名相字止宋本闕

迎公子黑臀於周　閩監毛本同惠棟校宋本迎作逆○按作迎與宣二年傳合

男女異長節

男子二十冠而字　閩監毛本同岳本嘉靖本同衞氏集說同釋文出二十冠石經二十合作廿後並同不複出

男女至而字　惠棟校宋本無此五字

凡進食之禮節　惠棟校宋本凡進至虛口疏合下疏十四節在庶人齔之經注之下

醯醬處內　閩監毛本同石經同岳本嘉靖本同衞氏集說同釋文出醢云徐音海本又作醯呼兮反正義云此醯醬徐音作海則醢之與醬兩物各

別又云今此經文若作醢字則是一物也又云則醢醬一物爲勝據此正義本從作醢

葱渫處末 閩監毛本同石經同岳本嘉靖本同衞氏集說同釋文出葱渫案渫本字渫唐人避諱字石經中凡偏旁涉世字者多改從云如棄作弃勤作勤葉作葉此渫及棌蘇姝諫堞偞皆是也廣韻葱渫字作藻

言末者殊加也 閩監本同岳本嘉靖本同衞氏集說同考文引宋板同毛本加誤如

酒漿處右 閩本同石經同宋監本同岳本嘉靖本同衞氏集說同惠棟校宋本同監毛本右誤內石經考文提要云案鄭注云處羹之右王制殷人以食禮疏引此經亦作處右宋大字本宋本九經南宋巾箱本余仁仲本宋劉叔剛本至善堂九經本並作右

客若降等則先祭 閩監毛本同岳本同衞氏集說同惠棟校宋本若作不嘉靖本同宋監本同考文引古本足利本同是也

如其次 閩監本同岳本嘉靖本同衞氏集說同考文引宋板同毛本如誤所

魚腊湆醬不祭也 閩監毛本同岳本嘉靖本同衞氏集說同浦鏜校云湆誤湆後同湆醬儀禮作醬湆案五經文字云湆湆並邱及反上從泣下月大羹也上從泣下日幽深也今禮經大羹相承多作大字或傳寫久訛不敢便改此唐人所不敢改者浦鏜輒欲改之非也○按段玉裁云湆字不見於說文則未知張說何本儀禮音義引字林云湆羹汁玉篇廣韻同然則本無異字也

主人延客食胾 各本同此本胾誤誠今正

然後辯殽 惠棟校宋本同石經同宋監本同岳本嘉靖本同衞氏集說同閩監毛本辯作辨下主人未辯同案五經文字云辯辨並皮勉反上理也

下別也經典或通用之禮記亦借辯爲徧字

凡食殽辨於肩 閩監毛本同岳本辨作辯嘉靖本同考文引宋板同

凡進至虛口 惠棟校宋本無此五字

此一節推明飲食之法也 閩監毛本同惠棟校宋本推作雜衛氏集說同

但鄭注葱渫云處醢醬之左 閩監本同毛本醢誤醯衛氏集說亦作醯

此皆是公食下大夫禮云 惠棟校宋本有皆字此本皆字脫閩監毛本同

捶而施薑桂曰鍛脩 閩本同監毛本捶作棰鍛作腶考文引宋板亦作捶作鍛周禮腊人注棰從木旁鍛從金旁衛氏集說作捶腶

末邊際置右右 惠棟校宋本作左右是也

左擁簠粱 監毛本同閩本粱作梁

炙胾之屬雖同出於牲 閩監毛本同衛氏集說雖作本

壹以授賓 惠棟校宋本同閩監毛本壹作一

自上而卻下 閩監本同毛本自誤是考文引宋板亦作自

音義隱云飯畢蕩口也惠棟校宋本同閩本同監本音義隱三字闕毛本作酳隱義案疏中屢稱音義隱亦或稱隱義

侍食於長者節

正義曰嚮是自爲客法閩監毛本同惠棟校宋本無正義曰三字

以示敬也惠棟校宋本此下另行標禮記正義卷第三終記云凡二十七頁

共食不飽節惠棟校宋本以下首題禮記正義卷第四惠棟又云宋本共食節毋摶飯節卒食節侍飲節長者節賜果節御食節餕餘節御同於長者節偶坐節羹之有菜節爲天子削瓜節爲國君節凡十三節經注俱在三卷則不拜而食經注之下盧文弨云案自此至爲國君節凡十三節經注俱尙在三卷則不拜而食經注之下截此疏爲四卷起首不可從

爲汙手不絜也閩監毛本同惠棟校宋本手作生是也宋監本同岳本作爲汙生不潔也衞氏集說作謂汙手不潔也案疏言汙生知此處當作生古書潔多作絜嘉靖本作爲汙手不潔也○按正義云一本汙生不圭圭絜也

則不絜淨閩監毛本同惠棟校宋本淨下有也字

言手澤汙飯也閩監本作汙此本汙誤汗毛本同今正

毋摶飯節

去手餘飯於器中閩監毛本同岳本同嘉靖本同衞氏集說同考文引宋板於作放

主人辭不能亨 石經同岳本嘉靖本同閩監毛本同釋文亨作烹考文引古本同

不得拂放本器中也 惠棟校宋本作也此本也改者閩監毛本同

去手餘飯於器中人所穢者 惠棟校宋本作者是也此本者改也閩監毛本同

羹有菜者用梜 閩監毛本作梜此本梜作挾下當梜嚌也同

云已家不能亨煮 閩監毛本同惠棟校宋本已作以衞氏集說同

特牲少牢饋食禮 惠棟校宋本作饋此本誤館閩監毛本同今正

卒食節

徹飯齊以授相者 閩監毛本同石經同岳本嘉靖本同釋文出齍云本又作齊正義本作齊

北面取粱與醬以降也 監本同閩毛本粱作粱是也岳本同嘉靖本亦作粱

當已坐而跪 惠棟校宋本作已衞氏集說同此本已作以閩監毛本同

侍飲於長者節

侍飲於長者 惠棟校宋本如此此本於長者作至敢飲誤監毛本同閩本作至而食

進至侍者前則起 惠棟校宋本同閩監毛本則起作於是非也

尊所者以陳尊之處也閩監毛本同惠棟校宋本無者字以作謂
侍者起而往尊處拜受之也惠棟校宋本作之也此本之也作酒謂非閩監毛本同
卿大夫燕飲閩監毛本作卿此本卿誤鄉今正
所若所饗長者之證也閩監毛本同惠棟校宋本若字上無所字
長者賜節
不敢亢禮也各本同通典六十八亢作抗
賜果於君前節
嫌棄尊者物也閩監毛本同岳本棄作弃嘉靖本同通典六十八作嫌弃尊者之物
御食於君節
寫者傳己器中閩監毛本同岳本同惠棟校宋本已作己衞氏集說同
御食於君惠棟校宋本如此此本作御食至皆寫誤也閩監毛本同
餕餘不祭節
及日晚食朝饌之餘惠棟校宋本有朝字此本朝字脫閩監毛本同

御同於長者節

父母有疾節

惰不正之言 閩監毛本同嘉靖本同惠棟校宋本無此五字宋監本同衞氏集說同考文引古本足利本同通典六十八引同岳本有此五字而別入於釋文按釋文亦無此五字當因正義誤入

父母至而坐 惠棟校宋本無此五字

憂亦謂親有病也 閩監毛本同惠棟校宋本病作疾衞氏集說同是也

水潦降節 惠棟云水潦降節進几杖節宋本合爲一節

獻鳥者佛其首 閩監毛本同石經同岳本嘉靖本同釋文出拂其云本又作佛扶拂反下同正義本作佛考文引古本佛作拂

獻車馬者執策綏 閩監毛本同石經同岳本嘉靖本同釋文出筴綏與正義異考文引古本策作筴與釋文合

契券要也 監本作券岳本同此本券誤劵閩毛本同嘉靖本同

銳底曰鐏取其鐏地平底曰鐓取其鐓地 惠棟校宋本作鐏地鐓地嘉靖本同宋監本同此本鐏地字不誤鐓地誤鐓也閩監毛本二地字俱誤也岳本同

水潦至其鐓 惠棟校宋本無此五字

但執策綏易呈閩監毛本同惠棟校宋本策綏下重策綏二字是也

柱地頭也柱地不淨閩監毛本柱作拄

持淨頭投與人閩本同惠棟校宋本同監毛本投作授

獻之以左手閩監毛本同惠棟校宋本以上有而字

操于因之右邊袂右邊袂也閩監毛本同惠棟校宋本右邊袂三字不重是

弓形亦曲嚮下閩監毛本同惠棟校宋本亦作示

由從至手與閩監毛本如此此本誤作由從至下

客卻左手承弣閩監毛本如此此本左上衍〇

主人以左手卻之接客手下惠棟校宋本作手下此本手下二字倒閩監毛本同

進劍者左首者閩監毛本同惠棟校宋本無者字是也

進几杖者節

尊者所馮依閩監本同岳本嘉靖本同毛本依誤倚

爲其寶而脆閩監毛本同嘉靖本同惠棟校宋本脆作脃宋監本同岳本同釋文同五經文字云脃從肉從卪作脆訛

知裹魚肉者 閩本同監毛本知作苞惠棟校宋本作知苞裹魚肉者

言使之容者 閩監毛本同惠棟校宋本無此五字

禮記注疏卷二校勘記

附釋音禮記注疏卷第三

曲禮上

禮記　鄭氏注　孔穎達疏

凡爲君使者已受命君言不宿於家急君使也言謂有故所問也聘禮曰。君有言則以束帛如饗禮○爲于僞反下注爲哀樂爲其廢喪事並同○君言至則主人出拜君言之辱使者歸則必拜送于門外敬君命也此謂國君問。事於其臣○若使人於君所則必朝服而命之使者反則必下堂而受命此臣有所告請於其君○朝直遙反○

疏。凡。爲。至。受。命○正義曰此一節論相聘問及君臣使人相告之事今各依文解之○受命謂受得君命爲聘使也君言謂受君言宜急去不得停留宿於家也故聘禮既受命遂行舍於郊是也○注言謂至享禮○正義曰解君言也君之所言謂有事故所問也或問其臣或問他人鄭注聘禮記有故謂災患及時事相告也云聘禮曰若有言則以束帛如享禮者又證有言必有物將之也此謂行享禮畢而又有此言而又加束帛也鄭注彼云有言有所告請若有所問也記曰有故則束帛加書以將命春秋臧孫辰告糴於齊公子遂如楚乞師晉侯使韓穿來言汶陽之田是其類也○君言至則主人出拜君言之辱○正義曰此謂君使人問其臣臣對使禮也出出門也君使初至則主人出門拜迎君命也辱者言屈辱尊者之命來也使者歸則必拜送于門外者君之使去而又出拜送門外也去既送出門則知初至迎亦出門也此謂國君問事於其臣也若臣遣人往君所及問他人則送迎亦然○若使人於君所則必朝服而命之者此謂臣有故而遣使告君法也亦有物以將之敬君故朝服命使也然命使者言朝服則君言至亦朝服受之互言也使者反則必下堂而受命者謂己使者從君處反還至也去不下送反而下迎者尊君命也不出門者己使卑於君使也亦當拜之不言從上可知也○博聞強識而讓敦善行而不怠謂之君子敦厚○識如字又式異反行下孟反皇如字怠音代君子不盡人之歡不竭人之忠以全交也歡謂飲食忠謂衣服之物

疏。君。子。至。交。也○正義曰此明君子所行之事也○鄭云歡謂飲食忠謂衣服飲食是會樂之具承歡爲易衣服比飲食爲難必關忠誠籌度故名忠各有所以也明與人交者不宜事事悉受若使彼罄盡則交結之道不全若不竭盡交乃全也

禮曰君子抱孫不抱子此言孫可以爲王父尸子不可以爲父尸以孫與祖昭穆同○昭時招反爲君尸者大夫士見之則下之君知所以爲尸者則自下之尊尸也下下車也國君或時幼少不能盡識羣臣有以告者乃下之○少式召反○尸必式禮之乘必以几尊者慎也○乘繩證反下注二處乘車同齊者不樂不弔爲哀樂則失正散其思也○齊側皆反樂音洛下無容樂非樂所同思絲嗣反又如字○

疏。禮。曰。至。不。弔○正義曰此一節論立尸用人相尊敬之法各依文解之○抱孫不抱子者此以明昭穆之例凡稱禮曰者皆舊禮語也爲下事難明故引舊禮爲證案此篇之首作記之人引舊禮而言曲禮曰此直言禮曰不言曲者從略可知也抱孫不抱子者謂祭祀之禮必須尸尸必以孫今子孫行並皆幼弱則必抱孫爲尸不得抱子爲尸所以然者作記。之者既引其禮又自解云此言孫可以爲王父尸子不可以爲父尸故也曾子問云祭成喪者必有尸尸必以孫孫幼則使人抱之無孫則取於同姓可也是有抱孫之法也言無孫取於同姓可者謂無服內之孫取服外同姓也天子至士皆有尸特牲是士禮少牢是大夫禮並皆有尸又祭統云君執圭瓚祼尸是諸侯有尸也又守祧職云若將祭祀則各以其服授尸是天子有尸也天子以下宗廟之祭皆用同姓之嫡故祭統云祭之道孫爲王父尸所使爲尸者於祭者

爲子行父北面而事之注云子行猶子列也祭祖則用孫列皆取於同姓之適孫也天子諸侯之祭朝事延尸於戶外是以有北面事尸之禮也雖取孫列用卿大夫爲之故既醉注云天子以卿鄭箋云諸侯入爲天子卿大夫故云公尸天子既然明諸侯亦爾故大夫士亦用同姓嫡者曾子問云無孫取於同姓可也又鄭注特牲禮大夫士以孫之倫爲尸是也言倫明非己孫皇侃用崔靈恩義以大夫用己孫爲尸恐非也天子祭天地社稷山川四方百物及七祀之屬皆有尸也故鳧鷖並云公尸推此而言諸侯祭社稷竟內山川及大夫有菜地祭五祀皆有尸也外神之屬不問同姓異姓但卜吉則可爲尸案曾子問祭成人必有尸則祭殤無尸若新喪虞祭之時男女各立尸故士虞禮云男男尸女女尸至祔祭之後正用男之一尸以其祔祭漸吉故也凡吉祭祇用一尸故祭統云設同几是也若祭勝國之社稷則士師爲尸知者士師職文用士師者略之故異義公羊說祭天無尸左氏說晉祀夏郊以董伯爲尸虞夏傳云舜入唐郊以丹朱爲尸是祭天有尸也許慎引魯郊祀曰祝延帝尸從左氏之說也○爲君尸者大夫士見之則下之○正義曰此臣爲君作尸者已被卜吉君許用者也下謂下車也古者致齊各於其家散齊亦猶出在路及至祭日之旦俱來入廟故羣臣得於路見君之尸皆於下車而敬之○君知所以爲尸者則自下之者此亦謂散齊之時君若在路見尸亦自下車敬之不直云君見尸而云君知者言知則初有不知不知謂君年或幼少不能並識羣臣故於路或不識而臣告君君乃知之所以下也所以知是散齊者○君致齊不復出行若祭日君先入廟後乃尸至也○尸必式者廟門之外尸尊未伸不敢亢禮不可下車故式爲敬以答君也式謂俯下頭也古者車箱長四尺四寸而三分前一後二橫一木下去車牀三尺三寸謂之爲式又於式上二尺二寸橫一木謂之爲較較去車牀凡五尺五寸於時立乘若平常則馮較故詩云倚重較兮是也又若應爲敬則落手隱下式而頭得俯俛故後云式視馬尾是也鄭注考工記云兵車之式高三尺三寸較兩輢上出式者也兵車自較而下凡五尺五寸然尸在廟中尊伸尙答主人之拜今在路其尊猶屈君下而已式者以其在路尊未伸故未敢

亢禮至於廟中禮伸則亢故荅之○乘必以几者几案在式之上尊者有所敬事以手據之几上有冪君以羔皮以虎緣之也

○居喪之禮毀瘠不形視聽不衰爲其廢喪事形謂骨見○瘠音在昔反瘦也見賢遍反升降不由阼階出入不當門隧常若親存隧道也阼才故反隧音遂

○居喪之禮頭有創則沐身有瘍則浴有疾則飲酒食肉疾止復初不勝喪乃比於不慈不孝勝任也○創初良反又初亮反瘍音羊本或作痒勝音升任而金反

五十不致毀六十不毀七十唯衰麻在身飲酒食肉處於內所以養衰老人五十始衰也○衰七雷反

疏 居喪至於內○正義曰此一節明孝子居喪此先明居喪平常之法也毀瘠不形者毀瘠羸瘦也形骨露也骨爲人形之主故謂骨爲形也居喪乃許羸瘦不許骨露見也○升降不由阼階者阼階主人之階也孝子事死如事生故在喪思慕猶若父在不忍從父阼階上下也若祔祭以後即得升阼階知者案士虞禮云卒哭以後稱哀子祔祭稱孝子祔祭如饋食之禮既同於吉則孝子得升阼階也然雜記云弔者入主人升堂西面下云既葬蒲席則升堂西面未葬也既言西面則是升自阼階此未葬得升阼階者敬異國之賓也○不勝喪乃比於不慈不孝者結所以沐浴酒肉之義也不勝喪謂疾不食酒肉創瘍不沐浴毀而滅性者也不留身繼世是不慈也滅性又是違親生時之意故云不孝不云同而云比者此滅性本心實非爲不孝故言比也○五十不致毀者致極也五十始衰居喪乃許有毀而不得極羸瘦○六十不毀者轉更衰甚都不許毀也魯襄公三十一年經書九月癸巳子野卒傳云毀也是也○

生與來日死與往日與猶數也生數來日謂成服杖以死明日數也死數往日謂殯斂以死日數也此士禮貶於大夫者大夫以上皆以來日數士喪禮曰死日而襲厥明而小斂又厥明大斂而殯則死三日而更言三日成服杖似異日矣喪大記曰士之喪二日而殯三日之朝主人杖二者相推其然明矣與或爲予○

數所主反下皆同殯必刃反下同斂力驗反下同貶彼檢反字林方犯反【疏】生。與。至。往。日〇正義曰生與來日者此謂士禮與數也謂生人成服杖數來日爲三日死。與往日者謂死者殯斂數死日爲三日〇注與數至爲予〇正義曰貶猶屈也士卑屈故降不如大夫所以厭其殯日然士惟屈殯日不屈成服杖日者成服必在殯後故也云大夫以上皆以來日數者大夫尊則成服及殯皆不數死日也大夫云三日殯不數死日則天子諸侯亦悉不數死日也故鄭云皆大夫以上云士喪禮曰死日而襲者注引士喪禮者證殯與成服不同日以其未審故云似異日又引喪大記者更證明士殯與成服不同日故云二者相推其然明矣謂以士喪禮喪大記二者相推校然猶是也殯與成服是異日明矣無所復疑言與或爲予者謂諸本禮記有作予字者故云與或爲予

知生者弔知死者傷知生而不知死弔而不傷知死而不知生傷而不弔人恩各施於所知也弔傷皆謂致命辭也雜記曰諸侯使人弔辭曰寡君聞君之喪寡君使某如何不淑此施於生者傷辭未聞也說者有弔辭云皇天降災子遭罹之如何不淑此施於死者蓋本傷辭辭畢退皆哭〇傷如字下同舊式亮反【疏】知。生。至。不。弔〇正義曰此一節論弔傷之法若存之與亡並識則遣設弔辭傷辭兼行若但識生而不識亡則唯遣設弔辭而無傷辭〇知死而不知生傷而不弔者若但識亡唯施傷辭而無弔辭也然生弔死傷其文可悉但記者丁寧言之故其文詳也〇注弔傷至皆哭〇正義曰皆不自往而遣使致己之命也雜記曰諸侯使人弔辭曰寡君聞君之喪寡君使某如何不淑此施於生者也引雜記者證諸侯有鄰國之喪不得往遣使往弔致命弔辭之法也然弔辭唯使者口傳之於主國孤而已云傷辭未聞者經典散亡故未聞也說者有弔辭云皇天降災子遭罹之如何不淑者既未聞傷辭有舊說者云有弔辭如此也施於死者蓋本傷辭也鄭此云舊說疑其非弔辭正是傷辭耳所以然者一則不與雜記弔辭同二則既言皇天降災子遭。罹之明是傷於亡者自身非關弔于孝子也云辭畢退皆哭者然弔辭乃使口致命若傷辭當書之於板使者讀之而奠

致殯前也知辭畢皆退而哭者案雜記行弔之後致含襚賵畢乃臨若不致含襚賵則弔訖乃臨也故鄭云弔傷辭畢皆哭弔喪弗能賻不
問其所費問疾弗能遺不問其所欲見人弗能館不問其所舍賜人者不曰來
取與人者不問其所欲皆。爲傷恩也見人見行人館舍也與人不問其所欲己物或時非其所欲將不與也○賻音附公羊傳曰錢財
曰賻穀梁傳曰歸生者曰賻不問其所費芳味反一本作有所費下句放此遺于季反與也皆爲于僞反下爲其皆同○適墓不登壟爲其
不敬壟冢也墓塋域○壟力勇反塋音營助葬必執紼葬喪之大事紼引。車。索。○紼音弗引棺本亦作引車索悉各反臨喪不笑臨喪
宜有哀色揖人必違其位禮以變爲敬望柩不歌入臨不翔哀傷之無容樂○柩求又反臨如字舊力鴆反當食
不歎食或以樂非歎所鄰有喪舂不相里有殯不巷歌助哀也相謂送杵聲○舂束容反相息亮反注同杵昌呂反
適墓不歌非樂所哭日不歌哀未忘也送喪不由徑送葬不辟塗潦所哀在此○徑經定反邪路也辟音
避本亦作避下注同臨喪則必有哀色執紼不笑臨樂不歎介冑則有不可犯之色貌與事宜
相配介甲也故君子戒慎不失色於人色厲而內荏貌恭心很非情者也○荏而審反柔弱貌很胡懇反國君撫式
大夫下之大夫撫式士下之撫猶據也據式小俛崇敬也乘車必正立○俛音免禮不下庶人爲其遽於事且不能
備物○下遐嫁反又如字遽其庶反沈又其於反刑不上大夫不與賢者犯法其犯法則在八議輕重不在刑書○上時掌反與音預刑
人不在君側爲怨恨爲害也春秋傳曰近刑人則輕死之道【疏】助。葬。至。君。側。○正義曰此一節記人雜記吉凶舉動威儀之事各依文解之○

助葬必執紼者助葬本非爲客正是助事耳故宜必執紼也○注葬喪至車索
○正義曰葬喪之大事解所以必執紼之義云紼引車索者也縭屬棺曰紼屬車
曰引引紼亦通名故鄭云紼引車索也○揖人必違其位者位謂己之位也於
位而見前人己所宜敬者當離己位而嚮彼遙揖禮以變爲敬是以燕禮君降
階爾卿大夫鄭注云爾近也揖而移近之明雖君臣皆須違位而揖也○入臨
不翔者謂入臨人之喪不得趨翔爲容不翔故不歌歌則猶翔也○當食不歎
者吉食奏樂既樂故不宜歎也又若助喪事而食使充飢不令廢事亦不宜歎
歎則不飽也○注食或以樂非歎所○正義曰人君吉食則有樂賤者則無故
云或也○哭日不歌者哭日謂弔人日也哭歌不可共日也○注哀未忘也○
正義曰論語云子於是日哭則不歌而鄭此云哀未忘也則弔日之朝亦得歌
樂但弔以還其日晚不歌耳亦得會是日哭則不歌是先哭後乃不歌也○送
葬不辟塗潦者前文送喪此云送葬上下文勢皆據他人知者以上適墓不登
壟入臨不翔及哭日不歌以文類之故知此等皆據他人也而本亦有云送喪
不辟塗潦者義亦通也○介冑則有不可犯之色者亦內外宜相稱也戎容暨
暨若身被甲首冠冑則使形勢高岸有不可干犯之色以稱其服也○故君子
戒慎不失色於人者弁結前義也故承上起下之辭上既言內外宜稱故君子
接人凡所行用並使心色如一不得色違於心故云不失色於人也○注色厲
而內荏貌恭心很非情者也○正義曰此舉失色之事也小人顏色嚴厲而心
內荏弱爲佞又外乃象恭而心實敖很此並情不副色也故論語云色厲而內
荏譬諸小人其猶穿窬之盜也與又云巧言令色足恭書云象恭滔天○國君
撫式大夫下之者撫謂手據之謂君臣俱行君式宗廟則臣宜下車此獨云大
夫則士可知也大夫撫式士下之者士爲大夫之臣亦如大夫於君也○注乘
車必正立○正義曰證所式義也乘車駟馬之車也既並立乘故爲敬時則俯
俛據式○禮不下庶人者謂庶人貧無物爲禮又分地是務不服燕飲故此禮
不下與庶人行也白虎通云禮爲有知制刑爲無知設禮謂酬酢之禮不及庶
人勉民使至於士也故士相見禮云庶人見於君不爲容進退走是也張逸云

非是都不行禮也但以其遽務不能備之故不著於經文三百威儀三千耳其有事則假士禮行之○刑不上大夫者制五刑三千之科條不設大夫犯罪之目也所以然者大夫必用有德若逆設其刑則是君不知賢也張逸云謂所犯之罪不在夏三千周二千五百之科不使賢者犯法也非謂都不刑其身也其有罪則以八議議其輕重耳○注不與至刑書○正義曰與猶許也不許賢者犯法若許之則非進賢之道也大夫無刑科而周禮有犯罪致殺放者鄭恐人疑故出其事雖不制刑書不與賢者犯法其犯法則在八議輕重不在刑書若脫或犯法則在八議議有八條事在周禮一曰議親之辟謂是王宗室有罪也二曰議故之辟謂與王故舊也三曰議賢之辟謂有德行者也四曰議能之辟謂有道藝者也五曰議功之辟謂有大勳立功者也六曰議貴之辟謂貴者犯罪即大夫以上也鄭司農云若今之吏墨綬有罪先請者案漢時墨綬者是貴人也七曰議勤之辟謂憔悴憂國也八曰議賓之辟謂所不臣者三恪二代之後也異義禮戴說刑不上大夫古周禮說士尸肆諸市大夫尸肆諸朝是大夫有刑許慎謹案易曰鼎折足覆公餗其刑渥凶無刑不上大夫之事從周禮之說鄭康成駮之云凡有爵者與王同族大夫以上適甸師氏令人不見是以云刑不上大夫如鄭之言則於戴禮及周禮二說俱合但大夫罪未定之前則皆在八議此經注是也若罪已定將刑殺則適甸師氏是也凡王朝大夫以上及王之同姓皆刑之於甸師氏故掌戮云凡有爵者及王之同族有罪則死刑焉是也若王之庶姓之士及諸侯大夫則戮於朝故襄二十二年楚殺令尹子南尸諸朝是大夫於朝也列國太夫入天子之國曰某士明天子之士亦在朝也諸侯大夫既在朝則諸侯之士在市故檀弓云君之臣不免於罪則將肆諸市朝鄭云大夫於朝士於市是也○在刑人不在君側者彼刑殘者不得令近君爲其怨恨也白虎通云古者刑殘之人公家不畜大夫不養士遇之路不與語放諸墝埆不毛之地與禽獸爲伍○注春秋傳曰近刑人則輕死之道○正義曰此引公羊傳證刑人在君側之失者也春秋魯襄公二十九年閽弒吳子餘祭公羊云閽者何刑人也○君子不近刑人近刑人則輕死之道也又左傳云吳

伐越獲俘焉以爲閽使守舟吳子餘祭觀舟閽以刀弒之○兵車不式尚威武不崇敬武車綏旌盡飾也綏謂垂舒之也武車亦兵車○綏耳隹反德車結旌不盡飾也結謂收斂之也德車乘車疏兵車至結旌○正義曰此一節明德車兵車旌旗之異○兵車革路也兵車尚武猛宜無推讓故不爲式敬也○武車綏旌者武車亦革路也取其建戈刃郎云兵車取其威猛郎云武車也綏謂舒垂散之也旌謂車上旗旛也尚威武故舒散旗旛垂綏然何胤云垂放旌旗之旒以見於美也○德車結旌者德車謂玉路金路象路木路四路不用兵故曰德車德美在內不尚赫奕故結纏其旒著於竿也何胤云以德爲美故略於飾此坐乘之車也鄭前云乘車必正立此云是乘車則非坐乘也○史載筆士載言謂從於會同各持其職以待事也筆謂書具之屬言謂會同盟要之辭前有水則載青旌前有塵埃則載鳴鳶前有車騎則載飛鴻前有士師則載虎皮前有摯獸則載貔貅載謂舉於旌首以警衆也禮君行師從卿行旅從前驅舉此則士衆知所有所舉各以其類象青青雀水鳥鳶鳴則將風鴻取飛有行列也士師謂兵衆虎取其有威勇也貔貅亦摯獸也書曰如虎如貔士或爲仕○載音戴本亦作戴下及注同埃烏來反鳶悅專反鴟也騎其寄反摯音至貔婢支反徐扶夷反孔安國云貔執夷虎屬皆猛健貅本亦作貅許求反又虛蚪反貔貅摯獸警音景從才用反下同行戶剛反行前朱鳥而後玄武左青龍而右白虎招搖在上急繕其怒以此四獸爲軍陳象天也急猶堅也繕讀曰勁又畫招搖星於旌旗上以起居堅勁軍之威怒象天帝也招搖星在北斗杓端主指者○招搖並如字北斗第七星繕依注音勁吉政反陳直覲反杓數招反徐必遙反進退有度度謂伐與步數左右有局各司其局局部分也○分扶問反疏史載至其局○正義曰此一節明君以軍行之禮各隨文解之○史謂國史書錄王事者王若舉動史必書之王若行往則史載書

具而從之也不言節牘而云筆者筆是書之主則餘載可知爾雅云不律謂之筆郭云書筆名四方之異言也〇士載言者士謂司盟之士言謂盟會之辭舊事也崔靈恩云必載盟會之辭者或尋舊盟或用舊會之禮應須知之故載自隨也〇前有水則載青旌者王行宜警衛善惡必先知之故備設軍陳行止之法也軍陳卒伍行則並銜枚無諠聲若有非常不能傳道且人衆廣遠難可周徧故前有變異則舉類示之故宣十二年左傳云前茅慮無是也青旌者青雀旌謂旌旗軍行若前値水則畫爲青雀旌旗幡上舉示之所以然者青雀是水鳥軍士望見則咸知前必値水而各防也〇前有塵埃則載鳴鳶者鳶今時鴟也鴟鳴則風生風生則塵埃起前有塵埃起則畫鴟於旌首而載之衆見咸知以爲備也不直言鳶而云鳴者鳶不鳴則風不生故畫作開口如鳴時也不言旌從可知也〇前有車騎則載飛鴻者車騎彼人之車騎也鴻鴻鴈也鴈飛有行列與車騎相似若軍前忽遙見彼人有多車騎則畫鴻於旌首而載之使衆見而爲防也然古人不騎馬故經但記正典無言騎者今言騎者當是周末時禮〇前有士師則載虎皮者士師兵衆也虎是威猛亦兵衆之象若見前有兵衆則舉虎皮於竿首使兵衆見以爲防也〇前有摯獸則載貔貅者摯獸猛而能摯謂虎狼之屬也貔貅是一獸亦有威猛也若前有猛獸則舉此貔貅使衆知爲備也但不知爲載其皮爲畫其形耳通有二家一云與虎皮並畫作皮於旌也一云並載其皮〇注載謂至如貔〇正義曰載謂舉於旌首以警衆也文並爲載而鄭今云舉於旌首是明諸物並在旌旗首也云禮君行師從卿行旅從此是定四年祝佗之辭此嘉好之事若爲其出軍征伐則隨軍多少與此不同云書曰如虎如貔者此尚書牧誓引證虎貔同是猛獸也此武王伐紂時於牧野作誓誡士卒爲戰之辭也令士衆皆如虎貔然也鄭注尚書云其威當如獸之將攫搏也貔一名曰豹虎類也爾雅云貔白狐也行前朱鳥而後玄武左青龍而右白虎者前明軍行逢値之禮也此明軍行象天文而作陳法也前南後北左東右西朱鳥玄武青龍白虎四方宿名也軍前宜捷故用鳥軍後須殿捍故用玄武玄武龜也龜有甲能禦侮用也左爲陽陽能發生象其龍變生也

右爲陰陰沈能殺虎沈殺也軍之左右生殺變應威猛如龍虎也何胤云如鳥之翔如蛇之毒龍騰虎奮無能敵此四物鄭注四獸爲軍陳則是軍陳之法也但不知何以爲之耳今之軍行畫此四獸於旌旗以標左。右。前。後之軍陳○招遙在上者招搖北斗七星也北斗居四方宿之中以斗末從十二月建而指之則四方宿不差今軍行法之亦作此北斗七星在軍中舉之於上以指正四方使四方之陳不差故云招搖在上也然竝作七星而獨云招搖者舉指者爲主餘從可知也○急繕其怒者繕明軍陳之法此舉士卒之用也急堅也勁利也其怒士卒之怒也軍行既張四宿於四方標招搖於中上象天之行故軍旅士卒起居舉動堅勁奮勇如天帝之威怒也然若類前而論四宿之陳畫旌爲勝且鄭云又畫招搖於旌上則知四物是畫故。星約言云又畫也崔靈恩云此謂軍行所置旌旗於四方以法天此旌之旒數皆放其星龍旗則九旒雀則七旒虎則六旒龜蛇則四旒皆放星數以法天也皆畫招搖於此四旗之上案崔竝畫四旗皆爲北斗星於義不安何者天唯一斗以指四方何用四斗乎○注以此至指者○正義曰此朱雀是禽而總言獸者通言耳言方爲軍陳者則四獸各有軍陳之法故昭二十一年宋人與華亥戰云鄭翩願爲鸛其御願爲鵝又兵書云善用兵者似率然率然者常山蛇擊其首則尾至擊其尾則首至擊其中則首尾俱至是其各有陳法也知招搖在北斗杓端者春秋運斗樞云北斗七星第一天樞第二旋第三。機第四權第五衡第六開陽第七搖光第一至第四爲魁第五至第七爲標案此搖光則招搖也在下云端者明魁以上爲首標則以下爲端也○注度謂伐與步數○正義曰牧誓武王誓衆云今日之事不愆于六步七步乃止齊焉四伐五伐乃止齊焉一擊一刺爲一伐鄭注尚書云伐謂擊刺也始前。既敵六步七步當止齊正行列及兵相接少者四伐多者五伐又當止齊正行列也○左右有局者局部分也軍之在左右各有部分不相濫也○各司其局者軍行須監領故主帥部分各有所司部分也爾雅云局分也郭云謂分部也

○父之讎弗與共戴天父者子之天殺己之天與共戴天非孝子也行求殺之乃止○讎常由反兄弟之讎

不反兵恆執殺之備○交遊之讎不同國讎不吾辟則殺之交遊或為朋友【疏】父之至同國○正義曰此一節論親疏復讎之
法今各依文解之○父之讎弗與共戴天者父是子之天彼殺己父是殺己之天故必報殺之不可與共處於天下也天在上故曰戴又檀弓云父母之仇寢
苫枕干不仕弗與共天下也遇諸市朝不反兵而鬬並是不共天下也而調人云父之讎辟諸海外則得與共戴天此不共戴天者謂孝子之心不許共讎人
戴天必殺之乃止調人謂逢遇赦宥王法辟諸海外孝子雖欲往殺力所不能故鄭荅趙商云讎若在九夷之東八蠻之南六戎之西五狄之北雖有至孝之
心能往討之乎是也○兄弟之讎不反兵者兄弟謂親兄弟也有兄弟之讎乃得仕而報之不反兵者謂帶兵自隨也若行逢讎身不帶兵方反家取之比來
則讎已逃辟終不可得故恆帶兵見即殺之也檀弓云父母之讎不反兵兄弟之仇仕弗與共國而此云兄弟不反兵者父母不反兵於普天之下也兄弟不
共國謂不同中國也而亦不反兵者父母仇讎則不仕不辟市朝兄弟仇讎則猶仕而辟市朝也而亦同不反兵則同體重之也而調人云兄弟之讎辟諸千
里之外二文不同者調人亦謂會遇恩赦之法辟諸千里之外檀弓又云銜君命而使雖遇之不鬬雖同人不反兵與父母讎異也○交遊之讎不同國者交遊
朋友也為朋友亦報仇也故前云父母存不許友以死則知父母沒得為朋友報也此云不同國者謂不共五等一國之中也而調人云從父兄弟之讎不
同國與此同又調人云主友之讎視從父兄弟是主友亦同此與調人皆謂會赦故不與同國雖不同國國外百里二百里則可其兄弟仕不與共國者必須相
去千里之外故調人云兄弟之讎辟諸千里之外是也但從父兄弟及交遊主友報讎之時不自為首故檀弓云從父兄弟之仇不為魁主人能則執兵而陪
其後也其君之讎調人云視父師長之讎視兄弟則姑姊妹伯叔皆視兄弟異義公羊說復百世之讎古周禮說復讎之義不過五世許慎謹案魯桓公為齊
襄公所殺其子莊公與齊桓公會春秋不譏又定公是魯桓公九世孫孔子相定公與齊會於夾谷是不復百世之讎也從周禮說鄭康成不駮即與許慎同

凡君非理殺臣公羊說子可復讎故子胥伐楚春秋賢之左氏說君命天也是不可復讎鄭駮異義稱子思云今之君子退人若將隊諸淵無爲戎首不亦善乎子胥父兄之誅隊淵不足喻伐楚。○使吳首兵合於子思之言也是鄭善子胥同公羊之義也。○四郊多壘此卿大夫之辱也辱其謀人之國不能安也壘軍。壁也數見侵伐則多壘壘徐力軌反又力水反辟本又作壁布狄反數色角反○地廣大荒而不治此亦士之辱也辱不親民不能安荒穢也疏四。郊。至。辱。也。○正義曰此明食祿所宜任其事也四郊者王城四面並有郊近郊五十里遠郊百里諸侯亦各有四面之郊里數隨地廣狹故云四郊也壘軍壁也言卿大夫尊高任當軍帥若有威德則無敢見侵若尸祿素餐則寇戎充斥數戰郊坰故多軍壘罪各有所歸故爲卿大夫之恥辱也○地廣大荒而不治此亦士之辱也。者地采地也荒廢穢也士邑宰也士爲君邑宰必宜地民相得若使士地廣大而荒廢民散而流移亦邑宰之恥辱也而云亦者今謂非但大夫之辱亦是士之辱言四郊多壘獨爲大夫之辱。士則職卑位下爲君邑宰勸課耕稼故地荒爲士之辱也○臨祭不惰爲無神也○爲于僞反下爲不爲其爲有皆同祭服敝則焚之祭器敝則埋之龜筴敝則埋之牲死則埋之此皆不欲人褻之也焚之必已不用埋之不知鬼神之所爲○埋徐武乖反褻息列反慢也○凡祭於公者必自徹其俎臣不敢煩君使也大夫以下或使人歸之祭於公助祭於君也○使色吏反○疏臨。祭。至。其。俎。○正義曰此一節明接神及歸俎之禮○臨祭不惰者祭如在故臨祭須敬不得怠惰故鄭注云爲無神也鬼神享德祭若怠惰則神不歆是無神也既謂其不敬亦是無神之心也○注此皆不欲人褻之○正義曰若不焚埋人或用之爲褻慢鬼神之物所以焚之埋之異者服是身著之物故焚之牲器之類並爲鬼神之用雖敗不知鬼神用與不用故埋之猶在焚之則消故焚埋異也○注臣不至君也○正義曰此謂士助君祭也若大夫以上則君使人歸之於俎而禮本並云大夫以

下或。人歸之是鄭因君以明臣言大夫以下自祭其廟則使人歸賓俎故曾子問云攝主不歸俎明正主則歸也○卒哭乃諱敬鬼神之名也
諱辟也生者不相辟名衛侯名惡大夫有。名惡君臣同名春秋不非○辟音避下皆同○禮不諱嫌名二名不偏。諱爲其難辟也嫌
名謂音聲相近若禹與雨丘與區也偏。謂二名不一一諱也孔子之母名徵在言在不。稱徵言徵不。稱在○禹與雨並于矩反一讀雨音于許反丘與區並去
求反一讀區音羌虬反又丘于反案漢和帝名肇不改京兆郡魏武帝名操陳思王詩云脩阪造雲日是不諱嫌名逮事父母則諱王父
母不逮事父母則不諱王父母逮及也謂幼孤不及識父母恩不至於祖名孝子聞名心。瞿諱之由心此謂庶人適士以上廟
事祖雖不逮事父母猶諱祖○逮音代一音大計反瞿本又作懼同俱附反適丁歷反○君所無私諱謂臣言於君前不辟家諱尊無。二○大
夫之所有公諱辟君諱也詩書不諱臨文不諱爲其失事正廟中不諱爲有事於高祖則不諱曾祖以下尊
無二也於下則諱上夫人之諱雖質君之前臣不諱也臣於夫人之家恩遠也質猶對也○婦諱不出門婦親
遠於宮中言辟之○大功小功不諱入竟而問禁入國而問俗入門而問諱皆爲敬主人也禁謂政教
俗謂常所行與所惡也國城中也○竟音境惡烏路反【疏】。卒。哭。至。問。諱○正義曰此一節論諱與不諱之事各依文解之○古人生不諱故卒哭前猶以
生事之則未諱至卒哭後服已受變神靈遷廟乃神事之敬鬼神之名故諱之諱避也生不相避名名以名質故言之不諱死則質藏言之則感動孝子故諱
之也○注衛侯至不非○正義曰證生不相諱也時君臣同名春秋不譏案魯襄公二十八年衛石惡出奔晉二十九年衛侯衎卒衛侯惡乃卽位與石惡不
相干熊氏云石字誤當云大夫有名惡知者昭七年衛侯惡卒穀梁傳云昭元年有衛齊惡今衛侯惡何謂君臣同名也君子不奪人親所名也是衛齊惡不

得爲石惡也○禮不諱嫌名注若禹與雨丘與區○正義曰今謂禹與雨音同而義異丘與區音異而義同此二者各有嫌疑禹與雨有同音嫌疑丘與區有同義嫌疑如此者不諱若其音異義異全是無嫌不涉諱限必其音同義同乃始諱也○二名不偏諱注孔子之母名徵在言在不稱徵言徵不稱在○正義曰不偏諱者謂兩字作名不一一諱之也孔子言徵不言在言在不言徵者案論語云足則吾能徵之矣是言徵也又云某在斯是言在也案異義公羊說譏二名謂二字作名若魏曼多也左氏說二名者楚公子弃疾弑其君卽位之後改爲熊居是爲二名許慎謹案云文武賢臣有散宜生蘇忿生則公羊之說非也從左氏義也○逮事父母則諱王父母者逮及也王父母謂祖父母也若及事父母則諱祖也何以然孝子聞名心瞿祖是父之所諱則子不敢言既已終不言若父母已亡而已言便心瞿憶父母故諱之也○不逮事父母則不諱王父母者孝子若幼少孤不及識父母便得言之故不諱祖父母庾云諱王父母之恩正應由父所以連言母者婦事舅姑同事父母且配夫爲體諱敬不殊故幼無父而識母者則可以諱王父母也○注此謂至諱祖正義曰適士已上廟事祖者祭法云適士二廟祖之與禰各一廟其中士下士亦廟事祖但祖禰共廟則既夕禮一廟是也熊氏云此適士者包中下士對庶人府史亦稱適也○大夫之所有公諱者今謂人於大夫之所正得避公家之諱不得避大夫諱所以然者尊君諱也君諱也若兼爲大夫諱則君諱不尊也不言士之所諱者士卑人不爲之諱故也或可大夫所有公諱者君及大夫諱耳亦無己之私諱玉藻云於大夫所有公諱無私諱但此文上承君所有私諱之下唯云大夫之所有公諱故略之不云無私諱耳○詩書不諱何胤云詩書謂教學時也臨文謂禮執文行事時也案論語云詩書執禮是教學惟詩書有誦禮則不誦惟臨文行事若有所諱則並失事正故不諱也○廟中不諱者謂有事於高祖廟祝嘏辭說不爲曾祖已下諱也爲尊無二上也於下則諱上也若有事於禰則諱祖已上也○夫人之諱雖質君之前臣不諱也者夫人君之妻質對也夫人本家所諱臣雖對君前而言語不爲諱也臣於夫人之家恩遠故不諱也○婦諱不出門者門謂

婦宮門婦家之諱但於婦宮中不言耳若於宮外則不諱也故臣對君不諱也○注婦親遠於宮中言辟之。之陳鏗問云雜記母之諱宮中諱妻之諱不舉諸
其側也此則與母諱同何也田瓊答曰雜記方分尊卑故詳言之曲禮據不出門大略言之耳母諱遠妻諱近則亦宜言也但所辟者狹耳○大功小功不諱
者古者期親則爲諱陳鏗問曰亦爲父乎自己親乎田瓊答曰雜記云卒哭而諱王父母兄弟世父叔父姑姊妹子與父同諱父諱齊衰親也然則大功小功
不諱矣熊氏云大功亦諱小功不諱若小功與父同諱則亦諱之知者以雜記云王父母兄弟世父叔父姑姊妹子與父同諱是父之世叔父及姑姊妹以下皆
爲之小功父爲諱故已從父爲之諱○入境而問禁者此以下並爲敬主人也竟界首也禁謂國中政教所忌凡至竟界當先訪問主國何所禁也入國而問
俗者○國城中城中如今國門內也俗謂常所行也入主人之城內亦先問風俗常行也○入門而問諱者門主人之門也諱主人祖先君名宜先知之欲爲
避之也問諱而以門爲。限者主人出至大門外迎客客入門方應交接故於門爲限也故注云皆爲敬主人也○外事以剛日順其出爲陽也
出郊爲外事春秋傳曰甲午祠兵○內事以柔日順其居內爲陰凡卜筮日旬之外曰遠某日旬之內曰
近某日旬十日也筮市制反○○喪事先遠日吉事先近日孝子之心喪事葬與練祥也吉事祭祀冠取之屬也○冠古亂
反○曰爲日假爾泰龜有常假爾泰筮有常命龜筮辭龜筮於吉凶有常大事卜小事筮○假古雅反下同卜筮
不過三求吉不過三魯四卜郊春秋譏之○卜筮不相襲卜不吉則又筮筮不吉則又卜是瀆龜筮也晉獻公卜取驪姬不吉公曰筮之
是也○瀆徒木反驪力知反○疏外。事。至。相。襲。○正義曰此一節明卜筮及用日之法各依文解之○外事以剛日者外事郊外之事也剛奇日也十日有
五奇五偶甲丙戊庚壬五奇爲剛也外事剛義故用剛日也○注順其至祠兵○正義曰以出在郊外故順用剛日也公羊莊公八年正月師次於郎以俟陳

人蔡人甲午祠兵傳云祠兵者何出曰祠兵何休云禮兵不徒使故將出兵必祠於近郊此鄭所引直取甲午證用剛日事耳其祠兵之文鄭所不用故異義公羊說以爲甲午祠兵左氏說甲午治兵鄭駁之云公羊字誤也以治爲祠因爲作說引周禮四時田獵治兵振旅之法是從左氏之說不用公羊也○內事以柔日者內事郊內之事也乙丁己辛癸五偶爲柔也然則郊天是國外之事應用剛日而郊特牲云郊之用辛非剛也又社稷是郊內應用柔日而郊特牲云祀社日用甲非柔也所以然者郊社尊不敢同外內之義故也此言外剛內柔自謂郊社之外他禮則皆隨外內而用之崔靈恩云外事指用兵之事內事指宗廟之祭者以郊用辛社用甲非順其居外內剛柔故也祭社用甲所以召詰用戊者召詰是告祭非常禮也郊之用辛者唯夏正郊天及雩大享明堂耳若圜丘自用冬至日五時迎氣各用其初朔之日不皆用辛○凡卜筮日者凡先聖王之所以立卜筮者下云所以使民信時日敬鬼神決嫌疑定猶與也卜筮必用龜蓍者案劉向云蓍之言耆龜之言久龜千歲而靈蓍百年而神以其長久故能辯吉凶也說文云蓍蒿屬也生千歲三百莖易以爲數天子九尺諸侯七尺大夫五尺士三尺陸機草木疏云似藾蕭青色科生洪範五行傳曰蓍生百年一本生百莖論衡云七十年生一莖七百年十莖神靈之物故生遲也史記曰滿百莖者其下必有神龜守之其上常有雲氣覆之淮南子云上有藂蓍下有伏龜卜筮實問於神龜筮能傳神命以告人故金縢告大王王季文王云爾之許我乃卜三龜一襲吉是能傳神命也又鄭注天府云卜筮實問於鬼神龜筮能出其卦兆之占耳案白虎通稱禮三正記天子龜一尺二寸諸侯一尺大夫八寸士六寸龜陰也故其數偶筮者案少牢大夫立筮鄭云大夫蓍長五尺推此而言天子九尺諸侯七尺士三尺蓍陽也故其數奇所以謂之卜筮者師說云卜覆也以覆審吉凶筮決也以決定其惑劉氏以爲卜赴也赴來者之心筮問也問筮者之事赴問互言之案易繫辭云定天下之吉凶成天下之亹亹者莫大乎蓍龜又云蓍之德圓而神卦之德方以知神以知來知以藏往又說卦云昔者聖人幽贊於神明而生蓍據此諸文蓍龜知靈相似無長短也

所以僖四年左傳云筮短龜長不如從長者時晉獻公卜娶驪姬不吉更欲筮之故太史史蘇欲止公之意託云筮短龜長耳實無優劣也若杜預鄭玄因筮短龜長之言以爲實有長短故杜預注傳云物生而後有象象而後有滋滋而後有數龜象筮數故象長數短是也象所以長者以物初生則有象去初既近且包羅萬形故爲長數短者數是終末去初既遠推尋事數始能求象故以爲短也又鄭康成注占人云占人亦占筮言掌占龜者筮短龜長主於長者是鄭及杜預皆以爲龜長筮短凡卜筮天子諸侯若大事則卜筮並用皆先筮後卜故筮人云凡國之大事先筮而後卜卽事之漸大事者則大卜云國大貞卜立君卜大封大祭祀凡出軍旅喪事及龜之八命一曰征二曰象三曰與四曰謀五曰果六曰至七曰雨八曰瘳此等皆爲大事故鄭注占人云將卜八事皆先以筮筮之是也若次事則唯卜不筮也故表記云天子無筮鄭注云謂征伐出師若巡守天子至尊大事皆用卜也是天子出行唯卜無筮是也小事無卜唯筮筮人掌九筮之名一曰筮更謂遷都邑也二曰筮咸咸猶僉也謂筮衆心歡不也三曰筮式謂制作法式也四曰筮目謂事衆筮其要所當也五曰筮易謂民衆不說筮所改易也六曰筮比謂與民和比也七曰筮祠謂筮牲與日也八曰筮參謂筮御與右也九曰筮環謂筮可致師不鄭注。占人不卜而徒筮者則用九筮是也天子既爾諸侯亦然故春秋僖二十五年晉卜納襄王得黃帝戰於阪泉之兆又筮之得大有之睽哀九年晉卜伐宋亦卜而後筮是大事卜筮並用也但春秋亂世皆先卜後筮不能如禮其禮旣先筮後卜尚書先云龜從者以尊卑言之故先言龜也鄭注周禮云筮凶則止不卜所以洪範有筮逆龜從者崔靈恩云凡卜筮天子皆用三代蓍龜若三筮並凶則止而不卜鄭云若一吉一凶雖筮逆猶得卜之也則洪範所云者是也其大夫則大事卜小事筮大事則葬地及葬日爲事之大則卜故雜記云大夫卜宅與葬日是也其小事用筮則少牢常祀筮日是也士亦大事卜小事筮故士喪禮卜葬日以喪葬爲重須定吉凶故用卜也其尋常吉祭比葬爲輕故筮日也葬既卜日得吉餘事皆吉可知故唯筮葬地不復用卜也○旬之外曰遠某日者案少牢大夫禮今月下旬筮來月上旬是旬之外日也主人告筮者云欲用遠某日故少牢云日用丁巳筮旬有一日吉乃官戒既云旬有一日是旬外一日此謂大夫禮○云旬之內曰近某日者案特牲士禮云不諏日注云士賤職褻時至事暇可以祭則筮其日不如少牢大夫先與有司於廟門諏丁巳之日是士於旬初即筮旬內之日是旬之內日也主人告筮者云用近某日此據大夫士故有旬內旬外之日也若天子諸侯其有雜祭或用旬內或用旬外其辭皆與此同案少牢特牲其辭皆云來日丁亥不云遠某日近某日者彼文不具也○喪事先遠日者喪事謂葬與二祥是奪哀之義也非孝子之所欲但制不獲已故卜先從遠日而起示不宜急微伸孝心也故宣八年左傳云禮卜葬先遠日辟不懷杜云懷思也辟不思親也此尊卑俱然雖士亦應今月下旬先卜來月下旬不吉卜中旬不吉卜上旬○吉事先近日者吉事謂祭祀冠昏之屬故少牢云若不吉則及遠日又筮日如初是先近日也○曰爲至有常者曰命龜筮辭也卜擇吉日故云曰爲日○假爾泰龜有常假爾泰筮有常假因也爾汝也爾謂指蓍龜也泰大中之大也欲褒美此龜筮故謂爲泰龜泰筮也有常者言汝泰龜泰筮決判吉凶分明有常也故云假爾泰龜泰筮有常凡卜筮大夫以上命龜有三命筮有二其一爲事命龜涖卜之官以主人卜事命卜史是一也二卜史既得所卜之命更序述涖卜所陳之辭名曰述命二也卜人即席西而命龜云假爾泰龜有常三也命筮二者一爲事命筮則主人以所爲之事命筮史是一也二則筮史得主人之命遂述之爲述命是二也士則命龜有二命筮有一知士命筮有一者士喪禮云命筮人哀子某爲其父筮宅筮人許諾不述命注云不述者士禮略是士命筮一也知士命龜二者士喪禮涖卜命曰哀子某卜葬其父無有近悔許諾不述命乃云即席西面坐命龜既云不述命是士命龜二也知大夫命筮二者以士云命筮不述命則知大夫以上述命也故少牢云主人曰孝孫某來日丁亥用薦歲事於皇祖伯某又云史遂述命曰假爾泰筮有常孝孫某來日丁亥云是大夫命筮二但冠即席所命于述命之上也知大夫命龜三者以士喪禮涖卜爲事命龜又有即席西面命龜云不述命明大夫有述命故知

大夫命龜三也○注大事卜小事筮○正義曰此大事者謂小事之中爲大事非周禮大貞大封及八事之等故得用卜而已或云大事者總兼大貞大封及八事等雖卜筮並用總皆用卜故云大事卜但大事則先筮後卜卜筮俱有若小事筮徒有筮而無卜也○卜筮不過三者王肅云禮以三爲成也上旬中旬下旬三卜筮不吉則不舉也鄭意不過三者謂一卜不吉而凶又卜以至於三三若不吉則止若筮亦然也故魯有四卜之譏崔靈恩云謂不過三用若大事龜筮並用者先用三王筮次用三王龜始是一也三如是乃爲三也若初始之時三筮三龜皆凶則止或逆多從少或從多逆少如此者皆至於三也單卜單筮其法惟一用而已不吉則擇遠日不至於三也前以用三王之龜筮者有逆有從故至三也此唯用一故不至三也案崔解亦有三以王龜筮也○注魯四卜郊春秋譏之○正義曰卜郊之事或三或四或五襄七年夏四月三卜郊不從乃免牲僖三十一年及襄十一年夏四月四卜郊不從成十年夏四月五卜郊不從三傳之說參差不同若左氏之說魯郊常祀不須卜可郊與否但卜牲與日唯周之三月爲之不可在四月雖三卜亦爲非禮故僖三十一年左傳云禮不卜常祀是常祀不卜也襄七年左傳云啓蟄而郊郊而後耕今既耕而卜郊宜其不從也是用周之三月不可至四月也若公羊之義所云卜者皆爲卜日故僖三十一年公羊傳云三卜禮也四卜非禮也又成十七年公羊傳云郊用正月上辛何休云魯郊。博卜三正三王之郊一用夏正又定十五年禮三卜之運也何休云運轉也已卜春三正不吉復轉卜夏三月周五月得。一吉故五月郊如休之意魯郊轉卜三正假令春正月卜不吉又卜殷正殷正不吉則用夏正郊天若此三正之內有凶不從則得卜夏三月但滿三吉日則得爲郊此公羊及何休之意也穀梁之說春秋卜者皆卜日也哀元年穀梁傳云郊自正月至三月郊之時也或以十二月下辛卜正月上辛卜如不從則以正月下辛卜二月上辛如不從則以二月下辛卜三月上辛如不從則不郊如是穀梁三正正月卜吉則爲四月五月則不可與公羊之說同與何休意異休以四月五月卜滿三吉則可郊也若鄭玄意禮不當卜常祀與左氏同故鄭箴膏肓云當卜祀日月爾不當卜可祀與否鄭又云以魯之郊天惟用周正建子之月牲數有災不吉改卜後月故或用周之二月三月故有啓蟄而郊四月則不可故駮異義引明堂云孟春正月乘大路祀帝於郊又云魯用孟春建子之月則與天子不同明矣魯數失禮牲數有災不吉則改卜後月如鄭之言則與公羊穀梁傳卜三正不同也此云魯四卜郊春秋譏之用公羊穀梁傳三卜正四卜非正也是四卜爲譏三卜得正與左氏意違左氏三卜亦非故也○卜筮不相襲者襲因也前卜不吉則止不得因更筮若前筮不吉則止不得因更卜是不相襲也若相因不止是瀆龜筮則神不告也王云三筮及三卜不相襲三者初各專其心也○注卜不至是也○正義曰晉獻公初卜不吉故公云更筮之是因襲也表記云卜筮不相襲鄭云襲因也大事則卜小事則筮然與此注不同者明襲有二義故兩注各舉其一一則大事小事各有所施不得因龜卜 龜爲卜筴小事因蓍筮大事也二則筮不吉不可復卜卜不吉不可復筮也

爲筮卜筮者先聖王之所以使民信時日敬鬼神畏法令也所以使民決嫌疑定猶與。也故曰疑而筮之則弗非也日而行事則必踐之弗非無非之者日所卜筮之吉日也踐讀曰善聲之誤也筴或爲蓍○與音預本亦作豫踐依注音善王如字云履也蓍音尸

疏 龜爲至踐之○正。義。曰解卜筮所用也龜處筮後龜覆於筮筴爲筮者筮在龜前爲決也謂蓍爲筴者筴以謀筴爲義言用此物以謀於前事也○卜筮者先聖王之所以使民信時日者解所以須卜筮之義也先聖王伏羲以來聖人爲天子者不直云先王又加聖字者夫王未必聖古來非一聖不必王孔子是也明造制卜筮必須聖位兼并時者四時及一日十二時也日者甲乙之屬聖王制此卜筮使民擇慎而信時日與吉凶也○敬鬼神者乃擇吉而祭祀是敬鬼神。也畏法令者法典則也令教訓也君行法令若依卜筮而爲之則民敬而畏之也○所以使民決嫌疑者事既異故更云所以有嫌疑而卜筮決斷之也○定猶與也者說文云猶獸名玃屬與亦是獸名象屬此二獸皆進退

多疑人多疑惑者似之故謂之猶與○故曰疑而筮之則弗非也者引舊語以結之卜筮所以定是非也若有疑而筮之則人無非之也不言卜者從可知也
○日而行事則必踐之者踐善也言卜得吉而行事必善也○王云卜得可行之日必履而行之踐履也弗非無非之者也○君。車將駕則僕
執策立於馬前監駕且爲馬行○監古銜反爲于僞反○已駕僕展軨展軨具視○軨歷丁反一音領盧云車轄頭靼也舊云車
闌也效駕白已駕○奮衣由右上取貳綏奮振去塵也貳副也○上時掌反下犬馬不上下注而上車同去羌呂反跪乘未敢
立敬也○乘繩證反下除乘君不乘奇車乘路馬皆同○執策分轡驅之五步而立謂試之○轡悲位反四馬八轡故云分○君
出就車則僕并轡授綏車上僕所主○并必政反左右攘辟謂羣臣陪。位侍駕者攘卻也或者攘古讓字○攘如羊反卻也
又音讓辟音避徐扶亦反本或作避字非也○車驅而騶至于大門君撫僕之手而顧命車右就車門
闔溝渠必步車右勇力之士備制非常者君行則陪乘君式則下步行○驅起俱反徐起遇反騶仕救反又七須反徐仕遘反○凡僕人
之禮必授人綏若僕者降等則受不然則否若僕者降等則撫僕之手不然則
自下拘之撫小止之謙也自下拘之由僕手下取之也僕與己同爵則不受○拘古侯反又音俱○客車不入大門謙也婦人
不立乘異於男子犬馬不上於堂非。摯幣也○贄本亦作摯音至【疏】君車至於堂○正義曰此以下總明乘車顧式僕御謹敬之事
各依文解之○君車將駕者。爲君僕御之禮君車君所乘之車也將駕謂始欲駕行時。者也○則僕執策立於馬前者僕即御車者也古者僕用好人爲之故
孔子曰吾執御矣又云子適衛冉有僕及周禮諸僕皆用大夫士也策馬杖也別有人牽馬駕車而此僕既知車事故監駕也又恐馬奔走故自執馬杖立當

馬前也執策是監駕立馬前恐馬行也○已駕僕展軨者已駕駕竟展視也舊
解云軨車欄也駕竟僕則從車軨左右四面看視之上至於欄也盧氏云軨轄
頭軛也皇氏謂軨是轄頭盧言是也一則車行由轄二則欄之苓字不作車邊
爲之鄭云展軨具視謂徧視之○效駕者効白也僕監視駕竟而入白君道駕
畢故鄭云白已駕也○奮衣由右上者奮振也由從也從右邊上升也僕入辟
駕竟先出就車於車後自振其衣去塵從右邊升上必從右者君位在左故辟
君空位○取貳綏者二副也綏登車索綏有二一是正綏擬君之升一是副綏
擬僕右之升故僕振衣畢取副二綏而升也詩云淑旂綏章箋云綏所引登車
也○跪乘者謂僕先試車時君既未出未敢依常而立所以跪而乘之爲敬也
然此是暫試空左不嫌也○執策分轡者策馬杖也轡御馬索也車有一轅而
四馬駕之中央兩馬夾轅者名服馬兩邊名騑馬亦曰驂馬故詩云兩服上驤
兩驂鴈行鄭云兩服中央夾轅者也鴈行者言與中服相次序是也然每一馬
有兩轡四馬八轡以驂馬內轡繫於軾前其驂馬外轡幷夾轅兩服馬各二轡
六轡在手分置兩手是各得三轡故詩云六轡在手是也今言執策分轡謂一
手執杖又六轡以三置空手中以三置杖手中故云執策分轡也○驅之者分
轡既竟而試驅行之也○五步而立者僕向跪而驅令馬行之得五步止而僕
倚立待君出也何胤云跪以見敬則立調試之也○君出就車者謂君始出上
車時也○則僕幷轡授綏者君初來欲上而僕幷六轡及策置一手中所餘一
空手取正綏授與君令登車也當右手幷轡左手授綏轉身向後引君上也故○
左右攘辟者左右謂侍駕陪位諸臣也攘卻也辟遠也君已上車車欲進行故
左右侍者悉遷卻以辟車使不妨車行也○車驅而騶者左右已辟故驅車而
進則左右從者疾趨從車行也○至於大門者君至外門謂車行至外門時也
○君撫僕之手者撫按止也僕手執轡車行由僕君欲令駐車故君抑止僕手
也○而顧命車右就車者顧回頭也鄭箋詩云迴首曰顧也車右勇力之士也
就車謂君命勇力士令上車也車行則有三人君在左僕人中央勇士在右也
初在門內未顧勇士勇士故從趍在車後今車行既至大門方出履險阻恐有

非常故迴頭命車右上車也○門閭溝渠必步者是車右勇士之禮也門閭謂凡所過門閭處也溝廣深四尺者渠亦溝也步謂下車也勇士雖即上車車若至門閭溝渠而勇士必下車所以然者一則君子不誣十室過門閭必式君式則臣當下也二則溝渠是險阻恐有傾覆故勇士亦須下扶持之也而僕不下者車行由僕僕下則車無御故不下也凡僕人之禮必授人綏者凡僕人謂為一切僕非但為君僕時也車上既僕為主故為人僕必授綏與所升之人也○若僕者降等則受者謂士與大夫大夫與卿御也若御者卑降則主人不須謙故受取綏也不然則否者不然謂僕者敵體雖御其主人宜謙不受其綏也○若僕者降等則撫僕之手者僕者雖卑而受其綏不謙猶當撫止僕手若不聽自授然後乃受也○不然則自下而拘之者不然不降等者既敵不受而僕者必授則主人當卻手從僕手下自拘取之○注撫小至不受○正義曰由從也此時主人初欲上而僕在車上轉身向主人以授綏主人不就僕手外取之而以手從僕手下進拘取僕手裏上邊示不用僕授也僕與己同爵則不受謂不降等者○客車不入大門者案公食大夫禮云賓之乘車在大門外西方注云賓車不入門廣敬也與此同覲禮云偏駕不入王門謂同姓金路異姓象路之等舍之於賓館謂不得入王門又云墨車龍旂以朝墨車得入大門但不得入廟門耳○婦人不立乘者立倚也婦人質弱不倚乘異男子也男子倚乘婦人坐乘所以異也○犬馬不上於堂者賓主相見之禮也犬馬將為禮而賤不牽上堂也犬則執紲馬則執勒以呈之耳非贄幣故也贄謂羔鴈錦玉之屬乃上堂也犬馬用充庭實而已非物聘之贄幣故不上堂也

故君子式黃髮敬老也發句言故明此衆篇雜辭也下卿位尊賢也卿位卿之朝位也君出過之而上車入未至而下車○朝直遙反下同入國不馳愛人也馳善藺人也○藺力刃反○入里必式不誣十室君命召雖賤人大夫士必自御之御當為訝訝迎也君雖使賤人來必自出迎之尊君命也春秋傳曰跛者御跛者眇者御眇者皆訝也世人亂之○御依注音訝五嫁反跛波我反眇名小反介者不

拜爲其拜而蓌。拜蓌則失容節蓌猶詐也○爲其于僞反下注爲惑爲掩同蓌子卧反又側嫁反挫也沈祖稼反又子偎反盧本作蹲祥
車曠左空神位也祥車葬之乘車乘君之乘車不敢曠左左必式君存惡空其位○惡烏路反○僕御婦人
則進左手後右手遠嫌○遠于萬反○御國君則進右手後左手而俯敬也國君不乘奇車
出入必正也奇車獵衣之屬○奇車居宜反奇邪不正之車何云不如法之車車上不廣欬爲若自矜廣猶弘也○欬開代反不妄指
爲惑衆○立視五巂立平視也巂猶規也謂輪轉之度巂或爲槼○巂本又作嶲惠圭反車輪轉一周爲巂一周丈九尺八寸也槼本又作蘂如捶
反徐而媿反式視馬尾小俛顧不過轂爲掩在後國中以策彗卹勿驅塵不出軌。入國不馳彗竹帚卹
勿搔摩也○彗音遂徐雖醉反又因歲反卹蘇役反注同勿音沒注同驅如字又羌遇反搔素刀反摩莫何反國君下齊牛式宗廟大
夫士下公門式路馬乘路馬必朝服載鞭策不敢授綏左必式步路馬必中道
以足蹙路馬芻有誅齒路馬有誅皆廣敬也路馬君之馬載鞭策不敢執也齒欲年也誅罰也○齊側皆反鞭必綿反蹙本
又作蹴徐采六反又子六反芻初俱反○【疏】故君至有誅○正義曰此以下明雜敬禮也君子謂人君也黃髮太老人也人初老則髮白太老則髮黃髮黃
彌老宜敬之故人君見而式敬也人君尚爾則大夫士可知也若與君同行君式則臣下若異行則式而已詩云黃髮兒齒皆謂老人也○注發句言故明此
衆篇雜辭也○正義曰謂他篇上舊禮雜辭連上至下所以有故今作曲禮記者引此他篇雜辭而來爲此篇發首○有故也○下卿位者卿位路門之內門東
北面位故論語鄉黨云入公門又云過位色勃如也注過位謂入門右北面君揖之位故燕禮大射卿大夫門右北面公降阼階南鄉○爾卿是也今謂尋常出

入故出則過卿位而上車入則未到卿位而下車若迎賓客則案樂師注云登
車於大寢西階之前反降於阼階之前或可下卿位是諸侯禮樂師據天子禮
○入國不馳者國中人多。若馳車則害人故不馳注云愛人也馳善藺人也善
猶好也藺雷刺也若車馳則好行刺人也何胤云藺躐也○入里必式者二十
五家爲里里巷首有門十室不誣故入里則必式而禮之爲敬也里必式則門
閭亦式故門閭必步不誣十室也論語云十室之邑必有忠信如丘者焉是不
誣十室也○○君命召者謂有君命呼召臣也○雖賤人者君之使者假令是賤
人爲之來○○大夫士必自御之者御迎也使者雖賤而君命可尊故雖大夫士
貴亦自出迎之也○注御當至亂之○正義曰鄭引春秋證御者迓也成二年
季孫行父臧孫許會晉郤克衛孫良夫曹公子首及齊侯戰于鞌公羊傳云前
此者晉郤克與臧孫許同時而聘於齊蕭同姪子者齊君之母也窺客或跛或
眇於是使跛者迓跛者眇者迓眇者二大夫歸相與率師爲鞌之戰穀梁傳云
曹公子手僂同時聘齊齊頃公使跛者御跛者眇者御眇者禿者御禿者僂者
御僂者齊頃公母蕭同姪子處臺上而笑之也鄭言彼既以爲訝此御故宜是
訝而世人亂之讀云御耳○介者不拜者介甲鎧也著鎧者不爲式敬故宜無
所拜之也爲其拜而蓌拜者解所以不拜蓌挫也戎容暨暨著甲而屈拜則坐
擯其戎威之容也一云蓌詐也言著鎧而拜形儀不足似詐也虛作矯蓌則失
容節是蓌猶詐也○祥車曠左者此以下又明僕御之禮祥猶吉也吉車爲平
生時所乘也死葬時因爲魂車鬼神尚吉故葬魂乘吉車也曠空也車上貴左
故僕在右空左以擬神也○注空神至乘車○知葬之乘車者以其大小二祥
生人所乘之車無空左之法言空左唯據葬時魂車故知也○乘君之乘車不
敢曠左者乘車謂君之次路也王者五路玉象木金革各一路王自乘一所餘
四路皆從行臣若乘此車不敢空左故典路云凡會同軍旅弔于四方以路從
鄭云王出於事無常王乘一路典路以其餘路從行亦以華國又戎右職云會
同充革車鄭云會同王雖乘金路猶以革路行充之者謂居左也曲禮曰乘君
之乘車不敢曠左若曠左則似祥車近於凶時故乘者自居左也○左必式者

雖處左而不敢自安故恆馮式云乘車則君皆在左若兵戎革路則君在中央
御者居左故成二年韓厥代御居中杜云自非元帥御者皆在中將在左以此
而言則元帥及君宜在中也又詩云左旋右抽鄭箋云左左人謂御者右車右
也中軍謂將也兵車之法將居鼓下故御者在左君存惡空其位也太僕云王
出入則自左馭而前驅注云前驅如今道引也道而居左自馭不參乘辟王也
亦有車右焉○僕御婦人則進左手。者僕在中央婦人在左僕御之時進左手
持轡所以爾者形微相背也○後右手者若進右手則近相嚮相嚮則生嫌故
後右手遠嫌也○御國君則進右手後左手者禮以相嚮爲敬故進右手非男
女無所嫌也而俯者既御不得恆式故但俛而爲敬也并兩御也○國君不
乘奇車者國君出入宜正不可乘奇邪不正之車盧氏云不如御者之車也○
注出入至之屬○正義曰隱義曰獵車之形今之鉤車是也衣車如鼈而長也
漢桓帝之時禁臣下乘之○車上不廣欬者廣弘大也欬聲欬也車已高若在
上而聲大欬似自驕矜又驚衆也○不妄指者妄虛也在車上高若無事忽虛
以手指麾於四方並爲惑衆也○立視五巂車上依禮巂規也車輪一周爲一
規乘車之輪高六尺六寸徑一圍三三六十八得一丈八尺又六寸爲一尺八
寸總一規爲一丈九尺八寸五規爲九十九尺六尺爲步總爲十六步半在車
上所視則前十六步半。地○注巂猶規也○正義曰知巂爲規者以巂規聲相
近故爲規規是圓故讀從規言或爲。縈他本禮記有作縈字者○式視馬尾者
馬引車其尾近在車欄前故車上馮式下頭時不得遠矚而令瞻視馬尾○顧
不過轂者車轂也若轉頭不得過轂過轂則掩後人私也論語云車中不內顧
是也○國中以策彗卹勿驅者前云入國不馳此爲不馳故爲遲行法也策馬
杖彗竹帚也○注卹勿搔摩也入國不馳故不用鞭策但取竹帚帶葉者爲杖
形如掃帚故云策彗云卹勿者以策微近馬體不欲令疾也但僕搔摩之時其
形狀卹勿然○云塵不出軌者軌車轍也車行遲故塵埃不起不飛。揚出轍外也
○國君下齊牛式宗廟者案齊右職云凡有牲事則前馬注云王見牲則拱而
式又引曲禮曰國君下宗朝式齊牛鄭注周官與此文異者熊氏云此文誤當

以周禮注爲正宜云下宗朝式齊牛○大夫士下公門式路馬者公門謂君之門也路馬君之馬也敬君至門下車重君物故見君馬而式路之也馬比門輕故有下式之異○乘路馬必朝服者謂臣行儀習禮獨行時也路馬君之車馬臣雖得乘之猶不可慢故必朝服而自御乘之也○載鞭策者又不敢執杖杖馬故但載杖以行也○不敢授綏者君在則僕人授綏今習儀者身既居左自馭而乘雖有車右而不敢授綏與己也○在左必式者既不空左故亦居左式而敬之此言不敢授綏與前不敢曠左文互也○步路馬必中道者此謂單牽君馬行時步獨行也若牽行君之馬必在中道正路爲敬也○以足蹙路馬芻有誅○芻食馬草也誅罰也此草擬爲供馬所食若以足蹴蹋之者則。有責罰也○齒路馬有誅者齒年也若論量君馬歲數亦爲不敬亦被責罰皆廣敬也

附釋音禮記注疏卷第三

禮記注疏卷三校勘記　阮元撰盧宣旬摘錄

曲禮上

凡爲君使者節

君有言則以束帛如饗禮　閩監毛本同岳本嘉靖本同衞氏集說同惠棟校宋本饗作享案享饗古通用宋監本亦作享浦鏜校云若誤君齊召南云君有言當作若有言玩疏則知注引聘禮原文不誤而刊本傳寫以若與君字形相近而訛也案浦校齊校皆是也考文引宋板君正作若

此謂國君問事於其臣　閩毛本同岳本嘉靖本同衞氏集說同監本問誤間

凡爲至受命　惠棟校宋本無此五字

博聞強識而讓節

君子至交也　惠棟校宋本無此五字

禮曰節

禮曰至不弔　惠棟校宋本無此五字

作記之者既引其禮　閩本同監毛本者作人衞氏集說無之字作作記者是也

皇偘用崔靈恩義各本同案偘即侃字五經文字云侃相承作偘訛據此可證正義序皇甫偘衍一甫字

及七祀之屬閩本同惠棟校宋本同監毛本祀誤祖

及大夫有菜地惠棟校宋本同閩監毛本菜作采案菜地以采取爲義字當從菜匡謬正俗云古之經史采菜相通今之學者見謂之采地字上或加艸

君致齊不復出行閩監毛本同惠棟校宋本君作若

居喪之禮節

所以養衰老人五十始衰也閩監毛本同岳本嘉靖本同惠棟校宋本養下無衰字人字重衞氏集說亦無人字不重

居喪至於內惠棟校宋本無此五字

生與來日節

生與至往日惠棟校宋本無此五字

死與往日者閩監毛本同惠棟校宋本與作數是也

知生者弔節

知生至不弔惠棟校宋本無此五字

二則既言皇天降災子遭罹之 閩毛本同監本罹誤[illegible]

弔喪弗能賻節

皆爲傷恩也 閩監毛本同岳本嘉靖本同衞氏集說爲作謂考文引宋板古本作謂釋文出皆爲

適墓不登壟節 惠棟校宋本適墓不登壟一句經注合上知生節弔喪節爲一節助葬必執紼以下另爲一節

引車索 閩監毛本同岳本嘉靖本同釋文出引棺云本亦作引車正義本作引車考文引古本車索下有也字衞氏集說亦作引車索也

助葬至君側 惠棟校宋本無此五字

介胄則有不可犯之色者 閩監毛本同惠棟校宋本無者字

不服燕飲 閩監本同毛本服作暇衞氏集說同

不與賢者犯法其犯法則在八議輕重不在刑書 閩監毛本同考文引宋板無此十九字

鄭司農云若今之 周禮注之作時

謂憔悴憂國也 閩監本同毛本憔悴作顦顇○按周禮注作憔悴

大夫以上適甸師氏 閩監本同毛本上誤下考文引宋本作上

注春秋傳曰近刑人則輕死之道 閩監毛本同惠棟校宋本作注春秋至之道

閽弑吳子餘祭　毛本弑作殺按作弑與襄二十九年經合

刑人也君子不近刑人　毛本如此此本刑人也下誤隔一〇閩監本同

兵車不式節

兵車至結旌　惠棟校宋本無此五字

綏謂舒垂散之也　閩本同惠棟校宋本同監毛本舒垂二字倒

史載筆節

前有摯獸　各本同石經摯初刻作鷙改刻從手釋文出有摯案儒行正義云獸摯從執下著手鳥鷙從執下著鳥此摯獸正義本當亦從執下手

所舉各以其類象　各本同通典七十六象下有之字

鳶鳴則將風　各本同通典七十六作鳶鳴則天將風風生埃起

史載至其局　惠棟校宋本無此五字

難可周徧　閩監毛本作徧此本徧誤偏今正

猛而能擊　閩監毛本作擊衛氏集說同此擊誤摯今正

左東右西　閩監毛本同惠棟校宋本西下有也字

朱鳥玄武　惠棟校宋本同閩監毛本鳥作雀衞氏集說同下故用鳥同

以標左右前後之軍陳　閩監毛本同惠棟校宋本左右前後作前後左右衞氏集說同

故星約言云又畫也　閩監本同毛本星作皇

第三機　閩監本同毛本機作璣衞氏集說亦作機

明魁以上爲首　閩監本同惠棟校宋本同毛本上誤此

始前既敵　閩監毛本同惠棟校宋本既作就是也衞氏集說同

軍之在左右各有部分　閩監毛本作部此本部誤步今正

父之讎節

父之至同國　惠棟校宋本無此五字

寢苫枕干不仕　閩監毛本同衞氏集說同是也惠棟校宋本干作土誤

伐楚使吳首兵　惠棟校宋本如此此本楚下誤隔○閩監毛本同

同公羊之義也　惠棟校宋本此下標禮記正義卷第四終又記云凡二十四頁

四郊多壘節　惠棟校宋本自此節起至去國三世爵祿無列於朝節止爲卷五首題禮記正義卷第五

壘軍壁也閩監毛本同岳本嘉靖本同釋文出軍辟云本又作壁正義本作壁

四郊至辱也惠棟校宋本無此五字

此亦士之辱也者閩監毛本如此此本也者二字誤倒

獨爲大夫之辱不云士辱者但大夫官尊入則與君同謀出則身爲將帥

故多壘爲大夫之辱惠棟校宋本如此此本不云至之辱三十字脫閩監毛本同

臨祭不惰節

臨祭至其俎惠棟校宋本無此五字

或人歸之閩監毛本同惠棟校宋本人上有使字

卒哭乃諱節

大夫有名惡各本同通典一百四作大夫有石惡按疏引熊氏云石字誤當云大夫有名惡據此是注本作石惡

二名不偏諱各本同毛居正云偏本作徧與遍同作偏誤正義云不偏諱者謂兩字不一一諱之也此義謂二字爲名同用則諱之若兩字各隨處用之不於彼於此一皆諱之所謂不偏諱也按舊杭本柳文載柳宗元新除監察御史以祖名察躬入狀奏奉勑新除監察御史以祖名察躬準禮二名不遍諱不合辭遜據此作遍字是舊禮作偏字明矣今本作偏非也若謂二字不獨諱一字亦通但與鄭康成所注文意不合可見傳寫之誤然仍習既久不敢

改也

偏謂二名　各本同通典一百四作偏諱二名

言在不稱徵言徵不稱在　閩監毛本同岳本同嘉靖本同考文引古本上稱字作言案二稱字俱當作言方與疏合通典一百四引言徵不言在句

孝子聞名心瞿　各本同嘉靖本瞿作懼通典一百四引亦作懼釋文出心瞿云本又作懼

不辟家諱尊無二　惠棟校宋本同宋監本同岳本嘉靖本同閩監毛本二下有也字通典一百四引無也字

卒哭至問諱　惠棟校宋本無此五字

改爲熊居　惠棟校宋本同閩監毛本居誤君○按惠棟云熊居謂熊姓居名

從左氏義也逮事王父母者　閩監本同毛本逮上有墨丁惠棟校宋本無者字此本王誤至今正

正得避公家之諱　閩本同監毛本正作止衞氏集說同

尊君諱也君諱也　毛本同閩監本君諱也三字不重

或可大夫所有公諱者　惠棟校宋本作可閩本同此本可誤何監毛本誤云

言辟之之陳鏗問云　閩監毛本下之字作○

閒諱而以門爲限者惠棟校宋本作限此本限誤卽閩監毛本誤節今正

外事以剛日節惠棟云外事節龜爲卜節宋本合爲一節

外事至相襲惠棟校宋本無此五字

陸機草木疏云閩監本同毛本機作璣孫志祖云經典釋文敘錄云陸璣草木鳥獸蟲魚疏二卷璣字元恪吳郡人吳太子中庶子烏程令此與士衡名之從木旁者不同梁元帝作同姓名錄兼收名之音義通用者有兩陸機一吳人字士衡一名璣字元恪注本艸者最分明而元恪又嘗注本艸則僅見於此也李濟翁謂元恪名當從玉旁本不誤宋槧爾雅疏引草木疏作陸機或疑傳寫偶譌近錢大昕據以定元恪之名亦從木旁謂邢叔明諸人識字勝於李濟翁此二字殆古人通借用之

七百年十莖閩監毛本同惠棟校宋本年下有生字是也

鄭注占人不卜而徒筮者惠棟校宋本作占此本占誤古閩監毛本同案不卜而徒筮者則用九筮是占人注

假爾泰筮有常假因也閩監毛本同惠棟校宋本常下有者字此本因字亦漶滅不全

知士命龜二者士喪禮涖卜閩監毛本如此此本二者士三字誤作者二七今正

是士命龜三也閩本同監本三字僅留下畫毛本遂作一非也

何休云魯郊搏卜三正惠棟校宋本搏作博閩監毛本博作轉案公羊傳注云魯郊博卜春三月作博爲是

周五月得一吉 閩監毛本同考文引宋板一作二與公羊注合

龜爲卜節

定猶與也 石經同岳本嘉靖本同釋文出猶與云本亦作豫案正義本當亦作豫觀正義引說文云豫亦是獸名象屬可證後人以釋文本與改正義本豫幷改正義中引說文之豫亦作與○按與爲豫之假借字

龜爲至踐之○正義曰 閩監毛本同惠棟校宋本無正義曰三字

是敬鬼神也 閩監毛本同惠棟校宋本無也字

君車將駕節 惠棟云君車將駕節故君子節宋本合爲一節

謂羣臣倍位侍駕者 閩監本同岳本嘉靖本同毛本位誤臣

非摯幣也 閩監毛本同岳本嘉靖本同釋文出非贄云本亦作摯正義本作贄衞氏集說同

謂爲君僕御之禮 閩監毛本如此此本脫謂字

謂始欲駕行時也 閩監毛本如此此本時下衍者字

必從右者君位在左 閩本同惠棟校宋本同監毛本從誤欲此本在誤也

取二綏者二副也 閩監本同毛本二作貳下取副二綏同

言與中服相次序是也閩監毛本同惠棟校宋本無是字

車驅而騶者閩監毛本同惠棟校宋本騶作驟○按依說文當作驟經文作騶假借字

不然則自下而拘之者閩監毛本同惠棟校宋本無而字是也

非贄幣故也閩本同惠棟校宋本同監毛本贄誤執

故君子式黃髮節

馳善闌人也惠棟校宋本同宋監本同岳本嘉靖本同閩監毛本闌作躝疏同衛氏集說作躝案釋文本亦作闌○按依說文當作蹸从足粦聲闌假借字

御當爲訝訝迎也惠棟校宋本同宋監本岳本嘉靖本同閩監毛本訝訝作迓迓非釋文出自御之云依注音訝五嫁反迎也是釋文本亦作訝也下皆訝也同○按依說文當作訝

爲其拜而蓌拜石經同岳本嘉靖本同釋文出蓌拜云盧本作蹲公羊僖卅三年傳何休注云介冑不拜爲其拜如蹲蓋引此文與盧本同而如古通蹲下無拜然正義本自作而蓌拜

巂猶規也閩監毛本同岳本嘉靖本同宋監本猶改謂

塵不出軌石經同岳本同閩監毛本同惠棟校宋本軌作軌嘉靖本同

正義曰此以下　閩監毛本同惠棟校宋本無正義曰三字

注發句言故　閩監毛本作句此本句誤向今正

發首有故也　閩監毛本作有此本有誤育今正

公降阼階南鄉爾卿　閩監毛本作爾此本爾誤以今正

若馳車則害人　閩監毛本作若此本若誤君今正

死葬時因爲魂車　惠棟校宋本同閩監毛本因作用

空神至乘車　惠棟校宋本至字作位也祥車葬之六字

乘君之乘車不敢曠左者　閩監毛本同惠棟校宋本無不敢曠左者五字

僕御婦人則進左手者　閩監毛本同惠棟校宋本作僕御婦人則進左手正義曰

則前十六步半地　惠棟校宋本同閩監毛本地誤也

言或爲欒　閩監毛本作欒此本欒誤禦

不飛楊出轍外也　閩本同監毛本字楊作揚

則有責罰也　閩監毛本同惠棟校宋本有作被

禮記注疏卷三校勘記

附釋音禮記注疏卷第四

曲禮下第二 疏 正義曰案鄭目錄云義與前篇同簡策重多分爲上下

禮記　鄭氏注　孔穎達疏

凡奉者當心提者當帶 高下之節○奉本亦作捧同芳勇反提徒兮反 疏 ○凡奉至當帶○正義曰此一節論臣所奉持及俛仰裼襲之節各依文解之○凡奉者當心提者當帶物有宜奉持之者有宜提挈之者各因其宜奉之者謂仰手當心奉持其物提之者謂屈臂當帶而提挈其物帶有二處朝服之屬其帶則高於心深衣之類其帶則下於脅何以知然玉藻說大帶云三分帶下紳居二焉紳長三尺而居帶之下三分之二則帶之下去地四尺五寸矣人長八尺爲限若帶下四尺五寸則帶上所餘正三尺五寸故知朝服等帶則高也而深衣云帶下毋厭髀上毋厭脅當無骨者故知深衣之帶則下也今云提者當帶謂深衣之帶且古人恒著深衣此明平常提奉故益可知也 執天子之器則上衡 謂高於心彌敬也此衡謂與心平○上時掌反 國君則平衡大夫則綏之士則提之 綏讀曰妥妥之謂下於心○綏依注音妥妥湯果反又他回反 疏 執天至提之○正義曰嚮明常法此以下明臣各爲其君上提奉之禮也執持也上猶高也衡平也平謂人之拱手正當心平故謂心爲衡天子至尊器不宜下故臣爲擎奉皆高於心彌敬也此衡謂與心平也凡言衡有二處若大夫衡視則面爲衡此爲天子執器則上衡謂高心也既有二處不同故鄭云此衡與心平明他衡者不與心平也○國君則平衡者國君諸侯也降於天子故其臣爲奉持器與心齊平也○大夫則綏之者綏下也又降於諸侯故其臣爲奉器下於心也○士則提之者上云大夫綏之已下於心今爲士提之又在綏之下即上提者當帶然凡常提物尙得當帶今爲士提物更在帶下者士臣爲士卑

遠於君故厭降在下故禮云大夫之臣不稽首以辟君其義同也

凡。執主器執輕如不克重慎之也主君也克勝也○勝音升

疏凡執至不克○正義曰嚮明持奉高下之節此辨持奉之容儀也主亦君也禮大夫稱主今此言主上通天子諸侯下含大夫爲君者故弁曰主士則不然克勝也尊者之器不論輕重其臣執之唯宜重慎器雖輕小而執之恆如實重如不勝之容也故論語云孔子執圭鞠躬如也如不勝聘禮曰上介執玉如重是也

執。主器操幣圭璧則尙左手行。不舉足車輪曳踵重慎也尙左手尊左也車輪謂行不絕。也○操七刀反曳以制反踵支勇反

疏執主至曳踵○正義曰又明提奉用手足之儀也圭璧瑞玉也尙上也謂執持君器及幣玉也若擎奉此物則右手在下左手在上左尊故云尙左手○行不舉足車輪曳踵者曳拽也踵脚後也若執器行時則不得舉足但起前拽後使踵如車輪曳地而行故云車輪曳踵

立。則磬折垂佩主佩倚則臣佩垂主佩垂則臣佩委君臣俛仰之節倚謂附於身小俛則垂大俛則委於地○折之列反一音逝佩步內反本或作珮非倚一范於綺反徐其綺反

執玉其有藉者則裼無藉者則襲藉藻也裼襲文質相。等耳有藻爲文裼見美亦文無藻爲質襲充美亦質圭璋特而襲璧琮加束帛而裼亦是也○藉在夜反下同裼星歷反藻音早本又作繅琮才冬反

疏立則至則襲○正義曰嚮明奉持及手足之儀此明授受時禮也立倚也佩謂玉佩也帶佩於兩邊臣則身宜僂折如磬之背故云磬折也身既僂折則所著之佩從兩邊出縣垂於前也○主佩倚者主謂君也倚猶附也君宜直立則佩直附倚身而縣垂不出前○則臣佩垂者君若直立佩倚於身則臣宜曲折曲折則佩不得倚身故縣垂於前也○主佩垂則臣佩委者主君也言君若重慎折身而佩垂則臣彌曲故佩磬委於地然臣不發初太曲必待君僂而後方曲者亦授立不跪之義也○執玉其有藉者則裼無藉者則襲○凡執玉之時必有其藻以承於玉若盡飾見美之時必垂藻於兩端令垂向於下謂之有藉當時所

執之人則去體上外服以見在內裼衣故云有藉者則裼也其事質充美之時承玉之藻不使下垂屈而在手謂之無藉當時所執之人則掩其上服襲蓋裼衣謂之無藉者則襲此謂執玉之人朝聘行禮或有裼時或有襲時○注圭璋至是也○正義曰鄭云此者以經云裼襲者人之裼襲欲明玉亦有裼襲云圭璋特而襲者上公享王圭以馬享后璋以皮皮馬既不上於堂其上唯特有圭璋圭璋既是寶物不可露見必以物覆襲之故云圭璋特而襲也云璧琮加束帛而裼者謂侯伯子男享天子璧以帛享后琮以錦既有帛錦承玉上唯用輕細之物蒙覆以裼之故云璧琮加束帛而裼也云亦是者非但人有裼襲其玉亦有裼襲之義此皇氏之說熊氏以爲上明賓介二人爲裼襲圭璋特以下又明賓主各自爲裼襲謂朝時用圭璋特賓主俱襲行享時用璧琮加束帛賓主俱裼亦是也凡執玉天子執冒四寸以朝諸侯注云德能覆蓋天下四寸者方以尊接卑以小爲貴又孔安國注顧命云方四寸邪刻之用之以冒諸侯之。圭以爲瑞信子男執璧蓋亦刻驗覆之但無以言焉又執鎮圭以朝日及祭天地宗廟知者典瑞云王執鎮圭以朝日又鄭志云祭天地宗廟亦執之是朝日既執鎮圭則夕月亦當然也大宗伯云王執鎮圭注以四鎮之山爲。緣飾圭長尺有二寸故玉人云鎮圭尺有二寸天子守之是也其五等諸侯大宗伯又云公執桓圭注云雙植謂之桓桓宮室之象所以安其上也圭長九寸故玉人云命圭九寸公守之是也宗伯又云侯執信圭伯執躬圭注云蓋皆象以人形爲。瑑飾文有麤縟耳欲其慎行以保身圭皆長七寸故玉人云命圭七寸謂之信圭侯守之命圭七寸謂之躬圭伯守之江南儒者解云直者爲信其文。縟細曲者爲躬其文麤略義或然也宗伯又云子執穀璧男執蒲璧注云穀所以養人蒲爲席所以安人不執圭者未成國也。言。以爲穀稼及蒲葦之文蓋皆徑五寸故大行人云子執穀璧男執蒲璧。五寸。是也凡圭廣三寸厚半寸剡上左右各寸半知者是聘禮記文其璧則內有孔外有玉其孔謂之好故爾雅釋器云肉倍好謂之璧好倍肉謂之瑗肉好若一謂之環此謂諸侯所執圭璧皆朝於王及相朝所用也故典瑞前既陳玉則云朝覲宗遇會同於王諸侯相見亦如之是也其公侯伯朝后皆用璋知者以聘禮聘君用圭聘夫人以璋則知於天子及后亦然也其子男既朝王用璧朝后宜用琮以璧琮相對故也鄭注小行人云
其上公及二王之后享天子圭以馬享后璋以皮其侯伯子男享天子璧以帛享后琮以錦其玉小大各如其命數知者玉人云璧琮九寸諸侯以享天子是
也其諸侯相朝所執之玉與朝天子同其享玉皆以璧享君以琮享夫人知者聘禮璧以享君琮以享夫人明相朝禮亦當然子男相享則降用琥以繡璜以
黼故鄭注小行人云其於諸侯亦用璧琮耳子男於諸侯則享用琥璜下其瑞是也其諸侯之臣聘天子及聘諸侯其聘玉及享玉降其君瑞一等故玉人云
瑑圭璋八寸璧琮八寸以覜聘是也其藉玉之藻鄭注周禮云繅所以藉玉以韋衣木廣袤各如其玉之大小天子則以五采畫之諸侯則三采子男二采其
卿大夫亦二采故典瑞云王五采五就公侯伯三采三就子男二采二就又云瑑圭璋璧琮繅皆二采一就是也熊氏云五采五就者采別二行爲一就故五
就也三采三就者亦采別二行爲一就故三就也二采二就者亦采別二行爲一就故再就也二采一就者以卿大夫卑二采采則別唯一行共爲一就知然
者雜記及聘禮記三采六等則知天子諸侯采別爲二等也此是周法其殷以上則禮說含文嘉云天子三公諸侯皆以三帛以薦玉宋均注云其殷禮三帛
謂朱白倉象三正其五帝之禮薦玉用一色之帛故鄭注虞書三帛高陽氏之後用赤繒高辛氏之後用黑繒其餘用白繒其餘謂堯舜之諸侯既以采色畫
韋衣於板上前後垂之又有五采組繩以爲繫其組上以玄爲天下以黃爲地長尺無事則以繫玉有事則垂爲飾故聘禮記皆玄纁繫長尺絢組注云采成
文曰絢繫無事則以繫玉因以爲飾皆用五采組上以玄下以絳爲地是也其裼襲之義者藻藉有二種一者以韋衣木畫之也二者絢組垂之若板之藻藉
則當有今言無者據垂之也其垂藻之時則須裼屈藻之時則須襲案聘禮賓至主人廟門之外賈人東面坐啓櫝取圭垂繅不起而授上介注云不言裼襲
者賤不。裼以賈賤故不言裼明貴者垂藻當裼也又云上介不襲執圭屈繅授賓注上介不襲者以盛禮不在於已明屈藻合襲也又云賓襲執圭又云公襲受玉於時圭皆屈藻故賓與公執玉皆襲是屈藻之時皆襲則所謂無藉者襲是也聘禮又云賓出公授宰玉裼降立是授玉之後乃裼也又云賓裼奉束帛加璧享是有藉者裼凡朝之與聘賓與主君行禮皆屈而襲至于行享之時皆裼也知者以聘禮行聘則襲受享則裼凡享時其玉皆無藉藻故崔靈恩云初享圭璋特故有藻其餘則束帛加璧既有束帛不須藻凡諸侯朝天子皆行三享之禮故大行人云公侯伯子男並云廟中將幣三享覲禮云四享者鄭注云四當爲三初享或用虎豹之皮其次享三牲魚腊龜金丹漆唯國所有分爲三享皆以璧帛致之若其臣出聘唯行一享故聘禮致夫人聘享唯一享也裼所以異於襲者凡衣近體有袍襗之屬其外有裘夏月則衣葛其上有裼衣裼衣上有襲衣襲衣之上有常著之服則皮弁之屬也掩而不開則謂之爲襲若開此皮弁及中衣左袒出其裼衣謂之爲裼故鄭注聘禮云裼者左袒也一玉之上若垂藻之時其人則裼屈藻之時其人則襲則裼襲不相因表記云裼襲不相因者彼謂各執其物執龜玉者則襲受享者則裼與此同也

○國君不名卿老世婦大夫不名世臣姪娣士不名家相長妾雖貴於其國家猶有所尊也卿老上卿也世臣父時老臣○姪大節反字林丈一反娣大計反相息亮反長丁丈反下注長老同

疏國君至長妾○正義曰此一節總明稱謂之事各依文解之○國君不名卿老者人君雖有國家之貴猶宜有所敬不得呼其名者也卿老謂上卿上卿貴故曰卿老世婦者謂兩媵也次於夫人而貴於諸妾也言諸侯雖貴不得呼其名也○大夫不名世臣姪娣者世臣父在時老臣也姪是妻之兄女娣是妻之妹從妻來爲妾也大夫不得呼世臣及貴妾名也然王制云大夫不世爵此有世臣者子賢謂襲父爵者也○士不名家相長妾者家相謂助知家事者也長妾妾之有子者也士不得呼此二等人名也不名長妾者熊氏云君。大士有一妻二妾言長妾者當謂娣也故鄭注昏禮云娣尊姪卑義或然也

夫之子不敢自稱曰余小子辟天子之子未除喪之名若大夫天子大夫有土地者○辟音避本又作避下同大夫士

之子不敢自稱曰嗣子某亦辟其君之子未除喪之名不敢與世子同名辟僭傚也其先之生則亦不改世或為。大〇僭作念反傚胡孝反【疏】君大至同名〇此以下明孝子在喪擯者接對賓客之辭也君大夫謂天子大夫有地者大夫有地者則亦稱曰君故云君大夫也天子未除喪自稱曰余小子今大夫有地雖同曰君而其子在喪不敢同天子稱余小子也〇大夫士之子不敢自稱曰嗣子某者此諸侯。稱大夫士之子也諸侯在喪。之嗣子某臣之子避之也〇不敢與世子同名者世子謂諸侯之適子也諸侯之臣為其子作名不得與君適子名同也白虎通云生在稱世子何繫於君也〇注辟僭至為大〇正義曰若名子與君世子同則嫌其名自比擬於君故云避僭。傚也世子。貴不得同則與庶子同不嫌又若其子生在君之世子前已為名而君來同之此是君來同己不須易也故穀梁昭七年傳云何為君臣同名君子不奪人親之所名重其所由來也是臣先名君後名同之臣不。改也又案雜記云與君之諱同則稱字若先生與世子同名亦當然也諸侯之子不可同天子之子故宜不諱也異義公羊說臣子先死君父猶名之孔子云鯉也死是已死而稱名左氏說既沒稱字而不名桓二年宋督弒其君與夷及其大夫孔父先君死故稱其字穀梁同左氏說許慎謹案同左氏穀梁說以為論語稱鯉也死時實未死假言死耳鄭康成亦同左氏穀梁之義以論語云鯉也死有棺而無椁是實死未葬已前也故鄭駁許慎云設言死凡人於恩猶不然況賢聖乎然鯉也死未滿五十鯉死稱伯魚者案冠禮二十已稱伯某甫未必要五十也但五十直稱伯耳焦氏問案春秋君在稱世子君薨稱子某既葬稱子無言嗣子某者也又大夫之子當何稱張逸答曰此避子某耳大夫之子稱未聞案稱嗣子某或殷禮也〇君使士射不能則辭以疾言曰某有負薪之憂射者所以觀德唯有疾可以辭也使士射謂以備耦也憂或為疾〇使音史射市夜反則辭以疾如字本又作有疾為疾如字本又作疢音救【疏】君。使。至。之。憂正義曰射法每兩人相對以決勝負名之曰耦耦貴賤必對故卿與卿耦大夫與大夫耦或奇餘不足則使士備耦案大射君與賓耦卿大夫自相耦又有士御於大夫又司射誓耦卑者與尊者為耦不異侯是言士得備預為耦故此有使士射之禮也○不能則辭以疾者士若不能不得云不能但當自稱有疾也所以然者夫射以表德士既升朝必宜有德若不能則是素餐之辱兼辱君不知人誤用己也○言曰某有負薪之憂者此稱疾之辭也某士名也負。擔也薪樵也大樵曰薪詩云析薪如之何匪斧不克是大故用斧也憂勞也言己有。擔樵之餘勞不堪射也不直云疾而云負薪者若直云疾則似傲慢故陳疾之所由明非假也然士祿代耕且後問庶人子云能負薪而今云士負薪者亦謙辭也兼言昔未為士時經。擔樵今猶發動昔日之勞也白虎通云天子病曰不豫言不復豫政也諸侯曰負子子民也言憂民不復子之也桓十六年衛侯朔出奔齊公羊云有疾曰負茲諸侯之疾所以名不同者蓋子茲聲相近其字相亂未知孰是音義隱云天子曰不豫諸侯曰不茲大夫曰犬馬士曰負薪○注使士射謂以備耦也憂或為疾○正義曰知非士自射而云備耦者熊氏云若其自射不須云使又不應辭以其言使言辭故云備耦

侍於君子不顧望而對非禮也禮尚謙也不顧望若子路。帥爾。而對【疏】侍於至禮也○正義曰謂多人侍而君子有問若指問一人則一人直對若問多人則侍者當先顧望坐中或有勝己者宜前而已不得率爾先對先對非禮也○注禮尚至而對○正義曰此證問多人而不顧望對者論語云子路曾皙冉有公西華侍於孔子孔子問四人各言其志而子路率爾先對云願治千乘之國而孔子哂之云為國以禮其言不讓是故哂之

○君子行禮不求變俗求猶務也不務變其故俗重本也謂去先祖之國居他國祭祀之禮居喪之服哭泣之位皆如其國之故謹脩。其法而審行之其法謂其先祖之制度若夏殷【疏】君。子。至。行。之○正義曰此一節論臣去本國行禮之事各依文解之○君子行禮者謂去先祖之國居他國者也求猶務也俗者本國禮法所行也明雖居他國猶宜重本行故國法不務變之從新也如杞宋之臣入於齊魯齊魯之

臣入於杞宋各宜行己本國禮法也此云不變俗謂大夫出在他國不變己本國之俗案鄭答趙商以爲衛武公居殷墟故用殷禮即引此云君子行禮不求變俗如鄭之意不變所往之國舊時風俗與此不同者熊氏云若人臣出居他國亦不忘本故云不變本國之風俗人君務在化民因其舊俗往之新國不須改也然則不求變俗其文雖一但人君人臣兩義不同熊氏云必知人君不易舊俗者王制云脩其教不易其俗又左傳定四年封。魯因商奄之人封康叔於殷。虛啓以商政封唐叔於夏。虛啓以夏政皆因其舊俗也案有列於朝有詔於國三代之內喪服爲舊君齊衰三月傳曰三諫不從待放未絕者爵祿尚有列於朝出入尚有詔於國如喪服所云大夫待放之時名爲有列有詔不至三世者熊氏云彼據爲舊君著服故以未去之時名爲有列有詔此據去國之後但有列有詔仍行舊國之禮斷章取證故彼此不同○祭祀之禮者此陳不變之事若祭祀之禮不變即夏立尸殷坐尸周旅酬六尸及先求陰陽犧牲騂黑之屬也居喪之服者殷雖尊貴猶服傍親周則以尊降服○哭位之位者殷不重適以班高處上周世貴正嗣孫居其首○皆如其國之故者謂故俗也凡上諸事悉不改革行之如本國俗也然上既舉三條餘冠昏之屬從可知也○謹脩其法而審行之者幷結前事各令分明謹脩本國之法審慎以行之其法謂其先祖之制度若夏殷子孫在周者悉行其先世之禮是不變俗也

去。國三世爵祿有列於朝出入有詔於國

三世自祖至孫踰久可以忘故俗而猶不變者爵祿有列於朝謂君不絕其祖祀復立其族若臧紇奔邾立臧爲矣詔告也謂與卿大夫吉凶往來相赴告○三世盧王云世歲也萬物以歲爲世朝直遙反下皆同復扶又反下復還同紇恨發反徐胡切反沈胡謁反

若兄弟宗族猶存則反告於宗後

謂無列無詔者反告亦謂吉凶也宗後宗子也【疏】去國至宗後正義曰此以下明在他國而得變俗者也將明得變。改上先明未得者也○去國三世謂三諫不從及他事礙被黜出入新國已經三世者則鄭注云三世自祖至孫也○爵祿有列於朝者謂本國君不絕其祖祀復立族爲後有朝者也○

出入有詔於國者出入。猶吉凶之事更相往來也詔告也去已三世而本國之君猶爲立後不絕則若有吉凶之事當與本國卿大夫往來出入共相赴告故云出入有詔於國○注若臧至爲矣○正義曰引之者證有列位也臧紇武仲也時爲季氏。家廢長立少故與孟氏相惡遂出奔邾魯人以臧紇有功復立其異母兄臧爲以守先祀是有列也故魯襄二十三年左傳云臧紇奔邾使告臧賈且致大蔡焉曰紇不佞失守宗祧敢告不弔紇之罪不及不祀子以大蔡納請其可賈曰是家之禍非子之過賈聞命矣再拜受龜使爲以納請遂自爲也。魯立臧爲紇致防而奔齊是其事也○若兄弟至宗後○此是出已三世而爵祿無列於朝吉凶不相詔告而不仕新國者宗族兄弟謂本國之親宗後大宗之後也已本國不列不告若宗族猶存兄弟尚在己有吉凶當反還告宗適不忘本故也前告國者亦告兄弟耳然既未仕新國猶用本國禮也音義隱云雖無列於朝有吉凶猶反告於宗後其。都無親在故國不復來往也去。國

三世爵祿無列於朝出入無詔於國唯興之日從新國之法以故國與己無恩興謂起爲卿大夫

疏去國三世爵祿無列於朝出入無詔至之法○正義曰此猶是論無列無詔而反告宗後者今得仕新國者也但仕新國有異故重言三世也○唯興之日從新國之法者唯興謂已始仕也雖有宗族相告已仕新國而本國無列無詔故所行禮俗悉改從新也然推此而言若本國猶有列詔者雖仕新國從行故俗何以知然既云無列而從新明有列。理不從也又若無詔而不仕新者不得從新何以知然既云唯興明不興則不從無列無詔唯興之日三世即從新國之制孔子去宋既久父爲大夫尚冠章甫之冠送葬皆從殷制者熊氏云案句。命決云丘爲制法之主黑綠不。伐蒼黃聖人特爲制法不與常禮同也○注興謂起爲卿大夫○正義曰鄭。注云起爲卿大夫者則若爲士猶卑不得變本。也

○君。子已孤不更名本亦重已孤暴。貴不爲父作諡。子事父無貴賤○疏君。子。至。作。諡。○正義曰此一節論父沒不可爲于僞反諡音示輒改爲名諡之事已孤不更名者不復改易

更作新名所以然者名是父之所作父今已死若其更名似遺棄其父故鄭注云亦重本也言亦者亦上行本國之俗上是重本故云亦也已孤暴貴不爲父
作謚者此孤不辨老少唯無父則是也暴貴本爲士庶今起爲諸侯非一等之位故云暴貴也謚者列平生德行而爲作美號若父昔賤本無謚而己今暴貴
升爲諸侯乃得制謚而不得爲父作謚所以爾者父賤無謚子今雖貴而忽爲造之如似鄙薄父賤不宜爲貴人之父也或舉武王爲難鄭答趙商曰周道之
基隆於二王功德由之王迹興焉凡爲人父豈能賢乎若夏禹殷湯則不然矣○注子事父無貴賤○正義曰子不得言己昔賤今貴父賤不宜爲貴人之父
也。居喪未葬讀喪禮既葬讀祭禮喪。復常讀樂章爲禮各於其時居喪不言樂祭事不
言凶公庭不言婦女非其時也【疏】居。喪。至。婦。女。○正義曰此一節明行禮各有時之事各隨文解之○居喪者居父母之喪也喪禮謂
朝夕奠下室朔望奠殯宮及葬等禮也此禮皆未葬以前○既葬讀祭禮者祭禮虞卒哭祔小祥大祥之禮也○喪復常讀樂章者復常謂大祥除服之後也
樂章謂樂書之篇章謂詩也禫而後吉祭故知禫後宜讀之此上三節事須預習故皆許讀之○振書端書於君前有誅倒筴
側龜於君前有誅臣不豫事不敬也振去塵也端正也倒顛倒也側反側也皆謂甫省視之○倒多老反去羌呂反下徹猶去去琴瑟同顛
丁田反【疏】振。書。至。有。誅。○正義曰此一節總明臣當預事幷明臣入公門當謹敬之禮也各依文解之○振書者拂去塵也書簿領也端正也誅責也臣
不豫慎若將文書簿領於君前臨時乃拂整則宜誅責也○倒筴側龜於君前有誅者倒顛倒也側反側也龜筴君之卜筮所須也不預周正而來在君前方
顛倒反側齊正則有責罰也○注臣不至視之○正義曰甫者始也謂不豫整理今於君前始正之○龜。筴几杖席蓋重素袗絺綌
不入公門龜筴嫌問國家吉凶几杖嫌自長老席蓋載喪車也雜記曰士輤葦席以爲屋蒲席以爲裳帷重素衣裳皆素喪服也袗單也孔子曰當

暑袗絺綌必表而出之爲其形褻○重素直龍反注同重素衣裳皆素袗之忍反韠于見反葦于鬼反爲其于僞反苞屨扱衽厭冠不入公門此皆凶服也苞藨也齊衰藨蒯之菲也問喪曰親始死扱上衽厭猶伏也喪冠厭伏苞或爲菲○苞白表反草也扱初洽反衽而審反厭於涉反藨白表反一音扶苗反齊衰本又作齋音咨下七雷反下文同蒯苦怪反菲扶味反屨也書方衰凶器不以告不入公門此謂喪在內不得不入當先告君耳方板也士喪禮下篇曰書賵於方若九若七若五凶器明器也○板字又作版音同賵芳仲反車馬曰賵公事不私議嫌若姦也

疏龜筴至公門○正義曰此以下明臣物不得入君門者也○龜筴者謂臣之龜筴也將入嫌問國家吉凶○几杖者臣之几杖也若將入謂欲驕矜嫌自長老○席蓋者喪車蓋也臣有死於公宮可許將柩出門不得將喪車凶物入也車比棺爲緩宜停外也○重素者衣裳皆以素謂遭喪之服也亦不宜著入也○袗絺綌者袗單也絺綌葛也上無衣表則肉露見爲不敬故不著入也○不入公門者弁結上諸條事皆不得入也若尸乘以几至廟門及八十杖於朝則几杖得入公門也○注龜筴至形褻○正義曰引雜記證席蓋是喪車也轄喪車邊牆也在上曰屋在邊曰裳帷士喪車用葦席爲上屋蒲席以爲邊牆也然天子諸侯染布爲蒨色大夫但布而不染士用席而亦言轄者因天子轄通名也今言席蓋謂士耳舉士爲例卿大夫喪車亦不得入云重素衣裳皆素喪服也者若臣之待放衣裳皆素既是待放本無得入公門之理此云重素不入公門者謂私服又文王世子公族有死罪公親素服唯君得素服入臣則不可引論語證入公門不單也形褻謂肉露見也○苞屨至公門○苞屨謂藨蒯之草爲齊衰喪屨○扱衽者親始死孝子徒跣扱上衽也○厭冠者喪冠也厭帖無者彊爲五服喪所著也○不入公門者此弁五服之內喪服差次不合入不得著入公門也苞謂杖齊衰之屨故喪服杖齊衰章云疏屨者藨蒯之菲也此云苞屨扱衽不入公門服問云唯公門有稅齊注云不杖齊衰也於公門有免齊衰則大功有免經也如鄭之言五服入公門與否各有差降

熊氏云父之喪唯扱上衽不入公門冠絰衰屨皆得入也杖齊衰則屨不得入不杖齊衰衰又不得入其大功絰又不得入其小功以下冠又不得入此厭冠入者謂小功以下之冠故云不入公門凡喪冠皆厭大功以上厭冠宜得入公門也凡喪屨案喪服斬衰用菅屨杖齊衰用苞不杖齊衰用麻大功用繩故小記云齊衰三月與大功同者繩屨其小功以下鄭引舊說云小功以下吉屨無絇○書方者此謂臣有死於公宮應須凶具此下諸物並宜告而後入者也書謂條錄送死者物件數目多少如今死人移書也方板也百字以上用方板書之故云書方也○衰者孝子喪服也○凶器者棺材及棺中。服器也○不以告不入公門者臣在公宮而死營凶器所須而不得輒將入公門故須告也然衰之屬今厭冠苞屨尙不入云衰告乃入者熊氏云上不入謂公宮庫雉路之門今此不入公門者國城之門謂卿大夫之喪從外來書方衰凶器須告乃入今謂旣同稱公門又國城之內百姓民衆所居方衰凶器須告乃入事恐非也蓋公門非一或是公之外門及百官治事之處君許其在內殯及將葬之禮故有明器書方須告乃入○注士喪至器也○正義曰證喪禮書方也送死者車馬曰賵衣服曰襚亦通曰賵若九若七等謂書送物於板行列之數多少物多則九行少則七行五行也

○君子將營宮室宗廟爲先廏。庫爲次居室爲後重先祖及國之用○廏九又反○凡家造祭器爲先犧賦爲次養器爲後大夫稱家謂家始造事犧賦以稅出牲○凡家造才早反一本作凡家造器器衍字犧許宜反養羊尙反一如字無田祿者不設祭器有田祿者先爲祭服祭器可假祭服宜自有君子雖貧不粥祭器雖寒不衣祭服爲宮室不斬於丘木廣敬鬼神也粥賣也丘壟也○粥音育衣於旣反

疏。凡。家。至。丘。木○正義曰此一節總論大夫所造祭器衣服幷明祭器所寄之事各依文解之○凡家造謂大夫始造家事也大夫稱家○祭器爲先者崇敬祖禰故在先犧賦爲次者諸侯大夫少牢此言犧謂牛郎是天子之大夫祭

祀賦斂邑民供出牲牢故曰犧賦○養器爲後者養器供養人之飲食器也自贍爲私宜後造然諸侯言宗廟大夫言祭器諸侯言廄庫居室大夫言犧賦養器者互言也此據有地大夫故得造祭器若無田祿者但爲祭服耳其有地大夫祭器祭服俱造則先造祭服乃造祭器此言祭器爲先者對犧賦養器爲先其實在祭服之後○無田至祭服○鄉明得造祭器此明不得造者下民也若大夫及士有田祿者乃得造器猶不具唯天子大夫四命以上者得備具若諸侯大夫非四命無田祿則不得造故禮運云大夫聲樂皆具祭器不假非禮也據諸侯大夫言之也熊氏以禮運據天子大夫得造不得具非也○有田祿者先爲祭服者若有田祿雖得造器而先爲祭服後爲祭器耳所以然者緣人形參差衣服有大小不可假借故宜先造而祭器之品量同官可以共有以其制同既可暫假故營之在後○

大夫士去國祭器不踰竟此用君祿所作取以出竟恐辱親也○去國祭器不踰竟音境注及下同一本作大夫士去國下去國踰竟亦然

大夫寓祭器於大夫士寓祭器於士寓寄也與得用者言寄覲已後還○寓魚具反覬音冀

疏

大夫至於士○正義曰此以下明人臣三諫不從去國之禮○祭器不踰竟者既明出禮先從重物爲始也踰越也此祭器是君祿所造今既放出故不得自隨越竟也注云此用至親也無德而出若猶濫用其器是辱親也隱義云嫌見奪故云恐辱親也大夫寓祭器於大夫士寓祭器於士者是寓猶寄也既不將去故留寄其同僚必寄之者冀其復還得用也魯季友奔陳國人復之傳曰季子來歸是也○注寓寄至後還○正義曰此解言寄之義也夫物不祓用則生蟲蠹故寄於同官令彼得用不使毀敗冀還復用大夫士義皆然也

大夫士去國踰竟爲壇位鄉國而哭素衣素裳素冠徹緣鞮屨素簚乘髦馬不蚤鬋不祭食不說人以無罪婦人不當御三月而復服言以喪禮自處也臣無君猶無天也壇位除地爲位也徹猶去也鞮屨無絇之菲也簚覆笭也髦馬不鬄落也蚤讀

爲爪鬋鬋。鬊也不自說於人以無罪嫌惡其君也御接見也三月一時天氣變可以遂去也簚或爲幕○壇徐音善注同鄉許亮反緣悅絹反鞮都兮反又徒
兮反鞮屨屨無絇簚本又作幭莫歷反注同白狗皮覆笭髦音毛蚤依注音爪謂除爪也鬋子淺反絇求俱反笭力丁反車闌鬄吐歷反又他計反說亦劣反
又如字惡烏路反見賢遍反下文見國君注謂見同幕莫歷反又音莫

【疏】大。夫。至。復。服○正義曰此大夫士三諫而不從出在竟上大夫則待放三年聽於君命若與環則還與玦便去隱義云去國當待。於也若士不待放臨去皆行此禮也○爲壇位鄉國而哭者壇者除地而爲壇臣之無君猶人無天也嫌去父母之一邦有桑梓之。變故爲壇鄉國而哭以喪禮自。變處也所以待放必三年者三年一閏天道一變因天道變望君自改也然在竟末去聽君環玦不謂待歸而謂待。放者既已在竟不敢必放言唯待君見放乃去也○素衣素裳素冠者今既離君故其衣裳冠皆素爲凶飾也○徹緣者緣中衣緣也素服裏亦有中衣若吉時中衣用采緣此既凶喪故徹緣而純素○鞮屨者謂無絇飾屨也屨以絇爲飾凶故無絇也士冠禮云玄。冠黑屨青絇博寸鄭云絇之言拘也以爲行戒狀如刀衣鼻在屨頭故解者云古。屨以物繫之爲行戒故用繒一寸屈之爲絇絇爲。絇著屨頭以容受繫穿貫也其屈之形似漢時刀衣鼻也其色或青或黑不同而冠禮屨夏用葛冬用皮又各隨裳色今素裳則屨白色也○素簚者素白狗皮也簚車覆。闌也禮人君羔幦虎犆大夫鹿幦豹犆今此喪禮故用白狗皮也既夕禮云主人乘惡車白狗幦是也然吉凶覆笭不必用皮者象始服牛馬初當用皮爲覆○乘乘髦馬者吉則翦剔馬毛爲飾凶則無飾不翦而乘之也○不蚤。鬋者。以治手足爪也鬋剔治鬚髮也吉則治翦爲飾凶故不翦也士虞禮曰蚤翦謂爪翦鬚也○不祭食者祭祭先也夫食盛饌則祭食之先喪凶故不祭也○不說人以無罪者善則稱君過則稱己今雖放逐猶不得嚮人自說道己無罪而君惡故見放退也○婦人不當御者御接見也吉時婦人以次侍御寢宿今喪禮自貶故不也○三月而復服者自貶三月然後事事反還如吉禮而遂去也所以三月者爲一時天氣一變故三月人情亦宜易也○

注鞮屨無絇之菲也○正義曰知鞮是無絇之屨者案周禮屨人屨舃皆有絇繶純案鞮屨氏無絇繶之文故知是無絇之菲也云髦馬不鬄落也者以其偁髦馬與童子垂髦同故知不鬄落鬀鬣案大戴禮王度記云大夫俟放於郊三年得環乃還得玦乃去此踰國三月乃行不同者得玦之後從郊至竟三月之內而行此禮也

大夫士見於國君君若勞之則還辟再拜稽首謂見君既拜矣而後見勞也聘禮曰君勞使者及介君皆答拜○勞力報反注及下君勞同辟婢亦反下同還辟逡巡也使色吏反

君若迎拜則還辟不敢答拜嫌與君亢賓主之禮迎拜謂君迎而先拜之聘禮曰大夫入門再拜君拜其辱

疏大夫至答拜○正義曰此一節論君臣男女相答拜之法各依文解之○大夫士見於國君者謂大夫士出聘他國君之禮君若勞之則還辟再拜稽首者勞慰勞也還辟逡巡也初至行聘享私覿禮畢而主君又別慰勞己在道路之勤故己逡巡而退者辟君之答己之意也○案聘禮行聘享及私覿訖賓出主君送至大門內主君問聘君問大夫竟乃云公勞賓賓再拜稽首公答拜公勞介介再拜稽首公答拜即此大夫出聘他國君勞之是也聘禮無還辟之文者文不備也○注謂見至答拜○正義曰案聘禮勞賓之前不見賓先拜此云賓既拜矣謂賓初行私覿之時已拜主君矣在後始主君勞故曰既拜矣而後見勞引聘禮者證君勞賓再拜之事熊氏以為唯云大夫士謂小聘大夫為賓士為介故也今謂大聘小聘皆然故鄭引聘禮以證之此大夫之中則含卿也知者以此經皆總云大夫不別言卿故知大夫含卿也君若迎拜則還辟不敢答拜者君若迎先拜賓賓是使臣不敢當禮則還辟逡巡不敢答主君之拜○注嫌與至其辱○正義曰此主君迎拜者謂聘賓初至主國大門外主君迎而拜之故聘禮云賓入門左公再拜賓辟不答拜是也故鄭引聘禮大夫入門再拜君拜其辱者初入門主君再拜其辱也

大夫士相見雖貴賤不敵主人敬客則先拜客客敬主人則先拜主人尊賢

疏大夫士相見至則先拜主人○正義曰此謂使臣行禮受

勞已竟次見彼國卿大夫也唯賢是敬不計賓主貴賤雖爲大夫而德劣亦先拜有德之士也謂異國則爾同國則否又士相見禮若先生異爵者謂士則先拜之此則必同國也不

凡。非弔喪非見國君無不答拜者禮尚往來喪賓不自賓客也國君見士不答其拜士賤○非見賢遍反下大夫見士見下注拜見同

【疏】凡非至拜者○正義曰此明禮尚往來也已雖賢德而必皆相答拜也凡拜而不答拜者唯有弔喪。也士見己君此二條耳弔所以賓不答拜者己本來爲助執於喪事非行賓主之禮故主人雖拜己己不答也故士喪禮有賓則拜之賓不答拜是也君不答士者謂士見己君君尊不答也○注國君至拜士賤○正義曰案聘禮士介四人君皆答拜者以其他國之士故也

大。夫見於國君國君拜其辱士見於大夫大夫拜其辱同國始相見主人拜其辱自外來而拜見也自內來而拜拜辱也君於士不答拜也非其臣則答拜之不臣人之臣大夫於其臣雖賤必答拜之辟正君○辟音避男女相答拜也嫌遠別不相答拜以明之○相答拜一本作不相答拜皇云後人加不字耳別彼列反

【疏】大夫至相答拜也○正。義。曰辱謂見他國君也故聘禮云公在門左拜是拜其辱也○士見於大夫大夫拜其辱者謂平常相答拜非加敬也故聘禮賓朝服問卿卿迎於廟門外再拜是主人必拜辱也士相見禮士見大夫大夫於其入也主人一拜賓退送又再拜熊氏以爲同國大夫見己君君拜其辱者以初爲大夫敬之故也若尋常則不拜也○同國始相見主人拜其辱者前是異國此明同國同國則主人必先拜辱不論有德也○君於士不答拜也非其臣則答拜之君於己士以其賤故不答拜然聘禮云聘使還士介四人君旅答拜者敬其奉使而還士相見禮士見國君君答拜者以其初爲士敬之故也○非其臣則答拜之者以其他國之士非己尊所加故答之也○大夫於其臣雖賤必答拜之者大夫爲君宜辟正君故不辨己臣貴賤皆答拜也○男女相答拜也者男女宜別或嫌其不相答

故明雖別必宜答也俗本云男女不相答。拜禮男女拜悉相答拜則有不。字爲非故鄭云嫌遠別不相答拜以明之○國君春田不圍澤

大夫不掩羣士不取麛卵生乳之時重傷其類○麛音迷卵力管反乳如注反疏。國。君。至。麛。卵○正義曰此明貴賤田獵不同國君諸侯也春時萬物產孕不。欲多傷殺故不合圍繞取也夏亦當然○大夫不掩羣者羣謂禽獸共聚也羣聚則多不可掩取之○士不取麛卵者麛乃是鹿子之稱而凡獸子亦得通名也卵爲卵也春方乳長故不得取也然國君春田不圍也則天子春圍大夫春不掩則國君春掩也士春不取麛卵則大夫春取也而王制云天子不合圍諸侯不掩羣則與此異者彼上云天子諸侯無事則歲三田鄭云三田者謂夏不田謂夏時也案周禮四時田而云三田者下因云不合圍則知彼亦夏禮也又史記湯立三面經而天下歸仁亦是不合圍也此間所明周制矣○歲凶年穀不登登成也君膳不

祭肺馬不食穀馳道不除祭事不縣大夫不食粱。士飲酒不樂皆。自。爲貶損憂民也禮食殺牲則祭先有虞氏以首夏后氏以心殷人以肝周人以肺不祭肺則不殺也天子食日少牢朔月大牢諸侯食日特牲朔月少牢除治也不治道爲妨民取蔬食也縣樂器。鍾磬之屬也粱加食也不樂去琴瑟○肺音芳廢縣音玄下同爲如字舊音于僞反下爲妨音于僞反疏。歲。凶。至。飲。酒。不。樂○正義曰此下明凶荒人君憂民自貶退禮也○歲凶者謂水旱災害也年穀不登者歲既凶荒而年中穀稼不登登成也然年歲雖通其亦有異鄭注太史職中數曰歲朔數曰年釋者云年是據有氣之初歲是舉年中之稱故云朔數曰年中數曰歲也○君膳不祭肺者膳美食名禮天子食日少牢朔月太牢諸侯食日特牲朔月少牢夫盛食必祭周人重肺故食先祭肺歲既凶饑故不祭肺則不殺牲也○馬不食穀者年豐則馬食穀今凶年故不食也○馳道不除者馳道正道如今御路也是君馳走車馬之處故曰馳道也除治也不治謂不除於草萊也所以不除者凶年人各應採蔬食今若使人治路則廢取蔬食故不除也祭事不縣

者樂有縣鐘磬因曰縣也凶年雖祭而不作樂也自貶損故先言膳後言祭○大夫不食粱者大夫食黍稷以粱爲加故凶年去之也○士飲酒不樂者士平常飲酒奏樂今凶年猶許飲酒但不奏樂也○君膳不祭肺以下及士飲酒不樂各舉一邊而言其實互而相通但君尊故舉不殺牲及不縣之等大者而言大夫士卑直舉飲酒之小者言耳○注有虞至琴瑟○正義曰此明堂位文引之者證不祭肺天子食日少牢朔月大牢諸侯食日特牲朔月少牢此玉藻文引之者證天子諸侯非凶年常食殺牲之事案周禮膳夫云王日一舉太牢不引膳夫者而引玉藻者以膳夫秖有王禮玉藻兼載天子諸侯此經云君膳不祭肺又連言大夫士是其文既廣故引玉藻天子諸侯爲證也玉藻所以異膳夫者膳夫是周之正禮玉藻是衰世之法故鄭志云作記之時或諸侯同天子或天子與諸侯同作記者亂之耳云粱加食也者以其公食大夫禮設正饌之後乃設稻粱以其是加也此歲凶者案襄二十四年冬大饑穀粱傳曰五穀不升爲大饑一穀不升謂之嗛二穀不升謂之饑三穀不升謂之饉四穀不升謂之康五穀不升謂之大侵大侵之禮君食不兼味臺榭不塗弛侯廷道不除百官布而不制鬼神禱而不祀此云歲凶與彼大侵同也此膳而不祭肺則食不兼味也此祭事不縣謂祈禱之祭則與大侵禱而不祀一也白虎通云一穀不升徹鶉鷃二穀不升徹鳧鴈三穀不升徹雉兔四穀不升損囿獸五穀不升不備三牲其不備三牲與此君膳不祭肺同也

君無故玉不去身

大夫無故不徹縣士無故不徹琴瑟

憂樂不相干也故謂災患喪病○樂音洛

【疏】君無至琴瑟○正義曰此明無災者也君諸侯也玉謂佩也君子於玉比德故恆佩玉明身恆有德也且以玉爲容飾無故則有容飾故佩玉也○大夫無故不徹縣者徹亦去也無災變則不去樂也○士無故不徹琴瑟者此無災則亦不去也故鄭前注士不樂去琴瑟取此文琴瑟此是不命之士爾若其命士則特縣也自士以上皆有玉佩上云君無故不去玉則知下通於士也下言士不去琴瑟亦上通於君也但比德爲重故君上明之也又大夫言縣士言琴瑟亦互言耳但縣勝故大夫言之也○注

憂樂至喪病〇正義曰災水火也熊氏云案春秋說題辭樂無大夫士制鄭玄箴膏肓從題辭之義大夫士無樂小胥大夫判縣士特縣者小胥所云娛身之樂及治人之樂則有之也故鄉飲酒有工歌之樂是也縣題辭云無樂者謂無祭祀之樂故特牲少牢無樂若然此云大夫不徹縣士不徹琴瑟者謂娛身及治民之樂也

士有獻於國君他日君問之曰安取彼再拜稽首而后對起敬也〇疏士有至后對〇正義曰此一節論大夫士饋獻之事各依文解之〇士有獻者謂士有物奉貢於君也〇他日君問之曰安取彼者他日謂別日也非是獻物之日安取彼猶何處取彼物別日君問士云何處得前所獻之物所以須問者士卑德薄嫌其無有也不即問而待他日者士有貢獻當日乃自致於外而不敢容易見恐君答己拜故別日乃見君君得問之也〇再拜稽首而后對者士聞君問故先拜稽首而後起對得物所由

大夫私行出疆必請反必有獻士私行出疆必請反必告臣不敢自專也私行謂以己事也士言告者不必有其獻也告反而已〇疆居良反下同

君勞之則拜問其行拜而后對亦起敬也問行謂道中無恙及所經過〇恙音羊尙反疏大夫私行至拜而后對〇正義曰私行謂非爲君行也疆界也既非公事故宜必請也然大夫無外交而此有私行出界或是新來大夫姻婭猶在本國故有私行往來但不得執交於外耳〇反必有獻者大夫有德必能招人餉遺故還必有獻有獻由德亦示君知賢無異志〇士私行出疆必請者出與大夫同也〇反必告者還與大夫異也士德劣故不必有獻但必知還而已〇君勞之則拜者大夫士通如此謂行還而君若慰勞己之勞苦則己拜之也或有本云士有獻字非也〇問其行拜而後對者君若問其行道中無恙及遊涉所至則又拜拜竟而起對也先拜後答急謝見問之恩也

〇國君去其國止之曰奈何去社稷也大夫曰奈何去宗廟也士曰奈何去墳墓也皆民臣殷勤之言

國君死社稷死其

所受於天子也謂見侵伐也春秋傳曰國滅君死之正也大夫死衆士死制死其所受於君衆謂。君師制謂君教令所使爲之

【疏】國君至。死。制。○正義曰此一節論國君以下去國臣民止留之辭及死其所守之事各依文解之○國君去其國者謂諸侯去國而其臣民止留殷勤之辭也柰何猶言如何也國主社稷君去故云去社稷異義公羊說國滅君死正也故禮運云君死社稷無去國之義左傳說昔。大王居豳狄人攻之乃踰梁山邑於岐山故知有去國之義也許慎謹案易曰係遯有疾厲畜臣妾吉知諸侯無去國之義也鄭不駮之明從許君用公羊義也然則公羊之說正禮左氏之說權法義皆通也○大夫曰柰何去宗廟也者大夫去國謂三諫不從或以罪見黜者亦臣民止留之辭也大夫無社稷故云宗廟也故孝經云諸侯保其社稷大夫守其宗廟也○士曰柰何去墳墓也士亦謂三諫不從及或以罪見黜雖無臣民而屬吏止之也士亦有廟辟大夫言墳墓亦與大夫互也然孝經云士保其祿位而守其祭祀今不云祭祀者明雖去此之彼而猶得祭祀但墳墓不隨耳○國君至死制○國君體國國以社稷爲主若有寇難則以死衞之故不可去也注云死其所受於天子也謂見侵伐也鄭又引公羊襄六年傳云國滅君死之正也以證之是也○大夫死衆者大夫職主領衆將軍若四郊多壘則爲己辱故有寇難當保國必率衆禦之以死爲度士死制者制謂君教命所使也雖不得率師若君命使之則唯致死熊氏云上云國君去社稷此云死社稷上云大夫去宗廟士去墳墓此不云大夫死宗廟士死墳墓而云死衆死制者以宗廟墳墓己私有之大夫士爲臣事君不可爲私事而死秪得死君之師衆及君政令然君言死社稷則宗廟墳墓亦死可知也但社稷受於天子故特舉言焉

○君天下曰天子朝諸侯分職授政任功曰予一人皆擯者辭也天。下謂外及四海也今漢於蠻夷稱天子於王侯稱皇帝覲禮曰伯父實來余一人嘉之余予古今字○分方云反徐扶問反擯必刃反予一人依字音羊汝反鄭云余予古今字則同音餘

【疏】君天至一人○正義曰此一節論天子稱謂之事各依文解之○君天下者天

下謂七千里外也天子若接七千里外四海之諸侯則擯者稱天子以對之也所以然者四海難伏宜尊名以威臨之也不言王者以父天母地是上天之子又爲天所命子養下民此尊名也崔靈恩云夷狄不識王化無有歸往之義故不稱王臨之也不云皇者戎狄不識尊極之理皇號尊大也夷狄唯知畏天故舉天子威之也○朝諸侯者此謂接七千里以內諸侯也○授政者謂所縣象魏之法授於諸侯也○任功者謂使人專掌委任之功若五侯九伯汝實征之也○曰予一人者予我也自朝諸侯以下皆是內事故不假以威稱但自謂予一人者言我是人中之一人與物不殊故自謙損白虎通云王自謂一人者謙也欲言己才能當一人耳故論語云百姓有過在予一人臣下謂之一人者所以尊王者也以天下之大四海之內所共尊者一人耳○注皆擯至天子○正義曰知擯者之辭者以覲禮云擯者曰伯父實來予一人嘉之此經亦稱予一人故知擯者辭引漢禮於夷狄稱天子者證此經君天下謂夷狄之內也異義天子有爵不易孟京說易有周人五號帝天稱一也王美稱二也天子爵號三也大君者興盛行異四也大人者聖人德備五也是天子有爵古周禮說天子無爵同號於天何爵之有許慎謹案春秋左氏云施於夷狄稱天子施於諸夏稱天王施於京師稱王知天子非爵稱同古周禮義鄭駮云案士冠禮云古者生無爵死無謚自周及漢天子有謚此有爵甚明云無爵失之矣若杜預之義天子王者之通稱故成公八年天子使召伯來賜公命魯非夷狄稱天子莊元年冬王使榮叔來錫桓公命魯非京師而單稱王是無義例其許慎服虔等依京師曰王夷狄曰天子與此不同具有別說

踐阼臨祭祀內事曰孝王某外事曰嗣王某

皆祝辭也唯宗廟稱孝天地社稷祭之郊內而曰嗣王不敢同外內○皆祝辭本或作皆祝祝辭也下祝字之又反又之六反

【疏】踐阼至王某○正義曰踐履也阼主人階也天子祭祀升阼階天子吉凶之稱凡自稱及擯者之辭曰予一人故玉藻云凡自稱天子曰予一人是也在喪未葬自稱曰小童故僖九年在喪未葬王曰小童是也若既葬之後未踰年則稱名稱子故昭二十二年六月葬景王冬十月王

子猛卒是也若踰年之後三年之內稱子小子故下文云天子未除喪曰予小子是也若三年除喪稱王故公羊文九年傳云天子三年然後稱王是也或稱予或稱我故泰誓云予克受又曰我友邦冢君是也或稱朕故湯誥云朕躬有罪是也其祝告神之辭則下文云內事曰孝王某外事又嗣王某曰曰天王某甫是也其史書策辭下文云天王崩其招魂之辭其下文云天子復矣是也其謙虛卑退或稱小子湯誓云非台小子是也或曰不穀僖二十四年左傳云不穀不德得罪于母弟之寵子帶是也或曰寡人故中侯洛予命湯東觀於洛云寡人慎機是也踰年則稱王者據臣子稱也若王自稱必待三年顧命成王殯未能踰年稱予一人者熊氏云天下不可一日無王故也今謂予一人者以麻冕黼裳即位受顧命從吉故暫稱一人也履主階行事故云踐阼也○臨祭祀者謂天子臨郊廟之祭祀也○內事曰孝王某某者內事宗廟是事親事親宜言孝故升阼階祭廟則祝辭云孝王某某爲天子名也外事曰嗣王某者外事郊社也天地尊遠不敢同親云孝故云嗣王某言此王繼嗣前王而立也○注皆祝至內外○正義曰天子以四郊爲外圜丘方澤明堂社稷皆在郊內應稱孝而猶同外辭曰嗣王者尊天地雖祭之郊內猶從外辭崔靈恩云天地社稷是外神而祭之郊內不敢外之今案鄭注云而曰嗣王不敢同外內則是唯於嗣王之稱有外內不關祭祀之處崔所云天地祭之在內不敢外恐非鄭義謂不敢外內者若宗廟之祭從內事之例而祭辭稱孝若凡常山川幷岳瀆之神祭之在外之例而辭稱嗣是在內從內辭在外從外辭今天地社稷既尊不敢同外內之例雖祭之在內而用外辭天地是尊不敢同外內之常例也

臨諸侯畛於鬼神曰有天王某甫

畛致也祝告致於鬼神辭也曰有天王某甫某甫且字也不名者不親往也周禮大會同過山川則大祝用事焉鬼神謂百辟卿士也畛或爲祗○畛之忍反父音甫注同大祝音泰下文注除太宗皆同辟必亦反○

疏臨諸至某甫○正義曰此謂天子巡守祝告神辭也巡守徧於方岳臨視諸侯故曰臨諸侯也鄭云以尊適卑曰臨○畛於鬼神者畛致也王往方岳凡所過山川悉使祝往致辭告於山川鬼神

也○曰有天王某甫者既不自往故祝辭不稱名而云某甫者鄭云且字也解且字者云某是天子之字甫是男子美稱也祝稱天子字而下云甫是尼父之類也故穀梁傳云父猶傅也男子美稱也士冠禮注曰甫丈夫美稱而雜記附於殤稱陽童某甫鄭注云尊神不名爲之造字以此而言某者是字甫者丈夫美稱而鄭所以謂爲且字者舊說云未斥其人且以美稱配成其字音義隱云且假借此字也○注眕致至事○正義曰致鬼神謂天子所行過諸侯之國則止於諸侯之廟而使太祝告鬼神云有天王某甫鬼神謂百辟卿士者謂昔爲諸侯卿士者若過山川亦使太祝用事往告曰有某甫故引太祝職以證之○

崩曰天王崩史書策辭復曰天子復矣始死時呼魄辭也不呼名臣不名君也諸侯呼字○疏崩曰至復矣○正義曰此謂告王者升假而史書載於方策之辭崩者自而墜下曰崩王者死如從天墜下故曰崩也然崩通於壞敗之稱則防墓崩及春秋沙鹿崩是也復曰天子復矣者復招魂復魄也夫精氣爲魂身形爲魄人若命至終畢必是精氣離形而臣子罔極之至猶望應生故使人升屋北面招呼死者之魂令還復身中故曰復也若漫招呼則無指的故男子呼名婦人呼字令魂識知其名字而還王者不呼名字者一則臣子不可名君二則普天率土王者一人而已故呼天子復而王者必知呼已而返也以例而言之則王后死亦呼王后復也崔靈恩云復所以呼天子者凡王者皆感五精之帝而生是天之子今天王崩是其精氣還復於上呼稱天子望更生之義

告喪曰天王登假告赴也登上也假已也上已者若僊去云耳○假音遐注同登上時掌反下同僊音仙○措之廟立之主曰帝同之天神春秋傳曰凡君卒哭而祔祔而作主○措七故反置也祔音附天子未除喪曰予小子謙未敢稱一人春秋傳曰以諸侯之踰年即位亦知天子之踰年即位以天子三年然後稱王亦知諸侯於其封內三年稱子生名之死亦名之生名之曰小子王死亦曰小子王也晉有小子侯是僭取於天子號也疏告喪至名之○正義曰此謂天王崩而遣使告天下萬國之辭也登上也

假已也言天子上升已矣若僊去然也而史策書云天王崩復曰天子復赴云天王登假三稱不同者爲義然也王是歸往而策及赴告是有存亡往來之義
故崩赴並言之也○措之廟立之主者措置也王葬後卒哭竟而祔置於廟立主使神依之也白虎通云所以有主者神無依據孝子以繼心也主用木木有
始終又與人相似也蓋記之。爲題欲令後可知也方尺或曰尺二寸鄭云周以栗漢書前方後圓五經異義云主狀正方穿中央達四方天子長尺二寸諸侯
長一尺○曰帝者天神曰帝今號此主同於天神故題稱帝云文帝武帝之類也崔靈恩云古者帝王生死同稱生稱帝者死亦稱帝生稱王者死亦稱王今
云措之廟立之主○曰帝者蓋是爲記時有主入廟稱帝之義記者錄以爲法也○注同之廟至作主○正義曰此是左傳僖三十三年之言也天子七月而葬九
月而卒哭諸侯五月而葬七月而卒哭大夫三月而葬五月而卒哭士三月而葬是月而卒哭卒哭者是葬竟虞數畢後之祭名也孝子親始死哭晝夜無時
葬後虞竟乃行神事故卒其無時之哭猶朝夕各一哭故謂其祭爲卒哭卒哭明日而立主祔於廟隨其昭穆從祖父食卒哭主暫時祖廟畢更還殯宮至小
祥作栗主入廟乃埋桑主於祖廟門左埋重處故鄭云虞而作主至祔奉以祔祖廟既事畢反之殯宮然大夫士亦卒哭而祔而左傳唯據人君有主者言之
故云凡君鄭注祭法云大夫士無主也此言凡君明不關大夫士也崔靈恩云大夫士無主以幣帛祔祔竟並還殯宮至小祥而入廟也又檀弓云重主道也
鄭注引公羊傳云虞主用桑練主用栗則似虞已有主而左傳云祔而作主二傳不同者案說公羊者朝葬日中則作虞主若鄭君以二傳之文雖異其意則
同皆是虞祭總了然後作主以主去虞寶近故公羊上係之於虞作主謂之虞主又作主爲祔所須故知左氏據祔而言故云祔而作主故異義云古春秋
左氏說既葬反虞天子九虞九虞者以柔日九虞十六日也諸侯七虞十二日也大夫五虞八日也士三虞四日也既虞然後祔死者於先死者祔而作主謂
桑主也期年然後作栗主許慎謹案左氏說與禮記同鄭君不駁明同許意故注檀弓云重既虞而埋之乃後作主是總行虞祭竟乃埋重作主耳下檀弓云

虞而立尸有几筵卒哭而諱生事畢而鬼事始已既卒哭宰夫執木鐸以命於宮中曰舍故而諱新鄭云故謂高祖之父當遷者據檀弓文句相連鄭。人以爲人君之禮明虞唯立尸未作主也〇天子。未。除。喪。曰。予小子。者夫適嗣於初喪但人子當未忍卽受天王之稱故不曰予一人而稱予小子者言我德狹小也〇注春秋至稱子〇正義曰鄭所引者文九年公羊傳文案公羊傳說文八年八月天王崩九年毛伯來求金公羊云踰年矣何以不言王使未稱君也以諸侯踰年卽位亦知天子踰年卽位也以天子三年然後稱王亦知諸侯於其封內三年稱子也若然天子踰年卽位無文約魯十二公諸侯三年內稱子亦無文約天子踰年不稱使也是天子諸侯互相明也引之者證天子三年之內稱予小子也又準左傳之義諸侯薨而嗣子卽位凡有三時一是始喪卽適子之位二是踰年正月卽一國正君臣之位三是除喪而見於天子天子命之嗣列之爲諸侯之位今此公羊踰年卽位是遭喪明年爲元年正月卽位白虎通云父沒稱子某屈於尸柩也。既葬稱子者卽尊之漸也踰年稱公者緣民臣之心不可一日無君終始之義不可一年二君故踰年卽位保民臣之心也三年後受爵者緣孝子之思未忍安。吉故僖三十二年十二月乙巳公薨於小寢文公元年正月公卽位四月丁巳葬韓詩內傳曰諸侯世子三年喪畢上受爵命於天子乃歸卽位何明爵天子有也臣無自爵之義是也童子亦當受爵命使大夫就其國命之不與童子爲禮也〇生名之死亦名之者嗣王既呼爲小子若於喪中而死亦謚爲小子王喪質故不變稱也〇注生名至號也〇正義曰以晉爲證也晉有小子侯哀侯之子也魯桓公七年左傳曲沃伯誘晉小子侯殺之是在喪而死猶呼爲小子侯也其應稱嗣子某不得同天子稱小子是僭取之耳

〇天子有后有夫人有世婦有嬪有妻有妾

妻八十一御妻周禮謂之女御以其御序於王之燕寢妾賤者〇嬪音頻

疏 天子至有妾〇正義曰此一節總論立男官女官之事各隨文解之〇天子有后者天子立官則先從后妃爲始所以然者爲治之法刑於寡妻始於家邦終於四海故刪詩則以后妃爲首若論氣先陰後陽故此言天子

有后也謂之爲后者后後也言其後於天子亦以廣後胤也○有夫人者夫扶也言扶持於王也○有世婦者婦服也言其進以服事君子也以其猶貴故加以世言之亦廣世胤也○有嬪者嬪婦人之美稱可賓敬也○有妻者鄭注內則云妻之言齊也以禮見問得與夫敵體也案彼是判合齊體者今此言齊者以進御於王之時暫有齊同之義○有妾者鄭注內則云妾之言接也聞彼有禮走而往焉以得接見於君子也周禮則嬪在世婦上又無妾之文也今此所陳與周禮雜而不次者記者之言不可一依周禮或可雜夏殷而言之鄭注檀弓云舜不告而娶不立正妃但三夫人夏則因而廣之增九女則十二人所增九女者則九嬪也故鄭云春秋說云天子娶十二人夏制鄭又云殷增三九二十七人總三十九人所增二十七世婦也周又三二十七人因爲八十一人則女御也○注周禮至賤者○正義曰解周名爲女御之義以其御於王之燕寢御法案周禮王有六寢一是正寢餘五寢在後通名燕寢其一在東北王春居之一在西北王冬居之一在西南王秋居之一在東南王夏居之一在中央六月居之凡后妃以下更以次序而上御王於五寢之中也故鄭注周禮九嬪云凡御見之法月與后妃共象也卑者宜先尊者宜後女御八十一人當九夕世婦二十七人當三夕九嬪九人當一夕三夫人當一夕后當一夕亦十五日而徧云自望後反之孔子云日者天之明月者地之理陰陽契制故月上屬爲天使婦從夫放月紀月紀是星也而婦人上御必有女史彤管以差次之毛詩傳貽我彤管云古者后夫人必有女史彤管之法史不記過其罪殺之后妃羣妾以禮御於君所女史書其日月授之環以進退之生子月辰則以金環退之當御者以銀環進之著左手既御著於右手事無小大記以成法

天子建天官先六大曰大宰大宗大史大祝大士大卜典司六典典法也此蓋殷時制也周則大宰爲天官大宗曰宗伯宗伯爲春官大史以下屬焉大士以神仕者

天子之五官曰司徒司馬司空司士司寇典司五衆衆謂羣臣也此亦殷時制也周則司士屬司馬大宰司徒宗伯司馬司寇

司空爲六官○天子之六府曰司土司木司水司草。司器司貨典司六職府主藏六物之稅者此亦
殷時制也周則皆屬司徒司土土均也司木山虞也司水川衡也司草稻人也司器角人也司貨。卝人也○卝華猛反又音號猛反徐故孟反卝人掌金玉錫
石未成器者天子之六工曰土工金工石工木工獸工草工典制六材此亦殷時制也周則皆屬
司空土工陶旊也金工築冶鳧。栗。鍛桃也石工玉人磬人也木工輪輿弓廬匠車梓也獸工函鮑韗韋裘也唯草工職亡蓋謂作萑葦之器○陶音桃陶人爲
瓦器也旊方往反旊人爲簠簋之屬築音竹築氏爲書刀冶音也冶氏爲箭鏃鳧音符鳧氏爲鍾也段本又作鍛多亂反段氏爲錢鎛函音含函人爲甲鎧韗
況萬反一音運一音況運反韗人爲鼓萑音丸五官致貢曰享貢功也享獻也致其歲終之功於王謂之獻也周禮大宰歲終則令百官府各
正其治受其會聽其致事而詔王廢置○享許兩反舊許亮反後皆放此不復重出治音直吏反會古外反[疏]天子。建。天。官至。致。貢曰。享。○。正。義。曰此以
下是殷禮所明異於周法案甘誓云六事之人鄭云周禮六軍皆命卿則三代同矣案甘誓及鄭注則三王同有六卿又鄭注大傳夏書云所謂六卿者后稷
司徒秩宗司馬作士共工也而不說殷家六卿之名今此記所言上非夏法下異周典鄭唯指爲殷禮也然天官以下殷家六卿何者大宰司徒司馬司空司
士司寇是也但周立六卿放天地四時而殷六卿所法則有異也殷以大宰爲一卿以象天時司徒以下五卿法於地事故鄭志崇精問焦氏云鄭云三王同
六卿殷應六卿此云五官何也焦氏答曰殷立天官與五行其取象異耳是司徒以下法五行并此大宰即爲六官也但大宰既尊故先列大宰并顯大宰之
下隸屬大宰之官既法於天故同受大名故云先六大大宰一大宗二大史三大祝四大士五大卜六也典司六典者結上也上典是守典下典是典則之典
言立此六官以守主於六事之法○注此蓋至仕者○正義曰知殷制者以其上與夏官不同下與周禮有異故疑殷制也知大士非司士及士師卿士之等

者以其下別有司士司寇故知非士師卿士也與大祝大卜相連皆主神之士故知神仕也○天子之五官者嚮置六官以法天之六氣此又置五官以象地之五行也天地五行踐立故復云天子不云建從天官也又天官尊陽故一卿以攝衆地官卑陰故五卿俱陳也不云云地者與前互也天尊故沒其數地卑故明言其五也司徒一司馬二司空三司士四司寇五也○典司五衆者結上也言用此上五官使各守其所掌上之羣衆也然此五官亦各有所領羣衆如大宰領大宗以下也而不條出其人者略也天言六典地言五衆者互言也但天尊故云典地卑故云衆也○注衆謂至六官正義曰知此非是天下衆人而爲羣臣也者以經云五衆明官各有所衆如周六官之屬也周禮大宰總主六官之職司徒主教教其徒衆宗伯者伯長也宗尊也以主鬼神故以尊爲名司馬主征伐馬是征伐所用司寇主除賊寇司空主土居民司士主公卿以下版籍爵祿之等特以征伐司士爲名者士是官之總首故詩云濟濟多士是也諸官皆云司而大宰宗伯不云司者司主也大宰總主六官不偏有所司故不言司也宗伯之官不言司者以上天地鬼神之事天地鬼神既尊非人所司故不云司也○天子至六職○殷六卿外復別立此六官也府者藏物之處也既法天地立官天地應生生萬物故爲萬物立府也○曰司土一也於周爲土均也均平地稅之政令也土生生萬物故爲均也○司木二也於周則爲山虞也虞度也主量度山之大小所生之物○司水三也於周則爲川衡衡平也掌巡行川澤平其禁令○司草四也於周爲稻人也掌稼種下地及除草萊○司器五也於周爲角人也掌以時徵齒角於山澤之農供爲器用也○司貨六也於周爲丱人言鑛器未成者也掌金玉錫石之地而爲之守禁以時取之以供器物金玉曰貨故稱貨人典司六職者結上立此六官使各主其所掌職也○注府主至人也○正義曰此皆與周不同故云亦殷制也司土土均也案周禮土均上士二人司木山虞每大山中士四人中山下士六人小山下士二人不言林衡者略舉山虞耳司水於周爲川衡川衡每大川下士十有二人中川下士六人小川下士二人不言澤虞者亦略舉川衡耳司草稻人者上士二人周禮亦有草人今以

司草爲稻人者二官俱主殺草鄭舉稻人欲見司草兼有二官也司器角人者下士二人司貨丱人者中士二人○天子至六材○工能也言能作器物者也前既有六府之物宜立六工以作之爲器物故爲次也亦有六者依府以用事也○曰土工金工。木工。石工獸工草工者此六官於周禮並屬司空而司空職散亡漢購千金不得今唯有考工記以代之○典制六材者材謂材物結上立此六工使典制六府之材物○注土工至之器○正義曰考工記陶人爲。甗。實二鬴又甑實二鬴七穿旊人職云旊人爲簋旊是放法陶是陶冶互文耳但簋是祭器故取放法之名也云金工謂築氏掌爲削削書刀也治謂煎金。石者治鑄爲之治氏掌爲戈戟故因呼煎金爲冶氏世能爲鐘以供樂器故因呼作鐘爲鳧氏也㮚氏爲量器。爲豆區。鬴。鍾之屬也㮚氏世世能爲之段氏主作錢。鑄田器桃氏爲刃刃謂刀劍之屬云石工玉人磬人者玉人謂作圭璧者磬人作磬也玉及磬同出於石故謂石工也云木工輪輿弓廬匠車梓也者此七物並用木故曰木工也輪車輪也輿車牀也車難不能一人獨成各有所善故輪輿不同也弓能作弓者也廬能作戈戟。柲者也匠能作宮室之屬者車謂能作大車及羊車也梓謂杯勺爲筍虡之屬也獸工函鮑韗韋裘者此物並用獸皮故曰獸工函謂能作甲鎧者鮑謂能治皮供作甲者韗謂考工記韗人爲皐陶鼓木謂能以皮冒鼓者韋熟皮爲衣及韎韐者裘謂帶毛狐裘之屬者考工記韋裘二職存唯草工職亡考工無蓋謂作萑葦之器盛食之器及葦席之屬也或言氏或言人者鄭注考工記云其曰某人者以其事名官也其曰某氏者官有世功若族有世業者也。于寶云凡言司者總其領也凡言師者訓其徒也凡言職者主其業也凡言衡者平其政也凡言掌者主其事也凡言氏者世其官也凡言人者終其身也不氏不人權其材也通權其才者既云不世又不終身隨其材而權暫用也然案周禮建官列職有司會之屬是言司者也有甸師之屬是言師者也有職內之屬是言職者也有川衡之屬是言衡者也有掌舍之屬是言掌者也有師氏之屬是言。師者也有庖人之屬是言人者也有宮正膳夫外饔內饔之屬皆不氏不人者也○五官致貢曰享者五官卽前自后以下之五官后一天官二地官三六府四六工五貢功也享獻也歲終則此五官各考其屬一年之功以獻於天子故云致貢曰享也王后之屬致。蠶。織之功天官以下各獻其職之功〇注貢功至廢置〇正義曰引周禮證歲終百官各獻其功以禮詔告也周則冢宰至歲終受於百官之簿書所會之最而考一年之功多少以告天子也若功少則廢黜其人功多則遷置其職也今謂五官則上天子五官司徒以下故下云五官之長曰伯與此五官一也但太宰總攝羣職總受五官之貢故不入其數也若以五官爲后以下則下云五官之長豈有長於后乎熊氏以爲五等諸侯亦非也

附釋音禮記注疏卷第四

禮記注疏卷四校勘記

阮元撰盧宣旬摘錄

曲禮下第二

凡奉者當心節　惠棟云凡奉節執天子之器節凡執節執主器節立則磬折節宋本合爲一節

凡奉至當帶　惠棟校宋本無此五字

此一節論臣所奉持及俛仰裼襲之節　閩監毛本同浦鏜校云此一節當作自此至則襲五字案宋本本連五節爲一節故云此一節云云衞氏集說作自此至則襲一節蓋以意增損之

執天子之器節

正義曰嚮明常法　惠棟校宋本無正義曰三字

凡執主器節

正義曰嚮明持奉高下之節　惠棟校宋本無正義曰三字

執主器節

行不舉足　石經同岳本嘉靖本同正義亦作行不舉足釋文出行舉足云一本作行不舉足

車輪謂行不絕也　閩監毛本同岳本也作地嘉靖本同宋監本同案經傳通解亦作地考文引古本也上有地字正義云如車輪曳地

而行注有地字爲是

立則磬折垂佩節

裼襲文質相等耳　閩監毛本等作變岳本嘉靖本同衞氏集說同

正義曰嚮明奉持　惠棟校宋本無正義曰三字

用之以冒諸侯之圭以爲瑞信　惠棟校宋本閩監毛本並作圭是也此本誤至

注以四鎮之山爲綵飾　惠棟校宋本綵作瑑閩監毛本作琢案作綵非也作琢亦誤當作瑑浦鏜校云瑑誤琢下瑑飾瑑同是也

蓋皆象以人形爲琢飾　閩監毛本同惠棟校宋本琢作瑑

其文縟細　閩監毛本作縟此本縟誤縛

言以爲穀稼及蒲葦之文　閩監本以作琢惠棟校宋本言以作蓋瑑是也

男執蒲璧五寸是也　閩監毛本同惠棟校宋本是作長此本五誤三

不言裼襲者賤不裼　閩監毛本同惠棟校宋本不裼下有也字

國君不名卿老世婦節　惠棟云國君節君大夫之子節宋本合爲一節

君大夫之子節

世或爲大 岳本同嘉靖本同閩監毛本大作太考文引宋板古本足利本作大疏標起止注辟僭至爲大同

此諸侯稱大夫士之子也 閩本同監毛本稱作之案之字是也此稱字與下之嗣子某之字蓋互易

故云避僭儌也 閩監毛本作儌此本誤徼

世子欲不得同 閩監毛本同惠棟校宋本欲作貴不誤

臣不改也 閩監毛本作改此本誤故

君使士射節

君使至之憂 惠棟校宋本無此五字

負檐也 閩監本同毛本檐作擔下檐樵同○按依說文當作儋古書多假檐爲之擔俗字也

侍於君子節

若子路帥爾而對 宋監本同嘉靖本同閩監毛本帥作率岳本同考文引宋板作帥足利本作帥爾先對帥字是也先字非也正義標起止云禮尚至而對是正義本不作先

君子行禮節 惠棟云君子行禮節去國三世節去國三世節宋本合爲一節

謹脩其法而審行之閩監本同石經同岳本嘉靖本同毛本脩作修疏同

君子至行之惠棟校宋本無此五字

封魯因商奄之人閩監毛本同惠棟校宋本魯下有公字與定四年傳合

封康叔於殷虚閩監毛本虚作墟惠棟校宋本亦作虚下封唐叔於夏虚同

去國三世爵祿有列於朝節

將明得變改閩監毛本同惠棟校宋本改作故續通解同

出入猶吉凶之事閩監本同毛本猶作有續通解同

時爲季氏家廢長立少閩監毛本作家此本家誤冡

魯立臧爲閩監毛本魯作乃○按作乃與襄廿三年傳合

其都無親在故國閩監毛本作都此本誤郡

去國三世爵祿無列於朝節

正義曰此猶是論無列無詔而反告宗後者閩監毛本作論此本誤之惠棟校宋本無正義曰三字

明有列理不從也閩本同惠棟校宋本同監毛本理作則

案句命決云閩本同監毛本句作鉤是也

黑緣不伐蒼黃閩監毛本同惠棟校宋本伐作代

鄭注云起爲卿大夫者閩監本注作意考文引宋板同毛本注字無

不得變本也惠棟校宋本此下標禮記正義卷第五終又記云凡二十七頁

君子已孤節惠棟校宋本自此節起至庶方小侯節止爲卷六首題禮記正義卷第六

已孤暴貴閩監本同石經同岳本嘉靖本同毛本暴作㬥疏同

不爲父作謚閩監本同石經同嘉靖本同毛本謚作諡岳本同疏放此○按當作謚

君子至作謚惠棟校宋本無此五字

居喪未葬節

喪復常各本同石經同通典一百五作喪止復常考文云足利本作喪畢復常陳澔注本亦或有畢字

居喪至婦女惠棟校宋本無此五字

振書端書於君前節惠棟云振書節龜筴節君子將營宮室節宋本合爲一節

振書至有誅惠棟校宋本無此五字

龜筴節

方板也閩監本同岳本嘉靖本同毛本板作版釋文出方板云字又作版正義本作板毛本改從釋文又本非

正義曰此以下明臣物不得入君門者也惠棟校宋本無正義曰三字餘同閩監毛本君作公

厭帖無者彊閩本同惠棟校宋本彊字同者作耆監毛本者彊作梁纚衛氏集說同案當作耆彊宋本是也古訓耆爲彊逸周書謚法云耆强也左氏昭廿三年傳不懦不耆杜預注亦云耆彊也疏意蓋謂無耆彊之謂厭帖而已耆作者形近之誤也

唯公門有稅齊閩監毛本同惠棟校宋本齊下有衰字○按服問有衰字

及棺中服器也閩監毛本同惠棟校宋本服作明

君子將營宮室節

廄庫爲次閩毛本同監本廄作廐嘉靖本同石經作廄岳本同

凡家造節惠棟云凡家造節大夫士去國節宋本合爲一節

凡家至邱木惠棟校宋本無此五字

此明不得造者下民也閩監毛本下民作不同

得造不得具閩監毛本作具此本具誤其

同官可可以共有 閩本同考文引宋板可字不重衛氏集說同監毛本上可字作同案可字不重是也

大夫士去國節

大夫士去國祭器不踰竟 石經同岳本嘉靖本同釋文出去國祭器不踰竟云一本作大夫士去國下去國踰竟亦然

夫物不被用 監毛本作被衛氏集說同此本誤彼閩本被作常

大夫士去國踰竟節

鬋鬋鬢也 閩監毛本同岳本嘉靖本同考文云古本鬢作鬚釋文出鬋字又云鄭云謂鬋鬢也○按段玉裁云喪大記爪手翦須可證此亦當鬋須非鬋鬢也釋文引鄭注作翦乃鬋之假借字

大夫至復服 惠棟校宋本無此五字

去國當待於也 閩監毛本於作玦按此本於當放字之誤

有桑梓之變 閩監毛本變作戀衛氏集說同是也

以喪禮自變處也 閩監毛本同考文引宋板變作戀非也

不謂待歸而謂待放者 閩監毛本作放此本誤於

元冠黑屨 儀禮士冠禮冠作端

古屨以物繫之爲行戒　惠棟校宋本同閩本屨誤絇監毛本屨誤絇

絇爲絇著屨頭　閩監毛本絇著作拘著

簚車覆蘭也　惠棟校宋本同閩監毛本蘭作闌

不蚤鬋者　閩監毛本同惠棟校宋本鬋作翦假借字

以治手足爪也　閩監毛本同惠棟校宋本以作蚤衞氏集說同

大夫士見於國君節　惠棟云大夫士節大夫士相見節凡非弔喪節宋本合爲一節盧文弨云案疏有男女在內則當幷合大夫見於國君節或惠本誤記耳

大夫至答拜　惠棟校宋本無此五字

君若迎先拜賓　閩監毛本作君若此本君若誤君君

凡非弔喪節

唯有弔喪也士見巳君　惠棟校宋本同閩本同監毛本也作與

大夫見於國君節

正義曰辱　惠棟校宋本無正義曰三字

俗本云男女不相答拜閩監毛本同惠棟校宋本拜作也

則有不粱爲非惠棟校宋本閩本同監毛本粱作字非也

國君春田不圍澤節

國君至麛卵惠棟校宋本無此五字

不欲多傷殺監毛本作欲衞氏集說同此本欲誤殺閩本同

歲凶節

大夫不食粱石經作粱閩毛本同岳本嘉靖本同此本誤梁監本同疏放此

皆自爲貶損憂民也閩監毛本同岳本同嘉靖本同考文引宋板自爲作爲自古本足利本同案衞氏集說作皆爲歲凶自貶損憂民也歲凶二字是衞氏所增成自字在爲字下則與宋板合正義亦言自貶損

鍾磬之屬也宋監本同嘉靖本同閩監毛本鍾作鐘岳本同疏放此案衞氏集說亦作鍾五經文字云鐘樂器鍾量名又聚也今經典通用鍾爲樂器

歲凶至飲酒不樂惠棟校宋本無此七字

此膳而不祭肺閩監毛本同惠棟校宋本無而字

君無故玉不去身節

君無至琴瑟　惠棟校宋本無此五字

故鄭前注士不樂去琴瑟　惠棟校宋本作注是也此本注誤央閩監毛本作云

則知下通於士也　惠棟校宋本同閩監毛本士誤上

故鄉飲酒有工歌之樂是地縣題辭云　閩本同監毛本地作也是也考文引宋板縣作說

士有獻於國君節　惠棟云士有獻節大夫私行節宋本合爲一節

士有至后對　惠棟校宋本無此五字

大夫私行節

私行謂以已事也　閩監毛本同惠棟校宋本已作己宋監本同岳本同按作己是也

謂道中無恙　閩監毛本同岳本同嘉靖本同釋文出不恙與正義本異

但必知還而已　閩本同監毛本知作告

或有本云士有獻字非也　閩監毛本同浦鏜校云十字當在上反必告疏之下

問其行拜而後對者　閩監毛本同惠棟校宋本後作后按古書多假后爲後

國君去其國節

奈何去社稷也閩監毛本同石經同岳本奈作柰嘉靖本同衞氏集說同後放此案此本疏中亦皆作柰字○案作奈俗字也

衆謂君師閩監毛本同岳本嘉靖本同衞氏集說同惠棟校宋本君作軍

國君至死制惠棟校宋本無此五字

昔大王居豳惠棟校宋本作太是也閩監毛本作太乃後出之字

君天下曰天子節惠棟云君天下節踐阼節臨諸侯節崩曰節告喪節宋本合爲一節

天下謂外及四海也閩監本同岳本嘉靖本同毛本下誤子

以天下之大閩監毛本同考文引宋板大作人

天子爵號三也監毛本作天此本天誤太閩本同

踐阼節

正義曰踐履也惠棟校宋本無正義曰三字

內事曰孝王某惠棟校宋本作內事此本內事誤天子閩監毛本同

其下文云閩監毛本同惠棟校宋本無其字

得罪于母弟之寵子帶 監毛本作于此本于子閩本同

成王殯未能踰年 閩監毛本同惠棟校宋本殯下有後字未下無能字

受顧命從吉 閩監本同毛本吉誤古考文引宋板作吉

注皆祝至外內 閩監毛本作外內此本外內二字誤倒

恐非辭義 閩監毛本同考文引宋板辭作鄭是也

臨諸侯節

曰有天王某甫 石經同岳本嘉靖本同案釋文出某父云音甫注同正義本作甫與釋文不同本也○按甫正字父同音假借字

祝告致於鬼神辭也 閩監毛本同岳本同嘉靖本亦作致正義同惠棟校宋本作至宋監本於作于

畛或爲祗 閩監本同岳本嘉靖本同毛本祗作祇案玉篇耳部眂云之忍切凖蒼曰告也禮記曰眂於鬼神亦作畛

正義曰此謂天子巡守 惠棟校宋本無正義曰三字

祝稱天子字而下云甫 閩監毛本如此此本祝誤既下誤不

是尼父之類也 閩監毛本同惠棟校宋本是作猶衞氏集說作猶尼父類也

稱陽童某甫 閩監毛本作童此本誤章今正

正義曰致鬼神閩監毛本同惠棟校宋本致下有於字

而使太祝告鬼神閩監毛本太作大下太祝放此

崩曰節

始死時呼魄辭也閩本同岳本嘉靖本同監毛本魄作魂衛氏集說同通典八十三亦作魄

正義曰此謂告王者惠棟校宋本無正義曰三字

自而墜下曰崩閩本同監毛本而作天考文引宋板天作上案上是也衛氏集說亦作自上墜下曰崩

猶望應生閩本同惠棟校宋本同監毛本應作復

告喪節

告喪至名之惠棟校宋本作告喪曰天王登假無下正義曰三字

蓋記之爲題閩監毛本同惠棟校宋本爲上有以字

鄭人以爲人君之禮閩監毛本同考文引宋板上人字闕盧文弨云人疑當爲又○按宋本是也

天子未除喪曰余小子者閩監毛本同惠棟校宋本作天子至小子

既葬稱子者閩監本同此本既誤即

未忍安吉故傳三十三年閩監毛本如此此本吉誤葬下三字誤二

天子有后節惠棟云天子有后節天子見天官節宋本合爲一節

不立正配閩監毛本配作妃案古妃讀如配故經典釋文中妃本或作配不一而足檀弓注作妃本字此作配假借字

增九女則十二人閩監毛本作則此本則字闕浦鏜校云合誤則案檀弓注作合

周又三二十七人閩監毛本同惠棟校宋本無人字案依檀弓注無人字是

更以次序閩監毛本作更以此本更以二字闕惠棟校宋本以作與

陰陽契制閩監毛本同浦鏜校云衍陽字案考文引宋板陽字黑圍無字山井鼎云鄭九嬪注無陽字宋板爲是○按賈景伯云月乃爲天契制故云陰契制是賈疏亦無陽字也

天子建天官節

司草閩監本同石經同岳本嘉靖本同毛本草改艸後凡草字放此廣韻云說文作艸經典相承作草是不必改

卝人也惠棟校宋本作卝岳本嘉靖本同此本卝誤井閩監毛本作丱亦誤此本正義中作卝卝不誤○按依說文當作磺从石黃聲假借作卝周禮有卝人鄭注云卝之言礦也賈景伯疏云經所云卝是總角之卝字此官取金玉於卝字無所用故轉從石邊廣之字卝之言礦非卝卽礦字也

築冶𪓐栗鍛桃也惠棟校宋本同宋監本同岳本嘉靖本同閩監毛本㮚鍛作㮚段衞氏集說同考文引古本足利本亦作栗鍛釋文

出段云本又作鍛正義本作段段玉裁云義疏單行無經注宋人或以分附經注之下不知始於何人亦不知其所附者爲何本故疏與經注時有牛頭馬脯此類是已○案作段是也說文金部鍛訓小冶也别是一字

天子建天官至致貢曰享 惠棟校宋本作天子至六典無下正義曰三字

故詩云濟濟多士是也 惠棟校宋本亦有是字閩監毛本脫又於也下誤衍一○

以上天地鬼神之事 閩監毛本上作主

石工木工 閩監毛本如此此本倒作木工石工

今唯有考工記以代之 閩監毛本同惠棟校宋本無以字

陶人爲甗實二鬴 閩監毛本如此此本甗實誤甑賓

冶謂煎金石者冶鑄爲之 閩監毛本同浦鏜校云石疑錫字誤

爲豆區鬴鍾之屬也 閩監毛本作鬴此本鬴字闕又閩監毛本爲作謂鍾作鐘

段氏主作錢鑄田器 閩監毛本鑄作鏄

能作戈戟柲者也 閩監毛本作柲此本柲誤秘

爲筍虡之屬也 閩監本作虡此本誤虞宋本毛本作簴是也

于寶云　閩毛本同惠棟校宋本于作干監本同是也

有師氏之屬是言師者也　閩監毛本同惠棟校宋本下師作氏非也

致蠶職之功　閩監毛本作蠶此本誤品浦鏜挍云織誤職

禮記注疏卷四校勘記

附釋音禮記注疏卷第五

曲禮下

禮記　　鄭氏注　　孔穎達疏

五官之長曰伯謂爲三公者周禮九命作伯○長丁丈反後皆同是職方職主也是伯分主東西者春秋傳曰自陝以東周公主之自陝以西召公主之一相處乎內是或爲氏○陝式冉反依字當作陜何休注公羊傳云弘農陝縣是也一云當作郟古洽反謂王城郟鄏也召時照反又作邵音同相息亮反疏五官至職方○正義曰此一節總論二伯及州牧諸侯等稱謂今各依文解之○五官之長曰伯畿外之大莫大於二伯故此先言之也五官者即司徒以下五官也云長者謂三公無職故不在五官之中即三公加一命出爲分陝二伯者也伯長也謂朝廷之長言此二伯爲內外官之長是職方者言二伯於是職主當方之事也○注職主至乎內○正義曰引公羊傳證周家二伯所主之事隱五年公羊傳云天子三公者何天子之相也則何以三自陝而東者周公主之自陝而西者召公主之一相處乎內又案三公八命者堯時爲四伯故詩崧高注云當堯之時姜氏爲四伯至堯之末分置八伯故虞書傳云元祀巡守四岳八伯舜之元祀有八伯明堯末置之夏則無文殷則改置二伯與周同故王制云八州八伯又云天子之老二人曰二伯是也其擯於天子也曰天子之吏擯者辭也春秋傳曰王命委之三吏謂三公也○擯本又作儐必刃反天子同姓謂之伯父異姓謂之伯舅自稱於諸侯曰天子之老於外曰公於其國曰君稱之以父與舅親親之辭也外自其私土之外天子畿內○天子謂之伯父本或有同姓二字衍文疏其擯至之吏○正義曰此是二伯也擯謂天子接賓之人也若擯者

傳辭於天子則稱此二伯爲天子之吏也亦當言名也記者略可知也然擯呼在朝三公亦爲天子之吏若然玉藻云伯曰天子之力臣者謂介傳命稱天子力臣擯者受辭傳於天子則曰天子之吏○注擯者至公也○正義曰引證呼三公並爲吏之意也此左傳成二年晉使鞏朔獻齊捷于王王命委之三吏杜預注云三吏三公也於時王不見鞏朔王命委付三公接對之故云委之三吏○天子同姓謂之伯父者此三公與王同姓者王呼爲伯父伯者長大之名父乃同姓重親之稱也○異姓謂之伯舅者異族重親之名也異族無父稱故呼爲伯舅亦親之故也案晉文公爲二伯左傳僖二十八年云王曰叔父不稱伯者以州牧之禮命之故稱叔也然晉既稱叔父所以昭九年云伯父惠公歸自秦而誘以來又云我在伯父猶衣服之有冠冕晉稱伯父者以晉既稱伯父又以晉爲州牧又爲二伯若以州牧爲禮稱之則曰叔父若以二伯之禮稱之則曰伯父故晉或稱伯或稱叔也周公爲分陝爲二伯詩稱王曰叔父者成王以本親命之晉文侯仇爲伯尚書直云父義和不云伯者親親之也又二伯稱天子之老自敵以下曰寡人僖四年齊桓公對楚屈完稱不穀者謙也凡二常諸侯皆稱寡人莊十一年宋災魯往弔之宋閔公稱孤者傳云列國有凶稱孤禮也以有凶災故降名稱孤○自稱於諸侯曰天子之老者二伯若與九州及四夷之諸侯言已自謂天子之老係於天子言之以威遠國也○於外曰公者外者其私土采地之外也而猶在王畿之內如周公食邑於周鄉國外之人其自稱則曰公也○於其國曰君者其國采地內也若與采地內臣民言則自稱曰君其既主分陝又在王朝嫌不正其國爲采地君故明之也不云自稱承上可知也○注稱之至畿內○正義曰自稱爲公正在畿內耳畿外則曰天子之老也

九州之長入天子之國曰牧每一州之中天子選諸侯之賢者以爲之牧也周禮曰乃施典於邦國而建其牧○牧牧養之牧徐音目天子同姓謂之叔父異姓謂之叔舅於外曰侯於其國曰君牧尊於大國之君而謂之叔父辟二伯也亦以此爲尊禮或損之而益謂此類也外自其國之外九州之中曰侯者

本爵也二王之後不為牧〇辟音避下同【疏】九州至曰君〇正義曰殷曰伯周曰牧此云牧據周禮也天子於每州之中選取賢侯一人加一命使主一州為牧若入天子國則自稱曰牧牧養也言其養一州之人故周禮八命作牧是也然伯不云入天子國者伯不出故不言入耳州長云入曰牧出則否也崔靈恩云州長自稱也白虎通云往來牧視諸侯也〇天子同姓謂之叔父異姓謂之叔舅者牧劣於二伯故天子謂之叔叔小也父舅義如前一本云天下同姓然則二伯云其擯於天子曰天子之吏此不云擯於天子是也〇記者略之也故下云諸侯見天子鄭云為州牧則曰天子之老臣某侯某是也〇於外曰侯者外謂其所封外九州內也自稱曰侯侯是本爵不云牧自稱承前可知也〇於其國曰君者若與國內臣民言猶自稱為君也〇注牧尊至為牧〇正義曰大國之君是侯使稱伯今選侯之賢者加一命為牧則是尊貴於不牧之侯而不謂為伯降呼為叔父者分陝已稱伯今牧若又呼為伯則亂於分陝若猶呼本稱則不見其異故呼為叔亦異常也云禮或損之而益謂此類也者崔云覲禮大國之君同姓謂之伯父異姓謂之伯舅此小者同姓謂之叔父異姓謂之叔舅此各當一國不嫌敵二伯州牧雖為侯封皆是大國之君本自稱伯牧今總攝衆國嫌其敵義故更稱叔此是損也叔名雖損卽是明其為牧故謂之為益故云損之而益謂此類也熊氏云三夫人致飲有醴清醫酏糟不體王故申得二飲后致飲醫酏糟以體王故屈二飲亦是損之而益之類也云二王之後不為牧知不為牧者以二王之後其爵稱公今此經云九州之長曰牧於外曰侯不言於外曰公故知二王之後不為牧牧用侯以下二王之後所以不為牧者以其先祖嘗為天子統領海內若更遣為牧恐有專權之心故也

其在東夷北狄西戎南蠻雖大曰子謂九州之外長也天子亦選其諸侯之賢者以為之子子猶牧也入天子之國曰子天子亦謂之子雖有侯伯之地本爵亦無過子是以同名曰子【疏】其在至曰子〇正義曰此天子亦選其中賢者為之牧也但不知幾國立一人耳卑不得名為牧又不得謂為父舅其本爵不過子男若其本爵子者今朝天子擯辭曰子若本爵是男

亦謂爲子也所以爾者舉其高者言之亦尊異故也不云入天子國及不云擯者略可知也故爾雅云九夷八狄七戎六蠻謂之四海李巡注四海遠於四荒晦冥無形不可教誨故云四海也海者晦也言其晦暗無知案爾雅所列與此同但數異爾○注謂九至曰子正義曰其或有多功益土雖加侯伯之地而爵不得進終守子男以卑遠故也今雖別爲牧長而同呼爲子不得過本爵也

於內自稱曰不穀與民言之謙稱穀善也○謙稱尺證反於外自稱曰王老威遠國也外亦其戎狄之中

【疏】於內至王老○正義曰謂其國之外夷狄之中也以爲牧長恐夷狄難服須尊名威之故與一切言自稱曰我是天子之老臣也崔云方伯牧稱天子之老四夷之長稱曰王老方伯之職帶三公之任猶謂之內臣化同天子無有歸往之義故云天子之老四夷之君去王遠由有歸往之義賢始得爲長故以王老爲稱也

庶方小侯入天子之國曰某人於外曰子自稱曰孤謂戎狄子男君也男者於外亦曰男舉尊言之

【疏】庶方至曰孤○正義曰庶衆也小侯謂四夷之君非爲牧者也以其賤故曰衆方也若入王國自稱曰某人若牟人介人也六服之內但舉伯之與牧不顯其餘諸侯九州之外既舉大國之子又舉其餘小國者以六服諸侯下文別更具顯故於此略之○於外曰子者此君在其本國外四夷之中自稱依其本爵或子或男今言子是舉其尊稱耳若男亦稱男也○自稱曰孤者若自與臣民言則曰孤孤者特立無德能也凡二伯自稱及介傳命曰天子之力臣故玉藻云伯曰天子之力臣是也若擯者傳命於天子則曰天子之吏故此云擯於天子則曰天子之吏是也於諸侯及朝廷則曰天子之老則此文及昭公十三年劉獻公對晉叔向云天子之老是也九州之長及介傳命則曰某土之守臣某知者玉藻云若其擯者傳命於天子則曰天子之老臣某侯某知者約此文天子之老及下文云某侯某其餘諸侯介傳命云某土之守臣某知者亦約玉藻文也擯者傳命云某侯某知者約下文也凡九州之外大國之子介傳命某屏之守臣某故玉藻又云其在邊邑曰某屏之守臣某是也擯者告天子稱某子某

與中國諸侯同庶方小侯介傳命云某土之孤某知者玉藻云小國之君曰孤是也擯者告天子亦應云某孤某知者約尋常諸侯稱某侯某但稱孤爲異耳其二伯以下對天子皆稱名。也

天子當依而立諸侯北面而見天子曰覲天子當宁而立諸公東面諸侯西面曰朝

諸侯春見曰朝受摯於朝受享於廟生氣文也秋見曰覲一受之於廟殺氣質也朝者位於內朝而序進覲者位於廟門外而序入王南面立於依宁而受焉夏宗依春冬遇依秋春秋時齊侯唁魯昭公以遇禮相見取易略也覲禮今存朝宗遇禮今亡○依本又作扆同於豈反注同狀如屏風畫爲黼文高八尺見賢遍反下文注除相見皆同覲其靳反宁徐珍呂反又音儲門屏之間曰宁夏戶嫁反唁音彥穀梁傳云弔失國曰唁易以豉反○疏天。子。至。曰。朝。○正義曰此二節論諸侯四時朝覲宗遇之法各隨文解之○天子當依而立者依狀如屏風以絳爲質高八尺東西當戶牖之間繡爲斧文也亦曰斧依故覲禮云天子設斧依於戶牖之間左右。凡天子衮冕負斧依鄭注云依如今綈素屏風也有繡斧文所以示威也爾雅云牖戶之間謂之扆郭注云窗東戶西也依此諸解是設依於一廟當戶牖之間天子見諸侯則依而立負之而南。面以對諸侯也凡諸侯朝王一年四時案宗伯春曰朝夏曰宗秋曰覲冬曰遇鄭注朝猶朝也欲其。來之早宗尊也欲其尊王覲之言勤也欲其勤王之事遇猶偶也欲其若不期而俱至若通而言之悉曰朝從初受名覲禮云諸侯前朝皆受舍于朝又云乘墨車載龍旂弧韣乃朝又春秋僖二十八年夏五月經曰公朝於王所知朝通名也但朝覲宗遇禮異耳案大行人云侯服歲壹見甸服二歲壹見男服三歲壹見采服四歲壹見衛服五歲壹見要服六歲壹見隨服更來周而復始然而六服分來又每方服別分爲四分一分朝春一分宗夏一分覲秋一分遇冬四方並然故鄭注云其朝貢之歲四分四方各四分趨四時而來或朝春或宗夏或覲秋或遇冬要服之外有夷鎮藩三服案大行人云九州之外謂之藩國世壹見鄭注云世謂父死子立及嗣王卽位乃一來耳六服之中服數朝外又有四名一是時見曰會者若諸侯有

不服者王將有征討之事若東方諸侯不服則與東方諸侯共討之若南方諸侯不服則與南方諸侯共討之諸方皆然不朝覲王乃爲壇於國外與之會盟春於國東夏南秋西冬北會一則隨事無有定期有時而然故曰時見曰會也二曰殷見曰同者天子十二年一巡守或應有巡守之歲而天下未平或王有他故不獲自行則四方諸侯並朝京師朝竟亦於國外爲壇以命之政事殷衆也其來既衆故曰殷見曰同也三曰時聘曰問者謂王有事諸侯非朝王之歲不得自來遣大夫來聘因而問王起居此亦無常期故曰時聘曰問也四曰殷覜曰視者謂元年七年十一年唯有侯服來朝朝者既少諸侯遣卿大夫以大禮來聘聘者既衆故曰殷也覜亦見也爲來見王起居故曰覜也殷。頫亦並依時春東夏南秋西冬北各隨方覜逐時但不每方分爲四耳故鄭注大行人云其殷同四方四時分來如平時也鄭既云四時分來如平時而前六服初時唯云四時雖不言四時方後又云四方各分趨四時明其同也然所以殷。覜不須分見四時者小禮不須更見四時法也天子當依而立是秋於廟受覲禮也諸侯來朝至於近郊王使大行人皮弁用璧以迎勞之諸侯亦皮弁從使者以入天子賜舍諸侯受舍聽天子之命其朝日未出之前諸侯上介受舍于廟門外同姓西面北上異姓東面北上至朝日質明諸侯裨冕先釋幣於其齊車之行主天子衮冕在廟當依前南面而立不迎賓諸侯自廟門外位天子使上擯進諸侯諸侯入廟門右坐奠圭玉而再拜所以奠圭玉者卑見於尊奠贄不授也擯者命升西階親授諸侯於是坐取圭玉升堂王受玉是當依而立之時也○諸侯北面而見天子曰覲者王既受玉而諸侯降階並北面再拜稽首擯者延之使升成拜是北面曰覲時所以同北面者覲遇秋冬陰氣質斂故不布散○天子當宁而立者此爲春夏受朝時也宁者爾雅云門屏之間謂之宁鄭注云人君視朝所宁立處李巡云正門內兩塾間曰宁謂天子受朝於路門外之朝於門外而宁立以待諸侯之至故云當宁而立也然路門外有屏者即樹塞門是也爾雅云正門謂之應門又云屏謂之樹李巡云。恆當門自蔽名曰樹郭云小牆當門中今案李郭二注以推驗禮文諸侯內屏在路門之內天子外屏在路門之外而近應門者矣○諸公東面諸侯西面曰朝者王既立宁諸侯次第而進諸在西諸侯在東而朝王陽氣文也故因文而分布也崔云地道貴右公故在西也然此是春朝也先受朝覲然後入廟受享也○注諸侯至今亡○正義曰庭實受之於廟生氣文也陽生之時其氣文舒而布散故分於兩處受也云秋見曰覲一受之於廟一弁朝享皆廟受之殺氣質也此陰殺之時其氣質斂故弁於一處受之也云朝者位於內朝而序進者此內朝卽路門外朝也對臯門內三槐九棘之外朝故稱內也若對路寢庭朝又爲外故文王世子云朝於外朝則以官是也崔云諸侯春夏來朝各乘其命車至臯門外陳介也天子車時在大門內傳辭既訖則乘車出大門下車若升朝之時王但迎公自諸侯以下則隨之而入更不別迎也入至文王廟門天子還服朝服立於路門之外諸侯更易服朝服執贄而入應門而行禮故王當宁以待諸侯次第而進故云序進謂入應門諸公東面諸侯西面若熊氏之義則朝無迎法唯享有迎諸侯之禮案覲禮諸侯乘墨車而入朝鄭云墨車者大夫制也入天子之國車服不可盡同也云覲者位於廟門外而序入者其宿受位次在廟門外至朝之旦秋冬王不出迎其尊卑各在其次中未得相見聽上擯進之乃於位次第而入故云序入也云王南面立於依宁而受焉者二處皆南面也云夏宗依春冬遇依秋者陰陽同各相依也云春秋時齊侯唁魯昭公以遇禮相見取易略也者此引證宗依朝遇依覲非唯並受爲異其禮有難易繁省之殊也穀梁傳曰弔失國曰唁魯昭公伐季氏不勝而出故春秋昭二十五年九月公孫於齊次于陽州齊侯唁公於野井公唁云以人爲菑以幣爲席以葦爲几以遇禮相見是也分六服隨服而朝則六年一遍此鄭康成之義尚書六年五服一朝而孔注云五服一朝侯甸男采衛六年一朝會京師孔鄭不同孔以昭十三年左傳云歲聘以志業間朝以講禮再朝而會以示威再會而盟以顯昭明以爲諸侯三年一朝六年一會十二年一盟是周之正朝法也其大行人依服數見者是諸侯遣使貢獻而見耳知覲在廟者此云當依而立覲禮又有負斧依及侯氏入廟門告聽事鄭注云告王以國所用爲罪之事大行人云廟中將幣三享故也知在文王廟者

聘禮云不腆先君之祧明天子受覲於廟之祧可知也又案覲禮同姓西面異姓東面鄭注分別同姓異姓者受之將有先後也則是覲禮之法先同姓後異姓若然案檀弓注云朝覲爵同同位則爵尊先見覲禮見不同者二文雖異其意則同就爵同之中先受同姓之朝周之盟會亦先同姓也故定四年祝佗稱踐土之盟載書云晉重魯申蔡甲午鄭捷齊潘鄭雖小國而在齊上故隱十一年傳云周之宗盟異姓為後若其餘盟分國大小為次故襄二十七年宋之盟晉楚爭先楚人先歃是也必知然者案杜預釋例云若王官之伯主盟異姓為後其餘則否也凡天子三朝其一在路門內謂之燕朝大僕掌之故大僕云王眡燕朝則正其位文王世子云公族朝於內朝親之也此則王與宗人圖其嘉事及王退。侯大夫之朝也其二是路門外之朝謂之治朝司士掌之故司士云正朝儀之位王南鄉三公北面東上孤東面北上卿大夫西面北上王族故士虎士在路門之右南面東上太僕太右太僕從者在路門之左南面西上。上此是每日視朝之位其王與諸侯賓射亦與治朝同故射人云三公北面孤東面卿大夫西面諸侯在朝則皆北面不云王族故士虎士太僕太右者文不具耳不云士者鄭注云此與諸侯射士不與案諸侯大射士立於西方東面是天子大射士亦預禮也其三是臯門之內庫門之外謂之外朝朝士掌之故朝士云左九棘孤卿大夫位焉右九棘公侯伯子男位焉面三槐三公位焉此是詢衆庶之朝也凡朝三公北面者以其賓臣答王之義也孤及諸侯東面者尊之故從賓位卿大夫西面者君之臣子統於君也士門西東面者以其卑賤故外之其外朝孤與士辟諸侯故就東方西面同其位案燕禮云卿西面大夫北面士門西東面大射亦然知諸侯有路門外朝者案玉藻云君朝服日出而視朝退適路寢是也其外詢衆庶之所經雖無文亦當與天子同其位無三公及諸侯當同燕禮大射之位若然周禮天子有射朝燕儀禮諸侯有燕朝也射雖無正朝當與天子同則天子諸侯皆三朝也

○諸侯未及期相見曰遇相見於郤地曰會諸侯使大夫問於諸侯曰聘約信曰誓涖牲曰盟及至

也郤。閒也。涖臨也。坎用牲臨而讀其盟書。聘禮今存。遇會誓盟禮亡。誓之辭尚書見有六篇。○郤丘逆反。涖音利。徐力二反。又音類。盟音明。徐音亡幸反。郤閒如字。又音閑。坎苦感反。徐又苦敢反。後同。

[疏] 諸。侯。至。曰。盟。○正義曰：今若未至前所期之日及非所期之地而忽相見，則並用遇禮相接，故曰遇也。所以爾者，遇禮易略，既期未至，故用簡易禮也。○相見於郤地曰會者，此謂及期之禮郤閒也。既及期又至所期之地，則其禮閑暇。○諸侯使大夫問於諸侯曰聘者，聘問也，謂遣大夫往相存問。○約信曰誓者，亦諸侯事也。約信以其不能自和好，故用言辭共相約束以爲信也。若用言相約束以相見，則用誓禮，故曰誓也。鄭注司寇云：約言語之約束也。○涖牲曰盟者，亦諸侯事也。涖臨也。臨牲者盟所用也。盟者殺牲歃血誓於神也。若約束而臨牲，則用盟禮，故云涖牲曰盟也。然天下太平之時，則諸侯不得擅相與盟。唯天子巡守至方嶽之下，會畢，然後乃與諸侯相盟，同好惡，獎王室，以昭事神，訓民事君。凡國有疑則盟詛其不信者，及殷見曰同，並用此禮。後至於五霸之道卑於三王，有事而會，不協而盟。盟之爲法，先鑿地爲方坎，殺牲於坎上，割牲左耳，盛以珠盤，又取血盛以玉敦，用血爲盟書，成乃歃血而讀書。知坎血加書者，案僖二十五年左傳云坎血加書，又襄二十六年左傳云歃用牲加書是也。知用耳者，戎右職云贊牛耳。知用左者，以臧者用左耳故也。知珠槃玉敦者，戎右職云以玉敦辟盟，又玉府云則共珠槃玉敦。知口歃血者，隱七年左傳云陳五父及鄭伯盟，歃如忘；又襄九年云新與楚盟，口血未乾是也。異義云：禮紨盟不，今春秋公羊說古者不盟，結言而退，故穀梁傳云誥誓不及五帝，盟詛不及三王，交質子不及二伯，且盟非禮。故春秋左氏云周禮有司盟之官，殺牲歃血，所以盟事神明；又云凡國有疑，盟詛其不信者。是知於禮得盟。許。君謹案：從左氏說，以太平之時有盟詛之禮。鄭氏不駮，從許愼義也。盟詛不及三王，非鄭所用。然盟牲所用，許愼據韓詩云：天子諸侯以牛豕，大夫以犬，庶人以雞。又云毛詩說：君以豕，臣以犬，民以雞。又左傳云鄭伯使卒出豭，行出犬雞，以詛射。潁考叔者。又云衞伯姬盟孔悝以豭。鄭云：詩說及鄭伯皆謂詛小於盟。周禮戎右職云：盟則以玉敦辟盟，遂役之。鄭注云：

役之者傳敦血授當歃者者下云贊牛耳桃茢又左傳云孟武伯問於高柴曰諸侯盟誰執牛耳然則盟者人君以牛伯姬盟孔悝以豭下人君也皇氏以爲春秋時盟乃割心取血故定四年鑪金云王割子期之心與隨人盟杜云當心前割取血以盟示其至心是也○注及至至六篇○正義曰鄭注司盟云盟者書其辭於策殺牲取血坎其牲加書於上而埋之謂之載書云聘禮今存遇會誓盟禮亡誓之辭尚書見有六篇者一曰甘誓夏啓伐有扈氏誓羣衆二曰湯誓謂湯伐桀誓羣臣也三曰泰誓武王伐紂度孟津誓勑士衆之辭也四曰牧誓武王伐紂於牧野時所作五曰費誓徐戎作難魯侯伯禽誓羣臣興兵伐之也六曰秦誓秦穆公襲鄭不從蹇叔之謀果敗諸殽後穆公悔過與羣臣自誓也○諸侯見天子曰臣某侯某謂嗇夫承命告天子辭也其爲州牧則曰天子之老臣某侯某奉珪請覲○嗇音色其與民言自稱曰寡人謙也於臣亦然○自謂一本作自稱其在凶服曰適子孤凶服亦謂未除喪○適音的臨祭祀內事曰孝子某侯某外事曰曾孫某侯某稱國者遠辟天子死曰薨亦史書策辭復曰某甫復矣某甫且字既葬見天子曰類見代父受國類猶象也執皮帛象諸侯之禮見也其禮亡言謚曰類使大夫行象聘問之禮也言謚者序其行及謚所宜其禮亡○其行下孟反諸侯使人使於諸侯使者自稱曰寡君之老繫於君以爲尊也此謂諸侯之卿上大夫○使於色吏反下同

【疏】諸侯至之老○正義曰此一節明諸侯及臣稱謂之法各隨文解之○諸侯謂五等諸侯見天子而擯者將命之辭也同得稱臣故曰臣也○某侯某者若言齊侯衞侯下某是名若伯子男則云曹伯許男某也○注謂嗇至請覲○正義曰嗇夫承命告天子辭也此注並覲禮之文也鄭云嗇夫蓋司空屬也爲末擯承命於侯氏末介傳而上上擯以告於天子也音義隱云嗇夫主諸侯所齎幣帛皮圭之禮奉以白於天子也云其爲州牧則曰天子之老臣某侯某者若爲州牧既尊若來

見故擯者加此四字也前州牧闕此故鄭補言之也云奉珪請覲是鄭意。術擯者之辭文無所出也○其與民言自稱曰寡人此亦自與民言法也寡人者言己是寡德之人○其在凶服曰適子孤者謂擯者告賓之辭知者雜記云相者告曰孤某須矣但彼文不云適子文不備此直云適子孤不云名亦文不具也稱孤稱名者皆謂父死未葬之前也故雜記云孤某須矣下則云既葬蒲席明孤某是未葬也凡諸侯在喪之稱公羊未葬稱子某者莊三十二年子般卒襄三十一年子野卒皆是君薨未葬稱子某也既葬稱子則文公十八年子惡卒經書子卒是也踰年稱君者則僖公十年里克殺其君卓及文公元年公即位是踰年稱君也謂臣子稱君也若其君自稱猶曰子故公羊傳文九年諸侯於其封內三年稱子是也案昭十一年楚滅蔡執世子有其時蔡君已死其子仍稱世子者何休云稱世子者不許楚之。滅蔡也猶若君存然故猶稱世子文十四年九月齊商人弒其君舍。舍爲君。商人之弒也襄二十九年吳子使季札來聘先君未踰年吳稱子者賢季子故錄之桓十一年鄭忽出奔衛先君既葬而尙稱名者公羊云何以名伯子男一也辭無所貶何休云直以喪降稱名無餘罪致貶凡以王事出會未踰年皆稱子僖九年會於葵丘宋襄公稱子僖二十八年會於踐土陳共公稱子定四年會召陵陳懷公稱子皆未踰年會王事而稱子也若未踰年非王事而稱爵者皆譏耳成四年鄭伯伐許是也從上以來皆公羊之義也其左氏之義君薨未葬未行即位之禮前稱子某子般子野是也其出會諸侯未葬之前稱子故僖九年左氏傳云凡在喪王曰小童公侯曰子葵丘之會宋襄公稱子踐土之會陳共公稱子是也葬雖未踰年則稱君則晉里克弒其君卓齊商人弒其君舍是也文十八年子惡卒先君葬後稱子者杜預云時史畏襄仲不敢稱君故云子也其王事出會則稱爵成四年鄭伯伐許是也案桓十三年經書衛惠公稱侯成十三年經書宋公衛侯此並先君未葬而稱爵者賈服注譏其不稱子杜預云非禮也僖二十五年會衛子莒慶盟於洮時先君已葬衛成公猶稱子者杜預云善其成父之志故上繫於父而稱子服虔亦云明不失子道成十年晉侯伐鄭時厲公父景公患未薨而厲公出會稱爵譏其生代父位不子也此皆左氏之義公羊以奚齊僖九年死卓子十年死以卓子踰年故稱君左氏卓子亦九年死但赴告在十年以葬後故稱君左氏公羊二傳不同也公羊以成四年鄭伯伐許非王事未踰年而稱爵譏之也左氏則以鄭伯伐許爲王事雖未踰年得稱爵當與公羊異鄭駁異義從公羊義以鄭伯伐許爲非禮及公羊未踰年爲王事皆稱子郎宋襄公稱子陳共公稱子是也左氏未踰年爲王事皆稱爵鄭駁異義引宋襄公稱子從公羊說以爲稱子禮也○外事曰曾孫某侯某○外事謂社稷山川在封內者也天子外事言嗣王某諸侯不得稱嗣侯但稱曾孫所以然者天子尊謂能繼天德而立也諸侯無德不繼嗣爲侯故不云嗣但是父祖重孫故言曾孫也○死曰薨者此謂諸侯死而國史策辭也若異國史書之則但云卒也在四夷不言亦賤略也自此以下皆然○注亦史書策辭○正義曰上文云天王崩書策辭今諸侯云薨故亦史策辭若告於諸侯則辭當謙退故雜記云赴於諸侯曰寡君不祿○復曰某甫復矣天子復則曰天子諸侯不可復云諸侯復故呼其字言某甫故鄭注前文諸侯呼字是也○既葬見天子曰類見○此諸侯世子父死葬畢而見於天子禮也類象也言葬後。未。執。玉而執皮帛以象諸侯見故曰類見然春秋之義三年除喪之後乃見而今云既葬者謂天子或巡守至竟故得見也。若未葬未正君臣故雖天子巡守亦不見也○言謚曰類。○。言謚謂將葬就君請謚也凡謚既是表德故由尊者所裁。故。將葬之前親使人請之於天子若檀弓云其子戍請謚於君曰日月有時將葬矣請所以易其名者是言謚於君也而曰類者王肅云請謚於天子必以其實爲謚類於平生之行也何胤云類其德而稱之如經天緯地曰文也鄭云使大夫。行。象聘問之禮也今案鄭旨謂吉時遣大夫行則曰聘今請。謚。使大夫不得曰聘而名曰類。言類。象聘而行此禮也故云言謚曰類也○注使大至禮亡○正義曰言象聘問之禮者。解。經中類字言比類聘問之禮請謚於天子○諸侯至之老。案。玉藻云上大夫曰下臣擯者曰寡君之老下大夫自名擯者曰寡大夫此云自稱曰寡君之老則上大夫擯者傳辭及自稱於他國亦曰寡君之老若。於。己君則玉藻云下臣某天子穆穆諸侯皇皇大夫濟濟士蹌蹌庶人僬僬皆行容止之貌也聘禮曰賓入門皇又曰皇且。行。又曰衆介北面。鏘。鏘。焉凡行容尊者體盤卑者體蹙〇濟子禮反蹌本又作鶬或作鏘同士良反僬子妙反盤步丹反蹙子六反

【疏】天。子。至。僬。僬〇正義曰此一節論天子至庶人行容之貌云天子穆穆者威儀多貌也天子尊重故。行。止威儀多也〇諸侯皇皇者自莊盛也諸侯不及穆穆而。猶。有莊盛鄭注聘禮云皇。皇。莊盛也〇大夫濟濟者濟濟徐行有節大夫降於諸侯不得自莊盛但徐行而已也〇士蹌蹌者鄭注聘禮云容貌舒揚也案鄭意則不得濟濟也但舒揚而已〇庶人僬僬者卑盡之貌也庶人卑賤都無容儀並。自。直行而已崔云凡形容下不得兼上上得兼下故詩有濟濟。文王穆穆魯侯者詩人頌美舉盛以言非對例也〇注聘禮至體蹙〇正義曰引聘禮證皇皇是容儀也此是入門時容也又曰皇且行者又證行時容也然皇是諸侯之容聘禮。人臣而云皇者執玉入廟門得進其容亦如其君行禮宜已。申也若在本國則濟濟然云又曰衆介北面蹌焉亦聘禮文。也衆介士也卑故不得進容猶蹌蹌而已云凡行容尊者體盤卑者體蹙尊者體盤穆穆皇皇卑者體蹙蹌蹌僬僬是也

天子之妃曰后后之言後也〇妃芳非反諸侯曰夫人夫之言扶大夫曰孺人孺之言屬孺而樹反〇士曰婦人婦之言服庶人曰妻妻之言齊公侯有夫人有世婦有妻有妾貶於天子也無后與嬪去上中〇貶皮檢反去羌呂反夫人自稱於天子曰老婦自稱於天子謂畿內諸侯之夫人助祭若時事見自稱於諸侯曰寡小君謂饗來朝諸侯之時自稱於其君曰小童自世婦以下自稱曰婢子小童若云未成人也婢之言卑也於。其。君稱。此以接見。禮敵。嫌。其。當〇童本或作僮子於父母則自名也名父母所爲也言。子。者。通。男。女列國之大夫入天子之國曰某士亦謂諸侯。之。卿。也三命以下於天子爲士曰某士。者。如。晉

韓起聘於周擯者曰晉士起

自稱曰陪臣某陪重也○重直恭反於外曰子子有德之稱魯春秋曰齊高子來盟○稱尺證反

於其國曰寡君之老使者自稱曰某使謂使人於諸侯也某名也○使自稱色吏反注使謂同本或作使者自稱

疏

天子至曰某○正義曰此一節論天子以下妃妾及臣子稱謂之法各隨文解之○天子之妃曰后諸侯曰夫人大夫曰孺人士曰婦人庶人曰妻者皆敵其夫如王之后故以后居前耳妃邦君之合配王諸侯以下通有妃義故以妃字冠之以特牲少牢是大夫士之禮皆云某妃配某氏尊卑通稱也白虎通云后君也明配至尊為海內小君天下尊之故繼其王言之曰王后也○諸侯曰夫人者夫人之名唯諸侯得稱論語云邦君之妻邦人稱之曰君夫人是也○曰大夫曰孺人者孺屬也言其為親屬○注孺之言屬也○正義曰案爾雅云孺屬也○士曰婦人者婦之言服也服事其夫也其婦號亦上下通名故春秋逆婦姜於齊是諸侯亦呼婦也穀梁傳云言婦有姑之辭言服事舅姑知通名也○庶人曰妻者妻之言齊也庶人賤無別稱判合齊體而已尊卑如此若通而言之則貴賤悉曰妻故詩曰刑于寡妻是天子曰妻也周家大夫妻曰內子趙姬以叔隗為內子是也○公侯至有妾○正義曰獨言諸侯舉其上者餘從可知也既下於天子不得立后故以敵體一人正者為夫人○有世婦者謂夫人之姪娣故公羊云夫人無子立姪娣子也質家先立姪之子文家先立娣之子左氏亦夫人姪娣貴於二媵則此世婦者謂夫人姪娣也其數二人○有妻者謂二媵及姪娣也凡六人有妾者謂九女之外別有其妾知者以上文云天子八十一御妻之外更有妾鄭注云妾賤者不入百二十人數故知此妾不在九女之數也○夫人至婢子此夫人謂畿內諸侯之妻也其助祭於后得接見天子故得自稱也言老而服事也以畿外諸侯夫人無見天子之禮此云自稱於天子故注云畿內諸侯之夫人助祭若時事見謂若獻繭之屬○自稱於諸侯曰寡小君者此諸侯謂他國君也古者諸侯相饗夫人亦出故得自稱也知者坊記云陽侯殺繆侯竊其夫人故大饗廢夫人之禮於此之前有夫人饗法故注

云謂饗來朝諸侯之時也君之妻曰小君而云寡者亦從君爲謙也○自稱於其君曰小童者小童未成人之稱也其與夫言自謙稱爲小童若未成人言無知也○自世婦以下自稱曰婢子者降於夫人故並自稱婢子賤故也婢之言卑也嚮其夫自稱言己卑故春秋晉懷嬴謂公曰寡君使婢子侍執巾櫛是也注云接見體敵嫌其當者爲其接見之時暫有體敵嫌若當夫人然也○列國之大夫入天子之國曰某士○謂擯者辭也列國五等諸侯也天子上士三命中士再命下士一命而五等之臣唯公國一孤四命耳自卿大夫從三命而下其命等於王之士故入天子之國則擯者稱爲某國之士也故注引春秋襄二十六年晉韓起聘於周擯者曰晉士起言晉國之士起以證之也○自稱曰陪臣。某陪重也某名也其君已爲王臣已今又爲己君之臣故自稱對王曰重臣也若襄二十一年晉欒盈辭於行人曰天子陪臣盈是也○於外曰子者亦擯者辭外謂在他國時也擯者則稱其姓而曰子子是有德之稱故注引閔公二年冬齊高子來盟證於外曰子也高子高傒是也○於其國曰寡君之老者其國自國中也其君與民言自稱曰寡人故此卿若與國中人語自稱曰寡君之老也○使者自稱曰某者某名也○若此卿爲使在他國與彼君語則稱名也若與彼臣民言則自稱寡君之老也○注使謂至名也正義曰知者以玉藻云上大夫於他國擯者曰寡君之老下大夫於他國擯者曰寡大夫皆無稱名之事玉藻又云大夫私事使私人擯則稱名注云私事使謂以君命私行非聘也若晉韓穿來言汶陽之田彼以私事使稱名此文使自稱曰某稱名與彼相當故知使謂使人於諸侯也

○天子不言出諸侯不生名君子不親惡天子之言出諸侯之生名皆有大惡君子所遠出名以絕之春秋傳曰天王出居於鄭衛侯朔入於衛是也○遠于萬反

諸侯失地名滅同姓名絕之【疏】天。子。至。姓。名○正義曰此一節論天子諸侯有罪書出名之事各隨文解之○天子不言出者天子以天下爲家策書不得言出所在稱。君○諸侯不生名者諸侯南面之尊名者質賤之稱諸侯相見祇可稱爵不可稱名○君子不親惡者謂策書君子謂孔子書

經若見天子大惡書出以絕之諸侯大惡書名以絕之君子不親惡人故書出名以罪之也○注天至是也○正義曰案僖二十四年天王出居於鄭公羊云王者無外此其言出何不能乎母也謂不能以孝事於母此鄭注天子言出大惡用公羊義也案春秋莊六年衞侯朔入於衞朔未爲君之時與其母譖構世子伋及爲君被逐出奔齊王立公子黔牟朔自齊而入衞以逐黔牟公羊云朔何以名絕曷爲絕之犯命也謂犯王命鄭注以朔爲大惡亦用公羊義也○諸侯失地名滅同姓名○春秋莊十年荊敗蔡師於莘以蔡侯獻舞歸公羊云何以名絕曷爲絕之獲也此失地名也僖二十五年衞侯燬滅邢公羊云何以名絕曷爲絕之滅同姓也此滅同姓名也故鄭總言絕之

爲人臣之禮不顯諫爲奪美也顯明也謂明言其君惡不幾微○爲奪于僞反

三諫而不聽則逃之逃去也君臣有義則合無義則離

【疏】爲人至逃之○正義曰案莊二十四年曹羈出奔陳公羊傳云戎將侵曹曹羈諫曰戎衆以無義君請勿自敵也曹伯曰不可三諫不從遂去之何休云諫有五一曰諷諫者案定十二年公羊傳云孔子以季氏之强謂季孫曰家不藏甲邑無百雉之城季孫聞之墮費邑是諷諫也何休又云二曰順諫曹羈是也卽上諫曹君無以戎敵三諫不從遂出奔陳所謂以道事君不可則止此是順諫也何休又云三曰直諫子家駒是也案昭二十五年公羊傳云昭公將弑季氏子家駒諫曰諸侯僭於天子大夫僭於諸侯久矣是不辟君僭而言之是直諫也何休又云四曰爭諫子反請歸是也案宣十五年公羊云楚莊王圍宋子反華元乘堙相對語華元謂子反云易子而食之析骸而炊之子反謂華元吾軍有七日之糧子反勸楚王赦宋而歸楚王不可子反頻諫不聽乃引師去楚王亦歸是爭諫也何休又云五曰贛諫百里子蹇叔子是也案僖三十三年公羊云秦穆公將襲鄭百里子與蹇叔子諫穆公不從百里子蹇叔子從其子而哭之是贛諫也凡諫諷諫爲上贛諫爲下事君雖主諫爭亦當依微納進善言耳不得顯然明言君惡以奪君之美也○三諫不聽則逃之者聽猶從也逃猶去也君臣有離合之義有義則合無義則離若三諫不聽則待放而去也

子之事親也，三諫而不聽，則號泣而隨之。至親無去，志在感動之。○號，戶刀反。疏子之至隨之○正義曰：父子天然，理不可逃，雖不從，則當號泣而隨之，冀有悟而改之。然論語云「事父母幾諫」，此不云者，以其略耳。檀弓云「事親無犯」，相互耳。又云「事君有犯」，故此論其微，檀弓言事親無犯，此論其犯，亦互言耳。故注云「至親無去，志在感動之」。○君有疾，飲藥，臣先嘗之。親有疾，飲藥，子先嘗之。嘗，度其所堪。○度，待各反。醫不三世，不服其藥。慎物齊也。○齊，才細反。○疏君有疾飲藥至醫不三世不服其藥○正義曰：凡人病疾，蓋以筋血不調，故服藥以治之。其藥不慎於物，必無其徵，故宜戒之。擇其父子相承至三世也，是慎物調齊也。又說云：三世者，一曰黃帝針灸，二曰神農本草，三曰素女脈訣，又云夫子脈訣。若不習此三世之書，不得服食其藥。然鄭云「慎物齊也」，則非謂本草、針經、脈訣，於理不當，其義非也。儗人必於其倫。儗，猶比也。倫，猶類也。比大夫當於大夫，比士當於士，不以其類，則有所褻。○儗，魚起反，注同。褻，息列反。疏儗人至其倫○儗人必於其倫○正義曰：儗，比也。倫，匹類也。凡欲比方於人，當以類相並，不得以貴比賤，則爲不敬也。○問天子之年，對曰：「聞之，始服衣若干尺矣。」既不敢言年，又不敢斥至尊所能。問國君之年，長，曰：「能從宗廟社稷之事矣。」幼，曰：「未能從宗廟社稷之事也。」問大夫之子，長，曰：「能御矣。」幼，曰：「未能御也。」問士之子，長，曰：「能典謁矣。」幼，曰：「未能典謁也。」問庶人之子，長，曰：「能負薪矣。」幼，曰：「未能負薪也。」皆言其能，則長幼可知。御，猶主也。書曰「越乃御事」，謂主事者。謁，請也，謂能擯贊出入，以事請告也。禮「四十強而仕，五十命爲大夫」。疏問天至負薪也○正義曰：此謂幼少新立之王，或有遠方異域人來，不知王年大小，問朝廷之臣。○「對曰聞之始服衣若干尺矣」者，臣爲答之必有法則。禮，齒路馬有誅，而至尊體責故臣不可輕言君年及形長短與才技所堪故依違而對也但云聞之謙不敢言。見也云始服衣若干尺既不敢指斥卽云服衣若干尺謂或五尺或六尺隨長短而言之也幼則衣短長則衣長問者聞之則知王之長幼也古者謂數爲若干故儀禮鄉射大射數射。筭云若干純若干奇若如也干求也言事本不數定常如此求之也故云若干也○問國君之年者亦謂幼少新立爲君而他人問其臣也○長曰能從宗廟社稷之事矣幼曰未能從宗廟社稷之事也不言聞之及衣而言所能主國者辟天子也國保宗廟社稷故以所保答之也人君十五有養子之禮長則能主國聞其能主國則知十五以上爲長也若聞未能主國則知十四以下是爲幼也○問大夫之子者亦他國人問此大夫之子長幼於大夫之臣也天子諸侯繼世象賢其年不定故問其年而大夫五十乃爵故不問大夫而問其子○長曰能御矣幼曰未能御也御謂主事也官有世功子學父業故有御事之因也舉其所能則長幼可知也大夫子卑長幼當以二十爲限也○問士之子者亦謂他國人來問此士之屬吏也四十強而仕故問其子也○長曰能典謁矣幼曰未能典謁也謁請也士之子年數長則言能主賓客告請之事幼則言未能也士賤無臣但以子自典。告也○問庶人之子者庶人謂府史之屬亦有同僚或他國人問其同僚府史熊氏云庶人年無長幼亦問其子者順上大夫士而言之○長曰能負薪矣幼曰未能負薪也者少儀云問士之子長幼長則曰能耕矣幼則曰能負薪未能負薪謂士祿薄子猶以能農事爲業也與此不同者亦當有田無田之異此所言之士者是有田者故子免耕負薪而典謁○注書曰越乃御事謂。主事者○正義曰引大誥證御事是大夫禮四十強而仕五十命爲大夫曲禮文引之釋所以不問大夫士庶人之身而問其子之義也以大夫士其年既定故不假問其年而問其子也○

問國君之富數地以對山澤之所出問大夫之富曰有宰食力祭器衣服不假問士之富以車數對問庶人之富數畜以對皆在其所制以多少對宰邑士也食力謂民之賦稅○數色主反下

數畜同畜許又反鄭注周禮云始養曰畜【疏】問。國。至。以。對〇正義曰謂問諸侯之臣求知其君封內土地所出也云富者非問其多金帛正是問最所優饒

者也不問天子者率土之物莫非王有天下共見故不須問而諸侯止一國故致問也〇數地以對者數土地廣狹對之也山澤之所出者又以魚鹽蜃蛤金

銀錫石之屬隨有而對也晉文公謂楚成王曰羽毛齒革君地生焉是也〇問大夫之富者亦他國人問其臣也〇曰有宰食力者答之也宰邑宰也有宰明

有采地即公山弗擾爲季氏宰是也食力謂食民下賦稅之力也〇祭器衣服不假者謂四命大夫也衣服祭服也若四命大夫得自造祭器衣服故云不假

若三命以下有田者造而不備則假借也〇問士之富以車數對者士有地不多亦無邑宰故其屬吏但以其車數對也上士三命則得賜車馬也副車隨命

中士乘棧車無副車也〇問庶人之富數畜以對者謂雞豚之屬閭師云凡庶民不畜者祭無牲不耕者祭無盛不樹者無椁不蠶者不帛不績者不衰故以

畜數對鄭注周禮云始養曰畜將用之曰牲引春秋云卜日曰牲

〇天子祭天地祭四方祭山川祭五祀歲徧

諸侯方祀祭山川祭五祀歲徧大夫祭五祀歲徧士祭其先祭四方謂祭五官之神於四郊也句

芒在東祝融后土在南蓐收在西玄冥在北詩云來方禋祀方祀者各祭其方之官而已五祀戶竈中霤門行也此蓋殷時制也祭法曰天子立七祀諸侯立

五祀大夫立三祀士立二祀謂周制也〇徧音遍本亦作遍下同句古侯反芒音亡蓐音辱冥亡丁反禋音因霤力救反【疏】天。子。至。其。先〇正義曰此一節

論天子以下祭祀尊卑不同幷論神有廢置之事各隨文解之〇天子祭天地者祭天謂四時迎氣祭五天帝於四郊各以當方人帝配之月令春曰其帝太

皞夏曰其帝炎帝季夏曰其帝黃帝秋曰其帝少皞冬曰其帝顓頊明爲配天及告朔而言之其雩祭亦然故月令孟夏云大雩帝爲命祀百辟卿士既云祀

百辟卿士明五方人帝天子亦雩祀之其夏正郊感生之帝周以后稷配之其於明堂總享五帝以文王武王配之故孝經說云后稷爲天地之主文王爲五

帝之宗是也周人祭明堂時又兼以武王配之故祭法云周人宗武王是。也知方岳之神是崑崙者案地統書括地象云地中央曰崑崙又云其東南方五千里曰神州以此言之崑崙在西北別統四方九州其神州者是崑崙東南一州耳於。一州中更分爲九州則禹貢之九州是也其配地之神孝經緯既云后稷爲天地之主則后稷配天南郊又配地北郊則周人以嚳配圓丘亦當配方澤也○祭山川者周禮兆五帝於四郊四望四類亦如之也○祭五祀者春祭戶夏祭竈季夏祭中霤秋祭門冬祭行也○歲偏者謂五方之帝迎氣雩祀明堂及郊雖有重者諸神總偏故云歲偏○諸侯方祀者諸侯既不得祭天地又不得總祭五方之神唯祀當方故云方祀○祭山川者王制云在其地則祭之亡其地則不祭是也○大夫祭五祀者大夫不得方祀及山川直祭五祀而已○士祭其先不云歲偏者以士祭先祖歲有四時更無餘神故也天子祭天地者天地有覆載大功天子主有四海故得總祭天地以報其功其天有六祭之一歲有九昊天上帝冬至祭之一也蒼帝靈威仰立春之日祭之於東郊二也赤帝赤熛怒立夏之日祭之於南郊三也黃帝含樞紐季夏六月土王之日亦祭之於南郊四也白帝白招拒立秋之日祭之於西郊五也黑帝汁光紀立冬之日祭之於北郊六也王者各稟五帝之精氣而王天下於夏正之月祭於南郊七也四月龍星見而雩總祭五帝於南郊八也季秋大饗五帝於明堂九也地神有二歲有二祭夏至之日祭崑崙之神於方澤一也夏正之月祭神州地祇於北郊二也或云建申之月祭之與郊天相對冬至祭昊天上帝者春秋緯云紫微爲天帝北極。耀魄寶是也其配之人以帝嚳配之故祭法云周人禘嚳是也其五帝則春秋緯文耀鉤云蒼帝曰靈威仰赤帝曰赤熛怒黃帝曰含樞紐白帝曰白招拒黑帝曰汁光紀○注祭四至制也○正義曰此經直言祭四方知非祭五天帝於四方者以上云祭天地則五帝在其中矣故知非天帝也案宗伯云疈辜祭四方百物知此方祀非四方百物者以此文在山川五祀之上與大宗伯血祭社稷五祀五嶽五祀在五嶽之上此四方亦在山川之上故知是五官之神云祝融后土在南者鄭意以爲黎兼爲后土土位在南方故知祝融后土在南引詩云來方禋祀者是小雅大田之詩以刺幽。王之無道追論成王之時太平時和年豐至秋報祭招來四方之神禋絜祭祀引之者證四方之義也云五祀戶竈中霤門行者此月令文大宗伯五祀以爲五官者以其在五嶽之上此五祀在山川之下又與大夫同祭故知是戶竈等云此蓋殷時制也者以天子諸侯大夫同云祭五祀既無。等。差故疑殷時制也案王制云大夫祭五祀文與此同而鄭云五祀謂司命也中霤也門也行也厲也與此不同者王制之文上云天子祭天地諸侯祭社稷大夫祭五祀既有尊卑等級疑是周禮故引祭法五祀以解之與此不同是有地大夫祭五祀無地大夫祭三祀○

凡祭有其廢之莫敢舉也有其舉之莫敢廢也爲其瀆神也廢舉謂若殷廢農祀棄後不可復廢棄祀農也後有德者繼之不嫌也○爲于僞反復扶又反

○非其所祭而祭之名曰淫祀淫祀無福妄祭神不饗○妄祭本亦作無福

【疏】凡祭至無福○正義曰此明祭有常典不可輒擅廢興如殷時廢柱祀棄則後人不得復舉柱而祭之也○有其舉之莫敢廢也者若已舉棄祀之後人不得復廢棄也○注爲其至嫌也○正義曰農卽柱也有農功故曰農也棄卽后稷也爲稷官故曰稷也尙書云棄黎民阻飢汝后稷是也云後有德者繼之不嫌也者鄭恐人疑之昔以舉柱何意廢柱祀稷乎故此解之者若後有德者繼之則不在今所言之例也

○天子以犧牛諸侯以肥牛大夫以索牛士以羊豕犧純毛也肥養於滌也索求得而用之○索所百反注同求也牷音全一本作純滌直的反養牲官也徐又同弔反

【疏】天子至羊豕○正義曰此天子以犧牛諸侯以肥牛大夫以索牛皆上得兼下下不得僭上故左傳云聖王先成民而後致力於神故奉牲以告曰博碩肥腯是天子亦得以肥也又公羊云帝牲必在滌三月稷牛惟具稷有災故臨時得別求之是天子諸侯得有索牛○大夫以索牛士以羊豕者天子大夫士也若諸侯大夫卽用少牢士則用特牲其喪祭大夫亦得用牛士亦用羊豕故雜記云上大夫之虞也少牢卒哭成事。附皆大牢下大夫之虞也特牲卒哭成事。附皆少牢是也據此諸侯不得用犧牛祭義云天子諸侯必有養獸之官下云犧牲祭牲必於是取之諸侯有犧牲大牢者諸侯對卿大夫亦得云犧若對天子則稱肥耳其大夫牲體完全亦有犧牲之稱故上云大夫犧賦爲次但不毛色純耳○注肥養於滌也○正義曰案楚語觀射父云大者牛羊必在滌三月小者犬豕不過十日然者即此大夫索牛士羊豕既不在滌三月當十日以上但不知其日數耳

支子不祭祭必告于宗子不敢自專謂宗子有故支子當攝而祭者也五宗皆然疏支子至宗子○正義曰支子庶子也祖禰廟在適子之家而庶子賤不敢輒祭之也若濫祭亦是淫祀○祭必告於宗子者支子雖不得祭若宗子有疾不堪當祭則庶子代攝可也猶宜告宗子然後祭故鄭云不敢自專○凡祭

宗廟之禮牛曰一元大武豕曰剛鬣豚曰腯肥羊曰柔毛雞曰翰音犬曰羹獻雉曰疏趾兔曰明視脯曰尹祭槀魚曰商祭鮮魚曰脡祭水曰清滌酒曰清酌黍曰薌合粱曰薌萁稷曰明粢稻曰嘉蔬韭曰豐本鹽曰鹹鹺玉曰嘉玉幣曰量幣號牲物。者異於人。用也元頭也武迹也腯亦肥也春秋傳作腯腯充貌也翰。猶長也羹獻食人之餘也尹正也商猶量也脡直也萁辭也。嘉善也稻菰蔬之屬也豐茂也大鹹曰鹺今河東云幣帛也○大武如字一音泰鬣力輒反豚徒門反腯徒忽反注同本亦作豚翰戶旦反羹古衡反徐又音衡槀苦老反乾魚鮮音仙脡肥頂反徐唐頂反薌音香合如字或音閤萁音其字又作箕同音姬語辭也王音期期時也稷曰明粢音咨一本作明粱古本無此句疏本又作蔬色魚反韭音久鹹本又作醎音咸鹺才何反量音亮又音艮作腯徒忽反翰長如字菰音孤本又作苽音同疏。凡。祭。至。量。幣○正義曰此一節論祭廟牲幣告神之法○凡祭者爲貴賤悉然○牛曰一元大武者元頭也武迹也牛若肥則腳大腳大則迹痕大故云一元大武也○豕曰剛鬣者豕肥則毛鬣剛大

也王云剛鬣言肥大也豚曰腯肥者腯即充滿貌也○羊曰柔毛者若羊肥則毛細而柔弱故王云柔毛言肥澤也○雞曰翰音者翰長也雞肥則其鳴聲長也○犬曰羹獻者人將所食羹餘以與犬犬得食之肥肥可以獻祭於鬼神故曰羹獻也○雉曰疏趾者趾足也雉肥則兩足開張趾相去疏也音義隱云雉之肥則足疏故王云足間疏也○兔曰明視者兔肥目開而視明也故王云目精明皆肥貌也然自牛至兔凡有八物唯有牛云一頭而豕以下不云數者皆從其所用而言數也則並宜云若干也雞為膳及腊則不數也○脯曰尹祭者尹正也裁截方正。而用之祭一通云正謂自作之也脯自作則知肉之所用也論語云沽酒市脯不食言其不正也○槀魚曰商祭者槀乾也商量也祭用乾魚量度燥。滋得中而用之也○鮮魚曰脡祭者脡直也祭有鮮魚必須鮮者煑熟則脡直若餒則敗碎不直○水曰清滌者古祭用水當酒謂之玄酒也而云清滌言其甚清皎絜也樂記云尚玄酒是也○酒曰清酌者酌斟酌也言此酒甚清澈可斟酌當為三酒末必為五齊黍曰薌合者夫穀秫者曰黍秫既軟而相合氣息又香故曰薌合也○粱曰薌萁者粱謂白粱黃粱也萁語助也○稷曰明粢者稷粟也明白也言此祭祀明白粢也鄭注甸師云粢稷也爾雅云粢稷也注今江東人呼粟為粢隋祕書監王劭勘晉宋古本皆無稷曰明粢一句立八疑十二證以為無此一句為是今尚書云黍稷非馨詩云我黍與與我稷翼翼為酒為食以享以祀然則黍稷為五穀之主是粢盛之貴黍既別有異號稷何因獨無美名爾雅又以粢為稷此又云稷曰明粢正與爾雅相合又士虞禮云明齊溲酒鄭注云或曰明齊當為明視謂兔腊也今文曰明粢粢稷也皆非其次也如鄭言云皆非其次由曲禮有明粢之文故注儀禮云非其次王劭既背爾雅之說又不見鄭玄之言苟信錯書妄生同異改亂經籍深可哀哉○注號牲至幣帛○正義曰元頭也案釋。古文元首首則頭也武迹也釋訓文春秋傳作腊者桓六年左傳云博碩肥腯是也云羹獻食人之餘也者周禮槀人云掌豢祭祀之犬是也尹正也嘉善也釋言文此等諸號若一祭並有則舉其大者牲牢酒齊而言不應諸事皆道故少牢禮稱敢用柔毛剛鬣嘉薦普

淖是也或唯有雞犬或唯魚兎及水酒非鹽之祭則各舉其美號故此經備載
其名必知然者案士虞禮祝辭云尹祭鄭注云尹脯也大夫士祭無云脯者今
不言牲號而云尹祭亦記者誤矣如鄭此言明單用脯者稱尹祭以此推之餘亦可知也○天子死曰崩諸侯曰薨大夫曰
卒士曰不祿庶人曰死異死名者爲人褻其無知若猶不同然也自上顛壞曰崩薨顛壞之聲卒終也不祿不終其祿死之言澌也精
神澌盡也○傎音顛澌本又作𣩵同音賜在牀曰尸尸陳也言形體。在在棺曰柩柩之言究也○柩音舊白虎通云久也疏天子。
至。曰。柩○正義曰此一節論死後稱謂尊卑不同之事各隨文解之但生時尊
卑著見可識而死廕爲野土嫌若可棄而稱輕褻之故爲制尊卑之名則明其
猶有貴賤之異也○崩者墜壞之名譬若天形墜壓然則四海必覩古之王者
登假也則率土咸知故曰崩○諸侯曰薨者薨者崩之餘聲也而詩云蟲飛薨
薨是聲也諸侯卑死不得效崩之形但如崩後之餘。聲遠劣於形壓諸侯之死
知者亦局也○大夫曰卒者卒畢竟也大夫是有德之位仕能至此亦是畢。了
平生故曰卒也○士曰不祿者士祿以代耕而今遂死是不終其祿○庶人曰
死者死者澌也澌是消盡無餘之目庶人極賤生無令譽死絕餘芳精氣一去
身名俱盡故曰死今俗呼盡爲澌郎舊語有存者也云崩薨異號至葬同者以
臣子藏其君父安厝貴賤同也○在床曰尸者尸陳也古人病困氣未絕之時
下置在地氣絕之後更還牀上所以如此者凡人初生在地既病將死故下復
其初生冀脫得死重生也若其不生復反本床既未殯斂陳列在牀故曰尸也
白虎通云失氣亡神形體獨陳是也言形體在也○在棺曰柩者柩究也三日
不生斂之在棺死事究竟於此也白虎通云柩究也久也不復變。色然尸柩亦
通名也案曾子問云如小斂則子免而從柩此謂小斂舉尸
在爲柩也春秋左氏傳贈死不及尸是呼未葬之柩爲尸羽鳥曰降四足曰
漬異於人也降落也漬謂相瀸。汙而死也春秋傳曰大災者何大漬也○降戸江反又音絳注同漬辭賜反瀸子廉反汙穢汙之汙一作汙戸旦反疏

羽鳥至曰漬○鳥獸死異名也降落也羽鳥飛翔之物。今云其降落是知死也
○四足曰漬者牛馬之屬也若一箇死則餘者更相染漬而死今云其漬則知
死也異於人耳春秋傳曰大災者何大漬也公羊莊二十年夏齊大災大災者
何大瘠也大瘠者何痾也注云痾者民疾疫也然此云漬彼云瘠字異而意同
也。者死寇曰兵異於凡人當饗祿其後祭王父曰皇祖考王母曰皇祖妣父曰皇考母曰皇
妣夫曰皇辟更設稱號尊神異於人也皇君也考成也言其德行之成也妣之言媲也媲於考也辟法也妻所取法也○妣必履反辟婢亦反徐
扶亦反稱尺證反下之稱皆同行下孟反下同媲普計反【疏】死寇至皇辟○死寇曰兵○謂父祖死君之寇而子孫爲名也言人能爲國家捍難禦侮爲寇
所殺者謂爲兵兵器。仗之名言其爲器仗之用也故君恤祿恤其子孫異於凡人也故鄭云當饗祿其後春饗孤子是也○祭王至皇辟○此更爲神設尊號
亦廣其義也○王父祖父也皇君也考成也此言祖有君德已成之也○王母曰皇祖妣者王母祖母也妣媲也言得媲匹於祖也○父曰皇考母曰皇妣者
義如上祖父母也○夫曰皇辟者辟法也夫是妻所取法如君故言君法也○注皇君至法也○正義曰皇君也考成也辟法也皆釋古文也生曰父
曰母曰妻死曰考曰妣曰嬪嬪婦人有法度者之稱也周禮九嬪掌婦學之法教九御婦德婦言婦容婦功【疏】生曰至曰嬪○
生時所稱也不言祖及夫者以生號無別稱也○死曰考曰妣曰嬪者嬪婦人有法度之名也前是宗廟之祭加其尊稱故父母並曰皇也此謂非祭時所稱
也○注嬪婦至婦功○正義曰周禮九嬪掌婦學之法教九御者此證嬪有德之名周禮以九嬪教宮內之婦人學四德也謂九御者自世婦以下九九而御
者也嬪所教不教后夫人及世婦唯教九御而已云婦德婦言婦容婦功者此九嬪所教之事也婦德謂貞順也婦言謂辭令也婦容謂婉娩也婦功謂絲枲
也○此生死異稱出爾雅文言其別於生時耳若通而言之亦通也尚書云大傷。其考心又云聽聽祖考之彝訓倉頡篇云考妣延年書云嬪于虞詩大明云

曰嬪于京周禮九嬪官並非生死異稱矣之壽考曰卒，短折曰不祿。祿謂有德行任爲大夫士而不爲者老而死從大夫之稱少而死從士之稱○折市設反任音壬又如字【疏】壽考至不祿○此並是有德未經仕而死者之稱也壽考老也短折少也若有德不仕老而死者從大夫之稱故曰卒也若少而死者則從士之稱故曰不祿○注有德至之稱○正義曰鄭知有德行任爲大夫士而不爲者若實是大夫士前文已顯今更別云卒與不祿同大夫士之稱故知堪爲大夫士而不爲者檀弓云君子曰終小人曰死與此不同者此據年之老者從大夫之稱少者從士之稱檀弓不據年之老少但據君子取終其成功小人精神盡澌與此別也○天子視不上於袷，不下於帶，袷交領也天子至尊臣視之目不過此○上時掌反下及注同袷音劫國君綏視。視國君彌高綏讀爲妥妥視謂視上於袷○綏依注音妥他果反大夫衡視，視大夫又彌高也衡平也平視謂視面也士視五步。士視得旁遊目五步之中也視大夫以上上下遊目不得旁○遊如字徐音流凡視上於面則敖，敖則仰○敖五報反下於帶則憂，憂則低傾則姦。辟頭旁視心不正也傾或爲側○辟本或作僻匹亦反【疏】天子至則姦○正義曰此一節論天子以下其臣視君尊卑有異之事○天子視不上於袷者袷謂朝祭服之曲領也天子至尊臣之所視不得上過於袷過袷則慢供奉至尊須承候顏色又不得下過於帶若下過於帶則似有憂慼不供其事○國君綏視者國君諸侯也妥下也若臣視君目不得取看於面當視面下袷上既卑稍得上視也庾氏云妥頹下之貌前執器以心爲平故以下爲妥此視以面爲平故妥下於面則上於袷也○大夫衡視者衡平也人相看以面爲平若大夫之臣視大夫平看其面也故前云綏視形大夫爲言士視五步者若視大夫以上唯直瞻上下並不得旁視若士之屬吏視士亦不得高面下帶而得旁視左右五步也○凡視上於面則敖者此解所以觀視有界限之義也視人過高則是敖慢定十五年邾子執玉高其容仰高仰驕也○下於帶則憂者若視過下則似有憂有憂頭低垂定十五年魯公受玉卑其容俯卑俯替也又昭十一年秋會於厥慭單子視不登帶是也○傾則姦者傾欹側也若視尊者而欹側旁視流目東西則似有姦惡之意也

○君命大夫與士肄肄習也君有命大夫則與士展習其事謂欲。有所發為也○君命絕句肆本又作肄同以二反在官言官在府言府在庫言庫在朝言朝。唯君命所在就展習之也官謂板圖文書之處府謂寶藏貨賄之處也庫謂車馬兵甲之處也朝謂君臣謀政事之處也○處昌慮反下皆同藏才浪反賄呼罪反字林音悔朝言不及犬馬非公議也輟朝而顧不有異事必有異慮心不正志不在君輟猶止也○輟丁劣反故輟朝而顧君子謂之固固謂不達於禮也在朝言禮問禮對以禮於朝廷言無所不用禮

疏○君。命。至。以。禮○正義曰此一節論臣事君所在皆當謹習其事各隨文解之○君命謂君有教命有所營為也其大夫則與士先習學所為之事備擬君之所使○在官言官者此是君命所使之事言猶議也若君命之在官則臣當展習言議在官之事○在府言府者命之在府亦當習議在府之事也○在庫言庫者命之在庫亦隨而習議在庫之事也○在朝言朝者命之在朝亦隨而習議在朝之事也○注唯君至處也○正義曰知官謂板圖文書者與府相對周禮內府之屬皆主財貨故知官謂板圖文書故周禮八法治官府○朝言至以禮○此以下明在朝言朝之事朝既如此則官及府庫可知也朝是謀於政教之處也不宜私褻論辯以及犬馬也○輟朝而顧不有異事必有異慮者輟止也異事非常之事異慮非常之慮也臣於朝矜莊儼恪視不流目若忽止朝而迴顧此若非見異事則心有異慮也此由不先習也○故輟朝而顧君子謂之固者固陋也若身無異事心無異慮忽止朝而顧君子謂此為固陋不達禮意也魯哀公答孔子云寡人固不固是也固謂不達禮也○在朝言禮問禮對以禮者朝事既重謀政不輕殷勤誠之言及問對則宜每事稱禮也故鄭注於朝廷言無所不用禮故論語云孔子謂顏回曰非禮勿動非禮勿言

非禮勿視非禮勿聽是也大饗不問卜祭五帝於明堂莫適卜也郊特牲曰郊血大饗腥○適丁歷反腥音星不饒富富之言備也備
而已勿多於禮也疏大。饗。至。饒。富○正義曰此大饗總祭五帝其神非一若卜其牲日五帝總卜而已不得每帝問卜若其一一問卜神有多種恐吉凶
不同故鄭云莫適卜總一卜而已○不饒富者富之言備也雖曰大饗諸帝配以文武然禮數有常取備而已不得以其大饗豐饒其物使之過禮此經直云
大饗鄭知祭五帝於明堂者以其上文云不問卜又與月令季秋大饗帝同諸帝皆在不得每帝問卜若其祫之大饗則周禮宗伯享大鬼皆卜不得云不問
卜知非大祫也鄭引郊特牲云郊血大饗腥者取大饗二字以證此大饗之文其實彼大饗文在郊下謂祫祭也然此祭五帝莫適卜而雩總祭五帝得每帝
問卜者以雩祭爲百穀祈雨非一帝之功故每帝適卜至於大饗之時歲功總畢配以文武祭報其功不須每帝皆卜故唯一卜而已○凡摯天
子鬯諸侯圭卿羔大夫鴈士雉庶人之摯匹童子委摯而退摯之言至也天子無客禮以鬯爲摯
者所以。唯用告神爲至也童子委摯而退不與成人爲禮也說者以匹爲鶩○摯音至徐之二反本又作贄同鬯勑亮反香酒摯匹依注作鶩音木鴨也野
外軍中無摯以纓拾矢可也非爲禮之處用時物相禮而已纓馬繁。纓也拾謂射鞲○樊本又作繁步丹反鞲徐音溝又古侯反
一音古豆反婦人之摯椇榛脯脩棗栗婦人無外事見以羞物也椇榛木名椇。枳也有實今邳郯之東食之榛實似栗而小○椇
俱羽反榛側巾反字林云仕巾反木叢也古本又作亲音壯巾反云似梓實如小栗也見賢遍反枳居紙反邳被悲反下邳也郯音談東海縣名疏凡。摯。
至。棗。栗。○正義曰天子鬯者釀黑黍爲酒其氣芬芳調暢故因謂爲鬯也天子無客禮必用鬯爲摯者天子弔臨適諸侯必舍其祖廟既至諸侯祖廟仍以鬯
禮於廟神以表天子之至故鄭注鬯人亦然也○諸侯圭者謂公侯伯也公侯伯用圭子男。用璧以朝王及相朝聘表於至也此唯云圭不言璧者略可知也

○卿羔者鄭注宗伯云羔小羊取其羣而不失類也白虎通云羔取其羣而不黨卿職在盡忠率下不黨也周禮云公之孤以皮帛若諸侯適子被王命者各下其君一等公之子如侯伯執圭侯伯之子如子男執璧子男之子命與未命者皆以皮帛繼子男也○大夫鴈者鄭注宗伯云鴈取其候時而行也白虎通云鴈取飛。則行列也大夫職在奉命適四方動則當以正道事君也○士雉者雉取性耿介唯敵是赴士始升朝宜爲赴敵故用雉也羔鴈生執雉則死持亦表見危致命書云二生一死是也故鄭注宗伯云雉取其守介而死不失其節也然白虎通云雉取其不可誘之以食懾之以威死不可畜也士行威介守節死義不當移士摯冬雉夏腒也○庶人之摯匹者匹鶩也野鴨曰鳧家鴨曰鶩鶩不能飛騰如庶人但守耕稼而已故鄭注宗伯云鶩取其不飛遷爾雅釋鳥云舒鳧鶩郭景純云鶩音木舍人及李巡云鳧野鴨名鶩家鴨名某氏云在野舒飛遠者爲鳧○童子委摯而退者童子見先生或尋朋友既未成人不敢與主人相授受拜伉之儀但奠委其摯於地而自退辟之然童子之摯悉用束脩也故論語云孔子自行束脩以上則吾未嘗無誨焉是謂童子也然凡用牲爲摯主人皆食之故司士云掌擯士者膳其摯鄭司農云王食其所執羔鴈之摯玄謂膳者入於王之膳人○注摯之至至也○正義曰鄭知然者以上文云天子臨諸侯畛於鬼神又畛人云供介鬯是天子於諸侯有告神之義○野外軍中無摯以纓拾矢可也○謂人在野外軍旅之中或應相見而無物可持爲摯者則不以舊禮當隨時所用纓謂馬繁纓即馬鞅也拾射韝也矢猶箭也軍在野無物故用此爲摯可也不直云軍中而云野外者若軍在都邑中則宜依舊禮不可用軍物也云若非軍中而在野外亦曰時物或纓拾之徒隨所有也舉一隅耳觸類而長之則若土地無正摯則時物皆可也○婦人之摯椇榛脯脩棗栗○婦人無外事唯初嫁用摯以見舅姑故用此六物爲摯也椇即今之白石李也形如珊瑚味甜美榛似栗而小也脯搏肉無骨而曝之脩取肉鍛治而加薑桂乾之如脯者所以用此六物者椇訓法也榛訓至也脯始也脩治也棗早也栗肅也婦人有法始至脩身早起肅敬也故后夫人以下皆以棗栗爲摯取其早起戰栗自正也必知以名爲義者案莊二十四年左傳云女贄不過榛栗棗脩以告虔也見榛是虔義之名明諸物皆取名爲義案昏禮婦見舅以棗栗見姑以腶脩其榛椇所用無文

○納女於天子曰備百姓於國君曰備酒漿於大夫曰備埽灑

納女猶致女也壻不親迎則女之家遣人致之此其辭也姓之言生也天子皇后以下百二十人廣子姓也酒漿埽灑。賤婦人之職○埽悉報反灑所買反又山寄反迎魚敬反賤婦人之職本又有無婦字者

疏

納女至埽灑○正義曰納猶致也致者壻不親迎則女之家三月廟見使人致之而爲此辭姓生也言致此女備王之后妃以下百二十人以生廣子孫故云。姓也○於國君曰備酒漿者致女於諸侯也酒漿是婦人之職也故送女而持此爲辭轉卑不敢言百姓也故詩云無非無儀唯酒食是議是也○於大夫曰備埽灑彌賤也不敢同諸侯故不得言酒漿也唯及大夫不及士者士卑故也諸侯功成得備八妾重國廣嗣也○注納女至之職○正義曰成九年夏季孫行父如宋致女此云納女故云納女猶致女也知壻不親迎嫁女之家使人致女者以成九年二月伯姬歸於宋時宋公不親迎故魯季孫行父如宋致女是也而天子亦有親迎以否者異義云禮戴說天子親迎左氏說天子不親迎使上卿迎之諸侯亦不親迎使上大夫迎鄭駮異義云文王迎大姒親迎於。渭又引孔子答哀公合二姓之好以繼先聖之後以爲天地宗廟社稷之主冕而親迎君何謂已重乎此天子諸侯有親迎也若不親迎則宜致女云備百姓也

禮記注疏卷五校勘記

阮元撰盧宣旬摘錄

曲禮下

五官之長曰伯節　惠棟校云五官之長節其擯節九州之長節其在東夷節於內自稱節庶方小侯節宋本合爲一節

五官至職方　惠棟校宋本無此五字

故詩崧高注云當堯時　監毛本作時此本時誤氏閩本同

明堯末置之　閩監本作末此本誤未毛本同

其擯於天子也節

天子同姓謂之伯父　閩監毛本同石經同岳本嘉靖本同釋文出天子謂之伯父云本或有同姓二字衍文正義本有同姓二字

正義曰此是二伯也　惠棟校宋本無上三字

九州之長節

正義曰殷曰伯　惠棟校宋本無上三字

一本云天下同姓　閩本同監毛本下作子

其在東夷節

雖有侯伯之地惠棟校宋本同宋監本同閩本同岳本嘉靖本同監毛本侯誤諸

正義曰此天子亦選其中賢者惠棟校宋本無上三字

庶方小侯節

正義曰庶衆也惠棟校宋本無上三字

曰天子之力臣閩監毛本同惠棟校宋本曰上有則字

對天子皆稱名也惠棟校宋本此下標禮記正義卷第六終又記云凡二十七頁

天子當依而立節惠棟校宋本自此節起至納女於天子節止爲卷七首題禮記正義卷第七

天子至曰朝惠棟校宋本無此五字

左右几監毛本作几此本几誤凡閩本同

負之而南面以對諸侯也閩本同惠棟校宋本同監毛本面誤而

欲其來之早閩本同惠棟校宋本同監毛本來誤求

殷頫亦並依時閩監毛本作覜此本誤頫下然所以殷頫不須分四時者同

恆當門自蔽名曰樹閩監本同考文引宋板同毛本恆誤宁衞氏集說恆作垣是也

而近應門者矣　閩本同惠棟校宋本同監毛本矣誤也

諸公在西　閩監毛本有公字此本脫

公族朝於內朝　閩本同監毛本族作侯與文王世子不合考文引宋板作族

及王退侯大夫之朝也　閩本同監毛本侯誤侯考文引宋板亦作侯

南面西上上　補毛本無重上字此本重疑傳寫之誤

此是每日視朝之位　閩本同監本此字上空闕毛本脫上字並非

諸侯未及期相見節

郤閒也　閩本同嘉靖本同監毛本閒作閑岳本同

諸侯至曰盟　惠棟校宋本無此五字

許君謹案　閩監本同毛本君作慎

以詛射頹考叔者　監毛本同閩本頹誤穎○按廣韻於从禾之穎字下云又姓左傳穎考叔亦非說詳左傳校勘記

不人君也　閩監毛本同惠棟校宋本不作下是也

故定四年鑪金云　閩監毛本同案鑪金二字不可解準以正義引左傳之例如本節疏所稱僖二十五年左傳云襄二十六年左

傳云隱七年左傳云則此當作故定四年左傳云鑪金二字當爲左傳二字但形聲絕不相涉不知何以誤寫至此浦鏜云鑪金云三字當爲衍文

果敗諸崤　監毛本作崤此本崤誤峭閩本同

諸侯見天子節

奉珪請覲　閩監毛本同惠棟校宋本珪作圭宋監本同岳本嘉靖本同考文云古本足利本作圭

自稱曰寡人　閩監毛本同石經同岳本嘉靖本同釋文出自謂云一本作自稱正義本亦作自稱

遠辟天子　嘉靖本辟作避○按避正字辟假借字

某甫且字　閩監毛本同岳本嘉靖本同衞氏集說且作擧謬

諸侯至之老　惠棟校宋本無此五字

是鄭意術擯者之辭　閩本同監毛本術作述○按作術用假借字監本初亦作術後改述

不許楚之滅蔡也　閩監毛本作滅此本誤濟今正

舍爲君商人之弑也　閩監毛本同盧文弨校本舍上增成字商上增惡字

言葬後未執玉而執皮帛　惠棟校宋本作未執玉衞氏集說同此本未執二字闕玉誤王閩本同監毛本未執玉作見於

王非

故得見也若未葬惠棟校宋本作也若衞氏集說同此本也若二字闕閩監毛本作天子非

言謚曰類○言謚謂將葬閩監毛本如此此本○言二字闕惠棟校宋本○作者字衞氏集說亦作言謚謂將葬

故將葬之前惠棟校宋本作故將衞氏集說同此本故將二字闕閩本同監毛本作當未非

使大夫行象聘問之禮也惠棟校宋本作行象此本行象二字闕閩監毛本行象作來行與注不合

今請謚使大夫閩監毛本作謚使此本謚使二字闕惠棟校宋本使作遣

言類象聘而行此禮也閩本同惠棟校宋本同監毛本象誤相

解經中類字惠棟校宋本作解經此本解經二字闕閩監毛本同

案玉藻云惠棟校宋本作案玉此本案玉二字闕閩監毛本案作○非

若於己君惠棟校宋本作若於此本若於二字闕閩監毛本若作稱衞氏集說同

天子穆穆節

皇且行又曰惠棟校宋本作行又岳本同嘉靖本同衞氏集說同此本行又二字闕閩監毛本又作者非

衆介北面鏘鏘焉閩監毛本同岳本同嘉靖本同衞氏集說同惠棟校宋本鏘鏘焉三字作蹌焉二字宋監本同齊召南考證云按鄭用聘禮記文當作衆介北面蹌焉此下疏亦作蹌焉則鏘鏘二字並誤也○按段玉裁云依說文當作蹩躠爲行皃蹌訓動也然則禮言行容者皆躠爲

正字蹌爲假借字

天子至僬僬○惠棟校宋本無此五字一○

故行止威儀多也惠棟校宋本作行止此本行止二字闕閩監毛本行止作穆穆非

而猶有莊威惠棟校宋本作猶有此本猶有二字闕閩監毛本猶有作皇皇非

皇皇莊威也閩監毛本同惠棟校宋本下皇字作自山井鼎曰聘禮注作皇自莊威也宋板爲是

並自直行而已惠棟校宋本作自直衞氏集說同此本自直二字闕閩監毛本同

故詩有濟濟文王閩監毛本同惠棟校宋本文作辟是也衞氏集說同

聘禮人臣閩監毛本同惠棟校宋本人作是是也

宜已申也惠棟校宋本作申此本申字闕閩監毛本同

亦聘禮文也惠棟校宋本作也此本也字闕閩監毛本同

天子之妃節

於其君稱此毛本如此岳本嘉靖本同衞氏集說同此本其君稱三字闕閩監本同

以接見禮敵閩監本同毛本禮作體岳本嘉靖本同衞氏集說同案依正義作體是也

嫌其當毛本如此岳本嘉靖本同衛氏集說同此本三字闕閩監本同

言子者通男女毛本如此岳本嘉靖本同衛氏集說無者字此本六字闕閩本闕五字監本同案考文古本亦無者字

亦謂諸侯之卿也毛本如此岳本嘉靖本同衛氏集說同此本之卿也三字闕閩監本同

曰某士者如晉韓起聘於周閩監毛本如此岳本如作若嘉靖本同宋監本同衛氏集說同此本者如晉三字闕

陪重也毛本如此岳本嘉靖本同衛氏集說同此本三字闕閩監本同

天子至曰某惠棟校宋本無此五字

妃邦君之合配王閩監毛本同惠棟校宋本邦君之作配也判是也

以特牲少牢是大夫士之禮惠棟校宋本作少牢是是也衛氏集說同此本少牢是三字闕閩監毛本同

故繼其王言之曰王后也惠棟校宋本作曰王后是也此本曰王后三字闕閩監毛本同

孺屬也言其爲親屬惠棟校宋本作也言其閩本言其作與之非監毛本作與人亦非此本也言其三字闕衛氏集說亦作言其

孺屬也○士曰婦人者毛本如此閩本○士誤大夫監本○闕此本也○士三字闕

其婦號亦上下通名故春秋惠棟校宋本作通名故閩監毛本名故作稱按非此本通名故三字闕衛氏集說三字作

通稱故

言婦有姑之辭惠棟校宋本作有姑之衛氏集說同閩監毛本有姑作通稱非此本有姑之三字闕

則貴賤悉曰妻惠棟校宋本作貴賤悉此本貴賤悉三字闕閩監毛本貴賤悉作上下通衛氏集說同

獨言諸侯閩監毛本作獨言諸惠棟校宋本獨作今此本獨言諸三字闕考文引宋板獨作今諸作公衛氏集說同

故以敵體一人正者爲夫人惠棟校宋本作以敵體衛氏集說同閩監毛本以敵體作但得以此本三字闕

故公羊云夫人無子惠棟校宋本作羊云夫閩監毛本羊云作侯之此本羊云夫三字闕

文家先立娣之子左氏亦夫人姪娣惠棟校宋本作之子左此本之子左三字闕閩監毛本左字闕

謂夫人姪娣也其數二人惠棟校宋本作也其數此本也其數三字闕閩監毛本同

有妾者謂九女之外惠棟校宋本作九女是也衛氏集說同閩監毛本九女作六人非此本九女之三字闕

自稱曰陪臣某閩監本同毛本某下有者字

天子不言出節

天子至姓名惠棟校宋本無此五字

所在稱君閩監毛本同浦鏜校云居誤君

君子不親比惡人閩監毛本比作此衞氏集說同

注天至是也閩監本同毛本天下有子字

故鄭總言絕之閩本同惠棟校宋本同監毛本絕字脫之下有也字

爲人臣之禮節

爲人至逃之惠棟校宋本無此五字

五曰贛諫閩監本同毛本贛作戇下同

若三諫不聽閩監毛本同惠棟校宋本聽作從衞氏集說同

子之事親也節

子之至隨之惠棟校宋本無此五字

冀有悟而改之閩監毛本同惠棟校宋本之作也衞氏集說同

君有疾節

君有疾飲藥至醫不三世不服其藥惠棟校宋本無此十四字

儗人必於其倫節

凝人必於其倫○惠棟校宋本無此七字

問天子之年節

問天至負薪也惠棟校宋本無此六字

謙不敢言見也監毛本作見衞氏集說同此本見誤用閩本同

數射筭閩監本同毛本筭作算是正字

但以子自典告也閩監毛本作告衞氏集說同此本告誤吉

謂主事者閩本同監毛本主誤王

問國君之富節

問國至以對惠棟校宋本無此五字

天子祭天地節惠棟校云天子祭天地節凡祭節天子以犧牛節支子節宋本合爲一節

天子至其先惠棟校宋本無此五字

周人宗武王是也閩監毛本同浦鏜校云下當脫祭地者謂祭崑崙之神及神州地祇也一十五字

於一州中更分爲九州惠棟校宋本作一是也此本誤○閩監毛本作神亦非衞氏集說同

紫微爲天帝北極輝魄寶　閩監毛本輝作耀

以刺幽王之無道　閩監毛本同作王是也

既無等差　惠棟校宋本同閩監毛本等差二字倒

天子以犧牛節

犧純毛也　閩監毛本同岳本嘉靖本同釋文出牷云音全一本作純考文引古本作牷

卒哭成事附皆太牢　閩本同惠棟校宋本同監毛本附作祔下同

凡祭宗廟之禮節

豚曰腯肥　石經同岳本嘉靖本同釋文出豚曰腯肥云腯徒忽反注同本或作豚案此經文腯字及注腯亦肥也並當從釋文或作豚本盧文弨校云觀注云春秋傳作腯則此不作腯明矣釋文下又有作腯徒忽反一音若腯字上先見當云注同不必更出矣

槀魚曰商祭　閩監毛本作魚石經同岳本同此本魚誤兔嘉靖本商誤商

稷曰明粢　石經同岳本同各本同程瑤田九穀考云蔡邕獨斷無稷曰明粢句釋文明粢一本作明粢古本無此句案隋王劭勘晉宋古本皆無稷曰明粢句立八疑十二證孔疏非之引鄭氏士虞禮注以斥其妄然考鄭氏注曲禮於稷曰明粢句無解說其注士虞禮曰明齊新水也又曰或曰當爲明視謂兔腊也今文曰明粢粢稷也皆非其次尋其語氣鄭於明視意中有曲禮兔曰明視之說故直斥之曰謂兔腊也於明粢意中無曲禮稷曰明粢之說故必

申言粢字據爾雅粢稷之云以斥今文之非由是言之鄭注曲禮時或實無稷
曰明粢句而晉宋以後人誤讀士虞禮注而加之亦未可知耳王劭所見古本
恐未可遽斷其非漢代流傳真本

稻曰嘉蔬石經同岳本嘉靖本同釋文出嘉疏云本又作蔬通典四十八引稻曰嘉蔬

號牲物者異於人用也毛本如此岳本嘉靖本同宋監本同衛氏集說同此本者用二字闕閩監本同

翰猶長也惠棟校宋本作猶長宋監本同岳本嘉靖本同閩監毛本猶長作長聲衛氏集說同此本猶長二字闕釋文出翰長通典四十八引翰長也無猶字

萁辭也嘉善也毛本作嘉善岳本嘉靖本宋監本同此本嘉善二字闕閩監本同通典引萁辭也嘉善也

凡祭至量幣惠棟校宋本無此五字

裁截方正而用之祭閩本同惠棟校宋本同監毛本而誤也

量度燥滋得中閩監毛本滋作濕衛氏集說同

案釋古文閩監毛本古作詁

鄭注云尹脯也閩監毛本同考文引宋板尹下有祭字

今不言牲號閩監毛本作今此本誤令

天子死曰崩節惠棟校云天子節羽鳥節死寇節生曰節壽考節宋本合爲一節

自上顛壞曰崩閩監毛本岳本嘉靖本同釋文本顛作傎

言形體在岳本嘉靖本宋監本同閩監毛本在下有也字考文引宋板足利本無也字

天子至曰柩惠棟校宋本無此五字

但如崩後之餘聲遠劣於形壓閩監毛本同考文引宋板餘聲下又有聲字衛氏集說亦有

亦是畢了平生閩監毛本作了此本誤子

不復變色閩監毛本同惠棟校宋本色作也

羽鳥曰降節

漬謂相瀸汙而死也閩監本同岳本同毛本汙誤汗嘉靖本瀸誤纖

今云其降落閩監毛本作今此本誤令

字異而意同也者閩監毛本作者也惠棟校宋本無者字

死寇曰兵節

兵器仗之名監毛本作仗衛氏集說同此本仗誤伏閩本同下倣此

生曰父節

大傷其考心　閩本同惠棟校宋本同監毛本其作厥衛氏集說同

壽考曰卒節

祿謂有德行任爲大夫士而不爲者　閩監毛本同岳本嘉靖本同浦鏜校云祿當衍字衛氏集說無祿字

天子視不上於袷節

謂視上於袷　閩監本同岳本嘉靖本同衛氏集說同毛本上誤止

天子至則姦　惠棟校宋本無此五字

目不得取看於面　閩本取看作平看惠棟校宋本同衛氏集說同監毛本取看作平視

既卑稍得上視也　閩監本同毛本卑作畢

君命節

謂欲有所發爲也　惠棟校宋本同岳本嘉靖本宋監本同衛氏集說同閩本有誤肆監毛本誤肆

謂板圖文書之處　閩本同惠棟校宋本同宋監本同嘉靖本同監毛本板作版岳本同疏倣此

君命至以禮　惠棟校宋本無此五字

大饗不問卜節

大饗至饒富　惠棟校宋本無此五字

凡摯節

所以唯用告神爲至也　各本同通典七十五作所以灌用告神

馬繁纓也　閩監毛本同岳本嘉靖本同釋文出樊纓云本又作繁正義本作繁

棋枳也　閩監毛本同岳本嘉靖本同段玉裁云釋文作枳棋內則注亦有棋枳棋也盧文弨云足利古本作棋枳棋也與釋文合按通典七十五作棋枳根也根當爲棋字之訛

凡摯至棗栗　惠棟校宋本無此五字

子男用璧　閩監毛本同惠棟校宋本用上有則字衛氏集說同

鴈取飛則行列也　閩監毛本則作有

亦曰時物　閩監毛本同惠棟校宋本曰作申衛氏集說同

納女於天子節

賤婦人之職　閩監毛本同岳本嘉靖本同釋文同衛氏集說同考文引宋板無賤字是也

故云姓也閩監毛本同惠棟校宋本姓上有百字衛氏集說同

親迎於渭閩監毛本作渭此本誤謂

附釋音禮記注疏卷第五惠棟校宋本此行題禮記正義卷第七終記云凡二十九頁又宋監本題禮記卷第一經五千七百二十二字注八千三百二十七字嘉靖本題禮記卷第一經五千六百九十字注八千四百一字案嘉靖本每卷尾有此題識作雙行細注與宋監本所記字數不合各附著之以存舊式

禮記注疏卷五校勘記

附釋音禮記注疏卷第六

檀弓上第三○陸曰檀弓魯人檀大丹反姓也弓名以其善於禮故以名篇疏正義曰案鄭目錄云名曰檀弓者以其記人善於禮故著姓名以顯之姓檀名弓今山陽有檀氏此於別錄屬通論此檀弓在六國之時知者以仲梁子是六國時人此篇載仲梁子故知也案子游譏司寇惠子廢適立庶又檀弓亦譏仲子舍適孫而立庶子其事同不以子游名篇而以檀弓為首者子游是孔門習禮之人未足可嘉檀弓非是門徒而能達禮故善之以為篇目

禮記　鄭氏注　孔穎達疏

公儀仲子之喪檀弓免焉故為非禮以非仲子也禮朋友皆在他邦乃袒免○公儀仲子公儀氏仲子字魯之同姓也其名未聞免音問注同以布廣一寸從項中而前交於額上又卻向後繞於髻袒音但仲子舍其孫而立其子此其所立非也公儀蓋魯同姓周禮適子死立適孫為後○舍音捨下皆同適多歷反下皆同檀弓曰何居我未之前聞也居讀為姬姓之姬齊魯之間語助也前猶故也○居音姬下同趨而就子服伯子於門右曰仲子舍其孫而立其子何也去賓位就主人兄弟之賢者而問之子服伯子蓋仲孫蔑之玄孫子服景伯蔑魯大夫○蔑音芒結反○伯子曰仲子亦猶行古之道也昔者文王舍伯邑考而立武王微子舍其孫腯而立衍也夫仲子亦猶行古之道也伯子為親者隱耳立子非也文王之立武王權也微子適子死立其弟衍殷禮也○腯徐本作遁徒本反又徒遜反衍以善反為于偽反下為晉禮為為師同○子游問諸孔子孔子曰否立孫據周禮○孔子曰否絕句疏公儀至立孫正義曰此一節論仲子廢適立庶為檀弓所譏之

事公儀仲子。而身今喪亡檀弓與之爲友又非處他邦爲之著免故爲重服譏其失禮所以譏者仲子適子既死舍其適孫而立其庶子檀弓居在賓位而言
曰何居居是語辭言仲子舍適孫立庶子是何道理乎我未之前聞前猶故也言我未聞故昔有此事既言之後乃從賓位趨而就子服伯子於門右問之曰
仲子舍其適孫而立庶子是何禮也伯子爲仲子隱諱乃言曰仲子雖生周世猶上行古之道也言亦者餘人有行古之道仲子亦如餘人故云亦也即引文
王微子之事爲古之道也更繼之云仲子亦猶行古之道與文王微子無異子游以此爲疑問諸孔子孔子以仲子周人當從周禮不得立庶子當立孫也○
注禮朋友至祖免○正義曰知者喪服記云若他邦來還家而無主猶爲之免故鄭注云歸有主人乃已明無主猶袒免也若朋友俱在家則弔服加麻加麻
者素弁上加總之環經若一在一否亦然知者以云皆在他邦乃袒免明不皆在者則否○注公儀蓋魯同姓○正義曰知者案史記魯相公儀休此云子服
伯子是魯人故疑魯同姓也知同姓者以春秋有公鳥公若公儀同稱公故知同姓也○注去賓至大夫正義曰案賓位之法隨主人而變小斂之前主人未
忍在主位有事在西階下則賓亦入門西弔於西階下故士喪禮君使人襚主人拜送拜賓即位西階下東面鄭云未忍即主人位也小斂之後尸則出堂廉
然後有飾主人位則在阼階下西面賓弔者入門東於東階下弔也故士喪禮小斂訖故士舉男女奉尸侇於堂主人降自西階即位踊襲經于序東鄭云喪即
位踊東方位也則衆主人不接賓發初在東耳而檀弓之來者當在小斂之前初于西階行譏弔而主人未覺後乃趨嚮門右問伯子焉必知小斂前者以仲
子初喪即正適庶之位故也未小斂而著免者故爲非禮之弔亦異常也然則子游之弔惠子是小斂後也故服衰而在門東故鄭云大夫家臣位在賓後又
云在門內北面云子服伯子蓋仲孫蔑之玄孫子服景伯者案世本獻子蔑生孝伯孝伯生惠伯惠伯生昭伯昭伯生景伯云蓋者彼云子服景伯此云子服
伯子不同故云蓋景是謚伯是字也○注文王之立武王權也○正義曰案文王在殷之世殷禮自得舍伯邑考而立武王而言權者殷禮若適子死得立弟

也今伯邑考見在而立武王故云權也故中侯云發行誅紂且弘道也是七百年之基驗也〇事親有隱而無犯隱謂不稱揚其過失也無犯不犯顏而諫論語曰事父母幾諫左右就養無方左右謂扶持之方猶常也子則然無常人〇左右徐上音佐下音佑今並如字下同養以尙反下同服勤至死致喪三年勤勞辱之事也致謂戚容稱其服也凡此以恩爲制〇稱尺證反事君有犯而無隱既諫人有問其國政者可以語其得失若齊晏子爲晉叔向言之〇語魚據反又如字向香亮反叔向羊舌肸左右就養有方不可侵官服勤至死方喪三年方喪資於事父凡此以義爲制事師無犯無隱左右就養無方服勤至死心喪三年心喪戚容如父而無服也凡此以恩義之間爲制〇疏事親至三年〇正義曰此一節論事親事君及事師之法臣子著服之義各依文解之〇注無犯至幾諫〇正義曰據親有尋常之過故無犯若有大惡亦當犯顏故孝經云父有爭子則身不陷於不義是也論語曰事父母幾諫是尋常之諫也〇注左右至常人〇正義曰凡言左右者據僕從之臣故立有左右僕從之官位此左右言扶持之謂子在親左相右相而奉持之云子則然無常人然猶如是也但是子則須如是或左右奉持不常遣一人在左一人在右故云無常人〇注勤勞至爲制〇正義曰言服勤者謂服持勤苦勞辱之事。故云致謂戚容稱其服也者致之言至也謂哀情至極而居喪禮故云致謂戚容稱其服也上曲禮云五十不致毀與此同云凡此以恩爲制者凡上三事對下君與師故云以恩爲制〇注既諫至言之〇正義曰知既諫而後人有問其國政可以語其得失者昭三年左傳云晏子謂景公曰小人近市朝夕得所求景公曰子近市何貴何賤於是景公繁於刑有鬻踊者故對曰踊貴屨賤諫景公重刑後及其聘晉與叔向言齊國之政將歸陳氏景公厚斂焉陳氏厚施焉是既諫得言君之過若其未諫而言君過則不可故昭三年子大叔如晉張趯與子大叔言云火星中而寒暑退此其極也能無退乎未曾諫君輒言君德之退故傳云張趯有知其。由在君子之後乎是其被譏也魯昭公取同姓孔子不仕昭公既先諫所以論語稱孔子為昭公諱而稱丘也過者聖人含弘勸獎擊過歸己非實事也若史策書理則不一若其良史直筆不隱君過董狐書趙盾弑君及丹楹刻桷之屬是也若忠順臣則諱君親之惡者春秋。辟諱皆是故僖元年左傳云諱國惡禮也○注不可侵官○正義曰案成十六年左傳云晉楚戰于鄢陵時欒書將中軍欒鍼為晉侯車右晉侯陷於淖欒書將載晉侯鍼曰書退侵官冒也失官慢也離局姦也時欒書弃元帥之任欲載晉侯是侵官也故云不可侵官此謂君有平常小事若有危難當致死故論語云事君能致其身○注方喪資於事父○正義曰方謂比方也謂比方父喪禮以喪君故云資於事父資取也取事父之喪禮以喪君但居處飲食同耳不能戚容稱其服○注心喪至為制○正義曰凡親有冥造之功又有生育之惠故懷哀戚之痛同君哀服之限君則徒有榮身顯親之事而無冥造生育之功故唯服麤衰表盡哀戚師則以恩愛成己有同於親故不為制服故云心喪戚容如喪父為恩愛成己故也云。而無服者既無親之冥造又無君之榮顯故無服也云以恩義之間為制者無犯是同親之恩無隱是同居之義兼有親恩君義故言恩義之間為制但子之事親本主恩愛不欲聞親有過惡故有隱不欲違親顏色故無犯臣之事君利在功義若有惡不諫社稷傾亡故有犯君之過惡衆所同知故云無隱也○季武子成寢武子魯公子季友之曾孫季孫夙杜氏之葬在西階之下請合葬焉許之入宮而不敢哭武子曰合葬非古也自周公以來未之有改也自見夷人冢墓以為。寢欲文過。之○葬徐才浪反又如字合如字徐音閤後合葬皆同文如字徐音問吾許其大而不許其細何居命之哭記此者善其不奪人之恩

疏季武至之哭○正義曰此一節明不奪人之恩兼論夷人冢墓為寢欲文過之事各隨文解之○注武子至孫夙○正義曰案世本公子友生齊仲齊仲生無逸無逸生行父行父生夙夙是公子友曾孫也○注自見至文過○

正義曰言文過者武子自云合葬之禮非古昔之法從周公以來始有合葬至今未改我成寢之時謂此家墓是周公以前之事不須合葬故我夷平之以爲寢不肯服理是文飾其過先儒皆以杜氏喪從外來就武子之寢合葬與孔子合葬於防同又案晏子春秋景公成路寢之臺逢於阿盆成逆後喪並得附葬景公寢中與此同也○吾許至何居○吾許其大者聽之將喪而入葬是許其大不許其細哭是細也何居居語辭既許其大而不許其細是何道故云何居

○子上之母死而不喪子上孔子曾孫子思伋之子名白其母出○不喪如字下同徐息浪反下放此伋音急子思名也孔子之孫門人問諸子思曰昔者子之先君子喪出母乎曰然禮爲出母期父卒爲父後者不服耳○期居宜反本又作朞後放此子之不使白也喪之何也子思曰昔者吾先君子無所失道道隆則從而隆道汙則從而汙汙猶殺也有隆有殺進退如禮○隆力中反殺也汙音烏下同殺所戒反又所例反下同伋則安能自予不能及○予羊許反許也一云我也又音餘爲伋也妻者是爲白也母不爲伋也妻者是不爲白也母故孔氏之不喪出母自子思始也記禮所由廢非之

疏子上至始也○正義曰此一節論子上不喪出母之事各隨文解之○注禮爲至服耳○正義曰案喪服齊衰杖期章出妻之子爲母又云出妻之子爲父後者則爲出母無服傳云與尊者爲一體不敢服其私親是也子思既在子上當爲出母有服故門人疑而問之云子之先君子謂孔子也令子喪出母乎子思曰然然猶如是也言是喪出母故也伯魚之母被出死期而猶哭是喪出母也○子思至而汙○道猶禮也言吾之先君子無所失道道有可隆則從而隆謂父在隆出母宜加隆厚爲之著服道汙者汙猶殺也若禮可殺則從而殺謂父卒子爲父後上繼至尊不敢私爲出母禮當減殺則不爲之著服伋則安能者子思自以才能淺薄不及聖祖故云伋則何能鄭云

自予不能及予猶許也自許不能及也○孔子曰拜而后稽顙頹乎其順也此殷之喪拜也頹順也先拜賓順於事也

○顙素黨反稽顙觸地無容頹徒回反貌又音畿觸音昌欲反稽顙而后拜頎乎其至也此周之喪拜也頎至也先觸地無容哀之至○頎音懇惻隱之

三年之喪吾從其至者重者尚哀戚自期如殷。可

疏孔子至至者○正義曰此一節論殷周喪拜之異也

拜者主人孝子拜賓也稽顙者觸地無容也頹然不逆之意也拜是爲賓稽顙爲己前賓後己各以爲頹然而順序也○稽顙而后拜頎乎其至也者頎惻隱貌也先觸地無容後乃拜賓也是爲親痛深貌惻隱之至也○三年之喪吾從其至者孔子評二代所拜也至者謂先稽顙後拜也重喪主貌惻隱故三年喪則從其頎至者也○注重者至殷可○正義曰三年之喪尚哀戚則從周自期以下如殷可此經直云拜而后稽顙稽顙而后拜鄭知拜而後稽顙是殷之喪拜稽顙而后拜是周之喪拜者於孔子所論每以二代相對故下檀弓云殷人既封而弔周人反哭而弔殷。以慤吾從周又云殷朝而殯於祖周朝而遂葬皆以殷周相對故知此亦殷周相對也知並是殷周喪拜者此云三年之喪吾從其至明非三年喪者則從其順故知並是喪拜但殷之喪拜自斬衰以下緦麻以上皆拜而后稽顙。以。其質故也周則杖期以上皆先稽顙而后拜不。期。杖以下乃作殷之喪拜鄭知殷先拜而后稽顙周先稽顙而后拜者以孔子所論皆先殷而後周今拜而后稽顙文在其上故爲殷也稽顙而后拜文在其下故爲周也且下檀弓云秦穆公使人弔公子重耳重耳稽顙而不拜示不爲後也若爲後當稽顙而後拜也重耳既在周時明知先稽顙而後拜者若然士喪禮既是周禮所以主人拜稽顙似亦先拜而後稽顙者士喪禮云拜稽顙者謂爲拜之時先稽顙其喪大記每拜稽顙者與士喪禮同案晉語云秦穆公弔重耳重耳再拜不稽顙與下篇重耳稽顙不拜文異者國語之文不可用此稽顙而後拜卽大祝凶拜之下鄭注稽顙而後拜謂三年服者此拜而後稽顙卽大祝吉拜鄭注云謂齊衰不杖以下者鄭知凶拜是三年服者以雜記云三年之喪以

其喪拜喪拜卽凶拜鄭又云吉拜拜齊衰不杖以下則齊衰杖者亦用凶拜者知齊衰杖用凶拜者以雜記云父母在爲妻不杖不稽顙明父母殁爲妻杖得稽顙也是知杖齊衰得爲凶拜若然雜記云三年之喪以其喪拜非三年之喪以吉拜則杖期以下皆用吉拜今此杖期得用凶拜者雜記所云大判而言雖有杖期總屬三年之內熊氏以爲雜記所論是拜問拜賜故杖期亦屬吉拜必知然者以鄭注大祝凶拜云三年服者是用雜記之文解以凶拜之義則拜賓拜問一拜賜不得殊也且雜記問與賜與於拜文上下不相接次不可用也周禮大祝一曰稽首鄭云頭至地案中候我應云拜王再拜稽首鄭云稽首頭至手也此卽臣拜君之拜故左傳云天子在寡君無所稽首大夫於諸侯亦稽首故下曲禮云大夫之臣不稽首則大夫於君得稽首二曰頓首鄭曰頭叩地不停留也此平敵以下拜也諸侯相拜則然以其不稽首唯頓首也三曰空首鄭云頭至手所謂拜手也以其與拜手是一故爲頭至手也此答臣下之拜其敵者既用頓首故知不敵者用空首四曰振動鄭云戰栗變動之拜謂有敬懼故爲振動故尚書泰誓火流爲烏王動色變是也五曰吉拜者謂先作頓首拜後作稽顙故鄭康成注與頓首相近六曰凶拜者既重於吉拜當先作稽顙而後稽首七曰奇拜鄭大夫云奇拜謂一拜也鄭康成云一拜答臣下然燕禮大射公答再拜者爲初敬之爲賓尊之故再拜燕末無算爵之後唯止一拜而已八曰褒拜者鄭大夫云褒讀爲報。報拜再拜也鄭康成云再拜拜神與尸九曰肅拜者鄭司農云但俯下手今時撎是也介者不拜引成十六年爲事故敢肅使者此禮拜體爲空首一拜而已其餘皆再拜也其肅拜或至再故成十六年晉郤至三肅使。此肅又謂婦人之拜故少儀云婦人吉事雖有君賜肅拜是也

○孔子既得合葬於防言既得者少孤不知其墓○少詩召反下文同曰吾聞之古也墓而不墳墓謂兆域今之封塋也古謂殷時也土之高者曰墳○墳扶云反今丘也東西南北之人也不可以弗識也於是封之崇四尺東西南北言居無常處也聚土曰封封之周禮也周禮曰以爵等爲

丘封之度崇高也高四尺蓋周之士制○識式志反又如字處昌慮反之度本又作之數孔子先反當脩虞事門人後雨甚至後待

封也孔子問焉曰爾來何。遲也曰防墓崩言所以遲者脩之而來○防墓防地之墓也庾云防衛墓崩孔子不

應以其非禮○三言之以孔子不聞應應對之應○三息暫反又如字孔子泫然流涕曰吾聞之古不脩。墓脩猶

治也○泫胡犬反涕音體【疏】孔子至脩墓○正義曰此一節論古者不脩墓之事各依文解之○天子之墓一丈諸侯八尺其次降差以兩○今丘也東西

南北之人也不可以弗識也○今既東西南北不。但在鄉若久乃歸還不知葬之處所故云不可以不作封墳記識其處○注周禮至士制○正義曰引周禮

家人云高四尺蓋周之士制者其父梁紇雖爲大夫周禮公侯伯之大夫再命與天子中士同云周之士制者謂天子之士也○曰防墓崩○防地之墓新始

積土遇甚雨而崩庾蔚云防守其墓備擬其崩若如庾之言墓實不崩鄭何以言修之而來孔子何以言古不修墓違經背注妄說異同非也○孔子泫然流

涕○自傷修墓違古致令今崩弟子重脩故流涕也○孔子哭子路於中庭寢中庭也與哭師同親之有人弔者而夫

子拜之爲之主也既哭進使者而問故使者自衛來赴者故謂死之意狀○使色吏反下及注同使者曰醢之矣

時衛世子蒯聵簒輒而立子路死之醢之者示欲啗食以怖衆○醢音海蒯苦怪反聵五怪反蒯聵衛靈公之太子出公輒之父莊公也簒輒初患反輒出公

名也啗本又作啖待敢反怖普故反遂命覆醢覆。弃之不忍食○覆芳服反注同【疏】孔子至覆醢○正義曰此一節論師資之恩兼明子路死

之意狀○注寢中至親之○正義曰下文云師吾哭諸寢今哭子路於中庭故云與哭師同親之若其不親當哭於寢門外與朋友同故下云朋友哭諸寢門

外案奔喪云師於廟門外者謂周禮也下文據殷法也○注故謂死之意狀○正義曰案哀十五年左傳云孔子聞衛亂曰柴也其來由也其死。矣則是預知

所以進使者問故者以子路忠而好勇必知其死難但不知其死之委曲更問之也○注時衞至怖衆○正義曰案哀十五年左傳云蒯聵潛入孔悝之家與伯姬迫孔悝於廁強盟之遂劫以登臺子路入逐之至臺下且曰大子無勇若燔臺半必舍孔叔大子聞之懼下石乞盂黶敵子路以戈擊之斷纓子路曰君子死冠不免○注云不使冠在地遂絕纓而死

○曾子曰朋友之墓有宿草而不哭焉宿草謂陳根也爲師心喪三年於朋友期可○期音朞

疏曾子至哭焉○正義曰曾子孔子弟子姓曾名參字子輿魯人也宿草陳根也草經一年陳根陳也朋友相爲哭一期草根陳乃不哭也所以然者朋友雖無親而有同道之恩言朋友期而猶哭者非謂在家立哭位以終期年張敷云謂於一成之内如聞朋友之喪或經過朋友之墓及事故須哭如此則哭焉若期之外則不哭也

○子思曰喪三日而殯凡附於身者必誠必信勿之有悔焉耳矣三月而葬凡附於棺者必誠必信勿之有悔焉耳矣言其日月欲以盡心脩備之附於身謂衣衾附於棺謂明器之屬○衾音欽喪三年以爲極亡去已久遠而除其喪○以爲極亡並如字極已也徐紀力反王以極字絕句亡作忘向下讀孫鄭作亡而如王分句則弗之忘矣則之言曾故君子有終身之憂念其親而無一朝之患毀不滅性故忌日不樂謂死日言忌日不用舉吉事○樂如字又音洛

疏子思至不樂○正義曰此一節論喪之初死及葬送終之具須盡孝子之情及思念父母不忘之事今各隨文解之三日而殯者據大夫士禮故云三日也○凡附於身者謂衣衾也夫祀必求仁者之粟故送終之物悉用誠信必令合禮不使少有非法後追悔咎焉耳矣者助句之辭○三月而葬凡附於棺者必誠必信勿之有悔焉耳矣者三月而葬亦大夫士禮也附謂明器之屬亦當必誠信不追悔也○注言其至之屬○正義曰此言其日月欲以盡心修備之鄭意但言凡附身附棺自足又更云三日三月言棺中物少者

三日之期家計可使量度則必中棺外物多三月之。賒思忖必就故言日月欲見宜慎也云謂明器之屬者案既夕禮除明器之外有用器弓矢耒耜兩敦兩
杅盤匜燕樂器甲冑干笮杖笠翣等故云之屬也○喪三年以爲極亡○此亦子思語辭也言服親之喪以經三年以爲極亡可以弃忘而孝子有終身之痛
曾不暫忘於心也注云則之言曾故君子有終竟己身恆慘念親此則是不忘之事雖終身念親而不得有一朝之間有滅性禍患恐其常毀故唯忌日不爲
樂事他日則可防其滅性故也所以不滅性者父母生己欲其存寧若滅性傷親之志又身已絕滅無可祭祀故也○注謂死至吉事○正義曰下篇子卯爲
人君忌日恐此忌日亦爲子卯故云謂死日也言忌者以其親亡忌難吉事不舉之○孔子少孤不知其墓孔子之父聊叔梁紇與顏
氏之女徵在野合而生孔子。徵在恥焉不告○聊側留反又作鄹紇恨發反徐胡切反又胡沒反○殯於五父之衢欲有所就而問之孔子亦
爲隱焉殯於家則知之者無由怪己欲發問端五父衢名蓋聊曼父之鄰○父音甫注及下同衢求于反爲如字又于僞反曼音萬人之見之者
皆以爲葬也見柩行於路○其慎也蓋殯也慎當爲引禮家讀然聲之誤也殯引飾棺以輴葬引飾棺以柳翣孔子是時以殯引
不以葬引時人見者謂不知禮○慎依注作引羊刃反輴七見反翣所甲反○問於聊曼父之母然後得合葬於防曼父
之母與徵在爲鄰相善○鄰有喪舂不相里有殯不巷歌皆所以助哀也相謂以音聲相勸○相息亮反注同喪冠
不緌去飾○緌本又作綏同耳佳反去起呂反疏孔子至於防○正義曰此一節論孔子訪父墓之事云孔子既少孤失父其母不告父墓之處今母
既死欲將合葬不知父墓所在意欲問人故若殯母於家則禮之常事他人無由怪己故殯於五父之衢欲使他人怪而致問於己外人見柩行路皆以爲葬
但葬引柩之時飾棺以柳翣其殯引之禮飾棺以輴當夫子飾其所引之棺以輴故云其引也蓋殯也殯不應在外故稱蓋爲不定之辭於時聊曼父之母素

與孔子母相善見孔子殯母於外怪問孔子孔子因其所怪遂問聊曼父之母始知父墓所在。然後得以父母尸柩合葬於防○注孔子至不告○正義曰按
史記孔子世家云叔梁紇與顏氏女野合而生孔子鄭用世家之文故注言野合不備於禮也若論語云先進於禮樂野人也及野哉由也非謂草野而合也
但徵在恥其與夫不備禮爲妻見孔子知禮故不告言不知其墓者謂不委曲適知柩之所在不是全不知墓之去處其或出辭入告總望本處而拜今將欲
合葬須正知處所故云不知其墓今古不知墓處於事大有而講者諠諠競爲異說恐非經記之旨案家語云叔梁紇年餘七十無妻顏父有三女顏父謂其
三女曰鄒大夫身長七尺武力絕倫年餘七十誰能與之爲妻二女莫對徵在進曰從父所制將何問焉父曰即爾能矣遂以妻之爲妻而生孔子三歲而叔
梁紇卒王肅據家語之文以爲禮記之妄又論語緯撰考云叔梁紇與徵在禱尼丘山感黑龍之精以生仲尼今鄭云叔梁紇與顏氏之女徵在野合於家語
文義亦無殊何者七十之男始取徵在灼然不能備禮亦名野合又徵在幼少之女而嫁七十之夫是以羞慚不能告子叔梁紇生子三歲而後卒是孔子
少孤又與撰考之文禱尼丘山而生孔子於野合之說亦義理無妨鄭與家語史記並悉符同王肅妄生疑難於義非也○注慎當至知禮○正義曰挽柩爲
引無名慎者以慎引聲相近故云慎當爲引云禮家讀然者然猶如是也言禮家讀如是引字故大司徒云大喪屬其六引是讀引也云殯引飾棺以輤者案
雜記云諸侯行而死於道其輤有裧緇布裳帷輤爲赤色大夫布裳帷士葦席以爲屋蒲席以爲裳帷大夫以下雖無輤取諸侯輤同名故飾棺以輤云引。葬。
飾棺以柳翣者案喪大記云君龍帷黼荒黼翣二黻翣二畫翣二大夫畫帷畫荒黻翣二畫翣二士布帷布荒畫翣二在上曰荒在旁曰帷總謂之柳故云飾
棺以柳翣○有虞氏瓦棺始不用薪也有虞氏上陶○陶大刀反○夏后氏堲。周火。熟曰堲燒土冶以周於棺也或謂之土周由
是也弟子職曰右手折堲○即周本又作堲同子栗反又音稷注下同何云治土爲甎四周於棺燒叔招反折之設反管子云左手執燭右手折即即燭頭燼

也弟子職其篇名○**殷人棺椁**椁大也以木爲之言椁大於棺也殷人上梓○棺音官椁音郭梓音子○**周人牆置翣**牆柳。衣也凡此言後王之制文○牆在良反○**周人以殷人之棺椁葬長殤以夏后氏之堲周葬中殤下殤以有虞氏之瓦棺葬無服之殤**略未成人○長殤丁丈反下式羊反十六至十九爲長殤十二至十五爲中殤八歲至十一爲下殤七歲已下爲無服之殤生未三月不爲殤

【疏】有虞至之殤○正義曰此一節論棺椁所起及用棺椁之。事各隨文解之○注始不至上陶○正義曰案易下繫辭云古之葬者厚衣之以薪葬之中野不封不樹喪期無數後世聖人易之以棺椁蓋取諸大過大過者巽下兌上之卦初六在巽體巽爲木上六位在己當巽位巽又爲木二木在外以夾四陽四陽互體爲二乾乾爲君爲父二木夾君父是棺椁之象今虞氏既造瓦棺故云始不用薪然虞氏瓦棺則未有椁也繫辭何以云後世聖人易之以棺椁連言椁者以後世聖人其文。開廣遠探殷周而言喪期有虞氏則然故尚書云三載四海遏密八音云有虞氏上陶者案考工記陶人造瓦器故引之證瓦棺○注火熟至折堲○正義曰火熟者以弟子職云折燭之炎燼名之曰堲故知堲是火熟者云燒土冶以周於棺也者謂。鑿土爲陶冶之形大小得容棺故云燒土冶以周於棺也云或謂之土周由是也鑿者曾子問云下殤土周葬於園云由是者燒土周棺得喚作土周引弟子職者證火熟曰堲之意案管子書有弟子職篇云左手秉燭右手。正堲鄭云折堲者即是正除之義○注椁大至上梓○正義曰椁聲與寬廓相近故云大於棺也殷人上梓亦考工記文引之以證椁也考工記又云夏后氏上匠周人上輿不引之者以匠無所不爲非獨堲周而已故不引也考工記又云周人上輿輿非牆之事故於周人牆置翣亦不引之也○注牆柳至制文○正義曰案喪大記注云在旁曰帷在上曰荒帷荒所以衣柳則以帷荒之內木材爲柳其實帷荒及木材等總名曰柳故縫人云衣翣柳之材注云柳之言聚諸飾之所聚是帷荒總稱柳也云凡此言後王之制文者凡謂虞夏殷周有虞氏唯有瓦棺夏

后氏瓦棺之外加堲周殷則梓棺替瓦棺又有木爲椁替堲周周人棺椁又更於椁傍置柳置翣扇是後王之制以漸加文也夏言后者白虎通云以揖讓受於君故稱后殷周稱人者以行仁義人所歸往故稱人夏對殷周稱人故言后見受之於君虞則不對殷周自五帝之內雖受於君不須稱后也

○夏后氏尚黑以建寅之月爲正物生色黑○正音征下同又如字大事斂用昏。昏時亦黑此大事謂喪事也○斂力驗反下皆同戎事乘驪戎兵也馬黑色曰驪爾雅曰騋牝驪牡玄○驪力知反徐郎志反純黑色馬騋音來馬七尺已上爲騋牲用玄玄黑類也殷人尚白以建丑之月爲正物牙色白大事斂用日中日中時亦白戎事乘翰翰白色馬也易曰白馬翰如○翰字又作鶾胡旦反又音寒牲用白周人尚赤以建子之月爲正物萌色赤○萌亡耕反大事斂用日出日出時亦赤戎事乘騵騵騮馬白腹○騵音原騮力求反赤馬黑鬣尾牲用騂騂赤類○騂息營反徐呼營反純赤色也一云赤黃色

疏○夏后至用騂○正義曰此一節論三代正朔所尚色不同各依文解之○夏尚黑殷尚白周尚赤此之謂三統故書傳略說云天有三統物有三變故正色有三天有三生三死故土有三王王特一生死又春秋緯元命苞及樂緯稽耀嘉云夏以十三月爲正息卦受泰注云物之始其色尚黑以寅爲朔殷以十二月爲正息卦受臨注云物之牙其色尚白以雞鳴爲朔周以十一月爲正息卦受復其色尚赤以夜半爲朔又三正記云正朔三而改文質再而復以此推之自夏以上皆正朔三而改也鄭注尚書三帛高陽氏之後用赤繒高辛氏之後用黑繒其餘諸侯用白繒如鄭此意郤而推之舜以十一月爲正尚赤堯以十二月爲正尚白故曰其餘諸侯用白繒高辛氏以十二月爲正尚黑故云高辛氏之後用黑繒高陽氏以十一月爲正尚赤故云高陽氏之後用赤繒帝少皞以十二月爲正尚白黃帝以十三月爲正尚黑神農以十一月爲正尚赤女媧以十二月爲正尚白伏犧以上未有聞焉易說卦云帝出乎震則伏犧也建寅之月又木之始其三正當從

伏羲以下文質再而復者文質法天地文法天質法地周文法地而爲天正殷
質法天而爲地正者正朔文質不相須正朔以三而改文質以二而復各自爲
義不相須也建子之月爲正者謂之天統以天之陽氣始生爲。下物得陽氣微
稍動變故爲天統建丑之月爲地統者以其物已吐芽不爲天氣始動物又未
出不得爲人人所施功唯在地中含養萌芽故爲地統建寅之月爲人統者以其
物出於地人功當須修理故謂之人統統者本也謂天地人之本也然王者必
以此三月爲正者以其此月物生微細又是歲之始生王者繼天理物含養微
細又取其歲初爲正朔之始既天地人之三者所繼不同故各改正朔不相襲
也所尚既異符命亦隨所尚而來故禮緯稽命徵云其天命以黑故夏有玄珪
天命以赤故周有赤雀銜書天命以白故殷有白狼銜鉤是天之所命亦各隨
人所尚符命雖逐所尚不必皆然故天命禹觀河見白面長人洛予命云湯觀
於洛。沈。璧而黑龜與之書黃魚雙躍泰誓言武王伐紂而白魚入於王舟是符
命不皆逐正色也鄭康成之義自古以來皆改正朔若孔安國則改正朔殷周
二代故注尚書湯承堯舜禪代之後革命創制改正易服是從湯始改正朔也
〇注昏時至事也〇正義曰知大事是喪事者以其與斂文連故知大事是喪
事也〇注爾雅曰騋牝驪牡玄〇正義曰引爾雅釋畜文騋牝驪牡玄謂七尺
曰騋牝者色驪牡者色玄引之者證驪是玄之類也案。廋人云八尺以上爲龍
七尺以上爲騋六尺以上爲馬凡馬皆有。驪牡玄獨言騋者舉中以見上下明
其諸馬皆然或爾雅釋詩云騋牝郭璞注玄駒小馬稍異鄭也〇注玄黑類也
〇正義曰案周禮考工記七入爲緇鄭云玄則六入者與是玄黑類〇注翰白
至翰如〇正義曰所引易者易賁卦六四賁如皤如白馬翰如賁離下艮上鄭
注云六四巽爻也有應於初九欲自飾以適初既進退未定故皤如也白馬翰
如謂九三位在辰得巽氣爲白馬翰猶幹也見六四適初未定欲幹而有之引
此者證翰爲白色案彼以幹爲翰者以翰如白馬連文故以翰爲幹望經爲義
以此不同〇注物萌色赤〇正義曰案上殷尚白之下注云物牙色白此萌色
赤不同者萌是牙之微細故建子云萌建丑云牙若散而言之萌即牙也故書

傳略說云周以至動殷以萌夏以牙此皆據一種之草大汎而言故建子始動建寅乃出至如薺麥以秋而生月令仲冬荔挺出不在此例也此文質雖異殷質周文大汎言之乃前代質後代文也故表記云虞夏之質殷周之文是也○注騵駵馬白腹○正義曰爾雅釋畜文武王伐紂所乘也故詩云駟騵彭彭毛傳云上周下殷故周人戎事乘之若其餘事則明堂位云周人黃馬蕃鬣是也

○穆公之母卒穆公魯哀公之曾孫使人問於曾子曰如之何問居喪之禮曾子曾參之子名申○參所金反一音七南反後同○對曰申也聞諸申之父曰哭泣之哀齊斬之情饘粥之食自天子達子喪父母尊卑同○齊音咨本亦作齋衰之字後皆放此饘本又作飦之然反說文云糜也周謂之饘宋衛謂之餰粥之六反徐又音育字林云淖糜也○布幕衛也縿幕魯也幕所以覆棺上也縿縑也縿讀如綃衛諸侯禮魯天子禮兩言之者僭已久矣幕或為幦○幕本又作冪音莫徐音覓下同縿音綃徐又音蕭縑古謙反綃音消徐本又作綃桑堯反僭子念反幦莫歷反○【疏】穆公至魯也○正義曰此一節論尊卑之喪有同有異之事各依文解之○注穆公至曾孫○正義曰案世本傳記哀公蔣生悼公寧寧生元公嘉嘉生穆公不衍是曾孫也○曰哭至子達○者曾申對穆公使人云哭泣之哀謂有聲之哭無聲之泣並爲哀然故曰哭泣之哀也齊斬之情者齊是爲母斬是爲父父母情同故答云之情也饘粥之食者厚曰饘希曰粥朝夕食米一溢孝子以此爲食故曰食也自天子達者父母之喪貴賤不殊哭泣以下自天子至庶人如一故云自天子達○布幕衛也縿幕魯也者元言齊斬饘粥同又言覆棺之幕天子諸侯各別以布爲幕者衛是諸侯之禮以縿爲幕者魯是天子之制幕者謂覆殯棺者也下文云加斧於椁上鄭云以刺繡於縿幕加椁以覆棺已乃屋其上盡塗之如鄭此言繡幕加斧文塗之內以覆棺椁也周公一人得用天子禮而後代僭用之故曾申舉衛與魯俱是諸侯則後代不宜異謂魯之諸公不宜與衛異也崔靈恩云當時諸侯僭效天子也恐魯穆公不能辨故兩

言以明顯魯與諸侯之別也今案崔言雖異而是會申爲穆公說則同也然周禮幕人掌帷幕幄帟注云在傍曰帷在上曰幕幕或在地展陳於上帷幕皆以布爲之四合象宮室曰幄王所居之帳也帟小幕幕若幄中坐上承塵也幄帟皆以繒爲之而今云天子用綃幕者崔靈恩云周禮所陳祗謂幄帟之帷幕不論襯棺自用緣也天子別加斧于椁上畢塗屋此所陳祗謂襯棺幕在於畢塗之內者也若其塗上之帟則大夫以上有之故掌次云凡喪王則張帟三重諸侯再重孤卿大夫不重下云君於士有賜帟然士無覆棺之幕下云子張之喪楮幕丹質者彼謂將葬啓殯以覆棺故鄭注彼云葬覆棺別也○晉獻

公將殺其世子申生信。驪姬之。譖○孋本又作麗亦作驪同力知反公子重耳謂之曰子蓋。言子之志於公乎蓋皆當爲盍盍何不也志意也重耳欲使言見譖之意重耳申生異母弟後立爲文公○重直龍反注皆同子蓋依注音盍戶臘反下同世子曰不可君安驪姬是我傷公之心也言其意則驪姬必誅也驪姬獻公伐驪戎所獲女也申生之母蚤卒驪姬嬖焉○蚤音早嬖必計反曰然則蓋。行乎行猶去也世子曰不可君謂我欲弒君也天下豈有無父之國哉吾何行如之言人有父則皆惡欲弒父者○弒本又作殺音試注同徐云字又作嗣音同惡烏路反○使人辭於狐突曰申生有罪不念伯氏之言也以至于死申生不敢愛其死辭猶告也狐突申生之傅舅犯之父也前此者獻公使申生伐東山皋落氏狐突謂申生欲使之行今言此者謝之伯氏狐突別氏○突徒忽反傅音富咎其九反皋古刀反雖然吾君老矣子少國家多難子驪姬之子奚齊○少詩召反難乃旦反伯氏不出而圖吾君圖猶謀也不出爲君謀國家之政然則自皋落氏反後狐突懼乃稱疾○爲于僞反下爲時同伯氏苟出而圖吾君申生受賜而死則猶惠也再

拜稽首乃卒既告狐突乃雉經○雉經如字徐古定反如雉之自經也是以爲恭世子也言行如此可以爲恭於孝則未之有

○共音恭本亦作恭注同行下孟反

疏晉獻至子也○正義曰此一節論獻公殺申生之事各依文解之○注信驪姬之譖○正義曰案僖四年左傳云姬謂大子曰君夢齊姜必速祭之大子祭於曲沃歸胙於公公獵姬寘諸宮六日毒而獻之公祭之地地墳與犬犬斃與小臣小臣亦斃姬泣曰賊由大子又晉語云姬寘鴆於酒寘堇於肉堇謂烏頭是驪姬譖申生之事也○注蓋皆至文公○正義曰此云蓋言子志及下蓋行乎以蓋非一故云皆當爲盍言重耳欲使言見譖之意者重耳欲使申生言見驪姬所譖之意左傳云或謂大子曰子辭君必辨焉杜預云以六日之狀自理謂毒酒經宿輒敗若申生初則置罪經六日其酒必壞何以經六日其酒尚好明臨至加藥焉云重耳申生異母弟者案莊二十八年左傳云晉獻公烝於齊姜生太子申生大戎狐姬生公子重耳是異母弟也○注言其至變焉○正義曰案僖四年左傳云大子曰君非姬氏居不安食不飽君老矣吾又不樂○謂我若自理驪姬必誅姬死之後公無復歡樂故此云是我傷公之心云驪姬獻公伐驪戎所獲女也者莊二十八年左傳云初晉獻公滅驪戎驪戎男女以驪姬驪姬嬖生奚齊其娣生卓子是驪姬嬖也云申生之母蚤卒者以左傳云姬命大子祭齊姜是蚤死也○使人至而死○時狐突謝病在晉都大子出奔曲沃於是狐突欲令大子出奔○大子不用其言故今臨死使人辭謝言於狐突曰申生有愚短之罪不念伯氏之言出奔避禍今日被譖以至於死申生不敢愛惜其身命之死言死不受命雖然不惜身命猶有所憂吾君已老子又幼少又國家多有危難伯氏又謝病不出圖吾君之事吾以爲憂伯氏誠能出外而圖謀吾君國家之事申生受伯氏恩賜甘心以死○注前此至別氏○正義曰案左傳閔二年獻公使申生伐東山皐落氏狐突欲令申生行云雖欲勉之狄可盡乎下又云狐突欲行是狐突欲使行之事言前此者此謂僖四年申生將死之時前謂閔二年伐皐落氏之時在前五年故云前皐落氏在晉都之東居在山內皐落氏杜預云是赤狄別種故云東

山皐落氏云伯氏狐突別氏者既言辭狐突又云伯氏故云狐突別氏狐是總氏伯仲者是兄弟之字字伯者謂之伯氏字仲者謂之仲氏故傳云叔氏其忘
諸乎又下云叔氏專以禮許人是一人身字則別爲氏也○注圖猶至稱疾○正義曰圖謀釋詁文自皐落氏反後狐突懼乃稱疾者以經云伯氏不出而圖
吾君故知稱疾必有所因反自皐落去此不遠知自皐落反而稱疾也○注既告至雉經○正義曰雉牛鼻繩也申生以牛繩自縊而死也故鄭注封人云緣
著牛鼻繩所以牽牛者也今時人謂之雉或爲雉。鼻耿介被人所獲必自屈折其頭而死漢書載趙人貫高自絶亢而死申生當亦然也傳云申生縊死晉語
申生使猛足辭於狐突乃。雉於新。成廟○注言行至之有○正義曰春秋左傳云晉侯殺其世子申生父不義也孝子不陷親於不義而申生不能自理遂陷
父有殺子之惡雖心存孝而於理終非故不曰孝但謚爲恭以其。順於父事而已謚法曰敬順事上曰恭○魯人有朝祥而莫歌者
子路笑之笑其爲樂速○莫音暮樂音洛又音岳○夫子曰由爾責於人終無已夫三年之喪亦已
久矣夫爲時如此人行三年喪者希抑子路以善彼○已夫音扶絶句本或作已矣夫子路出夫子曰又多乎哉踰月
則其善也又復也○復扶又反疏魯人至善也○正義曰此一節論大祥除衰杖之日不得卽歌之事今各依文解之○魯人有朝祥莫歌者魯
人不辨其姓名祥謂二十五月大祥歌哭不同日故仲由笑之也故鄭注笑其爲樂速然祥日得鼓素琴○夫子至善也○夫子抑子路呼其名云由若人治
喪不備三年各有可責今此人既滿三年爾尙責之女罪於人終無休已之時夫是。助。語也三年之喪計其日月已過亦已久矣人皆廢此獨能行其人既美
何須笑之時孔子抑子路善彼人既不當賓禮恐學者致惑待子路出後更以正禮言之夫子曰魯人可歌之時節豈有多經日月哉但踰越後月卽其善言
歌合於禮案喪服四制祥之日鼓素琴不譏彈琴而譏歌者下注云琴以手笙歌以氣手在外而遠。氣。在。內。而。近。也○魯莊公及宋人戰

于乘丘十年夏○乘繩證反夏戶嫁反縣賁父御卜國爲右縣卜皆氏也凡車右勇力者爲之○縣音玄卷內皆同賁父上音奔下音甫人名字皆同馬驚敗績驚奔失列○馬驚敗一本無驚字公隊。佐車授綏戎車之貳曰佐授綏乘公○隊直類反綏息佳反公曰末之卜也末之猶微哉言卜國無勇縣賁父曰他日不敗績而今敗績是無勇也公他日戰其御馬未嘗驚奔遂死之二人赴敵而死圉人浴馬有流矢在白肉圉人掌養馬者白肉股裏肉○圉魚呂反股裏上音古下音里公曰非其罪也流矢中馬非御與右之罪○中丁仲反遂誄之誄其赴敵之功以爲之謚○誄力軌反謚也士之有誄自此始也記禮失所由來也周雖以士爲爵猶無謚也殷大夫以。上爲爵○以上時掌反

疏魯莊至始也○正義曰此一節論魯莊公與士爲謚失禮之事各依文解之○戰於乘丘者乘丘魯地莊公十年夏六月齊師宋師次于郎公子偃曰宋師不整可敗也宋敗齊必還請擊之大敗宋師于乘丘齊師乃還○注縣卜皆氏也○正義曰知縣卜皆氏者此有縣賁父下有縣子瑣七十二弟子傳有卜商故知皆氏也○注戎車之貳曰佐○正義曰案周禮戎僕掌倅車之政道僕掌貳車之政田僕掌佐車之政則戎車之貳曰倅此云佐者周禮相對爲文有異若散而言之則田獵兵戎俱是武事故同稱佐車少儀注戎獵之副曰佐是也熊氏以爲此皆諸侯法公曰末之卜也者末微也之哉也言微弱哉此卜國也以其微弱無勇致使我馬敗績○注二人赴敵而死○正義曰知二人者以卜國被責縣賁父職掌馬事自稱無勇既序兩人於上即陳遂死於下明兩人俱死也○注圉人至裏肉○正義曰圉人掌養馬者案昭七年左傳云牛有牧馬有圉是圉人掌馬也云白肉股裏肉者以股裏白故謂之白肉非謂肉色白也○注周雖至爲爵○正義曰知周以士爲爵者案掌客云凡介行人宰史皆有。飧饔。餼以其爵等爲之牢禮。之。數。陳凡介行人皆爲士而云爵等是士有爵也故鄭注大行人云命者五公侯伯子男爵者

四孤卿大夫士云猶無謚也者以此云士之有誄自此始故知周士無謚也云殷大夫以上爲爵者案士冠禮云古者生無爵死無謚於士冠之下而爲此記又不云諸侯大夫明生無爵死無謚據士也士冠禮是周禮而云古者故知是殷以上○曾子寢疾病疾病謂疾困樂正子春坐於牀下子春曾參弟子曾元曾申坐於足元申曾參之子童子隅坐而執燭隅坐不與成人並○成人並音並絶句童子曰華而睆大夫之簀與華畫也簀謂牀第也說者以睆爲刮節目字或爲刮○睆華板反明貌孫炎云睆漆也徐又音刮簀音責與音餘下同畫衡賣反牀第上音床下側吏反刮古滑反子春曰止以病困不可動曾子聞之瞿然曰呼呼虛憊之聲○瞿紀具反下同曰吁音虛注同吹氣聲也一音況于反憊皮拜反羸困也曰華而睆大夫之簀與曾子曰然斯季孫之賜也我未之能易也元起易簀未之能易已病故也曾元曰夫子之病革矣不可以變幸而至於旦請敬易之言夫子者曾子親沒之後齊嘗聘以爲卿而不爲也革急也變動也幸覬也○革紀力反弁又音極注同請七領反覬音冀曾子曰爾之愛我也不如彼彼童子也君子之愛人也以德成己之德細人之愛人也以姑息息猶安也言苟容取安也吾何求哉吾得正而斃焉斯已矣斃仆也○斃音弊仆蒲北反又音赴舉扶而易之反席未安而沒言病雖困猶勤於禮○沒音歿

【疏】曾子至而沒○正義曰此一節論曾子臨死守禮不變之事各依文解之○注華畫至爲刮○正義曰凡繪畫五色必有光華故云華畫也云簀謂牀第者爾雅釋器云簀謂之第云說者以睆爲刮節目者說者謂在鄭之前解說禮者說此睆爲刮削木之節目使其睆睆然好故詩云睍睆黃鳥傳云睍睆好貌是也云字或爲刮者謂禮記之本有以睆字爲刮云華而刮者

故云字或為刮○注未之能易已病故也○正義曰言此未病之時猶得寢臥既病之後當須改正以已今病氣力虛弱故時復一時未能改易聞童子之言
乃。便驚駭○注曾子至覲也○正義曰知齊嘗聘以為卿者韓詩外傳云曾子仕於莒得粟三秉方是之時曾子重其身而輕其祿親沒之後齊迎以相楚迎
以令尹晉迎以上卿方是之時曾子重其。身而輕其祿既言輕其祿是不為也但齊以相楚以令尹晉以上卿而鄭言齊嘗聘為卿者以三國文連含帶為注
耳且相卽是上卿華急也釋言文○曾子至已矣○曾參謂曾元曰爾之愛我也不如彼童子何者君子之愛人也必以善事成己之德則童子是也細小之
人愛人也不顧道理且相寧息卽汝是也吾今更何求焉唯求正道易換其簀而卽仆焉斯已矣者斯此也已猶。了也此則正一世事了不陷於惡故君子慎
終如始禮云男子不死於婦人之手婦人不死於男子之手故春秋魯僖公薨于小寢譏卽安也成公薨于路寢傳曰言道也他人名。已得呼為大夫之稱而
言夫子若。已不為大夫則。已所為當須依禮不得寢大夫之牀也

○始死充充如有窮既殯瞿瞿如有求而弗得既葬皇皇如有望而弗至練而慨然祥而廓然皆憂悼在心之貌也求猶索物○慨苦愛反廓苦郭反何云開也索所白反

疏始死至廓然○正義曰此記人因前有死事遂廣說孝子形節也事盡理屈為窮言親始死孝子匍匐而哭之心形充屈如急行道極無所復去窮急之容也○既殯瞿瞿如有求而弗得者殯斂後心形稍緩也瞿瞿眼目速瞻之貌求猶覓也貌恒瞿瞿如有所失而求覓之不得然也既葬皇皇如有望而弗至者又漸緩也皇皇猶栖栖也至葬後親歸草土孝子心形栖栖皇皇無所依託如有望彼人來而彼人不至也○練而慨然者轉緩也至小祥但歎慨日月若馳之速也○祥而廓然者至大祥而寥廓情意不樂而已

○邾婁復之以矢蓋自戰於升陘始也戰於升陘魯僖二十二年秋也時師雖勝死傷亦甚無衣可以招魂○邾音誅婁力俱反或如字邾人呼邾聲曰婁故曰邾婁公羊傳與此記同左氏穀梁但

作邾陘音形僖許宜反

魯婦人之髽而弔也自敗於臺駘始也

敗於臺駘魯襄四年秋也臺當爲壺字之誤也春秋傳作狐鮐時家家有喪髽而相弔去纚而紒曰髽禮婦人弔服大夫之妻錫衰士之妻則疑衰與皆吉笄無首素總○髽測瓜反臺駘上音胡下音臺去羌呂反纚所買反又所綺反黑縚韜紒音計錫衰上悉歷反下七雷反與音餘笄音雞總音揔

疏邾婁至始也○正義曰此一節論二國失禮之事○注戰於至招魂○正義曰魯僖公二十二年春伐邾取須句秋八月及邾人戰于升陘左傳云邾人以須句故出師公卑邾不設備而禦之臧文仲曰國無少不可易也無備雖衆不可恃也先王之明德無不懼也況我小國乎君其無謂邾小蜂蠆有毒而況國乎不聽公及邾師戰于升陘是也○注時師雖勝其死傷亦甚者則傳云我師敗績邾人獲公冑縣諸魚門是也鄭云此者解復之以矢之意以其死傷者多無衣可以招魂故用矢招之也必用矢者時邾人志在勝敵矢是心之所好故用所好招魂冀其復反然招魂唯據死者而鄭兼云傷者以其雖勝故連言死傷以浹句耳若因兵而死身首斷絶不生者應無復法若身首不殊因傷致死復有可生之理者則用矢招魂左氏直言邾公羊云邾婁者何休云夷言聲相近也○注敗於至素總○正義曰案左傳魯襄公四年冬十月邾人伐鄫臧紇救鄫侵邾敗於狐鮐國人怨而歌之魯襄四年冬也此云秋鄭舉其初也云臺當爲壺字之誤也春秋傳作狐鮐左傳云臧之狐裘敗我於狐鮐我君小子朱儒是使朱儒朱儒使我敗於邾臧紇武仲也言狐裘武仲所服也是時襄公年七歲微弱故云我君小子也朱儒短人也臧武仲短小故云朱儒云去纚而紒曰髽者案士冠禮纚廣終幅長六尺所以韜髮今以凶事故去之但露紒而已云禮婦人弔服大夫之妻錫衰者喪服傳云大夫弔於命婦錫衰命婦弔於大夫亦錫衰是大夫之妻弔服錫衰也云士之妻則疑衰與者以士妻弔服之文故云疑衰與必以疑衰者案周禮司服有錫衰總衰疑衰錫衰爲上總衰次之疑衰爲下案喪服大夫弔服錫衰喪服小記云諸侯弔必皮弁錫衰則君弔大夫大夫相弔皆錫衰其服同也錫衰之下但有總衰疑衰天子弔

如一皆疑衰故鄭注司服云舊說士弔服素委貌冠朝服此士不以總衰爲弔服者以總衰是士。弔喪服不以弔也故注喪服云士以總衰爲喪服其弔服則疑衰也改其裳以素辟諸侯近庶人弔服而衣猶非也疑衰變其裳以素耳以此言之是士弔服疑衰素裳也故以爲士妻弔服疑衰必知弔服夫妻同者以喪服大夫命婦俱以錫衰弔故也云皆吉笄無首素總者大戴禮文也

(一)南宮縚之妻之姑之喪南宮縚孟僖子之子南宮。閱也字子容其妻孔子兄女○縚吐刀反閱音悅○夫子誨之髽曰爾毋從從爾爾毋扈扈爾誨。教爾女也從從謂大高扈扈謂大廣爾語助○毋音無後同從音總高也一音崇又仕江反扈音戶廣也大也女音汝大音泰一音敕佐反下大廣已猶大夫重同蓋榛以爲笄長尺而總八寸總束髮垂爲飾齊衰之總八寸○榛側巾反木名又士鄰反長直亮反凡度長短曰長皆同此音

【疏】南宮至八寸○正義曰此一節論婦人爲舅姑服髽與笄總之法○南宮縚之妻之姑之喪者之並是語辭也南宮縚妻姑喪謂夫之母也以是夫子兄之女故夫子誨之之作髽法○曰爾毋從從爾爾毋扈扈爾者上爾爲女下爾語辭。辭言期之髽稍輕自有常法女造髽時無得從從而大高又無得扈扈而大廣既教以作髽又教以笄總之法其笄用木無定故教之云蓋用榛木爲笄其長尺而束髮垂餘之總垂八寸○注南宮至兄女○正義曰知孟僖子之子南宮閱者案左氏昭七年傳云孟僖子將卒召其大夫云屬說與何忌於夫子以事仲尼以南宮爲氏故世本云仲孫貜生南宮縚是也云字子容其妻孔子兄女者論語云以其兄之子妻之是也○注從從至大廣○正義曰從從是高之貌狀故楚辭招隱云山氣巃嵸兮石嵯峨則。巃。嵸是高也扈扈猶廣也爾雅釋山云卑而大扈郭云扈是廣貌也此云無得高廣者謂無得如斬衰高廣也○注總束至八寸○正義曰案喪服傳云總六升長六寸謂斬衰也故此齊衰長八寸也以二寸

為差也以下亦當然無文以言之喪服箭笄長一尺吉笄長尺二寸榛笄長尺斬衰齊衰笄同二尺降於吉笄二寸也但惡笄或用櫛或用榛故喪服有櫛笄故夫子稱蓋以疑之

○**孟獻子禫縣而不樂比御而不入**可以御婦人矣尚不復寢孟獻子魯大夫仲孫蔑○禫大感反比必利反下比及同蔑迷結反

夫子曰獻子加於人一等矣加猶踰也

【疏】孟獻至等矣○正義曰此一節論獻子除喪作樂得禮之宜也依禮禫祭暫縣省樂而不恆作也至二十八月乃始作樂又依禮禫後吉祭乃始復寢當時人禫祭之後則恆作樂未至吉祭而復寢今孟獻子既禫暫縣省樂而不恆作比可以御婦人而不入寢雖於禮是常而特異餘人故夫子善之云獻子加於人一等矣不謂加於禮一等其祥禫之月先儒不同王肅以二十五月大祥其月為禫二十六月作樂所以然者以下云祥而縞是月禫徙月樂又與上文魯人朝祥而莫歌孔子云踰月則其善是皆祥之後月作樂也又閔傳云三年之喪二十五月而畢又士虞禮中月而禫是祥月之中也與尚書文王中身享國謂身之中間同又文公二年冬公子遂如齊納幣是僖公之喪至此二十六月左氏云納幣禮也故王肅以二十五月禫除喪畢而鄭康成則二十五月大祥二十七月而禫二十八月而作樂復平常鄭必以為二十七月禫者以雜記云父在為母為妻十三月大祥十五月禫為母為妻尚祥禫異月豈容三年之喪乃祥禫同月若以父在為母屈而不伸故延禫月其為妻當亦不申祥禫異月乎若以中月而禫為月之中間應云月中而禫何以言中月乎案喪服小記云妾祔於妾祖姑亡則中一以上而祔又學記云中年考校皆以中為間謂間隔一年故以中月為間隔一月也下云祥而縞是月禫徙月樂是也謂大祥者縞冠是月禫謂是此禫月而禫二者各自為義事不相干故論語云子於是日哭則不歌文無所繼亦云是日文公二年公子遂如齊納幣者鄭箴膏育僖公母成風主婚得權時之禮若公羊猶譏其喪娶其魯人朝祥而莫歌及喪服四制云祥之日鼓素琴及夫子五日彈琴不成聲十日成笙歌幷此獻子禫縣之屬皆據省樂忘哀非正樂也其八音之樂工人所奏必待

二十八月也卽此下文是月禫徙月樂是也其朝祥莫歌非正樂歌是樂之細
別亦得稱樂故鄭云笑其爲樂速也其三年。問云三年之喪二十五月而畢據
喪事終除衰去杖其餘哀未盡故更延兩月非喪之正也王肅難鄭云若以二
十七月禫其歲。未遭喪則出入四年喪服小記何以云再期之喪三年如王肅
此難則爲母十五月而禫出入三年小記何以云期之喪二年明小記所云據
喪之大斷也又肅以月中而禫案曲禮喪事先遠日則大祥當在下旬禫祭又
在祥後何得云中月而禫又禫後何以容吉祭故鄭云二十。七月也戴德喪服
變除禮二十五月大祥二十七月而禫故鄭依而用焉鄭以二十八月樂作喪
大記云禫而內無哭者樂作矣。以禫後許作樂者大記所謂禫後方將作
樂釋其內無哭者之意非謂卽作樂大記又云禫而從御吉祭而復寢間傳何
以云大祥居復寢間傳所云者去堊室復殯宮之寢大記云禫而從御謂禫後
得御婦人必待吉祭然後復寢其吉祭者是禫月值四時而吉祭而外而爲之其
〇祝辭猶不稱以某妃配故士虞禮云吉祭猶未配〇注孟獻子魯大夫仲孫蔑
〇正義曰知者案襄五年經書仲孫蔑會吳于善道傳云孟獻子會吳于善道
是孟獻子爲仲孫蔑也仲稱孟者是慶父之後鄭注論語云慶父轉。稱孟
死時人爲之諱故云孟氏杜預以爲慶父是莊公長庶兄庶長故稱孟 〇孔子

既祥五日彈琴而不成聲 哀未忘〇彈徒丹反 十日而成笙歌 踰月且異旬也祥亦凶事用遠日五日彈琴十日笙

歌除由外也琴以手笙歌以氣〇笙音生 疏 〇孔子至笙歌〇正義曰此一節論孔子除喪作樂之限十日而成笙歌者上云彈琴而不成聲此云十日而
成笙歌之聲音曲諧和也〇注五日至以氣〇正義曰此者解先彈琴後笙歌之意由彈以手手是形之外故曰除由外也祥是凶事用遠日故十日得踰月
若其卜遠不吉則用近日雖祥後十日亦不成笙歌以其未踰月也 〇有子蓋既祥而絲屨組纓 譏其早也禮既祥白屨無絇縞
冠素紕有子孔子弟子有若〇屨音句組音祖絇其俱反縞古老反又古報反 疏 有子至組纓〇正義曰此一節明除喪失禮之事有子孔子弟子有若也

蓋是疑辭錄記之人傳聞有子既祥而絲屨未知審否意以爲實故云蓋既祥而絲屨以組爲纓也○注譏其至有若○正義曰此絲屨組纓禫後之服今既祥而著故云譏其早也云禮既祥白屨無絇戴德喪服變除禮文云縞冠素紕者玉藻文素紕當用素爲纓未用組今用素組爲纓故譏之案玉藻云云玄冠綦組纓知此非綦組纓者若其綦組爲纓則當以玄色爲冠若既祥玄冠則失禮之甚不應直譏組纓也案士冠禮冬皮屨夏用葛無云絲屨者此絲屨以絲爲飾絇繶純之屬故士冠禮云白屨緇絇繶純纁屨黑絇繶純鄭注屨人云絇屨頭飾繶縫中紃純緣也此有子蓋亦白屨以素絲爲繶純也

○死而不弔者三謂輕身忘孝也畏人或時以非罪攻己不能有以說之死之者孔子畏於匡厭行止危險之下○厭于甲反溺不乘橋舡○溺奴狄反

疏死而至厭溺○正義曰此一節論非理橫死不合弔哭之事○畏謂有人以非罪攻己己若不有以解說之而死者則不弔鄭玄注引論語以證之明須解說也案世家云陽虎嘗侵暴於匡時又孔子弟子顏刻爲陽虎御以車後孔子亦使刻御車從匡過孔子與陽虎相似故匡人謂孔子爲陽虎因圍欲殺之孔子自說故匡又解圍也自說者謂卑辭遜禮論語注云微服而去謂身著微服潛行而去不敢與匡人鬬以媚悅之也○厭謂行止危險之下爲崩墜所厭殺也○溺謂不乘橋舡而入水死者何胤云馮河潛泳不爲弔也除此三事之外其有死不得禮亦不弔故昭二十年衛齊豹欲攻孟縶宗魯事孟縶是時齊豹欲攻孟縶宗魯許齊豹攻之不告孟縶及孟縶被殺而死宗魯亦死之孔子弟子琴張欲往弔之孔子止之曰齊豹之盜而孟縶之賊女何弔焉杜預云言齊豹所以爲盜孟縶所以見賊皆由宗魯是失禮者亦不弔也○

子路有姊之喪可以除之矣而弗除也孔子曰何弗除也子路曰吾寡兄弟而弗忍也孔子曰先王制禮行道之人皆弗忍也行道猶行仁義○弗除如字徐治慮反子路聞之遂除之

疏子路至除之○正義曰庾蔚云子路緣姊妹無主後猶可

得反服推己寡兄弟亦有申其本服之理故於降制已遠而猶不除非在室之姊妹欲申服過期也是子路己事仲尼始服姊喪明姊已出嫁非在室也

附釋音禮記注疏卷第六

禮記注疏卷六校勘記　　阮元撰盧宣旬摘錄

附釋音禮記注疏卷第六　惠棟校宋本題禮記正義卷第八

檀弓上第三

公儀仲子之喪節

居讀爲姬姓之姬　閩監毛本同岳本嘉靖本同衞氏集說同考文引古本足利本爲作如

文之立武王權也　閩監毛本同惠棟校宋本文下有王字宋監本岳本嘉靖本同考文引古本足利本同

公儀仲子而身今喪亡　閩監毛本同考文引宋板無而字

案賓位之法　閩本同惠棟校宋本同監毛本法作位非衞氏集說同

事親節

故云致謂戚容稱其服也者　閩監毛本同惠棟校宋本無故字

其由在君子之後乎　惠棟校宋本閩監毛本由作猶與昭三年傳合

春秋辟諱皆是　閩監毛本作辟此本誤辭

云而無服者　閩本同惠棟校宋本同監毛本而誤葬

季武子成寢節

自見夷人冢墓以爲寢欲文過之　閩監毛本同嘉靖本寢作宅惠棟校宋本亦作宅無之字岳本同宋監本同衞氏集說亦無之字宅作寢○按疏標起訖無之字

逢於阿　閩本同惠棟校宋本同衞氏集說同監毛本阿誤何○按晏子春秋作逢於阿

盆成逆　閩本同惠棟校宋本同監本逆誤造毛本誤逜衞氏集說同

孔子曰節

自期如殷可　閩監毛本作可岳本嘉靖本同此本可誤何

殷以慤　惠棟校宋本同閩監毛本以作已○按以已多通用

以其質故也　惠棟校宋本作以其此本以其二字闕閩監毛本作殷尙

不期杖以下　閩本如此此本期字闕監毛本不期杖作不杖期

稽首頭至手也　惠棟校宋本閩本同監毛本手作地

不停留地　閩監毛本同惠棟校宋本地作也是也

褒讀爲報拜　閩監毛本同惠棟校宋本報字重

今時撎是也惠棟校宋本同閩監毛本撎作揖

晉郤至三肅使閩監毛本同考文引宋板使下有者字

孔子既得合葬於防節

言居無常處也閩監毛本同岳本嘉靖本同衛氏集說同宋監本無處字考文引宋板同案通典一百三引言居無常也亦無處字

爾來何遲也岳本嘉靖本同石經遲作遟閩監毛本同注倣此通典引爾來何遟

古不脩墓閩監本同石經同岳本同毛本脩作修嘉靖本同注倣此○按古修治字多假脩字爲之

不但在鄉閩監毛本同惠棟校宋本但作恒衛氏集說同

孔子哭子路於中庭節

覆弃之不忍食岳本同閩監毛本弃作棄衛氏集說同嘉靖本同

由也其死哭閩本同監毛本哭作矣○按作矣是也否則與哀十五年傳不合

曾子曰節

草經一年陳根陳也閩監毛本同惠棟校宋本上陳作則

謂於一歲之內閩監毛本作歲此本誤成考文引宋板歲作期○按作期是也猶上云一期草根陳乃不哭也下云若一期之外乃

不哭也

如聞朋友之喪閩監毛本作聞此本誤闇

若期之外則不哭也閩監毛本同考文引宋板若下有一字

子思曰節

悉用誠信閩監毛本作信此本誤僧

不使少有非法監毛本作有衞氏集說同此本有誤多閩本同

三月之賻惠棟校宋本同閩監毛本賻誤餘

孔子少孤節惠棟校云孔子少孤節鄰有喪節宋本合爲一節案此本亦二節合爲一節閩本以下始分

徵在恥焉徵字上通典引有後叔梁紇亡五字疑杜佑以意增耳

然後得以父母尸柩閩監毛本同惠棟校宋本然作而衞氏集說同

云引葬飾棺以柳翣者閩監毛本同惠棟校宋本引葬作葬引與注合

夏后氏塈周石經同岳本嘉靖本同釋文出卽周云本又作塈注下同正義本作塈

火熟曰塈閩監毛本同衞氏集說同惠棟校宋本熟作孰宋監本岳本同嘉靖本同○按熟乃後出之字

牆柳衣也閩監毛本同岳本嘉靖本衞氏集說同浦鏜云案七卷飾棺牆疏則此注本無衣字

及用棺椁之事閩監毛本事作差衞氏集說同

其文開廣閩監毛本同惠棟校宋本開作既

謂鑿土爲陶冶之形閩本同監毛本鑿作埅衞氏集說同考文引宋板亦作鑿

右手正埅閩本同惠棟校宋本同監毛本正作折

夏后氏尚黑節

大事斂用昏閩監本同石經同岳本嘉靖本同毛本昏作昬注倣此○按段玉裁云昏古音同文與真臻韻有斂侈之别說文字从氏省爲會意絕非從民聲爲形聲也蓋隸書淆亂乃有從民作昬者俗皆遵用之

又春秋緯元命苞閩監毛本作包非也衞氏集說同惠棟校宋本包作苞

高辛氏以十二月爲正尚黑閩監毛本同浦鏜云三誤二

伏犧以上惠棟校宋本同閩監毛本犧作羲案此本惟此字作犧下二字皆作羲

文法天質法地閩本同考文引宋板同監毛本作文質二字誤倒

爲下物得陽氣閩監毛本同浦鏜從論語疏校云百誤下是也

湯觀於洛沈璧　閩本同惠棟校宋本亦作璧沈作沉監毛本璧誤壁○按沉又沈之俗字依說文當作湛

案廋人云　閩監毛本廋誤庾考文引宋板作廋

凡馬皆有驪牡元　閩監毛本同孫志祖云驪上疑脫一牝字

穆公之母卒節

曰哭至子達者　閩監毛本同惠棟校宋本哭下有泣字無者字

元言齊斬饘粥同　惠棟校宋本元作既是也閩監毛本元作先

晉獻公節

信驪姬之譖　閩監毛本作譖岳本嘉靖本同衞氏集說同此本譖誤讚下同釋文出孋姬云本又作麗亦作驪正義作驪

子蓋言子之志於公乎　閩監毛本同岳本嘉靖本同釋文出子蓋云依注音盍下同石經初刻作盍後加廾作蓋下同注云蓋皆當爲盍是本作蓋

公獵姬寘諸宮　閩監毛本同惠棟校宋本獵作田衞氏集說同○按作田與僖四年左氏傳合

若申生初則置罪　閩監毛本罪作毒衞氏集說同惠棟校宋本毒作藥

初晉獻公滅驪戎　閩監毛本滅作伐與莊二十八年左氏傳合

於是狐突欲令大子出奔　閩監毛本同浦鏜校云於當先字誤

故今臨死使人辭謝　閩監毛本作今此本今誤合

不念用氏之言　閩監毛本用作伯是也

今月被譖　閩監毛本月作日是也

言死不受命　閩監毛本同惠棟校宋本受作愛

或爲雉鼻耿介　閩本同監毛本鼻作鳥惠棟校宋本鼻作性是也衛氏集說作或謂雉性耿介

乃雉於新成廟字　閩監毛本同浦鏜校作乃雉經於新成之廟云脫經之二字

以其順於父事而已　閩監毛本同考文引宋板順上有恭字衛氏集說亦作恭順於父事

魯人有朝祥節

夫是助語也　閩監毛本同惠棟校宋本助語作語助衛氏集說同

氣在內而近也　惠棟校宋本此下另行題禮記正義卷第八終記云凡二十七頁

魯莊公節　惠棟校宋本自此節起至孔子蚤作節止爲第九卷首題禮記正義卷第九

公隊　閩監毛本同岳本嘉靖本同衛氏集說同釋文同石經隊作墜宋監本同考文引古本同

殷大夫以上爲爵 閩監毛本作上岳本嘉靖本同此本上誤士

皆有飧饔餼 監毛本如此衞氏集說同此本飧誤食餼誤飲閩本飧亦誤食餼字剜補

爲之牢禮之數陳 閩本同監毛本數陳作陳數衞氏集說無之陳數三字

又不云諸侯大夫 閩監毛本同惠棟校宋本無不字

曾子寢疾病節

隅坐不與成人並 閩監毛本並作竝嘉靖本同釋文亦作竝衞氏集說並下有也字此本並下脫一○

簀謂牀第也 諸本作第此本誤策今改正

瞿然曰呼 閩監毛本同石經同岳本嘉靖本同衞氏集說同釋文出曰吁云音虛注同

乃便驚駭 閩監毛本同考文引宋板便作更

曾子重其郭而輕其祿 閩監本毛本郭作身是也

已猶了也 閩監毛本作了此本了誤子

他人名已 閩監毛本同惠棟校宋本已作己下若已則已同

邾婁復之以矢節

國無少　閩監毛本同惠棟校宋本少作小與僖二十二年左氏傳合

蜂蠆有毒　惠棟校宋本蜂作蠭與左氏傳同

春秋傳作狐駘　閩監本同毛本駘下有者字

朱儒是使　監毛本同閩本朱作侏案閩本此侏字并下侏儒字皆作侏監毛本并下皆作朱此本惟此作朱下皆作侏

以士妻弔服之文　惠棟校宋本之作無衛氏集說同閩監毛本弔上有無字

以緦衰是士弔喪服　閩監本同毛本弔作之

南宮縚節

南宮閱也　閩監毛本同岳本嘉靖本同釋文閱音悅考文云古本閱作闊案闊非也南宮閱郎下南宮敬叔反注之仲孫閱同閱字下注不作闊而此注作闊亦其滲漏處之顯然者

誨教　閩監毛本同衛氏集說同惠棟校宋本教下有也字岳本同嘉靖本同宋監本同

下爾語辭辭　補案辭字誤重

則寵從是高也　閩監毛本寵從作龍蓯

孟獻子禫節

僖公母成風主婚　閩本同監本主誤王

其三年問云　閩監本作問此本誤間毛本同

其歲末遭喪　監毛本作末此本末誤未閩本同

故鄭云二十六月也　閩監毛本同惠棟校宋本六作七是也

以禫後許作樂者　閩監毛本同考文云宋板以作似續通解同

慶父輈稱死　閩監毛本同浦鏜校云稱疑經字誤

孔子既祥節

若其十遠不吉　閩監本同毛本十作卜是也衛氏集說同

有子蓋既祥節

案玉藻云云　閩監毛本上云作文惠棟校宋本云字不重

死而不弔者節

不乘橋舡　閩本同監毛本舡作船岳本嘉靖本同衛氏集說同疏同

鄭元注引論語以證之　閩本同惠棟校宋本同監毛本元誤云

故匡又解圍也閩本同監毛本又作人

馮河潛泳惠棟校宋本如此此本誤馬何潛水閩本上三字不誤惟泳字仍誤氷監毛本誤水

禮記注疏卷六校勘記

檀弓上

禮記　鄭氏注　孔穎達疏

大公封於營丘比及五世皆反葬於周齊大公受封留爲大師死葬於周子孫生焉不忍離也五世之後乃葬於齊齊曰營丘○大音泰注及下注大史公皆同離力智反下相離同君子曰樂樂其所自生禮不忘其本言其似禮樂之義○禮樂樂並音岳一讀下五教反又音洛古之人有言曰狐死正丘首仁也正丘首正首丘也仁恩也○首手又反注同

疏大公至仁也○正義曰此一節論忠臣不欲離王室之事太公封於營丘者周之大師大公封於營丘及其死也反葬於鎬京陪文武之墓其大公子孫比及五世雖死於齊以大公在周其子孫皆反葬於周也言反葬者既從周鄉齊今又從齊反往歸周君子善其反葬似禮樂之意故云先王制禮樂者樂其所自生謂愛樂己之王業所由生以制樂名若舜愛樂其王業所由能紹堯之德即樂名大韶禹愛樂其王業所謂由治水廣大中國則樂名大夏○禮不忘其本者謂先王制禮其王業根本由質而興則制禮不忘其本而尚質也若王業根本由文而興制禮尚文也是不忘其本也禮之與樂皆是重本今反葬於周亦是重本故引禮樂以美之君子既引禮樂又引古之人有遺言云狐死正丘首而鄉丘所以正首而鄉丘者丘是狐窟穴根本之處雖狼狽而死意猶鄉此丘是有仁恩之心也今五世反葬亦仁恩之心也但樂之與禮兩文相互樂云樂其所自生則禮當云反其所自本禮云不忘其本則樂當云不忘其生也樂云樂其所自生者初生王業因民之所樂而得天下今王者制樂自愛樂己之所由得天下樂者是王者自樂不據民之所樂也○注齊大公受封至齊曰營丘

〇正義曰知留爲大師者案詩大雅云維師尚父毛傳云師大師也史記齊世家云大公望呂尚者東海上人也四嶽之後尚佐武王伐紂爲大師云死葬於周子孫是大公所生焉故不忍離其先祖非謂子孫生在於周子孫生焉者不忍離其生處必五世者五世之外則服盡也然觀經及注則太公之外爲五世便是玄孫之子服盡亦反者其寶反葬正四世知者案世本大公望生丁公伋伋生乙公得得生癠公慈母慈母生哀公不臣案齊世家哀公荒淫被紀侯譖之周周夷王烹哀公亦葬周也哀公是大公玄孫哀公死弟胡公靖立靖死獻公山立山死武公壽立若以相生爲五世則武公以上皆反葬於周若以爲君五世則獻公以上反葬周二者未知孰是云齊曰營丘者地理志云臨淄縣齊大公所封案釋丘云水出其前而左曰營丘以水營遶故曰營丘然周公封魯其子孫不反葬於周者以其有次子在周世守其采地則春秋周公是也故鄭康成作詩譜云元子伯禽封魯次子君陳世守采地下云延陵季子葬於嬴博之間者古禮也故舜葬蒼梧周則族葬故家人云先王之葬居中以昭穆爲左右凡諸侯居左右以前卿大夫士居後各以其族是也

〇伯魚之母死期而猶哭伯魚孔子子也名鯉猶尚也〇期音基鯉音里夫子聞之曰誰與哭者門人曰鯉也夫子曰嘻其甚也嘻悲恨之聲〇與音餘下餘閣也與同嘻許其反又於其反伯魚聞之遂除之

疏伯魚至除之〇正義曰此一節論過哀之事〇注嘻悲恨之聲〇正義曰悲恨之聲者謂非責伯魚悲恨之聲也時伯魚母出父在爲出母亦應十三月祥十五月禫言期而猶哭則是祥後禫前祥外無哭于時伯魚在外哭故夫子怪之恨其甚也或曰爲出母無禫期後全不合哭

〇舜葬於蒼梧之野舜征有苗而死因留葬焉書說舜曰陟方乃死蒼梧於周南越之地今爲郡〇梧音吾陟知力反升也蓋三妃未之從也古者不合葬帝嚳而立四妃矣象后妃四星其一明者爲正妃餘三小者爲次妃帝堯因焉至舜不告而取不立正妃但三妃而已謂之三夫人離騷所歌湘夫人舜妃也夏后氏增以

三三而九合十二人春秋說云天子取十二卽夏制也以虞夏及周制差之則殷人又增以三九二十七合三十九人周人上法帝嚳立正妃又三二十七爲八十一人以增之合百二十一人其位后也夫人也嬪也世婦也女御也五者相參以定尊卑○嚳苦毒反高辛氏帝也騷素刀反一音蕭湘差初佳反又初宜反嬪婢人反

季武子曰周公蓋祔。祔謂合葬合葬自周公以來○祔音父

疏舜葬至蓋祔○正義曰此一節論古者不合葬之事舜葬於蒼梧之野者舜南巡守因征有苗而死以古代不合葬且天下爲家故遂葬於蒼梧之野○蓋三妃未之從也者從猶就也古不合葬故舜之三妃不就蒼梧與舜合葬也云蓋者錄記之人傳云舜時如此未知審也故云蓋未之從者記人以周公始附舜時未有此禮故云未之從也記者既論古不合葬與周不同引季武子之言云周公以來蓋始附葬附卽合也言將後喪合前喪武子去周公不遠無可疑亦云蓋者意有謙退不敢指斥事雖不疑亦云蓋也故孝經夫子云蓋天子之孝也蓋諸侯之孝也非是不知謙爲疑辭○注舜征至爲郡○正義曰鄭案淮南子云舜征三苗而遂死蒼梧史記云舜踐帝位三十九年南巡守崩于蒼梧之野葬于九疑山是爲零陵案尙書竄三苗于三危在西裔今舜征有苗乃死於蒼梧者張逸答焦氏問云初竄西裔後分之在南野漢書地理志有蒼梧郡是今爲郡名也○注古者至尊卑○正義曰知帝嚳立四妃者案大戴禮帝繫篇云帝嚳卜四妃之子皆有天下長妃有部氏之女曰姜嫄生稷次妃有娀氏之女曰簡狄生契次妃陳豐氏之女曰慶都生堯次妃陬訾氏之女曰常宜生帝摯帝嚳崩帝摯卽位摯崩而堯立鄭此注用帝繫之文稷爲堯之異母弟也及注詩生民之篇與此異也以爲姜嫄是高辛之世妃謂高辛後世子孫之妃用命厤序之文以爲帝嚳傳十世姜嫄是帝嚳十世以後子孫之妃云象后妃四星案援神契云辰極橫后妃四星縱曲相扶案祭法云帝嚳能序星辰以著衆明象星立妃也云帝堯因焉者以此經云舜三妃未之從明堯亦四妃也云舜不告而取者案孟子萬章問孟子云舜不告而取何也孟子曰告則不得取父母終不爲取妻是絕其後也云但三妃而已者案帝王

世紀云長妃娥皇無子次妃女英生商均次妃癸。比生二女霄明燭光是也云離騷所歌湘夫人者案楚辭九歌第三曰湘夫人云帝子降兮北渚目眇眇兮愁予是也王逸注離騷云娥皇女英墮湘水溺焉又秦紀云死而葬焉非溺也山海經以爲二女此云三者當以記爲正山海經不可用云周人上法帝嚳立正妃者案昏義后一夫人三是也若然案鄭注尚書帝乙妾生微子後立爲正妃生紂殷已有后者謂三妃裏之正仍無后也云夫人也者即舜之三妃也嬪也者即夏所增九女也世婦也者即殷所增二十七人也女御也者即周所增八十一人也自夏以下節級三倍加之

曾子之喪浴於爨室見曾元之辭易簀矯之以謙儉也禮死浴於適室○爨七亂反矯居表反儉其檢反適丁歷反疏曾子至爨室○正義曰此一節論曾子故爲非禮以正其子也○注見曾至適室○正義曰案上易簀之後反席未安而沒焉得有浴爨室遺語者以反席之前欲易之後足可有言但記文不備必知謂曾元之辭易簀故矯之者曾子達禮之人應須浴於正寢今乃浴於爨室明知意有所爲故云矯之也云禮死浴於適室者士喪禮死於適室下云甸人掘坎于階間爲垼於西牆下新盆槃瓶造于西階下乃浴於適室也於爨室爲謙無甸人掘坎爲垼之事是儉也

○大功廢業或曰大功誦可也許其口習故也疏大功至可也○正義曰此一節論遭喪廢業之事大功廢業者業謂所學習業。則身有外營思慮他事恐其忘哀故廢業也誦則在身所爲其事稍靜不慮忘哀故許其口習言或曰者以其事疑故稱或曰然錄記之人必當明禮應事無疑使後世作法今。檢禮記多有不定之辭仲尼門徒親承聖旨子游裼裘而弔曾子襲裘而弔又小斂之奠或云東方或云西方同母異父昆弟魯人或云爲之齊衰或云大功其作記之人多云蓋多云或曰皆無指的並設疑辭者以周公制禮永世作法時經幽厲之亂又遇齊晉之強國異家殊樂崩禮壞諸侯奢僭典法訛舛是以普天率土不閑禮教故子思聖人之胤不喪出母隨武子晉之賢相不識殽烝作記之人隨後撰錄善惡兼載得失備書但初制禮之時文已不具略其細事舉其大綱況乃時經離亂日月縣

遠數百年後何能曉達記人所以不定止爲失禮者多推此而論未爲怪也亦兼有或人之言也○子張病召申祥而語之曰君子曰終小人曰死申祥子張子欲使執喪成己志也死之言澌也事卒爲終消盡爲澌太史公傳曰子張姓顓孫今曰申祥周秦之聲二者相近未聞孰是○語魚據反澌本又作斯音賜下同顓音專近附近之近吾今日其庶幾乎言易成也○易以豉反疏子張至幾乎○正義曰此一節論子張將終戒勗其子之事子張病困召子申祥而語之曰若君子之死謂之爲終言但身終功名尚在若小人之死但謂之爲死無功名可錄但形骸澌盡也子張言此欲令子執治其喪每事從禮使我得成君子○吾今日其庶幾乎者庶幸也幾冀也言吾若平生爲惡不可幸冀爲君子之人吾。郎平生以善自修今日將死其幸冀爲君子乎汝但執喪成禮以助我意則功名得存但身終而已○注申祥至孰是○正義曰知申祥子張子者以病而召之與曾子召。申。元同故知子張子也云大史公傳曰子張姓顓孫者案史記大史公姓司馬名談前漢人作太史官修史未成而卒其子遷續成史記作仲尼七十二弟子傳云子張姓顓孫今曰申祥者謂今禮記作申祥云周秦之聲二者相近者謂周國秦國之人言申與顓聲音相近今不知顓是不知申是故云未聞孰是也○曾子曰始死之奠其餘閣也與不容改新閣庋藏食物○奠田練反閣音各庋字又作展同九毀反又居僞反疏曾子至也與○正義曰此一節論初死奠之所用之事○始死之奠者鬼神所依於飲食故必有祭酹但始死未容改異故以生時庋閣上所餘脯醢以爲奠也士喪禮復魄畢以脯醢升自阼階奠于尸東此之謂也○注不容至食物○正義曰閣架橙之屬人老及病飲食不離寢恐忽須無。當故並將近置室裏閣上也若死仍用閣之餘奠者爲時期切促急令奠酹不容方始改新也曾子曰小功不爲位也者是委巷之禮也譏之也位謂以親疏敘列哭也委巷猶街里委曲所爲也○街音佳子思之哭嫂也爲位善之也禮嫂叔無服○嫂悉早反注同婦人倡踊有服者娣姒婦小功倡先也○倡昌尚反注同踴音勇娣姒大計反下音似申祥之哭言思也亦然說者云言思子游之子申祥妻之昆弟亦無服過此以往獨哭不爲位【疏】曾子至亦然○正義曰此一節論無服爲位哭之禮○小功不爲位也者曾子以爲哭小功之喪當須爲位時有哭小功不爲位者故曾子非之云若哭小功不爲位者是委細屈曲街巷之禮言禮之。末略非典儀正法既言其失乃引得禮之人子思之哭嫂爲親疏之位於時子思婦與子思之嫂有小功之服故子思之婦先踊子思乃隨之而哭非直子思如此其申祥哭妻之兄弟言思亦然是亦如子思也○注位謂至爲也○正義曰知位謂親疏敘列者以其子思哭嫂爲位下云婦人倡踊婦人既在先明知爲位也云委巷猶街里委曲所爲也者謂庶人微賤在街巷里邑委細屈曲所爲不能方正也此子思哭嫂是孔子之孫以兄先死故有嫂也皇氏以爲原憲字子思若然鄭無容不注鄭既不注皇氏非也孔氏連叢云一子相承以至九世及史記所說亦同者不妨雖有二子相承者唯存一人或其兄早死故得有嫂且雜說不與經合非一也○注娣姒婦小功倡先也○正義曰案喪服小功章娣姒婦報傳云弟長也鄭注。娣姒婦者兄弟之妻相名也長婦謂穉婦爲娣婦娣婦謂長婦爲姒婦據婦年之長幼則不據夫年之大小故成十一年左傳云聲伯之母不聘穆姜曰吾不以妾爲姒穆姜魯宣公夫人聲伯之母魯宣公弟叔肸之妻是弟妻爲姒又昭二十八年左傳云子容之母走謁諸姑曰長叔姒生男子容之母伯華之妻也長叔姒是伯華之弟叔肸之妻是亦謂弟妻爲姒也皆不繫夫身長幼云倡先也者案詩云倡予和女是倡爲先○注言思子游之子申詳妻之昆弟者謂妻之親昆弟也自此以外皆不爲位故奔喪禮。禮哭妻之黨於寢鄭引逸奔喪禮云一哭而已不爲位矣○古者冠縮縫今也衡縫縮從也今禮制衡讀爲橫今冠橫縫以其辟積多○縮所六反縫音逢又扶用反下同衡依注音橫華彭反從子容反故喪冠之反吉非古也解時人之。惑喪冠縮縫古冠耳○解佳買反【疏】古者至古也○正義曰此一節論記者解時人之惑也古者自殷以上也縮直也殷以上質吉凶冠皆直縫直縫者辟積少故一一前後直縫之○今也衡縫者今周也衡橫也周世文冠多辟積不復一一直縫但多作攝而并橫縫之○故喪冠之反吉非古也者周吉冠文故多積攝而橫縫也若喪冠質猶疏辟而直縫是喪冠與吉冠相反故云喪冠之反吉也而時人因謂古時亦喪冠與吉冠反故記者釋云非古也正是周世如此耳古則吉凶冠同從縫

曾子謂子思曰伋吾執親之喪也水漿不入於口者七日言己以疾時。禮。而。不。如○伋音急漿子良反子思曰先王之制禮也過之者俯而就之不至焉者跂而及之故君子之執親之喪也水漿不入於口者三日杖而后能起爲曾子言難繼以禮抑之○俯音甫跂丘豉反爲于僞反疏曾子至能起○正義曰此一節論曾子疾時居喪不能以禮子思以正禮抑之之事○曾子謂子思伋誇己居親之喪能行於禮故云吾水漿不入於口七日意疾時人行禮不如己也故子思以正禮抑之云古昔先代聖王制其禮法使後人依而行之故賢者俯而就之不肖者跂而及之以水漿不入於口三日尚以杖扶病若曾子之言卽後人難爲繼也

○曾子曰小功不稅據禮而言也日月已過乃聞喪而服曰稅大功以上然小功輕不服○稅徐他外反注同上時掌反則是遠兄弟終無服也言相離遠者聞之恆晚而可乎以己恩怪之疏曾子至可乎○正義曰此一節論曾子怪於禮小功不著稅服之事曾子以爲依禮小功之喪日月已過不更稅而追服則是遠處兄弟聞喪恆晚終無服而可乎言其不可也曾子仁厚禮雖如此猶以爲薄故怪之此據正服小功也故喪服小記云降而在緦小功者則稅之其餘則否鄭康成義若限內聞喪則追全服若王肅義限內聞喪但服殘日若限滿。卽止假令如王肅之義限內祇少一日乃始聞喪若其成服服未得成卽除也若其不服又何名追服進退無。禮王義非也

○伯高之喪伯高死時在衞

未聞何國人孔氏之使者未至謂賻賵者○使色吏反賻音附賵芳用反冉子攝束帛乘馬而將之冉子孔子弟子冉有攝猶貸也○乘繩證反四馬曰乘貸他代反孔子曰異哉徒使我不誠於伯高徒猶空也禮所以副忠信也忠信而無禮何傳乎○副音仆傳直專反一本作傅音附

疏伯高至伯高○正義曰此一節論禮所以副忠信之事各依文解之○注冉子至貸也○正義曰案仲尼弟子傳冉有名求魯人也攝猶貸也謂冉子見孔子使人未至貸之以束帛乘馬而行禮○孔子至伯高○孔子既聞冉有貸之行禮故怪恨之云空使我不得誠信行禮於伯高○注徒猶至傳乎○正義曰忠信由心禮在外貌若內無忠信禮何所施故云忠信而無禮謂無忠信也既無忠信禮何傳乎言不可傳行也冉有代孔子行弔非孔子本意是非孔子忠信虛有弔禮若孔子重遣人更弔即彌為不可故云空使我不得誠信行禮於伯高

伯高死於衛赴於孔子赴告也凡有舊恩者則使人告之孔子曰吾惡乎哭諸以其交會尚新○惡音烏惡乎猶於何也兄弟吾哭諸廟父之友吾哭諸廟門之外別親疏也○別彼列反下同師吾哭諸寢朋友吾哭諸寢門之外所知吾哭諸野別輕重也於野則已疏於寢則已重已猶大也夫由賜也見我吾哭諸賜氏本於恩哭於子貢寢門之外○夫舊音扶皇如字謂丈夫即伯高見如字皇賢遍反遂命子貢為之主明恩所由曰為爾哭也來者拜之知伯高而來者勿拜也異於正主○為于僞反下注為其疾為褻為我我為皆同來者一本作為爾哭也來者

疏伯高至拜也○正義曰此一節論親疏所哭之處各依文解之○注別親疏也○正義曰兄弟親父友疏必哭諸廟及廟門外者兄弟是先祖子孫則哭之於廟此殷禮周則哭於寢故雜記云有殯聞遠兄弟之喪哭之側室若無殯當哭諸正寢父之友與父同志故哭諸廟

門外非先祖之親故在門外也○注別輕重也○正義曰師友爲重所知爲輕所以哭師於寢寢是己之所居師又成就于己故哭之在正寢此謂殷禮若周
禮則奔喪云師哭諸廟門外故鄭答趙商之問亦以爲然孫炎云奔喪師哭諸廟門外是周禮也依禮而哭。諸野若不依此禮則不可故下云惡野哭者以違
禮爲野哭也○曰爲至拜也○夫子既命子貢爲主又教子貢拜與不拜之法若與女相知之人爲爾哭伯高之故而來弔爾者則爾拜之若與伯高相知而
來哭者女則勿拜也凡喪之正主知生知死來者悉拜今與伯高相知而來不拜故鄭云異於正主○曾子曰喪有疾食肉飲酒
必有草木之滋焉增以香味爲其疾不嗜食○滋音咨嗜市志反以爲薑桂之謂也爲記者正曾子所云草木滋者謂薑
桂○薑居良反【疏】曾子至謂也○正義曰此一節論居喪有疾得食美味之事○注爲記至薑桂○正義曰知非曾子之言而云爲記者以上云草木之滋
焉下云以爲薑桂之謂也是解上草木之滋豈可曾子自言還自解乎故以爲記者正曾子之言○子夏喪其子而喪其明明目
精○而喪息浪反下喪胡喪爾明同曾子弔之曰吾聞之也朋友喪明則哭之痛之曾子哭子夏亦
哭曰天乎予之無罪也怨天罰無罪曾子怒曰商女何無罪也吾與女事夫子於洙
泗之間言其有師也洙泗魯水名○女音汝下同洙音殊泗音四洙泗二水名退而老於西河之上西河龍門至華陰之地○
華徐胡化反使西河之民疑女於夫子爾罪一也言其不稱師也喪爾親使民未有聞焉爾
罪二也言居親喪無異稱○稱尺證反喪爾子喪爾明爾罪三也言隆於妻子而曰女何無罪與子
夏投其杖而拜曰吾過矣吾過矣謝之且服罪也○與音餘吾離羣而索居亦已久矣羣謂同門

朋友也索猶散也○離羣羣朋友也上音署索悉各反猶散也下注索居同

疏子夏至久矣○正義曰此一節論子夏恩隆於子之事案仲尼弟子傳云子夏姓卜名商魏人也哀喪其子而哭喪失其明曾子是子夏之友故云朋友喪明則哭之子夏喪子之時曾子已弔今爲喪明更弔故曾子先哭子夏始哭云疑女於夫子者既不稱其師自爲談說辨慧聰睿絕異於人使西河之民疑女道德與夫子相似皇氏言疑子夏是夫子之身然子夏魏人居在西河之上姓卜名商西河之民無容不識而言是魯國孔丘不近人情皇氏非也

○夫晝居於內問其疾可也似有疾晝知又反○夜居於外弔之可也似有喪是故君子非有大故不宿於外大故謂喪憂非致齊也非疾也不晝夜居於內內正寢之中○齊側皆反

疏夫晝至於內○正義曰此一節論君子居處當合於禮各依文解之○此注大故謂喪憂○正義曰上文云夜居於外弔之可也○鄭云似有喪此注兼云憂者以其文云大故語意既寬非獨喪也故周禮每云國有大故皆據寇戎災禍故此兼云憂也身既有憂而夜在於外者既憂禍難不暇入內或與臣下外人夜裏在外圖謀禍患此謂中門外也故禮斬衰及期喪皆中門外爲廬堊室是有喪夜居中門外也○非致至於內○平常無事之時或出或入雖晝居於外亦有入內雖夜居於內亦有出外時唯致齊與疾無○間晝夜恆居於內故云非致齊也非疾也不晝夜居於內○注內正寢之中○正義曰恐內是燕寢故云正寢之中必知正寢者以其經云○非致齊不居於內致齊在正寢疾則或容在內寢若危篤亦在正寢上文云晝居於內問其疾可也不問齊者齊是爲祭之事衆所共知不須問也此齊在內祭統云君致齊於外夫人致齊於內對夫人之寢爲外內耳

○高子皐之執親之喪也子皐孔子弟子名柴泣血三年言泣無聲如血出未嘗見齒言笑之微○見賢遍反君子以爲難言人不能然

疏高子至爲難○正義曰此一節論高柴居喪過禮之事各依文解之○注子皐孔子弟子名柴○正

義曰案史記。孔。子弟子傳高柴鄭人字子皐○注言泣無聲如血出○正義曰凡人涕淚必因悲聲而出若血出則不由聲也今子皐悲無聲其涕亦出如血之出故云泣血○注言笑之微○正義曰既云泣血三年得有微笑者凡人之情有哀有樂哀至則泣血樂至則微笑凡人大笑則露齒本中笑則露齒微笑則不見齒○君子以爲難○君子以高柴所爲凡人難可爲之何者凡人發聲始涕出樂至爲大笑今高柴恒能如此餘人不能故爲難也

○衰與其不當物也寧無衰 惡其亂禮。不當物謂精。麤廣狹不應法制○衰七雷反下同後五服之衰皆放此不復音當丁浪反注同惡烏路反麤本又作麤七奴反狹音洽應應對之應 齊衰不以邊坐大功不以服勤 爲褻喪服邊偏倚也○褻息列反倚於彼反又於寄反

疏 衰與至服勤○正義曰此一節論衰裳升數形制必須依禮及著服不得爲褻之事各依文解之○衰與其不當物也者此語乃通於五服而初發斬衰也衰喪服也當猶應也物謂升縷及法制長短幅數也衰以表情故制有法度若精麤不應廣狹乖法便爲失禮故云寧無衰也是雖有不如無也○齊衰不以邊坐者因上寧無衰以廣其事也邊坐謂偏倚也喪服宜敬坐起必正不可不著衰而偏倚也齊衰輕既不倚斬重不言亦可知也○大功不以服勤者大功雖輕亦不可著衰服以爲勤勞事也齊衰言不邊坐則大功可也大功不勤則齊衰固不可而小功可也

○孔子之衛遇舊館人之喪前日君所使舍己 入而哭之哀出使子貢說驂而賻之 賻助喪用也騑馬曰驂○說本又作說同他活反徐又始銳反下及注同驂七南反夾服馬也騑芳非反 子貢曰於門人之喪未有所說。驂。說驂於舊館無乃已重乎 言。說驂大重比於門人恩爲偏頗○頗破多反 夫子曰予鄉。者入而哭之遇於一哀而出涕 遇見也舊館人恩雖輕我入哭見主人爲我盡一哀是以厚恩待我我爲出涕恩重宜有施惠○鄉本又作嚮許亮反出如字徐尺遂反涕音體施始豉反 予

惡夫涕之無從也小子行之客行無他物可以易之者使遂以往○惡烏路反夫音扶疏孔子至行之○正義曰此一節論孔
子欲示人行禮副忠信之事各依文解之○注前日君所使舍己○正義曰知
非舊所經過主人必以爲君所使舍己者若是經過主人當云遇舊主人之喪
故禮稱皆云主人是以左傳云以爲東道主又云昔吾主於趙氏皆主人爲主
今此云館人明置館舍於己故以爲君所使舍己者○注賻助至曰驂○正義
曰謂助生者喪家使用故既夕禮知死者贈知生者賻是賻爲助生也熊氏以
此賻助喪用謂助死者因云賻得生死兩施熊氏非也案隱元年穀梁傳云錢
財曰賻此用馬者即財也故少儀云賻馬不入廟門云騑馬曰驂者說文云騑
旁馬是在服馬之旁又詩云騑驂是中騧驪是驂驂在外也孔子得有驂馬者
案王度記云天子駕六馬諸侯四大夫三士二古毛詩云天子至大夫皆駕四
孔子既身爲大夫若依王度記則有一驂馬也若依毛詩說則有二驂馬也○
子貢至行之以子貢不欲說驂故夫子語其說驂之意云我所說驂者我鄉者
入而哭之遇値主人盡於一哀是厚恩待我我爲之出涕既爲出涕當有厚施
惠予惡夫涕之無從者謂我感舊館人恩深涕淚交下豈得虛然客行更無他
物易換此馬女小子但將驂馬以行之副此涕淚然論語云顏回之喪子哭之
慟慟比出涕慟則爲甚矣又舊館之恩不得比顏回之極而說驂於舊館惜車
於顏回者但舊館情疏厚恩待我須有賵賻故說驂賻之顏回則師徒之恩親
乃是常事則顏回之死必當以物與之顏路無
厭更請賣車爲槨以其不知止足故夫子抑之○孔子在衛有送葬者而夫子
觀之曰善哉爲喪乎足以爲法矣小子識之子貢曰夫子何善爾也曰其往也
如慕其反也如疑慕謂小兒隨父母啼呼疑者哀親之在彼如不欲還疑然○識式志反又音式下及注章識皆同呼火故反子貢曰
豈若速反而虞乎速疾子曰小子識之我未之能行也哀戚本也祭祀末也疏孔子至行也○正義曰此

一節論喪禮以哀戚爲本之事各依文解之○注慕謂至還然○正義曰言慕如小兒啼呼者謂父母在前嬰兒在後恐不及之故在後啼呼而隨之今親喪在前孝子在後恐不逮及如嬰兒之慕疑者謂凡人意有所疑。在傍徨不進今孝子哀親在外不知神之來否如不欲還然故如疑問喪云其反也如疑鄭注云疑者不知神之來否與此相兼乃足○子貢曰豈若速反而虞乎○子貢之意葬既已竟神靈須安豈如速反虞祭安神乎但哀親在彼是痛切之本情反而安神是祭祀之末禮故下文夫子不許

○顔淵之喪饋祥肉饋遺也○饋其位反遺于季反孔子出受之入彈琴而后食之彈琴以散哀也

○孔子與門人立拱而尚右二三子亦皆尚右倣孔子也○拱恭勇反倣本又作效胡教反下同孔子曰二三子之嗜學也嗜貪○嗜市志反注同我則有姊之喪故也二三子皆尚左復正也喪尚右右陰也吉尚左左陽也

疏○孔子至尚左○正義曰此一節論拱手之禮○注喪尚至陽也○正義曰此既凶事尚右吉事尚左案特牲少牢吉祭皆載右胖士虞禮是凶事載左胖者取義不同吉祭載右胖者從地道尊右士虞禮凶祭載左胖者取其反吉故士虞禮設洗于西階西南鄭注反吉是也

○孔子蚤作作起○蚤音早負手曳杖消。搖。於門欲人之怪。已○抴羊世反亦作曳消搖本又作逍遙歌曰泰山其頹。乎○泰山衆山所仰頹徒回反梁木其壞乎梁木衆木所放○放方兩反哲人其萎。乎哲人亦衆人所仰放也以上二句喻之萎病也詩云無木不萎○委本又作萎同紆危反注同既歌而入當戶而坐蚤坐急見人也子貢聞之曰泰山其頹則吾將安仰梁木其壞。哲人其萎則吾將安放夫子殆將病也覺孔子歌意殆幾也○幾音祈又音機遂趨而入夫子曰賜爾來何遲也坐則望之夏后氏殯於

東階之上則猶在阼也殷人殯於兩楹之間則與賓主夾之也周人殯於西階之上則猶賓之也以三王之禮占己夢○阼才故反楹音盈夾本又作俠古洽反下注同而丘也殷人也予疇昔之夜夢坐奠於兩楹之間是夢坐兩楹之間而見饋食也言奠者以為凶象夫疇發聲也昔猶前也○食如字又音嗣疇直留反明王不興而天下其孰能宗予予殆將死也孰誰也宗尊也兩楹之間南面鄉明人君聽治正坐之處今無明王誰能尊我以為人君乎是我殷家奠殯之象以此自知將死○嚮本又作鄉同許亮反治直吏反坐才臥反又如字處昌慮反○蓋寢疾七日而沒明聖人知命

【疏】孔子至而沒○正義曰此一節論孔子自說死之意狀各依文解之○注欲人之怪己○正義曰杖以扶身恆在前面用今乃反手卻後以曳其杖示不復杖也又夫子禮度自守貌恆矜莊今乃消搖放蕩以自寬縱皆是特異尋常陵且如此故云欲人之怪己杖曳於後示不復用消搖寬縱示不能以禮自持並將死之意狀○注梁木眾木所放○正義曰眾木榱桷之屬依放橫梁乃存立放則依也故論語云放於利而行孔曰放依也○注以上至不萎○正義曰泰山梁木並指他物哲人其萎指夫子之身以二物比己故云以上二句喻之云詩云無木不萎者此小雅谷風刺幽王之詩言天下俗薄朋友道絕其詩云無草不死無木不萎證萎病○注蚤坐蚤坐急見人也○正義曰君子尋常不自當戶已歌而入即當戶而坐故云蚤坐坐不在隱處是急欲見人○泰山至安放者上既云泰山梁木哲人三句今子貢所云泰山其頹吾將安仰梁木哲人摠云言將安放者以泰山梁木共喻哲人子貢意在忽遽不暇句句別言故直引梁木哲人相喻而足摠云吾將安放○夏后至之也者夏后氏殯於東階則猶在阼周人殯於西階則猶賓之夏與周並言猶者以其既死無所知識孝子不忍以生禮待之猶尚阼階以為主猶尚西階以為賓客故言猶也殷人殯於兩楹之間不云猶者庾蔚云東階西階平生賓主所行禮

之處故云猶兩楹之間生無此禮故不云猶然禮賓主敵者授受於兩楹之間又是南面聽朝之處庾云生無此禮於義疑也蓋以夫子夢在兩楹而見饋食知是凶象無聽朝之事不得云則猶尊之以有賓主二事故云與也鄭注考工記宗廟路寢制如明堂周之明堂東西九筵南北七筵則五室每室二筵則五室之外堂上窄狹得容殯者以路寢廣大故得容之其上圓下方五室之屬如明堂。曰。至明堂具解○注言奠者以爲凶象○正義曰時夫子夢見饋食不夢凶奠也但奠禮既死之後未葬之前柩仍在地未立尸主唯奠停飲食故云奠也○注孰誰至將死○正義曰孰誰也釋詁文禮有大宗小宗故云宗尊也知兩楹之間人君聽治正坐之處者案覲禮天子負斧依南面又顧命云牖間南嚮是天子兩楹治事之處也每日視朝雖在路門外退坐當路寢兩楹也其諸侯視朝亦南面知者以諸侯一國之尊故論語云雍也可使南面鄭注言任諸侯治也則在路寢南面聽政若其燕饗則在阼階西面燕禮大射是也案莊子聖人無夢莊子意在無爲欲令靜寂無事不有思慮故云聖人无夢但聖人雖異人者神明同人者五情五情既同焉得無夢故禮記文王世子有九齡之夢尚書有武王夢。協之言

孔子之喪門人疑所服無喪師之禮子貢曰昔者夫子之喪顏淵若喪子而無服喪子路亦然請喪夫子若喪父而無服無服不爲衰弔服而加麻心喪三年

疏孔子至無服○正義曰此一節論弟子爲師喪制之禮各依文解之○門人疑所服者依禮喪師無服其事分明今夫子之喪門人疑者以夫子聖人與凡師不等當應特加喪禮故疑所服○注弔服至三年○正義曰知爲師弔服加麻者案喪服朋友麻其師與朋友同故知亦加麻也必知喪師與朋友同者案下云孔子之喪二三子皆絰而出羣居則絰出則否是弟子相爲與爲夫子同但絰出與不出有異明其服同也云弔服而加麻麻謂絰與帶也皆以麻爲之故云加麻也又喪服緦麻章云朋友麻鄭云朋友雖無親而有同道之恩相爲服緦之絰帶是也鄭知服緦之絰帶者緦爲五服之輕又與錫衰等同爲弔服之限故知緦之絰

帶也論云爲師及朋友皆既葬除之案司服云王爲三公六卿錫衰爲諸侯緦衰爲大夫士疑衰其首服皆弁經鄭司農云錫者十五升去其半有事其布無事其縷鄭康成云無事其縷哀在內以服稍重故但治事其布不治事其縷鄭司農又云緦十五升布去其半有事其縷無事其布鄭康成云無事其布哀在外以其稍輕故得治縷也司農又云疑衰十四升康成云疑之言擬也擬於吉服謂比擬吉服十五升也首服弁經者鄭注司服云弁經如爵弁而素加環經鄭知如爵弁者見下文云殷人哻而葬又云弁經葛而葬與神交之道一哻是祭冠也故知弁經是爵弁也知加環經者以雜記云小斂環經公大夫士一也天子弔諸臣之服無問當事與不當事皆弁經也諸侯以錫衰爲弔服但首服有異弔他國皆首服皮弁故喪服小記云諸侯弔必皮弁錫衰是也若弔己臣當事則弁經故服問云公弔當事則弁經於士雖當事亦皮弁諸侯雖以錫衰爲常弔之服其弔士亦有緦衰疑衰故鄭注文王世子云同姓之士則緦案異姓之士則疑衰。卿大夫亦以錫衰爲弔服當事亦弁經故鄭注喪服云諸侯及卿大夫亦以錫衰爲弔服當事乃弁經否則皮弁辟天子也其士之弔服則疑衰故鄭注喪服云士以緦衰爲喪服其弔服則疑衰也舊說以爲士弔服布上素下鄭注云此實疑衰也改其裳以素辟諸侯也當事亦弁經故鄭注喪服云士弁經皮弁之時如卿大夫凡弔服惟有弁經皆無帶也知無帶者周禮司服及服問但云弁經不云帶故知然也其朋友之服諸侯及大夫等則皆疑衰故鄭注喪服云朋友之相爲服則士弔服也既特云士弔服明諸侯大夫等皆用士之弔服唯加緦之經帶爲異耳是以喪服朋友麻鄭注云服緦之經帶又下文云子游襲裘帶經而入鄭注云所弔者朋友是朋友相爲加帶凡朋友相爲者雖不當事亦弁經故下文云羣居則經是也其庶人鄭注喪服云庶人不爵弁則其弔服素冠委貌鄭注不顯所著之服文承疑衰素裳之下則庶人亦用疑衰或者庶人布深衣當服布深衣冠素委貌也〇孔子之喪公西赤爲志焉公西赤孔子弟子字子華志謂章識飾棺牆。牆之障柩猶垣牆障家。置翣。牆柳衣翣以布衣木如攝與〇置知吏反翣所甲反衣於既反攝所甲反又所洽反與音餘設披周也設崇殷也綢練設旐夏也夫子雖殷人兼用三王之禮尊之披柩行夾引棺者。崇牙旌旗飾也綢練以練綢旌之杠。此旌葬乘車所建也旌之旐緇布廣充幅長尋曰旐爾雅說旌旗曰素錦綢杠○披彼義反綢吐刀反韜也徐直留反注同旐直小反杠音江竿也乘繩證反廣光浪反凡度廣狹曰廣他皆放此幅方木反

【疏】○孔子至夏也○正義曰此一節論孔子之喪送葬用三王之禮各依文解之○注公西至子華○正義曰案仲尼弟子傳云公西赤字子華少孔子四十二歲○鄭云魯人也○飾棺至夏也○孔子之喪公西赤以飾棺榮夫子故爲盛禮備三王之法以章明志識焉於是以素爲褚褚外加牆車邊置翣恐柩車傾虧而以繩左右維持之此皆周之法也其送葬乘車所建旌旗刻繒爲崇牙之飾此則殷法又韜盛旌旗之竿以素錦於杠首設長尋之旐此則夏禮也既尊崇夫子故兼用三代之飾也○注牆柳至攝與○正義曰牆之障柩猶垣牆障家故謂障柩之物爲牆障柩之物即柳也外旁帷荒中央材木總而言之皆謂之爲柳也縫人注云柳聚也諸飾所聚前文注云牆柳者以經直云周人牆置翣文無所對故注直云牆柳也此文爲下對設披崇設旐之事皆委曲備言故亦委曲解之故注云牆柳衣也其實牆則柳也雜記喪從外來雖非葬節以裳帷障棺亦與垣牆相似故鄭注不毀牆之下云牆裳帷也皆望經爲義故三注不同云翣以布衣木者鄭注喪大記云漢禮翣以木爲筐廣三尺高二尺四寸方兩角高衣以白布畫雲氣柄長五尺云如攝與者攝與漢時之扇與疑辭鄭恐人不識翣體故云如今攝與○注披柩至綢杠○正義曰案喪大記國君纁披六鄭云設之於旁所以備傾虧也故此云披柩行夾引棺者云崇牙旌旗飾也者對下綢練設旐故爲旌旗飾也謂旌旗之旁刻繒爲崇牙殷必以崇牙爲飾者殷湯以武受命恆以牙爲飾云此旌葬乘車所建也者案既夕禮陳車門內右北面乘車載旜道車載朝服槀車載蓑笠故知此旌乘車所建也凡送葬之旌經文不具案既夕士禮而有二旌一是銘旌是初死書名於上則士喪禮爲銘各以其物書名於末曰某氏某之柩置於西

階上葬則在柩車之前至壙與茵同入於壙也二是乘車之旌則既夕禮乘車載旜亦在柩之前至壙柩既入壙乃斂乘車所載之旌載於柩車而還故鄭注既夕禮云柩車至壙祝脫載除飾乃斂乘車道車槀車之服載之而還不空以歸送形而往迎精而反此是士之二旌也其大夫諸侯則無文其天子亦有銘旌與士禮同故司常云大喪共銘旌鄭注云王則大常也士喪禮曰爲銘各以其物初死亦置於西階將葬移置於茵從遣車之後亦入於壙也是其一旌也以司常又云建廞車之旌廞謂興作之則明器之車也其旌則明器之旌止則陳建於遣車之上行則執之以從遣車至壙從明器而納之壙中此二旌也案士禮既有乘車載旜。攝孤卿之旜則天子亦當有乘車三載大常謂以金路載之至壙載之而歸但禮文不具耳此其三旌也然則天子三旌也士以禮無遣車故無廞車之旌但二旌耳諸侯及大夫無文熊氏以爲大夫以上有遣車即有廞旌並有三旌也云旌旗之旒緇布廣充幅長尋曰旐者爾雅釋天文引之者證經中設旐夏也案鄭注明堂位云有虞氏當言綏夏后氏當言旂以此差之古代尙質有虞氏但注旄竿首未有繒帛故云綏也夏后漸文故有素錦綢杠又垂八尺之旐故夏云旂也旂是大。古名非交龍之旂周則文物大備旂有九等垂之以緣繫之以旆又有交龍之旂龜蛇之旐與夏不同夏雖八尺之旐更無餘飾又引爾雅素錦綢杠者亦爾雅釋天文引之者證經文綢練練則素錦用以爲綢杠也

○子張之喪公明儀爲志焉志亦謂章識

褚幕丹質○以丹布幕爲褚葬覆棺不牆不翣褚張呂反幕音莫褚幕覆棺者

蟻結于四隅畫褚之四角其文如蟻行往來相交錯蟻蚍蜉也殷之蟻結似今蛇文畫○蟻魚綺反又作蛾姚避尸反徐扶夷反蜉音浮

殷士也。學於孔子傚殷禮

[疏]子。張。至。士。也○正義曰此一節論孔子弟子送葬車飾學孔子行殷禮之事各隨文解之○子張之喪公明儀爲志焉公明儀是其弟子亦如公西赤爲章識焉此公明儀○又爲曾子弟子故祭義云公明儀問於曾子曰夫子可以爲孝乎是也○褚幕丹質者褚謂覆棺之物若大夫以上其形似幄士則無褚今公明儀尊敬其師故特爲褚不

得為帷但似幕形故云褚幕以丹質之布而為之也○蟻結者蟻蚍蜉也又於褚之四角畫蚍蜉之形交結往來故云蟻結於四隅所以不牆不翣者用殷禮也所以畫蟻者殷禮士葬之飾也棺蓋亦或取蚍蜉夫子聖人雖行殷禮弟子尊之故葬兼三代之禮今公明儀雖尊其師秖用殷法不牆不翣唯特加褚幕而已上葬夫子用三代之飾案士喪禮既非聖人亦用夏祝商祝彼謂祝習夏禮商禮總是周祝也故鄭注士喪禮云夏祝祝習夏禮者也夏人教以忠其於養宜故主饋食商祝祝習商禮者商人教之以敬於接神宜故主衣服襲斂周人之喪皆有夏商。二祝與夫子用三代之禮其義不同夫子用三代之禮不為僭者用其大夫之禮耳必用三代者夫子聖人德備三代文物故也

○子夏問於孔子曰居父母之仇如之何夫子曰寢苫枕干不仕雖除喪居處猶若喪也干。盾也○仇音求讎也苫始占反草也枕之鴆反楯本又作盾食允反又音允弗與共天下也不可以並生遇諸市朝不反兵而鬭言雖適市朝不釋兵○朝直遙反注同曰請問居昆弟之仇如之何曰仕弗與共國銜君命而使雖遇之不鬬為負而廢君命○銜音咸使色吏反為于僞反下為其負相為同曰請問居從父昆弟之仇如之何曰不為魁魁猶首也天文北斗魁為首杓為末○從如字徐才用反魁苦回反杓必遙反又匹遙反主人能則執兵而陪其後為其負當成之○陪步回反

疏 ○子。夏。至。其。後。○正義曰此一節論親疏。報仇之法各依文解之○遇諸市朝者上既云不仕得有遇諸朝者一身雖不仕或有事須入朝故得有遇諸朝也不反兵而鬬者言執殺之備。是常帶兵雖在市朝不待反還取兵即當鬭也然朝在公門之內兵器不入公門身得持兵入朝者案閽人掌中門之禁但兵器不得入中門耳其大詢衆庶在皐門之內則得入也且朝文既廣設朝或在野外或在縣鄙鄉遂但有公事之處皆謂之朝兵者亦謂佩刀已上不必要是矛戟皇氏以為市朝正謂市也市

有行肆似朝故謂市朝此辭非也上曲禮唯云不與共。戴天文不備也上曲禮云兄弟之讎不反兵此父母之仇云不反兵又此昆弟之仇不云不反兵者父

母與昆弟之仇皆不反兵上曲禮昆弟之讎云不反兵者謂非公事或不仕者故恆執持殺之備此文昆弟之仇據身仕為君命出使遇之不鬬故不得云不

反兵也二文相互乃足○注為負而廢君命○正義曰負猶不勝也為其鬬而不勝廢君命也下注云為其負當成之負亦謂不勝也○注天文北斗魁為首

杓為末○正義曰案春秋運斗樞云北斗七星第一天樞第二旋第三機第四權第五衡第六開陽第七搖光第一至第四為魁第五至第七為杓是魁為首

杓為末○主人能則執兵而陪其後○謂從父昆弟之仇既不為。報仇魁首若主人能自報之則執兵陪助其後 ○孔子之喪二三子

皆經而出尊師也出謂有所之適然則凡弔服加麻者出則變服○經大結反 羣居則經出則否羣謂七十二弟子相為朋友服

子夏曰吾離羣而索居 ○易墓非古也易謂芟治草木不易者丘陵也○易以豉反注同芟所銜反 【疏】易墓非古也○正義曰此一節

論墓內不合芟治之事○易謂至陵也○正義曰墓謂冢旁之地易謂芟治草木不使荒穢不易者使有草木如丘陵然言易墓非古也則古者殷以前墓而

不壞是不治。易也 ○子路曰吾聞諸夫子喪禮與其哀不足而禮有餘也不若禮不足

而哀有餘也喪主哀 祭禮與其敬不足而禮有餘也不若禮不足而敬有餘也祭主

敬 【疏】子。路。至。餘。也○正義曰此一節論喪主哀祭主敬之事○吾聞諸夫子者諸之也據所聞事於孔子也○喪禮與其哀不足而禮有餘也此所聞事

喪禮居喪之禮也與及也禮有餘。明器衣衾之屬。也言居喪。及其哀少而禮物多也不若禮不足而哀有餘也者若物多而哀少則不如物少而哀多也○祭

禮與其敬不足而禮有餘也者祭禮謂祭祀之禮也而禮有餘謂俎豆牲牢之屬多也言敬少而牢多也不若禮不足而敬有餘也者若牲器多而敬少則不

如牲器少而敬多也〇曾子弔於負夏負夏衞地主人既祖填池祖謂移柩車去載處爲行始也填池當爲奠徹聲之誤也奠徹謂徹遣奠設祖奠〇填池依注音奠徹盧王並如字處昌慮反下同遣奠弃戰反本或作遷奠非推柩而反之反於載處榮曾子弔欲更始〇推昌佳反又吐回反柩其久反降婦人而后行禮既祖而婦人降今反柩婦人辟之復升堂矣柩無反而反之而又降婦人蓋欲矜賓於此婦人皆非〇辟音避下辟賢辟不懷並同復扶又反從者曰禮與怪之〇從音才用反下同與音餘下同曾子曰夫祖者且也且未定之辭〇夫音扶且胡爲其不可以反宿也給說從者又問諸子游曰禮與疑曾子言非子游曰飯於牖下小斂於戶內大斂於阼殯於客位祖於庭葬於墓所以即遠也故喪事有進而無退明反柩非〇飯煩晚反牖羊久反斂力驗反家凡小斂大斂之字皆同不重出阼才故反禮曾子聞之曰多矣乎予出祖者善子游言且服〇且服本或作且服過

【疏】曾子至祖者〇正義曰此一節論負夏氏葬禮所失之事〇既祖填池者案既夕禮啓殯之後柩遷于祖重先奠從柩從升自西階正柩于兩楹間用夷床鄭注云是時柩北首設奠于柩西此奠謂啓殯之奠也質明徹去啓奠乃設遷祖之奠于柩西至日側乃卻下柩載於階間乘蜃車載訖降下遷祖之奠設於柩車西當前束時柩猶北首前束近北前束者謂棺於車束有前後故云前束乃飾柩設披屬引徹去遷祖之奠遷柩鄉外而爲行始謂之祖也婦人降即位于階間乃設祖奠于柩西至厥明徹祖奠又設遣奠於柩車之西然後徹之苞牲取下體以載之遂行此是啓殯之後至柩車出之節也曾子弔於負夏氏正當主人祖祭之明旦既徹祖奠之後設遣奠之時而來弔主人榮曾子之來乃徹去遣奠更設祖奠又推柩少退而返之鄉北又遣婦人升堂至明旦婦人從堂更降而後乃行遣車禮從曾子者意以爲疑問曾子

云此是禮與曾子既見主人榮己不欲指其錯失爲之隱諱云夫祖者且也且是未定之辭祖是行始未是實行且去住二者皆得既得且住何爲不可以反宿明日乃去○注祖謂至祖奠○正義曰祖謂移柩車去載處爲行始者案既夕禮注云束棺於柩車賓出遂。匠納車於階間柩從兩楹卻下載於車乃迴車南出是爲祖也祖始也謂將行之始也云奠徹謂徹遣奠設祖奠者案既夕禮祖。曰明旦徹祖奠設遣奠曾子正當設遣奠時來主人乃徹去遣奠還設祖奠似若不爲遣奠然經云主人既祖祖之明日既徹祖奠之時故謂之既祖鄭云祖謂移柩車去載處者解正祖之名也皇氏熊氏皆云奠曾子雖今日來弔遙指昨日爲既祖於文賒緩其義非也○注禮既祖而婦人降○正義曰既夕禮文以既祖柩車南出階間既空故婦人得降立階間今柩車反還階間故婦人辟之升堂婦人既已升堂柩車未迴南出則婦人未合降也今乃降之者以曾子賢人欲矜誇賓於此婦人也言皆非者柩無反而反之是一非既反之未迴車南出不合降婦人而降之是二非也○注給說○正義曰論語云禦人以口給謂不顧道理以捷給說於人也○曾子至祖者○多猶勝也曾子自知己說之非聞子游之荅是故善服子游也故言子游所說出祖之事勝於我所說出祖也

○曾子襲裘而弔子游裼裘而弔曾子指子游而示人曰夫夫也爲習於禮者如之何其裼裘而弔也曾子蓋知臨喪無飾夫夫猶言此丈夫也子游於時名爲習禮○裼星歷反夫夫上音扶下如字一讀並如字注及下同主人既小斂袒括髮子游趨而出襲裘帶絰而入於主人變乃變也所弔者朋友○袒括徒旱反下古活反曾子曰我過矣我過矣夫夫是也服。是。善。子游。

【疏】曾。子。至。是。也○正義曰此一節論弔禮得失之事各依文解之○子游趨而出襲裘帶絰而入凡弔喪之禮主人未變之前弔者吉服而弔吉服謂羔裘玄冠緇衣素裳又袒去上服以露裼衣則此裼裘而弔是也主人既變之後雖著朝服而加武以絰又掩其上服若是朋友又加帶則此

襲裘帶經而入是也案喪大記云弔者襲裘加武帶經注云始死弔者朝服裼裘如吉時也小斂則改襲裘而加武與帶經矣武吉冠之卷也加武者明不改冠但加經於武喪大記所云亦據朋友故云帶經帶既在首鄭注加武與帶經似帶亦加武者其實加武唯經連言帶耳主人成服之後弔者大夫則錫衰士則疑衰當事皆首服弁經此子游之弔未知主人小斂以否何因出則有帶經服之而入但子游既及弔喪豫備其事故將帶經行也○子夏既除喪而見見於孔子○見賢遍反注及下同予之琴和之而不和彈之而不成聲樂由人心○予羊汝反下同和音禾或胡臥反下同樂音岳又音洛作而曰哀未忘也先王制禮而弗敢過也作起○忘音亡○子張既除喪而見予之琴和之而和彈之而成聲作而曰先王制禮不敢不至焉雖情異善其俱順禮疏子。夏。至。至。焉○正義曰此一節論子夏子張居喪順禮之事此言子夏子張者案家語及詩傳皆言子夏喪畢夫子與琴援琴而。絃衎衎而樂閔子騫喪畢夫子與琴援琴而絃切切而哀與此不同者當以家語及詩傳爲正知者以子夏喪親無異聞焉能彈琴而不成聲而閔子騫至孝之人故孔子善之云孝哉閔子騫然家語詩傳云援琴而。絃切切以爲正也熊氏以爲子夏居父母之喪異故不同也○司寇惠子之喪惠子衞將軍文子彌牟之弟惠叔蘭也生虎者○彌亡卑反牟莫侯反子游爲之麻衰牡麻絰惠子廢適立庶爲之重服以譏之麻衰以吉服之布爲衰○爲之于僞反注爲之重服下爲之服皆同適丁厤反下文及注同文子辭曰子辱與彌牟之弟游又辱謝其存時爲之服敢辭。止之服也子游曰禮也文子退反哭子游名習禮文子亦以爲當然未覺其所譏子游趨而就諸臣之位深譏之大夫之家臣位在賓後文子又辭曰子辱與彌牟之弟游又辱爲之服又

辱臨其喪敢辭止之在臣位子游曰固以請再不從命文子退扶適子南面而立曰子辱
與彌牟之弟游又辱爲之服又辱臨其喪虎也敢不復位覺所譏也虎適子名文子親扶而辭敬子
游也南面而立則諸臣位在門內北面明矣子游趨而就客位所譏行疏司。寇。至。客。位。○正義曰此一節論子游譏司寇惠子廢適
立庶得行之事各依文解之○注惠子至虎者○正義曰案世本靈公生昭子郢郢生文子木及惠叔蘭蘭生虎爲司寇氏文子生簡子瑕瑕生衞將軍文氏
然則彌牟是木之字○注爲之至爲衰○正義曰子游既與惠子爲朋友應著弔服加緦麻帶經今乃著麻衰牡麻經故云重服譏之云麻衰以吉服之布爲
衰者案詩云麻衣如雪又閒傳云大祥素縞麻衣麻衣皆吉服之布稱麻故知此麻衰亦吉服之布也案喪服云公子爲其母麻衣鄭注云小功布深衣者以大夫
之子爲其母厭降大功則公子爲其母厭降宜小功布衰與此別也案弔服錫衰十五升去其半疑衰十四升今子游麻衰乃吉服十五升輕於弔服而云重
服以譏之者據牡麻經爲重弔服弁經大如緦之經一股而環之今乃用牡麻絞經與齊衰經同故云重也○注深譏至賓後○正義曰大夫之賓位在門東
近北大夫之家臣位亦在門東而南近門並皆北嚮故在賓後也故盧云喪賓後主人同在門東家臣賓後則近南也○注南面至明矣○正義曰然鄭亦不
知臣定位。今以此爲證故云明矣子游弔在臣位適子既嚮南面對子游故知臣位在門內北面也案鄭注之意前既云大夫家臣位在賓後則此又云臣位
在門內北面則凡賓位在門東亦得與盧合也而前檀弓云趨而就伯子於門右注云去賓位就主人之兄弟賢者若案彼注云則未趨時賓位應在門左者
以檀弓之弔當在小斂前同國弁異國並在門左若諸侯禮大國賓辟寄公故在門右耳或云檀弓爲異國禮譏於仲子故自處異國之賓故在門西也○
將軍文子之喪既除喪而后越人來弔主人深衣練冠待于廟垂涕洟主人文子之子

簡子瑕也深衣練冠凶服變也待于廟受弔不迎賓也○涕音他計反洟音夷自目曰涕自鼻曰洟瑕音遐本又作假音古雅反子游觀之曰將軍文氏之子其庶幾乎亡於禮者之禮也其動也中○中禮之變○丁仲反注及下注禮中之中同

【疏】將。軍。文。子。之。喪。至。其。動。也。中○正義曰此一節論居喪得中禮之變各依文解之○將軍文子其身終亡既除喪大祥祭之後越人來弔謂遠國之人始弔其喪主人文子之子身著深衣是既祥之麻衣也首著練冠謂未祥之練冠也待賓於廟目垂於涕鼻垂於洟子游觀之曰將軍文氏之子其庶幾乎亡於禮者之禮也者亡無也其始死至練祥來弔是有文之禮祥後來弔是無文之禮言文氏之子庶幾堪行乎無於禮文之禮也所以堪行者以其舉動也中當於禮之變節也○注主人至賓也○正義曰文子之子簡子瑕也知者世本。云深衣練冠凶服變也者深衣即閒傳麻衣也但制如深衣緣之以布曰麻衣緣之以素曰長衣緣之以采曰深衣○練冠者謂祭前之冠若祥祭則縞冠也此謂由來未弔者故練冠若會來已弔祥後為喪事更來雖不及祥祭之日主人必服祥日之服以受之故雜記云既祥雖不當縞者必縞然後反服注云謂有以喪事贈賵來者雖不及時猶變服服祥祭之服以受之重其禮也其於此時始弔者則衛將軍文。子之子為之雜記經文本為重來者故縞冠衛將軍之子始來者故練冠故雜記注引此文者證祥後來弔之事一邊耳推此而言禫後始來弔者則著祥冠若禫後更來有事主人則著禫服其吉祭已後或來弔者其服無文除喪之後亦有弔法故春秋文九年秦人來歸僖公成風之禭是也云待于廟受弔不迎賓也者以其死者還入於廟故今待弔於廟就死者案士喪禮始死為君命出小斂以後為大夫出是有受弔迎賓今以除服受弔故不迎賓也或曰此非己君之命以敵禮待之故不迎也或云此是禫後吉時來也故不在寢而待於廟也禮論亦同

幼名冠字五十以伯仲死諡周道也經也者實也○所以表哀戚冠古亂反掘中霤而浴毀竈以綴足及葬毀

宗躐行出于大門殷道也明不復有事於此周人浴不掘中霤葬不毀宗躐行毀宗毀廟門之西而出行神之位在廟門之外○掘求月反又求勿反霤力救反綴丁劣反又丁衞反躐良輒反復扶又反

學者行之學於孔子者行之傚殷禮

疏幼名至行之○正義曰此一節論殷周禮異之事各依文解之○幼名冠字者名以名質生若無名不可分別故始生三月而加名故云幼名也○冠字者人年二十有爲人父之道朋友等類不可復呼其名故冠而加字年至五十耆艾轉尊又捨其二十之字直以伯仲別之至死而加謚凡此之事皆周道也然則自殷以前爲字不在冠時伯仲不當五十以殷尚質不諱名故也又殷以上有生號仍爲死後之稱更無別謚堯舜禹湯之例是也周則死後別立謚故總云周道也士冠禮二十已有伯某甫仲叔季此云五十以伯仲者二十之時雖云伯仲皆配某甫而言五十之時直呼伯仲耳禮緯含文嘉云質家稱仲文家稱叔周代是文故有管叔蔡叔霍叔康叔聃季等末者稱季是也○掘中至道也○此以下三句一明殷禮也每一條義兼二事也中霤室中也死而掘室中之地作坎所以然者一則言此室於死者無用二則以牀架坎上尸於牀上浴令浴汁入坎故云掘中霤而浴也○毀竈以綴足者亦義兼二事一則死而毀竈示死無復飲食之事故毀竈也二則恐死人冷強足辟戾不可著屨故用毀竈之甓連綴死人足令直可著屨也○及葬毀宗躐行出于大門者亦義兼二事也毀宗毀廟也殷人殯於廟至葬柩出毀廟門西邊牆而出于大門所以然者一則明此廟於死者無事故毀之也二則行神之位在廟門西邊當所毀宗之外若生時出行則爲壇幣告行神告竟車轢行壇上而出使道中安穩如在壇今嚮毀宗處出仍得躐此行壇如生時之出也故云毀宗躐行出于大門也○殷道也者道禮也上三句皆是殷禮也○注明不至之外○正義曰此謂中霤竈宗所以掘中霤毀竈及宗是明不復有事於此處也云周人浴不掘中霤者用盤承浴汁也是以喪大記浴水用盆沃水用枓沐用瓦盤鄭注云浴沃用枓沐於盤中文相變也案鄭旨則知浴用盤也云葬不毀宗躐行者周殯於正寢至葬而朝廟從正門出不毀宗也

故士喪禮不云躐行也然周家亦不毀竈綴足而鄭注不云者以周綴足用燕几其文可見故此不言耳至於毀宗躐行掘中霤周雖不爲而經文無云不掘不毀故鄭注言之也但舉首末言之則中從可知也云毀宗毀廟門之西而出者廟門西邊牆也云行神之位在廟門之外者以其。毀宗。故云躐行故知行神在廟門之外當毀處之外也行神於後更說

附釋音禮記注疏卷第七

禮記注疏卷七校勘記　　阮元撰盧宣旬摘錄

檀弓上

大公封於營邱節

故云先王制禮樂者　閩監毛本同惠棟校宋本無禮字制上有所字續通解同

若舜愛樂其王業所由　閩監毛本作舜此本舜誤爲

禹愛樂其王業所謂　閩監毛本同惠棟校宋本謂作由續通解同

狐死正邱首而嚮邱　閩監毛本同惠棟校宋本作狐死正邱首謂狐之死正邱而嚮邱續通解同

雖狼狽而死　閩監本同毛本狽作狽衛氏集說同續通解同

注齊大公受封至齊曰營邱　閩監毛本同惠棟校宋本無受封齊曰四字

大公望生丁公伋　監毛本作丁此本誤下閩本同

舜葬於蒼梧之野節

五者相參　閩監毛本同嘉靖本同惠棟校宋本參作三宋監本同岳本同通典五十八引作五者相參

周公蓋祔　閩監毛本同岳本嘉靖本同衛氏集說同惠棟校宋本祔作附石經同注放此

且天下爲家　閩本同惠棟校宋本同監毛本且誤目

未知審也　閩監毛本也作悉衞氏集說作未之審悉

記人以周公始附　閩監毛本附作祔下蓋始附葬附卽合也同

南巡守　閩監本同毛本守作狩

次妃陬氏之女曰常宜　閩監毛本同浦鏜云陬下脫訾字從大戴禮校也

云舜不告而取者　閩監本同毛本取作娶下而取何也不得取取妻皆同

次妃癸比　閩監毛本作比此本誤北

大功廢業節

謂所學習業則身有外營　閩監毛本同惠棟校宋本習業下重習業二字

今檢禮記　閩監本同毛本檢作撿○按作撿避所諱全書皆然

子張病節

吾卽平生以善自脩　閩監毛本同浦鏜校云卽當既字誤

與曾子召申元同　閩本同監毛本申元作元申

始死之奠節

恐忽須無當 閩監毛本同惠棟校宋本當作常衞氏集說同

小功不爲位也者節

言禮之末略 閩監毛本作末此本末誤未

鄭注娣姒婦者 閩監毛本同惠棟校宋本注下有云字

故奔喪禮哭妻之黨於寢 閩監毛本如此此本禮誤重

古也冠縮縫節

解時人之惑 閩監毛本作惑岳本嘉靖本同此本惑誤感

辟積攝少 閩監毛本攝作襵衞氏集說同下但多作攝同

曾子謂子思曰節

言己以疾時禮而不如 閩監毛本同岳本嘉靖本同浦鏜校從衞氏集說改禮而不如作人之不然非也正義云意疾時人行禮不如己也是正疏禮而不如

小功不稅節

若限滿卽止　閩監毛本作卽此本誤節
進退無禮　閩監毛本同惠棟校宋本禮作理
伯高死於衛節
夫由賜也見我　惠棟校宋本同石經同宋監本岳本嘉靖本同衛氏集說同釋
文出夫由閩監毛本誤猶石經考文提要宋大字本宋本九經
南宋巾箱本余仁仲本劉叔剛本禮記纂言至善堂九經本皆作由
爲爾哭也來者　閩監毛本同石經同岳本嘉靖本同正義同釋文出爲爾來者
云一本作爲爾哭也來者
依禮而哭諸野　惠棟校宋本作諸此本諸誤謂閩監毛本同
子夏喪其子節
而曰女何無罪與　閩監毛本同石經同岳本嘉靖本同衛氏集說同釋文於上
出女何云音汝下同坊本女作爾石經考文提要云案上文
女何無罪也此作爾岐出宋大字本宋本九經南宋巾箱本余仁仲本劉叔剛
本禮記纂言皆作女
夫晝居於內節
無閒晝夜　閩監毛本同惠棟校宋本閒作間衛氏集說同
高子皋節

言人不能然 閩監毛本作能然岳本同此本能誤禮衞氏集說作言人不能然也嘉靖本作言人不能也惠棟校宋本同

案史記孔子弟子傳 閩監毛本同惠棟校宋本孔子作仲尼

喪與其不當物也節

謂精麤廣狹 閩監毛本同嘉靖本同惠棟校宋本麤作䴥宋監本岳本同衞氏集說作粗釋文出精麤云本又作䴥○按段玉裁云篇韵䴥訓不精俗作麁今人概用作粗粗行而䴥廢矣

孔子之衞節

使子貢說驂而賻之 閩監毛本同石經同岳本嘉靖本同衞氏集說本同正義同釋文出稅驂云本又作說下及注同

予鄉者入而哭之 閩監毛本同石經同岳本嘉靖本同衞氏集說同正義同釋文出予鄉皆是也云本又作嚮非考文引古本作嚮

故既夕禮知死者贈 閩監毛本作贈此本贈誤賻

惜車於顏回者 閩監毛本作惜此本誤措

須有賵賻 閩監毛本同衞氏集說同考文引宋板賵作贈是也

孔子在衞節 惠棟校云孔子在衞節顏淵之喪節宋本合爲一節

在傍徨不進 閩本同惠棟校宋本監毛本在作則衞氏集說同

孔子蚤作節

負手曳杖閩監毛本同石經同岳本嘉靖本同衞氏集說本同正義同釋文出枻云亦作曳

消搖於門閩監毛本同石經同岳本嘉靖本同衞氏集說本同正義同釋文出消搖云本又作逍遙考文引古本作逍遙

欲人之怪已閩監毛本同岳本嘉靖本同惠棟校宋本已作己宋監本同衞氏集說同

泰山其頹乎閩監毛本同岳本同衞氏集說同嘉靖本頹作頽釋文出頽石經頹作頽下其頽同

哲人其萎乎閩監毛本同正義同石經同岳本嘉靖本衞氏集說同釋文出委乎云本又作萎注同

梁木其壞哲人其萎則吾將安放閩監毛本同石經同岳本嘉靖本同衞氏集說同困學紀聞曰家語終記云泰山其頹則吾將安仰梁木其壞吾將安杖哲人其萎吾將安放檀弓無吾將安杖四字或謂盧陵劉美中家古本禮記梁木其壞之下有則吾將安仗五字蓋與家語合齊召南曰案古本以無此五字故孔疏云子貢意在怱遽不暇別言是也或所見別本必好事者爲之

南面鄉明閩監毛本同岳本嘉靖本同釋文出嚮明云本又作鄉衞氏集說作嚮考文引古本同

陵且如此監毛本同閩本且作旦續通解同

子貢意在怱遽閩監本同惠棟校宋本怱作忩毛本作悤

如明堂日至明堂具解惠棟校宋本日作耳至字同閩監毛本日至作月令

尚書有武王夢協之言 毛本同閩監本協作恊○惠棟校宋本此下另行標禮記正義卷第九終記云凡二十五頁

孔子之喪門人疑所服節 惠棟校宋本自此節起至孔子曰之死而致死之節止爲第十卷卷首題禮記正義卷第十

孔子至無服 惠棟校宋本無此五字

與神交之道 監毛本同閩本交誤父

卿大夫亦以錫衰爲弔服 閩監毛本作卿此本卿誤鄉

孔子之喪公西赤爲志焉節

牆之障柩猶垣牆障家 閩監毛本同岳本嘉靖本同衛氏集說亦有考文古本無此九字盧文弨云牆下注九字古本無乃疏中語也山井鼎云下注牆柳衣此注爲衍文明矣

如攝與 閩本同岳本嘉靖本同監毛本攝作襵衛氏集說同惠棟校宋本亦作攝宋監本同釋文同

崇牙旌旗飾也 閩監毛本同衛氏集說同岳本崇字重宋監本同考文引古本足利本同又云宋板崇牙上闕字似脫一崇字嘉靖本亦作崇崇牙

此旌葬乘車所建也 閩監毛本同岳本嘉靖本同衛氏集說同惠棟校宋本此作是

孔子至夏也　惠棟校宋本無此五字

注牆柳至攝與　閩本同監毛本攝作𦅈下皆同

攝與漢時之扇　閩監毛本同浦鏜校云與當衍字考文引宋板與作是

國君纁披六　閩監毛本纁作纁與喪大記合

蜃車載簑笠　閩本同惠棟校宋本監毛本簑作蓑與宋本儀禮合衞氏集說同

大喪共銘旌　惠棟校宋本閩監本同毛本共誤其

攝孤卿之旜　惠棟校宋本閩本同監毛本攝誤𦅈

夏后漸文　閩監毛本作漸此本漸誤斬考文引宋板后作家

旂是大古名　閩監毛本同浦鏜云古疑共字誤

子張之喪節

似今蛇文畫　閩監毛本同岳本嘉靖本同衞氏集說同惠棟校宋本蛇作虵宋監本同

倣殷禮　續通解倣作做

子張至士也　惠棟校宋本無此五字

皆有夏商二祝閩監本同毛本二誤三考文云宋板作二

子夏問於孔子曰節惠棟校云子夏問節孔子之喪節宋本合爲一節

于盾也閩監毛本同岳本嘉靖本同衞氏集說同釋文出干楯云本又作盾考文引古本作楯

不反兵而鬭石經作鬭衞氏集說同閩本作鬭監本作鬬毛本作鬭岳本同

子夏至其後惠棟校宋本無此五字

此一節論親疏報仇之法閩監本同衞氏集說同毛本報誤執

是常帶兵閩監毛本同惠棟校宋本是作身是也衞氏集說同

不與共戴天閩監毛本戴作戴

既不爲報仇魁首閩監本同衞氏集說同毛本報誤執

易墓節

是不治易也閩監毛本同衞氏集說治易作易治孫志祖云集說是也

子路曰節

子路至餘也惠棟校宋本無此五字

明器衣衾之屬也閩監毛本同衞氏集說作謂明器衣衾之屬多也

言居喪及其哀少而禮物多也閩本同監毛本及作與

曾子弔於負夏節

善子游言且服閩監毛本同嘉靖本同岳本服下有也字釋文出且服也云本或作且服過考文引古本作且服過也足利本無也字案正義云故善服子游也服亦屬子游則服善非服過也

曾子至祖者惠棟校宋本無此五字

賓出遂又納車於階閒閩監毛本如此此本出誤仕又誤文按又字亦誤惠棟校宋本作匠○按作匠是也遂匠指遂人匠人而言

祖曰明旦徹祖奠設遣奠閩監毛本同浦鏜校云之誤曰

曾子襲裘而弔節

服是善子游此本游下空闕閩監毛本游下有言字衞氏集說同惠棟校宋本無言字是作且宋監本同岳本嘉靖本同考文引古本足利本同

曾子至是也惠棟校宋本無此五字

小斂則改襲裘而加武與帶絰矣閩監毛本同考文引宋板無裘字○按無裘是也否則與喪大記不合

帶既在署閩監毛本署作要考文引宋板作署

子夏既除喪而見節

先王制禮而弗敢過也石經同岳本嘉靖本同衞氏集說同閩監毛本王誤生

先王制禮不敢不至焉石經同岳本嘉靖本同衞氏集說同毛本同閩監本王誤生

善其俱順禮惠棟校宋本作其宋監本同嘉靖本考文引古本足利本同此本其誤○閩監毛本作同岳本同衞氏集說同

子夏至至焉惠棟校宋本無此五字

援琴而絃衎衎而樂閩本同惠棟校宋本同監毛本絃作弦衞氏集說同下而絃字同

援琴而絃切切以爲正也閩監毛本同浦鏜校云切切下脫而哀二字

司寇惠子之喪節

止之服也閩本同岳本嘉靖本同衞氏集說同監本止字殘闕不全毛本止誤上

司寇至客位惠棟校宋本無此五字

今以此爲證閩監毛本作今此本誤合

將軍文子之喪節

將軍文子之喪至其動也中　惠棟校宋本無此十一字

知者世本云　閩監毛本同惠棟校宋本云上有文字

則衞將軍文子之子爲之　閩本同衞氏集說同監毛本文子作文氏是也

而待於寢也　閩監毛本同惠棟校宋本寢作廟是也

幼名節

明不復有事於此　閩監本同岳本嘉靖本同衞氏集說同考文引宋板同毛本此誤比

學於孔子者行之倣殷禮　閩監毛本同岳本嘉靖本同衞氏集說作學於孔子行之倣殷禮也續通解倣作倣

幼名至行之　惠棟校宋本無此五字

年至五十者艾轉尊　閩監毛本同惠棟校宋本者作者衞氏集說同

末者稱季是也　監毛本作稱此本誤舞閩本同

以其毀宗故云躐行　閩監毛本如此此本毀故二字實闕惠棟校宋本故作卽

附釋音禮記注疏卷第八

檀弓上

禮記　　鄭氏注　　孔穎達疏

子柳之母死子碩請具具葬之器用子柳魯叔仲皮之子子碩兄○碩音石子柳曰何以哉言無其財子碩曰請粥庶弟之母粥謂嫁之也妾賤取之曰買○粥本又作鬻音育賣也注同○子柳曰如之何其粥人之母以葬其母也不可忠恕既葬子碩欲以賻布之餘具祭器古者謂錢爲泉布所以通布貨財子柳曰不可吾聞之也君子不家於喪惡因死者以爲利○惡烏路反請班諸兄弟之貧者以分死者所矜也祿多則與鄰里鄉黨

【疏】子柳至貧者○○正義曰此一節論不粥人之母及因死爲利之事各依文解之○注子柳至碩兄○正義曰案下檀弓云叔仲皮學子柳故知子柳是叔仲皮之子知子碩兄者以此云子碩曰請粥庶弟之母故知子碩兄也○注古者至貨財○正義曰解布名也言古者謂錢爲泉布所以然者言其通流有如水泉而偏布貨買天下貨財也而鄭注周禮云藏曰泉其行曰布取名於水泉其流行無不偏也鄭又云泉始蓋一品周景王鑄大泉而有二品後數變易不復識本制至漢唯有五銖久行案鄭此者云五銖者其重五銖凡十黍爲一參十參爲一銖二十四銖爲一兩故錢邊作五銖字也鄭又云王莽改貨而異作泉布多至十品今存於民間多者有貨布大泉貨泉貨布長二寸五分廣寸首長八分有奇廣八分其圜好徑二分半足枝長八分其右文曰貨左文曰布重二十五銖直貨泉二十五大泉徑一寸二分重十二銖文曰大泉直十五貨泉貨泉徑一寸重五銖右文曰貨左曰泉直一也案食貨志

云今世謂之。錢是也邊猶爲貨泉之字大泉即今大四文錢也四邊並有文也貨布之形今世難識世人或耕地猶有得者古時一箇準二十五錢也然古又有刀刀有二種一是契刀一是錯刀也契刀直五百錯刀直一千契刀無鏤而錯刀用金。鏤之刀形如錢而邊作刀字形也故世猶呼錢爲錢刀也○

君子曰謀人之軍師敗則死之謀人之邦邑危則亡之利己。亡衆非忠也言亡之者雖辟賢非義退

○公叔文子升於瑕丘蘧伯玉從二子衛大夫文子獻公之孫名拔○蘧本又作璩其魚反從才用反又如字拔皮八反徐蒲末反文子曰樂者斯丘也死則我欲葬焉蘧伯玉曰吾子樂之則瑗請前刺其欲害人良田瑗伯玉名○樂音洛下同一讀下樂五教反瑗于卷反又於願反刺七賜反【疏】公叔至請前○正義曰此一節論蘧伯玉仁者刺文子欲害人良田之事○注文子獻公之孫名拔○正義曰案世本云獻公生成子當當生文子拔拔生朱爲公叔氏

○弁人有其母死而孺子泣者言聲無節○弁皮彥反孺而注反孔子曰哀則哀矣。此誠哀。而難爲繼也失禮中夫禮爲可傳也。爲可繼也故哭踊有節○傳直專反【疏】弁人至有節○正義曰此一節論孔子譏弁人哀過之事○而難爲繼也者此哀之深後人無能繼學之者也○夫禮爲可傳也爲可繼也故哭踊有節者又廣述其難繼爲失也夫聖人。禮。制使後人可傳可繼故制爲哭踊之節以中爲度耳豈可過甚皆使後人不可傳繼乎然雜記曾申問於曾子曰哭父母有常聲乎曰中路嬰兒失其母何常聲之有則與此違者云曾子所言是始死之時悲哀志懣未可爲節此之所言在襲斂之後可以。制。禮故哭踊有節也所以知然者曾申之問泛問於哭時故知舉重時答也此之所言哭踊有節節哭之時在於後也

○叔孫武叔之母死武叔公子牙之六世孫名州仇毀孔子者既小斂舉者出戶。出戶袒且投其冠

括髮尸出戶乃變服失哀節冠素委貌○括古活反子游曰知禮嗤之○嗤昌之反【疏】叔孫至知禮○正義曰此一節論武叔失禮之事各依文解之○注武叔至子者○正義曰案世本桓公生僖叔牙牙生戴伯茲茲生莊叔得臣臣生穆叔豹豹生昭子婼婼生戌子不敢敢生武叔州仇仇是公子牙六世孫故云公子牙六世孫也云毀孔子者論語云叔孫武叔毀仲尼是也○注尸出至委貌○正義曰案士喪禮卒斂徹帷主人西面馮尸踊無筭主婦東面馮亦如之主人髻髮袒衆主人免下云士舉男女奉尸夷于堂喪大記亦云卒小斂主人袒說髦括髮以麻下云奉尸夷于堂是括髮在小斂之後奉尸夷于堂之前主人爲欲奉尸故袒而括髮在前今武叔奉尸夷堂之後乃投冠括髮故云尸出戶乃變服失哀節云冠素委貌者案雜記云小斂環絰公大夫士一也注云士素委貌大夫以上素爵弁而加此經焉鄭知然者以喪大記云君將大斂子弁經大夫大斂無文明亦弁經大斂既爾明小斂亦然故云大夫以上弁經案武叔投冠武叔是諸侯大夫當天子之士故云士素委貌若然案士喪禮主人括髮鄭注云始死將斬衰者雞斯將括髮者去笄纚而紒無素委貌者熊氏云士喪禮謂諸侯之士故無素冠也崔氏云將小斂之時已括髮括髮後大夫以上加素弁士加素委貌至小斂訖乃投去其冠而見括髮今案士喪禮及大記皆小斂卒乃括髮無小斂之前爲括髮者崔氏之言非也案士喪禮小斂括髮鄭注喪服變除云襲而括髮者彼據大夫以上之禮死之明日而襲與士小斂同日俱是死後二日也鄭注士喪禮一括髮之後比至大斂自若所以大記云小斂主人袒說髦括髮是諸侯小斂之時更括髮者崔氏云謂說去其髦更正括髮非重爲括髮也○子游曰知禮○子游是習禮之人見武叔失禮反謂之知禮故知嗤之也

○扶君卜人師扶右射人師扶左謂君疾時也卜當爲僕聲之誤也僕人射人皆平生時贊正君服位者○卜人師依注音僕僕師長也謂大僕也本或無師字者非也前儒如字卜人及醫師也君薨以是舉不忍變也周禮射人大喪與僕人遷尸【疏】扶君至是舉○正義曰此一節論君薨所舉遷尸之

人○注謂君至位者○正義曰知是君疾時者以下云君薨以是舉故知君疾時也知卜當爲僕者以卜人無正君之事案周禮大僕職掌正王之服位射人職掌國之三公孤卿大夫之位及王舉動悉隨王故知也○從母之夫舅之妻二夫人相爲服君子未之言也二夫人猶言此二人也時有此二人同居死相爲服者甥居外家而非之○從才用反夫夫人音扶注同爲于僞反注及下注夫爲妻同或曰同爨緦以同居生緦之親可○爨緦上七亂反下音恩疏從母至爨緦○正義曰此一節論失禮之事各依文解之○注時有至非之○正義曰知同居者以下云同爨緦故知同居也云甥居外家而非之者以言從母及舅皆是外甥稱謂之辭故知甥也若他人之言應云妻之兄弟婦夫之姊妹夫相爲服不得云從母之夫舅之妻也言甥居外家而非之者謂甥來居在外姓舅氏之家見有此事而非之或云外家者以二人同住甥居外旁之家遙譏之○或曰同爨緦者甥既將爲非禮或人以爲於禮可許既同爨而食合有緦麻之親此皆據緦麻○正衰非弔服也故云相爲服若是弔服疏人皆可何怪此二人何亂以爲弔服加麻經如朋友然非也凡弔服不得稱服故上云請喪夫子若喪父而無服時朋友弔服而稱無服故知此相爲服非弔服也○喪事欲其縱縱爾趨事貌縱讀如揔領之揔○縱依注音揔急遽貌吉事欲其折折爾安舒貌詩云好人提提○折大兮反注同故喪事雖遽不陵節吉事雖止不怠陵躐也止立俟事時也怠惰也○躐力輒反惰徒臥反故騷騷爾則野謂大疾○騷素刀反急疾貌大音泰一音他佐反下注同鼎鼎爾則小人謂大舒君子蓋猶猶爾疾舒之中疏喪事至猶爾○正義曰此一節論吉凶趨容之事各依文解之○注詩云好人提提○正義曰所引者魏風葛屨之詩也魏俗褊薄遣新來婦人縫作衣裳故述而刺之云矣好婦人初來之時提提然引之者證安舒之意○故喪至猶爾○正義曰以上喪事欲疾吉事欲舒因上生下故云喪事雖須促遽亦當有常不得陵越

喪禮之節吉事雖有行止住之時不得怠惰寬慢故喪事騷騷爾過爲急疾則如田野之人急切無禮若吉事鼎鼎爾不自嚴敬則如小人然形體寬慢也若君子之人於喪事之內得疾之中於吉事之內得舒之中蓋行禮之時明閑法則志意猶猶然猶猶是曉達之貌

○喪具君子恥具辟不懷也喪具棺衣之屬一日二日而可爲也者君子弗爲也謂絞紟衾冒○絞戶交反後同紟其蔭反冒莫報反

【疏】喪具至弗爲也○正義曰此一節論孝子備喪具之事各依文解之○注辟不至之屬○正義曰此辟不懷宣八年左傳云禮卜葬先遠日辟不懷也懷思也葬用近日則是不思念其親今送死百物皆具是速棄其親今未即辦具是辟不思親之事也云喪具棺衣之屬者棺即預造衣亦漸制但不一時頓具故王制云六十歲制七十時制八十月制九十日脩唯絞紟衾冒死而后制是也

○喪服兄弟之子猶子也蓋引而進之也嫂叔之無服也蓋推而遠之也或引或推重親遠別○遠于萬反別彼列反○姑姊妹之薄也蓋有受我而厚之者也欲其一心於厚之者姑姊妹嫁大功夫爲妻期○期音基

【疏】喪服至者也○正義曰喪服是儀禮正經記者錄喪服中有下三事各以釋之其兄弟之子期姑姊妹出適大功皆喪服經文嫂叔無服喪服傳文所以嫂叔無服進在姑姊妹之上者取或引或推二者相對其子重服是引而進之其嫂無服是推而遠之並云蓋者記人雖解其義猶若不審然故謙而言蓋○注或引至遠別○正義曰己子服期今昆弟之子亦服期牽引進之同於己子案喪服傳昆弟之子期報之也此云引者喪服有世父母叔父母期又云昆弟之子何以亦期也有相報答之義故云引報也己子服期昆弟之子應降一等服大功今乃服期故云引也二文相兼乃服或推者昆弟相爲服期其妻應降一等服大功今乃使之無服是推使疏而斥遠之也言重親解或引言遠別解或推遠別者何平叔云夫男女相爲服不有骨肉之親則有尊卑之異也嫂叔親非骨肉不異尊卑恐有混交之失推使無服也○姑姊妹之薄也者

未嫁之時爲之厚今姑姊妹出嫁之後爲之薄蓋有夫壻受我之厚而重親之欲一心事於厚重故我爲之薄○食於有喪者之側未
嘗飽也助哀戚也○曾子與客立於門側其徒趨而出徒謂客之旅曾子曰爾將何之曰
吾父死將出哭於巷以爲不可發凶於人之館曰反哭於爾次次舍也禮館人使事之若其自有然曾子北面
而弔焉**疏**曾子至弔焉○正義曰此一節論館客使如其已有之事○曰反哭於爾次者於時立曾子之門故曾許其反哭於汝次舍之處依禮喪
主西面曾子所以北面弔者案士喪禮主人西面其賓亦在東門北面謂同國之賓曾子既許其哭於次故以同國賓禮北面弔焉○孔子曰之
死而致死之不仁而不可爲也之死而致生之不知而不可爲也之往也死之生之謂無知
與有知也爲猶行也○知音智是故竹不成用瓦不成味木不成斲成猶善也竹不可善用謂邊無縢味當作沫沫靧也
○味依注音沫亡曷反斲陟角反縢本又作縢徒登反靧音悔洗面琴瑟張而不平竽笙備而不和○無宮商之調竽笙音于
下音生和胡臥反調直弔反有鐘磬而無簨虡不縣之也橫曰簨植曰虡○簨息允反虡音巨植時力反又音值其曰明器
神明之也言神明死者也神明者非人所知故其器如此**疏**孔子至之也○正義曰此一節論生人於死者不可致死致生之事○之死而致死
之者之往也謂生者以物往送葬於死者而致死之意謂之無復有知是不仁之事也而不可爲也○之死而致生之者謂以物往送葬者而雖死猶致生之
意是不知之事而不可爲也○注之往至知也○正義曰謂生者以物往送死者故何胤云言往死者處而致此死之者之意謂死如草木無知如此用情則
不仁不可行於世也往死者處而致此死者於全生之物則不知而不可行也捨此二塗不仁不知之間聖人之所難言付之不測之竟言無知與有知者卽

下云夏后氏用明器示民無知殷人用祭器示民有知也○是故竹不成用者聖人爲教使人子不死於亡者不便謂無知不生於死者不便謂有知故制明器以神明求之不死不生不可測也成善也故爲器用並不精善也竹不善用謂竹器籩無縢緣也何胤云若全無知則不應用若全有知則亦不應不成故有器不成是不死不生也○瓦不成味者味猶黑光也今世亦呼黑爲沫也瓦不善沫謂瓦器無光澤也○木不成斲者斲雕飾也木不善斲鄭注云味當作沫沫靧也靧謂靧面證沫爲光澤也琴瑟張而不平者亦張弦而不調平也○竽笙備而不和者亦備而無宮商之調和也有鐘磬而無簨虡者簨虡縣鐘磬格也亦有鐘磬而不用格縣掛之鄭云不縣之也者案典庸器云大喪廞筍虡明知有而不縣之也云橫曰簨植曰虡者虡距也以用力故曰虡也○注言神至所知○正義曰神明微妙無方不可測度故云非人所知也。○有子問於曾子曰問。喪於夫子乎有子孔子弟子有若也夫子卒後問此庶育異聞也喪謂仕失位也魯昭公孫於齊曰喪人其何稱○問喪問或作聞喪息浪反注及下皆同孫音遜曰聞之矣喪欲速貧死欲速朽有子曰是非君子之言也貧朽非人所欲○朽許久反曾子曰參也聞諸夫子也有子又曰是非君子之言也曾子曰參也與子游聞之有子曰然然則夫子有爲言之也曾子以斯言告於子游子游曰甚哉有子之言似夫子也昔者夫子居於宋見桓司馬自爲石椁三年而不成桓司馬宋向戌之孫名魋○有爲于僞反下爲桓司馬爲敬叔則爲之注爲民作爲嫁母皆同向式上反戌音恤魋大回反夫子曰若是其靡也死不如速朽之愈也死之欲速朽爲桓司馬言之也靡侈○侈昌氏反又申氏反南宮敬叔反必載寶而朝敬叔魯孟僖子之子仲孫閱蓋嘗失位去魯得反載其寶來朝於君○朝直遙反注同僖許宜反閱音悅夫子曰若是其貨也喪不如速貧之愈也喪之欲速貧爲敬叔言之也曾子以子游之言告於有子有子曰然吾固曰非夫子之言也曾子曰子何以知之有子曰夫子制於中都四寸之棺五寸之椁以斯知不欲速朽也中都魯邑名也孔子嘗爲之宰爲民作制孔子由中都宰爲司空由司空爲司寇昔者夫子失魯司寇將之荊將應聘於楚應應對之應○蓋先之以子夏又申之以冉有以斯知不欲速貧也言汲汲於仕得祿○汲音急

【疏】有。子。至。貧。也。○正義曰此一節論喪不欲速貧死不欲速朽之事各隨文解之○有子問於曾子者此孔子卒後弟子相問異聞也問喪謂問失本位居他國禮也有子問於曾子云汝曾聞失位在他國之禮於孔子否乎○注有子至何稱正義曰案仲尼弟子傳有若少孔子四十三歲彼注云魯人也曾參南武城人字子輿少孔子四十六歲云魯昭公孫於齊曰喪人其何稱者引公羊證失位者稱喪也昭公孫于齊次于楊。州齊侯唁公于野井昭公曰喪人其何稱○有子至言也○以曾子云喪欲速貧死欲速朽有子云如是之語非君子之言也夫子既是君子必不爲此言時有子唯問喪不問死曾子以喪死二事報有子者以喪死俱爲惡事貧朽又事類相似既言喪喪欲速貧遂言死欲速朽案此速貧在前速朽在後而下子游之對先云死欲速朽後言喪欲速貧隨孔子所見言之先後也且孔子爲中都宰之時制其棺椁不用速朽其事在前夫子失魯司寇使子夏冉有先適楚不欲速貧其事在後故子游先言速朽後言速貧亦隨夫子之事前。前後○注桓司至名魋○正義曰案世本向戌生東鄰叔子超超生左師眇眇即向巢也魋是巢之弟故云向戌孫也○注孔子至司寇○正義曰孔子世家定公九年孔子年五十定公以孔子爲中都宰一年四方皆則之由中都宰爲司空由司空爲司寇定公十年會于夾谷攝相事此云司寇者崔靈恩云諸侯三卿司徒兼冢宰司馬兼宗伯司空兼司寇三卿之下則五小卿爲五大夫故周禮太宰職云諸侯立三卿五大夫也五大夫者司徒之下立二人小宰小司徒司馬之下以其事省立一人爲小司馬兼宗伯之事司空之下立二人小司寇小司空今夫子爲司空者爲小司空也從小司空爲小司寇也崔所以知然者魯有孟叔季三卿爲政又有臧氏爲司寇故知孔子爲小司寇崔解可依○昔夫至之荆○案世家定十四年齊人歸女樂孔子去魯適衛從衛之陳過匡邑匡人圍之又復去過蒲又反於衛又去衛過曹適宋時定公卒宋桓魋欲殺孔子伐夫子所過之樹削夫子所過之跡去宋適鄭去鄭適陳居三歲又適衛既不見用將西見趙簡子至河而聞殺竇鳴犢與舜華也又反於衛復行如陳時哀公三年孔子年六十明年孔子自陳遷于蔡三歲孔子在陳蔡之閒楚使人聘孔子陳蔡乃圍孔子絕糧乏食七日於是使子貢至楚楚昭王興師迎孔子將書社七百里封孔子楚令尹子西諫而止之是歲楚昭王卒孔子自楚反于衛孔子年六十三是魯哀公六年以此言之失司寇在定十四年之楚在哀公六年其閒年月甚遠且失司寇之後嚮。宋不嚮楚而云失魯司寇將之荆者謂失魯司寇之後將往之荆則哀公六年之荆亦是失司寇之後非謂失司寇之年卽之荆也

○陳莊子死赴於魯魯人欲勿哭君無哭鄰國大夫之禮陳莊子齊大夫陳恆之孫名伯繆公召縣子而問焉。縣子曰古之大夫束脩之問不出竟。雖欲哭之安得而哭之以其不外交○繆音木竟音境今之大夫交政於中國雖欲勿哭焉得而弗哭。言時君弱臣強政在大夫專盟會以交接○焉於虔反且臣聞之哭有二道有愛而哭之有畏而哭之以權微勸之公曰然然則如之何而可。縣子曰請哭諸異姓之廟明不當哭於是與哭諸縣氏【疏】陳莊至縣氏○正義曰此

一節論哭鄰國臣之法○注陳莊至名伯○正義曰案世本成子當生襄子班班生莊子伯鄭依世本知也

○仲憲言於曾子曰夏后氏用明器示民無知也所謂致死之仲憲孔子弟子原憲殷人用祭器示民有知也所謂致生之周人兼用之示民疑也言使民疑於無知與有知曾子曰其不然乎其不然乎非其說之非也夫明器鬼器也祭器人器也夫古之人胡爲而死其親乎言仲憲之言三者皆非此或用鬼器或用人器

[疏]仲憲至親乎○正義曰此一節論不可致意於死人爲死爲生之事各隨文解之○注仲憲孔子弟子原憲○正義曰案仲尼弟子傳云原憲字子思彼注云魯人也其時與曾子評論三代送終器具之義也○曰夏后至親乎○此以下是原憲所說並非也其言夏后氏所以別作明器送亡人者言亡人無知故以不堪用之器送之表示其無知也○殷人用祭器示民有知也者憲又言殷家不別作明器而即用祭祀之器送亡人者祭器堪爲人用以言亡者有知與人同故以有用之器送之表示其有知也○周人兼用之示民疑也者憲又言周世并用夏殷二代之器送亡者不知定無知如夏爲當定有知如殷周人爲之致惑不可定者故并用送之是示於民疑惑不定也○曾子曰其不然乎其不然乎者曾子聞憲所說不是故重稱不然深鄙之也○夫明器鬼器也祭器人器也者曾子鄙憲言畢而自更說其義也言二代用此器送亡者非是爲有知與無知也正是質文異耳夏代文言鬼與人異故純用鬼器送之非言爲無知也殷世質言雖復鬼與人有異亦應恭敬是同故用恭敬之器仍貯食送之非言爲有知也說二代既了則周兼用之非爲疑可知故不重說尋周家極文言亡者亦宜鬼事亦宜敬事故并用鬼敬二器非爲示民言疑惑也然周唯大夫以上兼用耳士唯用鬼器不用人器崔靈恩云此王者質文相變耳○夫古之人胡爲而死其親乎者曾子說義既竟又更鄙於仲憲所言也古謂夏時也言古人雖質何容死其親乎若是無知則是死之義也然憲子言三事皆非而曾

子此獨譏無知者以夏后氏尤古故也譏一則餘從可知也

○公叔木有同母異父之昆弟死問於子游木當爲朱春秋作戍衞公叔文子之子定公十四年奔魯○木音式樹反又音朱徐之樹反子游曰其大功乎疑所服也親者屬大功是狄儀有同母異父之昆弟死問於子夏子夏曰我未之前聞也魯人則爲之齊衰狄儀行齊衰今之齊衰狄儀之問也

疏公叔木有同母異父之昆弟死問於子游至狄儀之問也○正義曰此一節論爲同母異父昆弟死著服得失之事各依文解之○注木當爲朱至十四年奔魯○正義曰案世本衞獻公生成子當當生文子拔拔生朱故知木當爲朱也言春秋作戍者定十四年衞公叔戍來奔是也○注疑所服也親者屬大功是正義曰同母異父昆弟之服喪服無文故子游疑之其大功乎乎是疑辭也云親者屬大功是者鄭意以爲同母兄弟母之親屬服大功是也所以是者以同父同母則服期今但同母而以母是我親生其兄弟是親者血屬故降一等而服大功案聖證論王肅難鄭禮稱親者血屬謂出母之身不謂出母之子服也若出母之子服大功則出母之父母服應更重何以爲出母之父母無服王肅云同母異父兄弟服大功者謂繼父服齊衰其子降一等故服大功馬昭難王肅云異父昆弟恩繼於母不繼於父肅以爲從繼父而服非也張融以爲繼父同居有子正服齊衰三月乃爲其子大功非服之差互說是也○今之齊衰狄儀之問也○不云自狄儀始者庾蔚云狄儀之前魯人先已行之故不云自狄儀始也

○子思之母死於衞子思孔子孫伯魚之子伯魚卒其妻嫁於衞柳若謂子思曰子聖人之後也四方於子乎觀禮子蓋慎諸柳若衞人也見子思欲爲嫁母服恐其失禮戒之嫁母齊衰期子思曰吾何慎哉吾聞之有其禮無其財君子弗行也謂時可行而財不足以備禮有其禮有其財無其時

君子弗行也謂財足以備禮而時不得行者吾何慎哉時所止則止時所行則行無所疑也喪之時禮如子贈襚之屬不踰主人○襚音遂【疏】子思至慎哉○正義曰此一節論爲出嫁母之喪行禮之事○注子思孔子孫伯魚之子○正義曰孔子世家文鄭言之者以下云子聖人之後故具言之○注柳若至衰期○正義曰云嫁母齊衰期者嫁母之服喪服無文案喪服杖期章云父卒繼母嫁從爲之服報則親母可知故鄭約云齊衰期也又鄭止言齊衰期不言嫡庶故譙周袁準並云父卒母嫁非父所絕嫡子雖主祭猶宜服期而喪服爲出母期嫁母與出母俱是絕族故知與出母同也張逸問舊儒世本皆以孔子後數世皆一子禮適子爲父後爲嫁母無服檀弓說子思從於嫁母服何鄭答云子思哭嫂爲位必非適子或者兄若早死無繼故云數世皆一子○注謂財至行者○正義曰謂若嫁母之家主人貧乏斂手足形還葬己雖有財不得過於主人故下注喪之禮如子贈襚之屬不踰主人是也

○縣子瑣曰吾聞之古者不降上下各以其親古謂殷時也上不降遠下不降卑○瑣息果反依字作璅滕伯文爲孟虎齊衰其叔父也爲孟皮齊衰其叔父也伯文殷時滕君也爵爲伯名文○滕徒登反爲于僞反下及下注爲人同【疏】縣子至父也○正義曰此一節論古者著服上不降遠下不降卑之事各依文解之○瑣縣子名據所聞而言也古者不降所聞之事也古者殷時也周禮以貴降賤以適降庶唯不降正耳而殷世以上雖貴不降賤也上下各以其親不降之事也上謂旁親族曾祖從祖及伯叔之班族下謂從子從孫之流彼雖賤不以己尊降之猶各隨本屬之親輕重而服之故云上下各以其親庾蔚云上下猶尊卑也正尊周禮猶不降則知所明者旁尊也鄭恐尊名亂於正尊故變文言遠也○滕伯至父也○謂滕國之伯名文爲叔父孟虎著齊衰之服其虎是滕伯文叔父也爲孟皮齊衰其叔父也謂滕伯爲兄弟之子孟皮著齊衰之服其滕伯是皮之叔父也言滕伯上爲叔父下爲兄弟之子皆著齊衰是上不降遠下不降卑也

○后木曰喪吾聞

諸縣子曰夫喪不可不深長思也后木魯孝公子惠伯鞏之後○鞏恭勇反買棺外內易我死則亦然此孝子之事非所託○易以豉反○【疏】后木至亦然○正義曰此一節論屬子以死事非禮之事各依文解之○后木云孝子居喪之禮吾聞之於縣子云夫居喪不可不深思長慮也孝子既深思長慮故買棺之時當令精好斲削外內使之平易后木既述縣子之言以語其子又云在後我身若死則亦當然然猶如是我死亦當如是縣子之言買棺外內易也○注后木至之後○正義曰案世本孝公生惠伯革其後爲厚氏世本云革此云鞏世本云厚此云后其字異耳則惠伯之子孫無名木者故鄭直云其後○注此孝至所託○正義曰言買棺外內滑易者此是孝子所爲之事非是父母豫所屬託譏后木也

○曾子曰尸未設飾故帷堂小斂而徹帷仲梁子曰夫婦方亂故帷堂小斂而徹帷斂者動搖尸帷堂爲人褻之言方亂非也仲梁子魯人也○帷意悲反○小斂之奠子游曰於東方曾子曰於西方斂斯席矣曾子以俗說非又大斂奠於堂乃有席小斂之奠在西方魯禮之末失也末世失禮之爲【疏】曾子至失也○正義曰此一節論小斂失禮之事各依文解之○注言方至人也○正義曰知方亂非者以小斂之後豈無夫婦方亂之事何故徹帷乃云方亂明爲動搖尸柩故帷堂案春秋定五年魯有仲梁懷是仲梁魯人之姓故知仲梁子魯人也○曾子至西方○依禮小斂之奠設於東方奠又無席魯之衰末奠於西方而又有席曾子見時如是謂將爲禮故云小斂於西方斯此也其斂之時於此席上而設奠矣曾子之言失禮故記者正之云小斂之奠所以在西方是魯人行禮末世失其法也○注曾子至有席○正義曰知曾子所言非者案士喪禮小斂之奠設於尸東今曾子言西方故爲非也云大斂奠於堂乃有席者案士喪禮大斂之奠設於室今云堂者後人轉寫之誤當云奠於室故鄭答趙商堂當爲室也

○縣子曰綌衰繐裳非

古也非時尚輕涼慢禮○綌衰去逆反麤葛也下七回反繐音歲布細而疎曰繐涼音良疏○縣子至古也○正義曰此以下論縣子非當時人尚輕涼慢禮之事綌葛也繐布疏者漢時南陽鄧縣能作之當記時失禮多尚輕細故有喪者不服麤衰但疏葛爲衰繐布爲裳故云非古也古謂周初制禮時也

○子蒲卒哭者呼滅滅蓋子蒲名子皋曰若是野哉非之也唯復呼名子皋孔子弟子高柴○皋音高哭者改之疏○子蒲至改之○正義曰此一節論哭者呼名非禮之事滅子蒲名子蒲卒哭者呼其名故子皋曰若是野哉野不達禮也唯復呼名冀其聞名而反哭則敬鬼神不復呼其名而此家哭獨呼滅子皋深譏之故云野哉也非之乃改也

○杜橋之母之喪宮中無相以爲沽也相導而杜橋家母死宮中不立相侍故時人謂其於禮爲麤略沽猶略也○相息亮反沽音古疏○杜橋至沽也○正義曰此一節論喪須立相導之事沽麤略也禮孝子喪親悲迷不復自知禮節事儀皆須人

○夫子曰始死羔裘玄冠者易之而已羔裘玄冠夫子不以弔不以吉服弔喪易音亦徐以豉反○疏○夫子至以弔○正義曰此一節論始死易服小斂後不得吉服弔之事但養疾者朝服羔裘玄冠即朝服也始死則易去朝服著深衣故云易之而已記時有不易者又有小斂後羔裘弔者記人引論語鄉黨孔子身自行事之禮以譏當時之事故曰羔裘玄冠夫子不以弔時多失禮唯孔子獨能行之故言之也

○子游問喪具夫子曰稱家之有亡子游曰有無惡乎齊惡乎齊問豐省之比○稱尺證反有亡皇如字無也一音無下同惡音烏注同齊才細反又如字注同省所領反比必利反夫子曰有毋過禮苟亡矣斂首足形形體○毋音無還葬還之言便也言已斂即葬不待三月○還音旋斂力驗反縣棺而封不設碑繂不備禮封當爲窆窆下棺也春秋傳作塴○縣音玄封依注作窆彼驗反徐又甫鄧反碑彼皮反繂音律塴北鄧反人豈

有非之者哉不責於人所不能疏子。游。至。者。哉。○正義曰此一節論問送終所須備辦具也夫子曰稱家之有亡稱猶隨也亡無也言各隨其家計豐薄有無也子游曰有無惡乎齊惡乎猶於何也子游言若必隨家之有無貧富於何可齊故子游疑而問之○夫子曰有毋過禮此答是稱富家也毋猶不也禮有節限設若家富有正禮可依而不得過禮○苟亡矣斂首足形此答貧家也亡無也家無財也但使衣衾斂於首足形體不令露見而已還葬還便也禮雖衆多葬日有數若貧者斂竟便葬不須停殯待其月數足也還之言便也言已斂即葬不待三月也○縣棺而封封即窆窆下棺內壙中也貴者則用碑繂若貧而即葬者但手縣棺而下之同於庶人不待碑繂不設碑繂。不設。碑。繂。不備禮○注封當至作堋○正義曰春秋傳作堋者案左傳昭十二年鄭簡公卒將爲葬除司墓之室有當道者毀之則朝而堋弗毀則日中而堋杜注云司墓之室鄭之掌公墓大夫徒屬之家堋下棺也○司士賁告於子游曰請襲於牀時失之也禮唯始死廢牀○賁音奔人名子游曰諾縣子聞之曰汰。哉叔氏專以禮許人當言禮然言諾非也叔氏子游字○汰本又作大音泰自矜大疏司。士。至。許。人。○正義曰此一節論不可以禮許人之事案喪大記始死廢牀至遷尸及襲皆在於牀當時失禮襲在於地故司士賁告子游子游曰諾者子游知襲在牀爲是故以許諾之縣子聞之曰汰哉叔氏專以禮許人汰自矜大也叔氏子游別字也言凡有來諮禮事當據禮以答之今子游不據前禮以答之專輒許諾如似禮出於己是自矜大故縣子聞而譏之曰汰哉當言禮也言諾非禮也○宋襄公葬其夫人醯醢百甕曾子曰既曰明器矣而又實之言名之爲明器而與祭器皆實之是亂鬼器與人器○醯呼兮反醢音海甕烏弄反疏宋。襄。至。實。之。○正義曰此一節論宋襄公失禮之事案春秋宋襄公卒在僖二十三年案文十六年傳云宋昭公將田孟諸未至襄夫人周襄王之姊使甸師攻而殺之則宋襄公夫人卒在襄公後其年極多此得云宋襄公葬其夫人者蓋襄公初取夫人死在襄公之時故得葬之其後取夫人是襄王之姊死在襄公之後義不相妨○曾子曰既曰明器而又實之者曾子不譏器之多但譏其實爲非也言既曰神明之器當虛也故譏云而又實之也言名之爲明器而與祭器皆實之是亂鬼器與人器也案既夕禮陳明器後云無祭器鄭云士禮略也大夫以上兼用鬼器與人器若此大夫諸侯並得人鬼兼用則空鬼而實人故鄭云與祭器皆實之是亂鬼器與人器也士既無人器則亦實明器故既夕禮云甕三醯醢屑又云甒二醴酒也若夏后氏專用明器則分半以實之殷人全用祭器則亦分半以虛之周人兼用明器人器人器實之明器虛之

○孟獻子之喪獻子魯大夫仲孫蔑司徒旅歸四布旅下士也司徒使下士歸四方之賻布夫子曰可也時人皆貪善其能廉○讀賵曾子曰非古也是再告也曾子言非禮祖而讀賵賓致命將行主人之史又讀賵所以存錄之疏孟獻至可也○正義曰此一節論喪不貪利之事孟獻子之喪送終既具賻布有餘其家臣司徒敬子稟承主人之意使旅下士歸還四方賻主人之泉布也謂四方賻者泉布本助喪用今既有餘故歸還之也時人皆貪獻子之家獨能如此故夫子曰可也善其能廉皇氏以爲獻子有餘布歸之於君君令國之司徒歸賻於四方案春秋魯上卿季氏也仲孫蔑之卒季氏無謚曰敬子者皇氏之言非也熊氏以爲獻子家臣爲司徒故左傳叔孫氏之司馬鬷戾是家臣亦有司徒司馬也

○成子高寢疾成子高齊大夫國成伯高父也慶遺入請曰子之病革矣如至乎大病則如之何觀其意革急也遺慶封之族遺于季反又如字革紀力反○子高曰吾聞之也生有益於人死不害於人吾縱生無益於人吾可以死害於人乎哉我死則擇不食之地而葬我焉不食謂不墾耕○墾苦很反疏成子至我焉○正義曰此一節論臨死不忘儉之事○注成子至父也○正義曰知者以其有慶遺入請齊有慶氏

故知是齊大夫齊有國子高故知姓國又見齊世本謚伯生貞孟貞孟生成伯高父國氏以此知也○子夏問諸夫子曰居君之母與妻之喪居處言語飲食衎爾衎爾自得貌爲小君惻隱不能至○衎苦旦反注同爲于僞反下爲之服爲其久爲君服同○賓客至無所館夫子曰生於我乎館死於我乎殯仁者不戹人疏子夏至衎爾○正義曰此一節論臣服小君儀容之事上子夏問居君之母與妻之喪此居處言語是夫子荅辭不云子曰者記人略也○國子高曰葬也者藏也藏也者欲人之弗得見也是故衣足以飾身棺周於衣椁周於棺土周於椁言皆所以爲深邃難人發見之也國子高成子高也成謚也○邃先遂反難乃旦反見如字又賢遍反反壤樹之哉反覆也怪不如大古也而反封樹之意在於儉非周禮○壤而丈反復扶又反舊音服非大音泰疏國子至之哉○正義曰此一節論重古非今之事子高之意人死可惡故備以衣衾棺椁欲其深邃不使人知今乃反更封壤爲墳而種樹以標之哉言不可封壤種樹也國子意在於儉非周禮之法○注怪不至周禮○正義曰唐虞以上謂之大古易繫辭云古之葬者厚衣之以薪不封不樹今既封樹故云怪不如大古也○孔子之喪有自燕來觀者舍於子夏氏子夏曰聖人之葬人與人之葬聖人也子何觀焉與及也○燕烏田反昔者夫子言之曰吾見封之若堂者矣封築土爲壟堂形四方而高○壟力勇反見若坊者矣坊形旁殺平上而長○坊音防殺色戒反下同見若覆夏屋者矣覆謂茨瓦也夏屋今之門廡也其形旁廣而卑○茨徐在私反茅覆屋廡音武卑如字又音婢見若斧者矣斧形旁殺刃上而長從若斧者焉孔子以爲刃上難登狹又易爲功○狹戶甲反易以豉反馬鬣封之謂也俗閒

名〇鬣力輒反今一日而三斬板而已封。板蓋廣二尺長六尺斬板謂斷。其縮也三斷止之旁殺蓋高四尺其廣袤未聞也詩云縮板以載〇斷音短下同上時掌反下以上同廣袤古曠反下音茂徐又亡侯反尚行夫子之志乎哉尚庶幾也

疏孔。子。至。乎。哉〇正義曰此一節論葬夫子封墳之法〇燕國人聞葬聖人恐有異禮故從燕來魯觀之舍於子夏氏舍住也燕人來住子夏家也子夏曰聖人之葬人與人之葬聖人也子何觀焉與及也子夏謂燕人云若聖人葬人及人葬聖人皆用一禮而子遠來何所觀乎王肅云聖人葬人與屬上句以言若聖人葬人與則人庶有異聞得來觀者若人之葬聖人與凡人何異而子何觀之然公西赤為志偏用三王。禮子夏謂葬聖人與凡人不異者今謂聖凡相葬禮儀不殊而孔子葬異此是賢葬聖師別自表義不施世為法而子夏恐燕人學數此禮故懸而拒之云其禮本應如一也而下又述昔聞夫子見四封之異。者此處可共是許燕人學之故備陳其教以。赴遠觀之意〇昔者夫子言之曰吾見封之若堂者矣既已語燕人無觀又此歷述孔子之言者欲以此語與燕人為法封謂墳之也若如堂基四方而高〇見若坊者矣坊堤也堤坊水上平而兩旁殺其南北長也言又見有築墳形如坊者也見若覆夏屋者矣殷人以來始屋四阿夏家之屋唯兩下而已無四阿如漢之門廡又言見其封墳如覆夏屋唯兩下而殺卑而寬廣又見封如斧之形其刃嚮上長而高也既言四墳之異夫子之意從若斧者焉以為刃上難登狹又易為功力子夏既道從若斧形恐燕人不識故舉俗稱馬鬣封之謂也以語燕人馬。鬣鬣之上其肉薄封形似之〇今一日而三斬板子夏前述明夫子語又引今會古竟更述其今葬孔子既是從斧之墳今一日者謂今作孔子墳。正用一日之功儉約不假多時於一日之中而三斬板者謂作墳法也築墳之法所安板側於兩邊而用繩約板令立後復內土於板之上中央築之令土與板平則斬所約板繩斷而更置於見築土上又載土其中三偏如此其墳乃成故云今一日而三斬板也而已封者為三偏設板築土而止已其封也故鄭注板蓋廣二尺長六尺板廣二尺疊側三板應高六尺而云

四尺者但形旁。表衞斂上狹下舒如斧刃之形使三板取高四尺以合周制也
○尚行夫子之志乎哉者尚庶幾也言今一日三斬板是庶幾慕行於孔子平
生所志也以示燕人○注板蓋至以載○正義曰知板蓋廣二尺案祭義曰築
宮仞有三尺是牆高一丈公羊傳云五板爲堵則板廣二尺故五板高一丈也
知板長六尺者以春秋左氏說雉長三丈高一丈公羊傳云五板爲堵五堵爲
雉按五堵而爲雉則堵長六尺故詩箋云雉長三丈則板六尺知蓋高四尺者
以上合葬於防崇四尺今葬夫子不可過之又板廣二尺三板斜殺唯高四尺
耳其東西之廣南北之袤則未聞也引詩縮板以載是大雅緜之篇也引之者
證縮爲約板之繩孫毓難云孔子墓魯城北門外西壙四方前高後下形似臥
斧高八九尺今無馬鬣封之形不止于三板記似誤者孫毓云據當時所見其
壙或後人增益不與元葬壙同無足怪。也○婦人不葛帶婦人質不變重者至期除之卒哭變經而已疏婦。人。不。葛。帶○正義曰此論齊
斬婦人帶要絰也葬後卒哭變麻易葛而婦人重要而質不變所。重故不葛帶
至期除之卒哭直變絰而已大功以下輕至卒哭並變爲葛與男子同絰首絰
也婦人輕首重要故也○有薦新如朔奠重新物爲之殷奠疏有。薦。新。如。朔。奠○正義曰薦新謂未葬中間得新味而薦亡者如朔
奠者謂未葬前月朔大奠於殯宮者大奠則牲饌豐也朔禮視大斂士則特豚
三鼎今若有新物及五穀始熟薦於亡者則其禮牲物如朔之奠也大夫以上
則朔望大奠若士但朔而不望○既葬各以其服除卒哭當變衰麻者變。之或有除者不視主人疏既。葬。至。服。除○正義曰既葬謂
三月葬竟後至卒哭重親各隨所受而變服若三月之親至三月數
滿應除者葬竟各自除不待主人卒哭之變故云各以其服除也○池視重
霤如。堂之有承霤也承霤以木爲之用行水亦宮之飾也柳宮象也以竹爲池衣以青布縣銅魚焉今宮中有承霤云以銅爲之○重直容反衣于既反
疏池。視。重。霤○正義曰池者柳車之池也重霤者屋承霤也以木爲之承於屋
霤入此木中又從木中而霤於地故謂此木爲重霤也天子則四注四面爲

重霤諸侯四注重霤則差降去後餘三大夫唯餘前後二士則唯一在前。而生時既屋有重霤以行水死時柳車亦象宮室而。在車覆鼈甲之下牆帷之上織
竹爲之形如籠衣以青布以承鼈甲名之爲池以象重霤方面之數各視生時重霤○君卽位而爲椑椑謂杝棺親尸者椑堅著之言也言
天子椑內又有水兕革棺○椑蒲曆反徐戾益反櫬尸棺杝音移著直略反兕徐里反歲壹。漆之若未成然○漆音七藏焉。虛之不合○令
力政反本又作合疏君。卽。至。藏。焉○正義曰此一節論人君尊卽位得爲棺之事君諸侯也言諸侯則王可知也椑杝棺也漆之堅強甓甓然也人君無
論少長而體尊備物故亦卽位而造爲此棺也椑謂杝棺親尸者也古者天子椑內有水兕而諸侯無但用杝在內以親尸也○歲一漆之者雖爲尊得造交
未供用故不欲卽成但每年一漆示如未成也唯云漆杝則知不漆杝棺外屬等藏焉者棺中不欲空虛如急有待也虛之不令也令善也言若虛空便爲不
善故藏物於其中一本爲虛之不合者謂不以蓋合覆其上既不合覆不欲令人見故藏焉○復楔齒綴足飯設飾帷堂並
作設飾謂遷尸又加新衣○楔悉節反綴丁劣反又音丁衞反飯煩晚反唅也父兄命赴者謂大夫以上也士主人親命之疏復。楔。至。赴。
者○正義曰此一節論始死之事復招魂也楔柱也招魂之後用角。柶柱亡人之。齒令開使含時不閉也○死綴足者復用燕几綴亡人之足令直使著屨時不
辟戾也○飯者飯。食也設飾者謂襲斂遷。尸之時。及又加著新衣也○帷堂者謂。小斂時○並作者作赴爲也自復以下諸事並起以帷堂故云並作○父兄
命赴者亦復後之事赴謂死者生時於他人有恩識者今死則其家宜使人往相赴告也士喪禮則孝子自命赴者若大夫以上則父兄命之也何以然尊許
其病深故使人代命之也雖代命之猶。稱孝子名也○君復於小寢大寢小祖大祖庫門四郊尊者求之備也亦他
日所嘗有事○疏君。復。至。四。郊。○正義曰此一節論人君禮備復處又多自小寢以下明招魂處所也君王侯也於小寢者前曰廟後曰寢爾雅云室有東

西廂曰廟無東西廂有室曰寢此小寢者所謂高祖以下寢也王侯同大寢謂天子始祖諸侯大祖也小祖高祖以下廟也王侯同大祖天子始祖諸侯大祖廟也兩言於廟求神備也周禮夏采以冕服復於大祖廟是也其小廟則祭僕復之其小寢大寢則隸僕復之故祭僕云復于小廟鄭注云小廟高祖以下也隸僕云復于小寢大寢注云小寢高祖以下廟之寢也始祖曰大寢四郊則夏采復之故夏采云乘車建綏復於四郊此天子之事也其諸侯復則小臣故喪大記云小臣復案周禮內小臣職小臣上士四人案雜記云復西上注各如其命數上公九命侯伯七命則小臣不足明更有餘官又復人雖依命數復處既多時復人不足當於此復了更轉嚮他處

○喪不剝奠也與祭肉也與剝猶倮也有牲肉則巾之爲其久設塵埃加也脯醢之奠不巾○剝邦角反與音餘下同倮力果反謂不巾覆也埃音哀【疏】喪不至也與○正義曰此一節論祭肉不可露見之事剝猶倮露也言喪奠脯醢不復設巾可得倮露與是語辭謂喪不倮露奠者爲有祭肉也無祭肉卽得倮露○注有牲至不巾○正義曰案士喪禮小斂陳一鼎小斂既奠于尸東祝受巾巾之是有牲肉則巾之也士喪禮又云始死脯醢醴酒奠于尸東無巾又殯後朝夕乃奠醴酒脯醢如初設不巾是脯醢醴酒不巾也案既夕禮柩朝廟重先奠從奠設如初巾之此亦脯醢之奠巾之者爲其在堂恐埃塵故雖脯醢亦巾之此文脯醢之奠不巾者據室內也

既殯旬而布材與明器木工宜乾腊且豫成材梈材也○腊音昔【疏】既殯至明器○正義曰此一節論葬禮須豫備之事○既殯旬謂殯後十日也○而布材與明器者布班也材謂梈材也殯後十日而班布告下覓梈材及送葬明器之材或云布其木宜乾腊故豫須暴之也士喪禮筮宅吉左還梈獻明器之材于殯門外是也

朝奠日出夕奠逮日陰陽交接庶幾遇之○逮音代或大計反

父母之喪哭無時使必知其反也謂既練或時爲君服金革之事反必有祭【疏】父母至反也○正義曰禮哭無時有三種一是初喪未殯之前哭不絕聲二是殯後除朝夕之外廬中思憶則哭三是小

祥之後哀至而哭或一日二日而無復朝夕之時也此云哭無時謂小祥之後也何以知然下云使必知其反是其可使之時也○使必知其反也者使謂君使之也既小祥無哭時其時可為君所使服金革之事也反還也若為使還家當必設祭告親之神令知其反亦出必告反必面之義也○注謂既練或時為君服金革之事反必有祭者禮運云三年之喪期不使公羊傳亦期不使是知期內不使則期外可使也而曾子問云卒哭服金革之事無辟此魯侯有為為之也喪大記云卒哭而服金革之事鄭云權禮也是知卒哭而使非正禮也

○練練衣黃裏縓緣小祥練冠練中衣以黃為內縓為飾黃之色卑於纁縓纁之類明外除○縓七絹反淺赤色今之紅也緣悅絹反下注同纁本又作纁許云反

葛要絰繩屨無絇角瑱瑱充耳也吉時以玉人君有瑱○要絰一遙反下注小要同下大結反絇其俱反屨頭飾瑱吐練反

鹿裘衡長袪衡當為橫字之誤也袪謂褎緣袂口也練而為裘橫廣之又長之又為袪則先時狹短無袪可知吉時麛裘○衡依注作橫華彭反下衡三同袪起魚反一音丘據反褎本又作袖音徐秀反袂面世反

袪裼之可也裼表裘也有袪而裼之備飾也玉藻曰麛裘青豻褎絞衣以裼之鹿裘亦用絞乎○裼音昔麛音迷本又作麑同鹿子也豻音岸胡地野犬絞戶交反

疏○練練至可也○正義曰練小祥也小祥而著練冠練中衣故曰練也練衣者練為中衣黃裏者黃為中衣裏也正服不可變中衣非正服但承衰而已故小祥而為之黃拾裏也縓緣者縓為淺絳色也緣謂中衣領及褎緣也裏用黃而領緣用縓者領緣外也明其外除故飾見外也葛要絰者亦小祥後事也小祥男子去葛絰唯餘要葛也○繩屨者謂父母喪皆屨卒哭受齊衰蒯藨屨至小祥受大功繩麻屨也無絇屨頭飾也吉有喪無角瑱者瑱充耳也人君平常吉用玉為之以掩於耳在初喪亦無至小祥微飾以角為之瑱○鹿裘者亦小祥後也為冬時吉凶衣裏皆有裘吉時則貴賤有異喪時則同用大鹿皮為之鹿色近白與喪相宜也○衡長袪者衡橫也袪褎緣口也小祥之前裘狹而短袂又無袪至小祥稍飾則更易作橫廣大者也又長之

又設其袪也練而爲裘者爲猶作也前時已有裘但短小至小祥更作大長者橫廣之又長之爲袪更新造之又加此三法也○袪褐之可也者褐謂裘上又加衣也吉時裘上皆有褐衣喪已後既凶質雖有裘裘上。未有褐衣至小祥裘既橫長又有袪爲吉轉文故加褐之可也案如此文明小祥時外有衰衰內有練中衣中衣內有褐衣褐衣內有鹿裘鹿裘內自有常著襦衣○注黃之至外除○正義曰纁是赤色也其色華美黃雖是正色質卑於纁爾雅釋器云。二染謂之縓三染謂之纁故言纁類也華者在外故云明外除○注吉時以玉人君有瑱○正義曰案吉時君大夫士皆有瑱此唯云人君有瑱者以經云角瑱故鄭云吉時以玉據人君吉時又云人君有瑱故知人臣凶時無瑱○注玉藻至絞乎○正義曰引玉藻者以此經鹿裘直云褐之可不知褐用何衣大者曰鹿小者曰麛同類之物麛裘既用絞爲褐則鹿裘亦用絞乎乎者疑辭然麛裘用青豻爲。褎則鹿裘之褎亦用青豻也○有殯聞遠兄弟之喪雖緦必往親骨肉也非兄弟雖鄰不往疏無親也所識其兄弟不同居者皆弔就其家弔之成恩舊也

疏。有。殯。至。皆。弔○正義曰此一節論哭弔之事○所識其兄弟不同居者皆弔者此文連上有殯之下若其骨血兄弟雖緦必往若其非兄弟骨血疏外之人雖鄰不往今有既非兄弟又非疏外平生所共知識往來同恩好今若身死者兄弟雖不同居亦就往弔之成其死者之恩舊也其死者兄弟不同居尚往弔之則死者子孫就弔可知舉疏以見親也已有殯得弔之者以其死者與我有恩舊也皇氏以爲別更起文不連有殯之事所識者謂識其死者之兄弟是小功以下之親既識兄弟雖不同居皆一一就弔之未知然否故兩存焉○天子之棺四重尚深邃也諸公三重諸侯再重大夫一重士不重○重直龍反注皆同邃雖遂反水兕革棺被之其厚三寸以水牛兕牛之革以爲棺被革各厚三寸合六寸也此爲一重○被皮寄反注同厚胡豆反度厚薄曰厚皆同此音杝棺一所謂椑棺也爾雅曰椵杝○杝羊支反木名椵徒亂反梓棺二所謂屬與

大棺○梓音子屬音燭四者皆周周帀也凡棺因能濕之物○帀本又作匝同子荅反能濕乃代反棺束縮二衡三衽每束一衡亦當爲橫衽今小要衽或作漆或作髹○衽而審反又而鴆反髹又作髤許求反柏椁以端長六尺以端題湊也其方蓋一尺○題徒低反頭也湊七豆反聚也疏天子至六尺○正義曰此一節論天子諸侯以下棺椁厚薄長短之事○○天子之棺四重者尊者尚深邃也四重者水牛兕牛皮二物爲一重也又杝爲第二重也又屬爲第三重也又大棺爲第四重也四重凡五物也以次而差之上公三重則去水牛餘兕杝屬大棺也侯伯子男再重又去兕餘杝屬大棺大夫一重又去杝餘屬大棺也士不重又去屬唯單用大棺也天子大棺厚八寸屬六寸椑四寸又杝二皮六寸合二尺四寸也上公去水牛之三寸餘兕椑屬大棺則合二尺一寸諸侯又去兕之三寸餘合一尺八寸也列國上卿又除椑屬四寸餘則合一尺四寸也大夫大棺六寸屬四寸合一尺士則不重但大棺六寸耳故庶人四寸矣而天子卿大夫文不見有通者云一天子卿大夫並與列國君同若天子之士與諸侯大夫同也喪質不得依吉時祭服也若吉時二祭服則天子臣與諸侯同然春秋時多僭趙簡子言罰乃不設屬椑非也水兕二皮並不能厚三寸故合被之令各厚三寸也二皮能涇故最在裏近尸也○杝棺一者椵杝材亦能涇故次皮也杝唯一種故云一也諸侯無革則杝親尸也所謂梓棺也卽前言君卽位爲椑是也杝卽椵木鄭引爾雅曰椵杝一物二名名椵又名杝也○梓棺二者杝棺之外又有屬棺屬棺之外又有大棺大棺與屬棺並用梓故云二也則喪大記云屬六寸大棺八寸也○四者皆周者四四重也周帀也謂四重之棺上下四方悉周帀也唯椁不周下有茵上有抗席故也○棺束者古棺木無釘故用皮束合之○縮二者縮縱也縱束者用二行也○衡三者橫束者三行也○衽每束一者衽小要也其形兩頭廣中央小也既不用釘棺但先鑿棺邊及兩頭合際處作坎形則以小要連之令固棺並相對每束之處以一行之衽連之若豎束之處則豎著其衽以連棺蓋及底之木使與棺頭尾之材相固漢時呼衽爲小要也○柏椁者

謂之椁用柏也天子柏諸侯松大夫柏士雜木也鄭注方相職云天子椁柏黃腸爲裏而表以石焉○以端者端猶頭也積柏材作椁並葺材頭也故云以端
○長六尺者天子椁材每段長六尺而方一尺天子以下庶人以上鄭注喪大記具之○注衽或作漆或作髹○正義曰經之衽字諸禮記本或有作漆字者
或有作髹字者○注以端至一尺○正義曰以此木之端首題湊嚮內知其方蓋一尺者以庶人四寸之棺五寸之椁椁厚於棺一寸。案喪大記君大棺八寸
君謂諸侯則天子之大棺或當九寸其椁厚一尺故云其方蓋一尺則椁之厚也如鄭此言椁材並皆從下壘至上始爲題湊湊嚮也言木之頭相嚮而作四
阿也如此乃得椁之厚薄與棺相準皇氏以爲壘椁材從下即題湊郭六尺與椁全不相應又鄭何云其方蓋一尺皇氏之義非也 ○天子之哭
諸侯也爵弁經紂衣 服士之祭服以哭之明爲變也天子至尊不見尸柩不弔服麻不加於采此言經衍字也時人。間。有弁經因云之耳
周禮王弔諸侯弁經緦衰也○紂本又作緇又作純同側其反爲于僞反下文及注爲其變皆同衍以善反 或曰使有司哭之 非也哀戚
之事可虛 不爲之不以樂食 蓋謂殯斂之間 疏 天。子。至。樂。食○正義曰此一節論天子哭諸侯之事○注服士至衰也○正義曰天子至
尊不見尸柩不弔服者薨在本國天子遙哭之不親見尸柩不服緦衰弔而服爵弁紂衣紂衣絲衣也則諸侯以下雖不見尸柩仍服弔也○或曰使有司哭
之者或人云天子不自哭但令有司哭之耳非也○爲之不以樂食此是記者之言非復或人之說也天子食有樂今。哭諸侯故食不復奏樂也此不以樂食
者蓋謂殯斂之間鄭以意斷不用樂之期也諸侯五日殯也然諸侯爲其臣或至葬不食肉卒哭不舉樂蓋臣少而已卑不得同王也 ○天子之
殯也菆塗龍輴以椁 菆木以周龍輴。加椁而塗之天子殯以輴車畫轅爲龍○菆才官反輴敕倫反轅音袁 加斧于椁上
畢塗屋 斧謂之黼白黑文也以刺繡於繆幕加椁以覆棺已乃屋其上盡塗之○黼音甫刺七亦反繆音消幕音莫 天子之禮也 疏

天子至禮也○正義曰此一節論菆塗爲古天子殯法也菆叢也謂用木菆棺而四面塗之故云菆塗也○龍輴者殯時輴車載柩而畫轅爲龍故云龍輴也○以椁者亦題湊菆木象椁之形故云以椁○加斧于椁上者斧謂繡覆棺之衣爲斧文也先菆四面爲椁使上與棺齊而上猶開也以棺衣從椁上八覆於棺故云加斧于椁上也○畢塗屋者畢盡也斧覆既竟又四注爲屋覆上而下四面盡塗之也故云畢塗屋鄭云菆木以周龍輴者謂叢衆木直壘周龍輴至上乃題湊則諸侯至上不題湊也

○唯天子之喪有別姓而哭使諸侯同姓異姓庶姓相從而爲位別於朝覲來時朝覲爵同同位○別彼列反注同朝直遙反下同【疏】唯天至而哭○正義曰此一節論哭天子之事各依文解之○注使諸至同位○正義曰異姓者鄭注周禮云王昏姻甥舅庶姓者謂與王無親者此言朝覲爵同同位則不分別同姓異姓然覲禮諸侯受舍於朝同姓西面異姓東面鄭注云分別同姓異姓受之將有先後也與此不同者覲禮先公而後侯先侯而後伯是亦爵同同位位就同姓之中先爵尊耳與此無別

○魯哀公誄孔丘曰天不遺耆老莫相予位焉嗚呼哀哉尼父誄其行以爲謚也莫無也相佐也言孔子死無佐助我處位者尼父因其字以爲之謚○誄力軌反耆巨支反相息亮反注同父音甫行下孟反【疏】魯哀至尼父○正義曰此一節論哀公誄孔子之事孔子以哀公十六年夏四月己丑日卒哀公欲爲作謚作謚宜先列其生時行狀謂之爲誄○曰天不遺耆老莫相予位焉者作誄辭也遺置也耆老謂孔子也莫無也相佐也言上天不置孔子故無復佐助我處於位也○嗚呼哀哉傷痛之辭也○尼父尼則謚也父且字甫是丈夫之美稱稱字而呼之尼父也

○國亡大縣邑公卿大夫士皆厭冠哭於大廟三日君不舉軍敗失地以喪歸也厭冠今喪冠其服未聞○大縣郡縣之縣厭于葉反注同大音泰

或曰君舉而哭於后土后土社也【疏】國亡至后土○正義曰此一節論人君爲國致憂之事○國亡大縣邑者亡失

也國之軍敗亡失。士邑也○公卿大夫士皆厭冠哭於大廟三日者公孤也士喪禮云公卿大夫繼主人鄭云公大國之孤四命者是也厭冠喪冠也國既失地是諸侯無德所招故諸臣皆著喪冠而哭於君之大廟三日也失地為先祖所哀故在廟也○君不舉者舉謂舉樂也臣入廟三日哭故君亦三日不舉樂也或曰君舉而哭於后土者后土社也又有或者言亦舉樂而自於社中哭之社主土故也然二處之哭鄭皆不非未知孰是庾蔚云舉者謂舉饌引周禮膳夫王日一舉又王齊日三舉注云殺牲盛饌曰舉案庾蔚及前通合而為用也

○孔子惡野哭者為其變衆周禮。銜枚氏掌禁。野叫。呼歎。呼於國中者行歌哭於國中之道者○惡烏路反銜枚上音咸下木杯反呼火故火胡二反

疏。孔。子。惡。野。哭。者○正義曰哭非其地謂之野為變衆故惡之也

○未仕者不敢稅人如稅人則以父兄之命不專家財也稅謂遺。于。人○稅始銳反謂以物遺人也遺維季反

疏。未仕至之命○正義曰此論人子之法也稅人謂以物遺人也。未。仕未尊則亦不敢專家財餉人也如稅人謂已仕者也雖得遺人亦當必。稱父兄以將遺之

○士備入而后朝夕踊備猶盡也國君之喪嫌主人哭入則踊

疏。士。備。至。夕。踊○正義曰此一節論君喪羣臣朝夕哭踊之事備盡也國君喪羣臣則朝夕即位哭踊嗣君孝子雖先入即。位哭必待諸臣皆入列位畢後乃俱踊者也士卑最後故舉士入為畢也所入有前後。而相待踊者孝子哀深故前入也踊須相視為節故俟齊也

○祥而縞縞冠素紕也○縞古老反注同紕避支反是月禫徙月樂言禫明月可以用樂○禫大感反樂音岳

疏。祥。而。至。月。樂○正義曰祥大祥也縞謂縞冠大祥日著之故小記除成喪者其。祭朝服縞冠是也○是月禫徙月樂者鄭志曰既禫徙月而樂作禮之正也孔子五日彈琴自省樂哀未忘耳踰月可以歌皆自身踰月所為也此非當月所受樂名既禫始得備樂而在心猶未忘能歡徙月之樂極歡也哀殺有漸是以樂亦隨之也

○君於士有賜帟帟幕之小者所以承塵賜之則張於殯上大夫以上幕人職。供焉○

帟音亦共音恭本亦作供疏君於士有賜帟○正義曰賜惠賜也帟者幕之小者也大夫以上喪則幕人職供之也士唯有君恩賜之乃得有帟也

附釋音禮記注疏卷第八

禮記注疏卷八校勘記

阮元撰盧宣旬摘錄

檀弓上

子柳之母死節

請粥庶弟之母　閩監毛本同石經同岳本嘉靖本同衞氏集說同釋文出請鬻云本又作粥注同正義本作粥

子柳至貧者　惠棟校宋本無此五字

而鄭注周禮云　閩監毛本同惠棟校宋本無而字

案鄭此者　閩監毛本同惠棟校宋本者作旨

足枝長八分　閩監毛本作足此本足誤兄盧文弨云足枝長八分下志有間廣二分四字

文曰大泉直十五貨泉　閩監毛本同浦鏜云五十字誤倒

今世謂之笮錢是也　閩監毛本同惠棟校宋本笮作筰

契刀無縷而錯刀用金縷之　閩監毛本縷作鏤

君子謀人之軍師節

利己亡衆　閩監毛本同岳本嘉靖本同衞氏集說亡作忘考文引古本同

弁人有其母死節

此誠哀　閩監毛本同岳本嘉靖本同衞氏集說作謂誠哀也

夫禮爲可傳也　閩監毛本同石經同岳本同嘉靖本同衞氏集說同考文引古本無也字正義本有

夫聖人禮制　閩監毛本同惠棟校宋本禮制作制禮衞氏集說亦作聖人制禮

可以制禮　閩監毛本同惠棟校宋本制禮作禮制衞氏集說亦作可以禮制也

叔孫武叔之母死節

舉者出戸出戸袒　石經同宋監本岳本嘉靖本同衞氏集說同閩監毛本上戸字作尸誤石經考文提要云上出戸謂舉尸者下出戸謂武叔斂者舉尸出戸而武叔猶冠隨以出戸急思括髮乃投其冠忽遽失節之甚宋大字本南宋巾箱本余仁仲本劉叔剛本俱作舉者出戸出戸袒

婼生戉子不敢　閩本同監毛本戉作成

踊無筭　閩監毛本筭作算○按士喪禮正作算是正字

男女奉尸夷于堂　閩監毛本夷作侇衞氏集說同○按作侇與士喪禮合

將斬衰者雞斯將括髮者去笄　閩監毛本同許宗彥校本依鄭注括髮上增齊衰者素冠五字

扶君節

皆平生時贊正君服位者　閩監毛本同岳本嘉靖本同衛氏集說同浦鏜云生字衍從續通解校

從母之夫節

以同居生總之親可　閩監毛本同岳本嘉靖本同考文引古本足利本總下有麻字

此皆據總麻正衰　閩監毛本同浦鏜從續通解作此皆據總麻之正者

喪事節

縱讀如摠領之摠　宋監本閩本岳本嘉靖本同監本摠作揔毛本作總衛氏集說作總釋文云依注作摠案九經字樣云摠說文作總

經典相承通用

吉事欲其折折爾　閩監毛本同石經同岳本嘉靖本同衛氏集說同釋文出折折考文云古本折折作提提案廣韻十二齊折字下引禮記亦作折折

安舒貌詩云好人提提　閩監毛本同岳本嘉靖本同考文引古本足利本安舒貌上有提提爾三字衛氏集說安舒上有折折二字是衛氏增成非本書所有釋文於經出折折云大兮反注同則知注當作折折字引詩作好人折折後人以詩本提提易之遂致釋文注同二字懸而無薄正義標起止作提提又云初來之時提提然從詩本作也

謂大疾　閩監毛本同岳本嘉靖本同衛氏集說同惠棟校宋本大作太下大舒同釋文出謂大云音泰一音他佐反案大兼有他佐音則字不當

作太也

吉事雖有行止住之時閩監毛本同衞氏集說無行字續通解同○按無行是也

喪具節

衣亦漸制閩監毛本作漸衞氏集說同此本漸誤斬

喪服節惠棟校云喪服節食於有喪節宋本合爲一節

蓋有夫壻受我之厚而重親之閩監毛本同衞氏集說同浦鏜云重而字誤倒從續通解校非也下云欲一心事於厚重是約此句義非此句本如此

曾子與客立於門側節

以爲不可發凶於人之館閩監毛本同岳本嘉靖本同衞氏集說無之字考文引宋板古本同

曾子至弔焉惠棟校宋本無此五字

曰反哭於爾次者閩監毛本同惠棟校宋本無者字

故曾許其反哭於汝次舍之處閩監毛本同惠棟校宋本曾下有子字

其賓亦在東門北面閩監毛本同衞氏集說東門作門東考文引宋板同

孔子曰之死而致死之節

木不成斲閩監本同嘉靖本同衞氏集說同毛本斲作斵釋文同岳本作斲石經闕

有鐘磬而無簨虡監本同岳本嘉靖本同石經鐘字同簨虡字闕閩本亦作虡鍾作鐘衞氏集說同毛本鐘字同虡作簴注放此疏同○按依說文當作虡从虍異象形其下足隸省作虡从竹者非

是不知之事閩監毛本如此此本之事二字倒

而致此死之者之意閩監毛本同惠棟校宋本死下無之字

非人所知也惠棟校宋本此下另行標禮記正義卷第十終記云凡二十一頁

有子問於曾子節惠棟校宋本自此節起至君於士節止為第十一卷卷首題禮記正義卷第十一

問喪於夫子乎閩監毛本同石經同岳本嘉靖本同衞氏集說同釋文出問喪云問或作聞考文云古本問作聞案正義云曩有所異聞也又云汝曾聞失位在他國之禮於孔子否乎據此則正義經文本作聞喪正義又云問喪謂問失本位居他國禮也此二問字皆當作聞否則岐出

有子至貧也惠棟校宋本無此五字

次于楊州閩本同惠棟校宋本監毛本楊作陽

亦隨夫子之事前後閩監本如此此本前字重毛本前作先

嚮宋不嚮楚 閩監毛本同孫志祖云宋應作衞

陳莊子死節

繆公召縣子而問焉 閩監毛本同石經同岳本嘉靖本同衞氏集說同考文引古本縣作懸下同

束脩之問不出竟 閩監毛本同石經同岳本同衞氏集說同釋文竟音境考文引古本竟作境○按竟正字境俗字

焉得而弗哭 閩監本同石經同岳本嘉靖本同衞氏集說同足利本同考文引古本無而字毛本同弗作勿並非

論哭鄰國臣之法 閩監毛本同衞氏集說同惠棟校宋本論作記

成子當生襄子班 閩監毛本同惠棟校宋本當作常

仲憲言於曾子節

或用人器 閩監毛本作或岳本嘉靖本同衞氏集說同此本或誤成

仲憲至親乎 惠棟校宋本無此五字

此以下是原憲所說 閩監毛本同惠棟校宋本無原字

周人爲之致慼 閩監毛本作慼此本誤感

故用恭敬之器仍貯食送之 惠棟校宋本作仍貯食此本仍貯食三字闕閩監毛本同

說二代既子 閩監毛本作了此本誤子

尋周家極文 惠棟校宋本作尋此本尋字闕閩監毛本同

若是無知 閩監毛本同衞氏集說是作示

以夏后氏尤古故也 監毛本作古此本古誤苦閩本同

公叔木節

春秋作戍 閩本同岳本同衞氏集說同監毛本戍誤戌疏同考文引古本春秋下有傳字非也正義引春秋經不引傳可知無傳字

公叔木有同母異父之昆弟死問於子游至狄儀之問也 閩監毛本同惠棟校宋本無此廿二字

注木當爲朱至十四年奔魯 閩監毛本同惠棟校宋本無爲朱十四年五字

注疑所服也親者屬大功是 閩監毛本同惠棟校宋本作注疑所至功是

同母異父昆弟之服 閩監毛本同惠棟校宋本同上有爲字衞氏集說同

互說是也 閩監毛本同惠棟校宋本互作元

子思之母節

子思至愼哉惠棟校宋本無此五字

論爲出嫁母之喪閩監毛本同惠棟校宋本無嫁字衞氏集說同

縣子瑣曰節

縣子瑣曰閩本同嘉靖本同監本作瑣石經同岳本同衞氏集說同毛本誤項釋文出子璅云息果反依字作瑣考文云古本作璅

縣子至父也惠棟校宋本無此五字

后木曰節

后木至亦然惠棟校宋本無此五字

曾子曰節

曾子至失也惠棟校宋本無此五字

依禮小斂之奠設於東方閩監毛本同惠棟校宋本依作用盧文弨云用疑周

小斂奠所以在西方閩監毛本惠棟校宋本奠上有之字衞氏集說同

縣子曰節

縣子至古也惠棟校宋本無此五字

當記時失禮多尚輕細閩監本同毛本當記作記當

子蒲卒節

子蒲至改之惠棟校宋本無此五字

杜橋之母之喪節

宮中無相以爲沽也閩監毛本同石經同岳本嘉靖本同衞氏集說同考文引古本足利本相下有君子二字案正義云故時人謂其尅禮爲儉略使經文有君子二字正義安得僅以時人申說之是孔氏所見本亦無君子二字也

杜橋至沽也惠棟校宋本無此五字

宮中不立相侍閩監毛本同衞氏集說同浦鏜校侍改導

夫子曰節

夫子至以弔惠棟校宋本無此五字

子游問喪具節

有無惡乎齊石經同岳本同嘉靖本同考文引宋板同閩監毛本無作亡衞氏集說同釋文出有亡云皇如字無也一音無下同知此此處亦作亡字也石經考文提要曰坊本作有無案上稱家之有亡下苟亡矣俱作亡此作無歧出

斂首足形閩監毛本同石經同岳本嘉靖本同衞氏集說同考文引古本首作手正義本作首石經考文提要宋大字本余仁仲本劉叔剛本至善堂九經本皆作首

還葬閩監毛本同石經同岳本嘉靖本同衞氏集說同考文引古本足利本葬下有而無椁三字案正義本無

子游至者哉惠棟校宋本無此五字

不設碑繂不設碑繂不備禮閩監毛本同考文引宋板無下不設碑繂四字

司士賁節

汰哉叔氏閩監毛本同岳本嘉靖本同石經作汏衞氏集說同釋文出汏哉此本疏中亦作汏

司士至許人閩監本同毛本作司士賁至禮許人惠棟校宋本無此五字

宋襄公節

宋襄至寶之惠棟校宋本無此五字

若夏后氏專用明器惠棟校宋本作若衞氏集說同此本若誤則閩監毛本同

周人兼用明器人器閩監毛本作明此本閩誤閔

孟獻子之喪節案此本此節讀賵上有一○閩本同是另爲一節監毛本去○故渾爲一節惠棟校云孟獻子節宋本分讀賵

下另爲一節齊召南云讀賵下當自爲一節注下應有疏而無之刊本遂接孟獻子節而誤錄其疏於下

司徒旅歸四布　閩監毛本同石經同岳本嘉靖本同衞氏集說同考文引古本足利本作司徒敬子使旅歸四方布案正義中屢言敬子猶是皇侃熊安生舊語設經中無此則疏豈空言讀書脞錄續編云經注並無敬子字正義何爲反覆申辨向疑經文有脫譌而未能決今讀古本爲之釋然考文如此類亦所謂披沙揀金也

旅下士也　閩監毛本作下岳本嘉靖本同衞氏集說同此本下誤卜

司徒使下士歸四方之賻布　閩監毛本同岳本嘉靖本同衞氏集說同考文引古本之賻布作之賻賻者布也足利本同但無也字

曾子言非禮祖而讀賵　惠棟校宋本如此宋監毛同此本言非二字闕祖字同閩監毛本非作喪祖作袓岳本作非禮袓嘉靖本同衞氏集說二句倒置惟非字不誤祖亦作袓考文云古本作曾子言非也禮祖而讀賵宋板足利本同但無也字案考文之宋板即惠棟所校之宋本今惠校作祖考文作袓疑袓誤也

主人之吏　考文引宋板同嘉靖本同岳本閩本監毛本吏作史衞氏集說同

論喪不貪利之事　閩監毛本同惠棟校宋本喪上有因字衞氏集說同

故歸還之也　閩監毛本同惠棟校宋本無也字衞氏集說同

成子高寢疾節

觀其意閩監毛本同岳本嘉靖本同衛氏集說意下有也字考文引古本同

遺慶封之族閩監毛本同岳本嘉靖本同衛氏集說同考文引古本遺上有慶字族下有也字

謂不墾耕閩監毛本同岳本嘉靖本同衛氏集說同考文引古本足利本不下有可字釋文出不墾是陸氏所見本亦無可字也

成子至我焉惠棟校宋本無此五字

子夏問諸夫子曰節案此本此節賓客至上有一〇閩本同是另爲一節也監毛本去〇故渾爲一節齊召南云賓客至以下當亦自爲一節刊本因無疏誤接上節盧文弨云賓客至一段當另起在疏後自爲一節

子夏至衎爾惠棟校宋本無此五字

國子高節

反覆也閩監毛本同嘉靖本同衛氏集說同惠棟校宋本覆作復宋監本岳本同考文引古本同釋文出反復

非周禮閩監毛本同岳本嘉靖本同衛氏集說禮下有也字考文引古本同

國子至之哉惠棟校宋本無此五字

欲其深邃閩監毛本作深衛氏集說同此本深誤經

言不可封壤種樹也惠棟校宋本作可衛氏集說同此本可字闕閩監毛本作當非

孔子之喪節

封築土爲壟閩監毛本作封岳本嘉靖本同此本封誤北

坊形旁殺平上而長閩監毛本作上岳本嘉靖本同衛氏集說同此本上字闕

其形旁廣而卑閩監毛本同岳本嘉靖本同衛氏集說同考文引古本足利本旁下有殺字

斬板謂斷其縮也惠棟校宋本作其宋監本岳本嘉靖本同衛氏集說同考文引古本足利本同釋文出斷其此本其誤莫閩監毛本同

三斷止之旁殺閩監毛本同岳本同衛氏集說同嘉靖本止誤正惠棟校宋本止作上考文引古本足利本同釋文出上之云時掌反下以上同

孔子至乎哉惠棟校宋本無此五字

徧用三王禮子夏謂葬聖人閩監毛本同惠棟校宋本禮下有而字考文引宋本禮作而下屬與惠棟校不同

而下又述昔聞夫子見四封之異者閩監毛本作異此本異誤其

以赴遠觀之意閩監毛本同許宗彥校赴作副

馬艐鬣之上 閩監毛本同惠棟校宋本艐作騣衞氏集說同盧文弨云騣是說文新附字疑本借艐字不當改

正用一日之功 按正疑止字之譌

但形旁表漸斂 閩監毛本同惠棟校宋本表作袤是也續通解同

不與元葬墳同無足怪也 惠棟校宋本如此此本元誤示也誤同閩監毛本元作原也作者

婦人不葛帶節

婦人不葛帶 惠棟校宋本無此五字

不變所重 閩監毛本作重衞氏集說同此本重字闕

有薦新節

有薦新如朔奠 惠棟校宋本無此六字

若士但朔而不望 閩監毛本作士此本誤王衞氏集說亦作士

既葬各以節

既葬至服除 惠棟校宋本無此五字

池視重霤節

如堂之有承霤也惠棟校宋本同岳本嘉靖本同考文引古本足利本同閩監毛本堂作屋

池視重霤 惠棟校宋本無此四字

而生時既屋有重霤以行水 閩監毛本同衛氏集說無而字浦鏜校云而衍字

而在車覆鼈甲之下 閩監毛本同惠棟校宋本在作於衛氏集說同

君卽位節

歲壹漆之 惠棟校宋本同石經同宋監本岳本同嘉靖本同衛氏集說同儀禮經傳通解同考文引古本足利本同閩監毛本壹作一石經考文提要宋大字本余仁仲本劉叔剛本至善堂九經本皆作壹○按經傳因壹與一同音假借爲一字學者遂分別一二字作一書專壹字作壹說文从壺吉聲壹乃俗作字也

虛之不合 閩監本同岳本嘉靖本同毛本合作令衛氏集說同考文引古本同釋文出不令云力政反本又作合正義云虛之不令也令善也一本爲虛之不合者謂不以蓋合覆其上然則正義本當亦作令與釋文同今作合注與疏不相謀當由附合注疏時所據注本不同毛本改從令是也衛氏集說令下有也字考文引古本同案正義則也字亦當有

君卽至藏焉 惠棟校宋本無此五字

復楔齒節

復楔至赴者　惠棟校宋本無此五字

用桷柶柱亡人之齒令開　閩監毛本作柶衛氏集說同此本柶誤栖

不辟戾也　閩監毛本作辟衛氏集說同此本辟字闕

飯者飯食也　閩監毛本同惠棟校宋本食作含衛氏集說同案作含是也

謂襲斂還尸之時　閩監毛本作尸衛氏集說此本尸誤戾

及又加著新衣也　閩本同惠棟校宋本同監毛本及作乃非衛氏集說删乃字亦非

猶稱孝子名也　惠棟校宋本作稱續通解同此本稱字闕閩監毛本作書非

君復於小寢節

君復至四郊　惠棟校宋本無此五字

喪不剝奠也與節

喪不至也與　惠棟校宋本無此五字

爲有祭肉也　閩監毛本作肉衛氏集說同此本肉誤也

小斂既奠于尸東也　閩監毛本同衛氏集說作既斂奠于尸東○按集說是

祝受巾巾之閩監毛本作祝衞氏集說同此本祝誤況

設如初巾之閩監毛本作設此本誤投

旣殯旬節惠棟校云旣殯節宋本合下朝奠日出二句爲一節

木工宜乾腊且豫成毛本作豫成岳本嘉靖本同衞氏集說同此本豫成二字闕閩監本同考文引古本且豫成作且以豫成也

材椁材也閩監毛本作椁岳本嘉靖本同此本椁誤柤考文引古本作材椁椁材也正義本無椁字

旣殯至明器惠棟校宋本無此五字

此一節論葬禮惠棟校宋本同衞氏集說同續通解同閩監毛本葬誤喪

須豫備之事惠棟校宋本作備衞氏集說同此本備字闕閩監毛本誤具

朝奠日出節惠棟校宋本父母之喪以下爲一節

父母至反也惠棟校宋本無此五字

練練衣節

黃之色卑於纁閩監毛本同岳本嘉靖本同衞氏集說同釋文出於薰云本又作纁正義作纁

韠裘青豻褎閩監毛本同岳本嘉靖本同衞氏集說同惠棟校宋本豻作犴

練練至可也惠棟校宋本無此五字

黃拾裏也閩本同監毛本拾作袷是也衞氏集說同

裏用黃而領緣用縓者閩監本同衞氏集說同毛本緣下用誤中惠棟校宋本無下用字

小祥男子去葛絰閩監毛本同惠棟校宋本葛作首衞氏集說同案首字是也

謂父母喪菅屨閩監毛本同衞氏集說同惠棟校宋本無母字續通解同案儀禮喪服爲父菅屨父卒爲母與父在爲母皆疏屨此言菅屨當無母字爲是

無絇屨頭飾也閩監毛本同惠棟校宋本無絇下有絇者二字考文引宋板無絇下有者絇二字此亦與惠校不同

鹿色近白惠棟校宋本作色近續通解同此本色近二字闕閩監毛本作鹿皮色白非

裘上未有裼衣閩監毛本作未此本誤夫

二染謂之縓閩監毛本同衞氏集說同惠棟校宋本二作一與爾雅合

然麛裘用青豻爲褎閩監毛本作褎此本誤裘

有殯節

有殯至皆弔惠棟校宋本無此五字

天子之棺節

凡棺因能濕之物 閩監毛本同岳本因作用嘉靖本同衞氏集說同考文引古本足利本同案集說是也

論天子諸侯以下 閩監毛本同衞氏集說無諸侯二字

屬六寸大棺八寸也 閩監毛本如此此本上寸誤中下寸誤十

唯椁不周 閩監本同衞氏集說同惠棟校宋本唯作惟毛本唯誤雖考文引宋板作唯

上有杭席故也 閩監毛本杭作抗惠棟校宋本衞氏集說同○按作抗是也

縱束者用二行也 閩監毛本作也衞氏集說同此本也誤之

或有作縣字者 惠棟校宋本作作此本作誤惟閩監毛本同

案喪大記君大棺八寸 閩監毛本作案此本案誤宰

則椁之厚也 閩監毛本作厚此本厚誤浮

天子之哭諸侯也節

時人閒有弁經 閩監毛本同衞氏集說同惠棟校宋本閒作聞岳本嘉靖本同考文引古本足利本同續通解閒有作聞著

天子至樂食 惠棟校宋本無此五字

今哭諸侯閩監毛本同衞氏集說同惠棟校宋本哭作喪

天子之殯也節

菆本以周龍輴加椁而塗之閩監毛本同嘉靖本同衞氏集說同惠棟校宋本加作如宋監本岳本同續通解同案作如是也正義云象椁之形正申此如字之義○按穀梁僖九年疏引作如

天子至禮也惠棟校宋本無此五字

謂用木菆棺而四面塗之此本用誤困閩監毛本不誤惠棟校宋本菆作叢下亦題湊菆木同

畢塗屋者閩監毛本作畢此本畢誤塗

四面盡塗之也閩監毛本作塗此本塗誤畢

唯天子之喪節

唯天至而哭惠棟校宋本無此五字

位就同姓之中閩監毛三本同惠棟校宋本位作但是也衞氏集說同

魯哀公節

誄其行以爲謚也閩監毛本同岳本嘉靖本同衞氏集說同考文引古本足利本重誄字監本作誄累其行以爲謚也按左傳哀十六

年正義引禮記注誄累也累列生時行迹讀之以作謚

尼父因其字以爲之謚 閩監毛本同嘉靖本同衛氏集說同惠棟校宋本其作且一岳本亦作且無一字宋監本同考文引古本與宋本同足利本與岳本同段玉裁云且字見儀禮者四見禮記者三見公羊傳者三疏家多不得其解今案說文且薦也凡承藉於下曰且凡冠而字祇有一字耳必五十而後以伯仲故下一字所以承藉伯仲也言伯某仲某是稱其字單言某甫是稱其且字若韓非子於孔子單言尼蓋五十以前事也此注家且字之說也其說甚詳不可備錄又云檀弓注且字俗本譌作其字今本左傳哀十六年疏引譌作目字宋本禮記注疏譌作且一字三字惟南宋禮記監本及慶元本左傳哀十六年疏作且字不誤

魯哀至尼父 惠棟校宋本無此五字

稱字而呼之尼父也 惠棟校宋本作呼此本呼字闕閩本同監毛本作謚非

國亡大縣邑節

哭於大廟三日 閩監本同石經同岳本嘉靖本同衛氏集說本同毛本大作太非疏同釋文亦作大

以喪歸也 閩監毛本同岳本嘉靖本同衛氏集說同考文引古本足利本喪下有禮字

國亡至后土 惠棟校宋本無此五字

士失也 監毛本作亡此本亡誤云閩本同

亡失土邑也 閩監毛本作土此本誤士

孔子惡野哭者節

周禮銜枚氏 監毛本作銜岳本嘉靖本同此本銜誤御閩本同

掌禁野叫呼歎呼於國中者 閩監毛本同惠棟校宋本下呼作嗚宋監本岳本嘉靖本同考文引古本足利本同衛氏集說作掌嘂呼歎嗚於國中者無野字作嘂嗚字與周官經合釋文出叫呼

孔子惡野哭者 惠棟校宋本無此六字

未仕者節

稅謂遺于人 閩監毛本同嘉靖本同衛氏集說于作於惠棟校宋本于作予宋監本同岳本同考文引古本足利本亦作予是人下有物字非正義皆云謂以物遺人也是足利本所據補也

未仕未尊 閩監毛本如此此本未仕誤夫任

亦當必稱父兄以將遺之 閩監毛本作稱此本誤類

士備入節

嫌主人哭 毛本作嫌岳本嘉靖本同衛氏集說同此本嫌字闕閩監本同

士備至夕踊　惠棟校宋本無此五字

雖先入即位哭　閩監毛本作位衛氏集說同此本位誤布

而相待踊者　惠棟校宋本作而此本而字闕閩監毛本作必非

祥而縞節

祥而至月樂　惠棟校宋本無此五字

其祭朝服縞冠是也　閩監毛本同惠棟校宋本祭下有也字衛氏集說同

君於士節

幕人職供焉　閩監毛本同嘉靖本同衛氏集說同岳本供作共釋文出共焉云本亦作供○按供正字共假借字

君於士有賜帟　惠棟校宋本無此六字

賜惠賜也　惠棟校宋本作惠此本惠字闕閩監毛本惠作恩衛氏集說同

附釋音禮記注疏卷第八　惠棟校宋本此行題禮記正義卷第十一終宋監本題禮記卷第二經五千四百二十二字注五千三百二十字嘉靖本題卷終經五千二百一十九字注五千三百六十五字

禮記注疏卷八校勘記

附釋音禮記注疏卷第九

檀弓下第四

疏 正義曰案鄭目錄云義同前篇以簡策繁多故分爲上下二卷

禮記　鄭氏注　孔穎達疏

君之適長殤車三乘公之庶長殤車一乘大夫之適長殤車一乘皆下成人也自上而下降殺以兩成人遣車五乘長殤三乘下殤一乘尊卑以此差之庶子言公卑遠之傳曰大功之殤。小從上○適丁曆反下及下適室同長殤丁丈反下及注同下式羊反乘繩證反下及注同皆下戶嫁反殺色戒反遣棄戰反差初佳反又初宜反遠于萬反 疏 君之至一乘○正義曰此一節論諸侯及卿大夫之子送葬遣車之數○君者五等諸侯也今此謂諸侯適子在長殤而死故云君之適長殤也車三乘者遣車也葬柩朝廟畢將行設遣奠竟取遣奠牲體臂臑折之爲段用此車載之以遣送亡者故謂之遣車然遣車之形甚小周禮巾車云大喪飾遣車鄭云使人以次舉之以如墓也又雜記遣車視牢具置于四隅鄭云四隅椁中之四隅以此而推故知小也所以必須遣車者雜記云大饗既饗卷三牲之俎歸于賓館父母而賓客之所以爲哀也是言父母方將遠去亦如賓客之義所以載牲體送之也但遣車之數貴賤不同若生有爵命車馬之賜則死有遣車送之諸侯七乘大夫五乘此後有明文鄭惟諸侯既七乘降殺宜兩則國王宜九乘士三乘也今此所明並是殤未成人人未有爵命車馬之賜而得遣車者言其父有之得與子也王九乘若適子成人則應七乘在長殤而死則五乘中殤從上亦五乘下殤三乘也若有國王庶子成人則應五乘長殤中殤三乘下殤一乘也諸侯既自得七乘其適子成人五乘長殤三乘故君之適長殤車三乘也中則從上若下殤則一乘也○公之庶長殤車一乘者公亦諸侯也適長殤既三乘庶子若成人乃三乘而長殤則一乘故云車一乘也中殤亦從上若下殤則無大夫之適長殤車一乘者大夫自得五乘適子成人三乘長殤降二故一乘也中殤從上亦一乘若下殤及庶殤並不得也案下注云人臣賜車馬乃得有遺車禮三命始賜車馬然諸侯大夫再命而下則不合有遺車今大夫適子長殤得有遺車一乘者以其身爲大夫德位既重雖未三命得有遺車約鄭注雜記云則士無遺車禮天子上士三命得有車馬之賜而云士無遺車者謂諸侯之士及。天子中士下士也但喪禮質略天子之臣與諸侯之臣命數雖殊喪禮不異故鄭云大夫以上乃有遺車文。主天子大夫其實兼諸侯大夫也鄭以士無遺車者文。主諸侯之士其實亦兼天子中下士也諸侯及大夫之子熊氏云人臣得車馬之賜者遺車得及子若不得車馬賜者雖爲大夫遺車不得及子案此經云大夫之適長殤車一乘則大夫之身五乘下云大夫五个遺車五乘二文正同但此總爲殤而言之故言其子下文爲晏子大儉故舉國君及大夫之身本無及子不及子之義橫生異意無所證據熊氏非也雜記云遺車視牢具則遺車一乘當苞一个士無遺車既夕禮苞三个者亦是豐小殺大禮之義若具服虔之意一視牢具者一視饗餼牢具故襄二十五年崔杼葬莊公下車七乘服注云上公饗餼九。牢遺車九乘與此異也○注庶子至從上○正義曰君是對臣之名有地大夫以上皆有君號公則五等之上又同三公之尊今庶子言公就其尊號是卑遠於庶子也此有公君相對故爲此解若文無所對嫡。與稱公故喪服云公子嫡子是也又鄭引喪服傳云大功之殤中從上者證此遺車亦中從上也必知然者服是生人所著哀念死者車亦生者所有被及亡人車服雖殊皆緣生者之事故車馬與服同中從上若其瓦棺堲周之屬本爲死者中殤年實童幼故從於下廬植以爲遺車亦中從下非其宜

○公之喪諸達官之長杖謂君所命雖有官職不達於君則不服斬

疏公。之。至。長。杖○正義曰此一節論臣爲君杖法公者五等諸侯也諸者非一之辭達官謂國之卿大夫士被君命者也既被君命故稱達官也既達於官而貴有其職此對不達者爲長故云長也若遭君喪則備服衰杖故云諸達官之長杖也不云衰從可知也○注謂君至服斬○正義曰不達於君

謂府史之屬也賤不被命是不達於君也不服斬衰但服齊衰三月耳故喪服齊衰三月章有庶人爲國君鄭云不言民而言庶人庶人或有在官者案彼注卽是不達者也皆是凡謂庶人在官者若其近臣閽寺之屬雖無爵命但嗣君服斬則亦服斬與此異也故喪服斬衰章云公士大夫之衆臣爲其君布帶繩屨傳曰近臣君服斯服矣鄭注云近臣閽寺之屬若大夫之臣雖不被命於諸侯得爲大夫之君服斬與杖但衆臣降其帶屨用布帶繩屨耳

○君於大夫將葬弔於宮及出命引之三步則止以義奪孝子宮殯宮出謂柩已在路如是者三君退退去也三命引之凡移九步朝亦如之哀次亦如之君弔不必於宮朝喪朝廟也次他日賓客所受大門外舍也孝子至此而哀君或於是弔焉○朝直遙反注同

疏○君於至如之○正義曰此一節論君弔臣之禮君於大夫之喪將至葬時君必親往弔於殯宮謂就殯宮以弔孝子弔禮既畢及其柩出殯宮之門孝子號慕攀轅柩車不動君奪孝子之情命遣引之引者三步則止所以止者引者不忍頓奪孝子之情故且止柩住君又命引之引之者三步而止君又命引之引之者三步而止故如是者三君又命引之柩車遂行君便退去君或來弔參差早晚不必恆在殯宮或當朝廟明日將發之時亦如柩出殯宮命引之三步如是者三之事故云朝亦如之君弔或晚不及朝廟之時朝廟已畢柩出大門至平生待賓客次舍之處孝子哀其平生次舍之處停柩不行君於是始弔弔畢君命引之使行如上來之事故云哀次亦如之○注宮殯至在路○正義曰知此是殯宮者以下云朝及哀次以朝廟及出大門哀次之事此文在其前以事前後故知是殯宮也云出謂柩已在路者對宮中未行今已出殯門將往嚮廟謂之在路賀瑒以路謂載柩之車義亦通也○注退去至九步○正義曰鄭嫌退謂逡巡且退故云退去也云三命引之凡移九步者以禮成於三故知凡爲九步鄭必分明言九步者以經上云引之三步則止下云如是者三恐别更爲三通前爲四十有二步之嫌故明言九步也九步既停君又須命引之則當四命也或可君既三命柩雖三步暫停孝子更須有

事君卽退○注君弔至弔焉○正義曰君於大夫恩義或有厚薄或弔有早晚故云君弔不必於宮也宮謂殯宮也從上可知也知朝是喪朝廟者朝與哀次
相對故知朝廟也柩之朝廟今日至廟明日乃去此弔謂明日將去之時故有命引之云次他日賓客所受大門外舍也者以覲禮諸侯受次舍于廟門外明
大夫大門外亦有賓次也然主位在門東孝子必哀門西賓次者以平生門東待賓客無次孝子見門西張次之處而哀故云哀次云君或於是弔焉者以君
弔正禮當於殯宮或於朝祖廟無門外君弔之禮君來弔或晚有避逅於是弔焉故云或或是不定之辭○五十無車者不越疆而
弔人氣力始衰○疆居良反本又作彊下越疆同【疏】五十至弔人○正義曰此一節論衰老不許徒行遠弔之事所以時不許越疆而弔人者五十
既衰越疆則道路遙遠弔人又悲感哀戚恐增衰恐故不許也○季武子寢疾蟜固不說齊衰而入見曰斯道
也將亡矣士唯公門說齊衰季武子魯大夫季孫夙也世爲上卿強且專政國人事之如君蟜固能守禮不畏之矯失俗也道猶
禮也○蟜居表反蟜固人姓名說他活反本亦作稅徐又音申銳反下同見賢遍反蟜居表反武子曰不亦善乎君子表微時無
如之何佯若善之表猶明也及其喪也曾點倚其門而歌明已不與也點字皙曾參父點多忝反倚于綺反徐其綺反皙星
曆反【疏】季武至而歌○正義曰此一節論季武子無禮蟜固正之事武子魯之執政上卿時人畏之事之如君入其門皆說衰唯蟜固不說齊衰而入見武
子謂武子曰我所以著齊衰而入者以此著齊衰之道將亡絕矣以時人畏爾入門者皆說齊衰故此著齊衰入大夫之門其道將絕又語武子若依正禮士
唯入公門乃說齊衰而入大夫之門不合說也言將亡者其時饗餘大夫之門猶有著齊衰者故云將亡將亡者未絕之辭武子既得蟜固之言心雖恚恨身
既寢疾無奈之何乃佯言若美之汝之所言不亦善乎所以善者若失禮顯著凡人皆知若失禮微細唯君子乃能表明之今說齊衰失禮之微汝能知之是

君子之人故云君子表微及武子之喪曾點慕蟜固之直乃倚武子之門而歌明己不與武子故無哀慼○注季武至禮也○正義曰知是上卿專政者左傳文云國人事之如君者入君門說齊衰今入武子之門亦說齊衰是與君同也此謂不杖齊衰若杖齊衰雖入公門亦不說之具在下曲禮疏云蟜固能守禮不畏之矯失俗也者謂失禮風俗矯而正之據鄭此言則蟜固人之姓名其字從虫若矯正之字從矢熊氏云或有人矯武子固陋對文則不知一何甚也注時無至善之○正義曰知非實善云佯善者其實善則尋常不合說齊衰故知佯若善蟜固也心實不善而佯善之是無如之何凡外貌爲陽內心爲陰實無內心但有外貌者謂之爲陽故史記韓非說難云陽收其身而實疏之陰用其言而顯棄之是也此陽或言佯者字相假借義亦通也○注點字晳曾參父正義曰此史記仲尼弟子傳文彼文點字作。蒧

○大夫弔當事而至則辭焉辭猶。告也擯者以主人有事告也主人無事則爲大夫出○擯必刃反本又作儐同後放此爲于僞反下亦爲爲之變同弔於人是日不樂君子哀樂不同日子於是日哭則不歌○日人一反樂音岳又音洛注同婦人不越疆而弔人不通於外行弔之日不飲酒食肉焉以全哀也弔於葬者必執引若從柩及壙皆執紼示助之以力車曰引棺曰紼從柩贏者○引音胤注同車索壙若晃反又音曠後同紼音弗棺索贏音盈

○喪公弔之必有拜者往謝之雖朋友州里舍人可也謂無主後弔曰寡君承事示亦爲執事來主人曰臨君辱臨其臣之喪臨如字徐力鴆反

○君遇柩於路必使人弔之君於民臣父母之恩有大夫之喪庶子不受弔不以賤者爲有爵者主

疏。大。夫。至。受。弔○○正義曰此一節論弔哭之禮各依文解之○○大夫弔者謂大夫弔士也當事當主人有大小斂殯之事也大夫尊來弔士則孝子應出下堂迎之若正有事而至則孝子遣人辭告之道有事不得出也○注辭猶至夫出○正義曰此

出者正謂出之於庭不得出門外以男子之事自堂及門故也若未小斂以前
唯君命出故士喪禮云唯君命出鄭注云大夫以下。時來弔襚不出始喪哀戚
甚在室是小斂以前不爲大夫出也正當小斂之節大夫來弔則辭之以有事
斂畢當踊之時延大夫而入絕踊而拜之或大夫正當斂後踊時始來則亦絕
踊拜之故雜記云當袒大夫至雖當踊絕踊而拜之注云尊大夫來至則拜之
不待事已也若士來弔雖當斂不告以有事事畢踊後引士入然後拜之故雜
記云於士既事成踊襲而后拜之是也此云不當事則爲大夫出於士雖不當
事則不爲之出然士喪禮既小斂以後主人降自西階遂拜賓大夫特拜士旅
之得出拜士者以主人將襲經於序東因降階而拜之非故爲士而出拜之不
當事爲大夫出謂出迎至庭若大夫退則出送于門外故士喪禮賓出主人拜
送于門外鄭注云廟門外也廟門謂殯宮門也○婦人不越疆而弔人此是凡
弔之法婦人無外事故不越疆而弔人○弔於葬者必執引引柩車索也弔葬
本爲助執事故必相助引柩車也○若從柩及壙皆執紼者及至也紼引棺索
也凡執引用人貴賤有數若其數足則餘人不得遙行皆散而從柩也至壙下
棺窆時則不限人數皆悉執紼是助力也○注示助至贏者○正義曰引者長
遠之名故在車車行遠也紼是撥舉之義故在棺棺唯撥舉不長遠也云從柩
贏者贏餘也從柩者是執引所餘也○贏長者也何東山云天子千人諸侯五百人
大夫三百人士五十人贏數外也○喪公弔之必有拜者○喪謂諸侯臣之喪
公來親弔或遣人來弔喪家雖無主後必有以次疏親而往拜之以謝其恩疏
親亦無雖死者朋友及同州同里及喪家典。舍之人而往拜之可也此以無後
故許他人拜謝若其有後主人故自當親拜是以既夕禮云主人乘惡車鄭注
云拜君命是也○若弔曰寡君承事者此是君來語擯者使傳君來之辭也弔爲
助事故雖君之尊亦稱承事也○主人曰臨者主人辭謝之曰君屈辱降臨某
之喪文稱寡君應是弔他國之臣上承公弔之下則是己國之臣稱寡君者以
其示欲供承喪家之事故謙言寡君此謂大夫之喪也若弔士直稱君故士喪
禮君使某弔如何不淑是也○君遇柩於路者君於其臣當。特弔於家故喪大

記於大夫及士皆親弔之又禮饑費尙受弔及杞梁之妻不受野弔是也其或卑小之臣及庶人之等君不豫知其喪造次遇柩於路既有民臣之恩以此使人弔故鄭答張逸謂行而遇之謂凡民也雖以民爲主亦兼微小臣君不豫知其喪故此云兼臣也○大夫之喪庶子不受弔者不受弔者謂不爲主人也適子主喪受弔拜賓若適子或有他故不在則雖庶子不敢受弔明己卑辟適也言大夫庶子不受弔則士之庶子得受弔也言不受弔不可以賤者爲有爵者喪主也

○妻之昆弟爲父後者死哭之適室以其正也子爲主袒免哭踊親者主之○免音問夫入門右北面辟正主○辟音避下辟難同使人立于門外告來者狎則入哭狎相習知者○使色吏反又如字狎戸甲反父在哭於妻之室不以私喪干尊非爲父後者哭諸異室○有殯聞遠兄弟之喪哭于側室嫌哭殯無側室哭于門內之右近南者爲之變位○近附近之近同國則往哭之喪無外事

疏妻。之。至。哭。之○正義曰此一節論哭無服者之事適室正寢也禮女。子適人者爲昆。弟爲父後者不降以其正故也故姊妹之夫爲之哭於適室之中庭也○子爲主者子己子也甥服舅緦故命己子爲主受弔拜賓也○袒免哭踊者冠尊不居肉。袒上必先。免故凡哭哀則踊踊必先袒袒必先免故袒免哭踊也○夫入門右者夫謂此子之父即哭妻兄弟者也言夫者據妻之爲喪也子既爲主位在東階之下西嚮父入門右近南而北嚮哭也鄭注知此北面者鄭推子既爲主在阼階下西嚮父不爲主若又西嚮便似二主故入門右而北面示辟爲主之處也鄭又所以知父必北面者曾子問云衞靈公弔季康子魯哀公爲主康子立於門右北面辟主人之位故鄭知此當北面辟主人之位也而禮本多將鄭注北面爲經文者非也案古舊本及盧王禮亦無北面字唯鄭注云北面耳庾蔚亦謂非經文也○使人立于門外告來者者以門內有哭則鄉里聞之必來相弔故主人所使人出門外告語來弔者述所哭之。由明爲主在子不關己也○狎則入哭者若弔人與此亡者曾經相識狎習當進入共哭父在哭於妻之室者此夫若父在則適室由父故但於妻室之前而哭之亦子爲主使人立於門外也故鄭注云不以私喪干尊○非爲父後者哭諸異室者案奔喪禮妻之黨哭諸寢此哭於適室及異室者寢是大名雖適室及妻室異室總皆曰寢此云子爲主袒免哭踊則夫入門右亦哭踊知者以其上文申祥之哭言思婦人倡踊故知夫入門右亦踊但文不備耳○注近南者爲之變位○正義曰此哭於門內之右謂庶人無側室者故內則云庶人無側室者言近南爲之變位以其尋常爲主當在阼階東西面今稱門內之右故知近南爲之變位也必變之者以哭於大門內之右既非常哭之處故繼門而近於南也鄭云近南則猶西面但近南耳必知西面者案士喪禮朝夕哭衆主人衆兄弟繼婦人南皆西面明此哭兄弟亦西面也下云同國則往哭之上云聞遠兄弟之喪謂異國也所以同國則往哭異國則否者以其己有喪殯不得嚮他國故鄭云喪無外事

○子張死曾子有母之喪齊衰而往哭之或曰齊衰不以弔以其無服非之曾子曰我弔也與哉於朋友哀痛甚而往哭之非若凡弔○與音餘疏○子張至與哉○正義曰此一節論哭朋友失禮之事○注以其至非之○正義曰言曾子與子張無服不應往哭故或人非之也若有服者雖緦亦往也

○有若之喪悼公弔焉悼公魯哀公之子○悼音道子游擯由左擯相侑喪禮者喪禮廢亡時人以爲此儀當如詔辭而皆由右相是善子游正禮之孝經說曰以身擯侑○擯必忍反注同相息亮反下同詔音照侑音又疏○有若至由左○正義曰此一節論擯相之法在主人曰擯在客曰介○注擯相至擯侑○正義曰庾蔚云相主人以禮接賓皆謂之擯亦無當於吉凶鄭以爲相侑喪禮據此事而言之大宗伯注出接賓曰擯入詔禮曰相云喪禮廢亡時人以爲此儀當如詔辭而皆由右相是善子游正之者少儀云詔辭自右鄭云爲君出命也立者尊右案立者尊右若己傳君之詔辭詔辭爲尊則宜處右今擯者宜右也若於喪事則惟賓主居右而己自居左

而當時禮廢言相喪亦如傳君詔辭己自居右子游知禮故推賓居右己居左也云孝經說曰以身擯侑者引孝經說證擯是相侑也孔子身爲君作擯侑故論語云君召使擯是也

○齊穀王姬之喪穀當爲告聲之誤也王姬周女齊襄公之夫人○穀音告又古毒反魯莊公爲之大功或曰由魯嫁故爲之服姊妹之服或曰外祖母也故爲之服春秋周女由魯嫁卒服之如內女服姊妹是也天子爲之無服嫁於王者之後乃服之莊公齊襄公女弟文姜之子當爲舅之妻非外祖母也外祖母又小功也○爲之于僞反下及注同王如字徐于況反

疏○齊穀至之服○正義曰此一節論諸侯爲王姬著服之事案莊二年秋齊王姬卒齊來告魯云王姬之喪魯莊公爲之大功或人解之云王姬周女也命魯爲主由魯嫁比之魯女故爲之服出嫁姊妹之服更有或人解云王姬爲莊公外祖母故爲之著大功之服此或人之言乃爲二非也王姬是莊公舅妻不得爲外祖母是一非假令爲外祖母正合小功不服大功是二非也○注王姬至夫人○正義曰案莊公十一年王女共姬爲齊桓公夫人知此王姬非齊桓公夫人者以桓公夫人經無卒文是不告於魯襄公夫人莊二年經書王姬卒是來告魯此言齊告王姬之喪故知是襄公夫人○注春秋至服之○正義曰春秋莊二年齊王姬卒穀梁傳云爲之主者卒之也案莊元年秋築王姬之館于外下云王姬歸于齊是由魯嫁也喪服大功章君爲姑姊妹女子子嫁於國君者著大功之服王姬既比之內女故服大功也云天子爲之無服者以尊卑不敵故也若嫁於王者之後天子以賓禮待之則亦大功也其女反爲兄弟爲諸侯者亦大功以喪服女子出嫁爲兄弟大功故也案喪服云女子子爲父後者期謂大夫士之妻有往來歸宗之義故喪服傳云婦人雖在外必有歸宗曰小宗鄭答趙商云自其家之宗言宗及小宗故知是大夫士也諸侯夫人父母卒無復歸寧之理故知諸侯夫人爲兄弟爲諸侯者但大功耳不得服期熊氏以爲服期非也○案服小記云與諸侯爲兄弟者服斬卑賤降等雖不爲臣猶服斬衰與此別也

○晉獻公之喪秦穆

公使人弔公子重耳獻公殺其世子申生重耳辟難出奔是時在翟就弔之〇重直龍反注及下皆同難乃旦反翟音迪本又作狄且曰寡人聞之亡國恒於斯得國恒於斯言在喪代之際雖吾子儼然在憂服之中喪亦不可久也時亦不可失也孺子其圖之勸其反國意欲納之喪謂亡失位孺稚也〇嚴魚檢反本亦作儼同喪息浪反注及下皆同孺如樹反後同稺直吏反本又作稚同以告舅犯舅犯重耳之舅狐偃也字子犯舅犯曰孺子其辭焉喪人無寶仁親以爲寶寶謂善道可守者仁親親行仁義父死之謂何又因以爲利欲反國求爲後是利父死而天下其孰能說之孺子其辭焉說猶解也公子重耳對客曰君惠弔亡臣重耳身喪父死不得與於哭泣之哀以爲君憂謝之與音預〇父死之謂何或敢有他志以辱君義

疏晉。獻。至。君。義〇正義曰此一節論公子重耳不因父喪以取國之事各依文解之〇且曰至圖之〇使者弔重耳重耳受弔禮已畢使者出門則應遂還賓館使者方須致穆公之命以勸重耳故言且曰言且者非特弔耳且者兼有餘事使者且更言曰稱穆公之命言寡人聞前古以來失亡其國恒於此喪禍交代之時得其國家亦恒在於此交代之時言此喪禍交代之際是得國失國之機求之則得不求則失雖吾子儼然端靜在憂戚喪服之中無求國之意然身喪在外亦不可久爲言辛苦也得國之時亦不可失言當求也欲使重耳從其言故云孺子其圖之〇父死至君義〇言父身死亡謂是何事正是凶禍之事既是凶禍豈得又因此凶禍以有爲己利欲求反國必其如此而天下聞之其誰解說我以爲無罪公子重耳用舅犯之言出而對客既敘其弔意又謝其欲納之言君惠弔亡臣重耳此一句是敘其弔意言身喪父死不得在國與於哭泣之哀以爲君之憂慮欲納於我既謝其恩又道不可之意言以父死

謂是何事豈復敢悲哀之外別有他志以屈辱君之義事乎言己無他志不稽敢受君勸以反國之義言義者宜也穆公之意以重耳反國爲宜故云義也

顙而不拜哭而起起而不私他志謂私心○稽音啓顙桑黨反子顯以致命於穆公使者公子縶也盧氏云古者名字相配顯當作韅○顯依注音韅呼遍反徐苦見反使色吏反縶陟立反後同穆公曰仁夫公子重耳夫稽顙而不拜則未爲後也故不成拜哭而起則愛父也起而不私則遠利也○夫音符遠于萬反

疏稽顙至遠利也○正義曰此穆公本意勸重耳反國重耳若其爲後則當拜謝其恩今不受其勸故不拜謝穆公以其不拜故云未爲後也所以稽顙者自爲父喪哀號也凡喪禮先稽顙而後拜乃成今直稽顙而不拜故云不成拜也今既聞父死勸其反國之義哀慟而起若欲攀轅然故云哭而起則愛父也以其愛父故起若欲攀轅既哭而起不私與使者言必無心反國是遠利也鄭注知在翟弔之及使者公子縶者並國語文云縶弔重耳而退弔公子夷吾於梁如弔重耳之命夷吾見使者再拜稽首起而不哭退而私於公子縶曰里克與我矣吾命之以汾陽之田百萬丕鄭與我矣吾命之以負蔡之田七十萬亡人苟入埽除宗廟定社稷且入河外列城五言亡人之所懷案國語之說夷吾則穆公美重耳之言皆是形夷吾而起

○帷殯非古也自敬姜之哭穆伯始也穆伯魯大夫季悼子之子公甫靖也敬姜穆伯妻文伯歜之母也禮朝夕哭不帷○歜昌蜀反

疏帷殯至始也○正義曰此一節論哭殯不合帷殯之事○注穆伯至不帷○正義曰知穆伯是季悼子之子公甫靖者世本文知敬姜是文伯歜之母者下文云文伯之喪敬姜晝夜哭又國語云敬姜自績文伯諫之是也朝夕哭不帷是雜記文以孝子思念其親故朝夕哭時乃褰徹其帷也今敬姜之哭穆伯以辟嫌之故遂朝夕哭不復徹帷故下文云穆伯之喪敬姜晝哭與此同也案春秋文十五年公孫敖之喪聲已不視帷堂而哭公孫敖亦是穆伯此不云聲已之哭穆伯始者聲

已是帷堂非帷殯也聲已哭在堂下怨恨穆伯不欲見其堂故帷堂敬姜哭於堂上遠嫌不欲見夫之殯故帷殯案張逸答陳鏗云敬姜早寡晝哭以辟嫌帷殯或亦辟嫌表夫之遠色也

○喪禮哀戚之至也節哀順變也君子念始之者也始猶生也念父母生己不欲傷其性

疏喪禮至者也○正義曰此一節記人總論孝子遭喪所為哭踴復魄飯含重主殯葬反哭之事各依文解之○喪禮哀戚之至也者言人或有禍災雖或悲哀未是哀之至極唯居父母喪禮是哀戚之至極也既爲至極若無節文恐其傷性故辟踊有節筭裁節其哀也故下文辟踊哀之至有筭爲之節文也所以節哀者欲順孝子悲哀使之漸變也故下文云愠哀之變也所以必此順變者君子思念父母之生己恐其傷性故順變也

復盡愛之道也有禱祠之心焉復謂招魂且分禱五祀庶幾其精氣之反○禱丁老反一音丁報反祠音詞望反諸幽求諸鬼神之道也鬼神處幽闇望其從鬼神所來北面求諸幽之義也鄉其所從來也禮復者升屋北面○鄉本又作嚮同許亮反

疏復盡至義也○正義曰始死招魂復魄者盡此孝子愛親之道也非直招魂又分禱五祀冀精氣之復反故云有禱祠之心焉言招魂之時於平生館舍求魂欲反又於五祀禱請求之復與五祀總是祈禱故云禱祀之心焉以總結之又解復魄之時冀望魂神於幽處而來所以望諸幽者求諸鬼神之道也言鬼神處在幽闇故望幽以求之又解望幽所在北方是幽闇復者北面求鬼神之義○注復謂至之反○正義曰招魂者是六國以來之言故楚辭有招魂之篇禮則云復冀精氣反復於身形分禱五祀者既夕禮文直言乃行禱者謂非直招魂兼有分禱俱是求神之義言分遣其人以禱五祀五祀博言之耳士唯二祀

拜稽顙哀戚之至隱也稽顙隱之甚也隱痛也稽顙者觸地無容

疏拜稽至甚也○正義曰孝子拜賓之時先爲稽顙而後拜者哀戚之至痛就拜與稽顙二事之中稽顙爲痛之甚此拜稽顙拜文在上以周禮言之將拜稽顙或可下文殷周並陳此云拜稽顙或

舉殷禮故先言拜也○注隱痛○正義曰釋詁文也飯用米貝弗忍虛也不以食道用美焉爾尊之也食道褻米。貝
美○飯扶晚反褻息列反【疏】飯用至焉爾○。正。義。曰死者既無所知所以飯用米貝不忍虛其口既不忍虛其口所以不用飯食之道以實之必用米貝者
以食道褻米。貝美尊之不敢用褻故用。米美善焉爾飯食人所造作細碎不絜故為褻也米。貝天性自然為美凡含用米。貝案喪大記云君沐粱大夫沐稷士
沐粱又以所沐之米以飯之故士喪禮祝。淅米于堂又云祝受米奠于。貝北。主人左扱米實于右是飯用沐米也則是諸侯用粱大夫用稷士用粱士用粱者
謂天子之士諸侯之士用稻故士喪禮。云稻米一豆實於筐是也以次差之天子當沐黍與是天子飯用黍也其含案周禮典瑞云大喪共飯。玉含玉鄭注云
含玉如璧形而小耳是天子用璧也又飯玉碎玉以雜米也故云共飯玉雜記云含者執璧將命是諸侯亦含以璧也卿大夫無文案成十七年公孫嬰齊夢
贈瓊瑰注云食珠玉含象則卿大夫蓋用珠也案士喪禮。貝三實于笄注云。貝水物古者以為貨江水出焉笄竹器名是士用。貝三依雜記則大夫當五諸侯
七天子九何休注。云公羊天子以珠諸侯以玉大夫以碧士以。貝又禮。緯稽命徵。天子飯以珠含以玉諸侯飯以珠含以璧卿大夫飯以珠含。以。貝此等或是
異代禮非周法也銘明旌也神明之。精○銘音名旌音精以死者為不可別已故以其旗識之不。可別形
貌不。見○別彼列反注同本或無已字非識式至反皇如字愛之斯錄之矣敬之斯盡其道焉耳謂重與。奠○重與奠
也與音如字一本作重與奠與二與並音餘重主道也始死未作主以重主其神也重既虞而埋之乃後作主春秋傳曰虞主用桑練主用栗
殷主綴重焉綴猶聯也殷人作主而聯其重縣諸廟也去顯考乃埋之○綴丁劣反又丁衞反聯音連縣音玄周主重徹焉周人
作主徹重埋之【疏】銘。明。至。徹。焉○。正。義。曰案士喪禮為銘各以其物又司常云大喪共銘旌注云王則大常案司常云王建大常諸侯建旂孤卿建旜大夫

士建物則銘旌亦然但以尺寸易之案士喪禮士長三尺大夫五尺諸侯七尺天子九尺從遣車之差以喪事略故也若不命之士則士喪禮云以緇長半幅長一尺經末長終幅長二尺總長三尺○愛之斯錄之矣○愛之斯錄之者謂孝子思念其親追愛之道斯此也故於此爲重以存錄其神也○敬之斯盡其道焉耳者謂於此設奠盡其孝養之道焉耳鄭以下文有重及奠故以此一經爲下張本故云重與奠也此愛之斯錄之矣及敬之斯盡其道焉耳亦得總焉於明旌之義故士喪禮爲銘之下鄭注引此愛之敬之二事以解節旌以義得兩通故鄭彼此二解○重主至徹焉○注言始死作重猶若吉祭木主之道主者吉祭所以依神在喪重亦所以依神故云重主道也○殷主綴重焉者謂殷人始殯置重于廟庭作虞主訖則綴重縣於新死者所殯之廟也○周主重徹焉者謂周人虞而作主而重則徹去而埋之故云周主重徹焉但殷人綴而不卽埋周人卽埋不縣於廟爲異也○注始死未作至練主用栗○正義曰案士喪禮云士有重無主而此云重主道者此據天子諸侯有主者言之卿大夫以下無主春秋孔悝爲祏主鄭駮異義云孔悝祭所出君故有主云重既虞而埋之乃後作主者謂既虞之後乃始埋重埋重之後乃始作主案天子九虞之後乃埋重重與祔相近故公羊云虞主用桑謂虞祭之末也左傳云祔而作主謂用主之初俱是喪主其義不異故異義公羊說虞而作主左氏說天子九虞十六日祔而作主謂喪主許愼謹案左氏說與禮同鄭氏不駮則是從左氏之義非是虞祭之日卽作主也故此注云埋重之後乃作主也其卒哭之祭已用主也必知然者以卒哭日成事以吉祭易喪祭故知與虞異也○注殷人至埋之○正義曰知縣之廟者周主重徹焉明殷之作主重不徹焉主之與重本爲死者入廟重既不徹故知重隨死者縣於廟云去顯考乃埋之者謂今死者世世遞遷至爲顯考其重恆在死者去離顯考乃埋其重及主以其既遷無復有廟故顯考謂高祖也其遷早晚左氏以爲三年喪畢乃遷廟故僖三十三年左氏傳云烝嘗禘於廟杜服皆以爲三年禘祭乃遷此廟鄭則以爲練時則不禘而遷廟主故鄭注士虞禮以其班祔之下云練而遷廟又注鬯人廟用卣謂始

禘時鄭必謂以練者以文二年作僖公主穀梁傳云於練焉壞廟壞廟之道易檐可也改塗可也范甯云親過高祖則毀其廟以次而遷將納新神故示有所加是鄭之所據其主之狀范人云正方穿中央達四方天子長尺二寸諸侯長一尺○鄭注周人至埋之○正義曰案既夕禮將葬甸人抗重出自道道左倚之鄭注云重既虞將埋之是鄭埋重於門外之道左也若虞一主亦埋之於祖廟門外之道左案異義戴禮及公羊說虞主埋於壁兩楹之間一說埋之於廟北牖下左氏說虞主所藏無明文鄭駁之云案士喪禮重與柩相隨之禮柩將出則重倚於道左柩將入於廟則重止於門西虞主與神相隨之禮亦當然練時既特作栗主則入廟之時祝奉虞主於道左練祭訖乃出就虞主而埋之如既虞埋重於道左是鄭既練埋虞主於廟門之道左也

奠以素器以生者有哀素之心也哀素言哀痛無飾也凡物無飾曰素唯祭祀之禮主人自盡焉爾豈知神之所饗亦以主人有齊敬之心也哀則以素敬則以飾禮由人心而已○齊側皆反

疏奠以至心也○正義曰奠謂始死至葬之時祭名以其時無尸奠置於地故謂之奠也悉用素器者表主人有哀素之心既因用素表孝子哀素遂論虞祭之後及卒哭練祥之祭故云此等祭祀之禮既見親終於主人自盡致孝養之道焉爾豈知神之所饗須設此祭所以設之之者亦以主人有齊敬之心若親存然故設祭亦如生存之有齊敬今死亦齊敬故云亦也○注哀則至以飾○正義曰哀則以素謂葬前敬則以飾謂虞後故士虞禮不用素器也知經中祭祀非尋常吉祭者以上下所論皆是喪事不應吉祭廁在其間其實吉祭主人亦有齊敬之心也

辟踊哀之至也有筭為之節文也筭數也○辟踊婢亦反下音勇筭桑亂反

疏辟踊至文也○正義曰撫心為辟跳躍為踊孝子喪親哀慕至懣男踊女辟是哀痛之至極也若不裁限恐傷其性故辟踊有筭為準節文章準節之數其事不一每一踊三跳三踊九跳都為一節士舍死日三日而殯凡有三踊初死日襲襲而踊明日小斂小斂而踊又明日大斂大斂又踊凡三日

爲三踊也大夫五踊舍死日四日而殯初死日一踊明日襲又一踊至三日小斂朝一踊至小斂時又一踊至四日大斂朝不踊當大斂時又一踊凡四日爲五踊諸侯七踊舍死日六日而殯初死日一明日襲又一至三日小斂朝一當小斂時又一四日無事一五日又一至六日朝不踊亦當大斂時又一凡六日七踊周禮王九踊舍死日八日而殯死日一明日襲一其間二日爲二至五日小斂爲二其間二日又二至八日大斂則其朝不踊也大斂時又一凡八日九踊故云爲之節文也故雜記云公七踊大夫五踊士三踊鄭注云士小斂之朝不踊君大夫大斂之朝乃不踊是也

袒括髮變也慍哀之變也去飾去美也袒括髮去飾之甚也有所袒有所襲哀之節也

疏袒括至節也○正義曰言袒衣括髮者是孝子形貌之變也悲哀慍恚者是孝子哀情之變也去其尋常吉時服飾也者是去其華美也孝子去飾雖有多塗袒括髮者就去飾之中最爲甚也孝子悲哀理應常袒何以有所袒有所襲時者表明哀之限節哀甚則袒哀輕則襲

弁絰葛而葬與神交之道也

接神之道不可以純凶○天子諸侯變服而葬○冠素弁以葛爲環絰既虞卒哭乃服受服也雜記曰凡弁絰其衰侈袂○括觀闊反慍庾皇紆粉反積也又紆運反怨恚也徐又音鬱去羌呂反下及注去樂去桃剗並同衰七雷反侈袂昌氏反下彌世反

疏注接神至侈袂○正義曰葬時居喪著喪冠麻絰身服衰裳是純凶也又尋常弁絰以麻爲環絰今乃去喪冠著素弁又加環絰用葛不以麻故云純凶云○交神之道不可以純凶云天子諸侯變服而葬者以下云有敬心焉以日月踰時故敬心乃生大夫與士三月而葬敬心未生故知天子諸侯也云冠素弁以葛爲環絰者素謂素帛爲弁故鄭注周禮司服云弁如爵弁而素不云麻是用素絹也以葛以弁絰連文故云葛環絰然則要帶猶用麻也云卒哭乃服受服也者以受服者無文故鄭解不定喪服注天子諸侯既虞大夫士卒哭乃受服此云卒哭乃受服是不定喪服以大夫以上卒哭與虞其月不同士虞與卒哭同在一月故解爲大夫以上既虞士卒哭受服皇氏云檀弓足本當

言既虞與喪服注會云卒哭者誤也引雜記其衰侈袂者證既服弁經其衰亦改案喪服衰袂二尺二寸袪尺二寸則葬時更制其衰袂三尺三寸袪尺八寸
是改喪服之衰也熊氏皇氏等並爲錫衰皇氏又引鄭說稱鄭沖云小記曰諸侯弔必皮弁錫衰則此弁經之衰亦是弔服也案喪服改葬尚服緦麻今葬服
錫衰其義疑也有敬心焉踰時哀衰而敬生敬則服有飾大夫士三月而葬未踰時○衰所追反【疏】注大夫至踰時○正義曰案鄭箴膏肓云
人君殯數來日葬數往月大夫以上殯皆以來日數則大夫弁死月四月而葬云未踰時者謂未踰一時假令四月而死七月而葬是未踰越夏之一時也非
如春秋之踰年也若以爲踰年言之則三月死至四月是亦踰時穀梁傳云古者行役不踰時豈三月行不至四月卽須反故知不然也周人弁而
葬殷人哻而葬周弁殷哻俱象祭冠而素禮同也○哻況甫反【疏】注周弁至同也○正義曰士冠禮周弁殷哻夏收王制云夏后氏收而祭
殷人哻而祭周人弁而祭此弁既對哻故知俱象祭冠歠主人主婦室老爲其病也君命食之也尊者奪人易也
歠歠粥也○歠徐昌悅反一音常悅反爲其于僞反下注爲父母爲有凶爲人甚同食音嗣易以豉反粥之六反後同【疏】歠主至之也○正義曰此一節
論尊者奪孝子情之法歠者親喪三日之後歠粥之時主人亡者之子主婦亡者之妻室老家之長相此三者並是大夫之家貴者爲其歠粥病困之故君必
有命食疏飯也若非三者雖復歠粥致疾病君不命食之以其賤故也其士之主人主婦君不命也喪大記主婦食疏食謂既殯之後此主婦歠者謂未殯前
故問喪云鄰里爲之糜粥以飲食之反哭升堂反諸其所作也親所行禮之處處昌慮反下同○主婦入于室反
諸其所養也親所饋食之處○養徐羊尚反【疏】反哭至養也○正義曰謂葬窆訖反哭升於廟所以升堂者反復於親所行禮之處行禮者謂
平生祭祀冠昏在於堂也主婦反哭所以入於室反復於親所饋食供養之處此皆謂在廟也故既夕禮主人反哭入升自西階東面鄭注云反諸其所作也

又云主婦入于室注云反諸其所養也下始云遂適殯宮故知初反哭在廟也下云反哭之弔也亦謂在廟也反哭之弔也哀之至也反而亡焉失之矣於是為甚哀痛甚殷既封而弔周反哭而弔封當為窆窆下棺也○封依注音窆彼驗反下同【疏】注封當至棺也○正義曰知非既封土為壙者以既夕禮實土三主人拜鄉人乃反哭周既如此明殷亦然且殷既不為壙故知封當為窆孔子曰殷已慤吾從周慤者得哀之始未見其甚○慤本又作愨苦角反注及後同【疏】注慤者至其甚○正義曰廟是親之平生行禮之處今反哭於廟思想其親而不見故悲哀為甚壙者非親存所在之處今柩暫來至此始有悲哀未是甚極今弔者於此而來哀情質慤故云慤也葬於北方北首三代之達禮也之幽之故也北方國北也○首手又反【疏】之幽之故也○正義曰上之訓往下之語助言葬於國北及北首者鬼神尚幽闇往詣幽冥故也殯時仍南首者孝子猶若其生不忍以神待之既封主人贈而祝宿虞尸贈以幣送死者於壙也於主人贈祝先歸【疏】既封至虞尸○正義曰既封謂葬已下棺鄭不破窆字者從上可知也云主人贈而祝宿虞尸者謂主人以幣贈死者於壙之時祝先歸宿戒虞尸案既夕禮主人贈用制幣玄纁束帛也案士虞禮記云男男尸女女尸是虞有尸也既反哭主人與有司視虞牲日中將省其牲虞有司以几筵舍奠於墓左反日中而虞所使奠墓有司來歸乃虞也舍奠墓左為父母形體在此禮其神也周禮冢人凡祭墓為尸○舍奠音釋注同【疏】有司至而虞○正義曰此謂既窆之後事也有司脩虞之有司也几依神也筵坐神席也席敷陳曰筵舍釋也奠置也墓道鄉南以東為左孝子先反脩虞故有司以几筵及祭饌置於墓左禮地神也言以父母形體所託故禮其地神以安之也反日中而虞者反謂所使奠墓左有司歸也虞者葬日還殯宮安神之祭名必用日中者是日時之正也士虞禮云日中而行事注云朝葬

日中而虞君子舉事必用辰正也再虞三虞皆用質明案周人尚赤大事用日出故朝葬也○注所使至爲尸○正義曰鄭恐奠墓有司未歸即非虞祭故云奠墓有司來歸乃虞也必知歸始虞者以經云奠於墓左反日中而虞是奠墓者迴反日中而虞引周禮冢人凡祭墓爲尸者證葬畢奠墓案周禮冢人爲尸謂祈禱不同者以言凡祭墓凡者非一諸祭皆是

葬日虞弗忍一日離也弗忍其無所歸離力智反下同○是月也以虞易奠虞喪祭也卒哭曰成事既虞之後卒哭而祭其辭蓋曰哀薦成事成祭事也祭以吉爲成

疏注既虞至爲成○正義曰既虞祭之後至於卒哭其卒哭祭辭蓋曰成事所以稱蓋者以其士虞禮無文唯雜記及此有卒哭成事故鄭約之爲解又稱蓋以疑之以虞祭之時以其尙凶祭禮未成今既卒無時之哭唯有朝夕二哭漸就於吉故云成事祭以吉爲成故也其虞與卒哭尊卑不同案雜記士三月而葬是月而卒哭大夫三月而葬五月而卒哭諸侯五月而葬七月而卒哭又雜記云內此天子七月而葬九月而卒哭雜記又云諸侯七虞大夫五士三謂之虞者鄭注士虞禮云虞安也所以安神虞皆用柔日柔日者鄭注士虞禮云柔日陰陰取其靜最後一虞用剛日故士虞記云三虞卒哭他用剛日鄭注云用剛日剛日陽也陽取其動謂動而將祔廟也雜記云諸侯七虞然則天子九虞也士三虞卒哭同在一月初虞己葬日而用柔第二虞亦用柔日假令丁日葬葬日而虞則己日二虞後虞改用剛則庚日三虞也故鄭注士虞禮云士則庚日三虞與卒哭相接則壬日卒哭也士虞禮云明日祔祔於祖父則祭明日祔也士之三虞用四日則大夫五虞當八日諸侯七虞當十二日天子九虞當十六日最後一虞與卒哭例同用剛日大夫以上卒哭者去虞相校兩月則虞祭既終不得與卒哭相接崔氏解既正禮得終其虞後卒哭之前剛日雖多不須設祭以正禮成也故此下云不忍一日未有所歸也謂不成正禮赴葬赴虞是也崔又一解虞後卒之前不可無祭亦以剛日接之恐此解非也

是日也以吉祭易喪祭卒哭吉祭○易以豉反徐音亦明日祔于祖父祭告於其

祖之廟祔音附○其變而之吉祭也比至於祔必於是日也接不忍一日末有所歸也

末無也日有所用接之虞禮所謂他用剛日也其祭祝曰哀薦曰成事○比必利反疏其安至也正義曰上云虞卒哭及祔皆據得常正禮此經所云謂不

得正禮故謂之變以其變常禮也所以有變者或時有迫促或事有忌諱未及葬期死而即葬者即喪服小記所云赴葬者赴虞者三月而后卒哭彼據士禮

而言速葬速虞之後卒哭之前其日尚賖不可無祭謂之為變其既虞之後變禮而之吉祭也之往也既虞往至吉祭其禮如何既虞比至於祔以來必於是

日接謂於是三虞卒哭之間剛日而連接其祭謂恆用剛日所以恆用剛日接之者孝子不忍使親每一日之間無所歸依○注末無至成事○正義曰虞禮

所謂他用剛日者此經所云變者虞禮謂之他也案士虞禮云三虞卒哭他用剛日哀薦日成事鄭注云他謂不及時而葬者喪服小記曰赴葬者赴虞者三

月而后卒哭則虞與卒哭之間有祭事者亦用剛日其祭無名謂之他者假設言之耳如鄭此言虞禮謂之他此經謂之變其義一也皆據速葬速虞者而言

之云其祭祝曰哀薦日成事雖所行三事虞卒哭及他之下鄭意惟屬於他故引來為注其依時葬及虞者後去卒哭雖遠其間不復祭崔氏一解云雖依時

葬虞後至卒哭仍以剛日接其義恐非也喪服小記云赴葬者據士故云三月而卒哭此經亦據士故云比至於祔必於是日也接若大夫以上赴葬赴虞之

後為接祭至常葬之月終虞之祭日乃止其祝亦稱哀薦云成事焉殷練而祔周卒哭而祔孔子善殷期而神之人情○期

音基○君臨臣喪以巫祝桃茢執戈惡之也為有凶邪之氣在側君聞大夫之喪去樂卒事而往未襲也其已襲則止

巫去桃茢桃鬼所惡茢萑苕可埽不祥○茢音列徐音例杜預云黍穰也鄭注周禮云苕帚惡烏路反注及下注同凶邪似嗟反下注同萑音完苕大彫反○注

所以異於生也生人無凶邪○疏君臨至生也○正義曰此一節論君臨臣喪之禮君謂天子臣喪未襲之前君往臨弔則以巫執桃祝執

茢又使小臣執戈所以然者惡其凶邪之氣必惡之者所以異於生人也若往臨生者但有執戈無巫祝執桃茢之事今有巫祝故云異於生也○注君聞至往桃茢○正義曰君聞大夫之喪去樂卒事者昭十五年公羊傳文言而往未襲也是鄭意所加之言也公羊直云去樂卒事鄭必知往者以下云柳莊之卒衛侯不脫祭服而往明其王有大臣之喪亦當然也以聞喪即往故知未襲也云已襲則止巫去桃茢者襲謂死之明日則止巫門外去桃茢祝代巫而入又小臣執戈鄭知然者案喪大記大夫之喪將大斂君往巫止于門外祝先入又云士喪禮亦如此又士喪禮大斂而往巫止于廟門外祝代之小臣二人執戈先二人後此皆大斂之時小斂及殯更無文明與大斂同直言巫止無桃茢之文喪大記雖記諸侯之禮明天子亦然故云已襲則止巫去桃茢也此經所云謂天子禮故鄭注士喪禮引檀弓云君臨臣喪以巫祝桃茢執戈以惡之所以異於生也皆天子禮也諸侯臨臣之喪則使祝代巫執茢居前下天子也以此言之知此文據天子禮也鄭注士喪禮云諸侯臨臣之喪則使祝代巫執茢亦謂未襲以前也若已襲之後茢亦去之與天子同是天子未襲之前臨臣之喪巫祝桃茢執戈三者並具諸侯臨臣喪未襲之前巫止祝執茢小臣執戈若既襲之後斂殯以來天子與諸侯同並巫止祝代之無桃茢案士喪禮君弔之時當大斂之節而鄭注云巫祝桃茢執戈天子禮也使祝代巫執茢今諸侯禮也以當大斂之時而解為未襲前者以士喪禮未襲之前君無親弔今大斂君來巫止門外故鄭以未襲之前解天子諸侯之異必知襲後無桃茢者案喪大記大斂唯有巫止之文無桃茢之事故注云此已襲則止巫去桃茢下云荊人使公親禭巫先拂柩時荊王以襄二十八年十二月死至明年正月則殯來已久得有始行襲禮巫先拂柩者彼云襲者謂加衣於殯非為尸加衣故下云拂柩及左傳云祓殯而禭是既殯也公以楚人無禮於己故公用天子未襲之前君臨臣喪之法以巫祝桃茢也

○喪有死之道焉言人之死有如鳥獸死之狀鳥獸之死人賤之先王之所難言也聖人不明說為人甚惡之○難乃旦反

疏喪有至言也○正義曰此一節論先王恐

生者惡死者之事言人之喪也有如鳥獸死散之道焉先王之所難言死散之義若言其死散則人之所惡故難言也○喪之朝也順死
者之孝心也朝謂遷柩於廟○朝直遙反注及下皆同其哀離其室也故至於祖考之廟而后行殷
朝而殯於祖周朝而遂葬【疏】喪之至遂葬○正義曰此一節論殷周死者朝廟之事喪之朝也者謂將葬前以柩朝廟者夫爲人
子之禮出必告反必面以盡孝子之情今此所以車載柩而朝是順死者之孝心也然朝廟之禮每廟皆朝故既夕禮云其二廟則饌於禰廟下云降柩如初
適祖則天子諸侯以下每廟皆一日至遠祖之廟當日朝畢則爲祖祭至明日設遣奠而行○其哀離其室也者謂死者神靈悲哀弃離其室故至於祖考之
廟辭而後行殷人尚質敬鬼神而遠之死則爲神故云朝而殯於祖廟周則尚文親雖亡殁故猶若存在不忍便以神事之故殯於路寢及朝廟遂葬夫子不
論二代得失皆合當代之禮無所是非以此言之則周人不殯於廟按僖八年致哀姜左傳云不殯于廟則弗致也則正禮當殯於廟者服氏云不薨於寢寢
謂小寢不殯於廟廟謂殯宮鬼神所在謂之廟鄭康成以爲春秋變周之文從殷之質故殯於廟杜預以爲不以殯朝廟未詳孰是○孔子謂爲
明器者知喪道矣備物而不可用也神與人異道則不相傷哀哉死者而用生者之器也
不殆於用殉乎哉殆幾也殺人以衞死者曰殉用其器者漸幾於用人○殉辭俊反以人從死曰殉幾音祈又音機下同其曰明
器神明之也神明死者異於生人塗車芻靈自古有之芻靈束茅爲人馬謂之靈者神之類○芻初拘反明器之
道也言與明器同孔子謂爲芻靈者善謂爲俑者不仁殆於用人乎哉俑偶人也有面目機發有似於生人孔子善古而非周○俑音勇
【疏】孔子至乎哉○正義曰此一節皆記者錄孔子之言善古非殷周之事故云孔子謂夏家爲明器者知死喪之

道焉以孝子之事親不可闕故備其器物若似生存以鬼神異於人故物不可用孔子既論夏家之事是又言殷代之非故云可哀哉殷之送死者而用生者之祭器不殆於用生人爲殉乎哉殆近也謂近於用乎生人爲殉所以近者以生人食器而供死者似若用生人而殉死人故云近也既言殷代之事將言周代用偶人爲非禮故先言明器芻靈後論偶人之事故言其曰明器神明之也死者之物還可用塗車芻靈即明器之物一類自古帝王所制而有之此則豈不可爲用故云明器之道也記者。記錄孔子之言又說孔子臧否古今得失以其語更端故重言孔子謂古之爲芻靈者善謂周家爲俑者不仁不近於用生人乎哉言近於用生人所以近者謂刻木爲人。而。自發動與生人無異但無性靈智識故云近此云用人前言用殉殉是已死之人形貌不動與器物相似故言用殉此云用人者謂用生人入壙今俑者形貌發動有類生人故云用人上文云塗車芻靈此不言塗車直云芻靈者以其束茅爲人與俑者相對故不取塗作車也○注俑偶至非周○正義曰謂造作形體偶類人形故史記有土偶人木偶人是也云孔子善古而非周者古謂周以前虞以後故上云虞氏瓦棺始不用新明虞氏以來始有塗車芻靈言非周者謂周爲俑人如鄭康成之意則周初即用偶人故冢人職言鸞車象人司農注云象人謂以芻爲人康成注引此謂爲俑者不仁是象人即俑人也其餘車馬器物猶爲塗車芻靈故校人大喪飾遣車之馬及葬埋之鄭注云言埋之則是馬塗車之芻靈是偶人之外猶有塗車芻靈之制雖或用木無機械發動偶人謂之俑者皇氏云機械發動踊躍故謂之俑也

○穆公問於子思曰爲舊君反服古與仕焉而已者穆公魯哀公之曾孫○爲于僞反下爲君爲使人皆同與音餘下同子思曰古之君子進人以禮退人以禮故有舊君反服之禮也今之君子進人若將加諸膝退人若將隊。諸淵毋爲戎首不亦善乎又何反服之禮之有言放逐之臣不服舊君也爲兵主來攻伐曰戎首○膝音悉隊

本又作墜直媿反

疏「穆公」至「之有」○正義曰：此一節論不爲舊君著服之事○注「仕焉」至「魯孫」○正義曰：案喪服齊衰三月章爲舊君君凡有三條，其一云爲舊君君之母妻，傳云「仕焉而已者也」，注云「謂老若有廢疾而致仕者」，兼服其母妻。其二「大夫在外，其妻長子爲舊國君」，注云「在外，待放已去者」，傳云「妻言與民同也，長子言未去也」，注云「妻雖從夫而出，古者大夫不外娶，婦人歸宗，往來猶民也。長子去，可以無服」，此則大夫身不爲服，唯妻與長子爲舊君耳。其三「爲舊君」，注云「大夫待放未去者」，傳曰「大夫去，君埽其宗廟，言其以道去君而猶未絶也」，注云「以道去君，爲三諫不從，待放於郊。未絶者，言爵祿尚有列於朝，出入有詔於國，若已絶則不服也」。以此言之，凡舊君若年老致仕，退歸在國不仕者，身爲之服齊衰三月，并各服其母妻也。若三諫不從，待放已去而絶者，唯妻與長子服之，已則無服。若待放未去，爵位未絶，身及妻子皆爲之服。然則去仕他國，已絶之後不服舊君，而雜記云「違諸侯之大夫，不反服；違諸侯之諸侯，反服」，得爲舊君服者，雜記所云謂不便其居，或辟仇讎，有故不得在國者。故孟子齊宣王問孟子云：「禮爲舊君有服，何如斯可爲服矣？」孟子對曰：「諫行言聽，膏澤下於民，有故而去，則君使人導之出疆，送至彼國，明其無罪，其所往三年不反，然後收其田里，此之謂三有禮焉。如此者，得爲舊君反服矣。」與雜記同。鄭注此云「仕焉而已者」，取喪服第一條，謂年老致仕在國一者。鄭必以第一條解之者，以穆公所問爲舊君之反服，宜一問喪服正禮，故以第一條致仕者解之，其實亦兼三諫未絶及有故出在他國者，故下子思云「古之君子進人以禮，退人以禮」是也。云「穆公，魯哀公之曾孫」者，案者案世本云哀公生悼公靈，靈生元公嘉，嘉生穆公不衍是也。○注「言放逐之臣不服舊君也」○正義曰：言放逐之臣者，解經中「今之君子進人退人不能以禮也，如此者不服舊君」，謂三諫不從，去而已絶，及不能三諫，辟罪逃亡。言放者，則宣元年「晉放其大夫胥甲父于衛」是也。言逐者，則春秋諸侯大夫言出奔是也。

○悼公之喪，季昭子問於孟敬子曰：「爲君何食？」悼公，魯哀公之子。昭子，康子之曾孫，名強。敬子，武伯之子，名捷。○捷，在接反。敬子曰：「食粥，天下之達禮也吾三臣者之不能居公室也四方莫不聞矣言鄭國皆知吾等不能居公室以臣禮事君也三臣仲孫叔孫季孫也勉而爲瘠則吾能毋乃使人疑夫不以情居瘠者乎哉我則食食存時不盡忠喪又不盡禮非也孔子曰喪事不敢不勉○瘠徐在益反夫音扶食食上如字下音嗣○衛司徒敬子死司徒官氏公子許之後子夏弔焉主人未小斂絰而往子游弔焉主人既小斂子游出絰反哭皆以朋友之禮往而二人異子夏曰聞之也與曰聞諸夫子主人未改服則不絰疏衛司至不絰○正義曰此一節論弔者主人改服乃改服之事○注皆以至人異○正義曰此唯云絰鄭知是朋友者凡弔者主人人成服則客乃服弔絰今此隨主人主人始小斂未成服而已便出著絰故知有緦之恩隨主人變如五服親也又至小斂出絰反哭與子游前裼裘弔朋友同也前子游云帶絰故知是朋友此下不云帶知是朋友者凡弔則應弁絰環絰之屬也此雖不云帶凡單云絰則知有帶猶如喪服云苴絰檀弓爲師二三子皆絰而出及朋友羣居則絰皆是包帶之文也○曾子曰晏子可謂知禮也已恭敬之有焉言禮者敬而已矣有若曰晏子一狐裘三十年遣車一乘及墓而反國君七个遣車七乘大夫五个遣車五乘晏子焉知禮言其大儉偪下非之及墓而反言其既窆則歸不留賓客有事也人臣賜車馬者乃得有遣車遣車之差大夫五諸侯七則天子九諸侯不以命數喪數略也个謂所包遣奠牲體之數也雜記曰遣車視牢具○遣弃戰反乘繩證反个古賀反焉於虔反大音泰或他佐反偪音逼本或作逼包伯交反曾子曰國無道君子恥盈禮焉國奢則示之以儉國儉則示之以禮時齊方奢矯之是也疏

曾子至以禮○正義曰此一節論晏子故爲非禮以矯齊之事以拒曾子○有子者孔子弟子有若也聞曾子說晏子知禮故舉晏子不知禮之事以拒曾子也狐裘貴在輕新而晏子一狐裘三十年是儉不知禮也遣車一乘者其父晏桓子是大夫大夫遣車五乘其葬父唯用一乘又是儉失禮也○及墓而反者及墓謂葬時也禮窆後孝子贈幣辭親辭親畢而親情賓客應是送別別竟乃反于時晏子窆竟則反賓客並去又是儉失禮也○國君七个遣車七乘大夫五个遣車五乘者此更舉正禮以證晏子失禮也个謂所包遣奠牲體臂臑也折爲七段五段以七乘五乘遣車載之今晏子略不從禮數是不知也○晏子焉知禮者條失一事已竟故此幷結晏子焉知禮也○注言其至非之○正義曰大儉解三十年一狐裘幷及墓而反也偪下解一乘也下謂其子及凡在己下者也大夫五乘適子三乘今其父自用一乘則其子更無是偪下也○注及墓至牢具○正義曰經唯云及墓而反鄭知不以及墓而反而云既窆則歸者晏子雖爲儉約不應柩未入壙則歸故云既窆也云不留賓客有事也者案既夕禮乃窆主人哭踊無筭襲贈用制幣玄纁束拜稽顙踊如初卒袒拜賓主婦亦拜賓賓出則拜送藏器於旁加見藏苞筲於旁加抗席覆之加抗木實土三主人拜鄉人乃反哭今晏子既窆贈幣拜稽顙踊訖則還不復拜賓及送賓之事故云不留賓客有事也云人臣賜車馬者乃得有遣車者案士喪禮無遣車諸侯之士一命曲禮云三賜不及車馬故諸侯之士無遣車也若諸侯大夫雖未三命以其位尊故得有遣車知天子遣車九乘者案雜記諸侯七月而卒哭天子九月而卒哭今諸侯七乘故知天子九乘也云諸侯不以命數喪數略也者案則大行人上公九乘侯伯七乘子男五乘今總云七乘是不以命數喪事略也引雜記云人遣車視牢具者以證經个與遣車數同故云个是牢具也故雜記注云天子大牢包九个諸侯亦大牢包七个大夫亦大牢包五个士少牢包三个案既夕禮苞牲取下體鄭注前脛折取臂臑後脛折取骼是一牲取三體士少牢二牲則六體也分爲三个一个有二體然大夫以上皆用大牢牲有三體凡九體大夫九體分爲十五段三段爲一包凡爲五包諸侯分爲二十一段凡七包天子

分爲二十七段凡九包蓋尊者所取三體其肉多卑者雖取三體其肉少鄭又云天子遣奠用馬牲其取个未詳也此遣奠所包皆用左胖以其喪禮反吉士虞禮載左胖也○國昭子之母死問於子張曰葬及墓男子婦人安位國昭子齊大夫子張曰司徒敬子之喪夫子相男子西鄉婦人東鄉夾羨道爲位夫子孔子也○相息亮反下注同鄉許亮反下皆同俠古洽反一音頰羨徐音賤音義隱云羨車道曰噫毋噫不寤之聲毋禁止之辭○噫本又作意同于其反毋音無曰我喪也斯沾斯盡也沾讀曰覘覘視也國昭子自謂齊之大家有事人盡視之欲人觀之法其所爲○斯音賜沾依注音覘敕廉反爾專之賓爲賓焉主爲主焉專猶司也時子張相婦人從男子皆西鄉非也疏國昭至西鄉○正義曰此一節論葬之在壙男女面位之事○曰噫毋者止子張也子張既相以男子西鄉婦人東鄉而昭子不悟禮意乃曰噫毋得如是男子西鄉婦人東鄉既止子張又自言我居喪也既是齊之大家斯盡也人盡來覘視於我當須更爲別禮豈得以依舊禮專猶司也爾當同此婦人與男子一處若婦女之賓爲賓位焉與男子之賓同處婦女之主爲主位焉與男子之主同處於是昭子家婦人從男子皆西鄉同在主位賓之男子及賓之婦人皆西廂東鄉言非也○穆伯之喪敬姜晝哭文伯之喪晝夜哭孔子曰知禮矣喪夫不夜哭嫌思情性也文伯之喪敬姜據其牀而不哭曰昔者吾有斯子也吾以將爲賢人也蓋見其有才藝吾未嘗以就公室未嘗與到公室觀其行也季氏魯之宗卿敬姜有會見之禮○行下孟反見賢遍反下文不敢見同今及其死也朋友諸臣未有出涕者而內人皆行哭失聲斯子也必多曠於禮矣夫內人妻妾○夫音扶下同本亦有無夫字者疏穆伯至矣夫○正義

曰此一節論喪夫不夜哭弁母知子賢愚之事○斯子也必多曠於禮矣夫○正義曰斯此也曠猶疏薄也言此子平生為行必疏薄於賓客朋友之禮故賓客朋友未有感戀為之出涕者此不哭者謂暫時不哭故上云晝夜哭是也案家語云文伯歜卒其妻妾皆行哭失聲敬姜戒之曰吾聞好外者士死之好內者女死之今吾子早夭吾惡其好內聞也二三婦共祭祀者無加服孔子聞之曰女智莫若婦公父氏之婦知禮矣與此不同者彼戒婦人而成子之德此論子之惡各舉一邊相包乃具

○季康子之母死陳褻衣褻衣非上服陳之將以斂敬姜曰婦人不飾不敢見舅姑將有四方之賓來褻衣何為陳於斯命徹之言四方之賓嚴於舅姑敬姜者康子從祖母○從才用反

【疏】注敬姜者康子從祖母○正義曰按世本悼子紀生平子意如意如生桓子斯斯生康子肥世本又云悼子紇生穆伯靖靖與意如是親兄弟意如是康子祖穆伯是康子祖之兄弟敬姜是穆伯之妻故云康子從祖母也

○有子與子游立見孺子慕者有子謂子游曰予壹不知夫喪之踊也予欲去之久矣情在於斯其是也夫喪之踊猶孺子之號慕○去羌呂反號戶刀反子游曰禮有微情者節哭踊有以故興物者衰絰之制有直情而徑行者戎狄之道也哭踊無節衣服無制○徑古定反禮道則不然與戎狄異人喜則斯陶陶鬱陶也陶徒刀反○陶斯咏咏謳也○咏音詠謳本亦作嘔烏侯反咏斯猶猶當為搖聲之誤也搖謂身動搖也秦人猶搖聲相近○猶依注作搖音遙近附近之近猶斯舞手舞之舞斯慍慍猶怒也慍斯戚戚憤恚○慍斯戚紆運反此喜怒哀樂相對本或於此句上有舞斯慍一句并注皆衍文憤扶粉反恚一瑞反戚斯歎歎吟息○吟本或作唫魚金反歎斯辟辟拊心○辟婢亦反撫心也辟斯踊矣踊躍○躍羊灼反品節

斯斯之謂禮舞踊皆有節乃成禮人死斯惡之矣無能也斯倍之矣無能心謂之無所復能○惡烏路反倍音佩下同復扶又反是故制絞衾設蔞翣爲使人勿惡也絞衾尸之飾蔞翣棺之牆飾周禮蔞作柳○絞戶交反下音欽蔞音柳翣所甲反始死脯醢之奠將行遣而行之既葬而食之將行將葬也葬有遣奠食反虞之祭○食音嗣注同謂虞祭也未有見其饗之者也自上世以來未之有舍也爲使人勿倍也舍猶廢也○舍音捨注同故子之所刺於禮者亦非禮之訾也訾病也○訾似斯反

疏有子至訾也○正義曰此一節論子游言制禮有節之事○有子與子游同立見孺子號慕者有子謂子游曰予壹不知夫喪之踊也言我專壹不知夫喪之踊也何須有節直似孺子慕者其事足矣予欲去此踊節其意久矣斯此也言孝子之情在於此小兒直號慕而已其是也夫但如小兒其事即是何須爲哭踊之節子游乃對之曰禮有微情者微殺也言若賢者喪親必致滅性故制使三日而食哭踊有數以殺其內情使之俯就也何胤云哭踊之情。必發於內謂之徵微者不見也○有以故興物者興起也物謂衰絰也若不肖之屬本無哀情故爲衰絰使其覩服思哀起情企及也引由外來故云興物也然衰絰之用一則爲孝子至痛之飾二則使不肖之人企及今止說興物以對微情之故有直情而徑行者戎狄之道也謂直肆己情而徑行之也無哭踊節制乃是戎狄之道○禮道則不然者然猶如是也言中國禮道則不如是夷狄也○人喜則斯陶者爲明踊次節而踊由心哀故此以下極言哀樂之本也喜者外竟會心之謂也斯語助也陶者鬱陶鬱陶者心初悅而未暢之意也言人若外竟會心則懷抱欣悅但始發俄爾則鬱陶未暢故云斯陶也爾雅云鬱陶繇喜也何胤云陶懷喜未暢意也孟子曰鬱陶以思君○陶斯咏者咏歌咏也鬱陶情轉暢故口歌咏之也○咏斯猶者搖動身也咏歌不足漸至自搖動身體也猶斯舞者舞起舞也搖身不足乃至起舞足蹈手揚樂之極也○舞斯慍者慍怒也外竟違心之謂也凡喜怒相對哀樂相生故若舞而無節形疲厭倦事與心違故所以怒生怒生由於舞極故云舞斯慍也故曲禮云樂不可極即此謂也何胤云樂終則慍起非始之慍相連繫也○慍斯戚者戚憤恚也怒來戚心故憤恚起也此句對喜斯陶也○戚斯歎者歎吟息也憤恚轉深故因發吟息也此句對陶斯咏○歎斯辟者辟撫心也歎息不泄故至撫心也此句對咏斯猶○辟斯踊矣者撫心不泄乃至跳踊奮擊亦哀之極也此句對猶斯舞也○品節斯斯之謂禮者品階格也節制斷也斯此也此之謂於哀樂也若喜而不節自陶至舞俄頃不慍生若怒而不節從戚至踊踊極則笑故夷狄無禮朝殞夕歌童兒任情倏啼欻笑今若品節此二塗使踊舞有數有數則久長故云此之謂禮如鄭此禮本云舞斯慍者凡有九句首末各四正明哀樂相對中央一舞斯慍一句是哀樂相生故一句之中有舞及慍也而鄭諸本亦有無舞斯慍句者取義不同而鄭又一本云舞斯蹈蹈斯慍益於一句凡有十句當是後人所加耳亦不得對而盧禮本亦有舞斯慍之一句而王禮本又長云人喜則斯循循斯陶既與盧鄭不同亦當新足耳○人死斯惡之矣者以上明辟踊之節以下明飾喪以奠祭之事人死斯惡之者以人身既死形體腐敗故惡之故倍之以其恐惡之故奠制絞紟衾設蔞翣以飾之故使人勿惡也以其恐倍之故始死設脯醢之奠以至於葬將行之又設遣奠而行送之既葬反哭設虞祭以食之雖設奠祭未曾見其死者而饗食之也既不饗食自上世以來未之有舍此奠祭而不為者也所以設奠祭者為使人勿倍其親故也禮意既然不可無節故子之所譏刺於禮有踊節者亦非禮之病害也言哭踊有節正是禮之所宜非禮之病上有若見孺子之慕唯譏哭踊有節不譏絞衾奠祭之事子游祇應答以辟踊即止今更陳絞衾脯醢之事者以有若之意欲直同孺子生者不節其哀死者不加其飾故子游既言生節哀遂說死者加飾備言禮之節制與夷狄不同也

○吳侵陳斬祀殺厲祀神位有屋樹者厲疫病吳侵陳以魯哀元年秋○疫音役師還出竟陳大宰嚭使於師夫差謂行人儀曰

是夫也多言盡嘗。問焉師必有名人之稱斯師也者則謂之何大宰行人官名也夫差吳子光之子盡何不也嘗猶試也夫差修舊怨庶幾其師有善名○還音旋竟音境大音泰注及下文注大宰大師大史大廟大傅皆同嚭普彼反使色吏反夫差音扶下初佳反吳王名闔廬子盡戶臘反大宰嚭。曰古之侵伐者不斬祀不殺厲不獲二毛獲謂。係虜之二毛鬢髮斑白○斑伯山反本又作頒音同今斯師也殺厲與其不謂之殺厲之師與欲微切之故其言似若不審然○正言殺厲重。人○與音餘下及注有此與同曰反爾地歸爾子則謂之何子謂所獲民臣曰君王討敝邑之罪又矜而赦之師與有無名乎又微勸之終其意吳楚僭號稱王

疏。吳侵。至。名。乎○正義曰此一節明征伐不合斬祀殺厲之事各依文解之○注吳侵至年秋○正義曰知者案左傳吳伐楚使召陳懷公懷公朝國人而問焉曰欲與楚者右欲與吳者左陳人有田從田無田從黨逢滑當公而進曰楚未可棄吳未可從陳懷公遂不從吳子光之召至今夫差克越乃脩先君之怨秋八月吳侵陳脩舊怨是其事案哀六年吳伐陳鄭知非六年者稱伐不云侵哀元年經雖不見傳云吳侵陳與此文同俱云侵故爲哀元年○夫差至之何○夫差既見陳大宰嚭來謂行人之官名儀曰是夫也多言夫謂大宰嚭言是大宰嚭也博聞強識多有所言盡何不也嘗試也何不試就問焉我脩先君之怨而與此師必有善名在外衆人稱此師也則謂之何欲令行人儀以此辭而問大宰嚭也○注大宰至之子○正義曰據周禮有大宰卿一人又有大小行人故知大宰及行人皆官名此大宰嚭與吳大宰嚭名號同而人異也云夫差吳子光之子者世本及吳世家文也○古之侵伐者不斬祀不殺厲不獲二毛○此謂以至勝攻至暴用兵如此若兩軍相敵則不然左傳云雖及胡。耇獲則取之大宰嚭特舉古之善以駁吳師之惡○注正言殺厲重人○正義曰以其殺人故重於斬祀若其不殺直拘因人而已。則輕也故

穀梁傳云芭人民。歐牛馬曰侵斬樹木壞宮室曰伐是侵輕而伐重也○師與有無名乎者既反地歸子其事既善師豈有無善名乎言必有善名也與是語辭○注又微勸之終其意○正義曰上以微切之謂譏斬祀殺厲今復勸之反地歸子故言又也因吳王反地歸子則云師有善名是微勸之也終其意者上譏切斬祀及殺厲是初有其意欲吳哀矜既得吳哀矜則云師有善名是終竟其欲哀矜之意

○顏丁善居喪顏丁魯人始死皇皇焉如有求而弗得及殯望望焉如有從而弗及既葬慨焉如不及其反而息從隨也。既憊貌○慨皆愛反憊皮拜反

【疏】顏。丁。至。而。息正義曰此一節論孝子居喪哀殺有漸之事○始死皇皇焉如有求而弗得者皇皇猶彷徨。如所求物不得上檀弓云始死充充如有窮謂形貌窮屈亦彷徨求而不得之。心彼此各舉其一○及殯望望焉如有從而弗及者謂殯後容貌望望焉如有從逐人後行而不及之。上檀弓云既殯瞿瞿如有求而不得與此亦同也但始死據內心所求殯後據外貌所求故此經始死求而不得據內心也上檀弓云既殯求而不得據外貌也○既葬慨焉如不及者謂既葬之後中心悲慨然如不復所及既不可及○其反而息者上殯後云從而不及似有可及之理既葬慨焉如不及謂不復可及所以故曰也上檀弓云既葬皇皇如有望而不至此謂既葬慨焉如不及亦同也此音曰皇皇者是皇皇之甚故云如有求而弗得上檀弓云既葬皇皇是輕故云終不至此既葬則止不說練祥故葬後則慨然上檀弓葬後更說練祥故云祺慨然祥而廓然但親之死亡哀悼在心初則為甚已後漸輕皆有求而不得望而不及但所據有淺深耳殯後雖據外貌亦猶哀在內心但稍輕耳故鄭注上檀弓云皆哀悼在心之貌

○子張問曰書云高宗三年不言言乃讙有諸時人君無行三年之喪禮者問有此與怪之也讙喜說也言乃喜說則民臣望其。言久○讙音歡說音悅下同仲尼。曰胡為其不然也古者天子崩王世子聽於冢宰三年冢宰天官卿貳

王事者三年之喪使之聽朝【疏】子。張。至。三。年。○正義曰此一節論世子遭喪冢宰聽政之事○言乃讙者尚書無逸云言乃雍雍讙字相近義得兩通故鄭隨而解之

○知悼子卒未葬悼子晉大夫荀盈魯昭九年卒○知音智下同平公飲酒與羣臣燕平公晉侯彪○彪彼虯反

師曠李調侍侍與君飲也燕禮記曰請旅侍臣○李調如字左傳作外嬖嬖叔鼓鐘樂作也燕禮賓入門奏肆夏既獻而樂闋獻君亦如之○闋古穴反止也

杜蕢自外來聞鐘聲曰安在怪之也杜蕢或作屠蒯○蕢古怪反注蒯同屠音徒曰在寢燕於寢

杜蕢入寢歷階而升酌曰曠飲斯又酌曰調飲斯又酌堂上北面坐飲之降趨而出三酌皆罰○曠飲於鴆反下飲斯飲之飲曠飲調飲寡人皆同

平公呼而進之曰蕢曩者爾心或開予是以不與爾言曩嚮也謂始來入時開謂諫爭有所發起○曩乃黨反嚮本亦作鄉同許亮反爭爭鬭之爭爾飲曠何也曰子卯不樂紂以甲子死桀以乙卯亡王者謂之疾日不以舉樂爲吉事所以自戒懼○子卯不樂如字賈逵云桀以乙卯日死受以甲子日亡故以爲戒鄭同漢書翼奉說則不然張晏云子刑卯卯刑子相刑之日故以爲忌而云夏殷亡日不推湯武以興乎疾日人一反

知悼子在堂斯其爲子卯也大矣言大臣喪重於疾日也雜記曰君於卿大夫比葬不食肉比卒哭不舉樂○比必利反下同○曠也大師也不以詔是以飲之也詔告也大師典奏樂

爾飲調何也曰調也君之褻臣也爲一飲一食亡君之疾是以飲之也言調貪酒食褻嬖也近臣亦當規君疾憂○爲于僞反嬖必計反

爾飲何也曰蕢也宰夫也非刀匕是共又敢與知防是以飲之也防禁放溢○匕必李反共音供與音預防音房又扶放反

平公曰

寡人亦有過焉酌而飲寡人聞義則服杜蕢洗而揚觶舉爵於君也禮揚作騰揚舉也騰送也揚近得之○觶之豉反字林音支又云酒器近附近之近下聲相近同公謂侍者曰如我死則必無廢斯爵也欲後世以爲戒至于今既畢獻斯揚觶謂之杜舉此爵遂因杜蕢爲名畢獻獻賓與君

疏知悼至杜舉○正義曰此一節論君有大臣之喪不得有作樂飲酒之事各依文解之○注悼子至年卒○○正義曰並左傳文下注云平公晉侯彪亦春秋文○注燕禮記曰請旅侍臣○○正義曰案燕禮記云凡公所酬既拜請旅侍臣謂公既酬臣臣受酬者既拜謝公恩請行旅酬於侍臣引之者證師曠李調是侍飲之臣也鼓鐘猶奏也謂燕奏鐘樂也○注燕禮至如之○正義曰案燕禮記云若以樂納賓則賓及庭奏肆夏賓拜酒主人答拜而樂闋是賓入門奏肆夏既獻而樂闋燕禮記又云公拜受爵而奏肆夏公卒爵主人升受爵以下而樂闋是獻君亦如之經唯云鼓鐘燕禮云若舞則勺知非工入升歌下管間歌合樂之後無時奏鐘必以爲賓初入門奏肆夏者以鐘師云以鐘鼓奏九夏故知聞鐘是初奏肆夏也○注杜蕢或作屠蒯○正義曰春秋作屠蒯故云或作屠蒯杜蕢屠蒯聲相近故禮傳不同也○注燕於寢○正義曰燕禮記云燕朝服於寢故知燕於寢也○曰蕢至爾言褻也平公呼蕢而進之呼其名曰蕢褻者汝酌三酌是汝之心或開發於予予望汝有諫是以不與汝言○注紂以甲子死桀以乙卯亡○正義曰案尚書時甲子昧爽武王朝至于商郊又史記云兵敗紂自焚而死是紂甲子死也案昭十八年二月乙卯周毛得殺毛伯過而代之萇弘曰毛得必亡是昆吾稔之日也詩云韋顧既伐昆吾夏桀同誅昆吾既乙卯而亡明桀亦以乙卯被放也鄭司農注春秋以爲五行子卯自刑非鄭義也今所不用也○斯其爲子卯也大矣者言悼子喪在堂此比其爲子卯之忌大矣言悼子之喪大於子卯○爲一飲一食忘君之疾是以飲之也者調是君之褻嬖之臣臣當規正君過唯欲行燕會貪求一飲一食忘君違禮之疾而不諫是以飲之○非刀匕是供又敢與知防者蕢言調

是君之變褻臣也當規正君憂疾言己身是宰夫亦當規正於君若非因刀匕是共又敢與知防諫之事皇氏云非不也杜蕢言各憂其事宰夫不以刀匕是共乃又敢與諫爭越官侵職是以飲也○注舉爵至得之○正義曰知揚觶是舉爵於君以上云平公曰寡人亦有過焉酌而飲寡人卽云杜蕢洗而揚觶故知舉爵於君案燕禮獻君之後行酬之初媵爵者洗象觶升實之序進坐奠于薦南是舉爵於君也揚作媵者謂燕禮大射凡舉爵皆爲媵此云揚觶鄭云揚舉也燕禮云媵故鄭云媵送也揚媵義得兩通但此云杜舉揚訓爲舉故揚近得之此謂舉爲得也○公謂至杜舉○公謂侍者云我死之後則必無廢棄此爵恆當留之爲後鑒戒當時在未獻之前故又語侍者云至于今既畢獻之後此所揚之觶是謂之杜舉表明此爵實杜蕢所舉○注畢獻獻賓與君○正義曰知獻君與賓者與杜蕢此事舉爵在燕禮之初賓主既入得杜蕢之言不可卽廢唯獻君與賓燕事則止皇氏以爲至於今謂記錄之人至於今爲記之時謂之杜舉春秋云晉侯飲酒樂膳宰屠蒯趨入請佐公使尊許之而遂酌以飲工曰女爲君耳將司聰也辰在子卯謂之疾日君徹宴樂學人舍業爲疾故也君之卿佐是謂股肱股肱或虧何痛如之女弗聞而樂是不聰也又飲外嬖嬖叔曰女爲君目將司明也服以旌禮以行事事有其物物有其容今君之容非其物也而女不見是不明也亦自飲曰味以行氣氣以實志志以定言言以出令臣實司味二御失官而君弗命臣之罪也案春秋與此小異亦所聞不同或二文互相足也

附釋音禮記注疏卷第九

禮記注疏卷九校勘記　　阮元撰盧宣旬摘錄

附釋音禮記注卷疏第九　惠棟校宋本禮記正義卷第十二

檀弓下第四

君之適長殤節

大功之殤小從上　閩監毛本同惠棟校宋本小作中宋監本岳本嘉靖本同考文引古本足利本同案作中是也正義可證

君之至一乘　惠棟校宋本無此五字

及天子中士下士也　閩監毛本作天此本天誤大

文主天子大夫　監毛本作主衞氏集說同此本主誤王閩本同下文主諸侯之士同

上公饗餼九牢　閩監毛本作牢此本誤年

嫡與稱公　閩監毛本同惠棟校宋本與作亦

公之喪節

公之至長杖　惠棟校宋本無此五字

君於大夫節

君於至如之 惠棟校宋本無此五字

至平生待賓客次舍之處 閩監毛本作賓此本賓誤殯

十有二步之嫌 閩監毛本同考文引宋板十有作有十

五十無車者節

五十至弔人 惠棟校宋本無此五字

所以時不許越疆而弔人者 閩監毛本同惠棟校宋本時作特

恐增衰恐 閩監毛本同惠棟校宋本下恐作惡衞氏集說同

季武子寢疾節

明已不與也 閩監毛本同岳本同嘉靖本同惠棟校宋本已作己是也衞氏集說同宋監本亦作己

季武至而歌 惠棟校宋本無此五字

論季武子無禮蟜固正之事 閩監毛本同衞氏集說無禮作强僭

故此著齊衰入大夫之門 閩監毛本同考文引宋板無齊字衞氏集說作著衰入大夫之門亦無齊字

彼文點字作箴 閩本同監本作葴毛本誤葳

大夫弔節

辭猶告也閩本同岳本同嘉靖本同衞氏集說同惠棟校宋本同宋監本同考文引古本足利本同監毛本告誤去

大夫至受弔惠棟校宋本無此五字

時來弔襚不出閩監本同毛本時誤待與儀禮士喪禮注不合考文引宋板作時

及喪家典舍之人閩本同惠棟校宋本同衞氏集說同監毛本舍誤含

當特弔於家閩本同惠棟校宋本同衞氏集說同監毛本特誤時

妻之昆弟節

妻之至哭之惠棟校宋本無此五字

禮女子適人者惠棟校宋本同衞氏集說同閩監毛本子字重○按重子字是也

爲昆弟爲父後者不降衞氏集說同閩監毛本弟下有之字與儀禮喪服合

冠尊不居肉袒上衞氏集說同宋本亦同閩監毛本袒下有之字考文云宋板肉作內誤

必先免故凡哭哀則踊惠棟校宋本同閩監毛本必先免作必先去冠而加免非

述所哭之由惠棟校宋本作由衞氏集說同此本由誤市閩監毛本作事非也

申祥之哭言思閩監本同衛氏集說同毛本祥作詳

子張死節

子張至與哉惠棟校宋本無此五字

以其至非之閩監毛本同惠棟校宋本作以其無服非之

有若之喪節

有若至由左惠棟校宋本無此五字

則惟賓主居右閩監毛本同考文引宋板惟作推衛氏集說作則推賓居右續通解同

齊穀王姬之喪節

齊穀至之服惠棟校宋本無此五字

爲齊桓公夫人閩監毛本作桓此本桓作相下非齊桓公夫人者同

喪服大功章閩監毛本同惠棟校宋本喪上有案字

案服小記云閩本同惠棟校宋本案下有喪字此本喪字脫耳監毛本改案作喪非也

晉獻公之喪節

亡國恒於斯得國恒於斯閩毛本同石經同監本作恆岳本作恒嘉靖本作恒衛氏集說同

雖吾子儼然在憂服之中閩監毛本同岳本同嘉靖本同衛氏集說同石經儼字闕釋文出嚴然云本亦作儼正義本作儼

孺稺也岳本同嘉靖本同閩監毛本稺作穉衛氏集說同釋文出稺也云本又作稚考文引古本作孺猶稺也○按稺稚古今字

疏晉獻至君義此節疏在以辱君義之下閩監毛本同惠棟校宋本無此五字云晉獻至君義疏文一則在下節則遠利也之下

他志謂私心此五字在起而不私之下惠棟校宋本同岳本同嘉靖本同閩監毛本移置上以辱君義之下又私字惠棟校宋本作利宋監本同岳本同考文引古本足利本同續通解同

稽顙至遠利也惠棟校宋本無此六字

埽除宗廟定社稷惠棟校宋本作埽除此本埽除誤婦祭閩監毛本誤歸祭按考文但云宋板歸作埽不云祭作除非

帷殯節

帷殯至始也惠棟校宋本無此五字

案張逸答陳鏗云閩本同惠棟校宋本同監毛本鏗誤鑑

喪禮節惠棟校云喪禮節復盡愛節拜稽顙節飯用節銘明旌節奠以節辟踊節袒括節弁絰節有敬節歡主人節反哭節反哭節反哭之弔節孔子節葬於節既封節既反哭節葬日節是日節殷練節宋本合爲一節

喪禮至者也惠棟校宋本無此五字

復盡愛之道也節

禮復者升屋北面此本此下與釋文相接處脫一○

復盡至義也惠棟校宋本無此五字

拜稽顙節

稽顙者觸地無容閩監毛本同岳本同衞氏集說同嘉靖本者作首考文引古本容作答下有也字按荅字非也

正義曰孝子拜賓之時惠棟校宋本無正義曰三字

飯用米貝節

飯用米貝閩監毛本作貝石經同岳本同嘉靖本同衞氏集說同此本貝誤具注疏同

正義曰死者旣無所知惠棟校宋本無正義曰三字

故用米美善焉爾閩監毛本同浦鏜校米下補貝字

祝淅米于堂閩監毛本作淅此本淅誤浙

祝受米奠于貝北閩監毛本作貝北此本貝北誤具此

故士喪禮云稻米一豆　閩監毛本作云此本誤元

大喪共飯玉含玉　閩監毛本如此衞氏集說同此本上玉誤王

何休注公羊云　閩監毛本如此此本云字誤在公上盧文弨校刪云字疑依北宋本

大夫以碧　閩監毛本碧作璧盧文弨云本書作大夫以碧

又禮緯稽命徵　閩本同考文引宋板同監本徵誤微毛本同脫緯字

含以貝　閩監毛本作以貝此本以貝誤此具

銘明旌也節

神明之精　閩監毛本同嘉靖本同惠棟校宋本精作旌宋監本岳本同衞氏集說同考文引足利本同

不可別形貌不見　惠棟校宋本岳本宋監本嘉靖本同閩監毛本可誤見衞氏集說作不可別謂形貌不見也考文引古本足利本亦作不可別

謂重與奠　閩監毛本岳本同嘉靖本同衞氏集說同釋文出重與奠也云本作重與奠與考文引古本謂重與奠下有也字正義云故云重與奠也疑正義本與釋文本本同無謂字有也字

虞主用桑　閩監毛本作用岳本同嘉靖本同衞氏集說同此本用誤羽

周主重徹焉閩監毛本同石經同岳本同嘉靖本同衞氏集說同石經考文提要云坊本重徹二字倒置案陳澔集說本作徹重誤也宋大字本宋本九經南宋巾箱本余仁仲劉叔剛本俱作重徹

銘明至徹焉閩監毛本同惠棟校宋本作銘明旌也

正義曰按士喪禮惠棟校宋本無上三字

愛之斯錄之矣閩監毛本同惠棟校宋本無此六字

亦得總焉於明旌之義閩監毛本同衞氏集說作亦得總爲明旌之義

以解節旌閩監毛本同惠棟校宋本節作銘是也

猶若吉祭木主之道閩監本同毛本木誤本衞氏集說亦作木考文引宋板同

春秋孔悝爲祏主監毛本如此此本悝誤理祏誤祐閩本祏亦誤祐

重與柎相近閩監毛本柎作祔

謂虞祭之末也閩監毛本作祭此本誤際

俱是喪主閩監毛本同惠棟校宋本喪作桑

祔而作主謂喪主閩監毛本同惠棟校宋本喪作桑

以卒哭曰成事　閩監毛本同考文引宋板曰作日

故顯考謂高祖也　閩監毛本同浦鏜云故衍字

其主之狀范人云　閩監毛本同惠棟校宋本人作寧

奠以素器節

正義曰奠謂始死至葬之時　惠棟校宋本無正義曰三字

遂論虞祭之後　閩監毛本同惠棟校宋本論上有廣字衛氏集說同

於主人自盡致孝養之道焉爾　閩監毛本同惠棟校宋本無於字

哀則至以飾　閩監毛本同惠棟校宋本作哀則以素敬則以飾

辟踊節

有筭　閩監本同石經同岳本同嘉靖本衛氏集說同毛本筭作算注同疏同

正義曰撫心爲辟　惠棟校宋本無正義曰三字

袒括髮節

正義曰言袒衣括髮者　惠棟校宋本無正義曰三字

弁絰葛而葬節

天子諸侯變服而葬冠素弁　閩監毛本同岳本同嘉靖本同考文引古本足利本天上有故字衛氏集說冠上有故字皆以意增正義云云天子諸侯變服而葬者是天上無故字也云冠素弁以葛爲環絰者是冠上無故字也

正義曰葬時居喪　惠棟校宋本無正義曰三字

故云交神之道　閩監毛本同惠棟校宋本交作接與注合

檀弓定本　閩監毛本作定此本定作足

歠主人主婦室老節

正義曰此一節　惠棟校宋本無正義曰三字

反哭升堂節

正義曰謂葬窆訖　惠棟校宋本無正義曰三字

反哭之弔也節

封當至棺也　閩監毛本同惠棟校宋本作封當爲窆窆下棺也

知非既封土爲墳者　閩監毛本作土此本土誤士下實土三同

葬於北方節

正義曰上之訓往　惠棟校宋本無正義曰三字

既封節

贈以幣送死者於壙也　閩監毛本同岳本同嘉靖本同衞氏集說同考文引古本幣下有帛字

既封至虞尸　閩監毛本同惠棟校宋本作既封主人贈無下正義曰三字

主人贈用制幣元纁束帛也　閩監毛本同浦鏜云帛衍文按浦鏜云衍文與既夕禮合然疏家正不必拘也

既反哭節

正義曰此謂既窆之後事也　惠棟校宋本無正義曰三字

言以父母形體所託　惠棟校宋本作託此本誤註閩監毛本作在亦非

案周人尚赤　閩監毛本同衞氏集說案作蓋

葬日虞節

其辞蓋曰　閩監毛本辞作辭岳本同嘉靖本同衞氏集說同

又雜記云內此天子七月而葬　閩監毛本同惠棟校宋本無又雜記云四字內作約衞氏集說同

則大夫五虞當八日閩監本同毛本大誤六考文引宋板作大

大夫以上卒哭者去虞相校兩月閩監本同毛本校作挍非衞氏集說亦作校無者相二字○按毛本全書皆作挍避所諱也

崔又一解虞後卒之前閩監毛本同惠棟校宋本卒下有哭字是也

是日也節

虞禮所謂他用剛日也閩監毛本同岳本同惠棟校宋本也作者嘉靖本同考文引足利本同

其變至歸也○閩監毛本如此此本變誤安也上脫歸字無○惠棟校宋本無下正義曰三字

卽喪服小記所云赴葬者惠棟校宋本作所云衞氏集說同此本所云二字闕閩監毛本作篇云按篇字非也

哀薦日成事閩監毛本日作曰下哀薦日成事同

他謂不及時而葬者惠棟校宋本作謂衞氏集說同此本謂誤用閩監毛本同

至常葬之月閩監毛本同衞氏集說常作當

其祝亦稱哀薦云成事焉閩監毛本同惠棟校宋本云作曰衞氏集說云焉二字無

期而神之人情惠棟校宋本此下標禮記正義卷第十二終記云凡二十三頁

君臨臣喪節 惠棟校宋本自此節起至季康子之母死節止爲第十三卷首題禮記正義卷第十三

爲有凶邪之氣在側 閩監毛本同岳本同嘉靖本同衛氏集說同釋文出凶耶云下注同

則止巫去桃茢 閩監毛本同岳本同嘉靖本同盧文弨云足利古本巫下有祝字非案正義云祝代巫而入又云巫止于門外祝先入是巫止而祝不止也足利本非盧校是

君臨至生也 惠棟校宋本無此五字

無巫祝執桃茢之事 閩監毛本作事此本事字闕

又云士喪禮亦如此 閩監毛本同考文引宋板無士字盧文弨云或是無云字下又士喪禮大斂而往似當作又大夫士既殯而君往焉

荆人使公親襚 監毛本作荆此本荆誤茢閩本同

喪有死之道焉節

喪有至言也 惠棟校宋本無此五字

喪之朝也節

喪之至遂葬 惠棟校宋本無此五字

孔子謂爲明器者節

束茅爲人馬閩監毛本同岳本同嘉靖本同衞氏集說同惠棟校宋本馬作焉宋監本同考文引古本馬下有焉字釋文亦云束茅爲人馬曰芻靈

謂爲俑者不仁石經惠棟校宋本岳本宋監本嘉靖本閩本同衞氏集說亦作仁監毛本仁誤二

殆於用人乎哉閩本同監毛本殆上有不字石經同岳本同嘉靖本同衞氏集說同

有似於生人閩本同宋監本同岳本同嘉靖本同衞氏集說同監毛本有字脫惠棟校宋本亦有有字考文引古本足利本同

孔子至乎哉惠棟校宋本無此五字

記者記錄孔子之言閩監毛本下記作既考文引宋板作記衞氏集說無此記字按集說是也

謂刻木爲人而自發動惠棟校宋本亦作而自閩監毛本而自改面目非

穆公問於子思節惠棟校云穆公節悼公節宋本合爲一節

退人若將隊諸淵閩監毛本同岳本同嘉靖本同衞氏集說同石經隊作墜考文引古本同釋文出將隊云本又作墜

穆公至之有惠棟校宋本無此五字

以道去君爲三諫不從閩監毛本同衞氏集說爲作謂與儀禮喪服注合

未絕者言爵祿尚有列於朝閩監毛本作未此本未字闕

或辟仇讎惠棟校宋本作讎此本讎誤雖閩監毛本作難亦非衞氏集說作或辟寇讎

案者案世本云惠棟校宋本閩監毛本無案者二字是也

謂三諫不從去而已絕閩監毛本作謂此本誤諫

悼公之喪節

毋乃使人疑夫不以情居瘠者乎哉閩本同石經同岳本同衞氏集說同監毛本毋誤母嘉靖本同

衞司徒敬子死節

衞司至不經惠棟校宋本無此五字

此雖不云帶凡單云經閩監毛本同惠棟校宋本無帶凡單云四字盧文弨云宋本脫四字非也

曾子曰晏子節

晏子一狐裘三十年閩監毛本同岳本同嘉靖本同衞氏集說同石經三十合作卅

喪數略也閩監毛本同岳本同嘉靖本同衞氏集說同考文引古本喪數作喪禮足利本作喪數禮

曾子至以禮惠棟校宋本無此五字

大儉解三十年一狐裘一閩本同監毛本年一二字誤倒考文引宋板作年

下謂其子及凡在已下者也閩監本同毛本及誤反考文引宋板作及

藏苞脅於旁加杭席覆之閩監本同毛本旁下有加折卻之四字盧文弨云宋本無此四字毛有之是也又閩監毛本杭皆作抗亦是也衞氏集說同下加杭木實土同

乃得有遺車者閩監毛本同惠棟校宋本無者字

一个有二體閩監毛本同考文引宋板二下有个字

國昭子之母死節

夾羨道爲位閩監毛本同岳本同嘉靖本同衞氏集說同釋文本夾作俠

專猶司也惠棟校宋本同嘉靖本同衞氏集說同閩監毛本司誤同岳本同浦鏜云司誤同疏內亦誤同從六經正誤校

國昭至西鄉惠棟校宋本無此五字

專猶同也監毛本同閩本猶字闕惠棟校宋本同作司盧文弨云下爾當同此同亦當作同

穆伯之喪節惠棟校云穆伯節季康子節宋本合爲一節

嫌思情性也閩監毛本同岳本同嘉靖本同衞氏集說思作私性作勝

內人妻妾　閩監毛本同岳本同嘉靖本同衞氏集說同妾下有也字惠棟校宋本妾作室盧文弨云宋板古本俱作妻室不必從

穆伯至矣夫　惠棟校宋本無此五字

女智莫若　閩監毛本同衞氏集說同惠棟校宋本若下有婦字案今家語本亦作女智莫若婦

季康子之母死節

褻衣非上服　閩監毛本同岳本同嘉靖本同衞氏集說同考文足利本上作正

悼子紀生平子意如　閩監毛本同惠棟校宋本紀作紇

有子與子游立節

陶鬱陶也　閩本同監毛本欝作鬱岳本同嘉靖本同衞氏集說同疏同

舞斯慍慍斯戚　閩監毛本同石經同岳本同嘉靖本同衞氏集說同釋文出慍斯慼云此喜怒哀樂相對本或於此句上有舞斯慍一句并注皆衍文正義本有舞斯慍一句并注其所稱鄭此禮本鄭諸本鄭又一本盧禮本王禮本綜論最爲詳覈惠棟九經古義但据釋文而不及正義疏矣

哭踊之情必發於內　閩監毛本同惠棟校宋本必作心續通解同

怒來戚心故憤恚起也　惠棟校宋本亦作戚閩監毛本戚作觸

此之謂於哀樂也　閩監毛本同惠棟校宋本謂下有禮生二字續通解同

俄傾不慍生閩本同監毛本不作而衞氏集說傾不作頃而是也考文引宋板同

朝殯夕歌惠棟校宋本同閩監毛本殯作殯衞氏集說同

明飾喪以奠祭之事閩監毛本同惠棟校宋本以作及衞氏集說同

故使人勿惡也閩監毛本同惠棟校宋本故作欲衞氏集說同

又設遣奠而行送之閩本同惠棟校宋本同監毛本遣誤遺衞氏集說無行字

故子游既言生節哀閩監毛本同惠棟校宋本生下有者字衞氏集說同

吳侵陳節

陳大宰嚭使於師閩監毛本同岳本同嘉靖本同衞氏集說同石經嚭作嚭下同

盍甞問焉閩監本同嘉靖本甞作嘗衞氏集說同毛本作嘗石經作甞岳本同注同

獲謂係虜之閩監毛本同岳本同嘉靖本同衞氏集說係作繫

正言殺厲重人閩監毛本同岳本同嘉靖本同衞氏集說正作止人下有也字

吳侵至名乎惠棟校宋本無此五字

雖及胡耇獲則取之閩本作耇衞氏集說同考文引宋板同此本耇誤者字閩毛本同

直拘因人而已則輕也惠棟校宋本作則此本則字闕閩本同監毛本作故非

苞人民歐牛馬曰侵閩監毛本同衞氏集說歐作毆

顏丁善居喪節

既憊貌閩本同監毛本既作慨岳本同嘉靖本同衞氏集說同

顏丁至而息惠棟校宋本無此五字

如所求物不得閩監毛本同考文引宋板如下有有字

亦彷徨求而不得之心閩監毛本同惠棟校宋本心作意

行而不及之閩監毛本同惠棟校宋本之下有貌字

子張問曰節

則民臣望其言久惠棟校宋本宋監本岳本嘉靖本同衞氏集說亦作言閩監毛本言誤長

仲尼曰閩監毛本作尼石經同岳本同嘉靖本同衞氏集說同此本尼作屔案上尼父字不作屔此歧出

子張至三年惠棟校宋本無此五字

知悼子卒節

禮揚作騰宋監本岳本嘉靖本惠棟校宋本同閩監毛本騰作媵衞氏集說同下騰送也同段玉裁云說文侯送也侯卽媵字騰非是

知悼至杜舉　惠棟校宋本無此五字

揚作騰者考文引宋板同閩監毛本騰作媵是也下揚騰義得兩通同餘俱不作騰

爲侯鑒戒　閩監毛本同惠棟校宋本後下有世字續通解同

與杜蕢此事　閩監毛本同惠棟校宋本與作以

春秋云晉侯飲酒樂　閩監毛本同惠棟校宋本秋下有傳字

服以旌禮禮以行事　閩監毛本如此此本脫一禮字

禮記注疏卷九校勘記

附釋音禮記注疏卷第十

檀弓下

禮記　鄭氏注　孔穎達疏

公叔文子卒文子衛獻公之孫名拔或作發○拔蒲八反其子戍。請謚於君曰日月有時將葬矣請所以易其名者謚者行之迹有時猶言有數也大夫士三月而葬○行下孟反君曰昔者衛國凶饑夫子爲粥與國之餓者是不亦惠乎君靈公也○粥音祝昔者衛國有難夫子以其死衛寡人不亦貞乎難謂魯昭公二十年盜殺衛侯之兄縶也時齊豹作亂公如死鳥○難乃旦反注同夫子聽衛國之政脩其班制以與四鄰交衛國之社稷不辱不亦文乎班制謂尊卑之差故謂夫子貞惠文子後不言貞惠者文足以兼之

疏○公。叔。至。文。子○正義曰此一節論。謂君誄臣之謚法各依文解之○注文子至作發○正義曰案世本衛獻公生成子當當生文子拔拔是獻公孫也或作發者以春秋左氏傳作發故云或作發○請所以易其名者生存之日。若呼其名今既死將葬故請所以誄行爲之作謚易代其名者○注難謂至死鳥○正義曰案昭二十年左傳云衛公孟縶狎齊豹奪之司寇與鄄公孟惡北宮喜褚師圃欲去之公子朝通于襄夫人宣姜懼而欲以作亂故齊豹北宮喜褚師圃公子朝作亂丙辰衛侯在平壽公孟有事於蓋獲之門外又云齊氏用戈擊公孟宗魯以背蔽之斷肱以中公孟之肩皆殺之公聞亂乘驅自闕門入載寶以出又云公如死鳥注云死鳥衛地○故謂至文子。者案謚法愛民好與曰惠外內用情曰貞道德博。聞曰文既有道德則能惠能貞故鄭云

後不言貞惠者文足以兼之案文次先惠後貞此先云貞者以其致死衞君事重故在前上先言惠者據事先後言之○石駘仲卒駘仲衞大夫石碏之族○駘大來反碏七略反無適子有庶子六人卜所以爲後者莫適立也○適丁歷反注同曰沐浴佩玉則兆言齊絜則得吉兆○齊側皆反五人者皆沐浴佩玉石祁子曰孰有執親之喪而沐浴佩玉者乎不沐浴佩玉心正且知禮石祁子兆衞人以龜爲有知也疏○石駘至知也○正義曰此一節論龜兆知賢知之事各依文解之卜所至則兆既有庶子六人莫適立也故卜所以堪爲後者其掌卜之人謂之曰若沐浴佩玉則得吉兆所以須有卜者春秋左氏之義故昭二十六年云年鈞以德德鈞以卜王不立愛公卿無私若公羊隱元年云立適以長不以賢立子以貴不以長何休云適夫人無子立右媵右媵無子立左媵左媵無子立嫡姪娣嫡姪娣無子立右媵姪娣右媵姪娣無子立左媵姪娣質家親親先立娣文家尊尊先立姪嫡子有孫而死質家親親先立弟文家尊尊先立孫其雙生也質家据見立先生文家据本意立後生何休作膏肓難左氏云若其以卜隱桓以禍皆由此作乃曰古制固亦謬矣鄭箴之云立長以嫡不以賢固立長矣立子以貴不以長固立貴矣若長均貴均何以別之故須卜禮有詢立君卜立君是有卜也是從左氏之義○孰有至者乎○居親之喪必衰絰憔悴安有居親之喪而沐浴佩玉者乎言不可鄭云心正且知禮者不信邪言是心正居喪不沐浴佩玉是知禮也○陳子車死於衞其妻與其家大夫謀以殉葬子車齊大夫定而后陳子亢至以告曰夫子疾莫養於下請以殉葬子亢子車弟孔子弟子下地下○亢音剛又苦浪反養羊尚反下皆同子亢曰以殉葬非禮也雖然則彼疾當養者孰若妻與宰得已則吾欲已不得已則吾欲以二

子者之爲之也度諫之不能。正以斯言拒之已猶止也○度大洛反於是弗果用決果疏陳。子。至。果。用○正義曰此一節論殉葬非禮之事各依文解之○注子亢至弟子○正義曰知孔子弟子者以論語陳亢問於伯魚與伯魚相問故知孔子弟子又知子車齊大夫者昭二十六年左傳齊師圍成魯師及齊師戰于炊鼻魯人將擊子車子車射之殪鄭蓋據此謂齊大夫知亢是子車弟者以子車之妻謀欲殉葬子車子車亢不能止之若是子車之兄當處分由己故知是子車弟也子亢至之也○子亢既見兄家謀殉葬非禮之事自度不能止故云殉葬非禮也又云雖非禮彼疾當養者彼死者疾病當須養侍於下者以外人疏誰若妻之與宰言妻宰最親當須侍養若得休已不須侍養吾意欲休已若其不止必須爲殉葬則吾欲以妻之與宰二子爲之

○子路曰傷哉貧也生無以爲養死無以爲禮也孔子曰啜菽。飲水盡其歡斯之謂孝斂手。足形還葬而無椁稱其財斯之謂禮還猶疾也謂不及其日月○啜昌劣反叔或作菽音同大豆也王云熬豆而食曰啜菽斂力檢反還音旋後同稱尺證反下注之稱同疏子。路。至。謂。禮○正義曰此一節論孝子事親稱家之有無之事孔子至謂禮○孔子以子路傷貧故荅之云啜菽飲水以菽爲粥以常啜之飲水更無餘物以水而已雖使親啜菽飲水盡其歡樂之情謂使親盡其歡樂此之謂孝荅上生無以爲養○斂。手足形者親亡但以衣棺斂其頭首及足形體不露還速葬而無椁材稱其家之財物所有以送終此之謂禮荅上死無以爲禮

○衛獻公出奔反於衛及郊將班邑於從者而后入欲賞從者以懼居者獻公以。魯。襄十四年出奔齊二十六年復歸於衛從才用反注下同○柳莊曰如皆守社稷則孰執羈靮而從如皆從則孰守社稷言從守若一靮紖也○羈音基靮丁歷反紖陳忍反君反其國而有私也毋乃不可乎言有私則生怨弗果班

疏「衛獻」至「果班」。○正義曰：此一節論衛君歸國不合私賞從者之事。○注「欲賞」至「於衛」。○正義曰：經直云班邑於從者，鄭知以懼居者，見下柳莊云如皆從
則孰守社稷，爲居者而言，明知獻公欲懼居者也。故左傳云獻公反國，使人責大叔儀是也。知獻公以魯襄公十四年出奔齊者，案襄十四年左傳云衛獻公
戒孫文子、甯惠子食，二子皆朝服而朝，日旰不召，公射鴻於囿，二子從之，公不釋皮冠而與之言，二子怒，故攻公，公出奔齊。二十六年傳云甯惠子之子甯喜
以父言攻孫氏而納衛侯，二十六年復歸于衛，是獻公以魯襄公十四年出奔，二十六年復歸于衛也。○衛有大史曰柳莊，寢疾，
公曰：「若疾革，雖當祭必告。」革，急也。○革本又作亟，居力反，注同。公再拜稽首，請於尸曰：「有臣柳莊
也者，非寡人之臣，社稷之臣也。聞之死，請往。」急弔賢者。不釋服而往，遂以襚之。脫君祭服
以襚臣，親賢也。所以此襚之者，以其不用襲也。凡襚以斂。○襚音遂。脫本亦作說，又作稅，同他活反。與之邑裘氏與縣潘氏，書而
納諸棺，曰：「世世萬子孫無變也。」所以厚賢也。裘、縣潘，邑名。○縣音玄，注同。潘，普干反。疏「衛有」至「變也」。○正義曰：此一節論君
急弔臣之事。柳莊爲衛大史，今寢疾，其家自告公，公報之曰：若疾急困，雖當我祭，必須告也。其後柳莊果當公祭之時卒，而來告公。公祭事雖了，與尸爲禮未畢，
○公再拜稽首，請於尸曰：有臣柳莊也者，才能賢異，非唯寡人之臣，乃是社稷之臣。今聞之身死，請往赴之。又不釋祭服，即往哭，遂以所著祭服脫而襚之。又
與之采邑，曰裘氏及縣潘氏，與二邑。又書錄其賞辭而納之棺，云世世恆受此邑，至萬世子孫無有改變。案禮，君入廟門全爲臣，請尸得言寡人者，是後人作
記者之言也。○注「脫君」至「以斂」。○正義曰：案士喪禮，君使人襚，不云祭服。襚臣今君以祭服襚，故云親賢也。得以祭服襚之者，禮，諸侯玄冕祭廟，大夫自玄冕
而下，以其俱是玄冕，故得襚也。祭服既尊，得以襚臣者，以其臣卑，不敢用君襚衣而襲之也。所以不用襲者，襲是近尸形體，事褻惡，故不敢用君之襚衣也。案

士喪禮云君襚衣及親者及庶兄弟之襚皆不用襲故士喪禮云庶襚繼陳不用注云不用不用襲也至小斂則得用庶襚故士喪禮卜斂凡十有九稱陳衣繼之不必盡用鄭云陳衣庶襚也既云不必盡用明有用者至大斂得用君襚故士喪禮大斂君襚祭服散衣庶襚凡三十稱又云君襚不倒是大斂得用襚也云凡襚以斂者謂庶襚以小斂君襚以大斂也鄭言此者明襚衣不用襲也

○陳乾昔寢疾屬其兄弟而命其子尊己曰如我死則必大爲我棺使吾二婢子夾我婢子妾也○乾音干屬之玉反夾古洽反陳乾昔死其子曰以殉葬非禮也況又同棺乎弗果殺善尊己不陷父於不義疏陳乾至果殺○正義曰此一節論人病時失禮也○屬其兄弟而命其子尊己者尊己乾昔子名也兄弟言屬子云命輕重之義也○曰如我死者此所屬命辭也欲言其死後事也○則必大爲我棺使吾二婢子夾我者婢子妾也屬命云令大爲己棺又使二婢夾己於棺中也○陳乾昔死者陳乾昔既屬兄弟之後而死且言陳乾昔者謂亦久纓疾病或陳乾昔總是人名但先儒無說未知孰是案春秋魏顆父病困命使殺妾以殉又晉趙孟孝伯並將死其語偷又晉程鄭問降階之道鄭然明以將死而有惑疾此等並是將死之時其言皆變常而論語曾子曰人之將死其言也善但人之疾患有深有淺淺則神正深則神亂故魏顆父初欲嫁妾是其神正之時曾子云其言也善是其未困之日且曾子賢人至困猶善其中庸已下未有疾病天奪之魂魄苟欲偷生則趙孟孝伯程鄭之徒不足怪也

○仲遂卒于垂壬午猶繹萬人去籥春秋經在宣八年仲遂魯莊公之子東門襄仲先日辛巳有事於太廟而仲遂卒明日而繹非也萬干舞也籥籥舞也傳曰去其有聲者廢其無聲者○繹音亦去羌呂反注同籥羊勺反仲尼曰非禮也卿卒不繹疏仲遂至不繹○正義曰此一節論卿卒重于繹祭之事○注春秋至聲者○正義曰此經所云者春秋經文案宣八年六月辛巳有事於大廟仲遂卒於垂是也云仲遂

魯莊公之子東門襄仲者世本及左傳文也云萬干舞也籥舞也者案宣八年公羊傳云萬者何干舞也籥者何籥舞也萬是執干而舞武舞也卽文王世子云春夏學干戈是也籥舞執羽吹籥而舞文舞也文王世子云秋冬學羽籥是也云傳曰去其有聲者廢其無聲者亦宣八年公羊傳文云去其有聲謂去籥舞以吹籥有聲故也廢其無聲謂廢留萬舞而不去以萬舞無聲故也鄭志荅張逸云廢置也於去聲者爲廢謂廢留不去也然鄭引萬干舞籥籥舞雖是傳文鄭翦略其事不全寫傳文故於後。始稱傳曰去其有聲廢其無聲以二句全是傳文也

○季康子之母死公輸若方小公輸若匠師方小言年尚幼未知禮也斂般請以機封斂下棺於。槨般若之族多。技巧者見若掌斂事而年尚幼請代之而欲嘗其技巧○般音班注及下同封彼驗反技其綺反下同將從之時人服般之巧公肩假曰不可夫魯有初初謂故事公室視豐碑言視者時僭天子也豐碑斲大木爲之形如石碑於槨前後四角樹之穿中於間爲鹿盧下棺以繂繞天子六繂四碑前後各重鹿盧也○碑彼皮反僭子念反後皆同斲丁角反繂音律繞而沼反重直龍反三家視桓楹時僭諸侯諸侯下天子也斲之形如大楹耳四植謂之桓諸侯四繂二碑碑如桓矣大夫二繂二碑士二繂無碑○桓下戶嫁反植時力反般爾以。人之母嘗巧則豈不得以。以已字言寧有強使女者與僭於禮有似作機巧非也以與已字本同爾已古以字強其丈反女音汝與音餘下苦與同○其母。以嘗巧者乎則病者乎毋無也於女寧有病苦與止之○毋音無噫噫不寤之聲於其反○弗果從

疏。季。康。至。果。從○正義曰此一節論非禮嘗巧不從之事○季康子母死公輸若爲匠師之官年方幼小主掌窆事欲下棺斂於壙中其若之族人公輸般性有技巧請爲以轉動機關窆而下棺時人服般之巧○將從之時有公肩假止而不許曰不可爲機窆之事夫魯有初始舊禮公室之喪視豐碑豐大也謂用大木爲碑三家之葬視桓楹也桓大也楹柱也其用之碑如

大楹柱言之舊事其法如此遂呼般之名般女得以人之母而嘗巧乎嘗試也
欲以人母試己巧事誰有強偪於女而爲此乎豈不得休己者哉又語之云其
無以人母嘗試己巧則於女病者乎言不得嘗巧豈於女有病公肩假既告般
爲此言乃更噫而傷歎於是衆人遂止不果從般之事〇注公輸若匠師〇正
義曰以匠師主窆故鄉師云及窆執斧以。涖匠師是也〇注言視至盧也〇正
義曰凡言視者不正相當。比。擬之辭也故王制云天子之三公視公侯卿視伯
大夫視子男是也故云言視僭天子也云斲大木爲之形如石碑者。以。禮廟庭
有碑故祭義云。牲入麗于碑儀禮每云當碑揖此云豐碑故知斲大木爲碑也
云於椁前後四角樹之者謂椁前後及兩旁樹之角落相望故云四角非謂正
當椁四角也云穿中於間爲鹿盧。所謂穿鑿去碑中之木令使空於此空間著
鹿盧鹿盧兩頭。各入碑木云下棺以繂繞者繂即紼也以紼之一頭繫棺緘以
一頭繞鹿盧既訖而人各背碑負紼末頭聽鼓聲以。漸卻行而下之云天子六
繂四碑者案周禮大喪屬其六引故知天子六繂也喪大記云君四繂二碑諸
侯既二碑故知天子四也云前後各重鹿盧也者以六繂四碑明有一碑兩紼
者故知一碑上下重著鹿盧知唯前後碑重鹿盧者以棺之入椁南北豎長前
後用力深也案春秋天子有隧以羨道下棺所以用碑者凡天子之葬掘地以
爲方壙漢書謂之方中又方中之內先累椁於其方中南畔爲羨道以蜃車載
柩至壙說而載以龍輴從羨道而入至方中乃屬紼於棺之緘從上而下棺入
於椁之中於此之時用碑繂也〇注諸侯下天子也斲之形如大楹耳〇正義
曰以言視桓楹不云碑知不似碑形故云如大楹耳通而言之亦謂之碑也故
喪大記云諸侯大夫二碑是也云四植謂之桓者案說文桓亭郵表也謂亭郵
之所而立表木謂之桓卽今之橋旁表柱也今諸侯二碑兩柱爲一碑而施鹿
盧故云四植謂之。桓也周禮桓圭而爲雙植者以一圭之上不應四柱但瑑爲
二柱象道旁二木又宮室兩楹故雙植謂之桓也大夫亦。二碑但柱形不得麤
大所以異於諸侯也〇注以已至本同正義曰言經中以用之以義是休已之
字所。以用之以得爲休已之字者以其本同謂古昔之本用字本同乃得通用

謂。用。謂其兩字本昔是同故得假借而用後世始以己義異也云僭於禮有似作機巧非也者皇氏解云僭濫之事於禮猶有所似作機巧之事全非也○有注毋無至止之○正義曰依說文。止毋是禁辭故說文毋字從女有人從中欲干犯故禁約之故鄭注論語云毋止其辭。讓也故曲禮上篇多言毋毋猶勿也謂勿得如此下無是有無之無此經中之義是有無之無故轉毋作無也○注不寤之聲○正義曰公肩假唱噫是歎公輸般不能寤於禮。故。傷。之。而。爲。此。聲。也。

○戰。于。郎。郎魯近邑也哀十一年齊國書帥師伐我是也公叔禺人遇負杖入保者息遇見也見走辟齊師將入保罷倦加其杖頸上兩手掖之休息者保縣邑小城禺人昭公之子春秋傳曰公叔務人○禺音遇又音務注同辟音避罷音皮倦其卷反頸吉領反掖音亦曰使之雖病也謂時繇役○繇本亦作徭音遙任之雖重也謂時賦稅君子不能爲謀也士弗能死也不可君子謂卿大夫也魯政既惡復無謀臣士又不能死難禺人恥之○弗能弗亦作不爲于僞反下注國爲下爲懿同復扶又反下復射謂不復同難乃曰我則既言矣欲敵齊師踐其言與其鄰重汪踦往皆死焉奔敵死齊寇鄰里也重皆當爲童童未冠者之稱姓汪名踦鄰或爲談春秋傳曰童汪踦○重依注音童下同汪烏黃反踦魚綺反冠古亂反魯人欲勿殤重汪踦見其死君事有士行欲以成人之喪治之言魯人者死君事國爲斂葬○行下孟反問於仲尼仲尼曰能執干戈以衛社稷雖欲勿殤也不亦可乎善之

疏戰。于。至。可。乎。○正義曰。此節論童子死難之事○戰于郎。哀十一年齊伐魯魯與齊師戰于郎郎者魯之近邑也案哀十一年魯人公叔禺人逢遇國人走辟齊師兩手負杖於頸走入城保困而止息禺人見而言曰國以徭役使此人雖復病困國以賦稅責任人民雖復煩重若上能竭心盡力憂恤在下則無以負愧今君子卿大夫不能爲謀士又不能致死是自全其身不愛民庶於理不可既嫌他不死欲自爲致死之事

故云我則既言矣既已也云我則已言之矣乃踐其言於是與隣之童子姓汪名踦往赴齊師而死焉依禮童子爲殤魯人見其死寇欲勿殤童汪踦意以爲
疑問於仲尼仲尼報之云汪踦能執干戈以衛社稷勿猶不也雖欲不以爲殤不亦可乎言其可爲不殤也○注即魯至是也○正義曰案桓十年齊。魯衛侯
鄭伯來戰于郎公羊傳云郎者何吾近邑也哀十一年齊國書帥師伐我戰于郊是郊頭郎邑故知近也案春秋直云戰于郊知與此戰于郎爲一師事者以其
俱有童汪。踦之事故爲一也○注禺人至務人○正義曰案哀十一年傳云公叔務人僮汪踦死昭公傳云昭公子公爲逐季氏公曰務人爲此禍務人即公
爲也故云昭公子此作禺人者禺務聲相近聲轉字異也○注重皆當爲童○正義曰此云重汪踦下云重汪踦以重字有二故云皆當爲童以言魯人欲勿
殤故從春秋爲童也注見其至斂葬○正義曰案喪服小功章大夫爲昆弟之長殤注云謂爲士者若不仕者也以此言之雖見爲士猶以殤服服之何以此
云死君事有士行欲以成人之喪治之者喪服所論據尋常死者雖見爲士猶以殤服服之汪踦能致死於敵故以成人之喪治之云國爲斂葬者以其經稱
魯人但指衆辭汪踦非是家無親屬但國家哀其死難爲斂葬之○子路去魯謂顏淵曰何以贈我贈送曰吾聞
之也去國。則哭于墓而后行反其國不哭展墓而入無君事主於孝哭哀去也展省視之謂子路
曰何以處我處猶安也子路曰吾聞之也過墓則式過祀則下居者主於敬【疏】子。路。至。則下。○正義
曰此一節論禮敬祀墓之事各依文解之○注無。事。君主於孝○正義曰若有君事去國則不得哭墓故上曲禮云已受命君言不宿於家是不哭於墓○過
墓則式過祀則下。曰墓謂他家墳壟祀謂神位有屋樹者居無事主於恭敬故或式或下也他墳尚式則已先祖墳墓當下也○工尹商陽與
陳弃。疾追吳師及之工尹。楚官名弃疾楚公子弃疾也以魯昭八年帥師滅陳縣之楚人善之因號焉至十二年楚子狩於州來使蕩侯

潘子司馬。督囂尹午陵尹喜圍徐以懼吳於時有吳師陳或作陵楚人聲○尹馬褻音篤本亦作督○陳弃疾謂工尹商陽曰王事
也子手弓而可。手弓子射諸。商陽仁不忍傷人以。王事勸之○射食亦反下同○射之斃一人韔弓不忍復射
斃仆也韔韜也○斃本亦作獘婢世反下。同韔敕亮反仆蒲北反又音赴韜吐刀反又及。謂之又斃二人每斃一人揜其
目揜其目不忍視之○又及本或作又及一人又一人後人妄加耳止其御曰朝不坐燕不與殺三人亦足以
反命矣朝燕於寢大夫坐於上士立於下然則商陽與御者皆士也兵車參乘射者在左戈盾在右御在中央○朝直遙反與音預乘繩證反盾食允
反又音允孔子曰殺人之中又有禮焉善之疏。工尹。至。禮。焉○正義曰此一節論殺人有禮之事各依文解之○注工尹至人
聲○正義曰案春秋傳楚皆以尹爲官名也故知工尹楚官名也云弃疾楚公子弃疾也者左傳文是楚恭王之子後立爲平王云楚人善之因號焉者案昭
十三年左傳晉叔向云弃疾君陳蔡苛慝不。作。今。此。云。陳棄疾故楚人善之因號爲陳弃疾也云十二年楚子狩于。州。來。者是昭十二年左傳文楚子謂靈王
名虔弃疾之兄也使蕩侯一潘子二司馬督三囂尹午四陵尹喜五也五大夫圍徐以偪懼於吳也案左傳直有圍徐不見有吳師之事也又弃疾不與圍徐
鄭必知有吳師及弃疾追之者以弃疾昭八年縣陳十三年自立爲王於此之間無與吳師相涉今弃疾追吳師復有圍徐懼吳之事故鄭引以明之云陳或
作陵楚人聲者謂陳弃疾餘本有作陵弃疾者故云陳或作陵楚人呼陳及陵聲相似故云楚人聲子手弓而可手弓者弃疾謂商陽射吳之奔者云子是手
弓之人謂是能弓之手而可手弓者謂其堪可稱此能弓之手謂宜須射也又家語云楚伐吳工尹商陽。與弃。疾追吳師及之弃疾曰王事也子手弓而可商
陽手弓弃。疾曰子射諸射之斃一人韔其弓則此分句爲異解義亦別言手弓者令其彀弓而射之未知孰是故兩存焉附之以廣聞見也○注朝燕至中央

○正義曰朝之與燕皆在於寢若路門外正朝則大夫以下皆立若其燕朝在於路寢如孔子攝齊升堂又詩傳云不脫屨升堂謂之飫明脫屨升堂則坐也是大夫坐於上燕亦在寢故燕禮云燕朝服於寢案燕禮獻卿大夫及樂作之後西階上獻士士既得獻者立於東階下西面無升堂之文是士立於下云兵車參乘射者在左戈盾在右御在中央者謂兵車參乘之法其事如此若非兵車參乘則尊者在左故曲禮乘君之乘車不敢曠左鄭注云君存惡空其位又月令載耒耜於御與車右之間君在左也知兵車參乘射者在左戈盾在右者案宣十二年左傳云楚許伯御樂伯攝叔爲右於時樂伯主射在樂伯云左射以菆是射者在左攝叔云右入壘折馘執俘而還是戈盾勇力在右自然御者在中央此謂凡常戰士也若是元帥則在中央鼓下御者在左戈盾亦在右故成二年鞌之戰於時郤克爲中軍將時流血及屨未絶鼓音是將居鼓下也解張御郤克解張云矢貫余手及肘余折以御左輪朱殷是御者在左自然戈盾在右若天子諸侯親爲將亦居鼓下故戎右云贊王鼓成二年齊侯圍龍齊侯親鼓之是也若非元帥則皆在左御者在中故成二年韓厥自其車左居中代御而逐齊侯故杜預云其車自非元帥御者皆在中故熊氏以爲雖非元帥上軍下軍之將亦居鼓下故成十六年鄢陵之戰子重將左而云子重鼓之也故爲將皆在鼓下也以其親鼓故以爲鼓下案周禮諸侯執賁鼓軍將執晉鼓師帥執提旅帥執鼙豈皆居鼓下也其義恐非也孔子曰殺人之中又有禮焉者言其既殺人之中又有禮則韔弓揜目等是也案左氏傳戎昭果毅獲則殺之商陽行仁而孔子善之傳之所云。人謂彼勍敵與我決戰雖是胡者獲則殺之此謂吳師既走而後逐。之故云又及一人則是不逐奔之義故以爲有禮也

○諸侯伐秦曹桓公卒于會魯成十三年曹伯廬卒於師是也廬謚宣言桓聲之誤。也桓依注音宣諸侯請含以朋友有相啖食之道○含胡闇反啖徒暫反食音嗣徐音自使之襲襲非也襲賤者之事

○襄。公朝于荊康王卒在魯襄二十八年康王楚子昭也楚言荊者州言之荊人曰必請襲欲使襄公衣之

○衣於既反魯人曰非禮也荊人強之欲尊康王○強其丈反下注同巫先拂柩荊人悔之巫祝桃茢君臨臣喪之禮○拂芳勿反柩其又反茢音列疏諸侯至悔之○○正義曰此一節論諸侯失禮之事○注在魯至言之○○正義曰不言楚而言荊者楚屬荊故荊言之也春秋莊十年荊敗蔡師于莘公羊傳曰荊者何州名也州不若國國不若氏氏不若人人不若名名不若字字不若子而左氏無此義荊蓋楚之本號魯莊之世告命皆稱荊至僖元年始稱楚故杜預云荊始改號曰楚其巫祝桃茢之事已具于上

○滕成公之喪魯昭三年使子叔敬叔弔進書子叔敬叔魯宣公弟叔肸之曾孫叔弓也進書奉君弔書○肸許乙反子服惠伯爲介惠伯慶父玄孫之子名椒介副也○介音界注及後同及郊爲懿伯之忌不入郊滕之近郊也懿伯惠伯之叔父忌怨也敬叔有怨於懿伯難惠伯也春秋傳曰敬叔不入○難乃旦反惠伯曰政也不可以叔父之私不將公事政君命所爲敬叔於昭穆以懿伯爲叔父○昭常遙反遂入惠伯強之乃入疏滕成至遂入○正義曰此一節論不可以私廢公之事各依文解之○注子叔至弓也○正義曰案世本叔肸生聲伯嬰齊齊生叔老老生叔弓是叔弓爲叔肸曾孫也叔是其氏此記云子叔者子是男子通稱故以子冠叔也○注惠伯至副也○正義曰案世本慶父生穆伯敖敖生文伯穀穀生獻子蔑蔑爲慶父曾孫惠伯是蔑之孫是慶父玄孫之子也案春秋傳曰子服椒故知名椒也○及郊至公事○敬叔爲使惠伯爲介至滕之近郊懿伯是惠伯叔父敬叔於先有怨於懿伯今至滕郊爲有懿伯之怨故畏難惠伯不敢入惠伯知其難己遂開釋之今既奉君命政令奉使滕國不可以叔父私怨遂欲報讎不行公事也○注郊滕至不入○正義曰經直云郊知是滕之近郊者下云不入謂不入國城則郊與國城相近故知郊是近郊也知懿伯是惠伯叔父者以下文惠伯云不可以叔父之私故知懿伯是惠伯叔父也云敬叔有怨於懿伯難惠伯也者謂敬叔殺懿伯被懿伯家所怨恐惠

伯殺已故難惠伯不敢入也然敬叔惠伯同在君朝又奉使滕國相隨在路不相畏難入滕始難者雖有怨讎恆爲防備今入滕國是由主人其防備之事不復在己故難之引春秋傳敬叔不入者昭三年左傳文引之者以經直云不入恐是惠伯不入故引以明之○注政君至叔父○正義曰案論語注君之教令爲政臣之教令爲事也故云其事也如有政云敬叔於昭穆以懿伯爲叔父者此後人轉寫鄭注之誤當云敬叔於昭穆以惠伯爲叔父檢勘世本敬叔是桓公七世孫惠伯是桓公六世孫則惠伯是敬叔之父六從兄弟則敬叔呼惠伯爲叔父敬叔呼懿伯爲五從祖此注乃云敬叔於昭穆以懿伯爲叔父故知誤也

○哀公使人弔蕢尚遇諸道辟於路畫宮而受弔焉哀公魯君也畫宮畫地爲宮象○蕢苦怪反辟音避又婢亦反畫音獲注同曾子曰蕢尚不如杞梁之妻之知禮也行弔禮於野。非齊莊公襲莒于奪杞梁死焉魯襄二十。二年齊侯襲莒是也春秋傳曰杞殖華還載甲夜入且于之隧隧奪聲相近或爲兌梁即殖也○于奪徒外反注並兌同杞音豈殖時職反華胡化反且子餘反其妻迎其柩於路而哭之哀莊公使人弔之對曰君之臣不免於罪則將肆諸市朝而妻妾執肆陳尸也大夫以上於朝士以下於市執拘也○肆殺三日陳尸音四朝直遙反上詩掌反拘音俱君之臣免於罪則有先人之敝廬在君無所辱命無所辱命辭不受也春秋傳曰齊侯弔諸其室○廬力居反○疏。哀。公。至。辱。命。○○正義曰此一節論蕢尚不如婦人得禮之事○注肆陳至拘也○○正義曰案周禮鄉士職云協日刑殺肆之三日是陳尸曰肆也云大夫以上於朝士以下於市者。謂諸侯大夫士也故襄。二十。二年楚殺令尹子南尸諸朝三日大夫既於朝士則於市也其天子臣則有爵者皆適甸師氏不在朝故周禮掌囚職云凡有爵者奉而適甸師氏以待刑殺掌戮云有爵者殺之于甸師氏是也天子士宜在朝與諸侯大夫同○孺子蕢之喪魯哀公之少子○蕢吐孫反哀公欲設撥撥可撥引輴車所謂紼○撥半末反輴勑倫反問於有若有若曰其可也君之三臣猶設之猶尚也以臣況子也三臣仲孫叔孫季孫氏顏柳曰天子龍輴而椁幬輴殯車也畫轅爲龍幬輴也殯以椁覆棺。而塗之所。謂塗龍輴以椁○椁音郭幬大報反欑塗才九反下音徒菆諸侯輴而設幬輴不畫龍爲榆。沈故設撥以水澆榆白皮之汁有急以播地於引輴車滑○沈本又作瀋同昌審反澆古堯反汁之十反滑于八反三臣者廢輴而設撥竊禮之不中者也而君何學焉止其學非禮也廢去也紼繫於輴三臣於禮去輴今有紼是用輴僭禮也殯禮大夫菆置西序士掘肂見衽○中丁仲反又如字學如字或音戶教反非注同去羌呂反下同掘求勿反又求月反又戶忽反肂本又作肂以二反棺坎也見賢遍反衽而審反

疏孺子至學焉○正義曰此論諫哀公不得學僭禮之事○顏柳至學焉○顏柳以有若對非其實恐哀公從。之以。其正禮而言天子之殯則以龍輴謂畫輴車轅爲龍載柩於上累材作椁而題湊其木幬覆之棺上而後塗之其諸侯則以輴車載柩不畫爲龍亦累木爲椁設木於上以幬之不爲題湊直橫木復之亦泥塗其上以其有輴須設榆沈備擬牽引爲有榆沈故須設撥撥謂紼也今三臣者依禮廢輴不合用殯今乃設撥用輴是盜竊於禮不中法式而君何得學焉○注畫轅至以椁○正義曰經直云龍輴知畫轅爲龍者以輴之形狀庳下而寬廣無似龍形唯轅與龍爲形相類故知畫轅也云所謂菆塗龍輴以椁者以其上篇有其文故此言所謂上篇也輴外邊從累其木上與椁齊乃菆木爲題湊爲四阿椁制而塗之○注。輴不畫龍○正義曰以上云龍輴此直云輴故云不畫龍其木亦不題湊故鄭注喪大記云諸侯不題湊○注三臣至見衽○正義曰喪大記大夫二綍二碑是大夫有綍綍卽紼也又注既夕禮云大夫以上始有四周謂之輴是大夫有輴也此云三臣於禮去輴用輴僭禮不同者大夫以柩朝廟之時用輴。綷帷殯時用輁軸不得用輴

紼此文據殯時大記及既夕禮謂朝廟及下棺也云大夫蕺置西序士掘肂見衽者是喪大記文謂蕺叢其木以鄭三面倚於西序肂謂穿地爲坎深淺見其
棺蓋上小要之衽言棺上小要之衽出於平地○悼公之母死母哀公之妾哀公爲之齊衰有若曰爲妾齊
衰禮與譏而問之妾之貴者爲之緦耳○爲于僞反下爲妾注爲之下弗爲服昔同與音餘公曰吾得已乎哉魯人以妻
我言國人皆名之爲我妻重服嬖妾文過非也○爲嬖必計反疏悼公至妻我○正義曰此一節論哀公爲妾著服非禮之事○注妾之貴者爲之緦耳○
正義曰天子諸侯絕旁期於妾無服唯大夫貴妾緦以哀公爲妾著齊衰服故舉大夫貴妾緦以對之耳○公曰吾得已乎哉魯人以妻我者公以有若之譏
遂文其過云吾豈得休已而不服之乎所以不得休已者雖是其妾魯人以我無夫人皆以爲我妻故不得不服○季子皋葬其妻犯
人之禾季子皋孔子弟子高柴孟氏之邑成宰或氏季犯躐也○躐力輒反申祥以告曰請庚之申祥子張子庚償也○庚古衡
反償徐音尙子皋曰孟氏不以是罪予時僭侈○僭子念反侈昌氏反又赤氏反朋友不以是弃予言非大故
以吾爲邑長於斯也買道而葬後難繼也恃寵虐民非也○長丁丈反疏季子皋葬其妻至繼也○正義曰此
一節論高柴非禮之事各依文解之○注季子至成宰○正義曰案史記仲尼弟子傳云高柴字子皋少孔子三十歲鄭人也知爲成宰者下文云子皋爲成
宰云季季者高是其正氏今言季子皋故鄭云或氏季以身處季少故以字爲氏而稱季也猶若子游稱叔氏仲由稱季路皆其例也弟子傳及論語作子羔與
此文子皋字不同者古字通用○子皋至繼也○子皋見申祥請償故拒之云孟氏不以是犯禾之事罪責於我以孟氏自爲奢暴之故也朋友不以是犯禾
之事離弃於我以其小失非大故也斯此也以吾爲邑長於此成邑乃買道而葬清儉大過在後世之人難可繼續也以孟氏不罪於己故鄭云恃寵不肯償

禾故云虐民○仕而未有祿者君有饋焉曰獻使焉曰寡君見在臣位與有祿同也君有饋有饋於君○餽
本又作饋其位反遺也使色吏反見賢遍反違而君薨弗為服也以其恩輕也違去也疏仕而至服也正義曰此一節論臣之仕未
得祿者與得祿之臣有同有不同之事也故王制云位定然後祿之是先位定而後祿也○君有饋焉曰獻者饋餉也君有饋謂臣有物饋獻於君既奉餉君
上故曰獻○使焉曰寡君者使焉謂為君使往他國此臣若出使則自稱己君為寡君也言臣雖仕未得祿而有物饋君及出使他國所稱則並與得祿者同
也嫌其或異故明之也○違而君薨弗為服也者此一條則異也違而君薨者違去也謂三諫不從以禮去者若己有祿恩重者雖放出仕他國而所仕者敵
則猶反服今此未得祿之臣唯在朝時乃服若放出他邦而故君薨所仕雖敵亦不反服也以其本無祿恩輕故也○虞而立尸有几筵
卒哭而諱諱辟其名○諱辟音避生事畢而鬼事始已謂不復饋食於下室而鬼神祭之已辭也既卒哭宰夫執
木鐸以命于宮曰舍故而諱新故為高祖之父當遷者也易說帝乙曰易之帝乙為成湯書之帝乙六世王天之錫命疏可同
名○鐸大各反舍音捨自寢門至于庫門百官所在庫門宮外門明堂位曰庫門天子皐門疏虞而立尸有几筵卒哭而諱至自寢
門至于庫門○正義曰此一節論葬後當以鬼神事之禮未葬由生事之故未有尸既葬親形已藏故立尸以係孝子之心也前所云既窆而祝宿虞尸是也
○有几筵者未葬之前殯宮雖有脯醢之奠不立几筵其大斂之奠雖在殯宮但有席而已亦無几也此席素席故前云奠以素器其下室之內有吉几筵今
葬訖既設虞祭有素几筵筵雖大斂之時已有至於虞祭更立筵與几相配故云有几筵故士虞禮云祝免澡葛經帶布席于室中東面右几是也然此虞祭
而有几謂士大夫禮若天子諸侯則葬前有几故周禮司几筵云喪事素几鄭注云謂殯奠時天子既爾諸侯南面之君其事亦然○卒哭而諱者諱謂神名

也古者生不相諱卒哭之前猶生事之故不諱至卒哭乃有神諱也○生事畢而鬼事始已者弁解所以虞立尸卒哭而爲神諱義也既虞卒哭則生事畢鬼神之義方爲始也○注謂不至辭也○正義曰合釋有尸有几筵及諱也下室謂內寢生時飲食有。事處也未葬猶生事當以脯醢奠殯又於下室饋設黍稷謝兹云下室之饋器物几杖如平生鄭君答張逸云未葬以脯醢奠於殯又於下室設黍稷曰饋下室內寢也至朔月月半而殷奠殷奠有黍稷而下室不設也既虞祭遂用祭禮下室遂無事也然不復饋食於下室文。承卒哭之下卒哭之時乃不復饋食於下室皇氏以爲虞則不復饋食於下室於理有疑○注政謂至同名○正義曰高祖之父謂孝子高祖之父也於死者高祖也卒哭猶未遷故云當遷也至小祥乃遷毀也易說帝乙曰易之帝乙爲成湯者鄭引易證六世不諱故卒哭而舍高祖之父也易說者鄭引云易緯也凡鄭云說者皆緯候也時禁緯候故轉緯爲說也故鄭志張逸問禮注曰書說書說何書也荅曰尚書緯也當爲注時時在文網中嫌引。祕書故諸所牽圖讖皆謂之說云案易云帝乙歸妹易乾鑿度說易之帝乙謂是殷湯也書之帝乙六世王者亦易緯言也書酒誥有帝乙而乾鑿度說云乙是殷六世王也先儒注皆以酒誥帝乙紂父也紂父去湯多世不啻於六世也然史記殷本紀云王名乙者甚衆上皆有配字惟紂父稱帝乙耳而湯名乙其六世孫名祖乙即是六世王也既並爲帝故皆得曰帝乙也祖乙是湯六世孫與湯同名是六世得同名云天之錫命疏可同名者此注湯緯語也言帝生之名由天所錫則世疏可同故舉六世以爲證也謂天所錫者殷以生日甲乙爲名則生日是天之命。曰爲名也白虎通云殷質以生日名子也故殷大甲帝乙武丁○自寢門至于庫門前既執木鐸以命宮中又出宮從寢門至于庫門寢門路門庫門是魯之外門也百官及宗廟所在之次至庫門咸使知之也魯三門故至庫門耳若天子五門則至皐門也故鄭引明堂位云庫門天子皐門也若凡諸侯則皐應路也

○二名不偏諱夫子之母名徵在言在不稱徵。言徵不稱在。稱舉也雜記曰妻之諱不舉諸其側 疏 二名至稱

在○正義曰此一節論不偏諱之事○注稱舉至其側○正義曰引雜記者證稱是舉之義○軍有憂則素服哭於庫門之
外憂謂爲敵所敗也素服者縞冠也○敗必邁反赴車不載櫜韔兵不戢示當報也以告喪之辭言之謂還告於國櫜甲衣韔弓衣○櫜音
羔韔衣亦作韔勑亮反戢側立反疏。軍。有。至。櫜。韔○正義曰此一節論軍敗當報之事○赴軍不載櫜韔者軍既有憂從軍赴國之車。但露載其甲及弓
示有報敵之意故甲則不以櫜戢之弓則不以韔戢之故注云兵不戢示當報也○注以告至弓衣○正義曰案春秋左氏傳禍福稱告崩薨稱赴今軍敗應
稱告而稱赴故云以告喪之辭言之案詩云載櫜弓矢春秋傳云右屬櫜鞬皆以櫜爲韜弓此注爲甲衣者以。下韔文韔既是弓衣故以櫜爲甲衣○有
焚其先人之室則三日哭謂。人燒其宗廟哭者哀精神之有虧傷故曰新宮火亦三日哭火人火也新宮
火在魯成三年疏。有。焚。至。日。哭○正義曰此一節論哀先人宗廟。傷之事○注火人至三年○正義曰案宣十六年左傳云人火曰火天火曰災新宮者魯
宣公廟故成三年公羊傳云新宮者何宣公之宮也○孔子過泰山側有婦人哭於墓者而哀夫子式而
聽之怪其哀甚使子路。問之曰子之哭也壹似重有憂者而曰然昔者吾舅死於虎
吾夫又死焉今吾子又死焉而猶乃也夫之父曰舅○重直用反夫子曰何爲不去也曰無苛政
夫子曰小子識之苛政猛於虎也苛音何本亦作荷識申吉反又如字疏。孔。子。至。虎。也○正義曰此一節論苛政嚴於猛
虎之事○子之哭也壹似重有憂者○言子之哭也壹似重疊有憂喪者也壹者決定之辭也○而曰然者而乃也婦人哭畢乃荅之曰然然猶如是是重疊
有憂也○魯人有周豐也者哀公執摯請見之下賢也摯禽摯也諸侯而用禽摯降尊就卑之義○贄音志下戶嫁

反而曰不可辭君以尊見卑士禮先生異爵者請見之則辭公曰我其已夫已止也重強變賢夫音符強其丈反○使人
問焉曰有虞氏未施信於民而民信之夏后氏未施敬於民而民敬之何施而
得斯於民也時公與三桓始有惡懼將不安對曰墟。墓之閒未施哀於民而民哀社稷宗廟之
中未施敬於民而民敬言民見悲哀之處則悲哀見莊敬之處則莊敬非必有使之者墟毀滅無後之地○虛本亦作墟同魚起反注
同處昌慮反下同殷人作誓而民始畔周人作會而民始疑會謂盟也盟誓所以結衆以信其後外恃衆而信不
由中則民畔疑之孔子曰其身正不令而行其身不正雖令不從苟無禮義忠信誠慤之心以涖。之雖固結之
民其不解乎涖臨○涖音利又音類解佳買反舊胡買反疏「魯。人。至。解。乎」○正義曰此一節論君之臨臣民當以禮義忠信爲本之事各依
文解之○何施而得斯於民也者○有虞氏未施信於民而民信之夏后氏未施敬於民而民敬之言虞之與夏施何政教以化民斯此也而得如此敬信於
民也○對曰至民敬○周豐之意以虞之與夏由行敬信於民民見其敬信自學之不須設言號令故云古昔丘墟及壙墓之閒是所悲哀之處也人在其
所未須施設教化令民使哀而民自哀也社稷宗廟之中嚴凝之處人在其中未須施設教化而民自敬言民之從君在君身所行不在言也若身之不行言
亦無益故殷人作誓由身不自行徒有言誓而民始畔也周人作會爲身無誠信而民始疑苟誠也人君之身誠無禮義忠信誠實質慤之心以臨化之雖以
言辭誓令堅固結之民其不解散離貳乎言當解散離貳也周豐此言欲令哀公身行誠信不當唯以言辭率下而已○注墟毀滅無後之地○正義曰凡舊
居皆曰墟故左傳有莘氏之墟有昆吾之墟故知毀滅無後者以可悲哀故爲無後也○注會謂至疑之○正義曰案昭三年左傳云有事而會不協而盟則

盟會別也知此會謂盟者以云而民始疑司盟云邦國有疑則盟詛之故以會爲盟也案尚書夏啓作甘誓此言殷人作誓左傳云夏啓有塗山之會又禹會塗山此云周人作會者此據身無誠信徒作。誓。盟民因誓因盟而始疑畔非謂殷人始作誓周人始作會若夏啓作甘誓禹會塗山皆身有誠信於事善也。穀梁傳云告誓不及五帝盟詛不及三王者五帝三王身行德義不專用誥誓盟詛故云不及與此不同云信不由中則民畔疑之者隱三年左傳云信不由中質無益也紂爲苛政而作誓命民乃畔之亦是畔疑之事也

○喪不慮居謂賣。舍。宅以奉喪毀不危身謂憔悴將滅性○憔在遙反悴在醉反喪不慮居爲無廟也毀不危身爲無後也○延陵季子適齊於其反也其長子死葬於嬴博之閒季子名札魯昭二十七年吳公子札聘於上國是也季子讓國居延陵因號焉春秋傳謂延陵延州來嬴博齊地今泰山縣是也○爲于僞反下同長丁丈反下官長幷注同嬴音盈札側八反孔子曰延陵季子吳之習於禮者也往而觀其葬焉往弔之其坎深不至於泉以生恕死深式鴆反○其斂以時服以時行之服不改制節既葬而封廣輪揜坎其高可隱也。示節也輪從也隱據也封可手據謂高四尺○廣古曠反揜本又作掩於檢反隱於刃反注同從子容反

疏○延。陵。至。隱。也○正義曰此一節論仲尼。云季。子得禮之事各依文解之○注季子至是也正義曰知季子名札者案襄二十九年吳公子札來聘是名札也又案襄二十九年季札來聘于魯遂往聘齊衛及晉知非此時子死而云昭二十七年聘上國者此云孔子聞之往而觀其葬焉若襄二十九年孔子纔年九歲焉得觀其葬而善之故爲昭二十七年也云讓國居延陵者春秋襄二十九年吳公子札來聘公羊云吳無君無大夫此何以有君有大夫賢季子也何賢乎季子讓國也謁也餘祭也夷昧也與季子同母者四季子弱而才兄弟皆愛之同欲立之以爲君謁也兄弟迭爲君而致國乎季子皆曰

諾故諸爲君者皆輕死爲勇飲食必祝曰天苟有吳國尚速有悔於予身及闔廬。使專諸刺僚而致國乎季子季子不受去之延陵終身不入吳國此即季子本封延陵後讓國又。居之鄭舉後事言耳延陵一名延州來故左傳云延州來季子聘於上國所以鄭又引以會之云春秋傳謂延陵延州來即此經延陵即左傳延州來明是一也○注以生怨死○正義曰言坎以深不至泉以生時不欲近泉故死亦不至於泉以生時之意以怨於死者○注。亦節至尺所○正義曰以上斂以行時之服不更制造是其節也今封壙廣輪揜坎其高可隱又是有其節制故云。亦節也云謂高四尺所者言壙之高可四尺之所以人長八尺低而據之半爲四尺且約上壙崇四尺故云四尺所所是不定之辭既封左袒右還其封且號者三曰骨肉歸復于土命也若魂氣則無不之也無不之也還圜也號哭且言也命。猶性也○號戶高反注同而遂行行去也孔子曰延陵季子之於禮也其合矣乎疏既封至。矣。乎。○。正。義。曰既封壙已竟季子乃左袒其衣案鄭注。覲禮云凡以禮事者左袒若請罪待刑則右袒故覲禮云乃右肉袒于廟門之東在喪亦是禮事故喪禮直云袒不云左右今季子長子之喪而左袒者季子達死生之命云骨肉歸復于土不須哀戚以自寬慰故從吉禮也左袒訖乃右而圜遶其封兼且號哭而遶壙三。帀也號哭且言曰骨肉歸復于土此是命也命性也言自然之性當歸復于土言歸復者言人之骨肉由食土物而生今還入土故云歸復若神魂之氣則遊於地上故云則無不之適也言無所不之適上或適於天旁適四方不可更及再言之者慇傷離訣之意

○邾婁考公之喪考公隱公益之曾孫考或爲定○婁力俱反下同徐君使容居來弔含弔且含○含胡闇反注及下同曰寡君使容居坐含進侯玉其使容居以含欲親含非也含不使賤者君行則親含大夫歸含耳言侯玉者時徐僭稱王自比天子○僭子念反有司曰諸侯之來辱敝邑者易

則易于則于易于雜者未之有也易謂臣禮于謂君禮雜者容居以臣欲行君禮徐自比天子使大夫敵諸侯有司拒之〇
易則易並以豉反下及注同拒本又作距容居對曰容居聞之事君不敢忘其君亦不敢遺其祖昔
我先君駒王西討濟於河無所不用斯言也容居魯人也不敢忘其祖言我祖與今君
於諸侯初如是不聞義則服駒王徐先君僭號容居其子孫也濟渡也言西討渡於河廣大其國魯魯鈍也言魯鈍者欲自明不妄〇頓徒困反本亦作鈍
【疏】邾婁至其祖〇正義曰此一節論徐之僭禮之事〇邾婁考公之喪徐君使大夫容居來弔且含容居此致其君命云寡君使容居親坐行含進侯玉於邾
君此是使致之辭也〇其使容居以含者此是記人錄語云其使容居奉玉以行含禮邾人有司乃拒之曰諸侯之來屈辱臨於敝邑者若是臣來其禮簡易
者則行臣之簡易之禮于謂廣大若君來其禮廣大者則行君之廣大之禮易于雜者謂應簡易而爲廣大實是臣而行君禮是君臣雜亂者未之有也謂由
來未有此禮容居乃對邾之有司云容居聞之謂聞於舊日之言云臣之事君奉命出使不敢忘其君之言子孫事祖當光揚先祖亦不敢遺棄其先祖言卽
不遺先祖之事也〇昔我先君駒王西討濟於河言國土廣大〇無所不用斯言也者所謂處所斯此也謂我從先君駒王以來於諸侯無一處不用此稱王
之言也言我對諸侯恆稱王也容居恐邾人謂其虛誕故云魯鈍之人不解虛詐唯知不敢忘其先祖容居云此者先祖實有此事不虛也上云不敢忘其君
不敢遺其祖下直云不敢遺其祖者〇祖是久遠猶尚不遺忘君見有是不忘可悉故不言也其言先祖卽是不忘君〇注君行至天子〇正義曰知君行則親
含者上云曹桓公卒于會諸侯請含是也言大夫歸含者上雜記諸侯之喪君使人弔含贈襚是也云言侯玉者徐自比於天子以邾君爲己之諸侯言進侯
氏以玉故云進侯玉案春秋昭三十年吳滅徐此云徐僭稱王者滅而復興至春秋之後僭號強大稱王猶楚滅陳蔡後更興〇注易謂至拒之〇正義曰易

是儐易故爲臣禮易既爲臣禮以對於于故知于爲君禮也君禮謂之于者于音近迂迂是廣大之義故論語云子之迂也與此同也徐自比天子使大夫敵諸侯者若諸侯使大夫親含諸侯則不可若天子使大夫敵諸侯則得親含徐欲自比天子故有司拒之○注言我至不妄○正義曰言我之先祖駒王與今日徐君稱謂于諸侯自初以來如是稱王非始今日云容居其子孫也者以經云不敢遺其祖即云我先君駒王故知容居是駒王子孫云自明不妄者我若是曉利之人或妄稱先祖之善自言魯鈍似若無識知言語朴實故言欲自明不妄凡實行含禮未斂之前以玉實口士則主人親含大夫以上即使人含若既斂已後至殯葬其有含者親自致璧於柩及殯上者謂之親含若但致命以璧授主人主人受之謂之不親含

子思之母死於衞嫁母也姓庶氏赴於子思子思哭於廟門人至曰庶氏之母死何爲哭於孔氏之廟乎門人子思弟子也嫁母與廟絕族子思曰吾過矣吾過矣遂哭於他室

○天子崩三日祝先服祝佐含斂先病○祝之六反五日官長服官長大夫士七日國中男女服庶人三月天下服諸侯之大夫虞人致百祀之木可以爲棺椁者斬之虞人掌山澤之官百祀畿內百縣之祀也以爲棺椁作棺椁也斬伐也○畿音祈不至者廢其祀刎其人○刎勿粉反徐亡粉反

【疏】天子至其人○正義曰此一節論天子崩尊卑服杖及葬備椁材之事天子崩三日祝先服者祝大祝商祝也服服杖也是喪服之數故呼杖爲服祝佐含斂先病故先杖也然云祝服故子亦三日而杖也○五日官長服者大夫士也亦服杖也病在祝後故五日也○七日國中男女服者謂畿內民及庶人在官者服謂齊衰三月而除之必待七日者天子七日而殯殯後嗣王成服故民得成服也○三月天下服者謂諸侯之大夫爲王繐衰既葬而除之也近者亦不待三月今據遠者爲言耳然四條皆云服何以知其或杖服或衰服案喪大記云君之

喪三日子。大夫人杖五日既殯授大夫世婦杖又喪服四制云三日授子杖五日授大夫杖七日授士杖案。如大記及四制則知今云三日五日是服杖明矣其七日及三月者唯服而已無杖四制云七日授士杖此云五日士杖者士若有地德深者則五日若無地德薄則七日崔氏云此據朝廷之。士四制是邑宰之士也○虞人致百祀之木可以爲棺椁者斬之謂王殯後事也虞人者主山澤之官也百祀者王畿內諸臣采地之祀也言百者舉其全數也既殯旬而布材故虞人斬百祀之木可以爲周棺之椁者送之也必取祀木者賀瑒云君者德著幽顯若。存則人神均其慶没則靈祇等其哀傷也

○齊大饑黔敖爲食於路以待餓者而食之有餓者蒙袂輯屨貿貿然來蒙袂不欲見人也輯斂也斂屨力憊不能屨也貿貿目不明之貌○饑居宜反字林九依反本又作飢同黔其廉反徐渠嚴反而食音嗣下奉食同袂彌世反輯側立反貿徐亡救反又音茂一音年斂力檢反下同黔敖左奉食右執飲曰嗟來食揚其目而視之曰予唯不食嗟來之食以至於斯也嗟來食雖閔而呼之非敬辭○奉芳勇反從而謝焉終不食而死從猶就也曾子聞之曰微與其嗟也可去其謝也可食微猶無也無與止其狂狷之辭○與音餘注同狷音絹

【疏】齊。大。至。可。食○正義曰此一節論饑者狂狷之事○黔敖既見餓者而來乃左奉其飯右執其飲見其餓者困咨嗟愍之故曰嗟乎來食餓者聞其嗟已無敬己之心於是發怒揚舉其目而視之曰予唯不食嗟來無禮之食以至於斯斯此也以至於此病困怒而遂去黔敖從逐其後辭謝焉餓者終不食而死曾子聞之曰微與者微無也與語助言餓者無得如是與初時無禮之嗟也可怒之而去其終有禮之謝也可反迴而食曾子嫌其狂狷故爲此辭狂者進取一槩之善仰法夷齊耿介狷者直申己意不從無禮之爲而餓者有此二性故止之

○邾婁定公之時有弑。其父者定公貜且也魯文十四年即位○有殺本

又作弒同式志反下臣殺子殺同獲俱縛反且子餘反有司以告公瞿然失席曰是寡人之罪也民之無禮教之罪○瞿本又作懼紀具反曰寡人嘗學斷斯獄矣臣弒君凡在官者殺無赦子弒父凡在宮。者殺無赦言諸臣子孫無尊卑皆得殺之其罪無赦○斷丁亂反殺其人壞其室洿其宮而豬焉明其大逆不欲人復處之豬都也南方謂都爲豬○殺如字壞音怪洿音烏豬音誅復扶又反蓋君踰月而后舉爵自貶損

疏邾婁。至。舉。爵○正義曰此一節論誅弒父之事○曰寡至無赦○定公既見有司告以人弒其父乃言曰寡人嘗試學斷此弒父之獄矣臣之弒君凡在官之人無問貴賤皆得殺此弒君之人無得縱赦之也子之弒父凡在宮者無問尊卑皆得殺此弒父之人不得縱赦之此在宮字諸本或爲在官恐與上在官相涉而誤也○注言諸至無赦○正義曰言諸臣解在官者言子孫解在宮者言此等之人若見弒君弒父之人無問尊卑皆得殺之謂理合得殺若力所不能亦不責也故春秋崔杼弒莊公而晏子不討崔杼而不責晏子若力能討而不討則責之春秋董狐書趙盾云子爲正卿亡不出竟反不討賊書以弒君是也鄭此云子孫無問尊卑皆得殺之則似父之弒祖子得殺父然子之於父天性也父雖不孝於祖子不可不孝於父今云子者因孫而連言之或容兄弟之子耳除子以外皆得殺其弒父之人異義衞輒拒父公羊以爲孝子不以父命辭王父之命許拒其父左氏以爲子而拒父悖德逆倫大惡也鄭駁異義云以父子私恩言之則傷仁恩則鄭意以公羊所云公義也左氏所云是私恩也故知今子之報殺其父是傷仁恩也若妻則得殺其弒父之夫故異義云妻甲夫乙歐母甲見乙歐母而殺乙公羊說甲爲姑討夫猶武王爲天誅紂鄭駁之云乙雖不孝但歐之耳殺之太甚凡在宮者未得殺之殺之者士官也如鄭此言歐母妻不得殺之若其殺母妻得殺之○注豬都至爲豬○正義曰案孔注尚書云都謂所聚也此經云洿其宮而豬焉謂掘洿其宮使水之聚積焉故云豬都也鄭恐豬不得爲都

故引南方之人謂都爲豬則彭蠡既豬豬是水聚之名也○晉獻文子成室晉大夫發焉文子趙武也作室成晉君獻之謂賀
也諸大夫亦發禮以往張老曰美哉輪焉美哉奐焉心譏其奢也輪輪囷言高大奐言衆多○奐音渙本亦作煥奐爛言衆多
也囷起倫反歌於斯哭於斯聚國族於斯祭祀死喪燕會於此足矣言此者欲防其後復爲文子曰武也得
歌於斯哭於斯聚國族於斯是全要領以從先大夫於九京也北面再拜稽首
全要領者免於刑誅也晉卿大夫之墓地在九原京蓋字之誤當爲原○要一遙反注及下注要君同京音原下同下亦作原字君子謂之善
頌善禱善頌謂張老之言善禱謂文子之言禱求也○禱丁老反祈也疏晉。獻。至。善。禱○正義曰此一節論文子成室相禱頌之事各隨文解之○
晉。獻子成室者獻謂慶賀也文子晉卿趙武也成室謂文子作宮室成也文子宮室成晉君往賀也○晉大夫發焉者發禮也晉君既賀則朝廷大夫並發禮
同從君往賀之張老曰美哉輪焉者張老亦往慶之一大夫也心譏文子宮室飾麗故佯而美之之也輪謂輪囷高大也春秋外傳曰趙文子爲室斲其椽而礱
之張老諫之是也○美哉奐焉者奐謂其室奐爛衆多也既高又多文飾故重美之張王云奐言其文章之貌也○歌於斯者歌謂祭祀時奏樂也斯此也張老
前美其飾麗後又防更造也言此室可以祭祀歌樂也然○大夫祭無樂而春秋時或有之也○哭於斯者又言此室亦足居喪哭泣位也○聚國族於斯者又
言此室可以燕聚國賓及會宗族也終始永足切勿復更造作○文子曰武也得歌於斯哭於斯聚國族於斯者武文子名也文子覺譏故稱名自陳將自陳
數前譏具領述張老之言也○是全要領以從先大夫於九京也者領頸也古者罪重要斬罪輕頸刑也先大夫謂文子父祖以其世爲大夫故稱父祖爲先
大夫也九。原文子家世舊葬地也文子述張老語竟故說此自陳也言若得保此宅以歌哭終於餘年不被罪討是完全要領壽終而卒以從先大夫葬於九

原也○北面再拜稽首者辭畢乃稽首謝過受諫也北面者在堂禮也故鄉飲酒禮賓主皆北面拜○君子謂之善頌善禱者君子者知禮之人也見張老與文子皆能中禮故善之也頌者美盛德之形容禱者求福以自輔也張老因美而譏之故爲善頌文子聞過卽服而拜故爲善禱也○注晉卿至爲原○正義曰案墓大夫云令國民族葬注云族葬各從其親是卿大夫墓地得同在一處知京當爲原者案韓詩外傳云晉趙武與叔向觀於九原又爾雅云絶高爲京廣平曰原非葬之處原是壙墓之所故爲原也

○仲尼之畜狗死畜。狗馴守○畜許六反又許又反馴守上音巡下如字又手又反使子貢埋之曰吾聞之也敝帷不棄爲埋馬也敝蓋不棄爲埋狗也丘也貧無蓋於其封也亦予之席毋使其首陷焉封當爲窆陷謂沒於土○貢本亦作贛音同爲埋于僞反下亡皆反下並同狗古口反封彼劍反出注路馬死埋之以帷路馬君所乘者其他狗。馬不能以帷蓋

○季孫之母死哀公弔焉曾子與子貢弔焉閽人爲君在弗內也閽人守門者○閽音昏弗內上如字下音納曾子與子貢入於其廄而脩容焉更莊飾○廄久又反子貢先入閽人曰鄉者已告矣既不敢。止以言下之鄉許亮反下戶嫁反曾子後入閽人辟之也見兩賢相隨。彌。益。恭也○辟音避下同涉內霤卿大夫皆辟位公降一等而揖之禮之○霤力又反君子言之曰盡飾之道斯其行者遠矣疏季孫至遠矣○正義曰此一節論君子加服人乃敬之事○卿大至遠矣○二子既入涉至內霤卿與大夫皆逡巡辟位公於堂上降階一等揖而禮之於時君子以二子盛飾備禮遂美之云凡人盡其容飾則被崇禮其盡飾道理斯此。此其施行可久遠矣所以可久遠者以二子初時不具衣服則閽人拒之二子退而脩容閽人雖是愚鄙猶知敬畏

明其不愚之人則敬畏可知是其盡飾之道行之可長遠矣案喪大記君臨大夫之喪君即位於序端卿大夫即位于堂廉楹西北面東上是辟位者蓋少西
逡巡而東面不當北面之位然君在大夫得斯爲二子辟位者卿大夫等見公將降故先辟位或可此公始入升堂之後卿大夫猶庭中北面辟位者謂辟中
庭之位少近東耳又弔有常服而得特爲盡飾者謂更服新衣也○陽門之介夫死陽門宋國門名介夫甲衛士司城子罕
入而哭之哀宋以武公諱司空爲司城子罕戴公子樂甫術之後樂喜也○罕可旱反晉人之覘宋者反報於晉侯
曰陽門之介夫死而子罕哭之哀而民說殆不可伐也覘。闚視也○覘勑廉反下同說音悅下注同闚
去規反孔子聞之曰善哉覘國乎善其知微詩云凡民有喪扶服救之救猶助也○扶服並如字又上
音蒲下音蒲北反本又作匍匐音同雖微晉而已天下其孰能當之微猶非也當丁郎反○疏。陽。門。至。當。之○正義曰此
一節論善覘國之事各依文解之○注宋以至喜也○正義曰宋以武公諱司空者桓六年左傳申繻之辭也知有司城者以春秋之時唯宋有司城無司空
又冬官考工記匠人營國是司空主營城郭故知廢司空爲司城服虔杜預注傳皆以爲然云子罕戴公子樂甫術之後者案世本戴公生樂甫術術生石甫
願繹繹生夷甫傾傾生東鄉克克生西鄉士曹曹生子罕喜是子罕爲術之五世孫也○殆不可伐也者言介夫匹庶之賤人而子罕是國之卿相以貴哭賤
感動民心皆喜悅與上共同死生若有人伐民必致死故云殆不可伐也殆近也不能正執故云殆不可伐爲疑辭也○詩云至當之○引詩邶谷風之篇也
時有愛其新昏棄其舊室舊室恨之我初來之時爲女盡力所以盡力者以凡人家死喪鄰里尚扶服盡力往救助之況我於女夫家而何得不盡力今此引
詩斷章云凡民有喪則陽門之介夫死是也在上扶服而救助之則子罕哭之哀是也○雖微晉而已者微非也言晉之強盛猶不能當宋雖非晉之強天下

更有強於晉者誰能當之言縱有強者不能當宋而已是助。語。句也

○魯莊公之喪既葬而絰不入庫門。時子般弒慶父作亂閔公不敢居喪葬已吉服而反正君臣欲防遏之微弱之至○般音班弒音試遏於葛反士大夫既卒哭麻不入麻猶絰也以羣臣畢虞卒哭亦除喪也閔公既吉服不與虞卒哭○與音預

疏。魯。莊。至。不。入○正義曰此一節論禮變所由也莊公閔公父也絰葛絰也諸侯弁絰葛而葬也魯之庫門天子之皋門也莊公以三十二年薨大子般立十月己未共仲使圉人犖賊子般於黨氏立閔公慶父作亂閔公時年八歲不敢居喪三年。既葬竟除凶服於外吉服反以正君臣故絰不入庫門也所以至庫門而去絰○注時子至而反○正義曰案春秋左氏傳慶父使圉人犖賊子般於黨氏是子般弒慶父作亂之事也云閔公不敢居喪者閔公是莊公之子夫人哀姜之娣叔姜所生以葬畢即除服故云不敢居喪經云經不入者謂葛絰故前文云天子諸侯葛絰帶而葬所以云不入庫門者以魯有三門庫雉路庫門最在外以從外來故絰不入庫門絰既不入衰。亦不入可知也○注麻猶至卒哭○正義曰經云大夫既卒哭麻不入故云麻猶絰也其實上是君身絰用葛士大夫是臣故絰用麻也云羣臣畢虞卒哭亦除喪也者亦閔公也閔公葬而除喪今羣臣卒哭乃除喪者以閔公既葬須即位正君臣故既葬而除羣臣須行虞卒哭之際故卒哭乃除之云閔公既吉服不與虞卒哭者按論語云羔裘玄冠不以弔虞卒哭並是凶事閔公既服吉服故不與也此云麻不入者承上庫門亦謂不入庫門也謂卒哭已後麻不復入按喪服注卿大夫既虞士卒哭而受服則既虞服葛此卒哭之麻不入者皇氏云時禍亂迫蹙君既服吉服故士大夫既虞不復受服至卒哭總除

○孔子之故人曰原壤其母死夫子助之沐椁沐治也○壤如丈反○原壤登木曰久矣予之不托於音也木椁材也託寄也謂叩木以作音○材音才歌曰貍首之班然執女手之卷然說人辭也○貍力知反女如字徐音汝卷音權

本又作拳夫子爲弗聞也者而過之佯不知佯音羊○從者曰子未可以已乎已猶止也○從才用反以已並音以夫子曰丘聞之親者毋失其爲親也故者毋失其爲故也疏孔子至故也○正義曰此一節論孔子無大故不遺故舊之事○原壤登椁材而言曰久矣予之不託於音也託寄也謂我遭喪母以來日月久矣我不得託寄此木以爲音聲於是乎叩木作音口爲歌曰貍首之班然者言斲椁材文采似貍之首○執女手之卷然者孔子手執斤斧如女子之手卷卷然而柔弱以此歡說仲尼故注云說人辭也然在喪而歌非禮之甚夫子爲若不聞也者而過去之從者見其無禮謂夫子曰彼既無禮子未可休已乎言應可休已不須爲治椁也夫子對從者曰朋友無大故不相遺弃丘聞之與我骨肉親者雖有非禮無失其爲親之道尙得與之和睦故舊者雖有非禮無失其爲故之道尙得往來原壤有非禮既是故舊身無殺父害君之故何以絶之按論語云主忠信無友不如己者左傳吳季札譏叔孫穆子好善而不能擇人原壤母死登木而歌夫子聖人與之爲友者論語云無友不如己者謂方始爲交遊須擇賢友左傳云好善而不能擇人者謂不善之人不可委之以政今原壤是夫子故舊爲日已久或平生舊交或親屬恩好苟無大惡不可輒離故論語云故舊無大故則不相遺弃彼注云大故謂惡逆之事殺父害君乃爲大故雖登木之歌未至於此且夫子聖人誨人不倦宰我請喪親一期終助陳桓之亂互鄉童子許其求進之情故志在攜獎不簡善惡原壤爲舊何足怪也而皇氏云原壤是上聖之人或云是方外之士離文弃本不拘禮節妄爲流宕非但敗於名教亦是誤於學者義不可用其云原壤中庸下愚義實得矣○趙文子與叔譽觀乎九原叔譽叔向也晉羊舌大夫之孫名○譽音預向許亮反肸許乙反文子曰死者如可作也吾誰與歸作起也叔譽曰其陽處父乎陽處父襄公之大傅父音甫注同傅音賦○文子曰行并植於晉國不沒其身其

知不足稱也弁猶專也謂剛而專已爲狐射姑所殺沒終也植或爲特○行舊下孟反皇如字弁必正反注同植直吏反又時力反注同知音智射音亦又音夜其舅犯乎文子曰見利不顧其君其仁不足稱也謂久與文公辟難至將反國無安君之心及河授璧詐請亡要君以利是。也○難乃旦反要一遙反我則隨武子乎利其君不忘其身謀其身不遺其友武子士會也食邑於隨范字季晉人謂文子知人見其所善於前則知其來所舉文子其中。退然如不勝衣中身也退柔和貌鄉射記曰居二寸以爲侯中退或爲妥○追然音退本亦作退勝音升妥他果反其言吶吶然如不。出其口吶吶舒小貌○吶如悅反徐似劣反所舉於晉國管庫之士七十有餘家管庫之士府史以下。官長所置也舉之於君以爲大夫士也管鍵也庫物所藏○長丁文反鍵其展反徐其偃反籥也生不交利廉死不屬其子焉。潔也○屬音燭【疏】「趙文」至「子焉」。○正義曰：此一節論趙文子知人之事，各依文解之。○注「叔譽」至「名肸」。○正義曰：知叔譽是叔向者，案韓詩外傳云趙文子與叔向觀於九原，故知叔譽是叔向也。云「晉羊舌大夫之孫，名肸」者，案左氏羊舌是邑名，晉大夫公族爲羊舌大夫也，故閔二年左傳云羊舌大夫爲尉，羊舌大夫生羊舌職，職生叔向，是羊舌大夫之孫也。又昭三年左傳叔向與齊晏子語云「肸又無子」，是名肸。「死者如可作也，吾誰與歸」者，○文子。云此處先世大夫死者既衆，假令生而可作起，吾於衆大夫之內而誰最賢，可以與歸。○「文子」至「稱也」者，弁猶專也，植謂剛也。文子。曰言處父唯行專。權，剛強於晉國，自招殺害，不得以。理終沒其身，是不能防身遠害，以其無知故也，故云「其知不足稱也」。○注「弁猶」至「爲特」。○正義曰：弁者謂弁他事以爲己有，是專權之事，故云「弁猶專也」。云。「謂剛而專己」者，剛，經中植也。文五年甯嬴從陽處父及溫而。還，其妻問之，嬴曰「夫子剛」。又文六年，晉蒐于夷，使狐射姑將中軍，趙盾佐之，陽處父至自溫，改蒐于董，易中軍，以趙盾爲將

狐射姑卻爲佐狐射姑恨之使續鞫居殺陽處父故傳云賈季怨陽子之易其
班也賈季即狐射姑也賈是采邑季則其字也○見利至稱也○者文子云舅犯
見君反國恐不與己利祿遂不顧其君詐欲奔去唯求財利無心念君無仁愛
之心其仁不足稱也○注謂久至利是○正義曰案左傳僖五年辟驪姬之難
至僖二十四年反國是久與文公辟難也又案僖二十四年左傳云及河子犯
以璧授公子曰臣負羈紲從君巡於天下臣之罪甚多矣臣猶知之而況君乎
請由此亡公子曰所反國不與舅氏同心者有如白水是要君求利之事也○
利其至其友者文子稱隨武子之德凡人利君者多性行偏特不顧其身今武
子既能利君又能不忘其身利其君者謂進思盡忠不忘其身者保全父母不謀
其身不遺其友者凡人謀身多獨善於己遺棄故舊今武子既能謀身又能不
遺其朋友此二句言武子德行弘廣外內周備故襄二十七年左傳論范武子
之德云文子之家事治言於晉國無隱情無隱情則利君也家事治則不忘其
身處父舅犯其事顯於春秋故鄭其言之隨武子之事春秋文無指的故鄭亦
不言也文七年士會與先蔑俱迎公子雍在秦三年不見先蔑及士會還晉遂
不見蔑而歸是遺其友而云不遺者彼謂共先蔑俱迎公子雍懼其同罪禍及
於己故不見歸之是非是無故相遺也○文子至其口者作記者美文子知人既美
隨士會於前知其所舉還如隨會之比此論文子之貌文子身形退然柔和似
不勝其衣言形貌之卑退也其發言舒小似吶吶然如不出諸口謂言語卑下
也○注鄉射至侯中○正義曰引之者證中爲身也故儀禮鄉射記曰鄉侯五
十弓○弓弓長六尺謂鄉射去射處五十步一步料二寸以爲侯中則侯中方一丈
中謂身也○注舉之至鍵也○正義曰知爲大夫士者以經稱家家是大夫士
之總號案月令注管籥搏鍵器鍵謂鎖之入內者俗謂之鎖須管謂夾取鍵今
謂之鑰匙則是管鍵爲別物而云管鍵者對則細別散則大同爲鍵而有故云
管鍵○生不交利者謂文子生存之日不交涉爲利是謂不與利交涉也○死
不屬其子者謂臨死時不私屬其子於君及朝廷也案禮記文子成室被張老
所譏樂奏肆夏從趙文子始禮記顯其奢僭者晉爲霸主總領諸侯武爲晉相

光顯威德此乃事勢須然無廢德行之善且仲尼之門尚有柴愚參魯管仲相齊亦有三歸反坫亦何怪也

○叔仲皮學子柳叔仲皮魯叔孫氏之族學教也子柳仲皮之子○學戶教反注同叔仲皮死其妻魯人也衣衰而繆絰衣當爲齊壞字也繆當爲木。樛垂之樛士妻爲舅姑之服也言雖魯鈍其於禮勝學○衣衰依注衣作齊音咨繆依注讀曰樛音居虯反爲舅于僞反下爲舅爲天子不爲兄不爲蠶同魯鈍徒困反亦作頓叔仲衍以告告子柳言此非也衍蓋皮之弟衍或爲皮○衍以善反注同請繐衰而環絰繐衰小功之縷而四升半之衰環絰弔服之經時婦人好輕細而多服者衍既不知禮之本子柳亦以爲然而請於衍使其妻爲舅服之○繐衰上音歲下七雷反縷力主反好呼報反曰昔者吾喪姑姊妹亦如斯末吾禁也衍荅子柳也姑姊妹在室齊衰與婦爲舅姑同末無也言無禁我欲其言行○喪如字末莫曷反退使其妻繐衰而環絰。婦以諸侯之大夫爲天子之衰弔服之絰服其舅非

疏叔。仲。至。環。絰。○正義曰此一節論子柳失禮之事○叔仲氏也皮是名言叔仲皮教訓其子子柳雖受父教猶不知禮在後叔仲皮死其妻魯人也其子柳之妻是魯鈍婦人雖曰魯鈍猶知爲舅姑而身著齊衰而首服繆絰也謂絞麻爲絰○叔仲衍以告者衍是皮之弟子柳之叔既見當時婦人好尚輕細見子柳之妻身著齊衰以告子柳汝妻何以著非禮之服子柳見時皆爾亦以爲然以妻非禮遂請於衍欲令其妻身著。總。衰首服環絰衍荅子柳云昔者吾喪姑姊妹亦如斯斯此也謂如此繐衰環絰○末吾禁也者末無也我著繐衰環絰無人於吾而相禁者既無禁明其得著繐衰衍告子柳如此子柳得衍言乃退使其妻著繐衰而環絰○注叔仲至之族○正義曰知者案世本桓公生僖叔牙叔牙生武仲休休生惠伯彭彭生皮爲叔仲氏故云叔孫氏之族○注衣當至勝學○正義曰喪服婦爲舅姑齊衰無衣衰之文故知衣是齊字但齊字壞滅而有衣在云繆讀爲不。樛。垂之樛者讀從喪服傳不樛垂之樛樛謂兩股相交也五服之絰皆然唯

弔服環絰不樛耳云士妻爲舅姑之服也者以子柳以仲叔爲氏則非庶人也又春秋叔仲皮等經傳無文則非卿大夫也故以爲士妻其實大夫妻爲舅姑亦齊衰○注衍蓋皮之弟○正義曰知者以叔仲衍叔仲皮皆以單字爲名故疑是兄弟也又子柳請衍則衍尊於子柳是子柳叔也○繐衰至服之○正義曰知繐衰小功之縷而四升半者約喪服傳文云環絰弔服之絰者約周禮司服首服弁絰鄭注云弁絰者如爵弁而素加環絰又鄭注雜記云環絰者一股所謂纏絰也纏而不樛是環絰不樛也云時婦人好輕細而多服此者若時人不服此服則衍與子柳應知繐衰爲非今子柳既受學於父不肯粥庶弟之母非是下愚而不知其非禮明當時皆著輕細故也○注婦以至舅非○正義曰以諸侯之大夫爲天子之衰據喪服謂繐衰也云弔服之絰者謂環絰既以此服服舅故云非也

○成人有其兄死而不爲衰者聞子皐將爲成宰遂爲衰成人曰蠶則績而蟹有匡范則冠而蟬有緌兄則死而子皐爲之衰蚩兄死者言其衰之不爲兄死如蟹有匡蟬有緌不爲蠶之績范之冠也范蜂也蟬蜩也緌。爲蜩喙長在腹下○成本或作郕音承蠶七南反蟹戶買反緌耳佳反蚩昌之反蜂孚逢反蜩音條喙呼惠反又丁角反

【疏】成。人。至。之。衰。○正義曰此一節論成人無禮之事成孟氏所食采地也即前犯禾之邑也此邑中民有兄死而弟不爲兄制服者也○聞子皐將爲成宰遂爲衰者此不服兄者聞孔子弟子子皐其性至孝來爲成之宰必當治前不孝之人恐罪及己故懼之遂制衰服也○正義曰蠶則績而蟹有匡者成人譏成邑中識禮之人也譏笑不服兄衰仍爲設二譬也蠶則績絲作繭蟹有匡者蟹背殼似匡仍謂蟹背作匡○范則冠而蟬有緌者范蜂也蜂頭上有物似冠也蟬蜩也緌謂蟬喙長在口下似冠之緌也○兄則死而子皐爲之衰者以是合譬也蠶則須匡以貯繭而今無匡蟹背有匡匡自著蟹則非爲蠶設蜂冠無緌而蟬口有緌緌自著蟬非爲蜂設亦如成人兄死初不作衰後畏於子皐方爲制服服是子皐爲之非爲兄施亦如蟹匡蟬緌各不關於蠶

蜂也○樂正子春之母死五日而不食曰吾悔之勉強過禮子春曾子弟子○強其兩反自吾母而不得吾情吾惡乎用吾情惡乎猶於何也○惡音烏注同疏樂正至吾情○正義曰此一節論孝子遭喪哀過之事樂正子春即曾子弟子坐於牀下者是也此其母死五日而不食者禮三日其五日過二日○曰吾悔之者悔其不以實情勉強而至五日○自吾母而不得吾情吾惡乎用吾情者自吾母死而不得吾之實情而矯詐勉強爲之更於何處用吾之實情乎

○歲旱穆公召縣子而問然然之言焉也凡穆或作繆○旱音汗縣音懸繆音穆曰天久不雨吾欲暴尫而奚若奚若何如也尫者面鄉天覬天哀而雨之○雨于付反注及下同暴步卜反下同尫烏光反鄉許亮反覬音冀本又作幾音同曰天久不雨而暴人之疾子虐毋乃不可與錮疾人之所哀暴之是虐○暴人之疾子一讀以子字向下與音餘錮音固然則吾欲暴巫而奚若曰天則不雨而望之愚婦人於以求之毋乃已疏乎已猶甚也巫主接神亦覬天哀而雨之春秋傳說巫曰在女曰巫在男曰覡周禮女巫旱暵則舞雩○覡胡狄反旱暵呼旦反雩音于徙市則奚若曰天子崩巷市七日諸侯薨巷市三日爲之徙市不亦可乎徙市者庶人之喪禮今徙市是憂戚於旱若喪○徙市上音死下音是爲于僞反不亦可乎可或作啻疏歲旱至可乎○正義曰此一節論歲旱變之事○望之愚婦人於以求之毋乃已疏乎○縣子云天道遠人道近天則不雨而望於愚鄙之婦人欲以暴之以求其雨已甚也無乃甚疏遠於求雨道理乎言甚疏遠於道理矣○注春秋至曰覡○正義曰所引春秋傳者外傳楚語昭王問觀射父絕地通天之事觀射父對云民之精爽不攜貳者明神降之在男曰覡在女曰巫然案楚語精爽不攜貳者始得爲巫此經而云愚婦人者據末世之巫非復是精爽不攜貳之巫也○

注徙市者庶人之喪禮正義曰今徙市是憂戚於旱若居天子諸侯之喪必巷市者以庶人憂戚無復求覓財利要有急須之物不得不求故於邑里之內而爲巷市

○孔子曰衛人之祔也離之祔謂合葬也離之有以間其椁中○祔音附下同合音閤下同間間廁之間魯人之祔也合之善夫善夫善魯人也祔葬當合也○善夫音扶

疏孔子至善夫○正義曰此一節論魯衛得失各依文解之○魯衛兄弟應同周法故並之也祔謂合葬也離之謂以一物隔二棺之間於椁中也所以然者明合葬猶生時男女須隔居處也○魯人之祔也合之善夫者○魯人則合並兩棺置椁中無別物隔之言異生不須復隔。穀則異室死則同穴故善魯之。祔也

附釋音禮記注疏卷第十

禮記注疏卷十校勘記

阮元撰盧宣旬摘錄

檀弓下

公叔文子卒節

其子戍石經同嘉靖本同閩監毛本戍作戌岳本同衛氏集說同浦鏜校云戍誤戌

公叔至文子惠棟校宋本無此五字

此一節論謂君誄臣之謚法閩監毛本同惠棟校宋本謂作請是也衛氏集說同

若呼其名閩監毛本同惠棟校宋本若作君衛氏集說同

故謂至文子者閩監毛本同惠棟校宋本無者字

道德博聞曰文閩監本同衛氏集說同毛本聞誤文

石駘仲卒節

有庶子六人閩監本同石經同岳本同嘉靖本同衛氏集說同考文引宋板同毛本子誤人

石駘至知也惠棟校宋本無此五字

此一節論龜兆知賢知之事閩監毛本同衛氏集說脫下知字

禮有詢立君惠棟校宋本作詢此本詢誤詯閩監毛本同

陳子車死於衞節

度諫之不能正閩監毛本同惠棟校宋本正作止宋監本岳本嘉靖本同衞氏集說同考文引古本足利本同案正義云子亢不能止之又云自度不能止據此則作止者爲是

陳子至果用惠棟校宋本無此五字

子路曰傷哉貧也節

啜菽飲水盡其歡閩監毛本同石經同岳本同嘉靖本同衞氏集說同正義亦作菽釋文出啜叔云叔或作菽

斂手足形閩監毛本同石經同岳本同嘉靖本同衞氏集說同釋文出斂手案正義云斂其頭首及足形體不露是正義本經文當作首今作手與疏標經句合與疏說經義不合盧文弨云首足見上篇此疏內亦以頭首爲言知手字誤秦板作首是也

子路至謂禮惠棟校宋本無此五字

斂手足形者閩監毛本同盧文弨校手改首

衞獻公出奔節

獻公以魯襄十四年出奔齊閩監毛本同岳本同嘉靖本同衞氏集說襄下有公字考文引古本足利本同案正義云知獻

公以魯襄公十四年出奔齊者又云是獻公以魯襄公十四年出奔據是正義本當有公字

衞獻至果班　惠棟校宋本無此五字

日旰不召　惠棟校宋本作旰監本同此本旰誤旰閩毛本同

衞有大史曰柳莊節

衞有至變也　惠棟校宋本無此五字

所以此襚之者　閩監毛本同岳本同嘉靖本同衞氏集說以下又有以字考文引古本足利本作所以可以此襚之者

其家自告　閩監毛本同衞氏集說自作以

爲禮未畢公再拜稽首　監毛本如此此本畢下衍一〇閩本同

是大斂得用襚也　閩監毛本同惠棟校宋本襚上有君字

陳乾昔寢疾節

陳乾至果殺　惠棟校宋本無此五字

且言陳乾昔者謂亦久纓疾病　閩本同監毛本纓作嬰餘同惠棟校宋本且作上謂亦作亦謂

又晉趙孟孝伯並將死其語偷　閩監毛本同齊召南云按此引晉趙文子及魯孟孝伯兩事也孝伯上脫魯孟二字

仲遂卒于垂節

有事於太廟　閩監毛本同惠棟校宋本太作大宋監本岳本同嘉靖本同廟作庿衞氏集說作有事于大廟

仲遂至不繹　惠棟校宋本無此五字

故於後始稱傳曰　閩監毛本作始此本始誤如

季康子之母死節

斂下棺於槨　閩本同衞氏集說亦作槨監毛本槨作椁岳本同嘉靖本同下同○按依說文當作椁從木𦎫亦聲

多技巧者　閩監毛本作技岳本同嘉靖本同衞氏集說同此本技誤枝下嘗其技巧同釋文出多技云下同

般爾以人之母嘗巧　閩監毛本同石經同岳本同嘉靖本同衞氏集說同釋文出爾巳云古以字

言寧有強使女者與　惠棟校宋本作寧宋監本岳本嘉靖本同此本寧誤強閩監毛本作誰亦非考文云古本足利本作寧

其母以嘗巧者乎　惠棟校宋本宋監本閩本石經岳本同衞氏集說同監毛本毋誤母嘉靖本同釋文出其母云音無注亦云毋無也則經不作母明甚盧文弨校云依注當作毋毋下放此又禮記音義考證云近人所讀則豈不得以其母以嘗巧者乎爲一句改母爲毋與鄭注不合失之矣○按當作母故陸德明音無今釋文作毋亦非

季康至果從　惠棟校宋本無此五字

時人服般之巧將從之閩監毛本同此本將上衍一〇

執斧以涖匠師是也閩監毛本作涖此本涖字闕

不正相當比擬之辭也閩監毛本作比擬衞氏集說同此本比擬二字闕

以禮廟庭有碑惠棟校宋本作以禮續通解同此本以禮二字闕閩監毛本作儀禮按儀字非也

牲入麗于碑各本如是此本牲作性誤也

云穿中於閒爲鹿盧所閩監毛本作者此本作所屬下讀

鹿盧兩頭各入碑木閩監毛本作各衞氏集說同此本各誤名

聽鼓聲以漸卻行而下之閩監毛本作漸衞氏集說同此本漸誤斬

故云四植謂之桓也監毛本作植衞氏集說同此本植誤桓閩本同

大夫亦二碑閩監毛本作二此本二誤三

所以用之以得爲休已之字者閩監毛本同惠棟校宋本所以下又有以字

乃得通用謂用閩監毛本同惠棟校宋本無謂用二字

依說文止毋是禁辭閩監毛本同惠棟校宋本止作上

毋止其辭讓也　惠棟校宋本閩監毛本讓作議

故傷之而爲此聲也　惠棟校宋本此下標禮記正義卷第十三終

戰于郎節　惠棟校宋本自此節起至孔子曰節止爲第十四卷卷首題禮記正義卷第十四

戰于至可乎　惠棟校宋本無此五字

此節論童子死難之事　閩監毛本同考文引宋板節上有一字衞氏集說同

郎者魯之近邑也　閩監毛本同惠棟校宋本無之字

案桓十年齊魯衞侯鄭伯來戰于郎也　閩監毛本同惠棟校宋本魯作侯是

以其俱有童汪踦之事　閩監毛本同惠棟校宋本踦作錡○按此引左氏傳作錡不作踦也

子路去魯節

去國則哭于墓而后行　閩監毛本作國石經同岳本同嘉靖本同衞氏集說同此本國誤同

子路至則下　惠棟校宋本無此五字

注無君事主於孝　閩監毛本作君事此本君事二字倒

曰墓謂他家墳壟　閩監毛本同考文引宋板曰字闕盧文弨校云宋板無曰字有空疑當作圈浦鏜校云曰當者誤

工尹商陽節

與陳弃疾閩監本同石經同岳本嘉靖本同衞氏集說同毛本弃作棄下經注及疏同

工尹楚官名閩監毛本同岳本同嘉靖本同衞氏集說同惠棟校宋本楚作是盧文弨校云宋本作是不可從○按盧文弨是也疏云楚皆以尹爲官名故知工尹楚官名也

司馬督閩監毛本同岳本同嘉靖本同衞氏集說同釋文出馬裻云本亦作督正義本作督○按依說文當作裻亦作禱督假借字

子手弓而可手弓閩監毛本同岳本同嘉靖本同衞氏集說同石經此處闕考文云古本可下有也字案正義作一句讀則可下不得有也字其讀至可字絕句者家語分句之異也正義所謂附之以廣見聞是也

商陽仁不忍傷人閩本同惠棟校宋本宋監本岳本嘉靖本同衞氏集說同足利本同監毛本商誤謂傷作殺

以王事勸之閩毛本同岳本同嘉靖本同衞氏集說同監本王誤至考文引足利本王作君

又及閩監毛本同石經同岳本同嘉靖本同衞氏集說同釋文出又及云本或作又及一人又一人人後人妄加耳考文引足利本作又及一人案正義云此謂吳師既走而後逐之故云又及一人則是不逐奔之義据是疑正義本及下有一人二字

工尹至禮焉惠棟校宋本無此五字

苛慝不作今此云陳棄疾惠棟校宋本如此此本作今此云四字闕陳誤棄閩本作字不闕闕今此云陳四字監本同毛

本今此云陳四字闕補盜賊伏隱四字非

云十二年楚子狩于州來者 惠棟校宋本如此此本州來者三字闕閩監毛本補州來使三字按使字非也

工尹商陽與弃疾追吳師 閩監毛本如此此本與疾二字闕

商陽手弓弃疾曰 閩監毛本作疾此本疾字闕

傳之所云人 閩監毛本同惠棟校宋本無人字是也衛氏集說同

而後逐之 惠棟校宋本逐之下有義字是也

諸侯伐秦節

聲之誤也 此本也下脫一○與釋文接嘉靖本不附釋音而也下有桓依注音宣五字蓋誤以釋文羼入也閩監毛本不誤岳本衛氏集說注亦也字止

襄公朝于荊 此本襄上有一○嘉靖本同閩監毛本無

諸侯至悔之○ 閩監毛本作○此本○誤自下注在魯至言之○同惠棟校宋本無此五字

故荊言之也 閩監毛本同盧文弨校云當依注改荊爲州

滕成公之喪節

滕成至遂入　惠棟校宋本無此五字

謂敬叔殺懿伯　閩監毛本作殺衞氏集說同此本殺字闕

哀公使人弔蕢尙節

行弔禮於野非　閩監毛本作非岳本同嘉靖本同此本非誤升衞氏集說非下有也字考文引古本同

魯襄二十二年齊侯襲莒　閩本同嘉靖本同監毛本二作三岳本同衞氏集說同案依春秋當作三

哀公至辱命　惠棟校宋本無此五字

謂諸侯大夫士也　閩監毛本同惠棟校宋本無謂字

故襄二十二年楚殺令尹子南　閩監本如此此本上二誤一毛本下二誤一

孺子𪈖之喪節

孺子𪈖之喪　各本同毛本孺字闕

殯以椁覆棺而塗之　惠棟校宋本作而宋監本岳本嘉靖本同衞氏集說同此本而字闕閩監毛本而作上非

所謂菆塗龍輴以椁　閩監毛本同岳本同嘉靖本同衞氏集說同釋文出欑塗○按喪大記云君殯欑至於上注云欑猶菆也

爲榆沈　閩監毛本作榆石經同岳本同嘉靖本同衞氏集說同此本榆誤揄注同

孺子至學焉　惠棟校宋本無此五字

以其正禮而言　閩監毛本同衛氏集說以其作故以

注輲不畫龍　閩本同監毛本輲作輴是也

大夫以柩朝廟之時用輴綍　閩監毛本同惠棟校宋本綍作紼衛氏集說同

悼公之母節

悼公至妻我　惠棟校宋本無此五字

季子皐葬其妻節

孟氏之邑成宰　閩監毛本同岳本同嘉靖本同衛氏集說邑成作成邑

朋友不以是弃予　石經同岳本同嘉靖本同閩監毛本弃作棄衛氏集說同疏倣此

恃寵虐民　閩監毛本作恃岳本同嘉靖本同衛氏集說同此本恃誤侍

季子皐葬其妻至繼也　惠棟校宋本無此九字

以孟氏自爲奢暴之故也　閩監本同考文引宋本同毛本自誤白衛氏集說無之字

仕而未有祿者節

君有饋焉曰獻閩監毛本同石經同岳本同嘉靖本同衞氏集說同釋文出有餽云本又作饋正義本作饋

仕而至服也惠棟校宋本無此五字

則自稱己君爲寡君也閩監本同毛本爲誤謂考文引宋板亦作爲

虞而立尸節

故爲高祖之父當遷者也閩監毛本同嘉靖本同惠棟校宋本爲作謂宋監本岳本同衞氏集說同考文引古本足利本同

易說帝乙曰閩監毛本同岳本同嘉靖本同考文云古本說下又有說字

虞而立尸有几筵卒哭而諱至自寢門至于庫門惠棟校宋本無此十九字

故未有尸閩監毛本作有此本誤百

筵雖大斂之時已有閩監毛本作筵此本誤庭

喪事素几閩監毛本作素此本素誤案

鄭注云謂殯奠時閩監毛本同衞氏集說同浦鏜校殯改几○按浦鏜是也賈景伯云言凡非一之義

天子既爾閩監毛本作天此本天誤夫

生時飲食有事處也閩監毛本作事衞氏集說同此本事誤重

然不復饋食於下室文承卒哭之下閩監毛本如此此本不誤下承誤丞

正義曰高祖之父閩監毛本作父此本父誤事

嫌引祕書閩監毛本作祕此本祕誤必

則生日是天之命曰爲名也閩監毛本同惠棟校宋本曰作日

二名不偏諱節

言在不稱徵言徵不稱在閩監毛本同石經同岳本同嘉靖本同衞氏集說同考文引古本作言徵不稱在言在不稱徵

軍有憂節

赴車不載櫜韔閩監毛本同石經同岳本同嘉靖本同衞氏集說同釋文出櫜韔云本亦作韔正義本作韔

軍有至櫜韔惠棟校宋本無此五字

但露載其甲及弓閩監毛本同考文引宋板但作袒衞氏集說亦作但露段玉裁訂說文誤字說云人部曰但裼也故衣部云裼但也蠃但也裎但也今本衣部作袒也袒訓衣縫解爲今綻裂字而失其義矣案依段義則但卽袒露之本字宋本袒從俗作也

以下韔文閩監毛本同惠棟校宋本韔上有有字

有焚其先人之室節

謂人燒其宗廟閩監毛本同岳本同嘉靖本同惠棟校宋本人作火是也宋監本衞氏集說同

有焚至日哭惠棟校宋本無此五字

論哀先人宗廟毀傷之事惠棟校宋本作毀衞氏集說同此本毀字脫閩本毀字闕監毛本毀作虧非

孔子過泰山側節

使子路問之閩監毛本同嘉靖本同衞氏集說同惠棟校宋本路作貢石經宋監本岳本同石經考文提要云案九經三傳沿革例云寶使子貢而與國本及建諸本皆作子路疏亦不明言何人及考石本舊監本蜀大字本越上注疏本皆作子貢以文選李善注及藝文類聚白孔六帖太平御覽孔子家語所引證之則作子貢是也

孔子至虎也惠棟校宋本無此五字

魯人有周豐也者節惠棟云魯人節喪不慮居節宋本合爲一節

哀公執摯請見之閩監毛本同岳本同嘉靖本同衞氏集說同石經闕釋文出執贄

墟墓之間閩監毛本同嘉靖本同岳本同衞氏集說同惠棟校宋本墟作虛注同釋文出虛墓云本亦作墟注同正義本作墟○按虛墟古今字

苟無禮義忠信誠慤之心以涖之閩監毛本同石經同岳本同嘉靖本同衞氏集說同釋文出以莅

魯人至解乎惠棟校宋本無此五字

徒作誓盟 監本作誓盟惠棟校宋本作盟誓

穀梁傳云告誓不及五帝 閩監毛本同衞氏集說穀上有又字

喪不慮居節

謂賣舍宅以奉喪 閩監毛本同嘉靖本同衞氏集說同岳本舍宅作宅舍

延陵季子適齊節 惠棟云宋本延陵至隱也下疏文一則在後其合矣乎經文之下

示節也 閩監毛本同衞氏集說同惠棟校宋本示作亦宋監本岳本嘉靖本同續通解同考文引古本足利本同案依正義作亦字是也

謂高四尺所 閩監毛本有所字岳本同衞氏集說同此本所字脫嘉靖本同

延陵至隱也 惠棟校宋本無此五字

論仲尼云季子得禮之事 閩監毛本同衞氏集說云作言得上有葬子二字

及閭盧使專諸刺僚 監毛本作及此本及誤乃閩本同

後讓國又居之 閩監毛本作居此本居誤君

亦節至尺所 惠棟校宋本同閩監毛本亦誤示下故云亦節也同

命猶性也 惠棟校宋本作猶宋監本岳本嘉靖本同衞氏集說同此本猶誤須閩監毛本同

既封至矣乎　閩監毛本同惠棟校宋本作既封至之也無下正義曰三字

案鄭注覲禮云　惠棟校宋本作觀衞氏集說同此本覲誤覩閩監毛本覲誤覲下故覲禮云同

而遶壙三帀也　閩監本同考文引宋板同衞氏集說帀作匝毛本誤市

邾婁考公之喪節

魯魯鈍也　閩監毛本同岳本同嘉靖本同衞氏集說同釋文出頓也云本亦作鈍正義本作鈍

邾婁至其祖　惠棟校宋本無此五字

此是使致之辭也　惠棟校宋本如此衞氏集說無之字此本是使誤居養辭誤音閩監毛本同

諸侯之來屈辱臨於敝邑者　惠棟校宋本作於敝此本於敝誤益弊閩監毛本同

謂應簡易而爲廣大　惠棟校宋本如此此本應簡誤惡雜閩本同監毛本作惡簡亦非

君見有是不忘可悉　閩監毛本同惠棟校宋本有作存是也

案春秋昭三十年　閩監本同毛本三誤二考文引宋板作三

故論語云子之迂也　閩監毛本同段玉裁校本迂改于依鄭本

親自致璧於柩及殯上者謂之親含　惠棟校宋本作者衞氏集說同此本者字模糊閩監毛本誤若

天子崩節

祝佐含斂先病宋監本岳本嘉靖本同惠棟校宋本亦作病閩監毛本病誤服

以爲棺槨作棺椁也閩監毛本同岳本同嘉靖本同衞氏集說無以字考文引古本足利本棺下有之字案正義云可以爲周棺之椁者疑正義本注文亦有之字

天子至其人惠棟校宋本無此五字

祝佐含斂先病故先杖也考文引宋板同續通解同閩監毛本病誤服下病在祝後同

三日子大夫人杖閩監毛本子大作太子衞氏集說同惠棟校宋本無大字

案如大記及四制惠棟校宋本同閩監毛本如作喪○按如者如上喪大記及喪服四制也嚴杰云

此據朝廷之士閩監本作士此本誤七

若存則人神均其慶閩監毛本作存衞氏集說同此本存誤有

齊大饑節

齊大至可食惠棟校宋本無此五字

邾婁定公之時節

有弑其父者閩監毛本同石經同岳本同嘉靖本同衞氏集說同釋文出有弑云本又作弑同式志反下臣殺子殺同正義本作弑

子弑父凡在宮者殺無赦閩監毛本同石經同衞氏集說同岳本宮作官嘉靖本同考文引古本足利本同正義云此在宮字諸本或爲在官恐與上在官相涉而誤也據此則作在宮者亦孔氏所見之本而非正義所用之本也

邾婁至舉爵惠棟校宋本無此五字

晉獻文子成室節惠棟校云晉獻文子節仲尼節宋本合爲一節

禱求也閩監毛本同岳本同嘉靖本同衞氏集說同考文引古本足利本求下有福字

晉獻至善禱惠棟校宋本無此五字

晉獻文子成室者閩監毛本有文字此本脫

九原文子家世舊葬地也閩監毛本同惠棟校宋本原作京

令國民族葬閩監本同衞氏集說同考文引宋板亦作民毛本民誤名

仲尼之畜狗死節

畜狗馴守閩監毛本同岳本同嘉靖本同衞氏集說同考文引宋板狗作利盧文弨云覲釋文音狗在後似宋本利字是豈釋文正文無狗字耶

其他狗馬閩監毛本同岳本同嘉靖本同衛氏集說同考文引古本足利本馬下有死字

季孫之母死節

既不敢止閩監毛本作止岳本同嘉靖本同衛氏集說同此本止誤主

見兩賢相隨彌益恭也惠棟校宋本作彌益恭宋監本岳本嘉靖本同衛氏集說同閩監毛本作彌敬此本作禮益霤霤字涉下霤字誤也

季孫至遠矣惠棟校宋本無此五字

斯此此其施行可久遠矣惠棟校宋本同閩監毛本下此誤也

然君在大夫得斯爲二子辟位者閩監毛本同惠棟校宋本斯作私案私是也衛氏集說同得上衍不字

陽門之介夫死節

覘闚視也閩監毛本同岳本同嘉靖本同衛氏集說闚作窺釋文本同

陽門至當之惠棟校宋本無此五字

而已是助語句也閩監毛本同考文引宋板語句作句語衛氏集說同

魯莊公之喪節此節疏閔公是莊公之子是字起至下節疏左傳吳季札傳字止計失一頁

時子般弑 閩監毛本同岳本同嘉靖本同衛氏集說同釋文本弑作殺考文引古本同宋監本作殺

魯莊至不入 惠棟校宋本無此五字

既葬竟除凶服於外 閩監毛本同惠棟校宋本既上有故字

衰亦不入可知也 閩監毛本如此衛氏集說同惠棟校宋本無亦字

孔子之故人曰原壤節

孔子至故也 惠棟校宋本無此五字

許其求進之情 惠棟校宋本作來此本來作求閩監毛本同

妄爲流宕 閩監毛本作宕此本宕誤岩

趙文子節

晉羊舌大夫之孫名肸 閩監毛本有肸字岳本同嘉靖本同衛氏集說同此本肸字脫釋文出名肸

陽處父襄之大傅 閩監毛本襄下有公字大作太衛氏集說同岳本嘉靖本同惟大不作太釋文出大傅考文引古本足利本襄公上有晉字

要君以利是也 閩監毛本同岳本同惠棟校宋本無也字宋監本嘉靖本同考文引足利本同案此本疏標起止亦無也字

文子其中退然如不勝衣閩監毛本同石經同岳本同嘉靖本同衛氏集說同釋文出追然云音退本亦作退正義本作退韋昭注國語楚語引禮亦作其中退然

其言吶吶然如不出諸其口惠棟校宋本有諸字石經宋監本岳本嘉靖本同衛氏集說同此本諸字脫閩監毛本同石經考文提要云宋大字本宋本九經南宋巾箱本余仁仲本禮記纂言至善堂九經本俱有諸字

官長所置也閩監毛本作官岳本同嘉靖本同衛氏集說同此本官誤宮

潔也惠棟校宋本潔作絜按絜潔正俗字

趙文至子焉惠棟校宋本無此五字

文子云此處閩監毛本同惠棟校宋本云作言

文子曰言處父唯行專權惠棟校宋本作權此本權誤植閩監毛本同盧文弨云曰字衍

不得以理終沒其身惠棟校宋本作理此本理誤至閩監毛本同衛氏集說作不能以理終沒其身

云謂剛而專己者閩監毛本同惠棟校宋本云下有植字

及温而還閩監毛本作還此本還誤邀

見利至稱也者閩監毛本同惠棟校宋本無者字

故鄭其言之閩監毛本其作具

文子至其口者閩監毛本同惠棟校宋本無者字

如不出諸口閩監毛本同衞氏集說同惠棟校宋本諸作於

謂鄉射去射處五十步惠棟校宋本作去此本去誤大閩監毛本同

一步料二寸閩監毛本同浦鏜云料當科字誤

死不屬其子者閩監毛本同惠棟校宋本者作焉

從趙文子始閩監毛本同惠棟校宋本無趙字

叔仲皮學子柳節

衣當爲齊壞字也惠棟校宋本宋監本嘉靖本同閩監毛本齊作齋岳本同衞氏集說同五經文字云齋說文齋經典相承隸省今經文多借齊字代之案疏中齊字閩監毛本亦皆作齊無作齋者

繆讀爲木樛垂之樛惠棟校宋本如此疏同宋監本岳本嘉靖本同此本讀誤當閩監毛本同木作不衞氏集說作讀爲不樛垂之樛段玉裁云不樛是也木樛誤岳本禮記考證云案喪服傳作不樛垂孔氏云樛謂兩股相交也五服之經皆然唯弔服環經不樛又雜記云纏而不樛是環經不樛也据此則原本木字乃不字之訛

總衰小功之縷而四升半之衰閩監毛本同岳本同嘉靖本同衞氏集說同釋文出之縷案此縷字不誤喪服傳云總衰者何以小功之總也其之縷誤之總當据此正之

而多服此者惠棟校宋本有此字宋監本衞氏集說岳本嘉靖本並同此本此字脫閩監毛本同

婦以諸侯之大夫爲天子之衰閩監毛本同岳本同嘉靖本同衞氏集說同惠棟校宋本婦下有人字考文引古本婦以作使婦人以○按疏標起訖無人字

叔仲至環經惠棟校宋本無此五字

欲令其妻身著總衰閩監毛本如此此本令誤今總誤總

云繆讀爲不樛垂之樛者閩監毛本如此此本樛垂誤言圭惠棟校宋本不誤木下同

知者以叔仲衍閩監毛本作衍此本衍誤族

如爵弁而素閩監毛本作衍此本爵字闕

成人有其兄死節

緌爲蜩喙長在腹下閩監毛本同嘉靖本同岳本爲作謂衞氏集說同考文引宋板古本足利本同

成人至之衰惠棟校宋本無此五字

聞孔子弟子子皐　閩監毛本如此此本孔誤且

緌謂蟬喙長在口下　閩監毛本作謂此本謂字闕

匡自著蟹　閩監毛本作著衞氏集說同此本著誤若

非爲蜂設亦如成人　閩監毛本作設亦此本設亦二字闕衞氏集說作設譬考文引宋板同

服是子皐爲之　閩監毛本如此衞氏集說同此本皐爲二字闕

樂正子春之母死節

樂正至吾情　惠棟校宋本無此五字

歲旱節

覬天哀而兩之　閩監毛本同岳本同嘉靖本同衞氏集說同釋文出庶覬云本又作幾是釋文本覬上有庶字

毋乃不可與　閩監本同石經同岳本同衞氏集說同毛本毋誤母嘉靖本同下毋乃已疏乎同

歲旱至可乎　惠棟校宋本無此五字

孔子曰節

孔子至善夫　惠棟校宋本無此五字

穀則異室閩監毛本同衞氏集說穀上有詩云二字

故魯魯之祔也惠棟校宋本作祔衞氏集說同此本祔誤夫閩監毛本同

附釋音禮記注疏卷第十終惠棟校宋本禮記正義卷第十四終記云凡三十三頁宋監本禮記卷第三經五千八十一字注四千九百三十六字嘉靖本禮記卷第三經五千七百四字注四千八百九十八字

禮記注疏卷十校勘記

附釋音禮記注疏卷第十一

禮記　　鄭氏注　　孔穎達疏

王制第五 ○陸曰如字徐于況反盧云漢文帝令博士諸生作此篇 疏 正義曰案鄭目錄云名曰王制者以其記先王班爵授祿祭祀養老之法度此於別錄屬制度王制之作蓋在秦漢之際知者案下文云有正聽之鄭云漢有正平承秦所置又有古者以周尺之言今以周尺之語則知是周亡之後也秦昭王亡周故鄭荅臨碩云孟子當赧王之際王制之作復在其後盧植云漢孝文皇帝令博士諸生作此王制之書

王者之制祿爵公侯伯子男凡五等諸侯之上大夫卿下大夫上士中士下士凡五等二五象五行剛柔十日祿所受食爵秩次也上大夫曰卿○王者如字徐于況反十日人一反 疏 王。者。至。五。等。○正義曰此一經論爲王者之制祿爵公侯卿大夫以下及士之法凡王者之制度祿爵爲重其食祿受爵之人有公侯伯子男並南面之君凡五等也其諸侯之下北面之臣有上大夫卿有下大夫有上士有中士有下士凡五等也南面之君五者法五行之剛日北面之臣五者法五行之柔日不以王朝之臣而以諸侯臣者王朝之臣本是事王今王制統天下故不。自在其數謂制統天下之君及天下之臣取君臣自相對故不取王臣也此作記者雖記虞氏皇而祭之文大都總記三王制度故言王者之制不云帝皇制也不云天子制者白虎通云王是天子爵號穀梁傳曰王者仁義歸往曰王以其身有仁義衆所歸往謂之王王者制統海內故云王制不云天子制也凡王者不得稱官故學記云大德不官而得稱職故詩云袞職有闕考工記云國有六職坐而論道謂之王公是也此並互文以見義既天子不官亦當不主一職若以主天下爲職亦得管天下爲官矣祿者穀也故鄭注司祿云祿之言穀年穀豐乃後制祿援神契云祿者錄也白虎通云祿者

錄也上以收錄接下下以名錄謹以事上是也爵者盡也熊氏云醮盡其才而
用之故白虎通云爵者盡也所以盡人才是也按下文云位定然後祿之又大
司徒云十有一曰以賢制爵十有二曰以庸制祿並祿在爵後此祿在爵前者
祿是田財之物班布在下最是國之重事須裁節得所王者制度重之故在於
先故此經下文先云天子之田乃云諸侯之田次云制農田又云下士視上農
夫祿又云君十卿祿並先言祿下始云次國上卿當大國中卿是後云爵也熊
氏皇氏以爲試功之祿故在爵前按此王者制度必當舉其正禮何得唯明試
功之祿下云君十卿祿豈試功乎熊氏皇氏之說於義疑也其公者按元命包云
公。者爲言平也公平正直侯者候也候王順逆伯者伯之爲言白也明白於德
也子者奉恩宣德男者任功立業此五等者謂虞夏及周制殷則三等公侯伯
也此公侯伯子男獨以侯爲名而稱諸侯者舉中而言又爾雅侯爲君故以侯
言之伯亦居中不言諸伯者嫌是東西二伯及九州之伯故也上大夫卿者見
下文云下大夫倍上士卿四大夫祿是下大夫之上則有卿故知上大夫即卿
也此上大夫卿外惟有下大夫所以下文除卿之外更有上大夫下大夫者謂
就下大夫之中更分爲上下耳卿者白虎通云卿之言嚮也爲人所歸嚮大夫
者達人謂扶達於人士者事也皇氏熊氏皆爲任職之事其大夫之稱亦得兼三
公故詩云三事大夫謂三公也上大夫卿亦兼孤也故春秋陽處父爲大傅經
云晉殺其大夫陽處父是也孤亦稱公故鄉飲酒禮云公三重是孤也卿亦得
稱公故春秋襄三十年傳云鄭伯有之臣稱伯有曰吾公在壑谷士既命同而
分爲三等者言士職卑德薄義取漸進故細分爲三卿與大夫德高位顯各有
別命不復細分其諸侯以下及三公至士總而言之皆謂之官官者管也以管
領爲名若指其所主則謂之職故周禮云設官分職通卿大夫士也知諸侯亦
爲官者尚書周官云唐虞稽古建官惟百下云外有州牧侯伯是州牧侯伯亦
爲官也若細而言之諸侯非偏有所主則非官也故學記云大德不官注云天
子諸侯是也諸侯亦稱職故左傳云小有述職大有巡功述職謂諸侯朝天子
是諸侯稱職也其爵則殷以前大夫以上有爵故士冠禮云古者生無爵死無

謚謂士也周則士亦有爵故鄭注周制以士爲爵死猶不爲謚耳是也○注二五至十日○正義曰知象陰陽者按元命包云周爵五等法五精注云五精其總法五行分之則法五剛甲丙戊庚壬其諸侯之臣法五柔乙丁己辛癸是也

天子之田方千里

象日月之大亦取晷同也此謂縣內以祿公卿大夫元士○晷音軌日影

公侯田方百里伯七十里子男五十里不能五十里者不合於天子附於諸侯曰附庸天子之三公之田視公侯天子之卿視伯天子之大夫視子男天子之元士視附庸

皆象星辰之大小也不合謂不朝會也小城曰附庸附庸者以國事附於大國未能以其名通也視猶比也元善也善士謂命士也此地殷所因夏爵三等之制也殷有鬼侯梅伯春秋變周之文從殷之質合伯子男以爲一則殷爵三等者公侯伯也異畿內謂之子周武王初定天下更立五等之爵增以子男而猶因殷之地以九州之界尙狹也周公攝政致大平斥大九州之界制禮成武王之意封王者之後爲公及有功之諸侯大者地方五百里其次侯四百里其次伯三百里其次子二百里其次男百里所因殷之諸侯亦以功黜陟之其不合者皆益之地爲百里焉是以周世有爵尊而國小爵卑而國大者唯天子畿內不增以祿羣臣不主爲治民○朝直遙反卷內皆同畿求衣反狹音洽後文同大平音泰斥昌石反黜陟上丑律反下竹力反主爲于僞反下爲有亦爲有同

疏天子至附庸○正義曰此一節論天子畿內之田及畿外五等諸侯及畿內公卿受地多少之法各隨文解之○注象日至元士○正義曰按元命包云日圓望之廣尺以應千里故云象日月之大亦取晷同也者按考靈耀云地與星辰四遊升降於三萬里之中夏至之景尺有五寸是半三萬里得萬五千里故鄭注司徒云凡日景於地千里而差一寸是千里同一寸也細而言之就千里之內亦漸漸分數不同此云同一寸者大略而言之非但象日月大小又取晷同故云亦云以祿公卿大夫元士者卽下文三公之田視公侯天子之卿視伯以下是也按

下注云待封王之子弟此唯言公卿大夫元士者舉。正者言之耳○注皆象至治民○正義曰皆象星辰之大小也者按元命包云王者封。之上應列宿之位注云若角亢爲鄭房心爲宋之比又云其餘小國不中星辰者以爲附庸是象星辰大小也非但象星辰其百里者又象雷故援神契云王者之後稱公大國稱侯皆千乘象雷震百里是取法於雷也其七十里者倍減於百里五十里者倍減於七十里故孝經云德不倍者不異其爵功不倍者不異其土故。轉。相。半別優劣云不合謂不朝會也者謂不得與諸侯集合朝會天子也云小城曰附庸者庸城也謂小國之城不能自通以其國事附於大國故曰附庸此不能五十里故爲小國之城若詩崇墉言言及易公用射隼于高墉之上是大國之城亦名庸也云元善也善士謂命士也者按易文言云元者善之長也故元爲善也按周禮注天子上士三命中士再命下士一命故云善士謂命士則上中下之士皆稱元士也天子之士所以稱元者異於諸侯之士也周禮公侯伯之士雖一命不得稱元士其夏殷以上諸侯之士皆不命也故下文云小國之卿與下大夫一命是士不得命也云此地殷所因夏爵三等之制也者以夏會諸侯於塗山執玉帛者萬國若不百里七十里五十里則不得爲萬國也故知夏爵三等之制。如此經文不直舉夏時而云殷所因者若經指夏時則下當云萬國不得云凡九州千七百七十三國故以爲殷所因夏爵三等之制也其國則少於夏也云殷有鬼侯梅伯按明堂位云脯鬼侯又呂氏春秋云昔紂爲無道殺梅伯而醢之殺鬼侯而脯之以禮諸侯於廟楚辭云梅伯菹醢是殷有鬼侯梅伯也鄭引此者證殷有侯有伯以二王之後稱公則殷亦有公可知也云春秋。改周。之。文從殷之質合伯子男以爲一者按公羊傳桓十一年九月鄭忽出奔衞忽何以名春秋伯子男一也辭無所貶何休云春秋改周之文從殷之質合伯子男爲一一辭無所貶皆從子春秋之時伯亦得稱子子亦得稱伯今鄭是伯爵忽若稱子與成君無異則不見在喪之降貶故在喪降而稱名非爲貶責稱名故云辭無所貶何休之意合伯子男爲一皆從稱子也鄭康成此注之意合伯子男以爲一皆稱伯也與何休不同故鄭云殷爵三等者公侯伯也若殷家夷狄之君大者亦稱伯故書序云巢伯來朝注云伯爵也南方遠國云則殷爵三等者公侯伯也者則公百里侯七十里伯五十里也云異畿內謂之子者畿外既有公侯伯標異畿內特謂之子爵雖爲子若作三公則受百里之地若作卿則受七十里之地若作大夫則受五十里之地殷家雖因於夏畿內之制與夏不同夏之畿內國皆方五十里故鄭注尚書萬國之數云四百國在畿內是皆五十里殷之畿內據下文有百里之國九七十里之國二十有一五十里之國六十有三凡九十三國是與夏不同也張逸問殷爵三等公侯伯尚書有微子箕子何鄭答云微子箕子實是畿內采地之爵非畿外治民之君故云子也云周武王初定天下更立五等之爵增以子男者按尚書武成云列爵惟五分土惟三既云列爵惟五故知增以子男也云而猶因殷之地以九州之界尙狹也者解所以列爵既五則應五等之土上公五百里以下猶因殷之地公侯百里伯七十里子男五十里爲三等以雖伐紂九州之地尙隘狹未得五等之封故也云周公攝政致太平斥大九州之界制禮成武王之意者斥大謂開廣大於先中國方三千里今方七千里是斥大九州之界也武王既列爵惟五是意欲爲五等之封但爲界狹今周公爲五等之封是成武王之意云諸侯大者地方五百里以下皆大司徒職文云所因殷之諸侯亦以功黜陟之者謂周之諸侯既以有功封建其國所因殷之諸侯既無大罪不可以絕滅亦如周之諸侯以勳多少黜退之升陟之殷之諸侯大者百里今日有功則升陟或二百里或三百里是陟之也云黜者謂於周家有過諸侯黨紂爲惡者皆黜退之不復得爲諸侯或黜。咸至七十。五十里或有罪黜爲附庸也云其不合者皆益之地爲百里焉謂其不以功過黜陟者謂平常諸侯皆益之地使滿百里焉云周世有爵尊而國小爵卑而國大者張逸疑而不解以問於鄭鄭答之云設今有五十里之國於此無功可進無過可退亦就益其地爲百里之國爵尊而國小者若虞虢之君爵爲公地方百里爵卑而國大者侯四百里伯三百里子男二百里皆大於虞虢鄭通言男亦二百里者據男有功得附庸者言之耳大於虞虢百里之意云惟天子畿內不增以祿羣臣不主爲治民者解畿內之地公侯伯子男皆增其地今畿內公卿大夫采地不增益之者本以祿賜羣臣不須增益其地以其不主爲治民者也外土諸侯本爲治民須。使民利國故須增益其封周之畿內有百里之國有五十里之國有二十五里之國鄭注小司徒云百里之國凡四都五十里之國凡四縣二十五里之國凡四甸故崔氏云畿內有百里之國有五十里之國有二十五里之國元命包云周爵五等法五精春秋三等象三光說者因此以爲文家爵五等質家爵三等若然夏家文應五。篇虞家質應三等按虞書輯五瑞修五禮五玉豈復三等乎又禮緯含文嘉云殷爵三等殷正尙白白者兼正中故三等夏尙黑亦從三等按孝經夏制而云公侯伯子男是不爲三等也含文嘉之文又不可用也

○制農田百畝百畝之分上農夫食九人其次食八人其次食七人其次食六人下農夫食五人庶人在官者其祿以是爲差也農夫皆受田於公。田肥。墽有五等。收入不同也庶人在官謂府史之屬官長所除不命於天子國君者分或爲糞○分扶問反食音嗣下同徐音自差初佳反徐初宜反下注同墝本又作墽苦交反長丁丈反下文及注皆同糞方運反諸侯之下士視上農夫祿足以代其耕也中士倍下士上士倍中士下大夫倍上士卿四大夫祿君十卿祿次國之卿三大夫祿君十卿祿小國之卿倍大夫祿君十卿祿此班祿尊卑之差

疏。制。農。至。卿。祿。○正義曰此一節論制農田有上中下以祿庶人在官及士大夫弁卿及君之祿各隨文解之○注農夫至爲糞○正義曰農夫皆受田於公者以經云制農田是王者制度授農以田是農夫受田於公也云肥墽有五等收入不同也者按周禮地有九等故司徒上地家七人中地家六人下地家五人注云有夫有婦然後爲家自二人以至於十人爲九等一家男女七人以上則授之以上地所養者衆也男女五人以下則授之以下地所養者寡也。正以七人六人五人爲率者舉中而言如鄭

此言上地家七人者爲中地之上家六人者謂中地之中家五人者謂中地之下以此推之下地之上家四人下地之中家三人下地之下家二人則上地之上家十人上地之中家九人上地之下家八人是。有九等從十人而以至於二人此經地惟五等自九人而下至五人不同者大司徒所云農夫授田實有九等此。據。準庶人在官之祿最下者猶五人故從上農夫至五人而已。司徒上地家。十人此云上農夫食九人者謂上中之地亦爲上地即上農夫不言上上者欲取九人當下士祿亦與司徒不異也既有九等按大司徒不易之地家百畮一易之地家二百畮再易之地家三百畮地惟有三等者大司徒言其大綱其實不易一易再易各爲三等則九等也按異義左氏說山林之地九夫爲度九度而當一井數澤之地九夫爲鳩八鳩。當一井京陵之地九夫爲辨七辨而當一井淳鹵之地九夫爲表六表而當一井彊潦之地九夫爲數五。數而當一井偃豬之地九夫爲規四規而當一井原防之地九夫爲町三町而當一井隰皋之地九夫爲牧二牧而當一井衍沃之地九夫爲井賦法積四十五。除山川坑岸三十六井定出賦者九井則千里之畿地方百萬井除山川坑岸三十六萬井定出賦者六十四萬井長轂萬乘如異義此說則方十里凡百井三十六井爲山川坑岸六十四井爲平地出稅按鄭注小司徒成方十里緣邊一里治爲溝洫則三十六井其餘方八里爲甸六十四井出田稅與異義不同者異義所云通山林數澤九等而言之鄭注小司徒者據衍沃平地而言之所以不同也異義九等者據大略國中有山林至衍沃之等言之周禮九等者據授民地肥瘠有九等與異義不同也尚書禹貢注云一井上上出九夫稅上中出八夫稅上下出七夫稅中上出六夫稅中中出五夫稅中下出四夫稅下上出三夫稅下中出二夫稅下下出一夫稅所以又有此九等者以禹貢九州有上中下九等出沒不同故以井田計之以一州當一井假令冀州上上出九百萬夫之稅兖州下下出一百萬夫之稅是九州大較相比如此非謂冀州之民皆出上上兖州之民皆出下下與周禮九等又不同也所以上農夫得食九人者以史記云上地畝一。鐘。鐘六斛四斗百畝百。鐘則六百四十斛按食貨志又云上孰其收自四斛則百畝四百斛也按廛人中歲人食三鬴其九人之內老幼相通不皆人食三鬴故食九人也其民之常稅不過什一又庶民喪祭費用又少且年有豐儉不恆上孰崔氏以爲畝皆一鍾人恆食四鬴又爲什二而稅又云祭用數之仂者苟欲計筭使合其義非也云庶人在官謂府史之屬者則周禮大宰云府六人史十有二人云之屬謂工人賈人及胥徒也云官長所除不命於天子國君者官長謂冢宰爲天官之長司徒爲地官之長自所命或若大府爲府藏官之長大司樂爲樂官之長是也言所除者謂所命之官除去其舊名籍周禮注云凡府史以下官長所自辟除以其非九命之內故知不命於天子國君也若子男之士雖無命亦當命於國君也以其稱士故也○注此班至之差○正義曰經云下士視上農夫祿足以代其耕也則庶人在官者雖食八人以下不得代耕故。載師有官田謂庶人在官之田大夫以下位卑祿少故大小國殊卿與君祿重位尊故祿隨國之大小爲節按周禮天子卿大夫士與諸侯之臣執贄同則祿亦同也此自下士至小國之卿倍大夫祿皆據無采地者言之故鄭答臨碩云王畿方千里者凡九百萬夫之地三分去一定受田者三百萬夫出都家之田以其餘地之稅祿無田者下士食九人中士食十八人上士三十六人下大夫七十二人中大夫百四十四人卿二百八十八人 ○次

國之上卿位當大國之中中當其下下當其上大夫小國之上卿位當大國之下卿中當其上大夫下當其下大夫。此諸侯使卿大夫。覜聘並會之序也其。爵位同小國在下爵異。固在上耳○覜吐弔反

疏 次國至大夫○正義曰此一節論諸侯使卿大夫士覜聘班序行列之法各隨文解之○注此諸至上耳○正義曰經文既稱大國小國大小並在則非是特來故知使卿大夫覜聘並會也云其位爵同小國在下者爵同謂同作卿也據經文小國卑於大國故知小國之卿在大國之卿下云爵異固在上耳者謂大國是大夫小國是卿則經云小國之卿位當大國之上大夫是小國之卿爵異於大國之大夫其爵既異固當在大夫之上必知爵異小國在上者

以其卿執羔大夫執鴈。使卿絺冕大夫玄冕故知小國之卿不得在大國大夫之下也其有中士下士者數各居其上之三分謂其爲介若特行而並會也居猶當也此據大國而言大國之士爲上次國之士爲中小國之士爲下士之數國皆二十七人各三分之上九中九下九以位相當則次國之上士當大國之中中當其下小國之上士當大國之下凡非命數亦無出會之事春秋傳謂士爲微○三分如字爲介音界

疏其有至三分○。正。義。曰中士者謂次國之士下士者謂小國之士大國之士既分爲三三分次國小國之士亦分爲三三分今大國之士既。定在朝會若其有中國之士小國之士者其行位之數各居其上國之三分之二謂次國以大國爲上而次國上九當大國中九當大國下九是當其大國之三分之二小國以次國爲上小國上九當次國中九小國中九當次國下九亦是居上三分之二也是各居上之三分○注謂其至爲微○正義曰言謂其爲介者若聘禮士介四人是也若特行則隱元年及宋人盟於宿是也本國出使。其行至他國與諸侯並會也云此據大國而言者以經必云中士下士不云上士。是文以大國爲。主以中國下國來當之故知據大國而言云大國之士爲上次國之士爲中小國之士爲下者解經之中士爲中國之士下士爲下國之士經雖無上士之文以中士下士類之則上士爲大國之士也就上士中士下士之內各分爲上九中九下九言大國之士爲上不解經之上字者自謂次國以大國爲上小國以次國爲上耳云凡非命士亦無出會之事者卽祭法庶士是也云春秋傳謂士爲微者隱元年及宋人盟於宿公羊傳云孰及之內之微者也是謂士爲微也

○凡四海之內九州州方千里州建百里之國三。十。七十里之國六十五十里之國百有二。十。凡二百一十國名山大澤不以封其餘以爲附庸閒田八州州二百一十國建立也立大國三十三公也立次國六十六卿也立小國百二十。二小卿也名山大澤不以封者其民同財不得。障管

亦賦税之而已此大界方三千里三三而九方千里者九也其一爲縣內餘八各立一州此殷制也周公制禮九州大界方七千里七七四十九方千里者四十有九也其一爲畿內餘四十八八州各有方千里者六設法一州封地方五百里者不過四謂之大國又封方四百里者不過六又封方三百里者不過十一謂之次國又封方二百里者不過二十五及餘方百里者謂之小國盈上四等之數幷四十九一州二百一十國則餘方百里者百六十四也凡處地方千里者五方百里者五十九其餘方百里者四十一附庸地也〇間音閑章之尙反

疏凡四至十國〇正義曰此一節論四海之內九州州別建國多少及附庸閒田之法如鄭所注此經云是殷法也周禮則九服夷鎭蕃三服謂之四海四海之內謂要服以內殷則服數無文則必不與周同按爾雅釋地云九夷八狄七戎六蠻謂之四海孫炎云海之言晦晦闇於禮義此言四海之內謂夷狄之內也地方三千里以開方計之三三如九方千里者有九其一爲天子縣內下文具之以外八州州別方千里者有一州建百里之國三十是公國也七十里之國六十是侯國也五十里之國百有二十是伯國也是一州凡二百一十國必二百一十國者按元命包云陽成於三列於七三七二十一故二百一十國也其餘以爲附庸閒田謂置二百一十國外之餘地爲附庸閒田也若封一人附於大國謂之附庸若未封人謂之閒田每州二百一十國所餘之地者則下文云方百里者十方十里者六十是也〇注建立至地也〇正義曰建是樹立之義故建爲立也云立大國三十十三公也者鄭以天子縣內三公之國亦百里今畿外大國亦百里是準擬畿內三公之地故云十三公也每十箇國則準一公是三十國準於三公也云立次國六十十六卿也者亦以畿內六卿之地方七十里今畿外次國亦七十里故知準擬六卿言十於六卿六十也通三孤則謂之九卿據有職事者言之故爲六卿也云立小國百二十十二小卿也者小卿則天子畿內大夫國方五十里今畿外小國亦五十里是準擬大夫當十於十二小卿也定本云十十二小卿重有十字俗本直云十二小卿俗本誤也云名山大澤不以封者與民同財者若封諸侯則諸侯爲主若不得取其財

物故不封諸侯使民共取故山虞職云令萬民時斬材有期日是也云不得障管亦賦稅之而已者既不封諸侯其諸侯不得障塞管領禁民取物民既取物隨其所取賦稅而已故澤虞云使其地之人守其財物以時入之于王府是也定本云不得不管亦賦稅而已謂雖不封諸侯諸侯不得不管若如此解則於而已二字爲妨恐定本誤也云此殷制也者以夏時萬國則地餘三千里周又中國方七千里今大界三千非夏非周故云殷制也其實夏之末年亦與殷同方三千里故下云天子之縣內鄭注云縣內夏時天子所居州界名也又云夏末既衰夷狄內侵土地減國數小是也云周公制禮九州大界方七千里者按大行人邦畿方千里其外方五百里謂之侯服甸服男服采服衛服要服五百里通王畿四面相距爲七千里大行人要服已外即云九州之外謂之蕃國是要服以內爲中國也云設法一州封地方五百里者不過四者言設法謂假設爲法非實封也故職方云千里封公以方五百里則四公注云每事言則者設法也是不實封必知不實封者以每州有四公八州則三十二公周之上公則惟杞宋耳故知非實封也一州有千里之方六則一箇千里之方爲方百里者百一箇五百里之國爲方百里者二十五四箇二十五用千里之方一是方五百里者不過四也云又封方四百里者不過六者以一箇四百里之國爲方百里者一十六六箇一十六爲九十六是用一百里之方九十六爲六箇四百里之國故云方四百里者不過六用千里之方一猶餘百里之方四云又封方三百里者不過十一者以一箇三百里之國爲方百里者九十一箇九爲九十九是用百里之方九十九故云封方三百里者不過十一用千里之方一猶餘百里之方一云又封方二百里者不過二十五者以一箇二百里之國爲方百里者四二十五箇二百里國用千里之方一故云封方二百里者不過二十五云盈上四等之數者謂將此百里小國一百六十四添盈公侯伯子四等之數四十六則爲一州二百一十國也云則餘方百里者百六十四也者以其上惟云餘方百里者謂之小國不顯其數多少直言盈上四等之數四等既有四十六若添滿二百一十必須百六十四故云方百里者百六十四也云凡處地方千

里者五方百里者五十九者封公則四是用千里之方一封侯則六又用千里之方一封伯十一又用千里之方一封子二十五又用千里之方一封男百又用千里之方一是處地方千里者五男國更須六十四則應須百里之方六十四但千里之方六封侯之外猶餘百里之方四千里之方封伯十一之外猶餘百里之方一是五箇千里之方內總餘百里之方五得爲五箇男國則五箇千里之方。更得五十九。外箇百里之方是滿六十四也云其餘方百里者四十一附庸地也者以百里之方百去其五十九故餘四十一也按鄭注大司徒云侯附庸九同伯附庸七同子附庸五同男附庸三同今一州惟有方百里者四十一得備侯伯子男二百一十國附庸者鄭注司徒云凡諸侯爲牧正帥長及有德者乃有附庸非國國皆有且此云州別二百一十國及侯附庸九同皆設法而言非實事也注侯附庸九同者諸侯有功可進爲公爲四百里之上加九同得進爲五百里也伯於三百。之上加七同得爲四百里進爲侯也子於二百里之上加五同得爲二百里進爲伯也男於百里之上加三同得爲二百里進爲子也言同者謂積累衆附庸而滿同也非謂一附庸居一同也鄭注司徒云公無附庸以其尊極故。也又鄭云魯以周公之故得兼四等加二十四附庸方七百里也

○天子之縣內方百里之國九七十里之國二十有一五十里之國六十有三凡九十三國名山大澤不以朌其餘以祿士以爲閒田縣內夏時天子所居州界名也殷曰畿詩殷頌曰邦畿千里維民所止周亦曰畿畿內大國九者三公之田三爲有致仕者副之爲六也其餘三待封王之子弟次國二十一者卿之田六亦爲有致仕者副之爲十二又三爲三孤之田其餘六亦待封王之子弟小國六十三大夫之田二十七亦爲有致仕者副之爲五十四其餘九亦以待封王之子弟三孤之田不副者以其無職佐公論道耳雖。有致仕猶可即而謀焉朌讀爲班○朌音班賦也**疏**天。子。至。閒。田○正義曰此經明天子縣內之國數多少及祿士之法按殷之與周稱畿唐虞稱服無云縣者今此特云縣內故鄭云夏時

天子所居州界名也按鄭注益稷云禹會諸侯於塗山執玉帛者萬國四百國在畿內今此畿內惟有九十三國。者蓋夏之一代畿內稱縣當夏禹之初有四
百國至夏之末土地既。咸故與禹世不同未知於時縣內國數多少湯承夏末之後制為九十三國記者言縣明其承夏之餘國數是殷湯之制故與四百國
不同也名山大澤不以朌者畿外列土諸侯有封建之義故云不以封畿內之臣既不世位有朌賜之義故云不以朌所以不朌者亦為與民共財不障管也
雖不障民取其財物亦入之。王府即周禮山虞澤虞所掌是也其餘以祿士以為閒田者謂九十三國之餘則下文云其餘方百里者六十四方十里者九十
六是也以九十三國以封公卿大夫故特云以祿士其實公卿之子父死之後既不世爵得食父祿故下文云大夫不世爵未賜爵視天子之元士以君其國
是九十三國之外既云視元士則此祿士包之也其不封公卿大夫及祿士之外並為閒田則周禮云公邑也不云附庸者以縣內無附庸也所以畿外州建
二百一十國之外則閒田少畿內立九十三國之外閒田多者以畿外諸侯有大功德始有附庸故閒田少畿內每須朌賜故閒田多依周禮閒田自二百里
之外以至五百里其大夫則於三百里為采地卿則於四百里為采地公則於五百里為采地故載師云以公邑之田任甸地以家邑之田任稍地以小都之
田任縣地以大都之田任。畺地是也未知殷制如何其周之畿內采邑大小未聞則鄭注小司徒云百里之國凡四都五十里之國凡四縣二十五里之國凡
四甸是謂畿內大國百里次國五十里小國二十五里又注大司徒云畿內之制未聞是知疑而不定此云祿士謂無地之士給之以地而當其祿不得為采
邑耳其實春秋之時公卿亦有無地者故春秋經劉子單子是有地者稱爵王子虎卒是無地者不稱爵也○注詩殷至謀焉○正義曰引詩殷頌者是玄鳥
祀高宗之篇證殷稱畿也云周亦曰畿者周禮職方云千里曰王畿是也云為有致仕者副之者以三公在朝既有正田今身既致仕不可仍食三公采邑身
又見存不可全無其地故公卿大夫皆有正職之田又有致仕副邑云其餘三待封王之子弟者禮運云天子有田以處其子孫又周禮有都宗人家宗人祭

祀皆致福於王是有封王之子弟也但王之子弟有同母異母有親疏之異親寵者封之與三公同平常者與六卿同疏遠者與大夫同故有三等之差也云三孤之田不副者自上差之三公之外其餘有三卿之外其餘有六大夫之外其餘有九皆以次相三若三孤有致仕之副則卿與公同其餘三非差次也云以其無職佐公論道耳雖其致仕猶可即而謀焉者按周禮三公雖無正職猶列於官參六卿之事故司徒云鄉老二鄉則公一人三孤則不列於官故云無職但佐公論道在朝在家其事一等雖退致仕猶可就而謀事不須致仕之後朝上更別立官故知不有致仕之副

○凡九州千七百七十三國天子之元士諸侯之附庸不與

不與不在數中也春秋傳云禹會諸侯於塗山執玉帛者萬國言執玉帛則是惟謂中國耳中國而言萬國則是諸侯之地有方百里有方七十里有方五十里者禹承堯舜而然矣要服之內地方七千里乃能容之夏末既衰夷狄內侵諸侯相幷土地減國數少殷湯承之更制中國方三千里之界亦分為九州而建此千七百七十三國焉周公復唐虞之舊域分其五服為九其要服之內亦方七千里而因殷諸侯之數廣其土增其爵耳孝經說曰周千八百諸侯布列五千里內此文改周之法關盛衰之中三七之間以為說也終此說之意五五二十五方千里者二十五○其一為畿內餘二十四州各有方千里者三其餘侯之地大小則未得而聞○與音預注及下注不與同塗音徒要一遙反下要服皆同幷必政反又如字減古斬反關盛衰並讀如字

【疏】凡九至不與○正義曰此一節總明殷之畿內畿外國數之法前文云凡四海之內明殷之畿外諸侯次經明天子縣內殷之畿內國畿此經總明殷之畿內畿外故云凡九州千七百七十三國天子之元士諸侯之附庸不在數中故云不與商王大計地方三千里畿外八州每一州二百一十國封爵三等八州一千六百八十國幷王畿內九十三國計千七百七十三國天子之元士則下云方百里者六十四方十里者九十六是天子之元士又下云其餘方百里者十方十里者六十是諸侯附庸不在千七百七十三之數○注春秋至而聞○正義曰引春秋傳

者哀。七年左傳文時魯欲伐邾孟孫不欲諸大夫答孟孫云禹會諸侯於塗山執玉帛者萬國今其存者無數十焉又襄二十五年傳云若無侵小何以至焉杜預云塗山在壽春東北與。會。稽別也若鄭康成之意塗山則會稽也故注尚書云禹朝羣臣於會稽執玉帛者萬國是以張逸疑而問鄭按左傳禹會諸侯於塗山執玉帛者萬國外傳云禹朝羣臣於會稽防風氏後至不與注相應何鄭答云欲明諸侯守土之祀故兼用外傳內傳語者鄭意以塗山會稽爲一以諸侯爲守土之祀故云禹朝羣臣則諸侯也鄭云兼用外傳內傳語者禹朝羣臣於會稽是外傳語執玉帛者萬國是內傳左氏語云言執玉帛則是惟謂中國耳者按覲禮諸侯享王璧以帛是執玉帛也按大行人侯甸男采衞要各以其服貢物下云九州之外謂之蕃國各以其所貴寶爲摯鄭注貴寶若白狼白鹿夷狄不執玉帛故云執玉帛惟謂中國耳云中國而言萬國則是諸侯之地有方百里有方七十里有方五十里者鄭言此者以周之大國方五百里而下則不得有萬國故云然也按萬國之。數。鄭。注皐陶謨堯初制五服。更五百里禹所弼每服五百里故始有百里之封焉猶用要服之內爲九州州立十二人爲諸侯師蓋百國一師則州十有二師則每州千二百國也八州九千六百國其餘四百國在畿內鄭又云百里者三封國。七。有。奇所以百里三封國七者以百里之方一爲公侯之國一又以百里之方一爲伯七十里之國二又以百里之方一爲子男五十里之國一四是百里之方三封國七也言有奇者謂百里之方一封七十里之國二有奇者以百里之方一爲十里之方百七十里之國一用十一里之方四十九七十里之國二用十一里之方九十八餘有十里之方二故云有奇以此計之州有千里之方六以千里之方。二爲公侯之國二百又以千里之方。二爲伯七十里之國四百有奇又以千里之方。二爲子男五十。里之國八百總爲一千四百國以。二百國及奇餘爲附庸山澤故州有千二百國鄭云四百國在畿內者以大略據子男爲言非實法也趙商不達鄭旨而問鄭云以王制論之畿內之國有百里有七十里有五十里今率以下等計之又有王城關遂郊郭卿大夫之采地數不在中今就四百似頗不合鄭答之云三代異物王制之法唐虞或不盡然堯舜之德守在四疆鄉遂有無無以言也公卿大夫有田祿者其四百國非采地爲何王城之大郊關之處幾何而子責急也此鄭亦隨問而答非事實也必知非實者以地形不可。方平如圖又有山。澤不封之地何有同積基無空缺之處故知略計地爲四百國耳云禹承堯舜而然矣者以堯末遭洪水之前帝德寬。廣不制以法故中國五千禹因治水之後德化漸大故中國更廣而有萬國云要服之內地方七千里乃能容之者王畿內五百里又五百里外侯服去城外五百里是一千里又五百里甸服是一千五百里又五百里男服是二千里又五百里采服是二千五百里又五百里衛服是三千里又五百里爲要服是三千五百里要服去王。畿三千五百里四面相距爲七千里是九州之內此云要服之內地方七千里也按尙書咎繇注禹弼成五服去王城五百里曰甸服其弼當侯服去王城千里其外五百里爲侯服當甸服去王城一千五百里其弼當男服去王城二千里又其外五百里爲綏服當采服去王城二千五百里其弼當衛服去王城三千里又其外五百里爲要服與周。要服相當去王城三千五百里四面相距爲七千里是九州之內也故此云要服之內地方七千里咎繇注又云要服之弼當其夷服去王城四千里又其外五百里曰荒服當鎭服其弼當蕃服去王城五千里四面相距爲方萬里也云夏末既衰夷狄內侵諸侯相幷土地減國數少者以湯承於夏末中國惟方三千里明所因有漸承夏末之地上云天子縣內是夏末殷初其界相似也必知此王制之文以爲殷制者正以百里七十里五十里之國與周不同又千七百七十三國與禹萬國數復異又虞夏及周皆曰牧此經稱伯故知大略皆據殷而言也其天子七廟及下雜論虞夏商周四代之制亦兼載焉云周公復唐虞之舊域分其五服爲九其要服之內亦方七千里者言復唐虞舊域謂治水之後舊域也按周禮職方云方千里曰王畿其外方五百里曰侯服又其外方五百里曰甸服又其外方五百里曰男服又其外方五百里曰采服又其外方五百里曰衛服又其外方五百里曰蠻服又其外方五百里曰夷服又其外方五百里曰鎭服又其外方五百里曰。藩服蠻服則要服是分其五服爲九以要服之內方七千里也云因殷諸侯之數廣其土增其爵耳者按洛誥傳云天下諸侯之來進受命於周退見文武尸者千七百七十三諸侯其數與此同是居因殷諸侯之數也按大司徒公五百里侯四百里與此公侯百里不同是廣其土也殷爵三等周爵五等是增其爵耳云孝經說曰周千八百諸侯布列五千里內者此孝經緯文云千八百者舉成數其實亦千七百七十三諸侯也布列在中國五千里之內云此文改周之法關盛衰之中三七之間以爲說也者此文謂此孝經緯文改周之法謂改周公盛時之法盛謂地方七千里衰謂地方三千里故云關盛衰之中三七之間若指文言之盛謂周公制禮太平時也衰謂夏末殷初之時也盛衰之中謂武王時也若以當代言之衰謂周末幽厲之時與夏末同盛衰之中謂昭王恭王之時與武王同云終此說之意者謂終竟此孝經緯所說之意云其餘諸侯之地大小則未得而聞者謂一州之內千里之方有三而一州建二百一十國但未知國之大小及封建制度故云未聞異義公羊說殷三千諸侯周千八百諸侯古春秋左氏傳說禹會諸侯於塗山執玉帛者萬國唐虞之地萬里容百里地萬國其侯伯七十里子男五十里餘爲天子閒田許慎謹按易曰萬國咸寧尚書云協和萬邦從左氏說鄭駁之云。而諸侯多少異世不同萬國者謂唐虞之制也武王伐紂三分有二八百諸侯則殷末諸侯千。二。二百也至周公制禮之後準王制千七百七十三國而言周千八百者舉其全數又異義今尚書歐陽夏侯說中國方五千里古尚書說五服旁五千里相距萬里許慎謹按以今漢地考之自黑水至東海衡山之陽至於朔方經略萬里從古尚書說鄭氏無駁與許同按易下繫云一君二民君子之道二君一民小人之道鄭注一君二民謂黃帝堯舜謂地方萬里爲方千里者百中國之民居七千里七七四十九方千里者四十九夷狄之民居千里者五十一是中國夷狄二民共事一君二君一民謂三代之末以地方五千里一君有五千里之土五五二十五更足以一君二十五始滿千里之方五十乃當堯舜一民之地故云二君一民實無此二君一民假之以地廣狹爲優劣也

○天子百里之內以共官千里之內

以爲御謂此地之田稅所給也官謂其文書財用也御謂衣食○共音恭【疏】天子至爲御○正義曰此一節論畿內千里之地田稅所共給之事○注謂此至衣食○正義曰經云百里之內者謂去王城百里四面相距則二百里經云千里之內以爲御者謂四面相距爲千里去王城四面五百里二者相互云此地之田稅所給也者依周禮有口率出泉恐此是口率之泉故云此地之田稅所給也知非口率出泉所給者按周禮大府九賦之泉各有所給故其職云關市之賦以待王之膳服邦中之賦以待賓客四郊之賦以待稍秣家削之賦以待匪頒邦甸之賦以待工事邦縣之賦以待幣帛邦都之賦以待祭祀山澤之賦以待喪紀幣餘之賦以待賜予是口率出泉各有所用也知官謂其文書財用也者以其稱官是官府所須故爲文書財用御是進御所須故爲衣食但官是卑褻故用近物御爲尊重故用遠物此爲殷法也但未知有口率出泉以否

○千里之外設方伯五國以爲屬屬有長十國以爲連連有帥三十國以爲卒卒有正二百一十國以爲州州有伯屬連卒州猶聚也伯帥正亦長也凡長皆因賢侯爲之殷之州長曰伯虞夏及周皆曰牧○帥色類反注及下同卒子忽反下及注同牧音木八州八伯五十六正百六十八帥三百三十六長八伯各以其屬屬於天子之老二人分天下以爲左右曰二伯老謂上公周禮曰九命作伯春秋傳曰自陝以東周公主之自陝以西召公主之○陝失冉反一音古洽反召詩照反【疏】千里至二伯○正義曰此一節論千里之外設方伯及連帥卒正兼二伯之事各隨文解之○注屬連至曰牧○正義曰屬是繫屬連是連接卒是卒伍州是聚居故云屬連卒州猶聚也伯帥正俱是長但異其名云凡長皆因賢侯爲之者既長諸侯非賢不可故知賢侯爲之言因者因其州內賢侯非州外別取州牧則知以賢侯爲之故下曲禮以侯爲牧周制牧下有二伯則侯伯皆得爲之故詩旄丘責衞伯也衞是侯爵而爲州伯張逸疑而

問鄭鄭答云侯德適任之謂衛侯之德適可任州伯也然則伯之賢者亦可進
爲牧故周禮宗伯八命作牧注云謂侯伯有功德者加命得專征伐是伯得縱
牧也鄭必知州牧之下更有二伯者以左傳云五侯九伯服杜皆爲五等諸侯
九州之伯鄭。答。志云若征五等諸侯九州之伯何夾輔之有大公爲。王官伯分
主自陝以東不可分爲四侯半故稱五侯四州有八伯畿內有一伯故爲九伯
也按鄭志注尙書爲八伯張逸問云九州而八伯者何鄭答云畿內之州不置
伯有鄉遂之吏主之伯卽牧也故周禮大宰云施典于邦國建其牧立其監是
畿外邦國有牧畿內不置也畿內既不置牧則應無牧下之伯而。立五侯九伯
畿內有一伯者但比擬畿外應有而言之其。實無也州長既用賢侯爲之則卒
正連帥屬長節級用伯子男賢者而爲之鄭注曲禮云二王之後不爲牧則殷
亦當然殷既亦有連屬卒等則周亦然也故詩旄丘責衛伯不能修方伯連率
之職是也云虞夏及周皆曰牧者按尙書舜典云覲四岳羣牧又云咨十有二
牧是虞稱牧也虞雖稱牧亦稱伯故書傳云惟元祀巡此四岳八伯按左傳宣
三年云夏之方有德也貢金九牧是夏稱牧也大宰云建其牧是周稱牧也故
云虞夏及周皆曰牧○注周禮至主之○正義曰九命作伯大宗伯職文春秋
傳曰以下春秋隱五年公羊傳文故傳云三公者何天子之相也自陝而東者
周公主之自陝而西者召公主之一相處乎內是也○千里之內曰甸。服治田出穀稅。○甸大薦反千里之外曰采九州之內地取其美物以當穀稅○采蒼改反當丁浪反又如字曰流謂九州之外也夷狄流移或貢或不禹貢荒服之外三百里蠻二百里流○蠻莫還反
疏千。里。至。曰。流○正義曰此一節總論畿內畿外九州治田及采取美物并九州之外或貢或否之事各隨文解之○注服治。至穀稅○正義曰定本
直云服治田出穀稅無甸字知甸是服治田出穀稅者按禹貢五百里曰甸服
下又云百里賦納總二百里納銍及秸粟米之等是甸爲治田也○注九州至
穀稅○正義曰經。云千里之外曰采謂規方千里之外若於王城五百里之外
以殷制言之中國方三千里而面別去王城千五百里今五百里以爲畿內千

里之外惟千里耳采取美物故言曰采周則王畿之外面別三千里采取美物則大行人侯服其貢祀物甸服其貢嬪物男服其貢器物采服其貢服物衞服其貢材物要服其貢貨物是也○注謂九至里流○正義曰流謂九州之外或貢或否流移不定殷則面別千五百里之外二千五百里之內謂之爲流周三千五百里之外五千里之內爲流也

○天子三公九卿二十七大夫八十一元士此夏制也明堂位曰夏后氏之官百舉成數也疏天子至元士○正義曰此一經論夏天子設公卿大夫元士之數○注此夏至數也○正義曰以周禮其官三百六十此官百二十故云夏制以夏制不明更引明堂位夏后氏之官百以證之直云百不云百二十故云舉成數也王制之文鄭皆以爲殷法此獨云夏制者以明堂殷官二百與此百二十數不相當故不得云殷制也記者故雜記而言之或舉夏或舉殷也

○大國三卿皆命於天子下大夫五人上士二十七人○次國三卿二卿命於天子一卿命於其君下大夫五人上士二十七人○小國二卿皆命於其君下大夫五人上士二十七人命於天子者天子選用之如今詔書除吏矣小國亦三卿一卿命於天子二卿命於其君此文似誤脫耳或者欲見畿內之國二卿與○選宣戀反見賢遍反與音餘疏大國至七人○正義曰此一節論夏家天子命諸侯之國卿大夫及士之數前既云夏官此亦夏禮卿大夫士數五等之國悉同但大國三卿並受命於天子也夏之大國謂公與侯也殷周大國並公也崔氏云三卿者依周制而言謂立司徒兼冢宰之事立司馬兼宗伯之事立司空兼司寇之事故春秋左傳云季孫爲司徒叔孫爲司馬孟孫爲司空此是三卿也以此推之故知諸侯不立冢宰宗伯司寇之官也下大夫五人者崔氏云三卿命於天子則大夫以下皆其君自命之也三卿則上中下三品而含上下今云下大夫五人者取卿爲言耳知大夫有上下者按前云次國之下卿位當大國之上大夫是也何以五人者謂司徒之

下置小卿二人一是小宰一是小司徒司空之下亦置二小卿一是小司寇一
是小司空也司馬之下惟置一小卿小司馬也故公羊襄十一年作三軍三軍
者何三卿也古者上卿下卿上士下士何休云古者諸侯有司徒司空上卿各
一下卿各二司馬事省上下卿各一若有軍事上士相上卿下士相下卿足以
爲治今襄公乃益司馬故云作三軍踰王制故譏之下卿卽大夫也故此云下
大夫五。上士二十七人者云上士者對府史之屬也周禮五等國悉三卿五大
夫二十七士皆與此同但公國長有四命孤一人故典命云公之孤四命以皮
帛眂小國之君其卿三命其大夫再命其士一命侯伯之卿大夫士亦如之子
男之卿再命其大夫壹命其士不命而鄭注引王制以成彼義當恐周之人
數與王制同也且曾子問是明當時周法而云國家五官則五大夫大夫若五
則知餘亦不異也且冢宰云施典於邦國設其參傅其伍鄭云參謂卿三人伍
謂大夫五人次國三卿二卿命於天子一卿命於其君下大夫五人上士二十
七人者次國者夏則伯殷則侯也周則侯伯也而卿大夫士之命及人之數與
大國同但一卿其君自命爲異也下文備也小國二卿皆命於其君下大夫五
人上士二十七人者小國者殷謂伯夏周子男也按鄭注言小國亦三卿卿差
次而言應一卿命於天子二卿命於其君此惟言二卿則似誤也鄭何以得知
應三卿按前云小國又有上中下三卿位當大國之下大夫若無三卿何上中
下之有乎故知有三卿也按周禮三命受位鄭云謂此列國之卿始有列位於
王爲王之臣也若三命卿始得列位於王則子男之卿再命不應得一卿命於
王而鄭今云一卿命於王者謂子男之卿亦得王命而彼注三命下云列國卿
三命者此自據侯伯爲言以會彼三命受位者耳○注或者至卿與○正義曰
鄭又爲一說畿內之國唯置二卿並是其君自命之今記者或欲因子男此文
以見畿內之法故捨去子男一卿命於王者而不言也

○天子使其大夫爲三監監於方伯之國國三人

使佐方伯領諸侯○監古暫反監於古銜反卷末同

疏

天子。使。其。至。三。人。○正義曰此一節論天子遣大夫往監方伯之國州別各置三人之事天子使其

大夫者謂使在朝之大夫往監於方伯每一州輒三人三八二十四人崔氏云此謂殷之方伯皆有三人以輔之佐其伯謂監所領之諸侯也周則於牧下置二伯亦或因殷使大夫爲三監故燕禮云設諸公之坐鄭云公孤也大國孤公一人而云諸公者容牧有三監然則天子於州牧之國則置三大夫以輔之其尊卑之差則下文其祿視諸侯之卿其爵視次國之君其祿視諸侯之卿者謂公之孤也故燕禮謂之諸公與公之孤同也尚書使管叔蔡叔霍叔爲三監者爲武庚也與此別也

天子之縣內諸侯祿也選賢置之於位其國之祿如諸侯不得。位

疏。天。子。至。祿。也○正義曰此一節論天子縣內食采邑諸侯得祿不得繼世之事此言縣內則夏法也言諸侯祿者得采國爲祿而不繼世故云祿也故下云大夫不世爵是也此謂畿內公卿大夫之子父死之後得食父之故國采邑之地不得繼父爲公卿大夫也故經直云祿也則子孫恆得食之有罪乃奪之此云諸侯下云大夫不世爵則諸侯總據大夫以上而司裘諸侯則共熊侯豹侯鄭注云諸侯謂三公及王子弟鄭惟據三公及王子弟者以下別云卿大夫則共麋侯故諸侯惟止三公及王子弟而已此父死子祿者不在九十三國之數此雖論夏法殷周亦然畿內諸侯父死視元士若有賢德乃復父位若畿外諸侯父死未賜爵亦視元士除服則得襲父故位故下文云未賜爵視天子元士以君其國注云列國及縣內之國也必知列國未賜爵亦視元士者以詩云韎韐有奭以作六師是諸侯世子未爵命服士之韎韐之服是也

○外諸侯嗣也有功乃封之使之世也冠禮記曰繼世以立諸侯象賢也○冠古亂反

疏。外。諸。侯。嗣。也○正義曰此一節論外諸侯父死子得嗣位之事此畿外諸侯世世象賢傳嗣其國也故下云諸侯世子世國所以畿內諸侯不世爵而畿外得世者以畿內諸侯則公卿大夫輔佐於王非賢不可故不世也畿外諸侯嘗有大功報其勞効又在外少事故得世也異義按公羊穀梁說云卿大夫世則權幷一姓妨塞賢路經譏尹氏崔氏是也古春秋左氏說卿大夫得世祿不世位父爲大夫死子得食其故采地如有賢才則復父故位許愼謹按易爻位三爲三公食舊德謂食父故祿

尙書云世選爾勞論語云興滅國繼絶世詩云凡周之士不顯亦世孟子云文王之治岐也仕者世祿知周世祿也從左氏義鄭氏無駁與許同殷之大夫亦世祿故祭義云殷人貴富而尙齒注云臣能世祿曰富是也其諸侯之大夫則下文云不世爵祿謂殷禮也若周制諸侯之大夫有功者亦得世祿故隱公八年無駭卒左傳云官有世功則有官族論語云管氏奪伯氏駢邑三百以無功而奪之若有功則不奪也

○制三公一命卷若有加則賜也不過九命次國之君不過七命小國之君不過五命卷俗讀也其通則曰衮三公八命矣復加一命則服龍衮與王者之後同多於此則賜非命服也虞夏之制天子服有日月星辰周禮曰諸公之服自衮冕而下如王之服○命卷音衮古本反復扶又反冕音勉

【疏】制三至五命○正義曰此一經論王制三公已下次國小國之君爵命之數制謂王者制度言王者制度三公八命身著鷩冕若加一命則爲上公與王者之後齊同而著衮冕故云一命卷若有加則賜也者謂九命卷龍之外依制不合有其服若有加益者則是君之特賜非禮法之常也則雜記謂之褒衣也此則禮緯九賜之衣服也與宗伯再命受服不同此篇之作皆是王者之制而於此特言制者以三公位尊又加一命其事極重記者以其重故特云制也不過九命不過七命不過五命者此謂夏殷之制也亦與周同○注卷俗至之服○正義曰禮記文皆作卷字是記者承俗人之言故云卷俗讀也云其通則曰衮者謂以通理正法言之則曰衮故周禮司服及覲禮皆作衮是禮之正經也故云其通則曰衮云虞夏之制天子服有日月星辰者以此經雖以殷爲主亦雜記虞夏之事故鄭引虞夏之制言之按有虞氏皇而祭之下注云夏殷未聞此云虞夏之制天子服有日月星辰者此云特謂虞舜與禹相接事相關穿故尙書堯舜禹之書謂之虞夏書伏生書傳有虞夏傳以皋陶謨云予欲觀古人之象皋陶謨是虞夏之書故云虞夏之制其實虞也下文有虞夏殷周四代並陳故云夏殷未聞也云周禮曰諸公之服自衮冕而下如王之服者是司服文引之者證三公一命衮然則此經三公一命衮謂周制也故以

周制解之若周以前則山在衮上不得云一命衮也衣服之制歷代不同按易繫辭云黃帝堯舜垂衣裳而天下治蓋取諸乾坤玄衣法天黃裳法地故易坤六五黃裳元吉是也衣裳從黃帝以來而有也虞氏以來其裳用纁故下文歷陳虞夏殷周注云其服皆玄上纁下裳用纁者鄭注易下繫辭云土。記位南方南方色赤黃而兼赤故爲纁也按禮祭地牲玉用黃以放地色裳既法地而用纁者凡衣服著其身有章采文物以黃色太質故用纁也衣爲天色玄禮天牲玉用蒼者以天色晝則蒼夜則玄衣不用蒼亦以其太質故也然祭天亦有牲用玄者尚書及論語云敢用玄牡敢昭告于皇皇后帝是也虞夏之制天子祭服自日月而下十有二章故尚書皋陶云予欲觀古人之象日月星辰山龍華蟲作會宗彝藻火粉米黼黻絺繡是也日一也月二也星辰三也山四也龍五也華蟲六也此六者皆畫於衣故言作會以法於天其數六者法天之陽氣之六律也宗彝七也藻八也火九也粉米十也黼十一也黻十二也此六者皆繡於裳故云絺繡絺紩也謂紩刺以爲繡文以法地之陰氣六呂也按鄭注司服云至周登龍於山登火於宗彝尊其神明也龍取其神火取其明然則諸物各有所象故說日月星辰取其明山者安靜養物畫山者必兼畫山物故考工記云山以章龍者取其神化龍是水物畫龍必兼畫水故考工記云水以龍華蟲者謂雉也取其文采又性能耿介必知華蟲是雉者以周禮差之而當鷩冕故爲雉也雉是鳥類其頸毛及尾似蛇兼有細毛似獸故考工記云鳥獸蛇此六者以高遠在上故畫於衣宗彝者謂宗廟彝尊之飾有虎蜼二獸虎有猛蜼能辟害故象之不言虎蜼而謂之宗彝者取其美名按周禮有六彝有雞彝鳥彝斝彝黃彝虎彝蜼彝此直云宗彝知非雞彝鳥斝黃必爲虎蜼者按明堂位云夏后氏雞彝殷以斝周以黃目又周禮陳六尊六彝皆遠代者在後故六尊之次犧象著壺大山大是虞氏之尊山是夏后之尊六彝之次亦虎彝蜼彝在後故知虎。蜼虞夏已飾於尊但舜時已稱宗彝不得有雞斝之等以周禮差之而當毳冕故知虎蜼有毛之物也虎蜼淺毛細毳故也藻者取其。絜清有文火者取其明照烹飪粉米取其。絜白生養黼謂斧也取其決斷之義黻。謂兩。己相背

取其善惡分辨大意取象如此而皇氏乃繁文曲說橫生義例恐非本旨此千
天子之服其諸侯以下未得而聞按臯陶謨云五服五章哉鄭注云五服十二
也九也七也五也三也如鄭之意九者謂公侯之服自山而下七也是伯之服
自華蟲而下五也謂子男之服自藻而下三也卿大夫之服自粉米而下與孝
經注不同者孝經舉其大綱或云孝經非鄭注以上所云虞舜之制而夏殷注
云未聞至周則日月星辰畫於旌旗又登龍於山登火於宗彝故注司服云王
者相變至周而以日月星辰畫於旌旗所謂三辰旂旗昭其明也而冕服九章
初一曰龍次二曰山次三曰華蟲次四曰火次五曰宗彝皆畫以爲繢六曰藻
次七曰粉米次八曰黼次九曰黻皆。希以爲繡則袞之衣五章裳四章凡九也
鷩之衣三章裳四章凡七也毳之衣三章裳二章凡五也。希之衣一章裳二章
凡三也玄者衣無文裳刺黻而已是以謂玄焉鄭必知日月星辰畫於旌旗者
以司服王自袞冕而下則袞服最尊尚無日月星辰故知日月星辰不在衣服
畫於旌旗也知登龍於山者依舊山在龍上若不登龍則袞冕不爲最尊故知
登龍於山也知登火於宗彝者若不登火則五章之服自藻而下不得稱爲毳
冕若登火於宗彝之上則五章自宗彝而下與毳冕相當然宗彝之下有藻火
兩章知不登藻而必登火者火有光明之盛春秋傳云火龍黼黻禮記殷火周
龍章是火貴於藻也故知登火不登藻自九章而下以次相差故知袞之衣五
章鷩衣毳衣者三章。絺衣一章衣法天故章數奇裳法地。章數偶以下其數漸
少則裳上之章漸勝於衣事勢須然非有義意皇氏每事曲爲其說恐理非也
衣章並畫。絺冕之衣獨繡者以粉米地物養人服之以祭社稷又地祇並是陰
類故衣章亦繡也周之衣服既無日月而郊特牲云袞冕日月之章者謂魯禮
也魯以周公之故袞冕亦日月之章其周之天子所用祭服則司服云王祀昊
天上帝則服大裘而冕祀五帝亦如之享先王則袞冕享先公饗射則鷩冕祀
四望山川則毳冕祭社稷五祀則希冕祭羣小祀則玄冕鄭司農云大裘羔裘
也知羔裘者以祭天至質故知羔裘以天色玄謂黑羔裘其六冕所祀以冕之
先後祭神之尊卑以袞冕之服華故祭先王以絺冕陰類故祭社稷五祀以玄

冕質素故祭羣小祀日月雖尊以天神從質故亦玄冕故玉藻云天子玄端以朝日鄭注云端當爲冕其祭地之服無文按詩昊天有成命郊祀天地也天地相對則祭地亦用大裘故孝經援神契云祭地之禮與祭天同亦據衣服同也又有皮弁以日視朝韋弁以即戎冠弁以田獵故司服云凡兵事韋弁服注云韋弁以韎韋爲弁又以爲衣裳詩采芑注云韋弁服朱衣裳則韎韋也其事同鄭志又以韋弁爲素裳未知孰是司服又云眂朝則皮弁服鄭注云視朝視內外朝之事皮弁之服十五升白布衣積素以爲裳王受諸侯朝覲於廟則袞冕其皮弁又以燕諸公故詩云有頍者弁注云弁皮弁詩人責王不以皮弁燕諸公此則朝服燕也又以食故玉藻云皮弁以日視朝遂以食又郊祭之前服之以聽祭報故郊特牲云皮弁以聽祭報又著以舞大夏故明堂位云皮弁素積以舞大夏雖是魯禮王所同之其賓射燕射時亦皮弁也知者按射人職賓射在朝故知用朝服也燕禮記云燕朝服於寢明天子燕亦以朝服故知賓射燕射亦皮弁也司服又云凡甸冠弁服注云甸田獵也冠弁委貌其服緇布衣亦積素以爲裳王卒食而居則玄端此玄端亦緇衣朱裳故玉藻注云天子諸侯玄端朱裳謂之端者已外之服其袂三尺三寸其袪尺八寸其玄端則。二尺二寸袪尺二寸端正也以幅廣二尺二寸袂廣二尺二寸與之正方故云玄端也哭諸侯則爵弁故檀弓云天子之哭諸侯也爵弁紂衣爵弁者加爵頭色又有素服凶荒則服之故司服云大札大荒大烖素服其衣服首飾大裘之冕其冕無旒故注弁師云冕服有六而言五冕者大裘之冕蓋無旒不聯數也凡冕之制皆玄上纁下故注弁師云皆玄覆朱裏師說以木版爲中以三十升玄布衣之於上謂之延也以朱爲裏但不知用布繒耳當應以繒爲之以其前後旒用絲故也按漢禮器制度廣八寸長尺六寸也又董巴輿服志云廣七寸長尺二寸皇氏謂此爲諸侯之冕應劭漢官儀廣七寸長八寸皇氏以爲卿大夫之冕服也若如皇氏言豈董巴專記諸侯應劭專記卿大夫蓋冕隨代變異大小不同今依漢禮器制度爲定也今天子五冕之旒皆用五采之絲爲旒垂五采之玉故弁師云掌王之五冕五采繅十有二就皆五采玉十有二鄭注云每就間蓋一寸旒別有五采玉十有二袞冕故前後各十二旒用玉二百八十八鷩冕九旒用玉二百一十六毳冕七旒用玉一百六十八。絺冕五旒用玉百二十玄冕三旒用玉七十二皮弁縫中亦五采玉十二故弁師云王之皮弁會五采玉璂鄭注云會縫中也縫中每貫結五采玉十二以爲飾韋弁亦然故弁師云諸侯及孤卿大夫之冕韋弁皮弁弁經各以其等爲之則知天子韋弁與皮弁同也其冠弁亦與皮弁同故注弁師云不言冠弁冠弁兼於韋弁皮弁矣自此以前皆王者之服祭服則以衣名冕象上古先有衣後有冕皮弁以下則以弁名衣餘服既輕舉。爲重故也其諸侯以下則司服云公之服自袞冕而下侯伯之服自鷩冕而下子男之服自毳冕而下孤之服自。希冕而下卿大夫之服自玄冕而下士之服自皮弁而下公之袞冕。數與王同其就數則異故鄭注覲禮云上公袞無升龍其旒則九不十二也其三公司服無文按射人三公執璧與子男同則服毳冕也凡此諸侯所著之服皆爲助祭於王若助王祭天地及祭先王大祀之等皆服已上之服若其從王祭祀小祀雖有應著上服皆逐王所著之服不得踰王也自在國祭其先君則皆玄冕故玉藻云諸侯玄端以祭鄭云端當爲冕其二王之後祭受命之王各服已上之服其自祭餘廟與諸侯同有孤之國其孤則。絺冕卿大夫玄冕士爵弁此皆謂助君祭服也無孤之國卿絺冕大夫玄冕以注玉藻云諸侯之臣皆分爲三等其夫卿也則服鞠衣其夫大夫則服襢衣其夫士則服褖衣以此言之卿絺冕大夫玄冕士爵弁也此服皆謂助祭君也若其自祭則皆降焉諸侯士則玄端大夫則朝服故儀禮特牲士祭玄端少牢上大夫祭朝服公之孤爵弁以自祭故雜記云大夫冕而祭於公弁而祭於己士弁而祭於公冠而祭於己鄭注云爵弁而祭於己唯孤爾其天子卿大夫則無文諸侯當玄冕以祭其孤卿之等當爵弁也大夫則皮弁知者以諸侯大夫朝服自祭故知天子大夫亦用朝服自祭朝服則皮弁故鄭注玉藻云四命以上齊祭異冠按玉藻云玄冠丹組纓諸侯之齊冠也諸侯既用玄冠而齊則孤卿大夫以下並用玄冠齊也諸侯玄冕而祭天子孤卿及公之孤卿爵弁而祭天子大夫皮弁而祭之皆與齊時玄冠不同故云四命以上齊祭

異冠其三命以下玄冠齊玄冠祭是齊祭同冠其諸侯則皮弁以視朔朝服以
視朝韋弁以卽戎與天子同諸侯田獵亦用韋弁故左傳衞獻公射鴻於囿不
釋皮冠而與孫林父言又昭十二年楚子狩於州來皮冠豹舄諸侯又以皮弁
受聘享故聘禮公皮弁天子諸侯亦以玄端燕居故玉藻注云天子諸侯玄端
朱裳是也諸侯亦以朝服食夕則深衣故玉藻云朝服以食夕深衣祭牢肉又
大祥之祭服朝服故喪服小記除成喪者其祭也朝服縞冠大祥以後則麻衣
麻衣則白布深衣也但緣之以布耳又有長衣遭喪權時所服故聘禮云。主國
之喪主人長衣待賓是也其長衣制與深衣同但緣之以素長衣之袂稍長故
玉藻注云長衣中衣繼揜尺深衣則緣而已其中衣制如長衣在上服之自天
子以下皆有若祭服中衣用素故詩云素衣朱襮其他服中衣用布故玉藻云
以帛裏布非禮也其天子卿大夫士以皮弁爲朝服諸侯卿大夫士以玄冠緇
衣素裳爲朝服凡在朝君臣上下同服但士服則謂之玄端卿大夫士以二寸故
也其大夫以上則皆侈袂袂三尺三寸故也其大夫以上所論玄端者皆其制
與士同其大夫士按玉藻云朝玄端夕深衣其大祥朝服及旣祥麻衣並與諸
侯同天子祥禫其服無文或亦與諸侯無異其三首飾諸侯皆以三采爲藻垂三
采之玉公衮冕九旒鷩冕七旒毳冕五旒絺冕三旒玄冕蓋無旒皆九玉侯
伯鷩冕七旒以下與公同旒皆七玉子男毳冕五旒以下與公同旒皆五玉若
熊氏之義公以下諸冕其旒並依命數不減其韋弁皮弁冠弁縫中之玉各依
命數玉皆三采朱白蒼也孤絺冕而下其旒及玉皆二采朱綠各依命數其皮
弁韋弁冠弁玉亦二采各依其命數其一命大夫玄冕及士則爵弁皆無旒知
諸侯以下首飾藻旒玉數如此者按弁師云諸侯及孤卿大夫之冕韋。皮弁各
以其等爲之故鄭注云繅游玉璂如其命數也冕則侯伯繅七就用玉九十八
子男繅五就用玉五十。繅玉皆三采孤繅四就用玉三十二。命之卿繅三就用
玉十八再命之大夫繅再就用玉八藻玉皆朱綠韋弁皮弁則侯伯璂飾七子
男璂飾五玉亦三采孤則璂飾四三命之卿璂飾三再命之大夫璂飾二玉亦
二采一命之大夫冕而無斿士變冕爲爵弁其韋弁皮弁之會無結飾不言冠

弁冠弁兼於韋弁皮矣是也○大國之卿不過三命下卿再命小國之卿與下大夫一命不著次國之卿者以大國之下互明之此卿命則異大夫皆同周禮公侯伯之卿三命其大夫再命子男之卿再命其大夫一命

【疏】大國至一命○正義曰此一節論大國小國卿大夫命數多少不同之事○注不著至一命○正義曰經直云大國之卿及小國之卿不云次國故云不著次國之卿云一以大國之下互明之者以大國之卿不過三命則知次國之卿不過再命大國下卿再命則知次國下卿一命故云互明之云此卿命則異者以大國上卿三命下卿再命則次國上卿再命下卿一命小國上下卿並皆一命故云卿命則異云大夫皆同者謂大國次國小國大夫皆同一命今經云小國之卿與下大夫一命既與小國連文知非直據小國下大夫一命者以經云大國下卿再命以次差之明大夫一命自然次國大夫亦一命故云大夫皆同此夏殷制也按周禮云公國之孤四命與餘卿不同則知此大國之卿不過三命亦謂孤也大國之下卿再命者謂除孤以外之卿就再命之中分爲中卿下卿也故前文云次國之上卿位當大國之中是也次國之卿再命亦謂上卿執政者若魯之季孫下卿一命亦分爲中下二等故前文云中當其下下當其上大夫是也小國之卿雖同一命亦分爲三等故前文云小國之上卿位當大國之下卿中當其上大夫下當其下大夫其大國次國小國大夫雖同一命當皆分爲上下二等文已具於上今總云下大夫者對卿言之云周禮公侯伯之卿三命以下者皆周禮典命文以經云大國之卿不過三命故引公侯伯之卿三命以對之周禮公之孤四命不與三命相當故不引之也

○凡官民材必先論之論謂考其德行道藝○行下孟反論辨然後使之辨謂考問得其定也易曰問以辨之任事然後爵之爵謂正其秩次○任而鴆反位定然後祿之與之以常食○與如字又音預

【疏】凡官至祿之○正義曰此一節論擇賢材任以爵祿之事各隨文解之○注辨謂至辨之○正義曰辨謂考問得其定也者謂官其人必先論量德行道藝今論量考問

事已分辨得其定實故云辨謂考問得其定也引易曰問以辨之是易文言文〇任事然後爵之〇正義曰爵謂正其秩次言雖考問知其實有德行道藝未明其幹能故試任以事事又幹了然後正其秩次除授位定然後與之以祿

〇爵人於朝與士共之刑人於市與衆弃之必共之者所以審慎之也書曰克明德慎罰[illegible]是故公家不畜刑人大夫弗養士遇之塗弗與言也屏之四方唯其所之不及以政示弗故生也屏猶放去也已施刑則放之棄之役賦不與亦不授之以田困乏〇又無賙餼也虞書曰五流有宅五宅三居是也周則墨者使守門劓者使守關宮者使守內刖者使守囿髠者使守積〇畜許六反涂音徒本又作塗屏必政反去羌呂反賙音周餼許既反有宅王肅注尚書如字鄭音知嫁反懲艾也下同劓魚氣反刖五刮反又音月囿音又髠五忽反本又作完音同徐戶官反積子智反

疏爵人至生也〇正義曰此一節論爵人及刑人之事各依文解之此云爵人於朝謂殷法也周則天子特假祖廟而拜授之故洛誥云烝祭歲文王騂牛一武王騂牛一時冊命周公故特祭文武若諸侯爵人因嘗祭之日故祭統云祭之日一獻君降立于阼階之南南鄉所命北面是也刑人於市與衆棄之者亦謂殷法謂貴賤皆刑於市周則有爵者刑於甸師氏也是故公家不畜刑人者既與衆棄之以是之故天子諸侯之家不畜刑人也大夫不得育養士遇刑人於塗弗與言也謂逢遇於塗不與之言屏之四方惟其所之者屏猶放去也謂已施刑暴故放逐棄去使鄉四方量其罪之輕重合所之適處而居之既是罪人被放不干及以政教之事謂不以王政賦役驅使非但不使意在亦不欲使生困乏又無賙餼直放之化外任其自死自生也〇注役賦至守積〇正義曰役賦不與謂役賦之事不干與於刑人解經不及以政云亦不授之以田困乏又無賙餼也者解經亦弗故生也田里所以安其身賙餼所以養其命皆是爲生之具今並不與是不故欲使其生也云虞書曰五流有宅五宅三居是也者證經屏之四方此云虞書者舜典文鄭注云宅讀曰咤懲刈之器

謂五刑之流皆有器懲刈五咤者是五種之器謂桎一梏。二拲。二三居謂周之夷服鎮服蕃服云周則墨者使守門以下是周禮掌戮文按掌戮墨者使守門注云黥者無妨於禁御云劓者使守關注云截鼻亦無妨以貌醜遠之云宮者使守內注云以。人道絕也云刖者使守囿注云斷足驅衛禽獸無急行云髡者使守積注云王之同族不宮之者髡頭而已守積積在隱者宜也引之者欲明周家畜刑人異於夏殷法也

○諸侯之於天子也比年一小聘三年一大聘五年一朝比年每歲也小聘使大夫大聘使卿朝則君自行然此大聘與朝晉文霸時所制也虞夏之制諸侯歲朝一周之制侯甸男采衛要服六者各以其服數來朝○朝直遙反數色角反又所具反

○天子五年一巡守天子以海內爲家時一巡省之五年者虞夏之制也周則十二歲一巡守○守手又反本又作狩後巡守皆同省色景反

【疏】諸。侯。至。一。朝○正義曰此一經論諸侯遣卿大夫聘問及自親朝之事○注小聘至來朝○正義曰知小聘使大夫者按聘禮記云小聘曰問三介大聘使卿爲介有五人其小聘唯三介故知小聘使大夫云此大聘與朝晉文霸時所制也者按昭三年左傳鄭子大叔曰文襄之霸也其務不煩諸侯令諸侯三歲而聘五歲而朝故云晉文霸時所制而晉文霸時亦應有比年大夫之聘但子大叔略而不言此亦據傳文直云大聘與朝不云比年小聘按左傳文三年聘五年朝諸侯相朝之法今此經文云諸侯之於天子三年一大聘五年一朝則文襄之制諸侯朝天子與自相朝同也如鄭此注唯據文襄故鄭云此晉文霸時所制又鄭駮異義云公羊說比年一小聘三年一大聘五年一朝以爲文襄之制錄王制者記文襄之制耳非虞夏及殷法也熊氏或以此爲虞夏法或以爲殷法文義雜亂不復相當曲爲解說其義非也云虞夏之制諸侯歲朝者按尚書堯典云五載一巡守羣后四朝鄭注云巡守之年諸侯朝於方岳之下其間四年四方諸侯分來朝於京師歲徧是也按孝經注諸侯五年一朝天子天子亦五年一巡守熊氏以爲虞夏制法諸侯歲朝分爲四部四年。又徧總是五年一朝天子乃巡守故云諸侯五年一朝天

子天子亦五年一巡守按鄭注尚書。四方諸侯分來朝於京師歲徧則非五年乃徧又孝經之注多與鄭義乖違儒者疑非鄭注今所不取熊氏之說非也虞夏之制但有歲朝之文其諸侯自相朝聘及天子之事則無文不可知也鄭此注虞夏之制即云朝周之制不云殷者虞夏及周經有明文故指而言之殷則經籍不見故不言也按春秋文十五年左傳云諸侯五年再相朝以脩王制古之制也按鄭志孫皓問云諸侯五年再相朝不知所合典禮鄭答云古者據時而道前代之言唐虞之禮五載一巡守夏殷之時天子蓋六年一巡守諸侯間而朝天子其不朝者朝罷朝五年再朝似如此制禮典不可得而詳如鄭志之言則夏殷天子六年一巡守其間諸侯分爲五部每年一部來朝天子朝罷還國其不朝者朝罷朝諸侯至後年不朝者往朝天子而還前年朝者今既不朝又朝罷朝諸侯是再相朝也故鄭云朝罷朝也如鄭之意此爲夏殷之禮而鄭又云虞夏之制諸侯歲朝以夏與虞同與鄭志乖者以羣后四朝文在堯典堯典是虞夏之書故連言夏其實虞也故鄭志云唐虞之禮五載一巡守今知諸侯歲朝唯指唐虞也其夏殷朝天子及自相朝其禮則然其聘天子及自相聘則無文也云周之制以下周禮大行人文故大行人云侯服歲壹見甸服二歲壹見男服三歲壹見采服四歲壹見衛服五歲壹見要服六歲壹見是六服者各以其服數來朝皆當方分爲四部分隨四時而來鄭注大行人云朝貢之歲四方各四分趨四時而來是方別各爲四分也近東者朝春近南者宗夏近西者觀秋近北者遇冬故韓侯是北方諸侯而近於西故稱韓侯入覲鄭云秋見天子曰覲又鄭注明堂位云魯在東方朝必以春魯於東方近東故也以此言之則侯服朝者東方以秋南方以冬西方以春北方以夏以其近京師舉此一隅自外可知悉按大宗伯云春見曰朝注云朝猶朝也欲其來之早夏見曰宗注云宗尊也欲其尊王秋見曰覲注云覲之言勤也欲其勤王之事冬見曰遇注云遇偶也欲其若不期而俱至時見曰會注云時見者言無常期諸侯有不順服者王將有征討之事即春秋左傳云有事而會也殷見曰同注云殷衆也十二歲王如不巡守則六服盡朝朝四方四時分來歲終則徧每當一時一方總來不四分也此六者諸侯朝王之禮又諸侯有聘問王之禮故宗伯云時聘曰問注云時聘者亦無常期天子有事乃聘之焉殷覜曰視注云殷覜謂一服朝之歲以朝者少諸侯乃使卿以大禮衆聘焉一服朝在元年七年十一年其諸侯自相朝則大行人云凡諸侯之邦交歲相問也殷相聘也世相朝也注云小聘曰問殷中也久無事又於殷朝者及而相聘也父死子立曰世凡君卽位大國朝焉小國聘焉鄭知久無事而相聘者按昭九年左傳稱孟僖子如齊殷聘禮也知凡君卽位大國朝焉小國聘焉者以襄元年邾子來朝衛子叔晉知武子來聘左傳云凡諸侯卽位小國朝之大國聘焉邾是小國故稱朝衛晉是大國故稱聘若俱是敵國亦得來聘朝故司儀云諸侯相爲賓是也若己初卽位亦朝聘大國故文公元年公孫敖如齊左傳云凡君卽位卿出並聘若己是小國則往朝大國故文十一年曹伯來朝左傳云卽位而來見也其天子亦有使大夫聘諸侯之禮故大行人云間問以諭諸侯之志歲偏存三歲偏覜五歲偏省間年一聘以至十一歲按昭十三年左傳云歲聘以志業間朝以講禮再朝而會以示威再會而盟以顯昭明賈逵服虔皆以爲朝天子之法崔氏以爲朝霸主之法鄭康成以爲不知何代之禮故異義云公羊說諸侯比年一小聘三年一大聘五年一朝天子左氏說十二年之間八聘四朝再會一盟許愼謹按公羊說虞夏制左氏說周禮傳曰三代不同物明古今異說鄭駮之云三年聘五年朝文襄之霸制周禮大行人諸侯各以服數來朝其諸侯歲聘間朝之屬說無所出晉文公強盛諸侯耳非所謂三代異物也是鄭以歲聘間。聘朝文無所出不用其義也言晉文公但強盛諸侯耳何能制禮而云三代異物乎是難許愼之辭也異義朝名公羊說諸侯四時見天子及相聘皆曰朝以朝時行禮卒而相逢於路曰遇古周禮說春曰朝夏曰宗秋曰覲冬曰遇許愼按禮有覲經詩曰韓侯入覲書曰江漢朝宗于海知有朝覲宗遇之禮從周禮說鄭駮之云此皆有似不爲古昔按覲禮曰諸侯前朝皆受舍于朝朝通名如鄭此言公羊言其總號周禮指其別名異義天子聘諸侯公羊說天子無下聘義周禮說間問以諭諸侯之志許愼謹按禮臣疾君親問之天子有下聘之義從周禮說鄭無馭與許慎同也○注五年至巡守○正義曰知五年是虞夏之制者堯典云五載一巡守此正謂虞也以虞夏同科連言夏耳若夏與殷依鄭志當六年一巡守也云周則十二歲一巡守者大行人云十有二歲王巡守殷國故知周制十二年也按白虎通云所以巡守者何巡者循也守者。收也爲天子循行守土。收民道德。大平恐遠近不同化幽隱不得其所者故必親自行之。謙敬重民之至也所以不歲巡守何爲。大煩過五年爲其。大疏因天道三歲一閏天道小備五歲再閏天道大備故五年一巡守以此言之夏殷六歲者取半一歲之律呂也周十二歲者象歲星一周也 ○歲二月東巡守至于岱宗○岱宗東嶽 ○岱音代 柴而望祀山川 柴祭天告至也○柴仕佳反依字作祡 覲諸侯 覲見也○覲見遍反 問百年者就見之 就見老人 命大師陳詩以觀民風 陳詩謂采其詩而視之○大音泰後大學大祖大子大樂正大史皆同 命市納賈以觀民之所好惡志淫好辟 市典市者賈謂物貴賤厚薄也質則用物貴淫則侈物貴民之志淫邪則其所好者不正○賈音嫁注同好呼報反下及注同惡烏路反辟匹亦反徐芳亦反侈昌氏反又式氏反邪似嗟反 命典禮考時月定日同律禮樂制度衣服正之 同陰律也 山川神祇有不舉者爲不敬不敬者君削以地 舉猶。祭也○削息約反 宗廟有不順者爲不孝不孝者君絀以爵 不順者謂若逆昭穆○絀丑律反退也昭常遙反凡言昭穆放此 變禮易樂者爲不從不從者君流 流放也○樂音岳 革制度衣服者爲畔畔者君討 討誅也 有功德於民者加地進律 律法也 五月南巡守至于南嶽如東巡守之禮八月西巡守至于西嶽如南巡守之禮十有一月北巡守至于北嶽如西

巡守之禮歸假于祖禰用特假至也特特牛也祖下及禰皆一牛○嶽音岳下同假音格禰乃禮反父廟也

疏○歲二至用特○正義曰此一經論王者巡守四嶽柴望及紲陟之事各依文解之○歲二月東巡守者皆以夏之仲月以夏時仲月者律厤常得其中也二月八月又晝夜分五月十一月者陰陽終故取四仲月也○注岱宗東嶽○正義曰嶽者何嶽之爲言。桷也。桷功德也必先於此岱山者言萬物皆相代於東方故歲二月東巡守至于岱宗宗者尊也岱爲五嶽之首故爲尊也○注柴祭天告至也○正義曰柴祭天告至謂燔柴以祭上天而告至其祭天之後乃望祀。山川所祭之天則蒼帝靈威仰○觀諸侯○觀見也謂見東方諸侯其見之禮按覲禮云諸侯覲於天子爲宮方三百步四門壇十有二尋深四尺鄭注云王巡守至于方嶽之下諸侯會之亦爲此宮以見之是也覲禮又云天子乘龍載大旂拜日於東門之外反祀方明鄭注引朝事儀曰天子冕而執鎮圭尺有二寸云帥諸侯而朝日於東郊所以教尊尊也退而朝諸侯由此二者言之已祀方明乃以會同之禮見諸侯也凡會同者不協而盟盟時設方明於壇上乃以載辭告焉如覲禮及鄭注所云既告至之後爲宮加方明於壇天子出宮東門外拜日反祀方明祀方明之後乃徹去方明故鄭云由此二者言之已祀方明乃以會同之禮見諸侯云二者謂覲禮經文朝日東門反祀方明朝事儀云朝日東郊退而朝諸侯故云由此。云二者言之已祀方明乃以會同之禮見諸侯也今於覲禮未祀方明之前未有見諸侯之事皇氏以爲未祀方明之前已見諸侯非也其祀方明之後見諸侯之時王升立於壇上南面諸公中階之前北面諸侯東階之東西面諸伯西階之西東面諸子門東北面諸男門西北面王降階南面而見之三揖既升壇使諸侯升公拜於上等侯伯於中等子男於下等見諸侯訖若有不協更加方明於壇上諸侯等俱北面戎右傳敦血以授歃者司盟主其職故司盟云掌其盟約之載及其禮儀北面詔明神於時王立無文不可與諸侯同北面當於阼階上西面此是見諸侯之禮祀方明之時祭天則燔柴也天謂日也與此岱宗柴所用事別覲禮云祭天燔柴謂天子之盟也祭地瘞謂王官之伯盟也祭山丘陵升及祭川沈者是諸侯之盟也此是巡守及諸侯之盟祭也故注云升沈必就祭者也就祭則是謂王巡守及諸侯之盟祭也祭天柴謂
祭日也祭地瘞者祭月也王巡守之盟其神主日諸侯之盟其神主山川則王官之伯會諸侯而盟其神主月與今此王制所。主岱宗柴者謂祭天告至而覲
禮注引王制云王巡守至于岱宗柴是王巡守之盟其神主日又以柴為盟之所用不同者告至與盟必非一事鄭意證巡守盟時有柴故引岱宗以證之其
實別也覲禮云為宮即言加方明經文相連鄭注云王巡守至於方嶽之下諸侯會之亦為此宮則亦有方明但文不具耳故巡守祭天燔柴祭地瘞埋皆是
祭方明也故鄭於方明設六玉之下注云上宜以蒼璧下宜以黃琮而不以者則上下之神非天地之至貴者也以此言之明天子巡守之祭有方明也而皇
氏云諸侯來就王會同有方明王巡守見諸侯無方明皇氏用之為說其義非也○問百年者就見之○此謂到方嶽之下見諸侯之後問百年者就見之若
未至方嶽於道路之上有百年者則。亦。王先見之故祭義云天子巡守諸侯待於竟天子先見百年者下云八十九十者東行西行者弗敢過道經之則見之
則知百年者道雖不經所在就見之與此少別○命大師陳詩以觀民風○此謂王巡守見諸侯畢乃命其方諸侯大師是掌樂之官各陳其國風之詩以觀
其政令之善惡若政善詩辭亦善政惡則詩辭亦惡觀其詩則知君政善惡故天保詩云民之質矣日用飲食是其政和若其政惡則十月之交徹我牆屋田
卒汙萊是也○命市至好辟○命典市之官進納物賈之書以觀民之所有愛好所有嫌惡若民志淫邪則愛好邪辟之物民志所以淫邪由在上教之不正
此陳詩納賈所以觀民風俗是欲知君上善惡也○命典至正之○典禮之官於周則大史也考校四時及十二月之大小時有節氣早晚月有弦望晦朔考
之使各當其節又正定甲乙之日陰管之同陽管之律玉帛之禮。鍾。鼓之樂及制度衣服各有等差當正之使正堯典云協時月正日同律度量衡文雖小異
大意與此同也○注同陰律也○正義曰鄭以先儒以同為齊同此律故辨之云同陰律也故大師云執同律以聽軍聲又典同注云同陰律也不以陽律名

管者因其先言耳所以先言者以同爲平聲平爲發語之本今古悉然故先言
耳○山川至以爵○山川是外神故云不舉不舉不敬也山川在其國竟故削
以地宗廟是內神故云不順不順不孝也宗廟可以表明爵等故絀以爵○注
不順至昭穆○正義曰按文二年秋八月丁卯大事于大廟躋僖公逆祀也左
傳曰夏父弗忌爲宗伯曰吾見新鬼大故鬼小先大後小順也於是躋僖公於
閔公之上是逆昭穆也○變禮至君討○禮樂雖爲大事非是切急所須故以
爲不從君惟流放制度衣服便是政治之急故以爲畔君須誅討此四罪先輕
後重○注律法也○正義曰律法釋詁文法謂法度諸事皆是即大行人上公
九命繅藉九寸冕服九章建常九斿之等是也○五月至用特○言五月南巡
至于南嶽者孔注尚書云自東岳南巡守五月至則是從東嶽而去故鄭注尚
書云每歸格于祖既言每歸似是嶽別一歸若嶽別一歸而更去便是路遠無
由可至尚書既云巡守四嶽即云五載一巡守鄭云每歸者謂每五年巡守而
歸也其南嶽西嶽北嶽者按爾雅釋山云泰山爲東嶽郭景純注云泰山爲東
嶽在奉高縣西北霍山爲南嶽郭注山在衡陽相南縣南郭又云今在廬江灊
縣西漢武帝以說衡山遼曠因讖緯皆以霍山爲南嶽故移其神於此其土俗
人皆呼爲南嶽南嶽本自兩山爲名非從近也如郭此言則南嶽衡山自有兩
名一名衡山一名霍山自魏武帝以來始從南嶽之神於廬江霍山耳華山爲
西嶽鄭注云在弘農華陰縣西南恆山爲北嶽郭注云在常山上曲陽縣西北
○注假至至一牛○正義曰假至也釋詁文也云祖下及禰皆一牛者謂一從始
祖下及於禰廟別皆一牛鄭以經云祖禰用特恐同用一牛必知每廟皆一牛
者以尚書堯典云歸格于藝祖用特祖既用特明知各用一特也唐虞及夏五廟
則用五特也殷用六周用七也又尚書洛誥云文王騂牛一武王騂牛一是各
用一牛也自此以上皆是巡守之禮雖未大平得爲之故詩時邁巡守告祭柴
望也時邁是武王詩邁行也時未大平而巡守也故大司馬云及師大合軍以
行禁令以救無辜伐有罪鄭注云師所謂王巡守若會同不言大者未有敵不
尚武又注云大師王出征伐也以此故知未大平得巡守皋氏以爲未大平不

巡守非也其封禪者必因巡守大平乃始爲之故中候準讖哲云桓公欲封禪管仲曰昔聖王功成道洽符出乃封泰山今皆不至鳳皇不臻麒麟逃遁未可以封又禮器云升中於天鳳皇降龜龍假又鉤命決云刑罰藏頌聲作鳳皇至麒麟應封泰山禪梁甫管子又云封禪者須北里禾鄗上黍江淮之間三脊茅以爲藉乃得封禪是大平祥瑞總至乃得封禪也然武王之時未大平而時邁巡守之下注云天子巡行邦國至于方嶽之下而封禪也似武王得封禪者鄭因巡行連言封禪耳不謂當時封禪也白虎通云封禪所以必於泰山何萬物之始交代之處必於其上何因高告高順其類也故升封者增高也下禪梁甫之基廣厚也天以高爲尊故增泰山之高以報天地以厚爲德附梁甫之基以報地刻石紀號者著己之功跡或曰封以金泥銀繩或曰石泥金繩封之印璽孝經緯云封於泰山考績燔燎禪於梁甫刻石紀號又管子云昔古封禪七十二家夷吾所識十有二焉無懷氏封太山伏犧神農少皞黃帝顓頊帝嚳帝堯帝舜禹湯周成王皆封泰山惟禹禪會稽成王禪社首爲異自外皆禪云云白虎通云三皇禪於繹繹之山明己成功而去有德者居之繹繹者無窮之意五帝禪於亭亭之山亭亭者制度審諦道德著明也三王禪於梁甫之山梁者信也甫者輔也信輔天地之道而行之所禪之山與管子不同者異人之說未知孰是云云亭亭繹繹梁甫並泰山旁小山名也

附釋音禮記注疏卷第十一

禮記注疏卷十一校勘記

阮元撰盧宣旬摘錄

附釋音禮記注疏卷第十一 惠棟校宋本禮記正義卷第十五

王制第五

王者之制祿爵節

王者至五等 惠棟校宋本無此五字

南面之君五者 閩監毛本同考文云宋板者作等盧文弨校本云按下者字亦當作等而考文不著

故不自在其數 惠棟校宋本同閩監毛本自誤目

熊氏云醮盡其才而用之 惠棟校宋本作云醮此本云醮二字模糊閩監毛本作以爵

公者爲言平也 閩監毛本同衞氏集說者作之

天子之田方千里節

附庸者 閩監毛本同岳本同嘉靖本同衞氏集說同考文引古本足利本者上有城字非也困學紀聞云庸古墉字王莽曰附城蓋以庸爲城也

唯天子畿內不增 閩監毛本同岳本同嘉靖本同衞氏集說同續通解畿內下有千里二字宋監本同考文引古本同案正義無千里二字

天子至附庸　惠棟校宋本無此五字

舉正者言之耳　閩本同惠棟校宋本同監毛本正誤止衛氏集說作舉正者言之爾

按元命包云王者封之　考文引宋本同閩監毛本之作國衛氏集說同盧文弨云封之非

故轉相半別優劣　閩監毛本如此此本轉相半三字模糊衛氏集說半下有以字

如此經文不直舉夏時　閩監毛本同惠棟校宋本如作知是也

云春秋改周之文從殷之質　閩監本同毛本改作變之誤子考文引宋板作之質

或黜減至七十五十里　閩監毛本作減此本減作咸衛氏集說亦作減七十下有里字○按史漢多假咸爲減

須使民利國　閩監毛本同惠棟校宋本使作便

若然夏家文應五篇　閩監毛本篇作等是也

制農田百畝節

田肥墽有五等收入不同也　閩監毛本如此岳本同嘉靖本同衛氏集說同此本田誤曰墽誤墩收誤候釋文出肥墝云本又作墽考文引古本作墝

制農至卿祿　惠棟校宋本無此五字

正以七人六人五人爲率者 考文引宋板同閩監毛本正作止衛氏集說同

是有九等 閩監毛本同衛氏集說同惠棟校宋本是下有則字

此據準庶人在官之祿 惠棟校宋本作準此本準字闕閩監毛本準作制非衛氏集說亦作準據上有經字

司徒上地家十人 閩監毛本同衛氏集說十作七是也浦鏜校云七誤十齊召南云司徒上脫小字上大司徒所云農夫授田實有九等大字乃小字之訛也

再易之地家三百畮 閩監毛本作再此本再誤至

八鳩當一井 閩監毛本同浦鏜校當上補而字

九夫爲數五數而當一井 閩監毛本同惠棟校宋本數作藪是也

賦法積四十五 閩監毛本同惠棟校宋本五下有井字

上地畝一鍾鍾六斛四斗 監毛本同閩本鐘作鍾惠棟校宋本同下同

故載師有官田 閩監毛本作載此本載字闕

次國之上卿節 惠棟校云次國節其有中士節宋本合爲一節

此諸侯使卿大夫覜聘並會之序也 閩本同岳本同嘉靖本同考文引宋板古本足利本同監毛本覜作頫衛氏集

說同釋文出覜聘疏倣此○按爾雅覜視也覜訓視故從見

其爵位同閩監毛本同嘉靖本同衞氏集說同惠棟校宋本爵位作位爵宋監本岳本同考文引古本同

爵異固在上耳閩監本同岳本同嘉靖本同衞氏集說同考文引宋板古本足利本同正義亦作固毛本誤故

使卿絺冕閩監毛本同惠棟校宋本使作又

其有中士下士者節

正義曰中士者惠棟校宋本無正義曰三字

既定在朝會閩監毛本同惠棟校宋本無定字衞氏集說同

本國出使其行至他國閩監毛本其作是

是文以大國爲主閩監毛本作主此本主誤王衞氏集說是作此

凡四海之內九州節

州建百里之國三十閩監毛本同岳本同嘉靖本同衞氏集說同石經三十合作卅後凡三十字放此

五十里之國百有二十閩監毛本同岳本同嘉靖本同衞氏集說同石經二十合作廿後凡二十字放此

立小國百二十十二小卿也閩監毛本同岳本同嘉靖本同衞氏集說同惠棟校宋本十十二字下又重十字○按正義云

當十於十二小卿也是正義本十字當重又云定本云十十二小卿重有十字俗本直云十二小卿俗本誤也今各本脫一十字反同於正義所譏之俗本大謬也

不得障管　閩監毛本同岳本同嘉靖本同衞氏集說同釋文出章管云本亦作障正義引定本云不得不管亦賦稅而已

盈上四等之數并四十九　閩監毛本同衞氏集說同惠棟校宋本九作六岳本同嘉靖本同考文引古本足利本同岳本禮記考證云案盈上四等之數謂添上公侯伯子四等數也上既云方五百里者四四百里者六三百里者十一二百里者二十五綜四六十一二十五計之共應四十六并小國一百六十四是爲一州二百一十國則非四十九明矣諸本六作九非

凡四至十國　惠棟校宋本無此五字

故知準擬六卿言十於六卿六十也　閩監毛本同考文引宋板無言十於六卿五字衞氏集說同

定本云十十二小卿　閩監毛本作本此本本字闕

若不得取其財物　閩監毛本同惠棟校宋本若作民衞氏集說同

以時入之于王府是也　閩本同監毛本王作玉是也衞氏集說同無之字

則五箇千里之方　閩監毛本同惠棟校宋本方下有外字衞氏集說同

更得五十九箇百里之方　閩監毛本如此衞氏集說同此本九下衍外字

伯於三百里之上閩監毛本有里字此本里字脫考文引宋板同

以其尊極故也閩監毛本同惠棟宋本無也字

天子之縣內節

雖有致仕猶可卽而謀焉閩監毛本同嘉靖本同衞氏集說同惠棟校宋本有作其宋監本岳本同案依正義作其

天子至閒田惠棟校宋本無此五字

惟有九十三國者閩監毛本作者此本者字闕

土地旣減閩監毛本作減此本減作咸

亦入之王府閩監毛本同衞氏集說王作玉考文引宋板同

以大都之田任疊地是也惠棟校宋本作疊衞氏集說同此本疊誤量閩監毛本同

凡九州節閩本此節疏十九二十兩頁上下截互易蓋板斷後聯之者誤也

不與不在數中也閩監本同考文引宋板同岳本同嘉靖本同衞氏集說同毛本數誤數

春秋傳云閩監毛本同惠棟校宋本云作曰宋監本岳本同嘉靖本同衞氏集說同考文引古本足利本同

方千里者二十五閩監毛本同嘉靖本同惠棟校宋本五下有也字宋監本岳本同

凡九至不與　惠棟校宋本無此五字

次經明天子縣內殷之畿內國畿　閩監毛本同惠棟校宋本下畿作數衞氏集說作次經云天子縣內明殷之畿內國數

引春秋傳者哀七年左傳文　閩監毛本作七衞氏集說同此本七字漶滅

與會稽別也　閩監毛本作會稽此本會稽二字漶滅

按萬國之數鄭注臯陶謨　惠棟校宋本如此衞氏集說同此本數鄭注三字漶滅閩監毛本作數注在脫鄭字衍在字

堯初制五服更五百里　閩監毛本同浦鏜依書疏改更作各

封國七有奇　閩監毛本如此此本七有奇三字漶滅

以千里之方二爲公侯之國　閩監毛本同惠棟校宋本二作三

又以千里之方二爲伯七十里之國　閩監本同毛本二作三

又以千里之方二爲子男五十里之國　此本二爲子三字漶滅

以二百國及奇餘爲附庸山澤　惠棟校宋本亦作二閩監毛本二作三

以地形不可方平如圖又有山澤不封之地　閩監毛本同考文引宋板無方字澤字非也

帝德寬廣　閩監毛本同惠棟校宋本廣作遠

要服去王畿三千五百里　閩監毛本同惠棟校宋本畿作城

與周要服相當　閩監毛本同衞氏集説同盧文弨云要當作蠻

又其外方五百里曰藩服　閩本同惠棟校宋本亦作藩是也衞氏集説同監毛本藩作蕃

鄭駮之云而諸侯多少　閩監毛本同盧文弨云而字衍

則殷末諸侯千二百也　惠棟校宋本同閩監毛本二作八又此本二字誤重

天子百里之内以共官節

天子至爲御　惠棟校宋本無此五字

四百相距則二百里　惠棟校宋本同閩監毛本二作五衞氏集説同

千里之外設方伯節

千里至二伯　惠棟校宋本無此五字

鄭答志云　閩監毛本同浦鏜云當鄭志答某云之誤盧文弨云答字衍

大公爲王官伯　惠棟校宋本作王此本王誤三閩監毛本作五亦非

而立五侯九伯 閩本同惠棟校宋本同監毛本立作云盧文弨云立字非

其寔無也 閩監毛本同惠棟校宋本寔作實

千里之内曰甸節

服治田出穀稅 閩監毛本同岳本同嘉靖本服誤使衛氏集說作甸謂服治有甸字稅下有者也二字足利本作甸服能治田出穀稅者皆非正義云定本直云服治田出穀稅無甸字可見當時本不一而正義則定從定本也疏中標起止亦無甸字可證

千里至曰流 惠棟校宋本無此五字

服治至穀稅 閩監毛本同惠棟校宋本作服治田出穀稅

經云千里之外曰采 閩監毛本云作文非也考文引宋板亦作云

注謂九至里流 閩監毛本同惠棟校宋本作曰流盧文弨云宋本此段標曰流二字乃是釋經文非釋注也

天子三公節

天子至元士 惠棟校宋本無此五字

以明堂殷官二百 閩本同惠棟校宋本同監毛本二誤三衛氏集說亦作二堂下有位字

或舉殷也惠棟校宋本此下標禮記正義卷第十五終記云凡二十二頁

大國三卿節此本經次國上小國上皆有○嘉靖本同非也閩監毛本去○是○惠棟校宋本自此節起至歲二月止爲第十六卷卷首題禮記正義卷第十六

如今詔書除吏矣惠棟校宋本監本岳本嘉靖本同衞氏集說同閩監毛本矣上衍是字

大國至七人惠棟校宋本無此五字

但大國三卿並受命於天子也閩監毛本同衞氏集說也作耳

故此云下大夫五上士二十七人閩監毛本同惠棟校宋本五下有人字是也考文引宋板上作人山井鼎云或作上或作人俱脫一字當作下大夫五人上士二十七人按此考文與惠校不同

天子使其大夫爲三監節

天子使其至三人惠棟校宋本無此七字

天子之縣內諸侯節

不得位閩監毛本同衞氏集說同惠棟校宋本位作世宋監本岳本嘉靖本同○按正義云不得繼世之事則作世是也

天子至祿也惠棟校宋本無此五字

外諸侯節

外諸侯嗣也　惠棟校宋本無此五字

制三公一命衮節

制三至五命　惠棟校宋本無此五字

又覲禮皆作衮　閩監毛本同惠棟校宋本又作及是也衞氏集說同

按有虞氏皇而祭之下　閩監毛本同考文引宋板皇作望

土記位南方　閩監本同毛本記作託按玉海集鄭易注作土無正位託于南方是亦作託字

故知虎蜼虞夏已飾於尊　閩本同惠棟校宋本同監毛本蜼誤彝

藻者取其絜清有文　閩監毛本絜作潔俗絜字下絜白同

黻謂兩己相背　閩監毛本同浦鏜校云爲誤謂己當亞誤

皆希以爲繡　惠棟校宋本同閩監毛本希作絺衞氏集說同按周禮注作希釋文云本又作絺○按依說文當作黹

希之衣一章　監本同衞氏集說亦作希是也閩毛本希作絺

絺衣一章　閩本同惠棟校宋本同監毛本絺作希

裳法地章數偶　閩監毛本同惠棟校宋本章上有故字衞氏集說同

絺冕之衣獨繡者　閩本同監毛本絺作希山井鼎云此疏中希冕之希正嘉二本共作絺宋板或作絺又作希參差不同今不復一一記之但從系者近是按山井鼎說非也此本疏中凡引經注成文作希者皆仍作希其非引經注成文則皆作絺宋本當同此例閩本一概改從絺監毛本又一概改從希皆未知孔氏之意也

其元端則二尺二寸　閩監毛本同浦鏜校則下補袂字

絺冕五旒　閩本同監毛本絺作希

舉首爲重故也　惠棟校宋本有首字此本首字脫閩監毛本同

孤之服自希冕而下　監毛本同閩本希作絺

公之衮冕章數與王同　惠棟校宋本有章字此本章字脫閩監毛本同

其孤則絺冕　閩本同監毛本絺作希下無孤之國卿絺冕以此言之卿絺冕絺冕三旒孤絺冕而下並同

故聘禮云主國之喪　閩監毛本同惠棟校宋本云作王非

諸侯及孤卿大夫之冕韋皮弁　閩監毛本同惠棟校宋本韋下有弁字與周禮弁師合

繅玉皆三采　閩監毛本同惠棟校宋本繅作藻

用玉三十二命之卿繅三就　閩監毛本同惠棟校宋本命上有三字考文記宋板命上復有二字亦與惠校小異○按二卿三字之誤檢周禮注自得也

冠弁兼於韋弁皮弁矣是也　閩監毛本矣改弁惠棟校宋本矣上有弁字是

大國之卿節

與下大夫一命　閩監毛本同岳本同嘉靖本同衞氏集說同石經闕考文云古本一作壹

大國至一命　惠棟校宋本無此五字

凡官民材節

凡官至祿之　惠棟校宋本無此五字

正義曰爵謂正其秩次　惠棟校宋本無正義曰三字

爵人於朝節

與衆弃之　石經同岳本同嘉靖本同閩監毛本弃作棄衞氏集說同

士遇之塗　閩監毛本同石經同岳本同嘉靖本同衞氏集說同釋文出之涂云本又作塗正義本作塗○按古道塗字多作涂

亦弗故生也　石經岳本嘉靖本宋監本同惠棟校宋本亦作亦閩監毛本亦誤示衞氏集說同按正義云非但不使意在亦不欲使生正疏經文

亦字義石經考文提要云宋大字本余仁仲本劉叔剛本禮記纂言皆作亦

困乏又無賙餼也閩本惠棟校宋本岳本宋監本嘉靖本同衞氏集說同監毛本又誤及

爵至人生也惠棟校宋本無此五字

合所之適處而居之閩監毛本同衞氏集說之適作適之

解經亦弗故生考文引宋板同閩監毛本亦誤示

謂梐一梏二拲二考文引宋板同閩監毛本二作三盧文弨云按梏二拲二與梐一是五種從宋本是

以人道絕也惠棟校宋本作人此本人字殘闕閩監毛本人作夫非

諸侯之於天子也節

諸侯至一朝惠棟校宋本無此五字

四年又徧閩監毛本同考文引宋板又作乃

按鄭注尚書曰方諸侯閩監毛本同惠棟校宋本曰作四是也

是鄭以歲聘閒聘朝文無所出閩監毛本同惠棟校宋本無閒下聘字

守者收也爲天子循行守土收民閩監毛本同浦鏜云牧誤收○按浦鏜是也作牧字與通典及初學記所引合

又孫志祖云李善注東都賦引禮記逸禮曰巡狩者何巡者循也狩牧也謂天子巡行守牧也亦作牧之一證

道德大平 閩監毛本大作太下大煩大疏同

謙敬重民之至也 閩監毛本同浦鏜從禮器疏校謙改謹

歲二月節

舉猶祭也 閩本同惠棟校宋本同岳本同嘉靖本同衞氏集說同監毛本祭誤宗

歲二至用特 惠棟校宋本無此五字

嶽之爲言桷也桷功德也 惠棟校宋本作桷此本桷誤桶閩監毛本改桶作誦亦非也山井鼎云白虎通作桶恐桷字誤風俗通作角盧文弨改從觕云觕與角同浦鏜改作捔

其祭天之後乃望祀山川 閩監毛本山誤三惠棟校宋本亦作山衞氏集說作而後望祀山川

故云由此云二者言之 閩監毛本同惠棟校宋本無下云字

今此王制所主岱宗柴者 閩監毛本同惠棟校宋本主作注是也

則亦王先見之 考文引宋板同閩監毛本亦王作王亦衞氏集說同

鍾鼓之樂 閩監毛本鍾作鐘衞氏集說作鼓鍾之樂

宗庿是內神閩監毛本庿作廟衞氏集說同下宗庿可以表明爵等大事于大庿同

郭注山在衡陽相南縣南閩監本同相作湘毛本亦作湘山誤云

今在廬江潛縣西閩監毛本同浦鏜校潛改灊按爾雅釋山郭注作灊

自魏武帝以來閩監毛本同齊召南云按魏字誤從衡之祀於霍自漢武帝始也尚書疏作漢字是

管子又云封禪者惠棟校宋本作子此本子誤中閩監毛本因作仲非也

鄭因巡行連言封禪耳閩監毛本同惠棟校宋本行作守

孝經緯云惠棟校宋本同閩監毛本緯誤諱考文云宋板云字闕

昔古封禪七十二家閩監毛本同惠棟校宋本昔作自

附釋音禮記注疏卷第十一終惠棟校宋本標禮記正義卷第十六終記云凡二十一頁

禮記注疏卷十一校勘記

附釋音禮記注疏卷第十二

王制　　鄭氏注　　孔穎達疏

天子將出類乎上帝宜乎社造乎禰諸侯將出宜乎社造乎禰帝謂五德之帝所祭於南郊者類宜造皆祭名其禮亡○禷音類造七報反下及注同【疏】天子至乎禰○正義曰此一經論天子巡守之禮也將出謂初出時也知此是巡守者以下別云天子將出征類乎上帝故知此是巡守也類乎上帝者謂祭告天也宜乎社者此巡行方事誅殺封割應載社主也云宜者令誅伐得宜亦隨其宜而告也社主於地又爲陰而誅殺亦陰故於社也故書云弗用命戮于社是也○造乎禰者造至也謂至父祖之廟也然此出歷至七廟知者前歸假既云祖禰明出亦告祖禰也今惟云禰者白虎通云獨見禰何辭從卑不敢留尊者之命至禰不嫌不至祖也皇氏申之云行必有主無則主命載于齊車書云用命賞于祖是也今出辭別先從卑起最後至祖仍取遷主則行也若前至祖後至禰是留尊者之命爲不敬也故曲禮曰已受命君言不宿於家亦其類也若還則先祖後禰如前所言也所以然者先應反主祖廟故也然出告天地及廟還惟告廟不告天地者白虎通云還不復告天者天道無外内故不復告也○諸侯將出者謂朝王及自相朝盟會征伐之事也○宜乎社者不得告天故從社始也亦載社主也○造乎禰者亦告祖及載主也惟言出告則歸亦告也曾子問曰出反必親告于祖禰是也天子用特牲諸侯卑則否也曾子問注云皆奠幣以告之是也○注帝謂至禮亡○正義曰證天子類帝是祭五德帝也鄭注月令祈穀於上帝爲大微之帝注此上帝爲五德五德似如大皞五人之帝二文不同庾蔚云謂大微五帝應於五行五行各有德故謂五德之帝木神仁金神義火神禮水神知土神信是五德也云所祭於南郊者按五德之帝應祭四郊此獨云祭於南郊者謂王者將行各祭所出之帝於南郊猶周人祭靈威仰於南郊

是五帝之中一帝故上總云帝謂五德之帝此據特祭所出之帝故云祭於南郊云類宜造皆祭名者按小宗伯云凡天地之大烖類社稷宗廟則爲位鄭注云禱祈禮輕類者。於其正禮而爲之是類爲祭名也按爾雅釋天云起大事動大衆必先有事乎社而後出謂之宜孫炎注云求便宜也是宜爲祭。名也按大祝六祈一曰類二曰造是造爲祭名也但天道懸遠以事類告之社主殺戮故求其便宜廟爲親近故以奉至言之各隨義立名也○天子無事

與諸侯相見曰朝事謂征伐○與如字朝直遙反考禮正刑一德以尊于天子天子賜諸侯樂

則以柷將之賜伯子男樂則以鼗將之將謂執以致命柷鼗皆所以節樂○柷昌六反樂音岳鼗音桃○諸侯

賜弓矢然後征賜鈇鉞然後殺賜圭瓚然後爲鬯未賜圭瓚則資鬯於天子得其

器乃敢爲其事圭瓚鬯爵也鬯秬酒也○鈇方于反又音斧鉞音越圭字又作珪按說文珪古字圭今字瓚才旦反鬯勑亮反秬音巨黑黍也【疏】天。子。至。天。

子。○正義曰此。一。節論諸侯朝天子天子賜之事各隨文解之○注事謂征伐○正義曰知事非喪故而爲征伐者若王室有喪則朝赴不廢故傳云天子七

月而葬同軌畢至此朝謂常朝雖四時而來朝朝是總名也若時會之禮有征伐之事則此常朝別也○考禮正刑一德以尊于天子者考禮謂諸侯相與朝

王之時考校禮儀正定刑法專一道德以尊崇天子○不言樂者禮中兼之禮刑是施用於人故先言之道德是己之所行故後言之○注將謂至節樂○正義

曰凡與人之物置其所與大者於地執其小者以致命於人將行也謂執以行命云柷鼗皆所以節樂者按漢禮器制度柷狀如漆筩中有椎將作樂先擊之

鼗如小鼓長柄旁有耳搖之使自擊柷之節樂節一曲之始其事寬故以將諸侯之命鼗所以節一唱之終其事狹故以將伯子男之命○諸侯至天子○將賜

弓矢者謂八命作牧者若不作牧則不得賜弓矢故宗伯云八命作牧注云謂諸伯有功德者加命得專征伐此謂征伐當州之內若九命爲二伯則得專征

一方五侯九伯也若七命以下不得弓矢賜者尚書大傳云以兵屬於得專征伐者此弓矢則尙書彤弓一彤矢百盧弓十盧矢千於周禮則當唐弓大弓合七而成規者故司弓矢云唐弓大弓以授使者勞者注云若晉文侯文公受王弓矢之賜者賜鈇鉞者謂上公九命得賜鈇鉞然後鄰國臣弑君子弑父者得專討之晉文侯雖受弓矢不受鈇鉞崔氏云以不得鈇鉞不得專殺故執衞侯歸之於京師○賜圭瓚者亦謂上公九命者若未賜圭瓚者則用璋瓚故周禮小宗伯注云天子圭瓚諸侯璋瓚既不得圭則用薰故王度記云天子以鬯諸侯以薰圭瓚之制按玉人職大璋中璋之下云黄金勺青金外朱中鼻寸衡四寸鄭注云鼻勺流也凡流皆爲龍口也三璋之勺形如圭瓚又典瑞注瓚槃大五升口徑八寸下有槃口徑一尺又明堂位注云以大圭爲柄玉人注又云有流前注此是圭瓚之形也鬯者釀秬黍爲酒和以鬱金之草謂之鬱鬯不以鬱和直謂之鬯此鬯者謂鬯也此弓矢鈇鉞圭瓚等八命九命而加九賜也晉文侯雖以州牧之禮命之所賜者皆九賜之物但無鈇鉞之賜其前文賜樂者非九賜之樂故伯子男亦得受之魯無弓矢之賜陳恆弑君孔子請討之者春秋之時見鄰國簒逆亦得專征伐若鄰國無罪而輒征之則不可故哀公八年魯伐邾吳子討之是也

○天子命之教然後爲學小學在公宮南之左大學在郊學所以學士之宮尙書傳曰百里之國二十里之郊七十里之國九里之郊五十里之國三里之郊此小學大學殷之制天子曰辟廱諸侯曰頖宮尊卑學異名辟明也廱和也所以明和天下頖之言班也所以班政教也○以辟音壁注同頖音泮

疏天子至頖宮○正義曰此一節論天子命諸侯立學及學名之事各依文解之○注尙書至之制○正義曰所引書傳者伏生多士傳文假令百里之國國城居中面有五十里二十里置郊郊外仍有三十里七十里之國國城居中面有三十五里九里置郊郊外仍有二十六里五十里之國城居中面有二十五里三里置郊郊外仍有二十二里此皆以四里爲差此經小學在公宮南之左大學在郊既是殷制故引書傳郊之所在以明之若周制則

司馬法云百里郊天子畿內方千里百里爲郊則諸侯之郊皆計竟大小故聘禮注云遠郊。上公五十里侯伯三十里子男十里也近郊各半之鄭必知近郊半遠郊者按書序云命君陳分正東郊成周注云東郊周之近郊也蓋五十里今河南洛陽相去則然以天子近郊半遠郊則知諸侯近郊皆半遠郊也以經文承上諸侯之下故直云天子命之教不云命諸侯從可知云此小學大學殷之制者以下文云殷人養國老於右學養庶老於左學則左學小右學大此經云小學在公宮南之左故知殷制也周則大學在國小學在。四郊下文具也○注辟明至教也○正義曰釋詁云辟君也君則尊明廱和也釋訓文云所以明和天下者謂於此學中習學道藝欲使天下之人悉皆明達諧和故云明和天下云類之言班也所以班政教也者類是分判之義故爲班於此學中施化使人觀之故云所以班政教也按詩注云。土。雝水之外圓如璧注又云類之言半以南通水北無也二注不同者此注解其義詩注解其形於此必解其義者以上云天子命之教是。政教治理之事故以義解之詩云王在。在靈沼於切魚躍又云思樂泮水薄采其芹皆論水之形狀故詩注以形言之

○天子將出征類乎上帝宜乎社造乎禰禡於所征之地○禡師祭也爲兵禱其禮亦亡禡馬怕反又音百注同爲于僞反下爲盡物同禱丁老反受命於祖告祖也受成於學定兵謀。也出征執有罪反釋奠于學以訊。馘告釋菜奠幣禮先師也訊馘所生獲斷耳者詩曰執訊獲醜又曰在頖獻馘馘或爲國○訊本又作誶音信注同馘古獲反截耳斷音短下斷殺同

疏天。子。至。馘。告。○正義曰此一經論天子出征所祭之事各依文解之○注禡師至亦亡○正義曰按釋。奠云是類是禡師祭也故知禡爲師祭也謂之禡者按肆師注云貉讀如十百之百爲師祭造軍法者禱氣勢之增倍也其神蓋蚩蚘或曰黃帝鄭既云祭造軍法者則是不祭地態氏以禡爲祭地非師祭皆稱類爾雅類既爲師祭所以上文云天子將出巡守類乎上帝及舜之攝位亦類。乎上帝並非師祭皆稱類者但爾雅所釋多爲釋詩以皇矣云是類是禡止

釋皇矣類禡爲師祭不謂餘文類皆爲師祭但類者以事類告天若以攝位事類告天亦謂之爲類若以巡守事類告天亦謂之爲類故異義夏侯歐陽說以類祭天者以事類祭之古尚書說非時祭天謂之類許慎謹按周禮郊天無言類者知類非常祭從古尚書說鄭氏無駁與許同也然今尚書及古尚書二說其文雖異其意同也以事類告祭則是非常故孔注尚書亦云以攝位事類告天鄭又以類雖非常祭亦。此類正禮而爲之故小宗伯注云類者依其正禮而爲之是也○受命至馘告○受命於祖謂出時告祖是不敢自專有所稟承故言受命祖禰皆告以祖爲尊故特言祖此受命於祖則是前文造乎禰也但前文據告行故云造乎禰此據以征伐之事故云受命於祖所以重起其文也然則受命於祖在造乎禰之前但前文類帝宜社禡於所征之地總說出行之時然後卻本初時受命於祖受成於學之事所以文倒也受成於學者謂在學謀論兵事好惡可否其謀成定受此成定之謀在於學裏故云受成於學○出征執有罪者謂出師征伐執此有罪之人還反而歸釋菜奠幣在於學以可言問之訊馘左耳謂之馘告先聖先師也○注釋菜至獻馘○正義曰按大胥職云春入學舍。采合舞文王世子亦云釋菜鄭注云釋菜禮輕也則釋菜惟釋蘋藻而已無牲牢無幣帛文王世子又云始立學者既興器用幣注云釋禮樂之器成則釁之又用幣告先聖先師以器成此則徒用幣而無菜亦無牲牢也文王世子又云凡始立學者必釋奠於先聖先師及行事必以幣是釋奠有牲牢又有幣帛無用菜之文熊氏以此爲釋菜奠幣者謂釋奠之禮以獻俘馘故云釋菜奠幣言釋奠之時既有牲牢菜幣兩有今按注云釋菜解經中釋字奠幣解經中奠字又云禮先師不云祭先師則以訊馘告之時但有菜幣而已未必爲釋奠有牲牢也云於事有疑未知孰是故備存焉然則釋菜奠幣皆告先聖先師此直云先師文不具耳云訊馘所生獲斷耳者以生獲解訊以斷耳解馘按釋言云訊言也故詩注云執其可言問者釋詁云馘獲也訊是生者馘是死而截耳者云詩曰執訊獲醜者詩小雅出車篇文也云又曰在頖獻馘者魯頌泮水篇文也按周禮宗伯師還獻愷於祖司馬職云愷樂獻于社此記不云祖及社者文不具周禮不云獻愷於學者亦文不具○天子諸侯無事則歲三田一爲乾豆二爲賓客三爲充君之庖三田者夏不田蓋夏時也周禮春曰蒐夏曰苗秋曰獮冬曰狩乾豆謂腊之以爲祭祀豆實也庖今之廚也○乾音干庖步交反蒐所交反獮息淺反腊音昔無事而不田曰不敬田不以禮曰暴天物不敬者簡祭祀略賓客天子不合圍諸侯不掩。羣爲盡物也○合如字徐音閤揜音掩本又作掩天子殺則下大綏諸侯殺則下小綏綏當爲緌緌有虞氏之旌旗也下謂。弊之○綏依注音緌耳佳反下注同大夫殺則止佐車佐車止則百姓田獵佐車驅逆之車○獵力輒反驅丘于反又丘遇反獺祭魚然後虞人入澤梁豺祭獸然後田獵鳩化爲鷹然後設罻羅草木零落然後入山林昆蟲未蟄不以火田取物必順時候也梁絕水取魚者罻小網也昆明也明蟲者得陽而生得陰而藏○獺他達反又他瞎反豺仕皆反罻音尉一音鬱零本又作苓音同說文云草曰苓木曰落蟲直隆反下同蟄直立反不麛不卵不殺胎不殀夭重傷未成物殀斷殺少長曰夭○麛本又作麑音迷同卵力管反胎吐來反殀夭上於表反下烏老反斷丁亂反又音段少長上詩召反下丁丈反不覆巢覆敗也○覆芳服反注同

疏天。子。至。覆。巢。○正義曰此一節論天子以下田獵之事各隨文解之○一天子諸侯無事者謂無征伐出行喪凶之事則一歲三時田獵獵在田中又爲田除害故稱田也○一爲乾豆者謂乾之以爲豆實豆實非脯而云乾者謂作醢及臡先乾其肉故云乾豆是上殺者也二爲賓客中殺者也○三爲充君之庖下殺者也故穀梁。淵。聖。御。名四年范甯云上殺中心死速乾之以爲豆實次殺射髀骼死差遲故爲賓客下殺中腸汙泡死最遲故充庖廚又車攻毛傳云自左膘而射之達於右腢爲上殺射右耳本次之射左髀達於右。䯚爲下殺是亦有三等之射

殺先宗廟次賓客者尊神敬賓之義○注三田至曰狩○正義曰夏不田蓋夏
時也者以夏是生養之時夏禹以仁讓得天下又觸其夏名故夏不田鄭之此
注取春秋緯運斗樞之文故以爲夏不田若何休稍異於此。故穀梁傳。淵。聖。御
名。四年公狩于郎傳曰春曰田夏曰苗秋曰蒐冬曰狩何休云運斗樞曰夏不
田穀梁有夏田於義爲短鄭玄釋之云四時皆田夏殷之禮詩云之子于苗選
徒囂囂夏田明矣孔子雖有聖德不敢顯然改先王之法以教授於世若其所
欲改其陰書於緯藏之以傳後王穀梁四時田者近孔子故也公羊正當六國
之亡讖緯見讀而傳爲三時田作傳有先後雖異不足以斷穀梁也如鄭此言
三時之田不敢顯露陰書於緯四時之田顯然在春秋之經穀梁爲傳之時去
孔子既近田不見所藏之緯唯覩春秋見經故以爲四時田也公羊當六國之時
去孔子既遠緯書見行於世公羊既見緯文故以爲三時田又鄭釋廢疾云歲
三田謂以三事爲田即上一曰乾豆之等是深塞何休之言當以。注爲正云周
禮春曰蒐以下周禮大司馬職文彼注云夏田爲苗擇取不孕任者若治苗去
不秀實者秋田爲獮獮殺也中殺者多也冬田爲狩言守取之無。所擇也鄭不
釋蒐者蒐擇也亦謂擇取不孕者以義可知故不解也然春秋四時田獵皆曰
蒐者以春蒐之禮行之故也田不以禮曰暴天物者若田獵不以其禮殺傷過
多是暴害天之所生之物以禮田者則下文天子不合圍以下至不覆巢皆是
也○天子至掩羣○天子四時田獵。皆。得。圍但圍而不合若諸侯惟春田不得
圍其夏秋冬皆得圍圍亦不合故下曲禮云國君春田不圍澤○諸侯不掩羣
者是畿內諸侯爲天子大夫故下曲禮云大夫不掩羣此皆是熊氏之說若皇
氏以此爲夏殷禮下曲禮爲周禮義或然也○注綏當至弊之○正義曰綏字
是糸旁委是登車之索緌字是糸旁委是旌旗之名經作綏字故云綏當爲緌
云有虞氏之旌旗也者按明堂位云有虞氏之旂夏后氏之緌鄭注云有虞氏
當言緌旌旗無旒者周謂之大麾於周則春夏田用綏故鄭答趙商云春夏用
大麾秋冬用大常云下謂。弊之者謂弊仆於地也若初殺時則抗之已殺獵止
之時則。弊之故詩傳云天子發抗大綏諸侯發抗小綏此抗綏以表天子諸侯

之獲周禮大司馬以旗致民注云。小旗者立旗期民於其下也山虞云植虞旗
澤虞云植虞旌謂田獵罷致禽旌旗也並與此綏不同也○大夫至田獵○大
夫殺則止佐車則天子諸侯殺未止佐車也云佐車止則百姓田獵以此推之
則天子殺然後諸侯殺諸侯殺然後大夫殺故詩傳云天子發然後諸侯發諸
侯發然後大夫士發是也此云佐車止則百姓田獵謂冬獵之時然則大綏小
綏者是夏殷之法秋冬皆用綏異於周也○注佐車。驅逆之車○正義曰按大
司馬云乃設驅逆之車注云驅驅出禽獸使趍田者也逆逆要不得令走凡四
時田獵欲止之時。各不同也按大司馬春火弊謂春時田獵殺獲禽獸將畢總
放火焚萊而後止春用火者鄭注因焚萊除陳草皆殺而火止大司馬又云夏
車弊注云車弊驅獸之車止也謂獵人殺禽既畢布列車乘總驅禽獸而後止
息鄭云夏田主用車示所取物希皆殺而車止鄭郎引王制云大夫殺則止佐
車佐車止則百姓田獵是殺禽既畢佐車休止但夏時佐車止百姓未得田獵
鄭云百姓田獵者因引王制之成文大司馬又云秋羅弊注云秋田主用罔中
殺者多也皆殺而罔止大司馬又云冬徒弊注云冬田主用衆物多衆得取也
○獺祭至火田○按月令正月獺祭魚孝經緯云獸蟄伏獺祭魚則十月中也
是獺一歲再祭魚此下文鳩化爲鷹草木零落文相連接則獺祭魚然後虞人
入澤梁謂十月時按魯語李革云鳥獸孕水蟲成於是乎禁罝罜羅網又云獸
長麛夭鳥翼鷇卵注云謂季春時然則正月雖獺祭魚虞人不得入澤梁○豺
祭獸然後田獵者按月令九月豺乃祭獸夏小正十月豺祭獸則是九月末十
月之初豺祭獸之後百姓可以田獵鳩化爲鷹然後設罻羅者謂八月時但鳩
化有漸故月令季夏云鷹乃學習孟秋云鷹乃祭鳥其鳩化爲鷹則八月時也
以月令二月時鷹化爲鳩則八月鳩化爲鷹也故周禮司裘云中秋獻良裘鄭
司農注云中秋鳩化爲鷹是也設罻羅者按說文云罻捕鳥網也又爾雅云鳥
罟謂之羅罻羅總是捕鳥之網○草木零落然後入山林者謂十月時按月令
季秋草木黄落其零落芟折則在十月也故毛詩傳云草木不折不操斧斤不
入山林此謂官民總取林木若依時取者則山虞云仲冬斬陽木仲夏斬陰木

不在零落之時昆蟲未蟄不以火田者謂未十月之時十月則得火田故羅氏云蜡則作羅襦注云今俗放火張羅從十月以後至仲春皆得火田故司馬職云春火弊是也若陶鑄之火則季春出火季秋內火按司爟云季春出火季秋內火知是陶鑄之火者按春秋昭六年左傳云三月鄭人鑄刑鼎士文伯曰火未出而作火鄭其有災乎刑鼎則陶鑄也○注昆明也○正義曰按說文曰昆同也今云明者以字從曰故爲明不麛至殀夭○不麛不卵據春時特甚不殀夭之等亦然故國語云獸長麑夭鳥翼鷇卵是春九甚此注云重傷未成物則四時皆然也國語既云獸長麑夭夭與麑相連故鄭云少長曰夭○冢

宰制國用必於歲之杪五穀皆入然後制國用制國用如今度支經用杪末也○杪亡小反度支大各反下音之用地小大視年之豐耗○小國大國豐凶之年各以歲之收入制其用多少多不過禮少有所殺○耗呼報反殺色戒反又色別反以三十年之通制國用量入以爲出通三十年之率當有九年之蓄出謂所當給爲○量音亮率音律又音類本又作繂之畜勑六反後皆同祭用數之仂○筭今年一歲經用之數用其什一○仂音勒又音力什音十喪三年不祭唯祭天地社稷爲越紼而行事不敢以卑廢尊越猶躐也紼輴車索○紼音弗躐力輒反輴勑倫反索悉各反○喪用三年之仂喪大事用三歲之什一喪祭用不足曰暴有餘曰浩暴猶耗也浩猶饒也○浩胡老反祭豐年不奢凶年不儉常用數之仂國無九年之蓄曰不足無六年之蓄曰急無三年之蓄曰國非其國也三年耕必有一年之食九年耕必有三年之食以三十年之通雖有凶旱水溢民無菜色然後天子食日舉以樂菜色食菜之色民無食菜之飢色天子乃日舉○以樂以食○日人一反下同疏

家宰至以樂○正義曰此一節論家宰制國用及年之豐耗幷喪祭及所蓄積之法各隨文解之○用地小大視年之豐耗者○用謂制國之用凡制國用多少必計地小大又視年之豐耗若地大年豐則制用多若地小年耗則制用少故鄭云多不過禮少有所殺○以三十年之通制國用量入以爲出者言欲制國用之時先以三十年通融之法留九年蓄外計見在之物以制國用假令一年有四萬斛以一萬斛擬三十年通融積聚爲九年之蓄以見在三萬斛制國之來歲一年之用量其今年入之多少以爲來年出用之數○注通三至給爲○正義曰通三十年之率者每年之率入物分爲四分用一分擬爲儲積三分而當年所用二年又留一分三年又留一分是三年總得三分爲一年之蓄三十年之率當有十年之蓄此云當有九年之蓄者崔氏云三十年之閏大略有閏月十二足爲一年故爲有九年之蓄是王肅以爲二十七年有九年之蓄而言三十者舉全數兩義皆通未知孰是也云出謂所當給爲者給謂給百官賓客及民人也爲謂爲造國家器物也○注筭今至什一○正義曰知用今年一歲經用者以下文云喪用三年之仂此直云數之仂故知是一歲之仂也又知仂爲什一者以仂是分散之名故考工記云石有時以泐考工記又云以其圍之防捎其數彼注防謂三分之一此云什一者以民稅一歲之十一則國祭所用亦什一也此謂當年經用之內用其什一非是通計擬三年儲積之蓄也故鄭云一歲經用之數○注不敢至車索○正義曰私喪者是其卑天地社稷是其尊今雖遭私喪既殯已後若有天地社稷之祭即行之故云不敢以卑廢尊也越是踐躐之義故云越猶躐也但未葬之前屬紼於輴以備火災今既祭天地社稷須越躐此紼而往祭之故云越紼云紼輴車索者以停住之時指其繩體則謂之紼若在塗人挽而行之則謂之引故鄭注雜記云廟中曰紼在塗曰引天地社稷故有越紼之禮六宗及山川之等卑於天地社稷待喪終乃祭故鄭志答田瓊云天地郊社至尊不可廢故越紼祭之六宗山川之神則否其宮中五祀在喪內則亦祭之故曾子問云君薨五祀之祭不行既殯而祭之自啓至於反哭五祀之祭不行既葬而祭之但祭時須人既少衆官不皆使盡去不須

越紼故鄭答田瓊云五祀宮中之神喪時朝夕出入所祭不爲越紼也天地社稷之祭豫卜時日今忽有喪故既殯越紼行事若遭喪之後當天地郊社常祭之日其啓殯至於反哭則避此郊社祭日而爲之按禮卒哭而祔練而禘於廟此等爲新死者而爲之則非常祭也其常祭法必待三年喪畢也其春秋之時未至三年而爲吉祭者皆非禮也若杜預之意以爲既祔以後宗廟得四時常祭三年大禘乃同於吉故僖公三十三年凡君薨卒哭而祔祔而作主特祀於主烝嘗禘於廟杜注云新主既特祀於寢則宗廟四時常祀三年禮畢又大禘乃皆同於吉如杜之意與三年不祭違者按釋例云禮記後儒所作不正與春秋同是杜不盡用禮記也○注暴猶至饒也○正義曰暴是殘暴物被殘暴則虛耗故云暴猶耗也浩浩是多大之義故堯典云浩浩滔天故云浩浩猶饒也○雖有凶旱水溢民無菜色者凶旱謂凶荒遭旱也水溢謂水之汎溢凡水旱之歲曆運有常按律曆志云十九歲爲一章四章爲一部二十部爲一統三統爲一元則一元有四千五百六十歲初入元一百六歲有陽九謂旱九年次三百七十四歲陰九謂水九年以一百六歲并三百七十四歲爲四百八十歲注云六乘八之數次四百八十歲有陽九謂旱九年次七百二十歲陰七謂水七年次七百二十歲陽七謂旱七年又注云七百二十者九乘八十之數次六百歲陰三謂水三年次六百歲陽五謂旱五年注云六百歲者以八乘八八八六十四又以七七乘八七八五十六相乘爲一千二百歲於易七八不變氣不通故合而數之各得六百歲次四百八十歲陰三次四百八十歲陽三從入元至陽三除去災歲總有四千五百六十年其災歲兩个陽九年一个陰九年一个陰陽各七年一箇陰陽各五年一个陰陽各三年災歲總有五十七年并前四千五百六十年通爲四千六百一十七歲此一元之氣終矣如律曆之言此是陰陽水旱之大數也所以正用七八九六相乘者以水數六火數七木數八金數九故以此交互相乘也以七八九六陰陽之數自然故有九年七年五年三年之災須三年六年九年之蓄也然災歲有陽七陰七陽五陰五此記直云三年六年九年之蓄不云七五者此各以其三相因故不言七五也舉六年則七年五年

之蓄可知若貯積滿九年之後則腐壞當隨時給用也

天子七日而殯七月而葬諸侯五日而殯五月而葬大夫士庶人三日而殯三月而葬尊者舒卑者速春秋傳曰天子七月而葬同軌畢至諸侯五月同盟至大夫三月同位至士踰月外姻至三年之喪自天子達下通庶人於父母同天子諸侯降期○期居宜反庶人縣封葬不爲雨止不封不樹喪不貳事○縣封當爲縣窆縣窆者至卑不得引紼下棺雖雨猶葬以其禮儀少封謂聚土爲墳不封之不樹之又爲至卑無飾也周禮曰以爵等爲丘封之度與其樹數則士以上乃皆封樹貳之言二也庶人終喪無二事不使從政也喪大記曰大夫士既葬公政入於家既卒哭弁絰帶金革之事無辟也○縣封上音玄下音窆彼念反不爲于僞反注又爲同紼音弗上時掌反下大夫以上同辟音避自天子達於庶人喪從死者祭從生者支子不祭從死者謂衣衾棺椁從生者謂奠祭之牲器

疏天子至不祭○正義曰此一節明天子以下殯葬日月不同及衣衾牲器之數各依文解之○注尊者至姻至○正義曰天子諸侯位既尊重送終禮物其數既多身在於喪許其申遂故日月緩也大夫及士禮數既卑送終之物其數簡少又職唯促遽義許奪情故日月促也必至三日者冀其更生三日不生亦不生矣所引春秋傳以下隱元年左氏文同軌者杜預云言同軌以別四夷之國謂中國諸侯車同軌轍盡皆來至同盟者杜預云同在方嶽之盟同位者杜預云古者行役不踰時諸侯以下不言畢至者有來有否不必盡來故不云畢按左傳大夫言三月士言踰月此總云大夫士三月而葬者此記者許以降二爲差故總云三月左傳細言其別故云大夫三月士踰月其實大夫三月者除死月爲三月士三月者數死月爲三月正是踰越一月故言踰月耳按膏肓休以爲士禮三月而葬今左氏云踰月於義左氏爲短玄箴之曰禮人君之喪殯葬皆數來月來日士殯葬皆數往月往日尊卑相下之差數故大夫士俱三月其實不同士之三月及大夫之踰月也

鄭箴膏肓以正禮而言故云人君殯葬數來月來日若春秋之時天子諸侯之
葬皆數死月故文八年八月天王崩九年二月葬襄王又成十八年八月公薨
十二月葬傳云書順也是皆數死月也故鄭又云人君殯數來日葬數往月據
春秋爲說其殯日之義已具在上曲禮疏其諸侯奔喪按異義公羊說天王喪
赴者至諸侯哭雖有父母之喪越紼而行事葬畢乃還左氏說王喪赴者至諸
侯既哭問故遂服斬衰使上卿弔上卿會葬經書叔孫得臣如京師葬襄王以
爲得禮許慎謹按易下邳。傳。其容說諸侯在千里內皆奔喪千里外不奔喪若
同姓千里外猶奔喪親親也容說爲近禮鄭駁之云天子於諸侯無服諸侯爲
天子斬衰三年尊卑有差按魯夫人成風薨王使榮叔歸含且賵召伯來會葬
傳曰禮也襄王崩叔孫得臣如周葬襄王天子於魯既含且賵又會葬爲得禮
則是魯於天子一大夫會爲不得禮可知又左傳云鄭游吉云靈王之喪我。先
君簡公在楚我先大夫印段實往敝邑之少卿也王吏不討恤所無也豈非左
氏諸侯奔天子之喪及會葬之明文說左氏者云諸侯不得棄其所守奔喪自
違其傳同姓雖千里外猶奔喪又與禮乖鄭之所駁從公羊之義又以左氏傳
諸侯亦奔喪但說左氏者自違其傳云不奔喪又難許慎云千里外同姓猶奔
喪與禮乖也此是鄭氏之意其諸侯自相奔喪禮按公羊說遣大夫弔君會其
葬左氏說諸侯之喪士弔大夫會葬文襄之霸令大夫弔卿共葬事許慎謹按
周禮無諸侯會葬義知不相會葬從左氏義鄭氏無駁與許同其諸侯夫人喪
公羊說卿弔君自會葬左氏說諸侯夫人喪士弔士會葬文襄霸士弔大夫會
葬叔弓如宋葬宋共姬上卿行過厚非禮許慎謹按公羊說同盟諸侯薨君會
葬其夫人薨君又會葬是其不違國政而常在路公羊左氏說俱不別同姓異
姓公羊言當會許以爲同姓也左氏云不當會據異姓也鄭駁之云按禮君與
夫人尊同故聘禮卿聘君因聘夫人凶時會弔主於相哀愍略於相尊敬故使
可降一等士弔大夫會葬禮之正也周禮諸侯之邦交歲相問也殷相聘也世
相朝也無異姓同姓親疏之數云夫人喪士會葬說者致之非傳辭者鄭氏意
引周禮無同姓異姓之別者破許慎云同姓則會異姓則不會鄭又云夫人喪

士會葬說者致之非傳辭破異義左氏說夫人喪士弔士會葬之文也按左氏
昭三年傳云君薨大夫弔夫人士弔無士會葬之文故云說者致之言士會葬
實非本傳之辭也則鄭氏以為古者君薨士弔大夫會葬文襄之霸君薨大夫
弔卿會葬其夫人之喪則古及文襄之時皆士弔大夫會葬故鄭云士弔大夫
會葬禮之正○庶人至貳○庶人之喪賤無碑綍窆謂下棺縣繩下棺故云縣
窆威儀既少日又促遽將葬之時不為雨而止庶人既卑小不須顯異不積土
為封不標墓以樹若士以上負國恩重雖在喪中金革無辟庶人既無爵命更
無殊禮三年之內許其終喪餘居喪之外不供他事故下云父母之喪三年不
從政○注縣封至辟也○正義曰知縣封當為縣窆者若封是封土無縣繫之
理不得與縣相連故知為窆也不直云封當為窆而與縣相連者以經有兩封
若不連縣言之恐與不封相涉故連縣言之也云不得引紼下棺者士雖無碑
猶有二綍今庶人無紼唯以繩縣棺故云不得引紼下棺云雖雨猶葬以其禮
儀少者按異義公羊說雨不克葬謂天子諸侯也卿大夫臣賤不能以雨止穀
梁說葬既有日不為雨止左氏說卜葬先遠日辟不懷吾不臣汲汲葬其親不可
行事廢禮不行庶人不為雨止許慎謹按論語云死葬之以禮以雨而葬是不
行禮穀梁說非也從公羊左氏之說鄭氏無駮與許同按釋廢疾云雖庶人葬
為雨止公羊說卿大夫臣賤不能以雨止此等之說則在廟未發之時庶人及
卿大夫亦得為雨止若其已發在路及葬則不為雨止其人君在廟及在路及
葬皆為雨止云封謂聚土為墳者以對上封為窆故明之云封謂聚土為墳云
周禮曰以爵等為丘封之度者是周禮冢人文既云爵等明有爵者乃有丘封
周以士為爵故云則士以上乃皆封樹是庶人不封樹彼注云王公曰立諸臣
曰封又引漢律曰列侯墳高四丈關內侯以下至庶人各有差又禮記云孔子
合葬於防崇四尺鄭云蓋周之士制其樹數則無文按白虎通云天子松諸侯
柏大夫栗士槐云貳之言二也者上貳是副貳之貳下二是二三之二喪不貳
事者謂不為兩事故讀從二三之二也引喪大記以下者證大夫士在喪有二
事也○注從死至牲器○正義曰盧植解云從生者謂除服之後吉祭之時以

子孫官祿祭其父祖故云從生者若喪中之祭虞祔練祥仍從死者之爵故小
記云士祔於大夫則易牲又云其妻爲大夫而卒而后其夫不爲大夫而祔於
其妻則不易牲又雜記云上大夫之虞也少牢卒哭成事。祔皆大牢下大夫之
虞也犆牲卒哭成事。祔皆少牢是喪中之祭仍從死者之禮而鄭云謂奠祭之
牲器云奠則是喪中之祭得從生者之爵與小記雜記違者小記雜記據死者
子孫身無官爵生者又無可祭享故喪中之祭皆用死者之禮若其生者有爵
則祭從生者之法喪祭。尚爾喪後吉祭可知奠謂葬前祭謂葬後包喪終吉祭
也鄭必知祭兼喪祭與虞植別者以此云祭從生者喪從死者相對又中庸云
父爲大夫子爲士葬以大夫祭以士又云父爲士子爲大夫葬以士祭以大夫
祭又與葬相對皆祭與喪葬連文是一時之。言故祭中兼爲喪奠也或云在喪
中祭尚從死者爵至吉祭乃用生者祿耳故
知盧解鄭言奠者自吉祭之奠及非時祭耳

○天子七廟三昭三穆與大祖之廟而七此周制七者大祖及文王武王之祧與親廟四大祖后稷殷則六廟契及湯與二昭二穆夏則五廟無大祖禹與二昭二穆而已○祧他彫反契息列反

諸侯五廟二昭二穆與大祖之廟而五大祖始封之君王者之後不爲始封之君廟

大夫三廟一昭一穆與大祖之廟而三太祖別子始爵者大傳曰別子爲祖謂此雖非別子始爵者亦然

士一廟謂諸侯之中士下士名曰官師者上士二廟

庶人祭於寢寢適寢也○適丁歷反

○疏天子至於寢○正義曰此一節明天子以下立廟多少不同之事各隨文解之○注此周至而已○正義曰鄭氏之意天子立七廟唯謂周也鄭必知然者按禮緯稽命徵云唐虞五廟親廟四始祖廟一夏四廟至子孫五殷五廟至子孫六鈎命決云唐堯五廟親廟四與始祖五禹四廟至子孫五殷五廟至子孫六周六廟至子孫七鄭據此爲說故謂七廟周制也周所以七者以文王武王受命其廟不毀以爲二祧并始祖后稷及高祖以下親廟四故爲七也若王肅則以爲天子七廟者謂高祖之父及高祖之祖廟爲二祧并始祖及親

廟四爲七故聖證論肅難鄭云周之文武受命之王不遷之廟權禮所施非常廟之數殷之三宗宗其德而存其廟亦不以爲數凡七廟者皆不稱周室禮器云有以多爲貴者天子七廟孫卿云有天下者事七世又云自上以下降殺以兩今使天子諸侯立廟並親廟四而止則君臣同制尊卑不別禮名位不同禮亦異數況其君臣乎又祭法云王下祭殤五及五世來孫則下及無親之孫而祭上不數及無親之祖不亦詭哉穀梁傳云天子七廟諸侯五家語云子羔問尊卑立廟制孔子云禮天子立七廟諸侯立五廟大夫立三廟又云遠廟爲祧有二祧焉又儒者難鄭云祭法遠廟爲祧鄭注周禮云遷主所藏曰祧違經正文鄭又云先公之遷主藏於后稷之廟先王之遷主藏於文武之廟便有三祧何得祭法云有二祧難鄭之義凡有數條大略如此不能具載鄭必爲天子七廟唯周制者馬昭難王義云按喪服小記王者立四廟又引禮緯夏無大祖宗禹而已則五廟殷人祖契而宗湯則六廟周尊后稷宗文王武王則七廟自夏及周少不減五多不過七禮器云周旅酬六尸一人發爵則周七尸七廟明矣今使文武不在七數既不同祭又不享嘗豈禮也哉故漢侍中盧植說文云二祧謂文武曾子問當七廟無虛主禮器天子七廟堂七尺王制七廟盧植云皆據周言也穀梁傳天子七廟尹更始說天子七廟據周也漢書韋玄成四十八人議皆云周以后稷始封文武受命石渠論白虎通云周以后稷文武特七廟又張融謹按周禮守祧職奄八人女祧每廟二人自太祖以下與文武及親廟四用七人姜嫄用一人適盡若除文武則奄少二人曾子問孔子說周事而云七廟無虛主若王肅數高祖之父高祖之祖廟與文武而九主當有九孔子何云七廟無虛主乎故云以周禮孔子之言爲本穀梁說及小記爲枝葉韋玄成石渠論白虎通爲證驗七廟斥言玄說爲長是融申鄭之意且天子七廟者有其人則七無其人則五若諸侯廟制雖有其人不得過五則此天子諸侯七五之異也王肅云君臣同制尊卑不別其義非也又王下祭殤五者非是別立殤廟七廟外親盡之祖禘祫猶當祀之而王肅云下祭無親之孫上不及無親之祖又非通論且家語云先儒以爲肅之所作未足可依按周禮惟存后稷之廟不

毁按昭七年傳云余敢忘高圉亞圉注云周人不毁其廟報祭之似高圉亞圉至君廟亦不毁者此是不合鄭說故馬融說云周人所報而不立廟○注大祖至君廟○正義曰凡始封之君謂王之子弟封爲諸侯爲後世之大祖當此君之身不得立出王之廟則全無廟也故諸侯不敢祖天子若有大功德王特命立之則可若魯有文王之廟鄭祖厲王是也魯非但得立文王之廟又立姜嫄之廟及魯公文公之廟并周公及親廟除文王廟外猶八廟也此皆有功德特賜非禮之正此始封君之子得立一廟始封六世之孫始五廟備也若異姓始封如大公之屬初封則得立五廟從諸侯禮也云王者之後不爲始封之君廟者以其始封之君非有功德惟因先代之後以封之不得爲後世之大祖得立此君所出王者之廟必知然者以經傳無文云微子爲宋之始祖故也而左傳云宋祖帝乙是也若二王之後郊天之時則得以遠代之祖配天而祭故禮運云杞之郊也禹也宋之郊也契也○注大祖至亦然○正義曰此據諸侯之子始爲卿大夫謂之別子者也是嫡夫人之次子或衆妾之子別異於正君繼父言之故云別子引大傳者證此大祖是別子也云雖非別子始爵者亦然者此事凡有數條一是別子初雖身爲大夫中間廢退至其遠世子孫始得爵命者則以爲大祖別子不得爲大祖也二是別子及子孫不得爵命者後世始得爵命自得爲大祖三是全非諸侯子孫異姓爲大夫者及它國之臣初來任爲大夫者亦得爲大祖故云雖非別子始爵者亦然此摠包上三事如鄭志答趙商此王制所論皆殷制故云雖非別子亦得立大祖之廟若其周制別子始爵其後得立別子爲大祖若非別子之後雖爲大夫但立父祖曾祖三廟而已隨時而遷不得立始爵者爲大祖故鄭答趙商問祭法云大夫立三廟曰考廟曰王考廟曰皇考廟注非別子故知祖考無廟商按王制大夫三廟一昭一穆與大祖之廟而三注云大祖別子始爵者雖非別子始爵者亦然二者不知所定鄭答云祭法周禮王制之云或以夏殷雜不合周制是鄭以爲殷周之別也鄭必知周制別子之後得立別子爲大祖者以大傳云別子爲祖繫之以姓而弗別綴之以食而弗殊雖百世而昏姻不通者周道然也故知別子百世不遷爲大祖也

周既如此明殷不繫姓不綴食大傳又云其庶姓別於上而戚單於下五世而昏姻可以通明五世之後不復繼以別子但始爵者則得爲大祖也此大夫三廟者天子諸侯之大夫皆同知者以此及祭法歷陳天子諸侯卿云大夫更不別云諸侯之大夫故知與天子大夫同也卿卽大夫摠號故春秋殺卿經皆摠號大夫其三公卿與諸侯同若附庸之君亦五廟故莊三年公羊傳云紀季以酅入于齊傳曰請後五廟以存姑姊妹又附庸得稱朝是與諸侯同○廟謂諸至二廟○正義曰按祭法云適士二廟今此云士一廟故知是諸侯之中士下士祭法云官師一廟故云名曰官師者鄭既云諸侯之中士下士一廟則天子之中士下士皆二廟也必知皆二廟者以其摠稱元士故昏義云八十一元士是不分別上下也鄭又知諸侯中士與下士同一廟者以祭法云適士二廟言適士則不得兼中下也○注寢適寢也○正義曰此庶人祭寢謂是庶人在官府史之屬及尋常庶人此祭謂薦物以其無廟故惟薦而已薦獻不可褻處故知適寢也

○天子諸侯宗廟之祭春曰礿夏曰禘秋曰嘗冬曰烝此蓋夏殷之祭名周則改之春曰祠夏曰礿以禘爲殷祭詩小雅曰礿祠烝嘗于公先王此周四時祭宗廟之名○礿余若反夏曰戶嫁反注夏曰礿夏祭曰下云夏薦同禘大計反烝之承反祠音詞

天子祭天地諸侯祭社稷大夫祭五祀五祀謂司命也中霤也門也行也厲也此祭謂大夫有地者其無地祭三耳○霤力救反

天子祭天下名山大川五嶽視三公四瀆視諸侯視視其牲器之數諸侯祭名山大川之在其地者魯人祭泰山晉人祭河是也

【疏】天子至地者○正義曰此一節論夏殷天子諸侯大夫四時祭宗廟及祭天地山川之事各隨文解之○○春曰礿者皇氏云礿薄也春物未成其祭品鮮薄也孫炎云礿者新菜可礿○○夏曰禘者皇氏云禘者次第也夏時物雖未成宜依時次第而祭之○秋曰嘗者白虎通云嘗者新穀熟而嘗之○冬曰烝者烝者衆也冬之時物成者衆孫炎云烝進也進品物也○注此蓋至之名○正義曰

疑爲夏殷祭名者以其祭名與周不同故以爲夏殷祭名其夏殷之祭又無文故稱蓋以疑之此云春礿而郊特牲云春禘者鄭彼注云禘當爲禴從此爲正祭義曰春禘鄭注直云夏殷禮不改禘字者以郊特牲已改禘爲禴故於祭義略之從可知也云周則改之春曰祠夏曰礿者按宗伯云以祠春享先王以禴夏享先王又知周以禘爲殷祭者按公羊傳曰五年而再殷祭又春秋經僖八年秋七月禘于大廟是禘爲殷祭殷猶大也謂五年一大祭引詩小雅者是文王之詩天保之篇謂文王受命已改殷之祭名以夏祭之禘改名曰礿而詩先言礿後祠者從便文嘗在烝下以韻句也于公諸盩至不窋也先王謂后稷大王王季也○注五祀至三耳○正義曰知五祀是司命中霤門行厲者按祭法云王立七祀曰司命曰中霤曰國門曰國行曰泰厲曰戶曰竈諸侯五祀無戶竈自外與天子同明大夫五祀與諸侯同明知是司命中霤門行厲也云此祭謂大夫有地者以其祭五祀與諸侯同故知大夫有采地者云其無地祭三耳者以祭法云大夫立三祀曰族厲曰門曰行也鄭意以此及祭法俱是周禮有地者祭五無地者祭三按下曲禮大夫祭五祀謂戶竈中霤門行以爲殷禮此大夫五祀爲有地大夫五祀之神又別者以曲禮天子諸侯大夫皆祭五祀更無等差故以月令五祀當之總爲殷禮此文天子云祭天地諸侯云祭社稷大夫云祭五祀既別爲尊卑之差故以周法解之○注視視至之數○正義曰按夏傳云五嶽視三公四瀆視諸侯其餘山川視伯小者視子男鄭注云謂其牲幣粢盛籩豆爵獻之數非謂尊卑按周禮上公饔餼九牢飧五牢饗禮九獻豆四十侯伯饔餼七牢飧四牢饗禮七獻豆三十有二子男饔餼五牢飧三牢饗禮五獻豆二十有四又五等諸侯膳皆大牢祭亦大牢籩皆十有二祭四望山川用毳冕鄭注禮器五獻祭謂祭四望山川也又侯伯無別三公與子男同今此王制云五嶽視三公四瀆視諸侯則三公尊於諸侯夏傳云四瀆視諸侯其餘山川視伯小者視子男是伯與侯別今鄭注此視視其牲器又注夏傳謂其牲幣粢盛籩豆爵獻之數參驗上下並與周禮不同不可強解合之爲一此王制所陳多論夏殷之制夏傳所說又非周代之禮鄭之所注者當據異代法也

此經云四瀆視諸侯夏傳視諸侯之下云其餘山川視伯小者視子男則此諸侯謂是侯侯爵者不得揔爲五等諸侯○注魯人至是也○正義曰知魯人祭泰山者以論語云季氏旅於泰山明魯君祭泰山季氏僭之也又公羊云三望祭泰山河海是魯祭泰山但泰山是齊魯之界故齊亦祭之是以禮器云齊人將有事於泰山必先有事於配林禮器又云晉人將有事於河必先有事於惡池是晉人祭河也

○天子諸侯祭因國之在其地而無主後者謂所因之國先王先公有功德宜享世祀今絶無後爲之祭主者昔夏后氏郊。鮌至杞爲夏後而更郊禹晉侯夢黄。熊入國而祀夏郊此其禮也○鮌古本反能乃登反一本又作熊音雄

疏天。子。至。後。者○正義曰此一節論天子置都之所及諸侯所封之內皆因古昔先王先公所居之地今其地子孫絶滅而無主後者則天子諸侯祭此先王先公故云祭因國之在其地而無主後者若天子因先公之後亦祭先公若諸侯因先王之後亦祭先王先公皆謂有德宜世祀者○注昔夏至禮也○正義曰按祭法夏后氏亦禘黄帝而郊。鯀是夏郊。鮌云至杞爲夏後而更郊禹者按禮運云杞之郊也禹也是杞郊禹也殷滅夏之時殷則不應郊鯀必應封夏之後但不知名杞。以否至周封夏後於杞據禮運成文故云杞更郊禹也不廢殷時夏後已郊禹也云晉侯夢黄熊入國而祀夏郊者按昭七年晉侯有疾夢黄熊入於寢門于時子産聘晉韓宣子問子産其何厲鬼子産曰昔堯殛鯀于羽山其神化爲黄熊以入于羽淵實爲夏郊三代祀之晉爲盟主其或者未之祀也韓子祀夏郊晉侯有間如傳所云夏后之時郊祭鯀以配天至殷周之時鯀雖不配天以其有功列於羣祀故云三代祀之但春秋之時周衰禮廢不能祀鯀晉既爲盟主當代天子祭羣神羣祀傳之意義謂晉當代天子攝羣神之祀不謂因此國在地無主後者今鄭引之以證祭無主後則謂鯀是夏家之先晉居夏之舊地鯀無主後故晉祀之禮之與傳意少異然夏後有杞而云無主後者以杞不祭鯀故云無主後也其黄熊之言稱入羽淵按爾雅鼈三足。能先師或以爲黄熊義或然也

○天子犆礿祫禘祫嘗祫烝犆猶一也

祫合也天子諸侯之喪畢合先君之主於祖廟而祭之謂之祫後因以爲常天子先祫而後時祭諸侯先時祭而後祫凡祫之歲春一礿而已不祫以物無成者不殷祭周改夏祭曰礿以禘爲殷祭也魯禮三年喪畢而祫於大祖明年春禘於羣廟自爾之後五年而再殷祭一祫一禘○犆音特祫音洽

諸侯礿則不禘禘則不嘗嘗則不烝烝則不礿虞夏之制諸侯歲朝廢一時祭○朝直遥反諸侯礿犆互明犆礿文○互音戶又戶故反禘一犆一祫下天子也祫歲不禘○下戶嫁反嘗祫烝祫

疏天。子。至。烝。祫○正義曰此一節論夏殷天子諸侯大祭及時祭之事各隨文解之○天子之祭當祫之歲以春物未成不爲祫祭惟犆爲時祭之礿故云犆礿夏秋冬之時先爲祫祭後爲時祭故云祫禘祫。嘗祫烝○注天子至一禘○正義曰按文二年八月丁卯大事于。大廟公羊傳云大事者何大祫也按僖公三十三年十二月薨至文二年八月二十一月於禮少四月未得喪畢是喪畢當祫諸侯既爾明天子亦然故云天子諸侯之喪畢合先君之主於祖廟而祭之謂之祫云後用以爲常者按禮緯三年一祫五年一禘故知每三年爲一祫祭是後因以爲常云天子先祫而後時祭者以經云祫禘祫嘗祫烝天子位尊故先爲大禮也云諸侯先時祭而後祫者以下文云諸侯嘗祫烝祫諸侯位卑取其漸備故先小禮後大禮此等皆因已前之制但不知幾年一祫禮緯云三年一祫五年一禘鄭云百王通義則虞夏及殷皆與周同祫亦三年爲一也皇氏取先儒之義以爲虞夏祫祭每年皆爲又云三時祫者謂是秋冬或一時得祫則爲之不三時俱祫然按鄭云三年一祫五年一禘百王通義鄭又注此云春一礿而已不祫以物無成者不殷祭又禘祫志云王制記先王之法祫爲大祭祫於秋於夏於冬周公制禮祭不欲數如鄭此言則夏殷三時俱殷祭皇氏之。說也云魯禮三年喪。畢而祫於大祖者僖公以三十三年十二月薨文二年八月大事于大廟於禮少四月文公應合二年十二月而祫大祖廟也是新君即位之二年而云三年喪畢者通死君之年爲三年云明年春禘於羣廟者以僖公八年禘于大廟宣公八年辛巳有事于大廟有事禘也爲仲遂卒略言有事僖也宣也皆八年禘既五年一禘則後禘去前禘五年也前禘當三年今二年而祫故云明年春禘於羣廟按閔二年五月吉禘于莊公昭十五年禘于武宮昭二十五年將禘於襄公禘皆各就廟爲之故云羣廟云自爾之後五年而再殷祭者公羊傳文云自爾者謂自三年禘羣廟之後每五年之內再爲殷祭故鄭禘祫志云閔公之喪僖三年禘僖六年祫僖八年禘凡三年喪畢新君二年爲祫新君三年爲禘皆祫在禘前閔公二年五月吉禘于莊公則祫當在吉禘之前故禘祫志云四月祫五月禘不譏祫者慶父作亂國家多難故莊公既葬絰不入庫門閔公早厭其亂故四月祫不譏五月卽禘比月而爲大祭又於禮少四月故書譏其速也鄭禘祫志云魯莊三十二年八月公薨閔二年五月吉禘時慶父殺子般之後公懼於難不得時葬葬則去首絰於門外乃入務自尊成以厭其禍若已練然免喪又速二年四月夏則祫既祫又卽以五月入禘於其廟比月大祭故譏其速也閔公之服凡二十一月於禮少四月又不禫云吉禘無恩也閔公以二年八月薨僖二年除喪始祫大廟明年禘於羣廟自此而後五年再殷祭六年祫故八年禘僖公以三十三年十二月薨至文二年七月間有閏積二十一月明月卽祫經云八月丁卯大事于大廟躋僖公於文公之服亦少四月以其逆祀故特譏之文公十八年二月薨宣二年除喪而祫三年禘於羣廟自此之後亦五年再殷祭與僖同六年祫故八年禘昭十一年五月夫人齊歸薨十三年平丘之會歸不及祫冬公如晉昭十四年春歸乃祫故十五年春乃禘經云二月癸酉有事于武宮至十八年祫二十年禘二十三年祫昭二十五年禘于襄公也此是鄭論魯之禘祫鄭又云明堂位曰魯王禮也以此相推兄可知是鄭以天子之禮與魯。同也按穀梁傳以年數者不數閏而鄭數莊公及僖公之喪皆云通閏二十一月者鄭欲盛言日月闕少假令通閏止有二十一月耳鄭於禘祫志除莊公之喪少四月而答趙商云於禮少六月者通禫月言之也。哀。姜之喪僖三年乃除僖二年得除閔公喪而祫者以是喪祭雖在前喪之內亦得爲後喪之祭故雜記云三年之喪則既。顈其練祥皆行是也此云三年喪畢祫於太祖廟明年春禘於羣廟按玄鳥箋云三年既畢禘於其廟而後祫祭於太祖更有禘於其廟之文不同者謂練時遷主遞廟新死者當禘祭於其廟以安之故鬯人云廟用脩注云謂始禘時左氏說禘謂既期之後然則禘於其廟在於練時而玄鳥箋云喪三年既畢禘於其廟者鄭將練禘總就喪畢祫於太祖而言之其實禘廟在練時也熊氏一說謂三年除喪特禘新死者於廟未知然否其禘祫大小鄭以公羊傳云大事者何大祫也毀廟之主陳于太祖未毀廟之主皆升合食于太祖故爲大事若王肅張融孔晁皆以禘爲大祫爲小故王肅論引賈逵說吉禘於莊公禘者遞也審遞昭穆遷主遞位孫居王父之處又引禘於太廟逸禮其昭尸穆尸其祝辭總稱孝子孝孫則是父子並列逸禮又云皆升合於其祖所以劉歆賈逵鄭衆馬融等皆以爲然鄭不從者以公羊傳爲正逸禮不可用也又曾子問云七廟五廟無虛主虛主者惟天子崩與祫祭祝取羣廟之主明禘祭不取羣廟之主可知爾雅云禘大祭也謂比四時爲大也故孫炎等注爾雅云皆以禘爲五年一大祭若左氏說及杜元凱皆以禘爲三年一大祭在大祖之廟傳無祫文然則祫即禘也取其序昭穆謂之禘取其合集羣祖謂之祫鄭康成祫禘及四時祭所以異者此祫謂祭於始祖之廟毀廟之主及未毀廟之主皆在始祖廟中始祖之主於西方東面始祖之子爲昭北方南面始祖之孫爲穆南方北面自此以下皆然從西爲上禘則太王王季以上遷主祭於后稷之廟其坐位乃與祫相似其文武以下遷主若穆之遷主祭於文王之廟文王東面穆主皆北面無昭主若昭之遷主祭於武王之廟武王東面其昭主皆南面無穆主又祭親廟四其四時之祭惟后稷文武及親四廟也○諸侯至不礿○礿則不禘者虞夏之制歲朝皆闕一時之祭也此從南方始也南方諸侯有礿祭竟夏來朝故闕夏禘故云礿則不禘也○禘則不嘗此西方諸侯秋來朝也行夏祭竟而秋來朝故不嘗也○嘗則不烝此北方諸侯冬來朝者也行秋祭竟而冬來朝故廢烝也烝則不礿此東方諸侯春來朝者也行冬祭竟而春來朝故廢礿也然各廢一時耳餘三時皆祭也今不從東方始而從南方始者欲舉春礿得祭者爲始故也○注虞夏至祭時○正義曰此云虞夏之

制者雜明諸代不專殷又此春礿而注云夏殷則知夏殷春祭俱名礿也○諸侯至烝祫○諸侯降於天子故礿在禘上也。欲見先時祭故礿在犆上○禘一
犆一祫者言諸侯當在夏祭一禘之時不爲禘祭惟犆一祫而已闕時祭也不云一禘而云禘一者禘在礿前與礿在犆前其義同皆見先時祭也○嘗祫烝
祫者謂諸侯先作時祭烝嘗然後爲大祭之祫故云嘗祫烝祫鄭既云諸侯祫歲不禘是諸侯當祫之歲法不。作。禘而皇氏云諸侯夏時若祫則不禘若禘則
不祫故違鄭注其義非也○天子社稷皆大牢諸侯社稷皆少牢大夫士宗廟之祭有田則
祭無田則薦有田者既祭又薦新祭以首時薦以仲月士薦牲用特豚大夫以上用羔所謂羔。豚而祭百官皆足詩曰四之日其。早獻羔祭韭○
大牢如字又音泰少詩照反日人一反庶人春薦韭夏薦麥秋薦黍冬薦稻韭以卵麥以魚黍以
豚稻以鴈。庶人無常牲取與新物相宜而已○稻音盜卵力管反祭天地之牛角繭栗宗廟之牛角握賓
客之牛角尺握謂長不出膚○繭字又作蠒公典反握厄角反長丁丈反膚方于反諸侯無故不殺牛大夫無故
不殺羊士無故不殺犬豕庶人無故不食珍。故謂祭。饗。疏天。子。至。食。珍○正義曰此一節論天子諸侯祭用牲
牢及庶人所薦之物各隨文解之○注有田。者。既。祭。至祭韭○正義曰知有田既祭又薦新者以月令天子祭廟又有薦新故月令四月以彘嘗麥先薦寢廟
又士喪禮有薦新如朔奠謂有地之士大斂小斂以特牲而云薦新故如既祭又薦新也云祭以首時薦以仲月者晏子春秋云天子以下至士皆祭以首時
故禮記明堂。位云季夏六月以禘禮祀周公於大廟周六月是夏四月也又雜記云七月而禘獻子爲之也。譏其用七月明當用六月是也魯以孟月爲祭魯
王禮也則天子亦然大夫士無文從可知也其周禮四仲祭者因田獵而獻禽非正祭也服虔注桓公五年傳云魯祭天以孟月祭宗廟以仲月非鄭。云也此

薦以仲月謂大夫士也既以首時祭故薦用仲月若天子諸侯禮尊物熟則薦之不限孟仲季故月令孟夏薦麥孟秋薦黍季秋薦稻是也大夫既薦以仲月而服虔注昭元年傳祭人君用孟月人臣用仲月不同者非鄭義也南師解云祭以首時者謂大夫士也若得祭天者祭天以孟月祭宗廟以仲月其禘祭祫祭時祭亦用孟月其餘諸侯不得祭天者大祭及時祭皆用孟月既無明據未知孰是義得兩通故並存焉按春秋淵聖御名八年正月己卯烝夏五月丁丑烝書者左氏見其瀆淵聖御名十四年八月乙亥嘗書以御廩災左氏公羊以爲不應嘗僖八年七月禘鄭以爲公會王人于洮故歸七月乃禘昭十五年二月禘于武宮者鄭禘祫志以十一年齊歸薨十五年喪終之禘不擇月定公八年冬十月順祀先公以陽虎作亂求福先公特爲此祭故不用常月此等皆不用孟月者以春秋亂世不能如禮故參差不一難以禮論也云士薦牲用特豚者按儀禮特牲是有地之士用特牲今無地之士薦宜貶降不用成牲故用特豚云大夫以上用羔者以諸侯大夫有地祭者用少牢其無地薦者則用羔也言以上則包天子皆用羔也雖用羔天子諸侯亦用餘牲不皆用羔故月令以彘嘗麥以犬嘗麻云所謂羔豚而祭百官皆足者所謂是禮器文士薦而云百官者舉大夫以上而言士之屬吏以衆言之亦曰百官故任厥問云天官司裘注云士不大射士無臣祭無所擇此云百官皆足則有臣矣汜閣答曰此上下兼說之耳士雖無臣猶有屬官佐祭特牲饋食云公有司私臣皆殺脀百官皆足抑謂此也引詩曰者是豳風七月之篇也云四之日謂周之四月夏之二月其朔日之時獻羔祭用韭薦於廟引之者證薦用羔之義○注新物相宜○正義曰言相宜者謂四時之間有此牲穀兩物俱有故云相宜非謂氣味相宜其相宜者若牛宜稌羊宜黍之屬是也○注握謂長不出膚○正義曰公羊傳曰膚寸而合鄭注投壺禮云四指曰扶扶則膚也○注故謂祭饗○正義曰按膳夫王日一舉鼎十有二物謂大牢也是周公制禮天子日食大牢則諸侯日食少牢大夫日食特牲士日食特豚至後世衰亂玉藻云天子食日少牢朔月大牢諸侯食日特牲朔月少牢則知大夫食日特豚朔月特牲士日食無文朔月

特豚故內則曰見子具視朔食注云天子大牢諸侯少牢大夫特豕士特豚是常食有限不得踰越故知謂祭也謂諸侯祭以大牢得殺牛諸侯之大夫祭以少牢得殺羊天子大夫祭亦得殺牛其諸侯及大夫饗食賓得用牛也故大行人掌客諸侯待賓皆用牛也公食大夫禮大夫食賓禮亦用牛也故云謂祭饗也

○庶羞不踰牲祭以羊則不以牛肉為羞燕衣不踰祭服寢不踰廟【疏】注祭以至為羞○正義曰按有司徹是少牢之祭云宰夫羞房中之羞注酏食糝食內則云糝取牛羊家之肉得用牛者祭既用少牢則糝亦不用牛肉以羊肉為羞

○古者公田藉而不稅藉之言借也借民力治公田美惡取於此不稅民之所自治也孟子曰夏后氏五十而貢殷人七十而助周人百畝而徹則所云古者謂殷時○燕伊見反藉在亦反稅式贅反借子夜反市廛而不稅廛市物邸舍稅其舍不稅物○廛直連反邸丁禮反關譏而不征譏譏異服識異言征亦稅也周禮國凶札則無門關之征猶譏也○譏居宜反征本又作正音同注下皆同札側八反又音截林麓川澤以時入而不禁麓山足也○麓音鹿夫圭田無征夫猶治也征稅也孟子曰卿以下必有圭田治圭田者不稅所以厚賢也此則周禮之士田以任近郊之地稅什一○圭音珪【疏】古者至無征○正義曰此一節論古者公田不稅及關市圭田無征之事各隨文解之○自古者以下至夫圭田無征並非周法故云古者其藉而不稅正謂殷時市廛而不稅以下或兼虞夏殷以言之○公田藉而不稅者謂民田之外別作公田一井之中凡有九夫中央一夫以為公田藉之言借也惟借八家之力以治此公田美惡取於此而不稅民之私田○市廛而不稅者廛謂公家邸舍使商人停物於中直稅其所舍之處價不稅其在市所賣之物市內空地曰廛城內空地曰肆○關譏而不征者征稅也關竟上門也譏謂呵察公家但呵察非違不稅行人之物此夏殷法周則有關門之征但不知稅之輕重若凶年則無稅也猶須譏禁禁謂防遏○林麓川澤以時入而不禁者以時入者獺祭魚然後虞人入澤梁謂民庶須

有采取隨時而入官不限禁之○夫圭田無征者夫猶治也畿內無公田故有圭田卿大夫士皆以治此圭田公家不稅其物故云無征必云圭者圭。絜白也言卿大夫德行絜白乃與之田此殷禮也殷政寬緩厚重賢人故不稅之周則兼通士稅之故注云周。官之士田以任近郊之地稅什一○注藉之至殷時○正義曰治公田。美惡取於此不稅民之所自治也者按宣十五年初稅畝傳云非禮謂稅民所自治為非禮明依禮惟取公田之物故云美惡取於此引孟子者證三代稅法不同按孟子滕文公問為國於孟子孟子對曰夏后氏五十而貢殷人七十而助周人百畝而徹其實皆什一劉氏及皇氏皆云夏時民多家得五十畝而貢五畝殷時民稍稀家得七十畝而助七畝周時其民至稀家得百畝而徹十畝故云其實皆什一而云夏時人衆殷世人稀又十口之家惟得五十畝之地皆不近人情未知可否熊氏一說以為夏政寬簡一夫之地惟稅五十畝殷政稍急一夫之地稅七十畝周政極煩一夫之地稅皆通稅所稅之中皆十而稅一故云其實皆什一此則。計田雖不得什一理稍可通既古意難知故彼此俱載。又。鄭。注匠人云貢者自治其所受田貢其稅穀助者借民之力以治公田又使收斂焉夏則有貢無助殷則有助無貢鄭注匠人又云以載師職及司馬法論之周制畿內用夏之貢法稅。夫無公田以詩春秋論語孟子論之周制邦國用殷之助法。制公田不稅夫此三代所以別也云古者謂殷時者以春秋。宣十五年云穀出不過藉藉謂借民力也此經亦云藉皆謂借民力也助官治田與殷七十而助相當故云古謂殷時鄭知周之畿內用夏貢法者按載師云以廛里任國中之地以場圃任園地以宅田士田賈田任近郊之地以官田牛田賞田牧田任遠郊之地以公邑之田任甸地以家邑之田任稍地以小都之田任縣地以大都之田任。畺地鄭注云廛里邑。居。里矣廛民居之區域也宅田致仕者之家所受田也仕田自卿以下所受圭田也賈田在市賈人其家所受田也官田庶人在官者其家所受田也牛田牧田畜牧者之家所受田賞田者賞賜之田公邑謂六遂餘地天子使大夫治之家邑大夫之采地小都卿之采地大都公之采地載師又云園廛二十而一近郊十一遠郊二十而三

甸稍縣都皆無過十二又司馬云井十爲通通爲匹馬三十家士一人徒二人
通十爲成成百井三百家革車一乘士十人徒二十人計一成百井井有九家
百井卽九百家而云一成三百家者以此田上中下除宮室塗巷三分之一自
餘通率一家受二夫故一成爲三百家是一井九家爲定無公田也故鄭云以
載師職及司馬法論之周制畿內用夏之貢法不稅夫者謂鄉遂及公邑若采
地卽爲井田稅夫與畿外同知畿外用助法者按詩小雅兩我公田遂及我私
春秋宣十五年云初稅畝傳云穀出不過籍論語云盍徹乎孟子云方里而井
井九百畝其中爲公田八家皆私百畝是皆論公田之事故鄭云以詩春秋論
語孟子論之周制邦國用殷之助法制公田不稅夫然畿外諸侯雖立公田其
實諸侯郊外亦用貢法故孟子云野九夫之田而稅一卽九一而助國中什一
使自賦故鄭云邦國亦異外內耳但郊內地少郊外地多從多言之故云畿外
制公田不稅夫也凡賦法無過十一故孟子云輕於十一大貉小貉重於十一
大桀小桀十一而稅堯舜之道但周之畿內有參差皆不同而言之十一若畿
外先儒約孟子樂緯皆九夫爲井八家共治公田八十畝已外二十畝以爲八
家井竈廬舍是百畝之外別助是十外稅一郊外既十外稅一郊內亦十外稅
一假令治一夫之田得百一十碩粟而貢十一碩是亦十外稅一也劉氏以爲匠
人注引孟子野九夫而稅一國中什一諸侯謂之徹者通其率以十一爲正則
謂野九夫之田而稅一國中十一夫之田而稅一是二十夫之田中而稅二計
地言之是十中稅一若計夫實稅猶十外稅一與先儒同也但不知諸侯郊內
十夫受十一夫之地若爲周制耳或畿外地寬也一夫受百一十畝之地與畿
內異也〇注周禮至譏也〇正義曰引周禮者證凶荒之時雖無征稅猶須譏
禁禁謂防遏爲重其殷則雖無凶荒縱不賦稅猶須譏禁與周凶荒時同則門
關有稅但不知稅之輕重〇注麓山足正義曰按僖十四年沙鹿崩穀梁傳云
林屬於山爲鹿鹿山足也按鄭注大司徒云竹木曰林注瀆曰川水鍾曰澤林
麓山澤之異也〇注征稅至什一〇正義曰載師云漆林之征二十而五又云
凡任地國宅無征是正謂稅也引孟子書者證卿以下有圭田謂之圭者圭絜

也言德行絜白也而與之田殷所不稅者殷政寬厚重賢人周則稅之故鄭云此卽周禮之士田以任近郊之地稅什一者戴師文也

○用民之力歲不過三日治宮室城郭道渠疏正義曰此一經前明以殷法此則兼通周禮三日謂使民治城郭道渠年歲雖豐不得過三日自下皆然按周禮均人云豐年旬用三日中年旬用二日無年旬用一日年歲不同雖豐不得過三日

○田里不粥墓地不請皆受於公民不得私也粥賣也請求也疏田里至不請○正義曰田地里邑既受之於公民不得粥賣冢墓之地公家所給族葬有常不得輒請求餘處

○司空執度度地司空冬官卿掌邦事者度丈尺也○度度上如字下大洛反量也居民山川沮澤時四時觀寒煖燥濕沮謂萊沛○沮將慮反沮沮如也煖乃管反又況袁反下文同萊音來何胤云草所生曰萊庾云草也沛蒲具反何胤云水所生曰沛何休注公羊傳云草棘曰沛量地遠近制邑井之處○處昌慮反興事任力事謂築邑廬宿市也○任而鴆反築音竹凡使民任老者之事食壯者之食寬其力饒其食○食壯音嗣只如字下側狀反疏司空至之食○正義曰此一節論司空居民弁任以事食之事言司空執度度地者謂司空執丈尺之度以量度於地居處於民觀山川高下之宜沮澤浸潤之處又必以時候此四時知其寒煖○注觀寒至萊沛○正義曰言觀寒煖解四時燥濕解山川沮澤燥謂山也濕謂川與沮澤謂萊沛者何胤云沮澤下濕地也草所生為萊水所生為沛言沮地是有水草之處也○注制邑井之處○正義曰按小司徒云九夫為井四井為邑為邑之處謂平原之地衍沃之所堪造邑井卽左傳所謂井衍沃也若山林藪澤則不堪邑井也○注事謂至市也○正義曰上云用民之力惟三日而已故注云治宮室城郭道渠此言興事言興則用力難重故云事謂築邑築邑則築城也又築廬之與宿及市按遺人云凡國野之食十里有廬三十里有宿五十里有市是也○凡使民任老者之事食壯者之食者○凡國家為役之法老少功程不同老則功少壯則功多今使

民之時雖役壯者限以老者之功程故曰任老者之事凡麋餼牲體壯者食多老。者食少雖老者給以壯者之料故食壯者之食壯者從老者之功故注云寬
其力老給壯。糧故云饒其食○凡居民材必因天地寒煖燥濕。使其材。藝堪地氣也○燥素老反廣谷大川
異制謂其形象民生其間者異俗謂其所好惡○好惡上呼報反下烏路反剛柔輕重遲速異齊。謂其情。性緩急
○齊才細反緩戶管反五味異和謂香臭與鹹苦○和胡臥反下同臭尺救反器械異制謂作務之用○械戶戒反何休注公羊云
攻守之器曰械鄭注大傳云禮樂之器及兵甲也郭璞三蒼解詁云械器之總名衣服異宜謂。旃裘與絺綌○旃裘上之然反下音求絺初宜反
綌去逆反脩其教不易其俗齊其政不易其宜教謂禮義政謂刑禁中國戎夷五方之民皆有
性也不可推移地氣使之然東方曰夷被髮文身有不火食者矣南方曰蠻雕題交
趾有不火食者矣。雕文謂刻其肌以丹青涅之交趾足相鄉然浴則同川臥則僢。不火食地氣煖不爲病○被皮義反下同雕本又作彫同
彫刻鏤也題大兮反趾音止刻音克肌音飢涅乃結反相鄉許亮反僢昌戀反西方曰戎被髮衣皮有不粒食者矣北
方曰狄衣羽。毛。穴居有不粒食者矣不粒食地氣寒少五穀○衣於既反下同粒音立中國夷蠻戎狄
皆有安居和味宜服利用備器其事雖異各自足五方之民言語不通嗜欲不同達其
志通其欲東方曰寄南方曰象西方曰狄鞮北方曰譯皆俗間之名依其事類耳鞮之言知也今冀部
有言狄鞮者○嗜市志反寄京義反鞮丁兮反譯音亦間如字又間廁之間【疏】凡。居。至。曰。譯○正義曰此一節論。中國及四夷居處言語衣服飲食不同

之事各隨文解之○凡居民材必因天地寒煖燥濕者材謂氣性材藝言五方之人其能各殊五者居處各須順其性氣材。藝使堪其地氣故盧植云能寒者使居寒能暑者使居暑即其義也○注情性緩急○正義曰性謂稟性自然故孝經說云性者生之質若木性則仁金性則義火性則禮水性則信土性則知中庸云天命之謂性是賦命自然情者既有識知心有好惡當逐物而遷故有喜怒哀樂好惡此經云剛柔輕重遲速天生自然是性也而連言情者情是性之小別因性連言情者耳若指而言之則上文異俗是情也故注云謂其所好惡今經有剛柔輕重遲速六事而注惟云緩急者細別則有六大總惟二剛輕速總是急也柔重遲總是緩也此大略而言人性不同亦有柔而躁者剛而遲者故尚書云皋陶行有九德是也○注謂作務之用○正義曰作務之用者謂民之作務所用五方不同故考工記若粵之鎛胡之用弓車故云器械異制器謂總用之器械謂兵器故公羊傳何休云攻守之器曰械○脩其至其宜○俗謂民之風俗宜謂土地器物所宜教謂禮義教化政謂政令施爲言脩此教化之時當隨其風俗故云不易其俗○齊其政者謂齊其政令之事當逐物之所宜故云不易其宜教主教化故注云教謂禮義政主政令故注云政謂刑禁也○中國至曰譯○正義曰從此以下至北方曰譯總論四夷中國之異○中國戎夷五方之民者舉戎夷則蠻狄可知五方之民者謂中國與四夷也○文身者謂以丹青文飾其身○有不火食者以其地氣多煖雖不火食不爲害也言有不火食者亦有火食者○彫題交趾者彫謂刻也題謂額也謂以丹青彫刻其額非惟彫額亦文身也故仲雍居吳越左傳云斷髮文身趾足也言蠻臥時頭嚮外而足在內而相交故云交趾不云被髮者髮斷故也○衣皮有不粒食者矣者以無絲麻惟食禽獸故衣皮地氣寒少五穀故有不粒食者○有衣羽毛。於穴居者東北方多鳥故衣羽正北多羊故衣毛凝寒至盛林木又少故穴居其有不粒食者與西戎同○中國夷蠻戎狄皆有安居者言中國與四夷雖異各有所安之居○和味宜服利用備器者言中國與四夷皆有所和之味所宜之服所利之用所備之器其事雖異各自充足○五方之民言語不通嗜欲不同者以水土各異故言語不通好惡殊別故嗜欲不同○達其志通其欲者謂帝王立此傳語之人曉達五方之志通傳五方之欲使相領解其通傳東方之語官謂之曰寄言傳寄外內言語通傳南方語官謂之曰象者言放象外內之言其通傳西方語官謂之狄鞮者鞮知也謂通傳夷狄之語與中國相知其通傳北方語官謂之曰譯者譯陳也謂陳說外內之言東方謂之夷者風俗通云東方人好生萬物觝觸地而出夷者觝也其類有九依東夷傳九種一曰玄菟二曰樂浪三曰高驪四曰滿飾五曰鳧臾六曰索家七曰東屠八曰倭人九曰天鄙南方曰蠻者風俗通云君臣同川而浴極爲簡慢蠻者慢也其類有八李巡注爾雅云一曰天竺二曰咳首三曰僬僥四曰跛踵五曰穿胸六曰儋耳七曰狗軹八曰旁春西方曰戎者風俗通云斬伐殺生不得其中戎者兇也其類有六李巡注爾雅云一曰僥夷二曰戎央三曰老白四曰耆羌五曰鼻息六曰天剛北方曰狄者風俗通云父子嫂叔同穴無別狄者辟也其行邪辟其類有五李巡注爾雅云一曰月支二曰穢貊三曰匈奴四曰單于五曰白屋○注彫文至爲病○正義曰按漢書地理志文越俗斷髮文身以辟蛟龍之害故刻其肌以丹青涅之以東方南方皆近於海故俱文身云浴則同川臥則僢者言首在外而足相鄉內故典瑞注云僢而同邸正本直云臥則僢無同字俗本有同字誤也○注皆俗至鞮者○正義曰言寄象狄鞮譯皆是四夷與中國皆俗間之名也云依其事類耳者○○中國通傳之人各依其當方事之比類而言說之即寄者寄付東方之言象者象似南方之言是依其事類者也云今冀部有言狄鞮者○今日之言必有從於古欲證古有狄鞮之言鞮與知聲相近故鞮爲知也

○凡居民量地以制邑度地以居民地邑民居必參相得也得猶足也○度大洛反參七南反

無曠土無游民食節事時民咸安其居樂事勸功尊君親上然後興學立小學大學○咸行緘反樂音岳又音洛

【疏】凡居至興學○正義曰此一節論居民與地相得及食節事時勸功尊君立學之事○食節謂食得其節事時謂事得

其時樂事謂民樂悅事務勸功謂勉勵立功尊君謂臣民尊君親上謂在下親愛長上民富而可教謂民事既得如此然後可得與學也

附釋音禮記注疏卷第十二

禮記注疏卷十二校勘記

阮元撰盧宣旬摘錄

附釋音禮記注疏卷第十二 惠棟校宋本禮記正義卷第十七

王制

天子將出節

類乎上帝 閩監毛本同石經同岳本同嘉靖本同衞氏集說同釋文本類作禷

天子至乎禰 惠棟校宋本無此五字

先應反主祖廟故也 閩監毛本同惠棟校宋本反下有行字考文引宋板反上有行字案惠棟校不誤

類者於其正禮而爲之 閩監毛本同惠棟校宋本於作依齊召南云小宗伯注類者依其正禮而爲之依字訛於遂不可解

是宜爲祭名也 閩監本同毛本名誤義衞氏集說亦作是宜爲祭名

天子無事與諸侯相見節

天子至天子 惠棟校宋本無此五字

此一節論諸侯朝天子 閩監本同衞氏集說同毛本一節誤天子

朱中鼻寸 閩監毛本作朱此本朱誤未

三璋之勻形如圭瓚考文引宋板同閩監毛本三作二字按作二與考工記注不合

天子命之教節

天子曰辟廱閩監毛本同石經同岳本同嘉靖本同衛氏集說同陳澔集說作辟雍考文引古本同石經考文提要云宋大字本宋本九經南宋巾箱本余仁仲本劉叔剛本禮記纂言俱作廱

天子至頖宮惠棟校宋本無此五字

遠郊上公五十里閩監毛本作上此本上誤止

小學在四郊下文具也閩監毛本四改西衛氏集說同

土雝水之外圓如璧惠棟校宋本土上有築字衛氏集說同雝作廱閩監毛本土誤王無築字雝作廱

是政教治理之事閩監毛本作政此本政誤故

王在靈沼閩監毛本如此此本在字重誤也

天子將出征節

定兵謀也閩監毛本作也岳本同嘉靖本同衛氏集說同此本也誤反

以訊馘告閩監毛本同岳本同嘉靖本同衛氏集說同石經訊作誶釋文出以誶云本又作誶音信注同案作誶始與誶字形相涉而訛

天子至馘告 惠棟校宋本無此五字

按釋天云 惠棟校宋本作天衞氏集說同此本天誤奠閩監毛本同

及舜之攝位亦類于上帝 閩監毛本同惠棟校宋本于作乎是也

亦比類正禮而爲之 閩監毛本作比此本比誤此

春入學舍采合舞 閩本亦作采與周禮大胥合此本采誤來監毛本作菜衞氏集說同

天子諸侯無事節

諸侯不掩羣 閩監毛本同石經同岳本同嘉靖本同衞氏集說同正義同釋文出不揜云本又作掩考文引古本亦作揜

下謂弊之 閩監毛本作弊嘉靖本同岳本同衞氏集說同此本弊作斃

天子至覆巢 惠棟校宋本無此五字

故穀梁淵聖御名四年 閩本同惟故字作按考文作故監本毛本作穀梁桓四年衞氏集說同下同

次殺射髀骼 惠棟校宋本同閩監毛本骼作骼衞氏集說同○按穀梁注作骼骼字見埤蒼說文作骼从骨各聲乃骼之本字

射左髀達於右髃 閩監毛本同衞氏集說同浦鏜云髃詩傳作髃釋文云餘繞反疏謂水臕也○有說詳公羊桓四年校勘記

當以注爲正 閩監毛本同惠棟校宋本注上有此字

言守取之無所擇也閩監毛本同惠棟校宋本所作強○按周禮注作所賈景伯疏同

天子四時田獵皆得圍閩監毛本如此此本皆得圍三字模糊

下謂弊之者閩監毛本作弊此本弊誤斃下則弊之同

注云以旗者閩監毛本作以此本以誤小

注佐車駈逆之車閩監毛本駈作驅下同

時名不同也閩監毛本同衞氏集說同惠棟校宋本名作各是也

按說文曰昆同也閩監毛本同惠棟校宋本昆作蚰

冢宰制國用節

用地小大閩本惠棟校宋本石經宋監本岳本嘉靖本同衞氏集說同監毛本小大二字倒石經考文提要云宋大字本宋本九經南宋巾箱本余仁仲本劉叔剛本至善堂九經本皆作小大

視年之豐耗閩監毛本同岳本同嘉靖本同衞氏集說同石經耗作秏宋監本同釋文同石經考文提要引宋大字本同○按作秏是也秏者乏無之謂

當有九年之蓄閩監毛本同岳本同嘉靖本同衞氏集說同釋文出之畜云後皆同

筭今年一歲經用之數 閩監本同岳本同嘉靖本衞氏集說同毛本筭作算

民無食菜之飢色 閩監毛本同岳本同衞氏集說同嘉靖本飢作饑

天子乃日舉以樂以食 惠棟校宋本無上以字岳本宋監本嘉靖本同考文引足利本同閩監毛本下以改侑衞氏集說同

冢宰至以樂 惠棟校宋本無此五字

每年之率入物分爲四分 惠棟校宋本同閩監毛本物作均

三分而當年所用 閩監毛本而作爲衞氏集說同

大略有閏月十三 閩監毛本同惠棟校宋本三作二是也衞氏集說同

故惟有九年之蓄是 閩監毛本同惠棟校宋本是作也衞氏集說同

捎其數 閩監毛本數作數衞氏集說同○按作數與考工記同

指其繩體則謂之紼 惠棟校宋本同閩監毛本指誤組續通解作指其成體其成字亦誤也

則宗廟四時常祀 惠棟校宋本同閩監毛本常誤當衞氏集說亦作常

次六百歲陰五謂水五年 惠棟校宋本同閩監毛本二五字皆作三是也

其災歲兩个 閩監本个作箇毛本作個下同

天子七日而殯節

喪不貳事 閩監本同石經同岳本同嘉靖本同衞氏集說同毛本事誤車考文引宋板古本足利本作事

天子至不祭 惠棟校宋本無此五字

此記者許以降二爲差 閩監毛本同惠棟校宋本許作皆

今左氏云踰月於義左氏爲短 閩監本同毛本今誤會於誤爲考文引宋板作今

皆數往月往日 惠棟校宋本作往監本作死非

及大夫之踰月也 閩監毛本同盧文弨云及當是乃

易下邳傳其容說 監毛本同惠棟校宋本傳其作傅甘閩本其字闕盧文弨云傳其當作侍其覆姓也宋板作甘更誤

我先君簡公在楚 閩監毛本作先此本先誤死

庶人至貳事 閩監毛本有事字此本事字脫

不須顯異 閩監毛本作不此本不誤本

餘居喪之外不供他事 閩監毛本同惠棟校宋本餘作除

知縣封當爲縣窆者 惠棟校宋本閩監毛本作窆此本窆誤穿

吾不汲汲葬其親閩監毛本吾作言是也

不可行事閩監毛本同惠棟校宋本不上有兩字

則在廟未發之時 閩監毛本作廟衛氏集說同此本廟字闕

是周禮冡人文 毛本作冢閩監本冢作塚此本冡誤處

上貳是副二之貳 閩監毛本同衛氏集說同惠棟校宋本二作貳

謂除服之後吉祭之時 閩監毛本如此衛氏集說同此本除誤際吉誤告

卒哭成事祔 閩監毛本同衛氏集說同惠棟校宋本祔作附下卒哭成事祔祔皆少牢同

喪祭尙爾 監毛本作尙衛氏集說同此本尙作向閩本同

是一時之言 閩監毛本同衛氏集說同惠棟校宋本言作事

天子七廟節

天子至於寢 惠棟校宋本無此五字

故漢侍中盧植說文云 閩監毛本同惠棟校宋本無文字

禮器天子七廟堂七尺 閩監毛本同惠棟校宋本下七作九與禮器合

故莊三年公羊傳云 監毛本作傳此本傳誤庸閩本傳字闕盧文弨云傳當作經

天子諸侯宗廟之祭節

天子至地者 惠棟校宋本無此五字

論夏殷天子諸侯大夫四時祭宗廟 閩監毛本作時此本時誤命

是禘爲殷祭 惠棟校宋本同衞氏集說同閩監毛本祭誤制

今鄭注此視視其牲器 閩監毛本同惠棟校宋本此下有云字續通解同

以韵句也 監毛本同惠棟校宋本作以韻衞氏集說同閩本韵字闕

是晉人祭河也 惠棟校宋本此下標禮記正義卷第十七終記云凡二十二頁

天子諸侯祭因國節 惠棟校宋本自此節起至凡居民量地節止爲第十八卷卷首題禮記正義卷第十八

昔夏后氏郊鯀 閩監毛本同岳本同嘉靖本同衞氏集說同惠棟校宋本鯀作鮌釋文同○按廣韻云禹父鮌尚書本作鮌段玉裁云鮌乃鯀之譌字

晉侯夢黃熊入國 監本同岳本同嘉靖本同衞氏集說同毛本熊作能閩本熊字闕釋文出黃能云本又作熊○按段玉裁云凡左傳國語中黃能字後人皆改爲黃熊非也

天子至後者　惠棟校宋本無此五字

夏后氏亦禘黃帝而郊鯀是夏郊鮌　監毛本鮌作鯀閩本鮌字模糊按五經文字鯀或作鮌是鯀鮌本一字此注字既作鮌故疏用注文亦作鮌其非用注文則作鯀故疏中惟此一字作鮌諸本不達此旨凡疏中皆改作鯀幷注中之鮌亦改從鯀失其意矣

但不知名杞以否　閩監毛本同惠棟校宋本以作與衞氏集說同

鼈三足能　毛本同惠棟校宋本能字同而能上又有爲字閩監本能誤態無爲字是也

天子犆礿節

禘一犆一祫　閩監毛本作祫石經同岳本同嘉靖本同衞氏集說同此本祫誤洽

天子至烝祫　惠棟校宋本無此五字

故云祫禘祫嘗祫烝　閩監毛本作嘗衞氏集說同此本嘗誤禘

丁卯大事于大廟　閩監毛本作大廟此本誤天廟

皇氏之說也　閩監毛本同惠棟校宋本說下有非字衞氏集說同

云魯禮三年喪畢　閩毛本同監本畢誤卑

以此相推兄可知　閩監毛本作況此本況作兄○按段玉裁云古矧兄此兄字皆用兄後乃用況字又其後改作況非也

是鄭以天子之禮與魯同也 惠棟校宋本作同此本同誤國閩監毛本同

哀姜之喪僖三年乃除 惠棟校宋本作姜此本姜誤公閩監本同毛本哀姜作閔公尤誤

三年之喪則既潁 惠棟校宋本同閩監毛本潁誤穎

故王肅論引賈逵說 閩監毛本作逵此本逵誤達

審遞昭穆 閩監毛本同惠棟校宋本遞作諦

皆升合於其祖 閩監毛本同惠棟校宋本其作大

南方諸侯春礿祭竟 閩監毛本作春此本春誤有

欲見先時祭 惠棟校宋本作欲此本欲字模糊閩監毛本欲作此

法不作禘 惠棟校宋本作作禘此本作禘二字模糊閩監毛本作重禘按重字非也

天子社稷皆大牢節 惠棟校云天子節庶羞節宋本合爲一節

所謂羔豚而祭 閩監毛本作豚岳本同嘉靖本同衞氏集說同此本豚字闕

四之日其早 閩監毛本同岳本同嘉靖本同衞氏集說早作蚤

稻以鴈 閩監本同石經同岳本同嘉靖本同衞氏集說同毛本鴈作雁

庶人無故不食珍　閩監毛本作珍石經同岳本同嘉靖本同衛氏集說同此本珍誤殄

故謂祭饗　閩監毛本同岳本同嘉靖本同衛氏集說饗作享

天子至食珍　惠棟校宋本無此五字

注有田者既祭至祭韭　閩監毛本同惠棟校宋本無者既祭三字

故禮記明堂位云　惠棟校宋本作位此本位誤泣閩監毛本改泣爲注亦非

譏其用七月　閩監毛本同惠棟校宋本譏作議

非鄭云也　閩監毛本同惠棟校宋本云作義是也

按春秋桓八年　監毛本作桓此本桓作淵聖御名閩本同下桓十四年同

汜閣答曰　惠棟校宋本作汜此本汜誤記閩監毛本同考文引宋板閣作閣浦鏜從月令疏校亦改記作汜○按浦鏜是也通典引亦作汜閣

公有司私臣皆殽脀　閩監毛本作殽此本殽誤殺

故知謂祭也　閩監毛本同衛氏集說祭下有享字

其諸侯及大夫饗食賓得用牛也　閩監本同毛本賓作實考文引宋板作賓

庶羞不踰牲節

庶羞不踰牲閩監本同石經同岳本同嘉靖本同衞氏集說同毛本踰誤用考文引宋板作踰

酏食糝食閩本同惠棟校宋本同衞氏集說同監毛本酏誤馳考文引宋板馳作酏與惠校不同此考文之誤也

古者公田節

古者至無征惠棟校宋本無此五字

並非周法惠棟校宋本作並衞氏集說同此本並誤若閩監毛本同

或兼虞夏以言之惠棟校宋本同閩監毛本無作殷衞氏集說作或兼虞夏殷言之無以字

闕竟上門也惠棟校宋本同閩監毛本竟作境衞氏集說同

此夏殷法閩監毛本作殷衞氏集說同此本殷誤於

猶須譏禁閩監毛本作猶此本猶誤酒

獺祭魚閩監毛本作獺此本獺誤稅

圭絜白也惠棟校宋本同閩監毛本絜作潔衞氏集說同下同

故注云周官之士田閩監毛本官作禮

治公田美惡取於此閩監毛本作美此本美字模糊

此則計田雖不得什一惠棟校宋本同閩監毛本計誤井考文引宋板井作圭非也

又鄭注匠人云惠棟校宋本作鄭注此本鄭注誤葬匠閩監毛本同衛氏集說作案鄭注匠人云

稅夫無公田惠棟校宋本作夫衛氏集說同此本夫字殘闕閩本同監毛本夫作去誤

制公田不稅夫惠棟校宋本同閩監毛本制誤惟衛氏集說同

以春秋宣十五年云閩監毛本作宣衛氏集說同此本宣誤享

以大都之田任畺地惠棟校宋本同是也閩監毛本畺作疆衛氏集說同

廛邑居里矣閩本同惠棟校宋本同監毛本居里二字倒衛氏集說同盧文弨云宋本周禮注亦作邑居里

又司馬云閩監毛本同浦鏜云司馬下當脫法字

通爲匹馬惠棟校宋本作匹此本匹誤四閩監毛本同衛氏集說同

以此田上中下閩監毛本作此衛氏集說同此本此誤世

然畿外諸侯雖立公田惠棟校宋本作畿衛氏集說同此本畿誤郊閩監毛本同

其實諸侯郊外亦用貢法閩監毛本同衛氏集說同惠棟校宋本外作內

九夫之田而稅一 閩本同惠棟校宋本同衞氏集說同監毛本九誤大

邦國亦異外內耳 閩監毛本如此衞氏集說同宋本國亦誤邱齊

大貉小貉 閩監本如此此本二貉字模糊毛本誤大輅小輅

皆九夫爲井八家共治公田八十畝 閩監本同考文引宋板同毛本夫誤家共誤其

但不知諸侯郊內十夫 閩監毛本作夫此本夫誤大

若爲周制耳 監毛本作周此本周誤你閩本此字闕考文引宋板周作作

注麓山足 閩監毛本足下有也字

水鍾曰澤 惠棟校宋本作鍾與周禮大司徒注合衞氏集說同此本鍾作鐘閩監毛本同

林麓川澤之異也 惠棟校宋本作川衞氏集說同此本川誤山閩監毛本同

是征謂稅也 惠棟校宋本作征此本征誤正閩監毛本同

殷政寬厚 閩監毛本作厚此本厚誤辱

用民之力節

年歲雖豐 閩監毛本作豐此本豐誤豊下同

田里不粥節

田里至不請　惠棟校宋本無此五字

司空執度度地節

沮謂萊沛　閩監毛本同岳本同嘉靖本同衛氏集說同釋文出沛也是釋文本沛下有也字考文引古本同

司空至之食　惠棟校宋本無此五字

論司空居民并任以事食之事　閩監毛本同衛氏集說同惠棟校宋本并作井

言沮地　閩監毛本如此此本沮地誤祖也

堪造邑井　惠棟校宋本作造此本造誤達閩監毛本同衛氏集說同

則用力難重　閩監毛本作難此本難誤雖

按遺人云　閩監毛本作遺此本遺誤賁

凡國野之道　惠棟校宋本作野衛氏集說同此本野誤則閩監毛本野誤家

老者食少　閩監毛本作者衛氏集說同此本者誤之

老給壯糧　惠棟校宋本作糧此本糧誤者閩監毛本同

凡居民財節

必因天地寒煖燥濕　閩本同石經同岳本同嘉靖本同衛氏集說同監毛本濕作溼○按依說文當作溼漢隸多以濕爲燥溼字

使其材藝堪地氣也　閩監毛本同岳本同嘉靖本同衛氏集說同惠棟校宋本藝作埶宋監本同

謂其情性緩急　惠棟校宋本宋監本岳本嘉靖本同閩監毛本情性二字倒衛氏集說同

謂旃裘與絺綌　閩監毛本同岳本同嘉靖本同衛氏集說同釋文同惠棟校宋本旃作氈宋監本同○按氈正字旃假借字

臥則僢　閩監毛本同岳本同嘉靖本同衛氏集說同考文引古本足利本僢上有同字正義云正本直云臥則僢足無同字俗本有同字誤也

衣羽毛　閩監毛本同石經同岳本同嘉靖本同衛氏集說同惠棟校宋本羽毛二字倒

凡居至曰譯　惠棟校宋本無此五字

此一節論中國及四夷　閩監毛本如此此本中字誤移八下行此下六行末一字遞移至七行水性則信則誤經而止閩監毛本不誤

各須順其性氣材藝　閩監毛本作藝衛氏集說同此本藝作埶

從此以下至北方曰譯　惠棟校宋本作從此本從誤後閩監毛本後改自

雖不火食　閩監毛本作雖此本雖誤如

非惟彫額閩監本同毛本額誤刻考文引宋本作額

衣羽毛穴居者惠棟校宋本如此此本毛下衍於字閩監毛本同

林本又少閩監毛本作木此本木誤本

依東夷傳九種閩監毛本同衞氏集說同段玉裁据後漢書九種下補曰畎夷于夷方夷黄夷白夷赤夷玄夷風夷陽夷李巡注爾雅云共二十五字而後接一曰元菟句盧文弨依爾雅疏增作依東夷傳夷有九種曰畎夷于夷方夷黄夷白夷赤夷玄夷風夷陽夷又共增二十二字

三曰高驪閩監毛本同衞氏集說同惠棟校宋本驪作麗

一曰天笁閩本同監毛本笁作竺是也衞氏集說同

二曰咳首閩監毛本同衞氏集說同惠棟校宋本首作者

四曰跛踵閩本同惠棟校宋本同監毛本跛作跂衞氏集說同

八曰旁舂閩監毛本同衞氏集說同惠棟校宋本旁作韋盧文弨云韋亦譌皇侃論語疏作旁脊

戎者兇也閩監毛本同衞氏集說同惠棟校宋本也作戎

二曰戎央閩本同考文引宋板同監毛本央作夷衞氏集說同盧文弨云戎夷紺珠作戎夫皇疏作依貊爾雅疏作戎夷

四曰單于段玉裁校本單作箪

正本直云閩監毛本同浦鏜校云正疑定字誤

臥則僻無同字閩監毛本同惠棟校宋本僻下有足字

是依其事類者也閩監毛本同惠棟校宋本無者字

凡居民量地節

凡居至興學惠棟校宋本無此五字

附釋音禮記注疏卷第十二終惠棟校宋本禮記正義卷第十八終記云凡十五頁

禮記注疏卷十二校勘記

附釋音禮記注疏卷第十三

王制　鄭氏注　孔穎達疏

司徒脩六禮以節民性明七教以興民德齊八政以防淫一道德以同俗養耆老以致孝恤孤獨以逮不足上賢以崇德簡不肖以絀惡司徒地官卿掌邦教者逮及也簡差擇也○防本又作坊音同恤辛律反逮音代又大計反肖音笑絀勑律反命鄉簡不帥教者以告帥循也不循教謂敖很不孝弟者司徒使鄉簡擇以告者鄉屬司徒○帥音率循音巡敖本又作傲同五報反很胡墾反弟大計反本又作悌耆老皆朝于庠元日習射上功習鄉上齒大司徒帥國之俊士與執事焉將習禮以化之使之觀焉耆老致仕及鄉中老賢者朝猶會也此庠謂鄉學也鄉謂飲酒也鄉禮春秋射國蜡而飲酒養老○朝直遙反庠音祥與音預蜡仕詐反不變命國之右鄉簡不帥教者移之左命國之左鄉簡不帥教者移之右如初禮中年考校而又不變使。轉徙其。居覬其見新人有所化也亦復習禮於鄉學使之觀焉○覬音冀復扶又反下又復復移復與同不變移之郊如初禮郊鄉界之外者也稍出遠之後中年又爲之習禮於郊學○爲于僞反下爲親爲爲其大亦爲皆同不變移之遂如初禮遠郊之外曰遂遂大夫掌之又中年復移之使居遂又爲習禮於遂之學不變屏之遠方終身不齒遠方九州之外齒猶錄也命鄉論秀士升之司徒曰選士移。居於司徒也秀士鄉大夫所考有德行道藝者○選宣戀反下皆同行下孟反司徒論選士之秀者而升之學曰俊

士可使習禮者學大學升於司徒者不征於鄉升於學者不征於司徒曰造士不征不給其。繇役造
成也能習禮則爲成士○給音急繇本又作繇音遙○樂正崇四術立四教樂正樂官之長掌國子之教虞書曰夔命汝典樂教胄子崇高
也高尚其術以作教也幼者教之於小學長者教之於大學尚書傳曰年十五始入小學十八入大學○樂音岳長丁丈反下同夔求龜反命女音汝順
先王詩書禮樂以造士順此四術而教以成是士也春秋教以禮樂冬夏教以詩書春夏陽也詩樂
者聲聲亦陽也秋冬陰也書禮者事事亦陰也互言之者皆以其術相成○夏戶嫁反注及下注夏官同王大子王子羣后之大子
卿大夫元士之適子國之俊選皆造焉皆以四術成之王子王之庶子也羣后公及諸侯○適丁歷反下注同造才早
反徐七到反凡入學以齒皆以長幼受學不用尊卑將出學小胥大胥小樂正簡不帥教者以告
于大樂正大樂正以告于王此所簡者謂王大子王子羣后之大子卿大夫元士之適子大胥小胥皆樂官屬也出學謂九年大
成學止也○胥息餘反又息呂反下同王命三公九卿大夫元士皆入學不變王親視學亦謂使習禮以
化之不變王又親爲之臨視重棄賢者子孫此習禮皆於大學也不變王三日不舉去食樂重弃人○去丘呂反屏之遠方
西方曰棘東方曰寄終身不齒棘當。僰僰之言偪使之偪寄於夷戎不屏於南北爲其大遠○屏必郢反棘依注音僰又作僰
蒲比反偪也偪彼力反大音太舊他佐反大樂正論造士之秀者以告于王而升諸司馬曰進士移名
於司馬司馬夏官卿。掌邦政者進士可進受爵祿也疏。司。徒。至。進。士○正義曰此一節論司徒脩禮明教上賢絀惡教學升進之事各隨文解之○脩六禮

以節民性者六禮謂冠一昏二喪三祭四鄉五相見六性稟性自然剛柔輕重遲速之屬恐其失中故以六禮而節其性也○明七教以興民德者七教即父子一兄弟二夫婦三君臣四長幼五朋友六賓客七也德者得也恐人不得其所故以七教以興舉其民使之皆得其所也此六禮七教並是殷禮周則五禮十二教也齊八政以防淫者八政一曰飲食二曰衣服三曰事爲四曰異別五曰度六曰量七曰數八曰制淫謂過奢侈故以八政禁令之事以防淫淫過之失貴賤同有故不云民淫○一道德以同俗者道履蹈而行謂齊一所行之道以同國之風俗敬養耆老所以致恭孝之心哀恤孤獨所以逮及不足謂以恩惠。遂及之不足則孤獨者也尊上。賢人所以崇獎有德簡。去不肖所以絀退惡人從司徒以下至升諸司馬曰進士皆是司徒所掌教之事既云上賢崇德簡不肖絀惡總之於此從命鄉簡不帥教者至終身不齒論絀惡之事謂鄉人入學不帥師教屏退絀除也自命鄉論至曰造士論崇德之事謂鄉人入學德業有成升名進於司徒又鄉人所學須有經術自樂正崇四術至詩書明所習業之事非惟鄉人所教如此王子公卿之子亦當須教其不肖者亦當退之自王大子以下至終身不齒論教王子等屏退之事但鄉人既卑節級升之故爲選士俊士至於造士若王子與公卿之子本位既尊不須積漸學業既成即爲造士於是大樂正之官總論鄉人造士及王子等造士以告於王升諸司馬故云大樂正論造士之秀者以告於王而升諸司馬曰進士是總包鄉人及王子及公卿之子學業成者○注帥循至司徒○正義曰帥循也爾雅釋詁文云鄉屬司徒者六鄉大夫皆司徒統。領周禮鄉皆屬地官是鄉屬司徒也○耆老至事焉○司徒命此鄉學簡擇不帥教者以告司徒司徒乃命鄉內耆老皆聚會於鄉學之庠乃擇善日於鄉學內爲此不帥教之人習其射禮中者在上故云上功又於鄉學習此鄉飲酒之禮令老者居上故云上齒欲使不帥教之人觀其上功自勵爲功觀其上齒則知尊敬長老。大司徒帥。領國之英俊之士與在鄉射飲酒執行事焉使俊士與之以爲榮惡者慕之而自勵此言國之俊士則非惟鄉內之人○注耆老至養老○正義曰總言耆者老其數則衆故知致仕及鄉中老賢致仕則書傳略說云大夫爲父師士爲少師是也鄉中老賢謂鄉人不仕年老有德行者故鄉飲酒云以告于先生君子可也注云先生鄉中致仕者
君子國中有盛德者云朝猶會也者恐有朝王之嫌故云朝猶會也云此庠謂鄉學也者以習射上功在州學習鄉上齒在黨學恐此是州黨之學故云庠鄉
學也謂初時耆老聚會於庠學乃擇元日就州學習射就黨學上齒習射習鄉各在一處則不得同日也云鄉謂飲酒也者言經中習鄉謂飲酒者此鄉既有
上齒之文故知謂鄉飲酒也云鄉禮春秋射者按州長職云春秋而射于州序然則射在州序而云鄉射禮者州屬於鄉雖在州序亦得謂之鄉或可鄉居此
州更不立州學若州之有事則就鄉學是鄉學得爲射也云鄉禮春秋射者解習射之處也云國蜡而飲酒養老者周之十二月國家蜡祭之時黨正鄉飲酒
而養老按黨正云國索鬼神而祭祀則以禮屬民而飲酒于序以正齒位知此經習鄉非正月鄉學飲酒者以鄉學飲酒無正齒位之事此云上齒按黨正職
云壹命齒于鄉里再命齒于父族三命而不齒又禮記鄉飲酒義云六十者坐五十者立侍故解此鄉爲黨正飲酒謂之鄉者黨屬鄉故云鄉也或鄉之所
居之黨不別立黨學黨之正齒位就鄉學爲之亦謂之飲酒○注中年至觀焉○正義曰按學記一年視離經辨志三年視敬業樂羣五年視博習親師七年
視論學取友謂之小成九年知類通達上云命鄉簡不帥教者謂初入學一年之終簡不帥教很之人爲之習射習鄉此注云中年考校而又不變中猶間
也謂間一年而考校之時不變者右鄉者移左左鄉者移右下云不變移之郊者謂五年之時更簡不帥教者故注云中年又爲之習禮間四年之下一年也
下云不變移之遂者謂七年之時故注云又中年移之遂間六年之下一年也下云不變屛之遠方者謂九年之時鄭注不云間年者以九年限極不須云間
年也云亦復習禮於鄉學者習禮謂習射上功習鄉上齒故經云如初○注郊鄉至郊學○正義曰此郊謂近郊也以遠郊之内六鄉居之若鄉民近國城及
國内之人其學在國中或在公宮之右或在公宮之左故前云右鄉若鄉人遠國城在近郊之外者則學在近郊其習禮亦鄉大夫臨之○注遠郊至之學○

正義曰按司馬法曰百里郊二百里野遂人云掌邦之野既二百里爲野遂之所居故知遠郊之外云遂大夫掌之者謂遂人大夫掌所職二百里中也且此不帥教者移之在遂不應鄉大夫臨之故亦遂大夫掌之遂大夫亦帥國之俊選於遂學而行禮也但六鄉州學主射黨學主正齒位遂則縣與州同鄙與黨同未知縣正主射鄙師主正齒位以否亦應與鄉不異但周禮不備耳但縣鄙皆屬於遂雖各立學總曰遂學或遂之所居縣鄙不立縣鄙之學有事則在遂學與鄉同○注遠方至錄也○正義曰九州之外於周則夷鎭蕃也蓋隨罪之輕重而爲遠近之差若王子公卿之子雖屏夷狄但居夷狄之內○畔故下注云不屏於南北爲其大遠明鄉人則屏於南北也齒猶錄也者按文王世子云古者謂年齡齒亦齡也以年相次是錄其長幼故云齒猶錄也○注移名至藝者○正義曰大司徒之官命鄉大夫論量考校此鄉學之人有秀異之士者升於司徒先名惟在鄉今移名於司徒謂錄名進在司徒其身猶在鄉學云秀士鄉大夫所考有德行道藝者謂鄉大夫考此鄉學之人有德行道藝者德行謂孝友之徒道藝謂多才藝此惟升名司徒未即貢舉入官也按鄉大夫云三年則大比攷其德行道藝而興賢者能者謂鄉人有能有賢者以鄉飲酒之禮興之獻賢能之書於王王名則升於天府身則任以官爵則下文云大樂正論造士之秀者以告於王而升諸司馬曰進士彼據鄉人故三年一舉此據學者故中年考試殷周同也熊氏以爲此中年舉者爲殷禮鄉大夫三年舉者周法其義非也○注可使至大學○正義曰按內則云二十而冠始學禮此升於大學曰俊士之人年以二十故可使習禮云學大學者按尚書周傳云王子公卿大夫元士之適子十三入小學二十入大學又書傳略說餘子十五入小學十八入大學其鄉人當與餘子同故知二十習禮之時在大學也此升於學者謂身升於大學非惟升名而已○注不征至成士○正義曰征謂力役故云不給繇役此繇役者供學及司徒細碎之繇役也上文命鄉論秀士升之司徒曰選士者雖升名司徒猶給鄉之繇役以藝業未成次云司徒論選士之秀者而升之學曰俊士者身雖升學亦以學未成猶給司徒繇役若其學業既成免其繇役定本云

升之學無大宇升諸司徒則不征於鄉升之於學則不征於司徒皆免其繇役者是爲造成之士云能習禮則爲成士者以二十習禮禮以立身故爲成士然習禮必年二十按書傳適子二十入大學餘子十八入大學然則升名司徒未入大學已能習禮爲造士者二十習禮舉其大。綱若其性識聰明則亦早能習之○注樂正至大學○正義曰樂正掌國子之教者按周禮大司樂掌成均之法以教國子引虞書命汝典樂教。冑子者證以樂官教。冑子之義孔注尚書云冑長也謂王子公卿大夫元士之子云高尚其術以作教也者謂樂正之官當光揚尊崇此四術以爲教謂敷暢義理贊明旨趣使學者知之引尚書傳曰以下書傳略說文順先王詩書禮樂以造士樂正之官依順此古昔先王之道則詩書禮樂之等教之造成此士術者是道路之名詩書禮樂是先王之道路謂之術○注春夏至相成○正義曰鄭以經云春秋教以禮樂則秋教禮春教樂冬夏教以詩書則冬教書夏教詩故云春夏陽也詩樂者聲聲亦陽也所以詩得爲聲者詩是樂章詩之文義以樂聲播之故爲聲若以聲對舞則聲爲安靜舞爲鼓動舞爲陽聲爲陰故大胥云春釋。采合舞秋頒學合聲是也就舞之中奮動甚者屬陽奮動靜者屬陰故文王世子云春夏學干戈秋冬學羽籥是也云秋冬陰也書禮者事事亦陰也者書者言事之經禮者行事之法事爲安靜故云書禮者事事亦陰也文王世子云秋學禮冬讀書與此同也云互言之者皆以其術相成者若不互言當云春夏教以樂詩秋冬教以禮書則是春夏但教以樂詩不教禮書秋冬但教以禮書不教以樂詩言其四術不可暫時而闕今交互言之云春教樂明兼有禮秋教禮兼有樂夏教詩兼有書冬教書兼有詩故云皆以其術相成但。遂其陰陽以爲偏主耳○注皆以至諸侯○正義曰皆以四術成之解經皆造焉謂王太子公卿大夫元士之子國之俊選皆以四術造。焉云王子王之庶子也者以經云王大子乃云王子故知是庶子也云羣后公及諸侯者以經之羣后之下即云卿大夫士無諸侯之文故知羣后之中是三公及諸侯也○注皆以長幼受學○正義曰長幼受學雖王太子亦然故文王世子云將君我而與我齒讓何也是其事也○注此所至上也○正義曰此所簡者謂王太子以下者承上鄉之學下恐所簡兼有鄉人故明之也云大胥小胥皆樂官屬也者按周禮大司樂中大夫二人大胥中士四人小胥下士八人皆屬大司樂故云樂官屬也云出學謂九年大成學止也者以上文鄉人中年考校恐此亦中年故明之也知九年者以下卽云王親視學不變王三日不舉無移左鄉右鄉及移郊遂之事故知是九年學止也○注習禮皆於大學也○正義曰若殷人習禮在於大學卽明堂位云瞽宗殷學文王世子云禮在瞽宗殷之大學也若周則大學曰東膠瞽宗不得爲周之大學也故鄭注儀禮鄉射云周立四代之學於國而又以有虞氏之庠爲鄉學則周之尋常習禮於殷學之中至九年爲王子不變其習禮當於東膠大學然則餘子十八入大學嫡子二十入大學者皆是殷法也若周法立當代大學在公宮左大學卽東膠也又立小學於西郊小學卽有虞氏之庠其習書於虞氏之學習禮樂於殷之學習舞於夏后氏之學故文王世子云春夏學干戈秋冬學羽籥皆於東序春誦夏弦大師詔之瞽宗又云禮在瞽宗書在上庠詩則無文鄭注云弦謂以絲播詩則習詩亦在瞽宗然詩與禮樂雖各在其學習之至二十入大學之時仍於大學之中兼習四術故此注云習禮皆於大學是周之大學亦習禮也禮既在瞽宗又在大學則其餘亦可知也○注棘當至大遠○正義曰棘之言偪者按漢書云西南有棘夷知非彼夷而讀爲偪者以與寄文相對寄非東方夷名是寄旅之意則棘亦非西方夷名故以爲偪迫於夷狄也云不屏於南北爲其大遠者按漢書地理志云南北萬三千里東西九千里又帝王世紀南北萬三千三百六十八里東西九千三百二里漢地既然則古亦應爾皆南北長東西短故鄭此注云不屏於南北爲其大遠○大樂至進士○此大樂正之官論造士之中最秀異者以告於王而升名於司馬論之曰進士言進受爵祿也此文承王子公卿大夫之子下似專據王子等其實鄉人入學爲造士者亦同於此其鄉人不在學者及邦國所貢之士所貢於王亦當升諸司馬以司馬掌爵祿故有司士屬焉其職云以德詔爵以功詔祿卽知凡入仕者皆司馬主之　司馬辨論下文更不見鄉人及邦國所貢之士故知此中兼之但文不具耳

官材○辨其論官其材觀其所長其論如字舊力困反論進士之賢者以告於王而定其論各署其論所長
定然後官之使之試守任官然後爵之命之○任而金反下注同位定然後祿之大夫廢其事終
身不仕死以士禮葬之以不任大夫也有發則命大司徒教士以車甲乘兵車衣甲之儀有發謂有軍
師發卒○衣於既反卒子忽反凡執技論力適四方贏股肱決射御謂擐衣出其臂脛使之射御決勝負見勇力○技其
綺反本或使後同贏本又作贏力果反肱古弘反擐舊音患今讀宜音宣依字作擐字林云擐擐臂也先全反脛胡定反見賢遍反凡執技以事
上者祝史射御醫卜及百工言技謂此七者凡執技以事上者不貳事不移官欲專其事亦為
不德出鄉不與士齒賤也於其鄉中則齒親親也仕於家者出鄉不與士齒亦賤【疏】○司馬至士齒○正義曰此
一節主論司馬之官用其人及發兵論射御及居官黜退之事司馬辨論官材大樂正論造士之秀者以告於王王必以樂正所論之狀授與司馬司馬得此
所論之狀乃更論辨之觀其材能高下知其堪任何官是準擬其官以其材故云官材也○論進士之賢者謂司馬辨論之後不堪者屏退論量進士賢者以
告於王告王之時而正定其論各署其所長若長於禮者署擬於禮官長於樂者署擬於樂官論定然後官之者謂既論擬定然後試之以所能之官○任官
然後爵之者謂堪在此官然後爵命之○位定然後祿之者謂既受爵命使有職位然後與之以祿○注以不任大夫也○正義曰以經云大夫廢其事故知
不堪任大夫也致仕而退死得以大夫禮葬故論語注云大夫退死葬以士禮致仕以大夫禮葬是也○有發至車甲○有發謂國有軍旅以發士卒是司馬
之事王則命大司徒教此士卒以車甲之事謂教以乘兵車及衣甲之儀容必司徒者以司徒主衆又主教故與司馬相參也○注有發至發卒○正義曰知

發是發卒者以經云教士以車甲故知發謂軍師發卒也○凡執至士齒○執技之。事凡有三。條上條論課試武夫技藝之事中條論執技之人幷射御之外祝史醫卜之等下條論執技之人不得更爲二事以其賤故出鄉不與士齒○凡執技論力適四方贏股肱決射御者言此既無道藝惟論力以事上故適往四方境界之外則使之擐露臂脛角材力決射御勝負見勇武○注言技謂此七者正義曰七者謂祝一史二射三御四醫五卜六百工七射御前注經以顯此重云者上論所試之時此論與祝史醫卜並列見其色目○注欲專其事亦爲不德○正義曰所以不貳事不移官者欲使專一其所有之事非但欲使專事亦爲技藝賤薄不是道德之事故不許之

○司寇正刑明辟以聽獄訟司寇秋官卿掌刑者辟罪也○辟婢亦反注同必三刺以求民情斷其獄訟之中一曰訊羣臣二曰訊羣吏三曰訊萬民○刺七智反殺也斷丁亂反下制斷斷計同中如字又丁仲反有旨無簡不聽簡誠也有其意無其誠者不論以爲罪附從輕附施刑也求出之使從輕赦從重雖是罪可重猶赦之○凡制五刑必即天論制斷也即就也必即天論言與天意合閔子曰古之道不即人心即或爲則論或爲倫○論音倫理也注同郵罰麗於事郵過也麗附也過人罰人當各附於其事不可假他以喜怒○郵音尤俗作郵麗郎計反當丁郎反假古雅反凡聽五刑之訟必原父子之親立君臣之義以權之權平也意論輕重之序慎測淺深之量以別之意思念也淺深謂俱有罪本心有善惡○量徐音亮後皆同別彼列反悉其聰明致其忠愛以盡之盡其情疑獄氾與衆共之衆疑赦之必察小大之比以成之小大猶輕重已行故事曰比○氾本又作汎孚劍反比必利反注同例也成獄辭史以獄成告於正正聽之史司寇吏也正於周鄉師之屬今漢有平正丞秦所置○平彼命反正以獄成告

于大司寇大司寇聽之棘木之下周禮鄉師之屬辨其獄訟異其死刑之罪而要之職聽於朝司寇聽之朝王之外朝也左九棘孤卿大夫位焉右九棘公侯伯子男位焉面三槐三公位焉○棘紀力反要之於妙反謂要最舊一遙反槐回懷二音大司寇以獄之成告於王王命三公參聽之王使三公復與司寇及正共平之重刑也周禮王欲免之乃命公會其期三公以獄之成告於王王三又然後制刑又當作宥宥寬也一宥曰不識再宥曰過失三宥曰遺忘○又義作宥忘音妄凡作刑罰輕無赦法雖輕不赦之爲人易犯○爲于僞反易以豉反後易犯同刑者侀也侀者成也一成而不可變故君子盡心焉變更也侀音刑析言破律亂名改作執左道以亂政殺析言破律巧賣法令者也亂名改作謂變易官與物之名更造法度左道若巫蠱及俗禁○析思歷反亂名如字王肅作循名巧起教反又如字蠱音古作淫聲異服奇技奇器以疑衆殺淫聲鄭衛之屬也異服若聚鷸冠瓔弁也奇技奇器若公輸般請以機窆○鷸伊必反徐音述弁皮變反般百間反行僞而堅言僞而辯學非而博順非而澤以疑衆殺皆謂虛華捷給無誠者也○行下孟反華戶瓜反又如字假於鬼神時日卜筮以疑衆殺今時持喪葬築蓋嫁取卜數文書使民倍禮違制○日入一反此四誅者不以聽爲其爲害大而辭不可習凡執禁以齊衆不赦過亦爲人將易犯有圭璧金璋不粥於市命服命車不粥於市宗廟之器不粥於市犧牲不粥於市戎器不粥於市尊物非民所宜有戎器軍器也粥賣也○璋之羊反用器不中度不粥於市兵車不中度不粥於市布帛精麤不中數幅廣

狹不中量不粥於市姦色亂正色不粥於市凡以其不可用也用器弓矢耒耜飲食器也度丈尺也數升縷多少中丁仲反下皆同幅方服反耒耜上力對反下音似錦文珠玉成器不粥於市衣服飲食不粥於市不示民以奢與貪也成猶善也五穀不時果實未孰不粥於市物未成不利人木不中伐不粥於市伐之非時不中用周禮仲冬斬陽木仲夏斬陰木○夏戶嫁反下春夏同禽獸魚鼈不中殺不粥於市殺之非時不中用月令季冬始漁周禮春獻鼈蜃○蜃常忍反雉化爲之關執禁以譏禁異服識異言關竟上門譏。呵察○竟音境苛音何又呼河反本亦作呵

疏司寇。至。異。言。○正義曰此一節總明論司寇聽訟刑罰禁止之事各隨文解之從此至赦從重論司寇正刑明辟之法○正刑明辟者謂司寇當正定刑書明斷罪法使刑不差二法不傾邪以聽天下獄訟○必三刺者言正刑明辟聽訟之時刑法宜慎不可專制故必須三刺以求民情有旨無簡不聽求民情既得其所犯之罪雖有旨意無誠實之狀則不聽之不論以爲罪也○附從輕者附謂施刑施之刑之時此人所犯之罪在輕重之間可輕可重則當求可輕之刑而附之則罪疑惟輕是也○赦從重者謂所犯之罪本非意故爲而入重罪今放赦之時從重罪之上而赦之其意輕故也即尚書云眚災肆赦是也○注一曰至萬民○正義曰按周禮司刺云壹刺曰訊羣臣再刺曰訊羣吏三刺曰訊萬民刺殺也謂欲殺犯罪之人其一問可殺與否於羣臣羣臣謂公卿大夫士其二問可殺與否於羣吏羣吏謂庶人在官者其三問可殺與否於庶人庶人謂萬姓衆來觀者此三刺雖以殺爲本其被刑不殺者亦當問之○注簡誠至爲罪○正義曰旨意也簡誠也言犯罪者雖有其意而無誠實者則不論之以爲罪也○注雖是罪可重猶赦之○正義曰此赦從重與上附從輕皆是從重入輕所以再見其文者附從輕謂施刑從輕赦從重謂放赦從重所以異也○凡制至於事○此一條論造制五刑須合天意輕重施於刑罰必附本情○必即天論

者即就也論謂論議言制五刑之時必就上天之意論議輕重天意好生又有時以生有時以殺言論議刑時亦當好生又就天道使生殺得中論或為倫倫理也謂就天之倫理即是好生及好殺得中之理故鄭云言與天意合○鄭罰麗於事者鄭過也謂斷人罪過罰謂責罰其身麗附也。言斷。其罪過及責罰其身皆依附於所犯之事不可離其本事假他別事而為喜怒也○注制斷至為倫○正義曰經云制五刑必論古人造制五刑下云必即天論及鄭罰麗於事皆論斷罪之法故以制為斷非言初制五刑制是裁制故為斷也引閔子曰古之道不即人心者證經即為斷即就之義按宣元年公羊傳云古者臣有大喪則君三年不呼其門已練可以弁冕服金。革之事君使之非也臣行之禮也閔子要經而服事既而曰若此乎古之道不即人心退而致仕孔子蓋善之也閔子性。孝以為在喪從戎不即人情為制此禮是古之所制故閔子嫌之言論或為倫者諸本或有作倫者故云或為倫也○禮凡是聽至成之制○故原本也權平也凡犯罪之人或子為父隱臣為國諱雖觸刑禁而非其本惡故聽訟者本其宿情立其恩義為平量之恕而免放意論輕重之序者意謂思念也聽訟者以盡意思念論量罪之輕重次序不有越濫也○慎測淺深之量以別之者謂謹慎測度罪人意之善惡淺深之量以別之謂分別善惡使不相亂○悉其聽明致其忠愛以盡之者謂聽獄之人盡悉己之聽明尋其事之根本又致其忠恕仁愛不使嚴酷枉濫以盡犯罪人情不有抑屈○疑獄汜與衆共之者疑獄謂事可疑難斷者也汜廣也已若疑彼罪而不能斷決當廣與衆庶共論決之也衆疑赦之者若衆人疑惑則當放赦之故書云與其殺不辜寧失不經○決必察小大之比以成之者小大猶輕重也比例也已行故事曰比此言雖疑而赦之不可直爾而放當必察按舊法輕重之例以成於事○成獄至制刑○成獄辭者謂獄吏初責讞罪人之辭已成定也史以獄成告於正者史司寇吏也正獄之正也吏以成辭告於正也○正聽之者正得吏告罪成之辭而又聽察也○正。於獄成告於大司寇者正聽已竟又。列獄成之辭告於大司寇也○大司寇聽之棘木之下者大司寇得。正之告而又聽察於棘木之下謂王之外朝也○大司寇

聽獄之成告於王者大司寇與公卿在朝槐棘之下聽獄訟成以告於王也○
王命三公參聽之王既得司寇之告成辭而刑辟之不可謬妄故王又命三公與
司寇及正更共參準聽之也○三公以獄之成告于王者三公參聽得其情實
以獄成辭以告於王也○王三又者三三事也又當爲宥宥寬也王得三公之
告則以三事命寬之也○注正所至所置○正義曰按周禮鄉師屬地官不掌
獄訟而云鄉師者鄉謂鄉士也師謂士師也○云之屬者謂遂士縣士方士之等
云今漢有正平丞秦所置者按漢書百官公卿表廷尉秦官掌刑辟有正左右
監宣帝地節三年初置左右平鄭見古有正連言平耳此王制多是殷法秦則
放殷置之○注周禮至位焉○正義曰周禮鄉師之屬至職聽於朝是鄉士及
遂士縣士職文云異其死刑之罪者鄭云異謂殊其文書謂殊異其應死刑之
罪別爲簿書而要之鄭云要之爲其罪法之要辭如今劾矣即是因之狀辯爲
要狀云司寇聽之朝王之外朝也者按朝士職掌外朝之法云左嘉石平罷民
焉右肺石達窮民焉罷民是犯罪之人故知聽於外朝也云左九棘至三公
位焉皆朝士職文故其職云則左九棘孤卿大夫位焉羣士在其後右九棘公侯
伯子男位焉羣吏在其後面三槐三公位焉州長衆庶在其後鄭云棘取赤心
而外刺槐之言懷也懷來人於此鄭康成以爲此外朝位在皋門內庫門之外
○注王使至其期○正義曰經直云王命三公參聽之得知三公復與司寇及
正共平之者以參聽之是三公之外共人相參而聽之上既有正與司寇故知
司寇及正在焉云周禮王欲免之乃命三公會其期者按周禮鄉士掌六鄉之
獄若欲免之則王會其期遂士掌六遂之獄若欲免之則王令三公會其期縣
士掌野獄若欲免之則王命六卿會其期此遂士職文也獨舉遂士公會其期
者以經云王命三公故舉遂士言之舉中以見上下則六鄉王自會之縣野之
獄王命六卿會之六卿以獄告于王也○注一有至遺忘○正義曰此一宥以
下是周禮司刺文鄭康成云識審也不審若仇讎當報甲見乙誠以爲甲而殺
之者過失者若舉刃欲斫伐而軼中人者遺忘若間帷薄忘有在焉而以兵矢
投射之王恐有此三事致罪故令以三人事宥之若不當三事故造罪者然後制

刑○凡作刑罰輕無赦此文起例故云凡作刑罰也此非疑獄故雖輕不赦也若輕○者輒赦則犯者衆也故書云刑故無小雖輕不赦之爲人易犯也○刑者至心焉○此說刑之不可變改故云刑者侀也上刑是刑罰之刑下侀是侀體之侀訓此刑罰之刑以爲侀體之侀言刑罰之刑加人侀體又云刑侀者成也言侀體之侀是人之成就容貌容貌一成之後若以刀鋸鑿之斷者不可續死者不可生故云不可變故君子盡心以聽刑焉則上悉其聰明致其忠愛是也○注左道至俗禁○正義曰盧云左道謂邪道地道尊右右爲貴故漢書云右賢左愚右貴左賤故正道爲右不正道爲左若巫蠱及俗禁者按漢書武帝時江充埋桐人於太子宮是也初江充會犯太子後王將老欲立太子太子立必誅充充遂謀太子爲桐人六枚埋在太子宮中乃譖大子於帝曰臣觀太子宮有巫氣王遂令江充檢之果掘得桐人六枚盡以針刺之太子以自無此事意不服遂殺充武帝故怒遂遣丞相劉屈氂將兵伐大子太子急竄於湖縣民家而藏後事發太子遂自殺而死於其處湖關老人訟太子無罪帝乃悔之因立園陵於湖縣故思子望子歸來蠱者損壞之名故左傳云皿蟲爲蠱是蟲食器皿巫行邪術損壞於人俗禁者若前漢張竦行辟反支後漢書郭躬傳有陳伯子者出辟往亾入辟歸忌是也○注淫聲至機空○正義曰淫聲鄭衛之屬者以鄭衛多淫風故鄭衛爲淫聲云之屬者則桑間濮上之音故樂記云鄭衛之音亂世之音桑間濮上之音亡國之音是也云異服若聚鷸冠瓊弁者按僖二十四年左傳云鄭子臧好聚鷸冠鄭伯聞而惡之使盜殺之于陳宋之閒瓊弁者僖二十八年左傳云初楚子玉自爲瓊弁玉纓服虔注云謂馬飾云若公輸般請以機空者指其人巧謂之奇技指其機空謂之奇器故奇技奇器總謂般也○行僞至衆殺行僞而堅者行此詐僞而守之堅固不肯變改言僞而辯者謂言談僞事辭理明辯不可屈止學非而博者謂習學非違之書而又廣博順非而澤者謂順從非違之事而能光澤文飾以疑於衆如此者殺按史記孔子爲魯司寇七日而誅少正卯之類是也○注皆謂至者也○正義曰習僞習非是虛華辯博而澤是捷給不可依用是無誠也○假於至衆殺○妄陳邪術恐懼

於人假託吉凶以求財利假於鬼神時日卜筮者謂假託鬼神假託時日假託卜筮以疑於衆鬼神時日卜筮共有假文○注今時至違制○正義曰謂今時之人持執此喪葬築蓋嫁娶卜數之文書以惑於衆妄陳禍福浪說妖祥築謂垣牆蓋謂舍宇○注尊物至賣也○正義曰言圭璧金璋及犧牲戎器皆是尊貴。所合蓄之物非民所宜有防民之僭僞也軍器防民之賊亂也○注凡以至多少○正義曰此經之物若其合法度則得粥之其不合法度者則不得粥也○布帛精麤者若朝服之布十五升斬衰三升齊衰四升之類是也○廣狹者布廣二尺二寸帛則未聞鄭注周禮引逸巡守禮幅廣四。尺八寸爲。尺鄭注四當爲二則帛廣三尺四寸用器弓矢耒耜飲食器者既夕禮文既夕敦杅之屬即飲食器也○注不示至貪也○正義曰錦文珠玉成器衣服等不粥者不示民以奢飲食不粥者不示民以貪此衣服飲食與珠玉連文據華美者不得粥之恐民貪若尋常飲食則得粥之。不得羣聚。耳故周禮司虣云禁屬遊飲食于市者是也前經圭璧金璋之等是貴者之器故注云非民所宜有謂全不合有以其名位卑故也此錦文珠玉等是華麗之物富人合有但不得聚之過多故云不粥於市不示民以奢也前文圭璧金璋各是一物郖考工記金飾璋也皇氏以爲用金爲印璋按定本璋字從玉圭璧之類也目周時稱印曰璽未有稱璋皇氏之義非也○注周禮至陰木○正義曰此周禮山虞文鄭注云陽木生山南者陰木生山北者冬斬陽夏斬陰堅濡調○覊執禁以譏禁異服識異言司關之官執此戒禁之書以譏察出入之人故云執禁以譏禁此身著異服之人又記識口爲異言之人防姦僞察非違

○大史典禮執簡記奉諱惡簡記。策書也諱先王名惡忌日若子卯○惡烏路反注同策書側八反

疏。大。史。至。諱。惡。○正義曰此一經論大史之官典掌禮事國之得失是其所掌執此簡記策書奉其諱惡之事奉謂進也諱謂先王之名惡謂子卯忌日謂奉進於王以所諱所惡○注諱先王名○正義曰下文云天子齊。戒受諫傳云名終將諱之故以諱爲先王之名其實餘諱亦大史奉之故禮運云天子適諸。侯。必舍其祖廟不以禮籍入是謂天子壞法亂紀鄭注云以禮

籍入謂大史典禮執簡記奉諱惡是亦諱諸侯之。祖。父也云惡忌日若子卯者忌日謂先王之亡日及子卯故云若子卯。紂以甲子日死桀以乙卯日亡已具下檀弓疏此惡亦。兼餘事故誦訓云掌道方慝以詔辟忌鄭注云方慝四方言語所惡是也〇天子齊戒受諫歲終羣臣奏歲事諫王當所改爲也〇齊側皆反本亦齊下皆同司會以歲之成質於天子司會冢宰之屬掌計要者成計要也質。平也平其計要〇會古外反注同冢宰齊戒受質質。王受之大樂正大司寇市三官以其成從質於天子大樂正於周宗伯之屬市司市也於周司徒之屬從從於司會也大司徒大司馬大司空齊戒受質百官各以其成質於三官大司徒大司馬大司空以百官之成質於天子百官此三官之屬百官齊戒受質受平報也然後休老勞農饗養之〇勞力報反成歲事斷計要也制國用

疏。天。子。至。國。用〇正義曰此下至制國用論歲終天子受質及百官質於天子休老勞農制國用之事也〇齊戒受諫者以其歲終舊來所施之事或有不便須有改爲百官以此上諫於王天子以其事重故先齊戒而後受於諫也司會以歲之成質於天子司會總。主羣官治要故以一歲治要之成質於天子質平也謂奏上文簿聽天子平量之〇冢宰齊戒受質者冢宰是貳王治事故亦齊戒贊王受羣官所平之事謂共王論定也大樂正大司寇市三官以其成從質於天子者謂此三官各以其當司成要隨從司會平於天子以周法言之司會總主羣官簿書則司徒司馬司空簿書亦司會掌之質於天子所以下文司徒司馬司空各質於天子不由司會惟大樂正大司寇市三官從司會質於天子者司會總主治要先質於王若今時先申帳目樂正司寇司市當司事少卽徑從司會以質於王其司徒司馬司空總主萬民其事既大雖司會進其治要仍須各受質屬官親自質於天子百官齊戒受質以司徒司馬司空質於天子天子平斷畢當須報於下故在下百官齊戒受

天子所平之要○然後休老勞農者卽十月蜡祭之時飲酒勞農也○成歲事者斷定計要一歲事成乃制來歲之國用故云制國用也○注歲終至爲也○
正義曰知齊戒受諫是歲終者以下云休老勞農文相連接故知是歲終也以其歲終受質故知諫王當所改爲謂攻其舊事更爲新事故用歲終襄十四年
左傳師曠云正月孟春於是乎有之諫失常也彼諫王過惡故用正月與此別也○注司會至計要○正義曰按天官司會中大夫二人屬冢宰故云冢宰之
屬云成計要也者按周禮注歲計曰會月計曰要日計曰成彼對文耳此則總而言之故云成計要也謂一歲簿書總要成就○注大樂至會也○正義曰按
上文司會直云冢宰之屬不云於周此大樂正及市皆云於周者以此文司會與周禮正同故不須云於周此大樂正於周是大司樂此市亦於周爲司市與
周禮不同故以周禮明之云從從於司會也者以文承上司會質於天子故知從質者從司會也然此大樂正大司寇及市亦當受屬官之質以其事少文不
見耳○注百官此三官之屬○正義曰司徒司馬司空受百官質故云三官之屬若以殷法言之按曲禮云司徒司馬司空司寇司士若以。周法言之按。夏。傳
司徒司馬司空三官分主九卿則兼羣官焉但大樂正大司寇司市特自質於天子也 ○凡養老有虞氏以燕禮夏后氏
以饗禮殷人以食禮周人脩而兼用之 兼用之備陰陽也凡飲養陽氣凡食養陰氣陽用春夏陰用秋冬○食音嗣注
及下注幷下文食之並同養如字徐以上反下同 五十養於鄉六十養於國七十養於學達於諸侯 天子
諸侯養老同也國國中小學在王宮之左學大學也在郊小學在國中大學在郊此殷制明矣【疏】凡。養。至。諸。侯○正義曰此一節論虞夏殷。周養老不同之
事各依文解之○凡養老者皇氏云人君養老有四種一是養三老五更二是子孫爲國難而死王養死者父祖三是養致仕之老四是引戶校年養庶人之
老熊氏云天子視學之年養老一歲有七謂四時皆養老故鄭此注凡飲養陽氣凡食養陰氣陽用春夏陰用秋冬是四時凡四也按文王世子云凡大合樂

必遂養老注云大合樂謂春入學舍菜合舞秋頒學合聲通前爲六又季春大合樂天子視學亦養老世子云凡視學必遂養老是總爲七也○有虞氏以燕禮者虞氏云燕禮脫屨升堂崔氏云燕者殽烝。於俎行一獻之禮坐而飲酒以至於醉。以虞氏帝道弘大故養老以燕禮○夏后氏以饗禮者崔氏云饗則體薦而不食爵盈而不飲依尊卑而爲獻取數畢而已夏既受禪於虞是三王之首貴尚於禮故養老以饗禮相養敬也○殷人以食禮者崔氏云不飲酒享大牢以禮食之殷人質素威儀簡少故養老以食禮○周人脩而兼用之者周人脩三代之禮而兼用之以養老春夏養老之時用虞氏燕禮夏后氏饗禮之法若秋冬養老之時用殷人食禮之法以周極文故兼用三代之法也皇氏云享有四種一是諸侯來朝天子饗之則周禮大行人職云上公之禮其享禮九獻是也其牲則體薦體薦則。房烝故春秋宣十六年左傳云享有體薦又國語云王公立飫則有房烝其所云飫即謂饗也立而成禮謂之爲飫也其禮亦有飫食故。舂人云凡饗食共其食米鄭云享有食米則饗禮兼燕與食是也二是王親戚及諸侯之臣來聘王饗之禮亦有。飯食及酒者親戚及賤臣不須禮隆但示慈惠故並得飲食之也其酌數亦當依命其牲折俎亦曰殽烝也故國語云親戚宴饗則有。餚烝謂以燕禮而饗則有之也又左傳宣十六年云享有體薦宴有折俎公當享卿當宴王室之禮也時定王享士會而用折俎以國語及左傳故知王親戚及諸侯之大夫來聘皆折俎饗也其饗朝廷之臣亦當然也三是戎狄之君使來王享之其禮則委饗也其來聘賤故王不親饗之但以牲全禮委與之也故國語云戎翟貪而不讓坐諸門外而體委與之是也此謂戎狄使臣賤之故委饗若夷狄君來則當與中國子男同故小行人職掌小賓小客所陳牲牢當不異也四是享宿衞及耆老孤子則以醉爲度故酒正云凡饗士庶子享耆老孤子皆共其酒無酌數鄭云要以醉爲度食禮者有飯有殽雖設酒而不飲其禮以飯爲主故曰食也其禮有二種一是禮食故大行人云諸公三食之禮有九舉及公食大夫禮之屬是也二是燕食者謂臣下自與賓客旦夕共食是也按鄭注曲禮酒漿處右云此大夫士與賓客燕食之禮燕禮者凡正享食在廟燕則於寢燕以示慈惠故在於寢也燕禮則折俎有酒而無飯也其牲用狗謂爲燕者詩毛傳云燕安也其禮最輕升堂行一獻禮畢而說屨升堂坐飲以至醉也儀禮猶有諸侯燕禮一篇也然凡燕禮亦有二種一是燕同姓二是燕異姓若燕同姓夜則飲之其於異姓讓之而止故詩湛露天子燕諸侯篇鄭箋云夜飲之禮同姓則成之其庶姓讓之則止其此燕饗食致仕之老皇氏云則當用正饗正食正燕之禮以其有賢德者不可以褻禮待之其饗死事之老不必有德又是老人不宜久立當用折俎之饗燕食之食老人不合夜飲當用異姓之燕禮○注兼用至秋冬○正義曰兼用之備陰陽者以燕之與饗是飲酒之禮是陽陽而無陰食是飯是陰陰而無陽周兼用之故云備陰陽也云凡飲養陽氣凡食養陰氣者郊特牲文所以飲養陽者飲是清虛陽氣之象食是形質陰體之義云陽用春夏陰用秋冬者按郊特牲云饗禘有樂而食嘗無樂是故春禘而秋嘗享與禘連文故知饗在春食。與嘗連文故知食在秋彼不云冬夏者彼是殷禮此言冬夏者據周法也或鄭因春而言夏因秋而見冬雖周冬夏不養老也就如熊義去冬夏則一年有五養老也又春合舞秋合聲郎是春秋養老之事冬夏更無養老通季春大合樂有三養老也熊氏以爲春秋各再養老故爲一年七養老也去冬夏猶爲五義實可疑皇氏云春夏雖以飲爲主亦有食先行饗次燕次食秋冬以食爲主亦有饗先行食次燕次享一日之中三事行畢義或然也○五十至諸侯○此謂子孫爲國死難而王養其父祖也五十始衰故養於鄉學○六十養於國者六十漸衰養禮彌厚故養之於小學小學在國中也○七十養於學者七十大衰養禮轉重故養於大學○達於諸侯者言此養老之事非惟天子之法乃通達於諸侯盧王等以爲養於鄉云不爲力政養於國云不與服戎皆謂養庶人之老也非鄭義故鄭注云國中小學也○注國國至明矣○正義曰養於國與養於學文相對故知國亦是學也六十少於七十者六十。者宜養於小學七十者宜養於大學故云國國中小學云在王宮之左者據上文而知云小學在國中大學在郊此殷制明矣者以上文云小學在公宮南之左大學在郊下文云殷人養國老於右學養庶老於左學貴右而賤左小學在國中左也大學在郊右也與殷同也故云此殷制明矣以此篇從上以來雖解爲殷制無正據可馮因此小學大學是殷制不疑故云明矣○八十拜君命一坐再至瞽亦如之九十使人受命謂君不親饗食必以其禮致之○瞽音古五十異粻六十宿肉七十貳膳八十常珍九十飲食不離寢膳飲從於遊可也粻糧也貳副也遊謂出入。止觀粻涉良反離力智反觀古亂反○六十歲制七十時制八十月制九十日脩。唯絞紟衾冒死而后制絞紟衾冒一日二日而可爲者絞戸交反紟其鴆反冒亡報反○五十始衰六十非肉不飽七十非帛不煖八十非人不煖九十雖得人不煖矣煖溫○煖乃管反下同五十杖於家六十杖於鄉七十杖於國八十杖於朝九十者天子欲有問焉則就其室以珍從尊養之○從才用反又如字七十不俟朝大夫士之老者。揖。君則退八十月告存每月致膳九十日有秩秩常也有常膳五十不從力政六十不與服戎七十不與賓客之事八十齊喪之事弗及也力稍衰也力政城道之役也與及也八十不齊則不祭也子代之祭是謂宗子不孤○與音預下及注同五十而爵賢者命爲大夫六十不親學不能備弟子禮七十致政唯衰麻爲喪致政還君事

疏八。十。至。爲。喪○正義曰此一節論老人力衰與少不同之事各隨文解之○七十養於大學至於八十年濟衰弱不堪來學受養君以饗食之禮使人就家致之其受君命之時理須再拜不堪爲勞一坐於地而首再。至於地瞽人無目恐其傾倒拜君命之時亦當如此故云亦如之○五十至可也○自此以下雜記。卿大夫士及庶人年老節制在家。自養之

法隨年爲品也○五十異粻者粻糧也五十始衰糧宜自異○不可與少壯者同也○六十宿肉者轉老故恆宿肉在帳下不使求而不得也○七十貳膳者貳副也膳善食也恆令善食有儲副不使有闕也○八十常珍者珍謂常食之皆珍奇美食尋常使有○九十飲食不離寢者謂老人飲食無時或急求須得故不離於寢○○膳飲從於遊可也者謂美善之膳水漿之飲從於老人所遊之處其理可也○○六十至后制○六十歲制者明老而預爲送終之具也年既衰老故逆辨之也歲制謂棺也不易可成故歲制然此謂大夫以下耳人君即位爲椑不待六十也其椁則死後爲之以其葬尚賒故檀弓云旬而布材是也○七十時制者時制謂一時可辨是衣物之難得者是年轉老所須辨轉切也○八十月制者月制謂一月可辨衣物易得者也漸老彌切也○九十日脩者至九十棺衣皆畢但日日脩理之爲近於終故也惟絞紟衾冒死而后制者此四物易成故生不逆爲須亡乃制也故檀弓云一日二日而可爲也者君子弗爲也○七十至有秩○此謂大夫士老年而聽致仕者則七十杖於國七十君之時入門至朝位君出揖之即退不待朝事畢也若不聽致仕則祭義云七十杖於朝八十不俟朝○八十月告存者告謂問也君每月使人致膳告問存否○九十日有秩者以至年老方極秩常也君則日使人以常膳致之故云日有秩○注大夫至則退○正義曰按儀禮大射卿大夫皆入門右北面公降立于阼階之東南南鄉揖大夫大夫皆少進彼鄭注云變爾言揖使近北者爾揖君則退謂之就位君揖之時七十老者則退故祭義注云君揖之即退不待朝事畢其少壯者則待朝事之終也○注每月致膳○正義曰經直云月告存知非直遣人告問存否必知致膳者以下云九十日有秩○上文云天子欲有問焉則就其室以珍從明八十每月告存之時必當致膳也○注力稍至不孤○正義曰以上文歲制及杖於家之屬兼含大夫士及庶人之老此五十不從力政及不與服戎惟據庶人之事故云力政城道之役也謂築城垣治道也其大夫士六十未致仕若爲軍將當與服戎故知此據庶人也按異義禮戴說王制云五十不從力政六十不與服戎易孟氏韓詩說年二十行役三十受兵六十還兵古周禮說

國中自七尺以及六十野自六尺以及六十有五皆征之許慎謹按云五經說皆不同是無明文所據漢承百王而制二十三而役五十六而免六十五已老而周復征之非用民意是許以周禮爲非鄭駁之云周禮是周公之制王制是孔子之後大賢所記先王之事周禮所謂皆征之者使爲胥徒給公家之事如今之正衞耳六十而不與服戎胥徒事暇坐息之間多其五歲又何太違之云徒給公家之事云非用民意取王制所云力政挽引築作之事所謂服戎謂從軍爲士卒也二者皆勞於胥徒故早舍之如鄭此言力政田役爲重故云五十免之故此五十不從力政祭義云五十不爲甸徒也戎事差輕六十不與服戎。及孟氏說六十還兵是也胥徒又輕故野外六十五猶征之若四郊之内以其多役其胥徒之事六十則免初受役之時始年二十五也其野王城之外力。役又少胥徒之事十五則征之至六十五其力政之事皆二十受之兵革之事則三十受之故易孟氏。詩韓氏皆云二十行役三十受兵也云是謂宗子不孤者以父是宗子年已八十子則代之而祭若父不爲宗子則不主祭祀無祭可代今已是父嫡子代父而祭之則是有父之宗子按喪服云宗子孤爲殤以無父則稱孤明有父則不孤故云是謂宗子不孤也○注賢者命爲大夫○正義曰經。文云五十而爵鄭知非命爲士而云大夫者以王制殷法殷則士無爵此經云而爵故知是大夫也此謂凡常之人有賢德故五十始爲大夫若其有德不必五十。則喪服小功章云大夫爲昆弟之長殤是幼爲大夫爲兄之長殤○有

虞氏養國老於上庠養庶老於下庠夏后氏養國老於東序養庶老於西序殷人養國老於右學養庶老於左學周人養國老於東膠養庶老於虞庠虞庠在國之西。郊皆學名也異者四代相變耳或上西或上東或貴在國或貴在郊上庠右學大學也在西郊下庠左學小學也在國中王宮之東東序東膠亦大學在國中王宮之東西序虞庠亦小學也西序在西郊周立小學於西郊膠之言糾也庠之言養也周之小學爲有虞氏之庠制是以名庠云其立鄉

學亦如之膠或作絿○糾居黝反徐居酉反絿音求又音蚪有虞氏皇。而祭深衣而養老夏后氏收而祭燕衣而養老殷人冔而祭縞。衣而養老周人冕而祭玄衣而養老。玄冕屬也畫羽飾焉凡冕屬其服皆玄上纁下有虞氏十二章周九章夏殷未聞凡養老之服皆其時與羣臣燕之服有虞氏質深衣而已夏而改之尚黑而黑衣裳殷尚白而縞衣裳周則兼用之玄衣素裳其冠則。弁追章甫委貌也諸侯以天子之燕服為朝服燕禮曰燕朝服服是服也王者之後亦以燕服為之魯季康子朝服以縞僭宋之禮也天子皮弁以日視朝也○𦏧音皇本又作皇冔況甫反縞古老反又古報反纁許云反牟亡侯反追丁雷反凡三王養老皆引年已而引戶校年當行復除也老人衆多非賢者不可皆養○復除上音福下如字又直慮反八十者一子不從政九十者其家不從政廢疾非人不養者一人不從政廢廢於人事○養如字又以尚反父母之喪三年不從政齊衰大功之喪三月不從政將徙於諸侯三月不從政自諸侯來徙家期不從政自從也○期音基

疏。有。虞。至。從。政○正義曰此一節明養致仕老及庶人老給賜之事各依文解之○注皆學至如之○正義曰此。四代養老之處雖其名不同以殷人云右學左學虞氏云上庠下庠學記云黨有庠文王世子云學干戈羽籥於東序以此約之故知皆學名也養老必在學者以學教孝悌之處故於中養老熊氏云國老謂卿大夫致仕者庶老謂士也皇氏云庶老兼庶人在官者其致仕之老大夫以上。當養從國老之法士養從庶老之法故外饔云邦饗耆老掌其割亨鄭。注。引。此周人養國老於東膠養庶老於虞庠是也虞殷尚質貴取。物成故大學在西小學在東夏周貴文取積漸長養故大學在東小學在西故云上庠右學大學也在西郊下庠左學小學也在國中王宮之東以虞殷質俱貴於西故併言之夏周為文皆上東故亦併言之云東序

東膠亦大學在國中王宮之東西序虞序亦小學也西序在西郊周立小學於
西郊是也云周之小學爲有虞氏之庠制者庠則後有室前有堂若夏后氏之
序及周之學所在序者皆與庠制同其州黨之序則歇前而已序則豫也故鄉
射云豫則鉤楹內堂則由楹外彼鄭注豫讀如成周宣謝災之謝是也云其立
鄉學亦如之者言鄉學亦爲庠制故上文云耆老皆朝于庠是也周大學在國
之西郊鄭駮異義云三靈一雍在郊者熊氏云文王之時猶從殷禮故辟廱大
學在郊劉氏以爲周之小學爲辟廱在郊○注皇冕至朝也○正義曰以皇與
下冕相對故爲冕屬按周禮有設皇邸又云有皇舞皆爲鳳皇之字鳳羽五采
故云畫羽飾之按上注云虞夏之制天子服有日月星辰此云夏殷未聞者以
皐陶謨謂之虞夏書因彼之成文故云虞夏之制其實惟謂虞也云凡養老之
服皆其時與羣臣燕之服鄭知然者以經云夏后氏燕衣而養老周人玄衣而
養老周人燕用玄衣故知養老燕羣臣之服也云有虞氏質深衣而已者深衣
謂白布衣以質用白布而已其冠未聞皇氏云以爲養老首還服皇冠崔氏云
以爲與夏周同未知然否按郊特牲云大古冠布齊則緇之大古則虞氏或用
白布冠也云夏而改之尚黑而黑衣裳者以殷人尚白用縞衣夏既尚黑燕衣
黑衣也云殷尚白而縞衣裳者縞白色生絹亦名爲素此縞衣謂白布深衣
也云周則兼用之玄衣素裳者以經云玄衣而養老若衣裳俱玄則與夏不異
又儀禮朝服緇布衣素裳緇則玄故爲玄衣素裳上養老云周人脩而兼用之
故養老之衣亦脩而兼用之云其冠則牟追章甫委貌也者按儀禮朝服首著
玄冠玄冠卽委貌以此推之則殷之朝服則皆著章甫之冠夏之朝服著牟追
云諸侯以天子之燕服爲朝服者以燕禮諸侯燕臣子用朝服明天子之燕亦
朝服也引燕禮曰燕朝服者證朝燕同云服是服也者言燕時服是玄衣素裳
之服崔氏云天子燕畿內諸侯以緇衣燕畿外諸侯以玄冠諸侯各以爲朝服
事無明文不可依也云王者之後亦以燕服爲之者玉藻云魯季康子朝服以
縞若當時無朝服以縞康子不應服之明是宋人所著故康子僭效之宋既朝
服以縞杞當朝服以玄云天子皮弁以日視朝也者玉藻文引之者證天子以

諸侯朝服之別按詩頍弁注云禮天子諸侯朝服以燕天子之朝服以皮弁服以皮弁服燕不用玄衣者詩所謂燕同姓諸公及異姓甥舅等故用皮弁尙質故也若燕其諸侯則用玄衣明諸侯則朝服以日視朝服則玄冕素裳也冠禮注云周弁殷冔夏收鄭云弁名出於槃槃大也言所以自光大也冔名出於幠幠覆也所以自覆飾也收言所以收斂髮也其制之異亦未聞冠禮記又云委貌周道也章甫殷道也毋追夏后氏之道也鄭注云委猶安也言所以安正容貌章明也殷質言以表明丈夫也毋發聲也追猶堆也夏后氏質以其形名之其制之異同未聞○將從至從政○此謂大夫采地之民徙於諸侯爲民以其新從當須復除但諸侯地寬役少爲人所欲故惟三月不從政○自諸侯來徙於家者謂諸侯之民來徙於大夫之邑以大夫役多地狹欲令人貪之故期不從從政按旅師云新甿之治皆聽之使無征役鄭注引此文以證之是據民之遷徙王肅及庾氏等以爲據仕者從大夫家出仕諸侯從諸侯退仕大夫非鄭義也

○少而無父者謂之孤老而無子者謂之獨老而無妻者謂之矜老而無夫者謂之寡此四者天民之窮而無告者也皆有常餼餼廩也○少詩照反下注少者同矜本又作鰥同古頑反廩兵品反

疏 少。而。至。常。餼。正義曰此一節論矜恤鰥寡孤獨之事無妻無夫謂之矜寡者按孝經云男子六十無妻曰鰥婦人五十無夫曰寡舜年三十而尙書謂之鰥者以其父頑母嚚無爲娶之端故雖三十而亦稱鰥詩云何草不黃何人不矜據久役在外嫁娶失時亦謂之爲矜矜與鰥同其男子無妻亦謂之寡左傳云崔杼生成及彊而寡按劉熙釋名云無妻曰鰥鰥愁悒不能寐目恆鰥鰥然其字從魚魚目恆不閉無夫曰寡寡倮也倮倮然單獨也無父曰孤孤顧也顧望無所瞻見也無子曰獨獨鹿也鹿鹿無所依也

○瘖聾跛躄斷者侏儒百工各以其器食之斷謂支節絕也侏儒短人也器能也○瘖於金反啞也聾力東反跛彼我反躄必亦反兩足不能行也侏音朱

疏 瘖。聾。至。食。之○正義曰此一節論矜恤疾民之

事瘖謂口不能言聾謂耳不聞聲跛躄謂足不能行斷者謂支節解絕侏儒謂容貌短小百工謂有雜技藝此等既非老無告不可特與常餼既有疾病不可不養以其病尚輕不可虛費官物故各以其器食之器能也因其各有所能供官役使以廩餼食之按晉語云文公問八疾胥臣對云戚施權鎛注云使擊鍾籧除蒙璆注云璆是玉磬使擊之侏儒扶盧注云扶持也盧戟柄也矇瞍循聲注云歌詠琴瑟聾聵司火注云使主然火其童昏嚚瘖僬僥官師所不材宜於掌土是各以器食之外傳不云跛躄此不云籧篨戚施設文不具外傳瘖與僬僥置於掌土此瘖與侏儒其器食之者今古法異也○道路男子由右婦人由左車從中央道中三途遠別也○別彼別反下文并注同父之齒隨行兄之齒鴈行朋友不相踰廣敬也謂於塗中○行如字一音戶剛反下鴈行同輕任并重任分班白者不提挈皆謂以與少者雜色曰班○并必性反本又作併提音啼挈本亦作挈苦結反疏輕任并重任分○正義曰父齒者也任謂有擔負者俱應擔負老少並輕則併與少者擔之也○重任分者老少並重不可併與少者一人則分為輕重重與少者輕與老者君子耆老不徒行庶人耆老不徒食徒猶空也○大夫祭器不假祭器未成不造燕器造為也疏大夫祭器不假○正義曰皇氏云此謂有地大夫故祭器不假若無地大夫則當假之故禮運云大夫祭器不假聲樂皆具非禮也謂無地大夫也○方一里者為田九百畝一里方三百步方十里者為方一里者百為田九萬畝方百里者為方十里者百為田九十億畝億今十萬億於力反○方千里者為方百里者百為田九萬億畝萬億今萬萬也疏方一至億畝○正義曰此一節論開方之法總計天子畿外內諸侯之地大小各依文解之○方一里者為田九百畝按論語云步百為畝是長一百步闊一步畝百為夫是一頃

也長闊一百步夫三爲屋是三頃也闊三百步長一百步屋三爲井是九百畝也長闊一一里○注億今十萬○正義曰方十里爲田九萬畝方百里者爲方十里者百一箇十里之方既爲田九萬畝則十箇十里之方爲田九十萬畝一百箇十里之方爲田九百萬畝今云九十億畝是一億有十萬十億有一百萬九十億爲九百萬畝故云億今十萬尹文子云百姓千品萬官億醜皆以數相十此謂小億也此鄭氏所用毛詩傳云數萬至萬曰億是大億也非鄭義○注萬億今萬萬也○正義曰計千里之方爲方百里者百一箇百里之方既爲九十億畝則十箇百里方爲九百億畝百箇百里方爲九千億畝今乃云九萬億畝與數不同者若以億言之當云九千億畝若以萬言之當云九萬萬畝但書經戰國及秦之世經。籍錯亂此經上下或億或萬字相交。涉遂誤爲萬萬億鄭。未注之前書本既爾鄭更不顯言其錯因此錯本萬億之言即云此經萬億者即今之萬萬皇氏以爲億數不定或以十萬爲億或以萬萬爲億或以一萬爲億此云萬億者祇是萬萬也六國時或將萬爲億故云萬億但古事難委未知孰是故備存焉○自恆山至於南河千里而近冀州域自南河至於江千里而近豫州域自江至於衡山千里而遙荊州域自東河至於東海千里而遙徐州域自東河至於西河千里而近亦冀州域自西河至於流沙千里而遙雍州域○雍於用反西不盡流沙南不盡衡山東不盡東海北不盡恆山凡四海之內斷長補短方三千里爲田八十萬億一萬億畝○九州之大計○斷音短方百里者爲田九十億畝山陵。林麓川澤溝瀆城郭宮室塗巷三分去一其餘六十億畝以一大國爲率其餘所以授民也山足曰麓○去羌呂反率音律又音想

疏自。恆。至。億。畝○正義曰此一節論四海之內地遠近里數也言千里而近者皇氏云此恆

山至南河以千里言之其地稍近言不滿千里下云自江至於衡山千里而遙謂以千里言之其地稍遠言不當千里熊氏以爲近者謂過千里遙者謂不滿千里其義似非也其餘遙近皆放此也○爲田八十萬億一萬億畝以一州方千里九州方。三千里三三如九爲方千里者有九一箇千里有九萬億畝九箇千里九九八十一故有八十一萬億畝但記文詳具於八十整數之下云萬億是八十箇萬億又云一萬億言是詳也以前文誤爲萬億此則因前文之誤更以萬億言之

○古者以周尺八尺爲步今以周尺六尺四寸爲步古者百畝當今東田百四十六畝三十步古者百里當今百二十一里六十步四尺二寸二分。周尺之數未詳聞也按禮制周猶以十寸爲尺蓋六國時多變亂法度或言周尺八寸則步更爲八八六十四寸以此計之古者百畝當今百五十六畝二十五步古者百里當今百二十五里

疏 古。者。至。二。分。○正義曰古者八寸爲尺今以周尺八尺爲步則一步有六尺四寸今以周尺六尺四寸爲步則一步有五十二寸是今步比古步每步剩出一十二寸以此計之則古者百畝當今東田百。五十。二畝七十一步。者餘與此百四十六畝三十步不相應也又今步每步剩古步十二寸以此計之則古之百里當今百二十三里一百一十五步二十寸與此經百二十一里六十步四尺二寸二分又不相應故鄭云六國時多變亂法度經。云錯亂不可用也○注按禮至五里○正義曰王人職云鎮。圭尺有二寸又云桓圭九寸是周猶以十寸爲尺也今經云以周尺六尺四寸爲步。乃是六十四寸則謂周八寸爲尺也故云蓋六國時多變亂法度或言周尺八寸也鄭郎以古周尺十寸爲尺八尺爲步則步八十寸鄭又以今周尺八寸爲尺八尺爲步則今步皆。少於古步一十六寸也是今步別剩。十。六寸云以此計之者謂以古步又以今周尺八寸八尺爲步。外剩十六寸而計之則古之四步剩出今之一步古之四十步爲今之五十步古之八十步爲今之一百步計古之一畝之。田長百步得爲今田一百二十五步是今。田每一畝之上剩出二十五

步則方百畝之。田從。北嚮南每畝剩二十五步總爲二千五百步從東嚮西每畝二十五步亦總爲二千五百步相。併爲五千步是總爲五十畝又西南一角南北長二十五步應南畔所剩之度東西亦長二十五步應西畔所剩之度計方二十五步開方乘之總積得六百二十五步六百步則爲六畝餘有二十五步故云古者百畝當今百五十六畝二十五步也又古四步剩今一步則古者四里剩今一里爲五里則古者四十里剩今十里爲五十里則古者八十里剩今二十里總爲百里是古者八十里爲今百里今之百里之外猶有古之二十里四里剩一里其古二十里爲今之二十五里故云古者百里當今百二十五里○方。千里者爲方百里者百封方百里者三。十國其餘方百里者七十又封方七十里者六十爲方百里者二十九方十里者四十其餘方百里者四十方十里者六十又封方五十里者百二十爲方百里者三十其餘方百里者十方十里者六十名山大澤不以封其餘以爲附庸閒田諸侯之有功者取於閒田以祿之其有削地者歸之閒田【疏】方。千。至。閒。田○正義曰此一經論畿外九州建國之法九州州別方千里凡。千里之方以開方計之爲方百里者凡有一百故云爲方百里者百封方百里者三十國者前文云。立大國三十故此云封方百里者三十國謂公也以百中去三十故其餘方百里者有七十又封方七十里者六十爲方百里者二十九方十里者四十謂侯國也凡百里之方開方計之爲十里之方百其七十里之國一用十里之方四十九七十里之國二則用十里之方九十八則一箇百里爲七十里之國二剩十里之方二然則二十箇七十里之國用百里之方十剩十里。方有二十。七十里之國六十用百里之方三十剩十里之方六十今就百里之方三十里之中抽去十里之方六十是用百里之方二十九方十里者四十故其餘方百里者四十方十里者六十又封方五十里者百二十者上云小國百二十謂伯國也凡百里之方一封五十里之國四則十箇百里之方封五十里之里四十今小國百二十故用百里之方三十則其餘方百里者。十方十里者六十以爲附庸閒田 天子之縣內方千里者爲方百里者百封方百里者九其餘方百里者九十一又封方七十里者二十一爲方百里者十方十里者二十九其餘方百里者八十方十里者七十一又封方五十里者六十三爲方百里者十五方十里者七十五其餘方百里者六十四方十里者九十六疏天。子。至。十。六。○正義曰天子縣內地方千里爲方百里者百既用九箇擬封百里之國故其餘方百里者九十一也○又封方七十者二十一者凡百里之方十爲七十里之國二十剩十里之方二十今以十里之方二十一又更取其外十里之方二十九添前二十爲四十九爲七十里之國一是次國二十一也總用百里之方十九是其餘方百里者八十一方十里者七十一又封方五十里者六十三者謂小國也凡百里之方一爲五十里之國四則百里之方十爲五十里之國四十又百里之方五爲五十里之國二十總爲五十里之國六十更有五十里之國三凡一箇五十里之國用十里之方二十五則三箇五十里國總用十里之方七十五是用地方百里者一十五方十里者七十五是其餘方百里者六十四方十里者九十六然畿外千里封國之外所餘地少其畿內千里所餘地多者以畿外之土本擬封建諸侯故國數多餘地少畿內本。供天子。又有郊關鄉遂準擬公卿王子弟。采邑故建國數少餘地多○諸侯之下士祿食九人中士食十八人上士食三十六人下大夫食七十二人卿食二百八十八人君食二千八百八十人次國之卿食二百一十六人君食二千一百六十人小國之卿食百四十四人君食千四百四十人次國之卿命於其君者如小國之卿天子之大夫爲三監監於諸侯之國者其祿視諸侯之卿其爵視次國之君其祿取之於方伯之地方伯爲朝天子皆有湯沐之邑於天子之縣內視元士給齊戒自。絜清之用浴用湯沐用潘○閒田音閑下同祿食音嗣又如字下皆同爲朝于僞反清如字徐才性反潘芳袁反米汁也諸侯世子世國象賢也大夫不世爵使以德爵以功謂縣內及列國諸侯爲天子大夫者不世爵而世祿辟賢也○辟音避未賜爵視天子之元士以君其國列國及縣內之國也

諸侯之大夫不世爵祿○六禮冠昏喪祭鄉相見鄉。鄉飲酒鄉射○冠古亂反七教父子兄弟夫婦君臣長幼朋友賓客八。政飲食衣服事爲異別度量數制飲食爲上衣服次之事爲謂百工技藝也異別五方用器不同也度丈尺也量斗斛也數百十也制布帛幅廣狹也○長丁丈反斛洪谷反福芳服反狹戶甲反

【疏】。諸。侯。至。數。制。○正義曰此一節論士大夫及諸侯等食祿之數兼明臣之世與不世之事今各隨文解之○前以有諸侯之下士以上及大夫卿君故此依前而釋也諸侯之士既明則天子士同之可知故此文發畿外之卿也前云諸侯下士視。上農夫故有九人也前。云士上士倍中士故三十六也前云下大夫倍上士則食七十二人前云卿四大夫祿則二百八十八人○君食二千。至。之。卿○君謂大國之君也前云君十卿祿故二千八百八十人次國之卿食二百一十六人者謂夏伯殷侯周則侯伯國也此大夫以下亦如大國大夫而卿惟得三大夫祿耳故特言卿也○君食二千一百六十人者君亦十卿祿也○小國之卿食百四十四

人者小國謂夏周子男殷之伯國也大夫以下亦如大國大夫而卿則二大夫祿耳○君食千四百四十人者君亦十卿祿也○次國之卿命於其君○大國三卿皆命於天子則其祿各食二百八十八人若次國三卿二卿命於天子祿各食二百一十六人而一卿命於其君爲賤則祿不可等命天子者故視小國卿小國卿食一百四十四人也其若子男一卿命於天子二卿命於其君則祿猶如此其命天子卿無以異也其國小故不復差降也或云視大夫也其天子之士卿大夫無文宜準大國之卿大夫士也○注給齊至用潘○正義曰以方伯朝天子故給以湯沐之邑按前文云不能五十里曰附庸又云天子元士視附庸以湯沐之邑視元士亦五十里以下異義公羊說諸侯朝天子天子之郊皆有朝宿之邑從泰山之下皆有湯沐之邑左氏說諸侯有功德於王室京師有朝宿之邑泰山有湯沐之邑魯周公之後鄭宣王母弟此皆有湯沐邑其餘則否許慎謹按京師之地皆有朝宿邑周千八百諸侯盡京師地不能容之不合事理之宜是許慎不從公羊之說鄭无駮當從許說○注謂縣至賢也○正義曰知此大夫是天子大夫者以下云諸侯之大夫不世爵祿此直云大夫不世爵與諸侯大夫文異故知是天子大夫也知是縣內及列國諸侯入爲天子大夫者按禮運云天子有田以處其子孫則周召畢原之等是縣內諸侯也詩衛武公入相於周又尚書顧命齊侯爲虎賁衛侯爲司寇是列國諸侯也並入爲天子大夫按司裘諸侯則共熊侯豹侯是畿內亦曰諸侯此不云諸侯而云大夫者辟上諸侯世子之文故云大夫然畿內諸侯有爲三公則周召是也列國諸侯入爲六卿則鄭武公是也今總云爲天子大夫者若言公卿大夫於文爲煩故總言大夫以包之詩云三事大夫謂三公也春秋諸侯殺大夫謂卿也是大夫爲總號○未賜爵視天子之元士以君其國○未賜爵謂列國諸侯及縣內諸侯其身既死其子未得爵賜其衣服禮制視天子元士若畿外者君其本國畿內者亦君畿內之國故鄭注云列國及縣內之國鄭必知兼畿外列國者以詩小雅韎韐有奭謂諸侯世子未遇爵命服士服而來此云視天子之元士以君其國故知兼列國也其畿內諸侯有大功德元子出封畿外則王命次

子。守其。采邑若其賢才則世爲公卿則春秋周公召伯之屬是也〇諸侯之大夫不世爵。祿諸侯降於天子故大夫不世爵祿若有大功德亦得世之故隱八年官有世功則有官族邑亦如之是據諸侯卿大夫也

附。釋。音。禮記注。疏。卷第十。三。

禮記注疏卷十三校勘記　阮元撰盧宣旬摘錄

附釋音禮記注疏卷第十三　惠棟校宋本禮記正義卷第十九

王制

司徒脩六禮節

司徒脩六禮　閩監本同石經同岳本同嘉靖本同衞氏集說同毛本脩作修

司徒使鄉簡擇以告者　閩監本同岳本同嘉靖本同衞氏集說同毛本鄉誤卿

使轉徙其居　閩監本同岳本同嘉靖本同衞氏集說同毛本轉誤專惠棟校宋本居作序轉字同通典五十三引亦作轉徙其序居

移居於司徒也　閩監毛本作名岳本同嘉靖本同衞氏集說同此本名誤居

不給其繇後　閩監毛本同岳本同嘉靖本同衞氏集說同釋文出徭役云本又作繇正義作繇○按依說文當作傜从人䍃聲隸變而為傜或假而為繇作徭者俗字

棘當爲僰　惠棟校宋本有爲字宋監本岳本嘉靖本同衞氏集說同此本爲字脫閩監毛本同

夏官卿掌邦政者　惠棟校宋本作主宋監本岳本嘉靖本同此本主誤王閩監毛本作掌衞氏集說同案上注司空云冬官卿掌邦事者司徒云地官卿掌邦教者下注司寇云秋官卿掌刑者與此文法正同此亦當以作掌邦政者爲是

司徒至進士惠棟校宋本無此五字

謂以恩惠遂及之閩本同監毛本遂作逮衛氏集說作謂以恩意逮及之

尊上賢人閩監毛本作賢衛氏集說同此本賢誤貴

簡去不肖監毛本作去衛氏集說同此本去誤法閩本同

皆司徒統領閩監本作領考文引宋板同此本領誤須毛本誤理

夫司徒帥領國之英俊之士閩監毛本作領此本領誤須惠棟校宋本夫作大是也衛氏集說同

致仕則書傳略說云監毛本作傳衛氏集說同此本傳誤德閩本同

就黨學上齒惠棟校宋本同閩監本上齒作習鄉毛本亦作習鄉就誤卽

各在一處監毛本作各此本各誤名閩本同

則不得同曰也閩監毛本作曰此本曰誤日

言經中習鄉謂飲酒者惠棟校宋本作鄉此本鄉誤射閩監毛本同

云鄉禮春秋射者解習射之處也考文引宋板同閩監本同毛本上射誤弟

不別立黨學閩監本同考文引宋板同衛氏集說同毛本別誤必

既二百里爲野 閩監本同考文引宋板亦作二毛本二誤一

鄙師主正齒位以否 閩本同惠棟校宋本同監毛本以作與

遠方至錄也 閩監毛本同惠棟校宋本作遠方九州之外齒猶錄也

但居夷狄之內畔 惠棟校宋本作畔此本畔字闕閩本畔作也監毛本畔作地衞氏集說同

曰俊士之人 惠棟校宋本作俊士此本俊下士字闕閩監本作俊選非毛本俊選作選俊尤非

十三入小學二十入大學 惠棟校宋本同閩監毛本三作五衞氏集說同

餘子十五入小學 惠棟校宋本同閩本同監毛本五誤三衞氏集說同

供學及司徒細碎之繇役也 惠棟校宋本同閩本同衞氏集說監毛本供誤俱

舉其大網 補各本網作綱案作網誤

教冑子者 閩監毛本作冑此本冑誤胄下冑子冑長同

春釋采合舞 閩監毛本采作菜衞氏集說同○按作采與周禮合

但遂其陰陽以爲偏主耳 閩監毛本衞氏集說同惠棟校宋本遂作逐浦鏜校云逐誤遂

皆以四術造焉 閩監毛本作焉此本焉誤馬

云大胥小胥皆樂官屬也者閩監毛本如此此本胥皆誤有相

故以爲偪迫於夷狄也考文引宋板同閩本迫字闕監毛本迫作寄非

又帝王世紀南北萬三千三百六十八里惠棟校宋本同衛氏集說同閩監毛三本闕帝王紀南北萬三千三百六十八十三字

漢地既然則古亦應爾惠棟校宋本同衛氏集說古作周閩監毛本然則古亦四字闕

大樂至進士閩監毛本如此此本至進二字倒

即知但入仕者閩監毛本同衛氏集說但作凡是也

司馬辨論官材節

司馬至士齒惠棟校宋本無此五字

故論語注云閩監本同毛本注誤語考文引宋板作注

有發至發卒閩監毛本同惠棟校宋本作有發謂有軍師發卒

執技之事凡有三條閩監本同衛氏集說同毛本事誤士條字殘闕

司寇正刑明辟節

左九棘 閩監本同岳本同嘉靖本同衛氏集說同毛本九誤右

假於鬼神時日卜筮 閩監本同石經同岳本同嘉靖本同衛氏集說同毛本卜誤不

今時持喪葬築蓋 閩監毛本如此岳本嘉靖本同衛氏集說同此本持誤特築誤葬今訂正

而辭不可習 惠棟校宋本作明宋監本岳本嘉靖本同考文引足利本同此本明誤習閩監毛本同衛氏集說同

譏呵察 閩監毛本同岳本同嘉靖本同衛氏集說同釋文出苛察云本亦作呵

司寇至異言 惠棟校宋本無此五字

言斷其罪過 閩監毛本同惠棟校宋本其作人衛氏集說作謂斷人罪過

可以弁冕服金革之事 閩監毛本作革此本革誤華

閔子性孝 惠棟校宋本作孝此本孝誤善閩監毛本同蓋涉上孔子蓋善之也善字而譌

正以獄成告於大司寇者 閩監毛本作以此本以誤於

又列獄成之辭 閩監毛本同惠棟校宋本列作以衛氏集說同

大司寇得正之告 閩監毛本作正此本正誤壬

聽獄訟成以告於王也 惠棟校宋本作聽衛氏集說同此本聽誤一閩監毛本一改以亦非

如今劾矣 惠棟校宋本亦作矣與周禮鄉士注合閩監毛本矣誤奏

卽是囚之狀辯爲要狀 閩監毛本同惠棟校宋本上狀作伏辯下有錄字衛氏集說錄字亦有狀字同

槐之言懷也 閩監毛本作槐此本槐誤椲

故知司寇及正在焉 閩監毛本作正此本正誤王

則王令三公會其期 閩本同惠棟校宋本同監毛本令誤命

左道至俗禁 閩監毛本同惠棟校宋本作左道若巫蠱及俗禁

右貴左賤 閩監毛本作貴此本貴誤賢

初江充曾犯大子 閩監毛本作子此本子誤人

後王將老欲立大子 閩本同惠棟校宋本同監毛本後王將作見上年

湖關老人 閩監本同毛本湖作壺盧文弨云壺字是

故思子望子歸來 閩監毛本同齊召南云當作築思子宮刊本相沿誤脫築字宮字耳

鄭子臧好聚鷸冠 監毛本作鄭此本鄭誤辨閩本此字闕

○行僞至衆殺○ 閩本如此此本下○脫監本下○有上○脫毛本作下行僞至衆殺上改二○作下上字大誤

學非而博者閩監毛本作博此本博誤傳下而又廣博辨博而澤同

皆是尊貴所合蓄之物惠棟校宋本作所衛氏集說同此本所誤於閩監毛本同

幅廣四尺八寸爲尺閩監毛本同惠棟校本二尺字皆作咫是也

不得羣聚耳閩監本同毛本耳誤者衛氏集說不上有但字耳字同

大史典禮節

簡記策書也閩監毛本同岳本同嘉靖本同衛氏集說同釋文策書作札書

大史至諱惡惠棟校宋本無此五字

天子齊戒受諫閩監毛本作戒此本戒誤成

天子適諸侯必舍其祖廟閩監毛本如此此本侯誤矦必誤卑

是亦諱諸侯之祖父也惠棟校宋本同衛氏集說同閩監毛本祖父誤禮籍

紂以甲子日死閩監毛本作紂此本紂誤純

此惡亦兼餘事惠棟校宋本同衛氏集說同閩本兼字闕監毛本兼誤謂

天子齊戒受諫節惠棟校云天子齊戒受諫戒字起至疏知齊戒受諫是歲終者是字此宋本闕

質平也閩監毛本同岳本同嘉靖本同惠棟校宋本宋監本平上有猶字衛氏集説同

質王受之閩監毛本同嘉靖本同岳本質作贄衛氏集説同考文引宋板古本足利本同宋監本亦作贄

天子至國用惠棟校宋本無此五字

司會總主羣官治要閩毛本作主衛氏集説同此本主誤王監本同

若以周法言之閩監毛本同衛氏集説同盧文弨云周法當作夏法

按夏傳司徒司馬司空三官惠棟校宋本作夏傳衛氏集説同此本夏傳誤曲禮閩監毛本同

特自質於天子也惠棟校宋本此下標禮記正義卷第十九終記云凡十九頁

凡養老節惠棟校宋本自此至諸侯之下士節止爲第二十卷卷首題禮記正義卷第二十

凡養至諸侯惠棟校宋本無此五字

論虞夏殷周閩監毛本作周衛氏集説同此本周誤同

殽烝於俎行一獻之禮閩監毛本同衛氏集説同浦鏜校於改折

以虞氏帝道宏大按以乃有字之誤

享大牢以禮食之惠棟校宋本同衛氏集説同閩監毛本享作饗按此本此疏享饗二字前後錯出閩監毛本則通作饗

體薦則房烝　閩監毛本作房衛氏集說同此本房誤戾

其禮亦有飫食　閩監毛本同惠棟校宋本飫作飯衛氏集說同

故春人云　監毛本作春衛氏集說同此本春誤春閩本春字闕

禮亦有飯食及酒者　惠棟校宋本作飯衛氏集說同此本飯誤飲閩監毛本同

親戚宴饗則有餚烝　監本作餚此本餚誤餚閩本同毛本作殽衛氏集說同

食與嘗連文故知食在秋　惠棟校宋本作與衛氏集說同此本與誤而閩監毛本同

六十者宜養於小學　閩監毛本作者此本者字闕

八十拜君命節

遊謂出入止觀　閩本同惠棟校宋本同岳本同嘉靖本同衛氏集說同宋監本同釋文亦作止觀監毛本止誤上

九十日脩　閩監本同石經同岳本同嘉靖本同衛氏集說同毛本脩作修

大夫士之老者揖君則退　閩監毛本同岳本同嘉靖本同衛氏集說同惠棟校宋本揖君作君揖案正義云君出揖之是君揖老者非老者揖君也朱子云注揖君當作君揖是南宋人所見本已誤倒也

八十至爲喪　惠棟校宋本無此五字

一坐於地而首再至於地 惠棟校宋本作至衛氏集說同此本至誤拜閩監毛本同

雜記卿大夫士 閩監毛本作卿此本卿誤⿰女丙

節制在家自養之法 惠棟校宋本同監毛本自作食衛氏集說同閩本自字闕

故逆辨之也 閩監毛本辨作辦下可辨須辦同

故歲制 閩監毛本作歲此本歲誤戚

漸老彌切也 惠棟校宋本作漸此本漸誤斬閩監毛本漸作轉

故云力政城道之役也 閩監毛本作城此本城誤故

及孟氏說六十還兵是也 閩本同惠棟校宋本同監毛本及誤又衛氏集說及作如

其野王城之外力役又少 惠棟校宋本作役衛氏集說同此本役誤徒閩監毛本同

故易孟氏詩韓氏皆云 惠棟校宋本作詩此本詩誤說閩監毛本同

經文云五十而爵 惠棟校宋本作文此本文誤在閩監毛本文作直

則喪服小功章云 閩監毛本同衛氏集說則作故

有虞氏養國老於上庠節

虞庠在國之西郊閩監毛本同石經同岳本同嘉靖本同衞氏集說同續讀書脞錄續編云據北史劉芳傳引作四郊蓋西字誤也四郊小學即東西南北之四學豈應偏置於西郊祭義又云天子設四學當入學而太子齒注云四學謂周四郊之虞庠也正義引皇氏云四郊虞庠以四郊皆有虞庠其爲四郊之譌無疑又云文王世子凡語于郊者正義云郊西郊也周以虞庠爲小學在西郊以西方成就之地故也是孔氏所據本已誤○按孫志祖是也上大學在郊正義云周則大學在國小學在四郊下文具也即據此文而言作四郊不作西郊此正文之僅存者文王世子凡語于郊正義既說西爲西方成就又云或偏在四郊亦兩存其義也

有虞氏皇而祭閩監毛本同石經同岳本同嘉靖本同衞氏集說同正義本亦作皇釋文出翌云音皇本又作皇

縞衣而養老閩監本同岳本同嘉靖本同衞氏集說同毛本縞誤鎬石經縞字闕

皇冕屬也閩監毛本作皇岳本同嘉靖本同衞氏集說同此本皇誤元

其冠則牟追閩監毛本作牟岳本同嘉靖本同衞氏集說同此本牟誤弁釋文出則牟追

將徙於諸侯閩監本同石經同岳本同嘉靖本同衞氏集說同考文引宋板同毛本徙誤徒

有虞至從政惠棟校宋本無此五字

此四代養老之處閩監本同衞氏集說同毛本四誤三考文引宋板作四

大夫以上當養從國老之法毛本作當此本誤堂正德本同閩本當字闕監本當誤○衞氏集說無當字

鄭注引此周人養國老於東膠惠棟校宋本同衞氏集說同閩本引此二字闕監本誤作○注毛本改作王制二字亦非

貴取物成惠棟校宋本同閩監毛本物誤有衞氏集說同

讀如成周宣謝災之謝閩本同考文引宋本同監毛本謝作榭災作火衞氏集說同鄉射注作如成周宣榭災之榭案說文無榭字經傳通作謝荀子王霸篇臺謝甚高楊倞注云謝與榭同左氏穀梁宣十六年傳成周宣榭火釋文皆云榭本作謝

以皐陶謨謂之虞夏書惠棟校宋本同衞氏集說之字同閩毛本之字闕監本之誤

周人燕用元衣惠棟校宋本作用衞氏集說同此本用誤月閩監毛本用誤服

其冠未聞惠棟校宋本作共冠衞氏集說同此本其冠誤質衣閩監毛本同

以爲與夏周同閩監毛本同衞氏集說惠棟校宋本無周字同下有冠字續通解同

追猶堆也監本同衞氏集說同毛本堆誤推閩本堆字漶滅

新甿之治皆聽之惠棟校宋本作甿衞氏集說同此本甿誤而閩監毛本同

少而無父者謂之孤節

少而至常餼惠棟校宋本無此五字

崔杼生成及疆而寡　閩監本同衛氏集說同毛本疆作彊

瘖聾節　惠棟校云瘖聾節道路節宋本分朋友不相踰以上合瘖聾節為一節

瘖聾至食之　惠棟校宋本無此五字

戚施植鏄　惠棟校宋本作植此本植誤欉閩監本同衛氏集說同通解亦作植○毛本植作直按作直與國語合

籧除蒙璆　毛本同閩監本籧除作籧篨衛氏集說同下籧篨放此案國語晉語籧篨字從艸補音從竹

廬戟柄也　毛本作戟衛氏集說同此本戟誤戰閩監本同○按韋昭國語注柄作柲

矇瞍循聲　閩監本同衛氏集說同毛本循作修○按作修與國語合韋注云無目於音聲審故使修之

官師所不材　閩監毛本作材衛氏集說同此本材誤林

宜於掌土　閩監毛本同衛氏集說同通解同盧文弨校掌改齋下置於掌土同○按盧文弨是也晉語作以實齋土注云齋荒齋

設文不具　閩監本作具考文引宋板同此本具誤其毛本同衛氏集說作說文不具

道路節　惠棟校云輕任并以下宋本合下節君子者老二句為一節

道中三途　閩監毛本同惠棟校宋本中作有宋監本同岳本作道有三塗嘉靖本同衛氏集說同

兄之齒鴈行　閩監本同石經同岳本同嘉靖本同衛氏集說同毛本鴈作雁

斑白者不提挈石經如此岳本同嘉靖本同衛氏集說同惠棟校宋本亦有者字此本斑作班者字脫閩監毛本斑字同者字亦脫釋文出提契云本亦作挈

雜色曰斑閩監本作斑岳本同嘉靖本同衛氏集說同此本斑作班毛本同

輕任并重任分惠棟校宋本無此六字

父齒老也監本作老衛氏集說同此本老誤者閩毛本同

君子耆老節

徒猶空也閩監本同岳本同嘉靖本同衛氏集說同毛本空誤黨

大夫祭器不假節陳澔集說移此一節在上文燕衣不踰祭服寢不踰廟下

大夫祭器不假惠棟校宋本無此六字

方一里者節

方一至億畝惠棟校宋本無此五字

總計天子畿外內諸侯之地大小閩監本作大小衛氏集說同此本大小誤大大毛本誤大夫惠棟校宋本作小大

經籍錯亂閩監本作籍衞氏集說同此本籍誤藉毛本同

字相交涉閩監毛本作涉衞氏集說同此本涉誤步

鄭未注之前閩監本作未考文引宋板同此本未誤朱

自恆山至於南河節

山陵林麓閩監毛本作陵石經同岳本同嘉靖本同衞氏集說同此本陵誤陽

自恆至億畝惠棟校宋本無此五字

九州方三千里閩監本同衞氏集說同毛本三誤一考文云宋板作三

古者以周尺八尺爲步節

周尺之數閩監毛本作尺岳本同嘉靖本同衞氏集說同此本尺誤又

古者至二分惠棟校宋本無此五字

當今東田百五十二畝閩監本同考文引宋板同衞氏集說同毛本五十二作二十五

七十一步有餘惠棟校宋本作有衞氏集說同此本有誤者閩監毛本同

經文錯亂閩監毛本作文衞氏集說同此本文誤云

鎮圭尺有二寸閩監毛本作圭此本圭誤吉

乃是六十四寸閩監毛本作乃此本乃誤刀

則今步皆少於古步閩監毛本作少此本少誤步

是今步別剩寸六寸閩監毛本上寸作十衞氏集說同考文引宋板十六寸作六十寸

外剩十六寸而計之惠棟校宋本作外衞氏集說同此本外誤小閩監毛本同

計古之一畝之田閩監毛本如此衞氏集說同此本一誤今田誤王

是今田每一畝之上閩監毛本作田此本田誤曰下則方百畝之田同

從北鄉南閩監毛本作北衞氏集說同此本北誤此

相併爲五千步惠棟校宋本作併衞氏集說同此本併誤伊閩監毛本同

方千里者節

方千里者閩毛本同石經同岳本同嘉靖本同衞氏集說同監本方字闕

封方百里者三十國閩監毛本作三岳本同嘉靖本同衞氏集說同此本三誤二石經三十作卅

方千至閒田惠棟校宋本無此五字

凡千里之方閩監毛本作千衞氏集說同此本千誤十

前文云立大國三十惠棟校宋本同衞氏集說同閩本立字闕監毛本立誤○

剩十里方有二十閩監毛本如此此本下十誤一衞氏集說作剩十里之方二十

則其餘方百里者十閩監毛本作十衞氏集說同此本十誤一

天子之縣內節

天子至十六惠棟校宋本無此五字

畿內本供天子又有郊關鄉遂惠棟校宋本如此此本供字闕又誤之閩監毛本之字同供誤爲衞氏集說同

王子弟采邑閩監毛本作采衞氏集說同此本采誤木

諸侯之下士節惠棟校云諸侯之下士節宋本分諸侯之大夫不世爵祿以上爲一節六禮以下宋本另爲一節

卿食二百八十八人閩監本同石經同岳本同嘉靖本同衞氏集說同考文引宋板同毛本下八誤人下八政同

方伯爲朝天子閩本同石經同岳本同嘉靖本同宋監本同衞氏集說同監毛本朝誤明釋文作爲朝考文引宋板亦作朝

給齊戒自潔清之用閩監毛本同嘉靖本同衞氏集說同惠棟校宋本潔作絜岳本同釋文同宋監本同

鄉鄉飲酒閩本同岳本同嘉靖本同衞氏集說同惠棟校宋本同宋監本同監毛本脫一鄉字

諸侯至數制　惠棟校宋本無此五字

前云諸侯下士視上農夫　閩監毛本作上衞氏集說同此本上誤下

前文下大夫倍上士　考文引宋板同閩監毛本文作云衞氏集說同

君食二千至之卿○　閩監毛本同考文引宋板作君食二千八百八十人者

君食千四百四十人者　惠棟校宋本同衞氏集說同閩監毛本君上衍故字緣此本及宋板君上有空闕誤補也

按司裘諸侯則共熊侯豹侯　閩監毛本如此衞氏集說同此本裘誤蓑熊作能

鄭必知兼畿外列國者　惠棟校宋本作者衞氏集說同此本者誤賢閩監毛本同

謂諸侯世子未遇爵命　惠棟校宋本作爵此本爵誤豹閩本同監毛本爵作錫衞氏集說同

則王命次子守其采邑　惠棟校宋本如此衞氏集說同此本守誤行采作秩閩監毛本同

不世爵祿諸侯降於天子　閩監毛本同惠棟校宋本祿下有者字

附釋音禮記注疏卷第十三終　惠棟校宋本禮記正義卷第二十終記云凡十九頁宋監本禮記卷第四經四千三百三十九字注五千一百六十一字嘉靖本禮記卷第四經四千四百三十字注五千一百五十八字

禮記注疏卷十三校勘記

附釋音禮記注疏卷第十四

禮記　鄭氏注　孔穎達疏

月令第六

○陸曰此是呂氏春秋十二紀之首後人删合爲此記蔡伯喈王肅云周公所作

疏正義曰按鄭目錄云名曰月令者以其記十二月政之所行也本呂氏春秋十二月紀之首章也以禮家好事抄合之後人因題之名曰禮記言周公所作其中官名時事多不合周法此於别錄屬明堂陰陽記此卷所出解者不同今且申鄭旨釋之按呂不韋集諸儒士著爲十二月紀合十餘萬言名爲呂氏春秋篇首皆有月令與此文同是一證也又周無大尉唯秦官有大尉而此月令云乃命大尉此是官名不合周法二證也又秦以十月建亥爲歲首而月令云爲來歲授朔日即是九月爲歲終十月爲授朔此是時不合周法三證也又周有六冕郊天迎氣則用大裘乘玉輅建大常日月之章而月令服飾車旗並依時色此是事不合周法四證也故鄭云其中官名時事多不合周法然按秦始皇十二年呂不韋死十六年幷天下然後以十月爲歲首歲首用十月時不韋已死十五年而不韋不得以十月爲正又云周書先有月令何得云不韋所造又秦幷天下立郡何得云諸侯又秦以好兵殺害毒被天下何能布德施惠春不興兵既如此不同鄭必謂不韋作者以呂氏春秋十二月紀正與此同不過三五字别且不韋集諸儒所作爲一代大典亦採擇善言之事遵立舊章但秦自不能依行何怪不韋所作也又秦爲水位其來已久秦文公獲黑龍以爲水瑞何怪未平天下前不以十月爲歲首乎是鄭以月令不韋所作月令者包天地陰陽之事然天地有上下之形陰陽有生成之理日月有運行之度星辰有次舍之常今旣贊釋其文不得不略言其趣按老子云道生一一生二二生三三生萬物易云易有大極是生兩儀禮運云禮必本於大一分而爲天地易乾鑿度云大極者未見其氣大初者氣之始大始者形之始大素者質之始此四者同論天地之前及天地之始老子云道生一道

與大易自然虛無之氣無象不可以形求不可以類取强名曰道强謂之大易也道生一者一則混元之氣與大初大始大素同又與易之大極禮之大一其義不殊皆爲氣形之始也一生二者謂混元之氣分爲二二則天地也與易之兩儀又與禮之大一分而爲天地同也二生三者謂參之以人爲三才也三生萬物者謂天地人既定萬物備生其間分爲天地說有多家形狀之殊凡有六等一曰蓋天文見周髀如蓋在上二曰渾天形如彈丸地在其中天包其外猶如雞卵白之繞黃楊雄桓譚張衡蔡邕陸績王肅鄭玄之徒並所依用三曰宣夜舊說云殷代之制其形體事義無所出以言之四曰昕天昕讀爲軒言天北高南下若車之軒是吳時姚信所說五曰穹天云穹隆在上虞氏所說不知其名也六曰安天是晉時虞喜所論注考靈耀用渾天之法今禮記是鄭氏所注當用鄭義以渾天爲說按鄭注考靈耀云天者純陽清明無形聖人則之制璿璣玉衡以度其象如鄭此言則天是大虛本無形體但指諸星運轉以爲天耳但諸星之轉從東而西必三百六十五日四分日之一星復舊處星既左轉日則右行亦三百六十五日四分日之一至舊星之處即以一日之行而爲一度計二十八宿一周天凡三百六十五度四分度之一是天之一周之數也天如彈丸圍圜三百六十五度四分度之一按考靈耀云一度二千九百三十二里千四百六十一分里之三百四十八周天百七萬一千里者是天圓周之里數也以圍三徑一言之則直徑三十五萬七千里此爲二十八宿周回直徑之數也然二十八宿之外上下東西各有萬五千里是爲四遊之極謂之四表據四表之內并星宿內總有三十八萬七千里然則天之中央上下正半之處則一十九萬三千五百里地在其中是地去天之數也鄭注考靈耀云地蓋厚三萬里春分之時地正當中自此地漸漸而下至夏至之時地下遊萬五千里地之上畔與天中平夏至之後地漸漸向上至秋分地正當天之中央自此地漸漸而上至冬至上遊萬五千里地之下畔與天中平自冬至後地漸漸而下此是地之升降於三萬里之中但渾天之體雖繞於地地則中央正平天則北高南下北極高於地三十六度南極下於地三十六度然則北極之下三十六度常

見不沒南極之上三十六度常沒不見南極去北極一百二十一度餘若逐曲
計之則一百八十一度餘若以南北中半言之謂之赤道去南極九十一度餘
去北極亦九十一度餘此是春秋分之日道也赤道之北二十四度爲夏至之
日道去北極六十七度也赤道之南二十四度爲冬至之日道去南極亦六十
七度地有升降星辰有四遊又鄭注考靈耀云天旁行四表之中冬南夏北春
西秋東皆薄四表而止地亦升降於天之中冬至而下夏至而上二至上下蓋
極地厚也地與星辰俱有四遊升降四遊者自立春地與星辰西遊春分西遊
之極地雖西極升降正中從此漸漸而東至春末復正自立夏之後北遊夏至
北遊之極地則升降極下至夏季復正立秋之後東遊秋分東遊之極地則升
降正中至秋季復正立冬之後南遊冬至南遊之極地則升降極上冬季復正
此是地及星辰四遊之義也星辰亦隨地升降故鄭注考靈耀云夏日道上與
四表平下去東井十二度爲三萬里則是夏至之日上極萬五千里星辰下極
萬五千里故夏至之日下至東井三萬里也日有九道故考靈耀云萬世不失
九道謀鄭注引河圖帝覽嬉云黄道一青道二出黄道東赤道二出黄道南白
道二出黄道西黑道二出黄道北日春東從青道夏南從赤道秋西從白道冬
北從黑道立春星辰西遊日則東遊春分星辰西遊之極日東遊之極日與星
辰相去三萬里夏則星辰北遊日則南遊夏至星辰北遊之極日南遊之極日
與星辰相去三萬里以此推之秋冬。放此可知計夏至之日日在井星正當嵩
高之上以其南遊之極故在嵩高之南萬五千里所以夏至有尺五寸之景也
於時日又上極星辰下極故日下去東井三萬里也然鄭四遊之極元出周髀
之文但日與星辰四遊相反春分日在婁則婁星極西日體在婁星之東去婁
三萬里以度言之十二度也則日沒之時去昏中之星近校十度旦時日極於
東去旦中之星遠校十度若秋分日在角則角星極東日體在角。星之西去角
三萬里則日沒之時去昏中之星遠校十度旦時日極於西去旦中之星近校
十度此皆曆乖。遠於數不合鄭無。指解其事有疑但禮是鄭學故。具言之耳賢
者裁焉但二十八宿從東而左行日從西而右行一度逆沿二十八宿按漢書

律曆志云冬至之時日在牽牛初度春分之時日在婁四度夏至之時日在東井三十一度秋分之時日在角十度若日在東井則晝極長八尺之表尺五寸之景若春分在婁秋分在角晝夜等八尺之表七尺五寸之景冬至日在斗則晝極短八尺之表一丈三尺之景一丈三尺之中去其一尺五寸則餘有一丈一尺五寸之景是冬夏往來之景也凡於地千里而差一寸則夏至去冬至體漸南漸下相去一十萬五千里又考靈耀云正日假上八萬里假下一十萬四十里所以有假上假下者鄭注考靈耀之意以天去地十五萬三千五百里正月雨水之時日在上假於天八萬里下至地一十一萬三千五百里夏至之時日上極與天表平也後日漸向下故鄭注考靈耀云夏至日與表平冬至之時日下至於地八萬里上至於天十一萬三千五百里也委曲俱見考靈耀注凡二十八宿及諸星皆循天左行一日一夜一周天一周天之外更行一度計一年三百六十五周天四分度之一日月五星則右行日一日一度月一日十一三度十九分度之七此相通之數也今曆象之說則月一日至於四日行最疾日行十四度餘自五日至八日行次疾日行十三度餘自九日至十九日行則遲日行十二度餘自二十日至二十三日又小疾日行十三度餘自二十四日至於晦行又最疾日行十四度餘此是月行之大率也二十七日月行一周天至二十九日強半月及於日與日相會乃爲一月故考靈耀云九百四十分爲一日二十九日與四百九十九分爲月是一月二十九日之外至第三十日分至四百九十九分月及於日計九百四十分則四百七十爲半今四百九十九分是過半二十九分也但月是陰精日爲陽精故周髀云日猶火月猶水火則外光水則含景故月光生於日所照魄生於日所蔽當日則光盈就日則明盡京房云月與星辰陰者也有形無光日照之乃有光先師以爲日似彈丸月似鏡體或以爲月亦似彈丸日照處則明不照處則闇按律曆志云二十八宿之度角一十二度亢九氐十五房五心五尾十八箕十一東方七十五度斗二十六牛八女十二虛十危十七營室十六壁九北方九十八度奎十六婁十二胃十四昴十一畢十六觜二參九西方八十度井三十三鬼四柳十五星七張

十八翼十八軫十七南方一百一十二度丑為星紀初斗十二度終婺女七度子為玄枵初婺女八度終於危十五度亥為娵訾初危十六。終於奎四度戌為降婁初奎五度終於胃六度酉為大梁初胃七度終於畢十一度申為實沈初畢十二度終於井十五度未為鶉首初井十六度終於柳八度午為鶉火初柳九度。終張十六度巳為鶉尾初張十八度終於軫十一度辰為壽星初軫十二度終於氐四度卯為大火初氐五度終於尾九度寅為析木初尾十度終於斗十一度五星者東方歲星南方熒惑西方太白北方辰星中央鎮星其行之遲速俱在律曆志不更煩說春秋說題辭云天之為言顛也說文云天顛也劉熙釋名云顯也又云坦也地底也其體底下載萬物又云地諦也五土所生莫不信諦元命包云日之為言實也月闕也劉熙釋名云日實也大明盛實月闕也滿則缺也說題辭云星。精。陽之榮也陽精為日日分為星故其字日下生也釋名云星散也布散於天又云陰蔭也氣在內奧蔭也陽揚也陽氣在外發揚此等是天地陰陽日月之名也祭法黃帝正名百物其名蓋黃帝而有也或後人更有增。是其天高地下日盈月闕觜星度少共斗度多日月右行星辰左轉四遊升降之差二儀運動之法非由人事所作皆是造化自然先儒因其自然遂以人事為義或據理是實或構虛不經既無正文可馮今皆略而不錄

孟春之月日在營室昏參中旦尾中

孟長也日月之行一歲十二會聖王因其會而分之以為大數焉觀斗所建命其四時此云孟春者日月會於。娵訾而斗建寅之辰也凡記昏明中星者為人君南面而聽天下視時候以授民事○參析林反中如字徐丁仲反後放此長丁丈反娵足俱反又足侯反本又作娵同訾子斯反為人于僞反

疏

孟。春。至。尾。中○正義曰此言孟春者夏正建寅之月也呂不韋在於秦世秦以十月為歲首不用秦正而用夏時者以夏數得天正故用之也周禮雖以建子為正其祭祀田獵亦用夏正也日在營室者按三統曆立春日在危十六度正月中日在室十四度元嘉曆立春日在危三度正月中日在室一度○昏參中者按三統曆立春昏畢十度中去日八十九度正月中昏井二度中去日九十三度元嘉

曆立春昬昴九度中月半昬觜觿一度中皆不昬參中者月令昬明中星皆大略而言不與曆正同但有一月之內有中者卽得載之計正月昬參中依三統曆在立春之後六日參星初度昬得中也但二十八宿其星體有廣狹相去遠近或月節月中之日昬明之時前星以過於午後星未至正南又星有明暗見有早晚明者昬早見而旦晚沒暗者則昬晚見而旦早沒所以昬明之星不可正依曆法但舉大略耳餘月昬明從此可知○注孟長至民事○正義曰禮緯謂庶長稱孟故云孟長也若於人言之庶爲孟若於物言之直爲長也不取庶長之義先儒以孟春亦謂之庶長按尚書康誥云孟侯書傳天子之子十八稱孟侯並皆稱孟豈亦庶長乎先儒以孟春稱庶長者非也云日月之行一歲十二會者日行遲一月行二十九度半餘月行疾一月行天一帀三百六十五度四分度之一過帀更行二十九度半餘逐及於日而與日會所會之處謂之爲辰鄭注周禮大師職云十一月辰在星紀十二月辰在玄枵正月辰在娵訾二月辰在降婁三月辰在大梁四月辰在實沈五月辰在鶉首六月辰在鶉火七月辰在鶉尾八月辰在壽星九月辰在大火十月辰在析木此是一歲十二會也云聖王因其會而分之以爲大數焉者聖王因其日月自然之會而分爲十二分以爲大略之數焉所以爲大略之數者以二十九日過半月及於日月不可分兩月各有二十九日又兩月各有強半之日合兩半而成一日是一月有三十日一月二十九日一大一小之外仍有餘分一年十二月六大六小總有三百五十四日是歲十二會之實數也仍少十一日四分日之一未得周天聖王總以三百六十五日四分日之一爲十二會之大數一會卽一辰也是一辰有三十度十二辰總有三百六十度餘有五度四分度之一度別爲九十六分總五度有四百八十分又四分度之一爲二十四分幷之爲五百四分十二辰分之各得四十二分則是每辰有三十度九十六分度之四十二計之日月實行一會唯二十九分過半若通均一歲會數則每會有三十度九十六分度之四十二是以分之爲大數也此云孟春者日月會於娵訾而斗建寅之辰者娵訾是亥次之號立春之時日在危十六度月半雨水之時日在營室十四度營

室號娵訾但星次西流日行東轉東西相逆若月初之時則日在星分之初月半之時則在星分之半月終之時在星分之末凡十二月日之所在或舉月初或舉月末皆據其大略不細與曆數齊同其昏明中星亦皆如此斗謂北斗循天而轉行建一月一辰辰三十度九十六分度之四十二正月建寅二月建卯三月建辰四月建巳五月建午六月建未七月建申八月建酉九月建戌十月建亥十一月建子十二月建丑也其十二辰之名按律曆志云孳萌於子則子孳也又云紐牙於丑則丑紐也又云引達於寅則寅引也又云冒茆於卯則卯冒也又云振美於辰則辰振也又云已盛於巳則巳已也又云咢布於午則午咢也又云昧薆於未則未昧也又云申堅於申則申堅也又云留孰於酉則酉留也又云畢入於戌則戌畢也又云該閡於亥則亥該也律曆志又云北伏也陽氣伏於下於時爲冬冬終也萬物終藏南任也陽氣任養萬物於時爲夏夏假也假大也西遷也陰氣遷落萬物於時爲秋秋者揫也物揫斂也東者動也陽氣動物於時爲春春蠢也物蠢生也云凡記昏明中星者爲人君南面而聽天下視時候授民事者按書緯考靈耀云主春者鳥星昏中可以種稷主夏者心星昏中可以種黍主秋者虛星昏中可以種麥主冬者昴星昏中則入山可以斬伐具器械王者南面而坐視四星之中者而知民之緩急急則不賦力役故敬授民時是時候授民事也

觀其日甲乙

乙之言軋也日之行春東從青道發生萬物月爲之佐時萬物皆解孚甲自抽軋而出因以爲日名焉乙不爲月名者君統臣功也○軋乙入反孚音敷

疏其日甲乙○正義曰其當孟春仲春季春之時日之生養之功謂爲甲乙○注乙之至功也○正義曰乙軋聲相近故云乙之言軋也云日之行春東從青道者以星辰之次謂之黃道春時星辰西遊黃道近西黃道之東謂之青道日體不移依舊而行當青道之上故云東從青道云月爲之佐者以日月皆經天而行月亦從青道陰佐於陽故云月爲之佐知月亦從青道者以緯云月行九道九道者並與日同而青道二黃道東赤道二黃道南白道二黃道西黑道二黃道北幷黃道而爲九道也並與日同也云萬物皆解孚甲自抽軋而出因以爲日名焉者以日能生

養萬物萬物皆抽軋而生因其抽軋以爲日功之名也孚甲在前抽軋在後則應孟。春甲季春爲乙今。三春總云甲乙者孚甲抽軋相去不遠早生者卽孟春孚甲而抽軋也晚生者卽季春孚甲而抽軋也律曆志云出甲於甲則甲是孚甲也又云奮軋於乙則乙軋也又云明炳於丙則丙炳也又云大成於丁則丁成也又云豐茂於戊則戊茂也又云理紀於己則己理也理謂正紀綱也又云改更於庚則庚更也謂物改更也又云悉新於辛則辛新也又云懷任於壬則壬任也又云陳揆於癸則癸揆也謂物之陳列可揆度也云乙不爲月名者君統臣功也者月既佐日同有甲乙之功今獨以甲乙爲日名不以乙爲月名故云君統臣功君謂日也日統領月之功猶若君統領臣之功以爲己功俗本云君統臣功定本云君統功無臣字義。俱通也

其帝大皥。其神句芒此。蒼精之君木官之臣。自古以來著德立功者也。大皥宓戲氏句芒少皥氏之子曰重爲木官之臣。○大皥上音太後文及注大蔟大史大寢大室大微大廟大祝大尉大宰皆同皥亦作昊胡老反大皥宓戲也句芒古侯反下音亡句芒木正也少皥之子曰重爲之後句芒皆放此宓戲音密又音服戲又作虧亦作犧又作羲同許宜反重直龍反

疏其。帝。至。句。芒○正義曰自孟春之月訖其日甲乙明於天道其事略竟從此以下至鴻鴈來明聖人奉天時及萬物節候也故蔡邕云法象莫大乎天地變通莫大乎四時縣象著明莫大乎日月故先建春以奉天奉天然後立帝立帝然後言佐言佐然後列昆蟲之列物有形可見然後音聲可聞故陳音音有音然後清濁可聽故言鐘律音聲可以彰故陳酸羶之屬也羣品以著五行爲用於人然後宗而祀之故陳五祀此以上者聖人記事之次也東風以下者效初氣之序也二者既立然後人君承天時行庶政故言帝者居處之宜衣服之制布政之節所明欽若昊天然後奉天時也

○其帝大。皥者謂自古以來。木德之君其帝大。皥也謂之。皥者按異義古尚書說元氣廣大謂之。皥天則。皥。皥廣大之意以伏犧德能同天故稱皥以東方生養元氣盛大西方收斂元氣便小故東方之帝謂之大。皥西方之帝謂之少。皥

○其神句芒者謂自古以來主春立功之臣其祀以爲神是句芒者主木之官

木初生之時句屈而有芒角故云句芒言大皞句芒者以此二人生時木王主春立德立功及其死後春祀之時則祀此大皞句芒故言也此此之言據死後享祭之時不論生存之日故云其神句芒句芒言其神則大皞亦神也大皞言帝則句芒當云臣也互而相通大皞在前句芒在後相去縣遠非是一時大皞木王句芒有主木之功故取以相配也○注此蒼至木官○正義曰蒼是東方之色故下云駕蒼龍服蒼玉此是蒼精之君也則東方當木行之君也云著德立功者著德謂大皞立功謂句芒也云大皞宓戲氏者以東方立德則謂之大皞德能執伏犧牲謂之伏犧即宓戲也律曆志云大皞作罔罟以田漁取犧牲故天下號曰庖犧氏又帝王世紀云取犧牲以供庖廚食天下故號曰庖犧氏或作密戲氏者密字誤也當宀下著必是古之伏字按帝王世紀云大皞帝庖犧氏風姓也母曰華胥遂人之世有大人之迹出於雷澤之中華胥履之生庖犧於成紀蛇身人首有聖德爲百王先帝出於震未有所因故位在東主春象日之明是以稱大皞一號黄熊氏云少皞氏之子曰重爲木官者按昭二十九年左傳蔡墨云少皞氏有四叔曰重曰該曰脩曰熙重爲句芒該爲蓐收脩及熙爲玄冥顓頊氏有子曰犂爲祝融共工氏有子曰句龍爲后土是重爲句芒若然按楚語云重爲南正司天犂爲火正司地所以又爲南正火正不同者蓋重爲木正兼爲南正司天犂爲火正兼爲北正司地故韋昭注國語云火當爲北重既顓頊時爲南正按楚世家高辛氏誅重犂依帝繫顓頊高辛各有一人爲帝則重既事顓頊又事高辛鄭則依命曆序以顓頊傳九世帝嚳傳十世則重何得事顓頊又事高辛者師解重人號雖子孫皆號曰重猶若羿爲堯時射官至夏后相之時猶有羿也自古以來紀君臣之號按昭十七年左傳云顓頊以來不能紀遠乃紀於近命以民事服注云自少皞以上天子之號以其德百官之號以其徵自顓頊以來天子之號以其地百官之紀以其事則伏犧神農黄帝少皞皆以德爲號也高陽高辛唐虞皆以地爲號也雖以地爲號兼有德號則帝嚳顓頊堯舜是其德號

其蟲鱗象物孚甲將解鱗龍蛇之屬

其音角謂樂器之聲也三分羽益一以生角角數六十四屬木者以其

清濁中民象也春氣和則角聲調樂記曰角亂則憂其民怨凡聲尊卑取象五行數多者濁數少者清大不過宮細不過羽

疏其音角○正義曰其春時之音爲當於角取象木之聲不云其聲角而云其音者單出曰聲雜比曰音音則樂曲也以春時調和樂以角爲主故云其音角○注謂樂至過羽○正義曰恐是他物之聲故云樂器也但角是扣木之聲但作樂器之體象此扣木之聲故云三分羽益一以生角角數六十四者以天地人謂之三才又陽數極於九故律曆志云五聲之本生黃鍾律之九寸爲宮於管則九寸於弦則九九八十一絲也律曆志又云或損或益以定宮商角徵羽宮三分去一下生徵徵數五十四徵三分益一上生商商數七十二商三分去一下生羽羽數四十八羽三分益一上生角角數六十四是其損益相生之數也律曆志云商之爲言章也物成熟可章度也角觸也觸地而出戴若角也宮中也居中央暢四方唱始施生爲四聲綱也徵祉也物盛大而蕃祉也羽聚也聚藏宇覆之也云屬木者以其清濁中民象也者木之聲清於土金之聲濁於水火之聲今角聲亦清於宮商濁於徵羽故角聲屬木所以清濁中凡數多者濁數少者清今宮數八十一商數七十二徵數五十四羽數四十八角數六十四少於宮商多於徵羽故云清濁中既尊者爲濁卑者爲清民則卑於君臣尊於事物亦是尊卑之中故云民之象也按樂記及律曆志云宮爲君商爲臣角爲民徵爲事羽爲物羽屬北方其數少所以黃鍾在子其數多者冬時凝寒之氣在於地上水又清輕羽既稟其寒氣又象水聲故其數少冬至陽氣伏於地下溫積土中黃鍾含藏陽氣又象土聲故其數多各自爲義不相須也引樂記曰角亂則憂其民怨者證明角主於人云凡聲尊卑取象五行者宮主土土聲濁其數多故主君商主金金聲稍重其數稍多故爲臣角主木木聲清濁中其數多少中故爲民徵主火火聲稍輕其數稍少故爲事事謂人之所營事務也羽爲水水聲極輕其數最少故爲物物也物謂人之所用財物指其所營謂之事論其所用之體謂之物人是萬物之靈事物是人營作故卑於人也云大不過宮細不過羽者按國語景王欲鑄無射伶州鳩諫云大不踰宮細不踰羽不踰即過也

律中大蔟律候

氣之管以銅爲之中猶應也孟春氣至則大蔟之律應應謂吹灰也大蔟者林鍾之所生三分益一律長八寸凡律空圍九分周語曰大蔟所以金奏贊陽出滯○律中丁仲反後放此凡如此之例十二月文注皆可以類求之蔟七豆反奏也應應對之應下皆放此長直亮反又如字後皆放此律空徐音孔

其數八

數者五行佐天地生物成物之次也易曰天一地二天三地四天五地六天七地八天九地十而五行自水始火次之木次之金次之土爲後木生數三成數八但言八者舉其成數

其味酸其臭羶

木之臭味也凡酸羶者皆屬焉○羶失然反

其祀戶祭先脾

春陽氣出祀之於戶內陽也祀之先祭脾者春爲陽中於藏直脾脾爲尊凡祭五祀於廟用特牲有主有尸皆先設席于奧祀戶之禮南面設主于戶內之西乃制脾及腎爲俎奠于主北又設盛于俎西祭黍稷祭肉祭醴皆三祭肉脾一腎再既祭徹之更陳鼎俎設饌于筵前迎尸略如祭宗廟之儀○脾婢支反藏才浪反後放此直丈吏反又如字下宿直同後放此奧烏報反腎時忍反

疏「律中大蔟」○正義曰上從其日甲乙下終其祀戶皆總主三月一時之事此律中大蔟惟主正月之氣宜與東風解凍文次相連必在於其此者角是春時之音律審正月之氣音由氣成以其音氣相須故律角同處言正月之時候氣之管中於大蔟中猶應也謂候氣飛灰應於大蔟其大蔟夾鍾六律六呂之等皆是候氣管名言正月之時律之候氣應於大蔟之管又計大蔟管數倍而更半鑄之爲鐘名曰大蔟之鐘是大蔟之鐘元生於大蔟之律是律在於前鐘生於後故律曆志云黃帝使伶倫氏自大夏之西崑崙之陰坂竹之解谷斷兩節間而吹之以爲黃鍾之宮制十二筩以聽鳳凰之鳴其雄鳴則爲六律雌鳴則爲六呂是律生在前蔡氏以爲大蔟鍾名先有其鐘後有其律言律中此大蔟之鐘其義非也陽管爲律律法也言陽氣與陰氣爲法鄭云律述也述氣之管陰管爲呂律曆志云呂助也言助陽宣氣又云呂拒也言與陽相承更迭而至又陰律稱同言與陽同也總而言之陰陽皆稱律故十二月皆云律中是也按律曆志云黃鍾黃者中之色君之服也鍾者種也陽氣施種於黃泉孳萌萬物爲六氣元也

變動不居周流六虛位。於子在十一月大呂呂旅也言陰氣大旅助黃。鍾宣氣
而芽物也位。在於丑在於十二月大蔟蔟湊也言陽氣大湊地而達物也位。於
寅在正月夾。鍾。鍾。鍾也夾助也言陰夾助大蔟宣四方之氣而出。鍾物也位。於
卯在二月。姑洗洗洗之言絜也言陽氣洗物。姑絜之也位。於辰在三月仲呂言微
陰始起未成。著於其中旅助。姑洗宣氣齊物也位於巳在四月蕤賓蕤繼也賓
道也言陽氣始道陰氣使繼養物也位。於午在五月林鍾林君也陰氣受任助
蕤賓君主種物使長大。茂盛也位。於未在六月夷則則法也言陽正法度而使
陰氣夷當傷之物位。於申在七月南呂南任也言陰氣旅助夷則任成萬物也
位。於酉在八月無射射厭也言陽氣究物而使陰氣畢剝落之終而復始無厭
巳也位。於戌在九月應。鍾言陰氣應無射該藏萬物而雜陽閡種也位。於亥在
十月其十二律則有上生下生同位異位長短分寸之別故鄭注周禮大師職
云其相生則以陰陽六體。爲黃。鍾初九也下生林。鍾之初六林。鍾又上生大蔟
之九二大蔟又下生南呂之六二南呂又上生。姑洗之九三。姑洗又下生應。鍾
之六三應。鍾又上生蕤賓之九四蕤賓又上生大呂之六四大呂又下生夷則
之九五夷則又上生夾。鍾之六五夾。鍾又下生無射之上九無射又上生中呂
之上六同位者象夫妻異位者象子母所謂律取妻而呂生子也黃。鍾長九寸
其實一。籥下生者三分去。一生者三分益一五下六上乃一終矣大呂長八寸
二百四十三分寸之一百四大蔟長八寸夾。鍾長七寸二千一百八十七分寸
之千七十五。姑洗長七寸九分寸之一中呂長六寸萬九千六百八十三分寸
之萬二千九百七十四蕤賓長六寸八十一分寸之二十六林。鍾長六寸夷則
長五寸七百二十九分寸之四百五十一南呂長五寸三分寸之一無射長四
寸六千五百六十一分寸之六千五百二十四應。鍾長四寸二十七分寸之二
十是也同位象夫妻者則黃。鍾之初九下生林。鍾之初六同是初位故爲夫婦
又是律娶妻也異位爲子母者謂林。鐘上生大蔟林。鍾是初六大蔟是二位故
云異位爲子母又是呂生子也云五下六上者謂林。鍾夷則南呂無射應。鍾皆
被子午巳東之管三分減一而下生之六上者謂大呂大蔟夾。鍾。姑洗中呂蕤

賓皆被子午巳酉之管三分益一而上生之子午皆屬上生應云七上而云六上者以黃鍾爲諸律之首物莫之先似若無所稟生故不數黃鍾也其實十二律終於仲呂還反歸黃鍾生於仲呂三分益一大略得應黃鍾九寸之數也律曆志云黃鍾爲天統林鍾爲地統大蔟爲人統故數整餘律則各有分數○注律候至出滯○正義曰按司農注周禮云陽律以竹爲管陰律以銅爲管鄭康成則以皆用銅爲之知者按律曆志量者龠合升斗斛本起黃鍾之龠而五量如之其法皆用銅聲中黃鍾以此準之故知用銅也司農云陽律以竹陰律以銅非也云應謂吹灰也者蔡邕云以法爲室三重戶閉塗釁必周密布緹縵室中以木爲案每律各一案內庳外高從其方位加律其上以葭灰實其端其月氣至則灰飛而管通如蔡所云則是爲十二月律則布室內十二辰若其月氣至則其辰之管灰飛而管空也然則十二律各當其辰邪埋地下入地處庳出地處高故云內庳外高黃鍾之管埋於子位上頭鄉南以外諸管推之可悉知又律云以河內葭莩爲灰宜陽金門山竹爲管熊氏云按吹灰者謂作十二律管於室中四時位上埋之取蘆莩燒之作灰而實之律管中以羅縠覆之氣至則吹灰動縠矣小動爲氣和大動爲君弱臣強專政之應不動縠爲君嚴猛之應云凡律空圍九分者以黃鍾爲諸律之首諸律雖長短有差其圍皆以九分爲限孟康云林鍾長六寸圍六分則圍之大小逐管長短然則分寸之數不可定也故鄭皆爲圍九分也引周語曰以下者按周語景王欲鑄無射伶州鳩對以此辭按彼注云大蔟正聲商故爲金奏所以助陽出滯物也○注數者至成數○正義曰五行佐天地生成萬物之次者五行謂金木水火土謂之五行者按白虎通云行者言欲爲天行氣也謂之水者白虎通云水訓準是平均法則之稱也言水在黃泉養物平均有準則也木觸也陽氣動躍觸地而出也火之爲言化也陽氣用事萬物變化也金訓禁也言秋時萬物陰氣所禁止也土訓吐也言土居中總吐萬物也生物者謂木火七八之數也成物者謂金水九六之數也則春夏生物也春冬成物也故易繫辭云精氣爲物遊魂爲變也注云精氣謂七八遊魂謂九六則是七八生物九六終物是也引易曰以下者易下

繫文也天陽地陰陽數奇陰數耦陽所以奇者陽爲氣氣則渾沌爲一無分別之象又爲日日體常明無虧盈之異故其數奇其陰數所以耦者陰爲形形則有彼此之殊又爲月月則有晦朔之別故其數耦按律曆志云天數二十五所以二十五者天一天三天五天七天九總爲二十五律曆志又云地數三十者地二地四地六地八地十故三十也以天地之數相合則易之大衍之數五十五也云五行自水始火次之木次之金次之土爲後者天一生水於北地二生火於南天三生木於東地四生金於西天五生土於中以益五行生之本按尚書洪範云一曰水二曰火三曰木四曰金五曰土故其次如是也所以一曰水者乾貞於十一月子十一月一陽生故水數一也又天地之内水體最微故水爲始也二曰火者坤貞於六月未六月兩陰生陰不敢當午火比於水嚴厲著見故次火也三曰木者正月三陽生是建寅之月故三曰木木比火象有體質故次木也四曰金者八月四陰生是建酉之月故四曰金金比木其體堅剛故次金也五曰土者三月五陽生三月建辰之月辰爲土是四季之首土王四季故五曰土載四行又廣大故次土也水所以在北方者從盛陰之氣所以潤下者下從陰也火所以在南方者從盛陽之氣炎上者從陽也木所以在東者東是半陰半陽曲直以陰陽俱有體質尚柔故可曲可直也金所以在西方者西方亦半陰半陽但物既成就體性堅剛雖可改革猶須火柔之土所以在中者以其包載四行含養萬物爲萬物之主稼穡者所以養萬物也云木生數三成數八者鄭注易繫辭云天一生水於北地二生火於南天三生木於東地四生金於西天五生土於中陽無耦陰無配未得相成地六成水於北與天一幷天七成火於南與地二幷地八成木於東與天三幷天九成金於西與地四幷地十成土於中與天五幷也大衍之數五十有五五行各氣幷氣幷而減五惟有五十以五十之數不可以爲七八九六卜筮之占以用之故更減其一故四十有九也是鄭注之意水數一成數六火數二成數七木數三成數八金數四成數九土數五成數十故此云木生數三成數八但言八者舉其成數者金木水火以成數爲功皇氏用先儒之義以爲金木水火得土而成以水數一得土數五

故六也火數二得土數五爲成數七木數三得土數五爲成數八又金數四得土數五爲成數九此非鄭義今所不取○注木之至屬焉○正義曰通於鼻者謂之臭在口者謂之味臭則氣也所以木味。酸尚書孔傳云木實之性然則木實酸凡草木所生其氣羶也夏其味苦其臭焦者尚書孔傳云。焦之氣味火燒物焦焦則味苦中央云其味甘其臭香孔傳云甘味生於百穀味甘則氣香秋其味辛其臭腥者孔傳云金之氣味言金臭之氣則腥在。口則辛冬云其味鹹其臭朽者孔傳云水鹵所生故味鹹又水受惡穢故有朽腐之氣○注春陽至之儀○正義曰春陽氣出祀之於戶者戶在內從外向內戶又在內故云內陽也戶是人之出入戶則有神故祭法注七祀云小神居人之間司察小過作譴語者爾此戶神則陽氣在戶內之神故云祀之於戶內陽也由位在戶內又秋其祀門注云秋陰氣出祀之於門者門在外從內向外門又在外故云外陰也則門神陰氣之神是陰陽別氣在門戶者與人作神也又云春爲陽中於藏值脾脾爲尊者以祭戶之時脾腎俱有先用脾以祭之者以春爲陽中於藏值脾脾既春時最尊故先祭之脾爲尊也所以。春。位當脾者牲。立南首肺祭在前而當夏也腎最在後而當冬也從冬稍前而當春從腎稍前而當脾故春位當脾從肺稍却而當心故中央主心從心稍却而當肝故秋位主肝此等直據牲之五藏所在而當春夏秋冬之位耳若其五行所生主五藏則不然矣故異義云今文尚書。歐陽說肝木也心火也脾土也肺金也腎水也古尚書說脾木也肺火也心土也肝金也腎水也許慎。按月令春祭脾夏祭肺季夏祭心秋祭肝冬祭腎與古尚書同鄭駮之云月令祭四時之位及其五藏之上下次之耳冬位在後而腎在下夏位在前而肺在上春位小前故祭先脾秋位小却故祭先肝腎也脾也俱在鬲下肺也心也肝也俱在鬲上祭者必三故有先後焉不得同五行之氣今醫疾之法以肝爲木心爲火脾爲土肺爲金腎爲水則有瘳也若反其術不死爲劇如鄭此言五行所主則從今文尚書之說不同許慎之義云凡祭五祀於廟用特牲之下皆中霤禮文云祭五祀於廟者設祭戶祭中霤在於廟室之中先設席於廟堂之奧若祀竈祀門祀行皆在廟門外先設席於廟門之奧雖廟室。廟。門有別總而言之皆謂之廟故云凡祭五祀於廟此謂殷禮也若周則七祀加司命與厲也不審祀之處所亦當與竈門行等俱在廟門之外祀也若周總在宮內故宮正。法云祭社稷七祀於宮中此特牲謂特牛故小司徒云小祭祀奉牛牲注云小祭祀王玄冕所祭若諸侯或亦當然其大夫所祭或特羊也云有主有尸者謂天子諸侯若卿大夫廟無主則五祀無主也云祀之禮設主於戶內西者先設席於奧乃更設席於廟戶西夾北嚮置主位設主之人南面設主於戶西位上使主北面云乃制脾及腎爲俎奠於主北者謂設主之後以割制脾之與腎爲俎實奠于主北主既北面奠於主前云又設盛於俎西者盛謂黍稷俎在主前稍東故黍稷之簋在主前稍西云祭黍稷祭肉祭醴皆三者當時惟始設主未有迎尸則是。祀官祭簋中黍稷祭俎中脾腎之肉祭薦之醴皆三度祭之黍亦三祭醴亦三祭肉亦三祭故云皆三祭云肉脾一腎再者申明祭肉三度之事其祭肉三者脾尊故一祭腎卑故再祭云既祭徹之更陳鼎俎設饌于筵前者謂既祭黍稷祭肉醴之後徹去俎之與盛更陳列鼎俎設其饌食於初設奧之筵前其時主已移於筵上主人出戶迎尸尸入即筵而坐但宗廟之祭尸入之後始祭籩豆及黍稷醴其祭戶之時已於西祭黍祭肉祭醴今迎尸而入則應坐而饌食不更祭黍稷祭肉祭醴故云略如祭宗廟之儀祭戶所以先設席。於奧乃設饌筵迎尸皆在奧者就尊之處也中間設主祭黍祭。肉戶西者就戶處也其餘五祀所祭設主皆就其處也

東風解凍蟄蟲始振魚上冰。獺祭魚鴻鴈來

皆記時候也振動也夏小正正月啓蟄魚陟負。冰漢始亦以驚蟄爲正月中此時魚肥美獺將食之先以祭也鴈自南方來將北反其居今月令鴻皆爲候

疏東風至鴈來〇正義曰此記正月之時候然十二月之時候體例不一一而正月七月記時候。凡有五句自餘皆四句多少不同者時候多則五句少則四句無義例也其二至二分之月皆再記於時候者以二至是陰陽之始終二分是陰陽之交會是節之大者故再記之季春亦記時候者蠶之將生故記其蠶候也故季春鳴鳩拂其羽戴勝降于桑注蠶將生之候是也凡記時候先言者

則氣候在前後言者則氣候在後言蟄蟲始振者謂正月中氣之時蟄蟲得陽氣初始振動至二月乃大驚而出對二月故云始振云魚上冰者魚當盛寒之時伏於水下逐其温暖至正月陽氣既上魚游於水上近於冰故云魚上冰也○注夏小至爲候○正義曰夏小正大戴禮之篇名云正月啓蟄者證經中蟄蟲始振始振則啓蟄也云魚陟負冰者陟升也謂魚從水下升於冰上而負冰證經中魚上冰云漢始亦以驚蟄爲正月中者以漢之時立春爲正月節驚蟄爲正月中氣雨水爲二月節春分爲二月中氣至前漢之末以雨水爲正月中驚蟄爲二月節故律曆志云正月立春節雨水中二月驚蟄節春分中是前漢之末劉歆作三統曆改驚蟄爲二月節鄭以舊曆正月啓蟄即驚也故云漢始亦以驚蟄爲正月中但蟄蟲正月始驚二月大驚故在後移驚蟄爲二月節雨水爲正月中凡二十四氣按三統曆正月節立春雨水中二月節驚蟄春分中三月節穀雨清明中四月節立夏小滿中五月節芒種夏至中六月節小暑大暑中七月節立秋處暑中八月節白露秋分中九月節寒露霜降中十月節立冬小雪中十一月節大雪冬至中十二月節小寒大寒中按通卦驗及今曆以清明爲三月節穀雨爲三月中餘皆與律曆志並同謂之雨水者言雪散爲雨水也謂之驚蟄者蟄蟲驚而走出謂之穀雨者言雨以生百穀謂之清明者謂物生清淨明絜謂之小滿者言物長於此小得盈滿謂之芒種者言有芒之穀可稼種謂之小暑大暑者就極熱之中分爲小大月初爲小月半爲大謂之處暑者謂暑既將退伏而潛處謂之白露者陰氣漸重露濃色白謂之寒露言露氣寒將欲凝結謂之小雪大雪者以霜雨凝結而雪十月猶小十一月轉大謂之小寒大寒者十二月極寒之時相對爲大小月初寒爲小月半寒爲大凡二十四氣氣有十五日有餘每氣中半分之爲四十八氣氣有七日半有餘故鄭注周禮云有四十八箭是一氣易一箭也凡二十四氣每三分之七十二氣氣間五日有餘故一年有七十二候也故通卦驗冬至之前五日商賈不行兵甲伏匿人主與羣臣左右從東爾五日以五日一候也按通卦驗云立春雨水降條風至雉雊雞乳冰解條風即東風也冰解即解凍也與月令同雨水者謂節

氣早月初雨。水也雉雊雞乳於月令在季冬若節氣晚亦得退在正月通卦驗云正月中猛風至注云猛風動搖樹木有聲者猛風即東風之甚也獺祭魚與此同按下季冬鴈北鄉據其從南始北正月來至中國故此云鴈來但來有先後後者二月始來故通卦驗二月節云候鴈北云今月令鴈皆爲候者但月令出有先後入禮記者爲古不入禮記者爲今則呂氏春秋是也鴈字皆爲候。也

○天子居青陽左个乘鸞路駕倉龍載青旂衣青衣服倉。玉食麥與羊其器。疏。以達皆所以順時氣也青陽左个大寢東堂北偏鸞路有虞氏之車有鸞和之節而飾之以青取其名耳春言鸞冬夏言色互文馬八尺以上爲龍凡所服玉謂冠飾及所佩者之衡璜也麥實有孚甲屬木羊火畜也時尚寒食之以安性也器疏者刻鏤之象物當貫土而出也凡此車馬衣服皆所取於殷時而有變焉非周制也周禮朝祀戎獵事服各以其事不以四時爲異又玉藻曰天子龍衮以祭玄端而朝日皮弁以日視朝與此皆殊○个古賀反後放此鸞力官反路本又作輅載音戴後放此旂巨機反後放此衣青於既反後放此下注衣甲保猶衣同器本又作器同冬夏此卷內可以意求之璜音黃畜謀又反貫古亂反朝直遙反下文注同卷本又作衮古本反玄端音冕

【疏】天。子。至。以。達。○正義曰此已前明天時氣候早晚此明天子每時居處及所乘車馬所建。旂。旗所服衣玉所食牲穀及器物之屬龍與玉言蒼者蒼亦青也遠望則蒼旂與衣云青者欲見人功所爲故以近色言之○注皆所至皆殊○正義曰色則順時食與器則順氣也云青陽左个大寢東堂北偏者北偏近北也然則此是明堂北偏而云大寢者欲明明堂與大廟大寢制同故兼明於明堂聽朔竟次還大廟次還大寢也然云東堂則知。聽朔皆堂不於五角之室中也云鸞路有虞氏之車者明堂位云鸞車有虞氏之路也今既云鸞路故知是有虞氏之車也用有虞氏則知非周也云有鸞和之節而飾之以青取其名耳者因其有鸞故不言青而云鸞也云春言鸞冬夏言色互文者春言鸞則夏秋冬並鸞也夏云朱冬云玄則春青秋白可知也云馬八尺以上爲龍者出庾人職云凡

所服玉謂冠飾及所佩者之衡璜者冠飾卽冕之旒及笄也衡璜卽是所佩玉之名也佩玉之制按韓詩外傳云佩玉上有葱衡下有雙璜牙蠙珠以納其間則古之佩玉上以葱爲衡橫置於上以貫珠之繩三條縣於衡上垂之而下以雙璜縣於兩畔繩之下端又以牙縣於中繩下端使前後觸璜以爲聲衡之下璜之上皆貫蠙珠故云蠙珠以納其間謂納於衡璜之間也云麥實有孚甲屬木者鄭云黍秀舒散屬火麻實有文理屬金菽實孚甲堅合屬水稷五穀之長屬土是五穀所配之方也云羊火畜也者按尚書五行傳曰貌之不恭則有雞禍注雞畜之有冠翼者屬貌言之不從則有犬禍注犬畜之以口吠守者屬言視之不明則有羊禍注羊畜之遠視者屬視聽之不聽則有豕禍注豕畜之居閑衛而聽者屬聽思之不睿則有牛禍注地厚德載物牛畜之任重者屬思王之不極則有馬禍注天行健馬畜之疾行者屬王極是雞爲木畜羊爲火畜牛爲土畜犬爲金畜豕爲水畜但陰陽取象多塗故午爲馬酉爲雞不可一定也云時尙寒食之以安性也者羊是火畜而春時食之明其有意食以安性也春時尙寒故食火畜以助之夏食菽與雞者以氣尤熱水能剋火木必抑土故食北方之穀與東方之牲減其熱氣亦以安性秋食麻與犬者秋氣既涼又將嚮寒不有其害故食當方之穀牲也冬食黍與彘者冬氣極寒故食火穀以減寒寒勝於熱故食當方之牲云器疏者刻鏤之象物當貫土而出也者刻鏤爲文使文理麤疏直而通達也云凡此車馬衣服皆所取於殷時而有變焉非周制也者以虞夏之制有日月星辰十二章之服周之制朝祀戎獵車服各有殊今此下與周禮不同上與虞夏又異故云取殷時也殷乘木路此乘鸞路不純用殷故云而有變焉謂變殷而乘虞路也云周禮朝祀戎獵車服各以其事不以四時爲異者按周禮朝則皮弁服祀則六冕服戎則韋弁服田獵冠弁服又周禮朝乘象路祀乘玉路戎乘革路獵乘木路是車服各以其事不以四時爲異也又引玉藻天子龍衮以祭者證四時皆龍衮玄衣纁裳不隨時而別又引玉藻玄端而朝日者證此朝日不玄端而著青衣又引皮弁以日視朝者皮弁白布衣四時皆然不隨時而變是與此皆殊明月令所云非周法也○是

月也以立春先立春三日大史謁之天子曰某日立春盛德在木天子乃齊。太史禮官之屬掌正歲年以序事謁告也○先悉薦反齊側皆反本亦作齋卷內放此○立春之日天子親帥。三公九卿諸侯大夫以迎春於東郊還反。賞公卿諸侯大夫於朝迎春祭。倉帝靈威仰於東郊之兆也王居明堂禮曰出十五里迎歲蓋殷禮也周近郊五十里賞謂有功德者有以顯賜之也朝大寢門外○還音旋後放此

疏。是。月。至。於。朝○正義曰此一節論立春天子迎春氣及行賞之事各依文解之○是月也以立春者十二月節氣有早晚若節氣晚則月之節氣在當月之內若節氣早月之節氣在前月之中故立春為正月之節有在十二月之時但至立春之。時雖在十二月郎行立春之事云是月者謂是月之氣不謂是月之日也凡四立之月天子車服之下皆云是月以其為下立春立夏立秋立冬事重故云是月其非四立之月仲夏郎云養壯佼季夏云命漁師十一月云飭死事十二月云命有司大難皆不云是月者或是事為細小或是事通他月故不云是月季冬難事雖大惟此月為之亦不云是月者以年事既終惟難而已故不須云是月或作記之人辭有詳略不為義例也凡言是月者是月之後若是事相連接辭有首尾則因前是月不別起是月之文若別事異端則更云是月也他皆倣此此云是月下至以初為常是皆立春之時告命之事故不更云是月次云祈穀於上帝至命曰勞酒論祈穀耕藉反迴勞飲是其一事故不更云是月次云是月也命樂正入學習舞至埋胔論習舞修祭毋用牝牲是含養之事故毋覆巢及掩骼埋胔中間。小異事亦相連故不別云是月次云是月也不可以稱兵與上事別又論天地人之大道故別云是月舉此為例其餘月或云是月或不云是月就文可知○先立春三日者周法。四時迎氣皆前期十日而齋散齋七日致齋三日今秦法簡省故三日也蓋散齋二日致齋一日○盛德在木者天以覆蓋生民為德四時各有盛時春則為生天之生育盛德在於木位故云盛德在木○注大史至謁告也○正義曰按周

禮大史屬春官春官主禮故云大史禮官之屬云掌正歲年以序事者大史職文鄭注云中數曰歲朔數曰年中數者謂十二月中氣一周總三百六十五日四。分之一謂之一歲朔數者朔十二月之朔一周謂三百五十四日謂之爲年此是歲年相對故有朔數中數之別若散而言之歲亦年也故爾雅釋天云唐虞曰載夏曰歲商曰祀周曰年是也按釋言云告謁請也同訓爲請是謁爲告也○立春至於朝○此立春立秋云天子親帥三公九卿諸侯大夫立夏立冬云親帥三公九卿大夫不云諸侯文不備當亦有諸侯故立夏下云乃封諸侯於夏既然明冬諸侯亦然在孟春云賞公卿諸侯大夫於朝孟夏云還乃行賞封諸侯慶賜遂行無不欣說孟秋云還乃賞軍帥武人於朝孟冬云還乃賞死事恤孤寡四時所賞不同者庾云順時氣也春陽氣始著仁澤之時故順其時而賞朝臣及諸侯也至夏陽氣尤盛萬物增長故用是時慶賜轉廣是以無不欣說也秋陰氣始著嚴凝之時故從其時而賞軍帥及武人也至冬陰氣尤盛萬物衰殺故用是時賞死事者及其妻子也○注迎春至門外○正義曰按賈馬蔡邕皆爲迎春祭大皡及句芒以上云其帝大皡其神句芒故也今鄭獨以爲蒼帝靈威仰者以春秋文耀鉤云蒼帝靈威仰禮器云饗帝於郊而風。雨寒暑時是人帝何能使風雨寒暑得時又詩及尚書云上帝皆爲天也周禮司服云王祀昊天上帝則服大裘而冕祀五帝亦如之五帝若是人帝何得與天帝同服故以爲靈威仰上云盛德在木者盛德則靈威仰之。盛德也云王居明堂禮者逸禮之篇名引之者證十五里迎春與周不同故云蓋殷禮也云周近郊五十里者鄭注尚書君陳序云天子近郊五十里今河南洛陽相去則然是也云朝大寢門外者大寢則路寢天子有三朝一是燕朝在路寢也二是治朝則此路寢門外應門之內以其賞賜公卿大夫宜在治事之朝故云大寢門外三是外朝在庫門之外皐門之內大詢衆庶聽斷罪人之處也

○命相布德和令行慶施惠下及兆民相謂三公相王之事也德謂善教也令謂時禁也慶謂休其善也惠謂恤其不足也天子曰兆民○相息亮反注同下善相弁注放此施如字又始豉反休許收許蚪二反美

也○慶賜遂行毋有不當遂猶達也言使當得者皆得得者無非其人○毋音無本亦作無下同當丁浪反○【疏】命。相。至。不。當。○正義曰此一經因上天子迎春反國命三公布教施惠之事各依文解之○注相謂至兆民○正義曰按公羊隱五年傳云三公者何天子之相也自陝而東者周公主之自陝而西者召公主之一相處乎內是三公相王之事也至六國時一人知事者特謂之相故史記稱穰侯范雎蔡澤皆為秦相後又為丞相也云天子曰兆民者左傳閔元年晉卜偃之辭也○注遂猶至其人○正義曰遂是申遂故尚書云顯忠遂良商頌云莫遂莫達是遂為達言慶賜之事通達施行使之周徧云使當得者皆得得無非其人也者謂當慶賜之人皆是有功可慶賜無此不合得慶之人非人謂無功無德之徒○乃命大史守典奉法司天日月星辰之行宿離不貸毋失經紀以初為常典六典法八法也離讀如儷偶之儷宿儷謂其屬馮相氏保章氏掌天文者相與宿偶當審候伺不得過差也經紀謂天文進退度數○宿息六反徐音秀離依注音儷呂計反偶也貸吐得反徐音二馮音憑相息亮反又如字伺音司又息嗣反○【疏】乃。命。至。為。常。○正義曰迎春既還行賞以畢乃命大史之官令守其六典奉其八法司主天文及日月星辰之行天則左還一日一度一年三百六十五度四分度之一又至周一度日月五星並逆。行天。右行各有多少辰有二十八宿亦隨天左行大史令其屬官在其候處止宿配偶相與審候不得貸變過差若應候不候應知不知則是候過差無失經紀者經紀謂天文進退度數言當推勘考校使得其中應進則言進應退則言退若其推步不明。算曆失所遲疾不依其度進退或失其常是失經紀○以初為常者初謂舊來所法恆須遵奉以為常行故云以初為常○注典六至度數○正義曰六典者則太宰云天官治典地官教典春官禮典夏官政典秋官刑典冬官事典八法者一曰官屬二曰官職三曰官聯四曰官常五曰官成六曰官法七曰官刑八曰官計云離讀為儷偶之儷者按成十一年左傳云鳥獸猶不失儷禮有儷皮儷是配偶故云讀如儷偶之儷云馮相氏保章氏掌天文者馮相保章皆中士二人馮相者鄭注馮乘也相視也世登高臺以視天文之次序保章者鄭注保守也世守天文之變雖俱掌天文其事不同馮相氏主日月五星年氣節候推步遲疾審知所在之處若今之司曆主其算術也保章者謂守天之文章謂天文違變度數失其恆次妖孽所在吉凶所生若今之天文家惟主變異也此其所掌別也云相與宿偶當審候伺不得過差者言大史之官使其僚屬馮相保章恆在候處相與止宿配偶共審察伺候不得怠慢不覺天之變異也

○是月也天子乃以元日祈穀于上帝。謂以上辛郊祭天也春秋傳曰夫郊祀后稷以祈農事是故啓蟄而郊郊而後耕上帝。大微之帝也

乃擇元辰天子親載耒耜措之于參保介之御閒帥三公九卿諸侯大夫躬耕帝藉。天子三推三公五推卿諸侯九推。元辰蓋郊後吉辰也耒。耜之上曲也保介車右也置耒於車右與御者之間明己勸農非農者也人君之車必使勇士衣甲居右而參乘備非常也保猶衣也介甲也帝藉為天神借民力所治之田也○耒力對反字林云耕曲木垂所作力佳反又力水反耜音似措七故反置也介音界注同藉在亦反說文作耤云帝耤千畝推出崔反又吐回反下同推謂伐也乘繩證反為于僞反下為仲春為傷為死氣皆同

反執爵于大寢三公九卿諸侯大夫皆御命曰勞酒。既耕而宴飲以勞羣臣也大寢路寢御侍也○勞力報反注同

【疏】是。月。至。勞。酒○正義曰此一節論迎春既反春事已起當祈穀親耕燕勞之事各依文解之○注謂以至之帝○正義曰按郊特牲云郊之用辛鄭注凡為人君當齋戒自新又云郊之祭也迎長日之至鄭注引易說云二王之郊一用夏正春分而日迎長故云迎長日之至郊特牲云郊不言祈穀此經言祈穀不言郊鄭以為二祭是一故此注謂以上辛郊祭天也鄭既以二祭為一恐人為疑故引春秋傳以明之按襄七年左傳云孟獻子曰郊祀后稷以祈農事也是故啓蟄而郊郊而後耕彼祈農事者則此祈穀也彼云郊而後耕此是祈穀

之後即躬耕帝籍是祈穀與郊一也云上帝大微之帝者春秋緯文紫微宮爲
大帝大微爲天庭中有五帝座是卽靈威仰赤熛怒白招拒汁光紀含樞紐祈
穀郊天之時各祭所感之帝殷人則祭汁光紀周人則祭靈威仰以其不定故
總云大微之帝若迎春之時前帝後王皆祭靈威仰故前注云迎春祭蒼帝靈
威仰特指一帝也此郊雖祈穀亦是報天故郊特牲云郊之祭也大報天而主
日也○乃擇元辰至九推甲乙丙丁等謂之日郊之用辛上云元日子丑寅卯
之等謂之爲辰耕用亥日故云元辰○天子親載耒耜者謂天子所乘車上親
載耕田之耒耜措之於參保介御之間者措置也保介車右也御者御車之人
車右及御人皆是主參乘於時天子在左御者在中車右在右言置此耒器於
參乘保介及御者之間然後帥三公九卿而往南郊躬耕藉田也○注元辰至於
之田○正義曰知用亥者以陰陽式法正月亥爲天倉以其耕事故用天倉也
盧植蔡邕並云郊天是陽故用日耕藉是陰故用辰元者善也郊雖用日亦有
辰但日爲吉主耕之用辰亦有日但辰爲主皇氏云正月建寅日月會辰在亥
故耕用亥也未知然否云置耒耜於車右與御者之間明己勸農非農者也王
既親載耒器置耒應須近王今置耒乃於參御二人之間不近王者明王之己
身但是勸農故置耒耜非實農人故不近耒器也所以車右衣甲者以人君尊
重故使勇士衣甲居右備非常也云保猶衣也保卽襁保保謂小被所以衣覆
小兒故云保猶衣也云帝藉爲天神借民力所治之田者耕藉所以爲帝藉者
舉尊言之故祭義云天子爲藉千畝以共齊盛又國語云宣王卽位不藉千畝
虢文公諫曰夫民之大事在農上帝之粢盛於是乎出是藉田共上帝故云爲
天神借民力所治之田也按此立春後始郊郊之後始耕按國語先時九日大
史告以耕事注先先立春日也謂先立春之前以耕與此不同者國語告耕在
立春之前其實耕時在立春之後故國語下云先時五日王卽齋宮注先耕時
也是耕前五日王卽齋宮而齋是知親耕在立春之後也此言天子三推公五
推卿諸侯九推按國語王耕一發班三之賈逵注班次也謂公卿大夫也○王之
下各三其上也王一發公三發卿九發大夫二十七發天子三推公五推卿諸

侯九推此是貴賤耕發相三之數也不云士者士賤不與耕也故國語云庶人終於千畝又周禮甸師是下士云帥其屬而耕耨王藉鄭注云庶人謂徒三百
人○注既耕至路寢○正義曰按國語耕後宰夫陳饗膳夫贊王王歆大牢是耕後設饗而此云既耕而燕飲者饗禮在廟燕禮在寢此云執爵于大寢故知
燕也國語云饗者蓋用饗之餼具而行燕禮以勞羣臣按上迎春而反賞公卿大夫於路寢門外正朝此耕藉而反勞羣臣在於路寢不同者爵賞公事與衆
共之故在正朝燕勞私禮主於歡心故在路寢○是月也天氣下降地氣上騰天地和同草木萌動此陽
氣蒸達可耕之候也農書曰土長冒橛陳根可拔耕者急發○上時掌反注土上同萌莫耕反蒸音證又之烝反冒莫報反覆也橛求月反王命布
農事命田舍東郊皆脩封疆審端經。術田謂田畯主農之官也舍東郊順時氣而居以命其事也封疆田首之分職術
周禮作遂夫間有遂遂上有徑遂小溝也步道曰徑今尚書曰分命羲仲宅嵎夷也○疆居良反注皆同徑術古定反注同術依注音遂畯音俊分扶問反嵎
音愚善相丘陵阪險原隰土地所宜五穀所殖以教道民必躬親之相視也○阪音反又險上
蒲版反下許檢反道音導田事既飭先定準直農乃不惑說所以命國舍東郊之意也準直謂封疆徑遂也夏小正曰農率均
田○飭音敕率所類反謂田正【疏】天。氣。至。不。惑○正義曰此一節論少陽之月務其始生故既耕之後當勸農事各依文解之○天氣下降者天地之氣謂
之陰一陽一年之中或升或降故聖人作象各分爲六爻以象十二月陽氣之升從十一月爲始陽氣漸升陰氣漸下至四月六陽皆升六陰皆伏至五月一陰
初升陰氣漸升陽氣漸伏至十月六陰盡升六陽盡伏然則天氣下降地氣上騰五月至十月也地氣下降天氣上騰十一月至四月也今正月云天氣下降
地氣上騰者陽氣五月之時爲陰從下起上嚮排陽氣第六陽氣上極反退至十一月之時六陽退盡皆伏於下至十一月陽之一爻始動地中至十二月陽漸

升陽尚微未能生物之極正月三陽既上成爲乾卦乾體在下三陰爲坤坤體在上乾爲天坤爲地今天居地下故云天氣下降地在天上故云地氣上騰是陽氣五月初降至正月爲天體而在坤下也十一月一陽初生而上排陰陰之上六漸退反歸於下至四月陰爻伏盡六陽在上五月一陰生六月二陰生陰氣尚微成物未具七月三陰生而成坤體坤體在下三陽爲乾而體在上則是地氣在下天氣在上故正月爲泰泰通也天地交通七月爲否否塞也言天地陽塞所以十月云地氣下降天氣上騰者以十月之時純陰用事地體凝凍寒氣遍物地又在下故云地氣下降於時六陽從上退盡無復用事天體在上不近於物似若陽歸於天故云天氣上騰其實十月天氣反歸地下若審察於此不足可疑而劉洽氾閣皇侃之徒既不審知其理又不能定其旨趣諠諠撓撓亦無取焉○注此陽至急發○正義曰經云天氣下降注陽氣蒸達又似陽氣上升者以陽○氣從五月下降至十一月從下初升至正月始成乾體而在三陰之下故云天氣下降其實於時陽從地中升也引農書曰下者按漢書藝文志農書有九家百一十四篇神農二十篇野老十七篇宰氏十七篇董安國十六尹都尉十四趙氏五篇鄭所引農書勝之十八篇王氏六篇蔡癸一篇鄭所引農書先師以爲氾勝之書也漢書注氾音汎成帝時爲議郎使教田三輔也土長冒橛者謂置橛以候土土長冒橛陳根朽爛可拔而去之耕者急速開發其地也○王命至徑術○於是春氣既和王命羣官分布檢校農之事命遣田畯官舍於郊之上令農夫皆脩理地之封疆審正田之徑路及田之溝洫故云審端徑術○注田謂至嵎夷○正義曰知田謂田畯者以經云命田田是受之人詩云田畯至喜故知田謂田畯云舍東郊順時氣而居者以其耕作歲時之氣起於東方爲始故令田畯舍國之東郊以命其事其諸侯都邑田畯各舍國邑之東郊也云封疆田首之分職者封疆則九夫爲井四井爲邑各有封境界域部分職掌也云術周禮作遂以田農之事無稱術者術遂聲相近故疑術爲遂學記云術有序義同於此云夫間有遂遂上有徑者遂人職文按匠人云廣二尺深二尺遂小溝也步道曰徑遂人職云徑容牛馬云今尚書曰分命羲仲

宅嵎夷者證命田畯舍東郊之事云今尚書者尚書有古有今壁裏所得膠東庸生所。傳者謂之古文尚書晁錯所受伏生二十九篇夏侯歐陽所傳者謂之今文尚書鄭據而引之故云今尚書○田事至不惑○作記之人解說天子所以命田畯舍於東郊者欲明其政。理田事若田事既能正又先定其封疆徑遂以勸農夫農夫知田事先後審疆界畔域乃有不疑惑○注準直至均田○正義曰準謂輕重平均直謂繩墨得中也封疆有界限徑遂有闊狹皆先平均正直之故云準直謂封疆徑遂云夏小正曰農率均田者夏小正是大戴禮篇也農率則田畯也均田則審端徑遂也

○是月也命樂正入學習舞（爲仲春將釋菜）乃脩。祭典（重祭禮歲始省。錄）命祀山林川澤犧牲毋用牝（爲傷妊生之類○牝頻忍反妊而林而鴆二反）○禁止伐木（盛德所在）毋覆巢毋殺孩蟲胎夭飛鳥毋麛毋卵（爲傷萌幼之類○覆芳服反孩戶哀反胎吐來反夭烏老反麛音迷卵力管反）毋聚大衆毋置城郭（爲妨農之始）掩骼埋胔。（謂死氣逆生也骨枯曰骼肉腐曰胔○骼江百反胔才賜反蔡云露骨曰骼有肉曰胔胔亦作骴胔扶矩反）

○是月也不可以稱兵稱兵必天殃（逆生氣）兵戎不起不可從我始。（爲客不利主人則可）毋變天之道（以陰政犯陽）毋絕地之理（易剛柔之宜）毋亂人之紀（仁之時而舉義事）

疏○是。月。至。用。牝○正義曰此一節論此春爲四時之首當脩祀典及祭山川之事各依文解之犧牲毋用牝者以山林川澤其祀既卑餘月之時牲皆用牝唯此月不用故注爲傷妊生之類。若天地宗廟大祭之時雖非正月皆不用牝○禁。止。至。之。紀○正義曰此一節論時氣之事各依文解之○禁止伐木者禁謂禁其欲伐止謂止其已伐者此伐木在山中或在禁障之處十月許人採取至正月之時禁令止息故王制云草木零落然後入山林詩魚麗傳云草木不折不操斧斤不入山林是也若國。家隨時所須以爲材用者雖非冬月亦得取之故山虞有仲冬斬

陽木仲夏斬陰木又云邦工入山林而掄材不禁是也其非是所禁之處春秋亦得取之故周禮云春秋之斬木不入禁鄭注斬四野之木可若於正月皆禁之○毋覆巢○毋卵○此一節論禮法餘月皆無覆巢因初春施生之時故設戒也巢。若其天鳥之巢則覆之故硩蔟氏云掌覆天鳥之巢此月亦禁之胎謂在腹中未出夭謂生而已出者故魯語云獸長麛夭此飛鳥謂初飛之鳥故注云爲傷萌幼之類麛卵四時皆禁但於此月尤甚若須薦獻亦得取之故王制云非以卵庖人秋行犢麛是也掩骼埋胔者蜡氏云掌除骴司農云骴骨之尚有肉者也及禽獸之骨皆是康成不注從司農義也骼言掩胔言埋互言耳○注爲客至可也○正義曰起兵伐人者謂之客敵來禦捍者謂之主此經云兵戎不合與起之時不可從我而始我爲主人也主人既不先起兵彼來伐我我不得不應故云主則可客既先與兵故云爲客不利毋變至之紀○天有陰陽之道路恐人改變故。云毋變天之道地有剛柔之理恐人斷絶故云毋絶地之理人有禮義綱紀恐其迷亂故云毋亂人之紀按易說卦云立天之道曰陰與陽故鄭此注以陰政犯陽說卦云立地之道曰柔與剛故注地理云易剛柔之宜說卦云立人之道曰仁與義。春爲仁故注仁之時而舉義事天云道地云理人云紀互辭也

○孟春行夏令則雨。水不時已之氣乘之也四月於。消息爲乾草木蚤落生日促○蚤音早國時有恐以火訛相驚○恐丘勇反行秋令則其民大疫申之氣乘之也七月始殺○疫音役猋風暴雨總至正月宿直尾箕箕好風其氣逆也回風爲猋○猋必遙反徐芳遙反本又作飆宿音秀好呼報反藜莠蓬蒿並興生氣亂惡物茂○藜力兮反莠音酉○行冬令則水潦爲敗雪霜大摯首種不入亥之氣乘之也舊說首種謂稷○潦音老摯音至蔡云傷折種章勇反蔡云宿麥

疏。孟。春。至。不。入正義曰從上以來論當月施令之事若施之順時則氣序調釋若施令失所則災害滋興故自此而下論政失致災之事上既云毋變天之道毋絶地之理毋亂人之紀今若施之不失則三才相應以人

與天地共相感動故也施令有失三才俱應者則此孟春行夏令雨水不時天也草木早落地也國時有恐人也十二月之節內三才俱應者多就三才俱應之中論天地及人亦先後不逮或先言天者則此孟春行夏令雨水不時是也或先言民者則孟春行秋令其民大疫是也或先言地者則孟春行冬令水潦爲敗是也所以然者爲害重者則在先言之爲害輕者後言之大略於文可以意得次第其輕重無義例也皇氏曲爲別説非經之旨施令失所亦惟有二才應者故仲春行夏令則國乃大旱煖氣早來蟲螟爲害大旱煖氣並爲天。災如此之類是也以施令失所惟二才應就二才之中或有天有人無地或有地有人無天隨應則書不爲義例也行令失之於前氣則應之於後至如春夏及秋施令有失氣來爲應惟在當年則孟春行夏令雨水不時草木早落之類是也若其冬時失令則氣應在於後年故仲冬行秋令則天時雨汁瓜瓠不成行春令蝗蟲爲敗仲冬非瓜瓠不成之時又非蝗蟲爲敗之日是據來年又錄記之人序行令之事各次第先後則有夏有秋有冬孟春舉夏爲始仲春舉秋爲始季春舉冬爲始至於夏時之下則有秋有冬次有來年之春孟夏則舉秋爲始仲夏舉冬爲始季夏舉春爲始以此推例秋冬亦然不能備説也○注巳之至爲乾。也○正義曰此風雨不時者謂風雨少不得應時所以風雨不應時者以孟春建寅其宿直箕星箕星好風孟春行夏令寅氣不足故風少巳來乘之四月純陽用事純陽來乘故雨少云四月於消息爲乾者陽生爲息陰死爲消十一月至四月爲息言萬物得陽氣蕃息五月至十月爲消言萬物得陰氣消盡凡孟月失令則三時孟月之氣乘之仲月失令則仲月之氣乘之季月失令則季月之氣乘之所以然者以同爲孟仲季氣情相通如其不和則迭相乘入鄭之所注例亦不同或一句之下則云某之氣乘之即此風雨不時之下云巳之氣乘之或兩句之下則云某之氣乘之故仲春行秋令則其國大水寒氣總至注酉之氣乘之以二句俱當酉氣故也或有三句之下始云某之氣乘之者故孟春行冬令則水潦爲敗雪霜大摯首種不入注云亥之氣乘之以三句共當亥氣也氣當則言無義例也凡一句爲一事亦有兩句共爲一事者則孟夏行冬令云後乃大水敗其城郭是也○注火訛相驚○正義曰以巳來乘寅巳爲火故火來也寅爲天漢之津火雖欲來而畏水終竟不來但訛言道火相恐動也注云申之氣乘之七月始殺○正義曰七月建申陰氣始殺殺氣乘寅故人多大疫○注正月至爲猋○正義曰按鄭注洪範中央土氣爲風東方木氣爲雨箕屬東方木木尅土土爲妃畢屬西方金西方金氣爲陰尅東方木木爲妃畢屬西方尚妃尚妃之所好故箕星好風也西方金氣爲陰尅東方木木爲妃畢屬西方尚妃之所好故好雨也今申氣乘寅兩相衝破申來逆寅寅爲風風之被逆故爲猋風寅往破申申爲雨雨之被逆故爲暴雨也按爾雅扶搖謂之猋謂風之迴轉也故云迴風爲猋○注生氣亂惡物茂○正義曰惡物所以害生氣今生氣既亂惡物乘之故惡物茂○注首種謂稷○正義曰按考靈耀云日中星鳥可以種稷則百穀之內稷先種故云首種首卽先也種在百穀之先也

附釋音禮記注疏卷第十四

禮記注疏卷十四校勘記　阮元撰盧宣旬摘錄

附釋音禮記注疏卷第十四　惠棟校宋本禮記正義卷第二十一

月令第六　案此本卷首標題如第一卷首標題之失移鄭氏注三字在前又脫去禮記二字十五卷至十九卷盡然石經月令以御删定升爲卷第一削去禮記鄭氏注五字而别標李林甫等銜名與序不可爲典要也

以其記十二月政之所行也　閩監毛本記作紀衞氏集說同

以禮家好事抄合之　惠棟校宋本同閩監毛本禮家二字倒衞氏集說亦作禮家

集諸儒士著爲十二月紀　惠棟校宋本同閩監毛本士誤所衞氏集說同

十月爲授朔　惠棟校宋本同衞氏集說同閩監毛本授誤受

皆爲氣形之始也　閩監本同考文引宋板同毛本始誤氣

楊雄桓譚　閩監本同毛本楊作揚○按當作楊从木不从才

天如彈丸圍圜　閩監毛本作圜圜衞氏集說同此本圜誤圍

此爲二十八宿周回直徑之數也　閩監本同毛本爲誤圍惠棟校宋本回作迴衞氏集說同

秋冬放此可知　閩監毛本作放此本放誤故

日體在角星之西閩監毛本作星此本星誤犀

此皆曆乖違閩監毛本作違此本違誤遠

鄭無指解閩監毛本作指衞氏集說同此本指誤植

故具言之耳惠棟校宋本作具衞氏集說同此本具誤其閩監毛本同

正月假上八萬里閩監毛本作月衞氏集說同此本月誤日

以天去地十五萬三千五百里惠棟校宋本作九此本九作五閩監毛本同衞氏集說同

委曲俱見考靈耀注惠棟校宋本作見衞氏集說同此本見誤其閩本同監毛本見作具

自五日至八日閩監毛本作自此本自誤日

行次疾日行十三度餘惠棟校宋本作三衞氏集說同此本三誤二閩監毛本同

今四百九十九分閩監毛本如此衞氏集說同此本上九字誤女

初危十六度惠棟校宋本有度字衞氏集說同此本度字脫閩監毛本同

終於張十六度惠棟校宋本有於字衞氏集說同此本於字脫閩監毛本同

天顯也惠棟校宋本有天字此本天字闕閩監毛本同

星精陽之榮也閩監毛本同浦鏜校云陽精字誤倒案爾雅疏亦作陽精

或後人更有增是閩監毛本同浦鏜從爾雅疏校是改足

孟春之月節

日月會於諏訾閩監毛本同岳本同嘉靖本同衞氏集說諏作娵釋文出於陬云本又作娵案正義皆作娵

孟春至尾中惠棟校宋本無此五字

但有一月之內閩監毛本同衞氏集說有作在

前星以過於午惠棟校宋本同閩監毛本以作已衞氏集說同

明者昏早見而旦晚沒閩監本同衞氏集說同毛本晚誤晻

禮緯爲庶長稱孟閩監毛本同盧文弨校云爲當作謂下亦爲之庶長同

月不可分閩監毛本同衞氏集說同惠棟校宋本月作日

合兩半而成一日閩監毛本作一衞氏集說同此本一誤二

則是每辰有三十度惠棟校宋本作三衞氏集說同此本三誤二閩監毛本同

斗謂北斗閩監毛本作北此本誤此

昧僾於未閩本同監毛本僾作曖惠棟校宋本僾作薆按漢書作薆

其日甲乙節

君統臣功也閩監毛本同岳本同嘉靖本同衞氏集說同正義曰君統臣功也者又曰俗本云君統臣功定本云君統功無臣字義俱通也是正義本從俗本也

其日甲乙惠棟校宋本無此四字

云月爲之佐者惠棟校宋本作爲之衞氏集說同此本爲之二字倒閩監毛本同

則應孟春爲甲惠棟校宋本有爲字此本爲字脫閩監毛本同

今三春總云甲乙者閩本同惠棟校宋本同監本三字殘缺毛本三字闕

義俱通也閩監毛本作俱此本俱誤其

其帝大皞節

其帝大皞衞氏集說同石經皞作暤岳本同閩監毛本作皞嘉靖本同注疏故此

此蒼精之君閩監毛本同岳本同嘉靖本同衞氏集說同惠棟校宋本宋監本蒼作倉

自古以來閩監毛本作自岳本同嘉靖本同衞氏集說同此本自誤官

其帝至句芒惠棟校宋本無此五字

然後列昆蟲之別惠棟校宋本作别衞氏集說同此本别誤列閩監毛本同

音聲可以彰閩監毛本同惠棟校宋本音作均彰作章衞氏集說章字同

木德之君閩監毛本作木此本木誤不

大皞言帝閩監毛本作帝此本帝誤宿

句芒有主木之功閩本同考文引宋板同監毛本主作生衞氏集說同案上云句芒者主木之官此作主字不誤

故天下號曰庖犧氏閩監毛本作天此本天誤夫

又帝王世紀云惠棟校宋本作王此本王誤主閩監毛本同

或作密戲氏者惠棟校宋本作密此本密誤宓閩監毛本同

當亾下著必惠棟校宋本作亾此本亾誤山閩監毛本同衞氏集說同

該爲蓐收閩監毛本作蓐衞氏集說同此本蓐誤犂

自顓頊以來天下之號閩監毛本同考文引宋板下作子是也

雖以地爲號閩監毛本同惠棟校宋本地上有其字

其蟲鱗節惠棟校云其蟲節宋本分本句爲一節其音角另爲一節

春氣和則角聲調閩監毛本作調岳本同嘉靖本同衞氏集說同此本調誤謂

其音角惠棟校宋本無此三字

生於黃鍾律之九寸爲宮惠棟校宋本有於字衞氏集說同此本於字脫閩毛本同監本鍾作鐘

於弦則九九八十一絲也監毛本作弦衞氏集說同閩本作絃此本弦誤管

物成熟可章度也閩監毛本同衞氏集說同惠棟校宋本熟作孰浦鏜云漢志作孰古熟字○按曹憲云玉篇始有熟字

所以黃鍾在子閩本同衞氏集說同監毛本鍾作鐘下黃鍾含藏陽氣同

律中大蔟節

林鍾之所生閩本同岳本同嘉靖本同衞氏集說同監毛本鍾作鐘疏中鍾字放此

木之臭味也惠棟校宋本同宋監本同岳本同嘉靖本同閩監毛本臭味二字倒衞氏集說同

奠于主北閩監毛本作北岳本同衞氏集說同此本北誤比嘉靖本同

略如祭宗廟之儀惠棟校宋本同岳本同嘉靖本同衞氏集說同閩監毛本如誤于宋監本祭作察非

律中大蔟惠棟校宋本無此四字

必在於其此者閩監毛本並同衞氏集說無其字

以聽鳳凰之鳴閩監毛本同衞氏集說同惠棟校宋本凰作皇○按皇凰正俗字

姑洗洗之言絜也閩監毛本作姑此本姑誤沽下洗物姑絜旅助姑洗上生姑洗姑洗又下生姑洗長七寸皆同

著於其中閩監毛本作著此本著作署非也

位在午○按在當作於與上下文同上文位在於丑在字亦誤衍

使長大茂盛也閩本同惠棟校宋本同監毛本茂作楙按漢志作楙

則以陰陽六體爲黃鍾初九也閩監毛本同衞氏集說爲下有之字

其實一籥閩監毛本同惠棟校宋本籥作龠衞氏集說同○按作龠是也从竹者非管龠字

上生者三分益一監毛本有上字衞氏集說同此本上字脫閩本同

量者籥合升斗斛閩本同惠棟校宋本監毛本籥作龠下黃鍾之籥同

而五量如之閩監毛本如作加按漢志作而五量嘉矣

戶閉塗舋必周密閩監毛本作閉此本閉誤閑浦鏜校舋改釁是也

以木爲按閩監毛本按作案是也下一按同

於室中四時位上埋之地惠棟校宋本作地此本地作取屬下讀閩監毛本同衞氏集說同

形則有彼此之殊又爲月閩監毛本作月此本月誤日

所以二十五者閩監毛本如此此本五下誤空

所以木味酸閩監毛本同考文引宋板酸下有者字衞氏集說同

焦之氣味閩監本同毛本焦作火考文引宋板亦作焦衞氏集說同

在口則辛閩監毛本作口此本口誤日

作譴誥者爾惠棟校宋本誥作告閩監毛本誥作詰○按作告與祭法注合

所以春位當脾者惠棟校宋本同衞氏集說同閩監毛本春位作立春非

牲立南首閩本同惠棟校宋本同監毛本立誤位衞氏集說同

今文尚書歐陽說閩監本同毛本歐誤毆按惠棟云歐陽之說本諸內經

許慎按月令閩監毛本同惠棟校宋本按上有謹字

雖廟室廟門有別閩監毛本同衞氏集說同浦鏜從續通解校廟室下補廟堂二字

故宮正注云惠棟校宋本作注衞氏集說同此本注誤法閩監毛本同

則是祀官閩監毛本祀作祝衛氏集說同

祭戶所以先設席於奧閩監毛本作於衛氏集說同此本於誤度

中閒設主祭黍祭肉閩監毛本同衛氏集說同浦鏜校祭肉下增祭醴二字盧文弨校云祭醴按注當有

東風解凍節

魚上冰毛本同石經同岳本同嘉靖本同衛氏集說同閩監本冰作氷注疏放此

記時候凡有五句惠棟校宋本作凡此本凡誤大閩監毛本同

正月啓蟄卽驚也閩監毛本同惠棟校宋本蟄下又有啓字

穀雨爲三月中閩監毛本作三此本三誤二

言雪散爲雨水也閩監毛本作水此本水誤東

謂暑既將退伏而潛處惠棟校宋本同衛氏集說潛字同無既字閩監毛本潛誤漸

謂之寒露惠棟校宋本閩監毛本露下有者字

每氣中半分之爲四十八氣惠棟校宋本毛本衛氏集說並同閩監本四誤二下四十八箭同

氣閒五日有餘閩監毛本作日此本日誤尺

條風卽東風也閩監毛本如此衞氏集說同此本條風誤也凋

月初雨水也閩監毛本如此此本水誤於

鴻字皆爲候也惠棟校宋本此下標禮記正義卷第二十一終記云凡二十頁

天子居青陽左个節惠棟校宋本自此節起至仲春行秋令節止爲第二十二卷卷首題禮記正義卷第二十二

駕倉龍閩監毛本同岳本同嘉靖本同衞氏集說同石經倉作蒼下倉玉同

其器疏以達閩監毛本同石經同岳本同嘉靖本同衞氏集說同釋文出其器云本又作器同案玉篇引作其器𤕤以達

有鸞和之節而飾之以青閩監毛本如此宋監本同岳本同嘉靖本同衞氏集說同此本鸞誤故飾誤節

凡所服玉閩監毛本作玉岳本同嘉靖本同衞氏集說同此本玉誤王

及所珮者之衡璜也岳本同嘉靖本同宋監本閩監毛本珮作佩衞氏集說同案此本正義亦皆作佩○按佩正字珮俗作字

天子龍衮以祭閩監毛本同岳本同嘉靖本同衞氏集說同釋文出龍卷云本又作衮○按作卷與玉藻合

與此皆殊閩監本同岳本同嘉靖本同衞氏集說同考文引宋板同毛本與誤於

天子至以達惠棟校宋本無此五字

所建旌旗閩監毛本如此此本旌誤旇衞氏集說旗作旂

則知聽朔皆堂 閩監毛本作聽衛氏集說同此本聽誤娶

佩玉上有葱衡 閩監毛本作上衛氏集說同此本上誤正

以雙璜懸於兩畔繩之下端 惠棟校宋本同閩監毛本璜誤衡衛氏集說同

又以牙懸於中繩下端 閩監毛本如此衛氏集說同此本牙誤无繩誤緼

稷五穀之長屬土 閩監毛本作稷此本稷誤授

王之不極則有馬禍 閩本同監毛本王作皇衛氏集說同下屬王極同

冬食黍與彘者 閩監毛本如此此本冬誤多彘誤通

明月令所云 惠棟校宋本作所此本所誤故閩監毛本同

是月也以立春節

天子乃齊 閩監毛本同岳本同嘉靖本同衛氏集說同石經齊作齋釋文出乃齊云本亦作齋卷內放此案正義亦作齋

天子親帥三公九卿 閩監毛本同岳本同嘉靖本同衛氏集說同石經作天子親率公卿案石經此類皆經刪改非原刻如此後月令中如此類不出

還反賞公卿諸侯大夫於朝 閩監毛本同岳本同嘉靖本同衛氏集說同石經反作乃釋文出還乃陳澔集說本脫諸侯二字石

經考文提要云案正義曰孟夏云還乃行賞封諸侯孟秋云還乃賞軍帥武人於朝孟冬云還乃賞死事恤孤寡是四時皆作還乃也後漢書郎顗傳章懷注禮記正月迎春於東還乃賞公卿諸侯大夫於朝是唐初本如此九經古義云呂覽反作乃案繆天子傳云天子還返還返連文月令是也

祭倉帝靈威仰監本同岳本同嘉靖本同閩毛本倉作蒼衞氏集說同案此本正義亦作蒼

是月至於朝惠棟校宋本無此五字

但至立春之時閩監毛本同惠棟校宋本時作節

中間小異閩監本同毛本小誤水考文引宋板作小

周法四時迎氣閩監毛本同衞氏集說同考文引宋板四作五盧文弨校云通考祀五帝篇引此亦作五

總三百六十五日四分之一閩監毛本同惠棟校宋本分下有日字

饗帝於郊而風雨寒暑時閩監毛本同惠棟校宋本雨下有節字衞氏集說同案此句下申云是人帝何能使風雨寒暑得時但申時不申節是此句中無節字也

則靈威仰之盛德也惠棟校宋本同閩監毛本盛誤靈衞氏集說亦作盛

命相布德和令節

毋有不當閩監毛本同岳本同嘉靖本同衞氏集說同石經毋作無釋文出毋有云本亦作無○按石經作無是據釋文亦作之本也

命相至不當 惠棟校宋本無此五字

乃命大史節

乃命至爲常 惠棟校宋本無此五字

日月五星竝逆行天右行 閩監本同考文引宋板同毛本右誤左盧文弨校云逆下行字當誤衍

若其推步不明算曆失所 惠棟校宋本作算衞氏集說同此本算誤筭閩監毛本同

是月也天子乃以元日節

大微之帝也 岳本同嘉靖本同惠棟校宋本同閩監毛本大作太衞氏集說同

措之于參保介之御閒 閩監毛本同岳本同嘉靖本同衞氏集說同段玉裁校依正義本作御之是也呂覽于參作參于

躬耕帝藉 宋監本同岳本同嘉靖本同惠棟校宋本同衞氏集說同閩監毛本藉誤籍釋文出帝藉云在亦反石經字亦作藉注放此

蓋郊後吉辰也 閩監毛本同嘉靖本同衞氏集說同惠棟校宋本辰作亥岳本同考文引古本同岳本禮記考證云吉亥猶詩云吉日維戊疏以陰陽式法亥爲天故耕用亥日皇氏云正月建寅日月會辰在亥故耕用亥其明證也本改作吉辰反失其義

耒耜之上曲也 閩毛本同監本同嘉靖本同衞氏集說同段玉裁校本云蜀大字本耜作耕是也監本誤作耜之上曲也

是月至勞酒 惠棟校宋本無此五字

含樞紐惠棟校宋本作紐衛氏集說同此本紐誤紀閩監毛本同

皆是主參乘閩監本同毛本主誤王衛氏集說亦作主無是字

王之下各三其上也監毛本作王衛氏集說同此本王誤三閩本同

是月也天氣下降節

土長冒橛閩監毛本同岳本同嘉靖本同衛氏集說同釋文出氣上云時掌反注土上同是釋文本作土上正義本作土長也考文引古本足利本長作上同釋文本也

審端經術閩監毛本經作徑岳本同嘉靖本同衛氏集說同釋文出經術云古定反注同呂覽亦作經此本注疏俱作經

相視也惠棟校宋本作也岳本同嘉靖本同衛氏集說同此本也誤之閩監毛本同

說所以命田舍東郊之意也惠棟校宋本作田宋監本同岳本同嘉靖本同衛氏集說同此本田誤國閩監毛本同

天氣至不惑惠棟校宋本無此五字

而劉洽汜閣皇侃之徒閩監毛本作洽此本洽誤佮案汜當作氾惟監本不誤

以陽氣從五月下降惠棟校宋本如此此本陽下誤衍一〇閩監毛本〇改之亦非

鄭所引農書勝之十八篇閩監毛本同浦鏜校云鄭所引農書五字當衍文勝之上當脫氾字〇按浦鏜是也

漢書注氾音汎監毛本如此此本音汎細書作氾音汎閩本同考文引宋板同

成帝時爲侍郎閩監毛本同浦鏜校侍改議○按浦鏜是也作侍與漢書注不合

謂置橛以候土監毛本作土此本土誤上閩本同

可拔而去之閩監毛本作去此本去誤云

命遣田畯官舍於郊之上閩監毛本同惠棟校宋本官上有之字是也

審正田之徑路閩監毛本作審此本審誤容

以田農之事無稱術者閩監毛本作田此本誤肉

膠東庸生所傳者閩監本同考文引宋板同毛本傳誤復

欲明其政理田事惠棟校宋本作理此本理誤謂閩監毛本同

是月也命樂正節惠棟校云是月節宋本分禁止伐木以下另爲一節案此本禁止伐木上有○是月也不可以稱兵上有

○嘉靖本同閩監毛本去二○

乃脩祭典閩監本同岳本同衞氏集說同毛本脩作修嘉靖本同石經同

歲始省錄也惠棟校宋本有也字宋監本同岳本同衞氏集說同此本也字脫閩監毛本同嘉靖本同考文云古本也作之

威德所在閩監毛本同岳本同嘉靖本同衛氏集說同考文引宋板威作威盧文弨校云威字非

掩骼埋胔閩監毛本同岳本同嘉靖本同衛氏集說同石經同釋文出埋胔云胔本亦作骴洪頤煊云按說文云鳥獸殘骨曰骴從骨此聲明堂月令曰掩骼埋骴周禮蜡氏注引此亦作骴呂氏春秋作髊高誘注云髊讀如水漬物之漬白骨曰骼有肉曰髊髊骴古同聲通用○按胔髊皆骴字之或體釋文云本亦作骴是正字說詳段玉裁說文注

謂死氣逆生也閩監毛本同嘉靖本同岳本謂作爲衛氏集說同考文引宋板古本足利本同

稱兵必天殃閩監毛本同岳本同嘉靖本同衛氏集說同石經必下有有字考文引古本足利本同呂覽同

主人則可閩監毛本作主岳本同嘉靖本同衛氏集說同此本主誤至

是月至用牝惠棟校宋本無此五字

若天地宗廟惠棟校宋本作若此本若誤者閩監毛本同衛氏集說亦作若

禁止至之紀閩監毛本同盧文弨校云疏當分屬禁止五字例不標

若國家隨時所須監毛本作家衛氏集說同此本家誤寧閩本同

巢若其天鳥之巢則覆之閩監毛本作若此本若誤居

天爲生而已出者惠棟校宋本作出衛氏集說同此本出誤生閩監毛本同

故魯語云閩監毛本作語此本語誤桓

故云無變天之道閩監毛本作云此本云誤四

春爲仁閩監毛本作春此本春誤者

孟春行夏令節

則雨水不時閩監毛本同岳本同嘉靖本同衞氏集說同石經同案呂覽雨水作風雨此正義前既云雨水不時後又云此風雨不時者亦岐出

四月於消息爲乾閩監毛本作消岳本同嘉靖本同衞氏集說同此本消誤時

孟春至不入惠棟校宋本無此五字

並爲天灾惠棟校宋本作灾閩監毛本灾作災此本灾誤炎

巳之至爲乾也閩本同監毛本無也字與注合

寅爲天漢之津毛本如此衞氏集說同此本津誤律閩本同監本天津誤大律

正月至爲焱閩監毛本焱作猋是也下焱風謂之焱爲焱皆同

尙妃之所好故好雨也惠棟校宋本作妃此本妃誤妻閩監毛本同衞氏集說同又監本故字漶滅

惡物乘之閩監本同考文引宋板同毛本乘誤成

禮記注疏卷十四校勘記

附釋音禮記注疏卷第十五

禮記　鄭氏注　孔穎達疏

月令

仲春之月日在奎昏弧中旦建星中仲中也仲春者日月會於降婁而斗建卯之辰也弧在輿鬼南建星在斗上○奎苦圭反弧音胡降戶江反

【疏】仲。春。至。星。中○正義曰按三統曆云二月節日在奎五度昏井二十二度中去日九十七度旦斗五度中春分日在婁四度昏柳五度中去日一百二度旦斗十六度中按元嘉曆二月節日在壁一度昏井十度中旦箕四度中春分日在奎七度昏東井三十度中旦斗四度中餘月昏旦中星皆舉二十八宿此昏云弧中旦云建星中獨非二十八宿者以弧星近井建星近斗以井斗度多其星體廣不可的指昏旦之中故舉弧建定其昏旦之中也○注日月至之辰○正義曰從奎五度至胃六度在戍總曰降婁降也婁斂也言。萬物降落而收斂而斗建郊之辰者斗星隨天而轉一日一夜過轉一周而行一度故正月建寅二月建卯也云弧在輿鬼南建星在斗上者熊氏說云石氏星經文弧與建星非二十八宿而昏明舉之者由弧星近井建星近斗井有三十三度斗有二十六度其度既寬若舉井斗不知何日的至井斗之中故舉弧星建星也然春分之時日夜中計春分昏中之星去日九十一度今日在奎五度奎與鬼之初乃一百九度所以不同者鄭雖云弧在鬼南其實仍當井之分域故皇氏云從奎第一五度爲二月節數至井第十五度得九十一度是弧星當井之十六度也若從井星十六度至斗之初一百七十二度計昏中星與明中之星春秋分時相去分天之半應一百八十。二度餘但日入以後二刻半始昏不盡二刻半爲明昏明相去少晝五刻一刻有三度半強五刻有十七度餘則昏之中星去明之中星一百六十五度餘則建星不得在斗初在斗十度也此仲春之月昏弧中按尚書云日中星鳥不同者如鄭康成之意南方七宿總爲鳥星井星則鳥星之分故云星鳥與此同也按仲夏昏亢中尚書云日永星火不同者按鄭荅孫顥云星火非謂心星也卯之三十度總爲大火其曰大火之次有星者月令舉其月初尚書總舉一月故不同也按仲秋之月昏牽牛中尚書云宵中星虛其仲冬之月云東壁中尚書云日短星昴不同者亦是月令舉其初朔尚書總舉一月之中理亦不異孔安國注尚書與此則別尚書所舉星者自取畢見之義不謂南方之中

其日甲乙其帝大皞其神句芒其蟲鱗其音角律中夾鍾其數八其味酸其臭羶其祀戶祭先脾夾鍾者夷則之所生三分益一律長七寸二千一百八十七分寸之千七十五仲春氣至則夾鍾之律應周語曰夾鍾出四隙之細○夾古洽反一音頰隙去逆反【疏】注夾鍾至之細○正義曰夷則長五寸七百二十九分寸之四百五十一今上生夾鍾當三分益一就夷則五寸之中取三寸更益一寸爲四寸餘有整二寸又於七百二十九分寸之中有細分四百五十一此細分各三分之於是一寸分爲二千一百八十七分有四百五十一者爲一千三百五十三則是二千一百八十七分寸之一千三百五十三也以整二寸各二千一百八十七分則二寸總有四千三百七十四分益前一千三百五十三總爲五千七百二十七爲實數但上生者三分益一以實數更三分之各有一千九百九分以三分益一分則益一分一千九百九併前五千七百二十七總爲七千六百三十六爲積分總數也然後除之爲寸一寸用二千一百八十七則三寸總用六千五百六十一以三寸益前四寸爲七寸餘有一千七十五分不成寸是爲夾鍾長七寸二千一百八十七分寸之千七十五也云周語曰夾鍾出四隙之細者周語注夾鍾云夾助陽四隙謂黃鍾大呂大蔟夾鍾凡助出四隙之微氣令不滯伏於下也○

○始雨水桃始華倉庚鳴鷹化爲鳩皆記時候也倉庚驪黃也鳩搏穀也漢始以雨水爲二月節○倉庚並如字本或加鳥非驪力知反搏音博【疏】始雨至爲鳩○正義

曰此一經記候○注皆記至月節○正義曰言皆記時候者謂經中四事言之先後逐氣之早晚故周書時訓驚蟄之日桃始華又五日倉庚鳴又五日鷹化爲鳩至秋則鳩化爲鷹故王制云鳩化爲鷹然後設尉羅司裘注中秋鳩化爲鷹夏小正云正月鷹化爲鳩五月鳩化爲鷹鄭無所言則不信用也按通卦驗云倉庚爲正月中與此不同者蓋是國土各異氣有早晚云倉庚驪黃者按釋鳥云倉庚商庚郭景純云即鵹黃也釋鳥又云鵹黃楚雀某氏云鵹黃一名倉庚又云商庚李巡云一名楚雀方言云齊人謂之搏黍云鳩搏穀者釋鳥云鳴鳩鶻鵃郭景純云今之布穀也謝氏云布穀者近之彼云布此云搏者布搏聲相近謂之搏穀以聲呼之或以爲此鳥鳴布種其穀云漢始以雨水爲二月節者證此雨水爲二月節也但雨水驚蟄據其早作在正月若其晚在二月故漢初驚蟄爲正月中雨水爲二月節至在後以來事稍變改故律曆志云雨水爲正月中驚蟄爲二月節由氣有參差故也

○天子居青陽大廟乘鸞路駕倉龍載青旂衣青衣服倉玉食麥與羊其器疏以達青陽大廟東堂當大室○

是月也安萌芽養幼少存諸孤助生氣也○少詩召反

擇元日命民社社后土也使民祀焉神其農業也祀社日用甲

命有司省囹圄去桎梏毋肆掠止獄訟順陽寬也省減也囹圄所以禁守繫者若今別獄矣桎梏今械也在手曰梏在足曰桎肆謂死刑暴尸也周禮曰肆之三日掠謂搒治人○省所景反注同徐所幸反囹音零圄魚呂反囹圄今之獄去羌呂反桎音質今之械也梏古毒反今之扭也掠音亮考搒械戶戒反暴步卜反搒之欒反○

【疏】是月至獄訟○正義曰此一節論助其生氣止其獄刑自玄鳥至之日至高禖之前論天子親祭高禖妃嬪從行之事故更云是月也自日夜分至正權概論日夜既分雷聲將發婦人須戒其容止度量須審正平均故更云是月自耕者少舍至以妨農事論耕者少舍脩理門閭無爲大事以致妨農故更云是月自毋竭川澤云順陽養物至開冰釋菜習舞入學習樂總是助陽鼓動其物故更云是

月自祀不用犧牲以下論季春犧牲騰合與上事殊故別云是月各依文解之○注社后至用甲○正義曰后土。者五官之后土即社神也與左傳僖十五年云君履后土者別也但句龍為配社之人又為后土之官也云祀社日用甲者解經元日也按郊特牲云祀社日用甲用日之始也召誥戊午乃社于新邑用戊者周公告營洛邑位成非常祭也○注囹圄至治人○正義曰云囹圄所以禁守繫者若今別獄矣者蔡云囹牢也圄止也所以止出入皆罪人所舍也崇精問曰獄周曰圜土殷曰羑里夏曰均臺囹圄何代之獄焦氏答曰月令秦書則秦獄名也漢曰若盧魏曰司空是也云在手曰梏在足曰桎者按掌因云上罪梏。拲而。桎拲。為在手梏與拲連文故知梏亦在手則桎在足也易大畜六四童牛之梏。冷剛問云牛四足何以稱梏鄭答云牛無手前足施梏也云肆謂死刑暴尸者肆陳也謂陳尸而暴之故周禮鄉士縣士皆肆之三日然春陽既動理無殺人何得更有死尸而禁其陳肆者蓋是大逆不孝罪甚之徒容得春時殺之殺則埋之故禁其陳肆

○是月也玄鳥至至之日以大。牢祠于高禖天子親往

玄鳥燕也燕以施生時來巢人堂宇而孚乳。嫁。娶之象也媒氏之官以為候高辛氏之出玄鳥遺卵娀簡吞之而生契後王以為媒官嘉祥而立其祠焉變媒言禖神之也○禖音梅施始豉反孚乳上如字一音芳付反下而樹反季春同娀簡夙中反簡狄有戎氏女契息列反○疏注高辛至神之正義曰知玄鳥遺卵娀簡吞之而生契者按殷本紀云簡狄行浴見玄鳥墮其卵簡狄取吞之因孕生契又中候契握云玄鳥翔水遺卵娀簡狄吞之生契娀者簡狄之國名故大戴禮云有娀氏之女曰簡狄。故娀簡狄也云後王以為。禖官嘉祥而立其祠焉者謂高辛氏之世有此吞鳥之異是為。媒官嘉祥後代之王立此高辛而為禖神故也蔡邕以為禖神。是高辛已前舊有。高者尊也謂尊高之禖不由高辛氏而始有高禖又生民及玄鳥毛。詩傳云姜嫄從帝而祠于郊禖又云簡狄從帝。而。祈于郊禖則是姜嫄簡狄之前先有禖神矣而此注立高辛氏為禖神是高辛氏已前未有禖神參差不同者鄭志焦喬答王權云先契之時必自有。禖氏祓除之祀

位在於南郊蓋以玄鳥至之日祀之矣然其禋祀乃於上帝也娀簡狄吞鳳子之後後。王爲。媒官嘉祥祀之以配帝謂之高禖據此言之則郊禖之祭契已前祭天南郊以先。媒配之故謂之郊禖至高辛氏之時既簡狄之異後王以是爲媒官之嘉祥卽以高辛之君立爲禖神以配天其古昔先。媒則廢之矣高辛氏配之後謂之高禖鄭義稷契當堯時按命曆序云帝嚳傳十世則稷契不得爲帝嚳之子是帝嚳後世子孫之子故鄭注生民云姜嫄高辛氏之世妃則簡狄亦高辛氏之後世之妃此立爲禖神者是簡狄之夫不得爲帝嚳此祭高禖是祭天故生民傳云從於帝而見于天高禖爲配祭之人祭天特牲此用大牢者此謂配祭之人也云變媒言禖神之者按周禮媒氏職注媒之言謀也謀合異類使和成者但不知初爲媒者其人是誰按世本及譙周古史伏犧制以儷皮嫁娶之禮既用之配天其尊貴先媒當是伏犧也媒氏從女今從示旁爲之示是神明告示之義故云變媒言禖神之也

后妃帥九嬪御御謂從往侍祠周禮天子有夫人有。嬪有世婦有女御獨云帥九嬪舉中言也

乃禮天子所御帶以弓韣授以弓矢于高禖之前天子所御謂今有娠者於祠大祝酌酒飲於高媒之庭以神惠顯之也帶以弓韣授以弓矢求男之祥也王居明堂禮曰帶以弓韣禮之禖。下其子必得天。材○韣大木反弓衣娠音身一音震謂懷妊

【疏】乃禮天子至之前○正義曰祭高禖既畢祝官乃禮接天子所御幸有娠之人謂酌酒以飲之飲酒既畢乃屬帶此所御之人以弓韣又授之以弓矢於高禖之前而北面也○注天子至天材○正義曰天子所御謂今有娠者若總論幸御則羣妃皆是何得直云乃禮天子所御故知有娠者漢書音義娠音身也云王居明堂禮者逸禮篇名也云禮之禖下其子必得天材者謂禮此所御之人於禖神之前禖在壇上御者在下故云禖下以祭神必福降故云其子必得天材

○是月也日夜分雷乃發聲始電蟄蟲咸動啓戶始出又記時候發猶出也○電大練反

先雷三日奮木鐸以令兆民曰雷將發聲有不戒其

中華書局聚

容止者生子不備必有凶災○主戒婦人有娠者也容止猶動靜先悉薦反奮方問反鐸大各反日夜分則同度。量。鈞衡石角斗甬。正權槩因晝夜等而平當平也同角正皆謂平之也丈尺曰度斗斛曰量三十斤曰鈞稱上曰衡百二十斤曰石甬今斛也稱錘曰權槩平斗斛者○度量上音杜下音亮注同甬音勇權槩古代反稱尺證反下同錘丈僞反又丈爲反疏日夜至始出○正義曰。日夜分謂晝夜漏刻馬融云晝有五十刻夜有五十刻據日出日入爲限蔡邕以爲星見爲夜日入後三刻日出前三刻皆屬晝晝有五十六刻夜有四十四刻鄭康成注尚書云日中。星以爲日見之漏五十五刻不見之漏四十五刻與蔡校一刻也大略亦同雷乃發聲者雷是陽氣之聲將上與陰相衡蔡邕云季冬雷在地下則雉應而雊孟春動於地之上則蟄蟲應而振出至此升而動於天之下其聲發揚也以雷出有漸故言乃云始電者電是陽光陽微則光不見此月陽氣漸盛以擊於陰其光乃見故云始電○蟄蟲咸動啓戶始出者戶謂穴也謂發所蟄之穴蟄蟲早者孟春乃出則左傳啓蟄而郊是也蟄蟲晚者則二月始出故此云蟄蟲咸動則正月。末皆動重記時候者庾蔚云謂蓋先記時候以明應節後言時候以應二至二分所應不同故重記之也○注主戒至動靜○正義曰以其生子不備必有凶災故知主戒婦人也云容止猶動靜者蔡云迅雷風烈孔子必變玉藻云迅雷甚雨則必變雖夜必興衣服冠而坐所以畏天威也小人不畏天威懈慢褻瀆或至夫婦交接君子制法不可指斥言之故曰有不戒其容止者言此時夫婦交接生子支節性情必不備其父母必有災也注因晝至斛者○正義曰平當平者謂度量鈞衡之等人之所用當須平均人君於晝夜分等之時而平正此當平之物云同角正皆謂平之者經中度量鈞衡石五者總蒙同文云丈尺曰度斗斛曰量三十斤曰鈞稱上曰衡百二十斤爲石皆漢書律曆志文按志文云黑秬一黍爲一分十分爲一寸十寸爲一尺十尺爲一丈十丈爲一引五度審矣又云黃鍾之管長九寸圍九寸其實一。籥合。籥爲合十合爲升十升爲斗十斗爲斛五量。加矣志又云黃鍾之管一。籥容千二百黍重十二銖二十四銖爲兩十六兩爲斤三十斤爲鈞百二十斤爲石志又云權與物鈞而生衡衡運生規規圓生矩矩方生繩繩直生準注權錘也與物正等則衡平是權爲稱錘稱上曰衡甬與斗連文律曆志十斗爲斛故知甬則斛也云概平斗斛者今之猶然

○是月也耕者少舍

乃脩。闔扇寢廟畢備舍猶止也因蟄蟲啓戶耕事少閒而治門戶也用木曰闔用竹。葦曰扇畢猶皆也凡廟前曰廟後曰寢○闔戶臘反間音閑○

毋作大事以妨農之事大事兵役之屬

疏注用木至曰寢○正義曰按襄十八年左傳云晉州綽以枚數闔闔是齊城門而云闔是闔用木也此扇與闔相對文又此耕者少舍謂庶人庶人華門故以爲竹葦曰扇云凡廟前曰廟後曰寢者廟是接神之處其處尊故在前寢衣冠所藏之處對廟爲卑故在後但廟制有東西廂有序牆寢制惟室而已故釋宮云室有東西廂曰廟无東西廂有室曰寢是也

是月也毋竭川澤毋漉陂池毋焚山林順陽養物也畜水曰陂穿地通水曰池○漉音鹿竭也陂池彼宜反尚書傳云澤障曰陂停水曰池畜勑六反

○天子乃鮮羔開冰先薦寢廟鮮當爲獻聲之誤也獻羔謂祭司寒也祭司寒而出冰薦於宗廟乃後賦之春秋傳曰古者日在北陸而藏冰西陸朝覿而出之其藏冰也深山窮谷固陰沍寒於是乎取之其出之也朝之祿位賓食喪祭於是乎用之其藏之也黑牡秬黍以。饗司寒其出之也桃弧棘矢以除其災其出入也時食肉之祿冰皆與焉大夫命婦喪浴用冰祭寒而藏之獻羔而啓之公始用之火出而畢賦自命夫命婦至于老疾無不受冰○鮮依注音獻覿大歷反沍戶故反朝直遙反秬音巨與音預祭寒本或作祭司寒按左氏傳無司字○

疏注鮮當至受冰○正義曰鮮當爲獻者按詩豳風七月云四之日其蚤獻羔祭韭故知鮮爲獻也云獻羔謂祭司寒者以經云獻羔啓冰先薦寢廟恐是獻羔寢廟故云祭司寒左傳直云獻羔而啓之知祭司寒者以傳云祭寒而藏之既祭司寒明啓時亦祭之云薦於宗廟乃後賦之者薦於宗廟謂仲春也乃後賦之謂孟夏也故凌人云夏頒冰左傳

云火出而畢賦是也引春秋傳曰者昭四年左傳申豐之辭也從古者以至無不受冰皆左傳文也按昭四年春大雨雹季武子問於申豐申豐對以此辭云日在北陸者北陸虛也謂十二月日在虛之時而藏冰云西陸朝覿而出之者西陸昴也鄭康成以爲四月之時日在昴畢之星朝見東方於時出冰以頒賜百官若其初出薦廟時在二月是也云固陰沍寒者杜預注沍閉也謂堅固之陰閉塞不通陽之處於是取之云朝之祿位賓食喪祭於是乎用之者朝之祿位謂大夫已上故下云命夫命婦無不受冰是也賓謂接迎賓客食謂尋常飲食喪謂死喪祭謂祭祀云黑牡秬黍者以其祭水神色尚黑云桃弧棘矢者桃去不祥棘則刺禦惡云祭寒而藏之者寒謂司寒之神則玄冥水神也所用黑牡秬黍黑牡則黑羔云獻羔而啓之者獻羔則黑牡也亦用秬黍啓之謂二月時也故云公始用之云火出而畢賦者畢盡也謂應是得冰之人無問尊卑盡賦與之按左傳云火出於夏爲三月於商爲四月於周爲五月則火出季春建辰之月以周禮夏頒冰乃建巳之月不同者但建辰火星在卯火星始出至建巳火星漸高總而言之亦得稱火出早則三月之末晚則四月之初不甚相遠又三月內有得四月節時故據夏而言之按月令季冬藏冰詩豳風三之日納于凌陰三之日是建寅之月不同者鄭注豳地晚寒所以校一月也○上

丁命樂正習舞釋菜樂正樂官之長也命習舞者順萬物始出地鼓舞也將舞必釋菜於先師以禮之夏小正曰丁亥萬舞入學○長丁丈反天子乃帥三公九卿諸侯大夫親往視之順時達物也○仲丁又命樂正入學習舞爲季春將習合樂也習樂者習歌與八音○中丁音仲本亦作仲爲于僞反下注同

疏注命習舞至入學○正義曰以春陽既動萬物出地故王者習舞所以應之故孟春命樂正入學習舞此仲春又云習舞釋菜皆以陽氣動故此仲春習舞○則大胥春入學舍采合舞一也據人所學謂之習舞節奏齊同謂之合舞此亦謂之大合樂故文王世子云凡大合樂注春舍菜合舞秋頒學合聲孟春習之至仲春習而合之自是春秋常所合樂也非爲季春而習舞也故大胥

春合舞秋合聲自是春秋之常事也孟春習舞及仲春習舞及仲丁習樂幷季春合樂皆在大學仲春釋菜合舞季春大合樂皆天子親往餘則不也孟夏乃命樂師習合禮樂爲當月飲酎也命樂師者以仲春習舞習樂之時既命樂正此則稍輕故惟命樂師此習禮樂在學也其事既輕天子不親往孟夏又云天子飲酎用禮樂鄭注飲之於朝正尊卑是飲酎在朝天子親。在不云樂正者文不備也飲酎大禮必樂正在焉熊氏禮本云飲之於廟以爲漢禮獻酎在廟故也若是獻酎祭廟當云天子獻酎不得云飲酎且夏月時祭已用酎也何須別云飲酎故知天子飲酎在朝仲夏云樂師脩鞀鞞爲大雩帝用盛樂故也命樂師者預脩習其事輕其雩帝用樂之時則命樂正天子親往其季夏孟秋仲秋以季夏土王秋又陰始國無大事不用樂也季秋亦得習吹者爲將大享帝也其習吹之時在於學中亦樂師習之但文不備也所以習吹者鄭云春夏重舞秋冬重吹但以重爲主其實春亦有吹秋亦有舞季秋習吹之時天子不親往也按大胥秋頒學合聲周禮也月令仲秋無合聲者殷法也故不同或可秋合聲者即此季秋習吹是也孟冬大飲蒸者亦用禮樂也故鄭飲酎之下注云季冬云大飲蒸此言用禮樂互其文明飲蒸亦有禮樂也此飲蒸在大學也天子親往故鄭引詩云十月滌場躋彼公堂以證之公堂則學校也季冬命樂師大合吹而罷者歲終王與族人燕於大寢其事輕故命樂師知與族人燕者鄭注引王居明堂禮云季冬命國爲酒以合三族故知之也云將舞必釋菜於先師者以經文習舞釋菜文在於後恐習舞釋菜共是一事故云將欲習舞必先釋菜必知然者以釋菜之時不爲舞也故文王世子云釋菜不舞不授器是知釋菜無舞也此云習舞在前釋菜在後。向知不先習舞乃後釋菜必知先有釋菜者以大胥云舍。采合舞舍即釋菜故知釋菜在合舞之前云夏小正曰丁亥萬用入學者引之證習舞之意謂用此萬舞以入學。于舞稱萬者何休注公羊云周武王以萬人服天下商頌萬舞有奕蓋殷湯亦以萬人得天下此夏小正是夏時之書亦云萬者其義未聞或以爲禹以萬人以上治水故樂亦稱萬○注爲季至八音○正義曰此習者爲季春合樂預習之故鄭云然上習舞釋菜鄭不云爲季春合樂則仲春合舞自當爲之不爲季春合樂而習也熊氏以爲仲春習舞爲季春合樂者若然鄭何以不言之又大胥無季春合樂何以亦云春舍

采。合舞熊氏說非也云習歌與八音者以仲春習舞雖不爲季春而發但孟春仲春習舞以久不須。與習故知爲習歌與八音歌謂合聲也八音謂樂器響音

○是月也祀不用犧牲用圭璧更皮幣爲季春將選而合騰之也更猶易也當祀者。古以玉帛而已○疏祀。不至。皮。

幣。○正義曰以季春將騰合牝牡不用殺其犧牲其應祀之時圭璧更易此犧牲非但用圭璧更易又用皮幣以更之故在圭璧皮幣之中上下有也蔡氏云

此祀不用犧牲者祈不用犧牲謂祈禱小祀也不用犧牲若大祀則依常法故上云以大牢祠高禖是也○仲春行秋令則其國大

水寒氣總至酉之氣乘之也八月宿直昴畢昴畢好雨○好呼報反寇戎來征金氣動也畢又爲邊兵○行冬令則陽氣

不勝麥乃不熟。子之氣乘之也十一月爲大陰○大音泰民多相掠陰姦衆也行夏令則國乃大旱煖氣

早來午之氣乘之也○煖乃緩反又音暄蟲螟爲害暑氣所生爲災害也○螟亡丁反又爾雅云食苗心螟○疏其。國至來征○正義曰其

國大水則地災也寒氣總至則天災也寇戎來征則人災也○注畢又爲邊兵○正義曰按元命包云畢七星十六度主邊兵○陽氣至相掠○正義曰陽氣

不勝天災麥乃不熟地災民多相掠人災也○國。乃爲害○正義曰國乃大旱煖氣早來天災蟲螟爲害地災行令失所人災之應故無其災。也

季春之月日在胃昏七星中旦牽牛中季少也季春者日月會於大梁而斗建辰之辰○胃音謂少詩召反疏季。春。

至。牛。中。○正義曰按三統曆云三月之節日在胃七度昏張二度中去日一百七度旦斗二十六度中清明日在昴八度昏翼四度中去日一百一十一度旦

女。三度中按元嘉曆三月節日在婁六度昏柳十二度中旦斗十四度中○三月中日在胃九。度凡三十度日月行一會凡三十度故三月日在胃七度律曆

志又云大梁初日在胃七度是也昬七星中者按律曆志云胃十四度昴十一度畢十六度觜二度參九度井三十三度鬼四度柳十五度七星七度從胃七度至七星之初度有九十九度以日漸長日沒之時稍在西北去七星之初九十八度故昬時七星在南方之中旦牽牛中者從七星之初至牽牛之初其

日甲乙其帝大皡其神句芒其蟲鱗其音角律中姑洗其數八其味酸其臭羶

其祀戸祭先脾姑洗者南呂之所生也三分益一律長七寸九分寸之一季春氣至則姑洗之律應周語曰。姑洗所以脩絜百物考神納賓○洗素典反【疏】注姑洗至納賓○正義曰南呂六二上生姑洗之九三南呂長五寸三分寸之一就南呂三分益一取三寸益一寸爲四寸餘有整二寸三分寸之一整二寸者各九分寸之二九爲十八分寸之一者爲三分總二十一分三七二十一三分益一更益七分總二。寸八分以九分爲一寸二十七分爲三寸益前四寸爲七寸餘有一分在故云律長七寸九分寸之一云周語曰至納賓證姑洗之義云脩絜百物考神納賓者按國語注云是月之物脩絜故用之宗廟致神納賓

○桐始華田鼠化爲鴽。虹始見。萍始生皆記時候也鴽。母。無。螮蝀謂之虹蓱萍也其大者曰蘋○鴽音如母無也蔡云鶉鶴之屬虹音紅又音絳螮蝀也見賢遍反蓱步丁反水上浮萍也母無上音牟又如字蝃本又作螮丁計反亦作蝃同蝀本亦作東同丁孔反萍音平蘋毗人反【疏】注皆記至曰蘋○正義曰鴽。母。無。爾雅釋鳥文。某氏云謂鴽也李巡云鶉鴽一名。牟母郭景純云鴽也青州呼鴾母舍人云。母作無今此注母無母當作牟謂牟無也聲轉字誤牟字作母云螮蝀謂之虹者爾雅釋天文郭氏云雄者曰虹雌者曰蜺雄謂明盛者雌謂闇微者虹是陰陽交會之氣純陰純陽則虹不見若雲薄漏日日照雨滴則虹生云蓱萍其大者曰蘋爾雅釋草文郭景純云水中浮蓱也江東謂之薸舍人云蓱一名萍大者名蘋凡云化者若鼠化爲鴽鴽還化爲鼠皇氏云反歸舊形謂之化按。易乾道變化謂先有舊形漸漸改者謂之變雖有舊形忽改者謂之化及本無舊形非類而

改亦謂之化故鄭注周禮云能生非類曰化也〇天子居青陽右个乘鸞路駕倉龍載青旂衣青衣服
倉玉食麥與羊其器疏以達青陽右个東堂南偏〇是月也天子乃薦鞠衣于先帝爲將蠶求
福祥之助也鞠衣黃桑之服先帝大皞之屬〇鞠居六反如菊華也又去六反如麴塵爲于僞反下文乃爲注爲鳥同〇命舟牧覆舟五覆
五反乃告舟備具于天子焉舟牧主舟之官也覆反舟者備傾側也〇覆芳服反下及注同天子始乘舟薦鮪
于寢廟進時美物鮪于軌反〇乃爲麥祈實於含秀求其成也不言所祈承寢廟可知【疏】是月至先帝〇正義曰從此以下至爲麥
祈實論薦衣告帝薦鮪於寢廟舟牧告舟論所告之事故言是月從生氣方盛至禮賢者論陽氣將盛振恤貧窮勉勸諸侯禮聘賢者皆是助陽宣發之事故
云是月也自命司空以下論時雨將降道達溝瀆又禁斷羅罼以助時生乳之事事別於上故更云是月自命野虞至無有敢惰論養蠶之事事別於上故云
是月也自命工師以下至以蕩上心論工師之官不得爲淫巧之作事異於上故更云是月自擇吉日至親往視之論天子合樂之事事異於上故更言是月
也以其月末爲之故變云是月之末自乃合累牛騰馬至以畢春氣論牛馬牲含育之事并磔攘九門事雖異於牛馬難事既輕不可別言是月也故繫之
牛馬犧牲總異於上故更云是月也〇注爲將至之屬〇正義曰依禮祭五帝自服大裘今薦鞠衣與桑同色蓋薦於神坐故知爲蠶求福云鞠衣黃桑之服
者鄭注內司服云鞠衣黃桑服也色如鞠塵象桑葉始生菊者草名花色黃故季秋之月云菊有黃華是鞠衣黃也與桑同色又當桑生之時故云黃桑之服
也云先帝大皞之屬者以其言先不言上故知非天唯大皞之屬春時惟祭大皞云之屬者以蠶功既大非獨祭大皞故何胤云總祭五方之帝其所祭之處
王權賀瑒熊氏等並以爲在明堂以大皞祭在明堂故也〇薦鮪於寢廟〇正義曰按爾雅釋魚云鮥鮛郭景純云似鱣而小建平人呼鮥子一本云王鮪似

鱣口在頷下音義云大者爲王鮪小者爲鮛鮪似鱣長鼻體無鱗甲○是月也生氣方盛陽氣發泄句者畢出萌者盡達不可以內時可宣出不可收斂也句屈生者芒而直曰萌○泄息列反句古侯反○天子布德行惠命有司發倉廩賜貧窮振乏絕振猶救也廩力甚反○開府庫出幣帛周天下勉諸侯聘名士禮賢者周謂給不足也勉猶勸也聘問也名士不仕者疏不可以內○正義曰以物遂散之時當順天散物不可積聚納之在內也○發倉至乏絕○正義曰蔡氏云穀藏曰倉米藏曰廩無財曰貧無親曰窮暫無曰乏不續曰絕皇氏云長無謂之貧窮暫無謂之乏絕○勉諸至賢者○正義曰謂王者勉勸此諸侯令聘問有名之士禮接德行之賢蔡氏云名士者謂其德行貞絕道術通明王者不得臣而隱居不在位者也賢者名士之次亦隱者也名士優故加束帛賢者禮之而已

○是月也命司空曰時雨將降下水上騰循行國邑周視原野修利隄防道達溝瀆開通道路毋有障塞廣平曰原國也邑也平野也溝瀆與道路皆不得不通所以除水潦便民事也古者溝上有路○上時掌反下注以上同行下孟反隄丁兮反防音房道音導障之亮反又音章便婢面反田獵罝罘羅罔畢翳餧獸之藥毋出九門爲鳥獸方孚乳傷之逆天時也獸罟曰罝罘鳥罟曰羅罔小而柄長謂之畢翳射者所以自隱也凡諸罟及毒藥禁其出九門明其常有時不得用耳天子九門者路門也應門也雉門也庫門也皐門也城門也近郊門也遠郊門也關門也今月令無罘翳爲弋○罝子斜反罘音浮翳於計反餧於僞反罟音古弋羊職反疏注廣平至有路○正義曰廣平曰原爾雅釋地文云國也邑也平野也溝瀆與道路皆不得不通者言國也解經中國邑也解經中邑平野也解經中原野以其各是一物故每以野結之溝瀆道路各兩事共爲一句故云溝瀆與道路總結之不云隄防者以云不得不通隄

防非可通之物故鄭不言之云古者溝上有路者此既為兩決水而云開通道路恐道路非決之物故云溝上有路言道達溝瀆之時須脩此溝上道路按周禮遂人職云溝上有畛川上有路此言溝上有路者是道路之總名與彼別也○毋出九門○正義曰謂此月非田獵之時其罝罘羅網畢翳之器及餧獸之藥毋得出於九門若路門內有者不得出路門應門內有者不得出應門舉此可知城門內有者不得出城門既不得出城門則近郊之內無所用也若近郊之內先有者不得出近郊之門近郊之門尚不得出則近郊之內雖有亦不得用也舉此而言遠郊關門亦可知是此月之時所在之處遠近皆不得用故云毋出九門○注獸罟至為弋○正義曰按爾雅云兔罟謂之罝郭景純云罝猶遮也是罝為獸罟知罘亦獸罟者按釋器云罬謂之罦罦覆車也孫炎云覆車是兩轅網既是兩轅可以網鳥非但網鳥亦可以網獸廣雅云網謂之罟罘兔罟也是獸罟曰罝罘也此罘與罦一也鳥罟曰羅釋器文云網小而柄長謂之畢者以其似天上畢星毛詩傳云畢所以掩兔是也明其常有時不得用耳請此等之物四時常有於此季春之時不得用之按周禮迹人云禁毒矢射者乃謂四時也云九門路門應門之等者自路門皐門已內皆宮室所在非田獵之處亦禁羅網毒藥不得出者此等門內雖是宮室所在亦有林苑及空閒之處得有羅網及毒藥所施云今月令無罘翳為弋者以今月令之本云田獵罝羅網畢弋與此經不同

○是月也命野虞無伐桑柘愛蠶食也野虞謂主田及山林之官○柘之夜反○鳴鳩拂其羽戴勝降于桑蠶將生之候也鳴鳩飛且翼相擊。趨農急也戴勝織紝之鳥是時恆在桑言降者若時始自天來重之也○戴音帶注同本亦作戴戴勝鳥名紝女今反具曲植籧筐時所以養蠶器也曲。薄也植槌也○植直吏反籧筐居呂反亦作筥下丘狂反方曰筐圓曰筥槌直追反又直類反又丈偽反后妃齊戒親東鄉躬桑禁婦女毋觀省婦使以勸蠶事后妃親採桑示帥先天下也東鄉者鄉時氣也是明其不常留養蠶也留養者所卜夫人與世婦婦謂世婦及諸臣之妻也內宰職曰仲春詔后帥外內命婦始蠶于北郊女外內子女也夏小正曰妾子始蠶執養宮事毋觀去容飾也婦使縫線組紃之事○鄉許亮反注同觀古喚反注同省所景反去起呂反線息賤反組音祖紃音旬蠶事既登分繭稱絲效功以共郊廟之服無有敢惰登成也敕往蠶者蠶畢將課功以勸戒之○繭古典反效戶教反共音恭惰徒臥反

【疏】注鳴鳩飛至之鳥○正義曰鳴鳩鳴且翼相擊者按釋鳥云鶌鳩鶻鵃郭景純云鶌音九物反鵃音嘲鶻鵃似山鵲而小青黑色短尾多聲孫炎云鶻鵃一名鳴鳩月令云鳴鳩拂其羽是也云戴勝織紝之鳥者按釋鳥云鵖鴔戴鵀郭景純云鵀即頭上勝今亦呼爲戴勝李巡云戴勝一名鵖鴔孫炎云鵖鴔自關而東謂之戴鵀非也○注曲薄也植槌也○正義曰按方言云宋魏陳江淮之間謂之曲或謂之䕸自關而西謂之薄故云曲薄方言注槌縣蠶薄柱也宋魏陳楚江淮之間謂之植自關而西謂之槌齊謂之拼○注東鄉至之事○正義曰若尋常留養蠶或東西南北面無所在今后惟東面採桑明知不常留養蠶也暫示法而已留養者所卜夫人與世婦者按祭義云卜三宮之夫人世婦之吉者使蠶是常留養蠶也祭義又云夫人副褘而受之言副褘則據王后言三宮夫人則似據諸侯不同者祭義所云雜明天子諸侯之法副褘據王后上公夫人亦副褘也三宮夫人據諸侯亦得通王之三夫人也云婦謂世婦及諸臣之妻者釋經中婦字知不兼三夫人九嬪者以經云禁婦女無觀則尊者不應在禁限故知無夫人與嬪也及女御亦當在焉特云世婦者以祭義云世婦之吉者故特言之引內宰職蠶于北郊者證躬桑之事按此經是季春躬桑內宰云仲春者以仲春既帥命婦躬桑浴種至季春又更躬桑浴蠶也故熊氏云案馬質注云蠶爲龍精月直大火則浴其種是二月浴種也祭義云大昕之朝奉種浴于川注云大昕季春朔日是三月又浴蠶也皇氏云二月浴之三月乃躬其義非也云女外內子女者解經中女字外子女謂王外姓甥之女者內子女者王之同姓子女則周禮之外宗內宗皆以嫁有爵者故內宰云帥外內命婦言命婦則未出嫁者不在焉鄭注周禮士妻亦爲命婦則

士妻亦在云夏小正曰妾子始蠶執養宮事者引之證明子女養蠶之事皇氏云妾謂外內命婦子謂外內子女執養宮事執操也養長也謂操持養長蠶宮之事云無觀去容飾者以其祭先蠶又志在採桑養蠶無暇爲飾之事故禁之以示法○注登成至戒之○正義曰登成釋詁文以分繭稱絲是謂效其功故云以勸戒之○是月也命工師令百工審五庫之量金鐵皮革筋角齒羽箭幹脂膠丹漆毋或不良工師司空之屬官也五庫藏此諸物之舍也量謂物善惡之舊法也○幹器之木也凡輮幹有當用脂良善也○量量音亮注同筋音斤幹古旦反輮如九反【疏】注工師至善也○正義曰周禮考工記無工師知是司空屬官者以司空掌工巧此稱工巧師長故知司空之屬云量謂物善惡之舊法者言此等之物善惡先有舊法當審察之故云審五庫之量五庫者熊氏云各以類相從金鐵爲一庫皮革筋爲一庫角齒爲一庫羽箭幹爲一庫脂膠丹漆爲一庫義或然云幹器之木者按周禮弓人掌作弓云凡析幹故知幹弓漆幹爲此則總論材幹不獨指弓但器之材樸總謂之幹故云幹器之木○百工咸理監工日號毋悖于時毋或作爲淫巧以蕩上心咸皆也於百工皆理治其事之時工師則監之日號令之戒之以此二事也悖猶逆也百工作器物各有時逆之則不善時者若弓人春液角夏治筋秋合三材冬定體之屬也淫巧謂偽飾不如法也蕩謂動之使生奢泰也今月令無于時作爲爲詐偽○監古銜反注同悖必內反巧如字又苦孝反注同液音亦○【疏】注百工至蕩上心○正義曰言於此之時天氣和適百工造作器物當依百工皆治理其事之時監工之官日日號令之言造作器物當依○氣序無得悖逆於時使物不牢固又所作器物當依舊常無得有作淫過巧妙以蕩動在上使生奢泰之心者○注若弓至詐偽○正義曰按考工記弓人云春液角言春時先浸液其角豫和濡筋柔於角故於夏暑濕之時始治筋秋合三材者秋時陰陽氣調合膠漆絲之三材角在內面筋在外面幹在中冬定體者謂往來之體冬氣凝寒物皆牢實故內之檠中使弓體堅強

云之屬者用時非一故云之屬考工記石有時以泐水有時以凝又云材美工巧然而不良則不時是也○是月之末擇吉日大合
樂天子乃率三公九卿諸侯大夫親往視之大合樂者所以助陽達物風化天下也其禮亡今天子以大射郡國
以鄉射禮代之○是月也乃合累牛騰馬遊牝于牧累騰皆乘匹之名是月所合牛馬謂繫在廄者其牝欲遊則就牧之
牡而合之○累力追反注同騰大登反牝毗忍反徐扶死反乘繩證反廄居又反○犧牲駒犢舉書其數以在牧而校數書之明出時無
他故至秋當錄內且以知生息之多少也○數所主反○疏乃合至其數○正義曰累牛謂相累之牛騰馬相騰逐之馬以季春陽將盛物皆產乳故合此所
累之牛相騰之馬故遊此繫牧之牝於牧田之中就牡而合之其在廄牝馬須擬乘用者則不放之○犧牲駒犢舉書其數者既遊牝於牧之後畜皆在野所
有犧牲及小馬之駒小牛之犢皆書其見在之數所以然者至秋畜產入時知其舊數不欠少以否又舊數之外知其生息多少命國難九門
磔攘以畢春氣此難難陰氣也陰寒至此不止害將及人所以及人者陰氣右行此月之中日行歷昴昴有大陵積尸之氣氣佚則厲鬼隨而
出行命方相氏帥百隸索室毆疫以逐之又磔牲以攘於四方之神所以畢止其災也王居明堂禮曰季春出疫于郊以攘春氣○難乃多反後及注同磔竹
伯反禳本又作攘如羊反佚音逸後同索所白反毆疫丘于反疏注此難至春氣○正義曰以季春恐有難陽氣之嫌故云難陰氣也云陰氣右行此月
之中日行歷昴昴有大陵積尸之氣者天氣左轉故斗建左行謂之陽氣日月右行日月比天爲陰故云陰氣右行以此月之初日在於胃此月之中從胃歷
昴云有大陵積尸者元命包云大陵主尸熊氏引石氏星經大陵八星在胃北主死喪云方相氏帥百隸索室毆疫以逐之者按方相氏云帥百隸而時難以
索室毆疫鄭注云時難謂四時難引月令季冬命國難故知於時命方相氏也引王居明堂禮曰以下者證季春國難之事○○季春行冬令

則寒氣時發草木皆肅丑之氣乘之也肅謂枝葉縮栗國有大恐以水訛相驚○恐丘勇反【疏】季春至大恐○正義曰寒
氣時發天災也草木皆肅地災也國有大恐人災也○注肅謂枝葉縮栗○正義曰按詩九月肅霜肅謂嚴肅故云肅縮栗言枝葉減縮而急栗○注以水訛
相驚○正義曰按孟春國時有恐注云以火訛相驚知此是水者以上孟春行夏令故為火訛此季春行冬令故云水訛雖初訛言相驚水竟不至所以然者
以冬氣來乘水欲來至以季春行土上能制水故知水不來○行夏令則民多疾疫時雨不降未之氣乘之也六月宿直鬼鬼
為天尸時又有暑也山林不收高者暵於熱也○暵呼旱反又呼旦反○【疏】民多至不收○正義曰民多疾疫人災也時雨不降天災也山陵不
收地災也行秋令則天多沈陰淫雨蚤降戌之氣乘之也九月多陰淫霖也雨三日以上為霖今月令曰衆雨○蚤音早兵
革並起陰氣勝也【疏】天多至並起○正義曰天多沈陰淫雨早降並天災也兵革並起人災也○注淫霖至為霖○正義曰雨三日以上為霖隱公
九年左傳文○
孟夏之月日在畢昏翼中旦婺女中孟夏者日月會於實沈而斗建巳之辰○婺音務○【疏】孟夏至女中○正義曰三
統曆四月節日在畢十二度昏軫四度中去日二百一十四度旦虛三度中四月中日在井初度昏角六度中去日一百一十七度旦危六度中按元嘉曆四
月節日在昴十一度昏翼十度中旦女三度中四月中日在畢十五度昏軫十度中旦虛九度中日畢者按律曆志立夏日在畢十二度昏翼中者日既在畢
十二度畢有十六度而終則中取五度觜二度參九度井三十三度鬼四度柳十五度七星七度張十八度計從畢十二度至翼初總九十三度言春三月之
時昏中之星九十八度四月日漸長校三月三刻則昏中之星去日多校一刻半餘以度言之則校五度則四月昏中之星去日合有一百二度計翼星中之

時當在翼十二度也其日丙丁丙之言炳也日之行夏南從赤道長育萬物月爲之佐時萬物皆炳然著見而強大又因以爲日名焉易曰齊乎巽相見乎離○炳音丙長丁丈反此月內除律長長大繼長皆同著見賢遍反其帝炎帝其神祝融此赤精之君火官之臣自古以來著德立功者也炎帝大庭氏也祝融顓頊氏之子曰黎爲火官○炎丁廉反炎帝神農也顓頊上音專下音勗○其蟲羽象物從風鼓翼飛鳥之屬其音徵三分宮去一以生徵徵數五十四屬火者以其徵清事之象也夏氣和則徵聲調樂記曰徵亂則哀其事勤○徵張里反後放此去起呂反○律中中呂孟夏氣至則中呂之律應中呂者無射之所生三分益一律長六寸萬九千六百八十三分寸之萬二千九百七十四周語曰中呂宣中氣○中呂音仲又如字射音亦其數七火生數二成數七但言七者亦舉其成數其味苦其臭焦火之臭味也凡苦焦者皆屬焉○焦子遙反其祀竈祭先肺夏陽氣盛熱於外祀之於竈從熱類也祀之先祭肺者陽位在上肺亦在上肺爲尊也竈在廟門外之東祀竈之禮先席於門之奧東面設主于竈陘乃制肺及心肝爲俎奠于主西又設盛于俎南亦祭黍三祭肺心肝各一祭醴三亦既祭徹之更陳鼎俎設饌于筵前迎尸如祀戶之禮○肺芳廢反陘音刑○**疏**注易曰至乎離○正義曰引易者證丙丁是著明之義此易說卦文○注炎帝至火官○正義曰何胤云春秋說云炎帝號大庭氏下爲地皇作耒耜播百穀曰神農也云黎爲火官者按昭二十九年左傳云顓頊氏有子曰犂爲祝融杜注云祝融明貌○注三分至事勤○正義曰三分宮去一以生徵者宮數八十一三分分之各二十七去二十七餘有五十四故徵數五十四也云屬火者以其徵清事之象者清者數少爲清羽數最少爲極清徵數次少爲徵清徵於清濁爲第四事於尊卑亦爲第四故云事之象引樂記者證爲事也○注中呂至中氣○正義曰無射之律長四寸六千五百六十一分寸之六千五百二十四三分益一以生中呂於無射四寸之內取三寸益一寸爲四寸餘有整寸一又有六千五百六十一分寸之六千五百二

十四以六千五百六十一各三分之則一寸分爲一萬九千六百八十三分也六千五百二十四分各三分之則爲一萬九千五百七十二又整一寸分爲一萬九千六百八十三并之總爲三萬九千二百五十五也更三分之一分有一萬三千八十五上生者三分益一以一萬三千八十五益上之數總爲五萬二千三百四十爲積分之數然後除之爲寸一寸除一萬九千六百八十三則二寸除。二萬九千三百六十六爲二寸通前爲六寸餘有一萬二千九百七十四不成寸是中呂長六寸萬九千六百八十三分寸之萬二千九百七十四也○注竈在至之禮○正義曰知竈在廟門外之東者按少牢及特牲禮皆竈在廟門外之東西面北上云祀竈之禮以下皆逸中霤禮文云先席於門之奧謂廟門外西室之奧以神位在西故知在西室之奧以祀戶在戶內故祭在廟室之奧祀竈在門外故設主在門室之奧各從其義云東面設主於竈陘者謂設主人東面也竈陘謂竈邊承器之物以土爲之云乃制肺及心肝爲俎奠於主西者制謂截割心肝皆爲上之物故從肺類俱置俎上奠此俎於主之西此主位西嚮故置俎在西而對主也云又設盛于俎南者盛謂黍稷盛之於簋皇氏以爲此祭老婦盛於盆非其義也云亦祭黍三祭肺心肝各一祭醴三者亦上祀戶之禮祭必三者以禮成於三故也上祀戶云祭肉三肺一腎再此云祭肺心肝各一亦爲肉祭三也此醴實於尊祭三者始扱一祭又扱再祭云既祭徹之更陳鼎俎設饌于筵前者筵前謂初設廟室奧之筵前准特牲少牢鼎當陳於廟門室之前稍東西。向執俎者以俎就鼎載肉入設於筵前在葅醢之東其黍稷等設於俎南北唯云祭黍或無稷也此配竈神而祭者是先炊之人禮器云竈者是老婦之祭

螻蟈鳴。蚯蚓出。王瓜生。苦菜秀。皆記時候也螻蟈蛙也王瓜萆挈也今月令云王萯生夏小正云王萯秀未聞孰是○螻音樓蟈古獲反螻蟈蛙也蔡云螻螻蛄蟈蛙也蛙烏蝸反卽蝦蟇也蚓以忍反萆挈上反八反下起八反萯戾九反【疏】注螻蟈至孰是○正義曰按周禮蟈氏鄭司農注云蟈蝦蟇玄謂蟈今御所食蛙也李巡注爾雅蟾諸蝦蟆也王瓜萆挈者本草文今月令王萯生者此云王瓜生今月令王萯生

疑王萯則王瓜也云夏小正云王萯秀未聞孰是者今月令既云王萯生小正又云王萯秀故鄭以爲疑云未聞孰是未聞孰是凡有二意一疑王瓜是王萯以否二疑生之與秀其文不一故云未聞孰是此物記時先生者在月初後者在月末以次相配餘皆倣此

○天子居明堂左个乘朱路駕赤駵載赤旂衣朱衣服赤玉食菽與雞其器高以粗。明堂左个大寢南堂東偏也菽實孚甲堅合屬。水雞木畜時熱食之亦以安。性也粗猶大也器高大者象物盛長○駵音留本又作騮菽本又作叔音同粗七奴反畜許又反下水畜同

疏 乘朱路駕赤駵○正義曰路與服言朱駵與旂及玉言赤者色淺曰赤色深曰朱路與衣服人功所爲染必色深故云朱玉與駵馬自然之性皆不可色深故云赤旌旂雖人功所爲染之不須色深故亦云赤按詩傳天子純朱諸侯黄朱又鄭注儀禮云朱則四入與是朱深於赤也

○是月也以立夏先立夏三日大。史謁之天子曰某日立夏盛德在火天子乃齊謁告也○齊側皆反先悉薦反立夏之日天子親帥三公九卿大夫以迎夏於南郊還反行賞封諸侯慶賜遂行無不欣說迎夏祭赤帝赤熛怒於南郊之兆也不言帥諸侯而云封諸侯諸侯時或無在京師者空其文也祭統曰古者於禘也發爵賜服順陽義也於嘗也出田邑發秋政順陰義也今此行賞可也而封諸侯則違於古封諸侯出土地之事於時未可似失之○欣說上許斤反下音悅熛怒必遙反下奴故反

疏 注不言至失之○正義曰按上迎春云帥三公九卿諸侯大夫今此直云三公九卿大夫故云不言帥諸侯既不帥諸侯而云封諸侯故鄭解其意云諸侯當迎夏之時或無在京師者故空其諸侯之文諸侯既無而得封者鄭云或無在京師者言或則容有在者故得封也或可諸侯身雖不在遙封之皇氏以爲迎時不在至還時諸侯或來故得封也然迎夏往反暫時之事不應迎時未到還時則來非其義也引祭統以下證夏時未可封諸侯故云今此行賞可也

而封諸侯則違於古也○乃命樂師習合禮樂為將飲酎○為于僞反下為逆為妨為傷下文為天子皆同酎直又反重釀之酒

命太尉贊桀俊遂賢良舉長大助長氣也贊猶出也桀俊能者也遂猶進也三王之官有司馬無大尉秦官則有大尉今俗人皆云周公作月令未通於古○長大如字下繼長同或丁丈反非也行爵出祿必當其位使順之也當丁浪反○是月也繼

長增高謂草木盛蕃廡○蕃廡音煩下亡甫反下同毋有壞墮亦為逆時氣○壞音怪注同墮許規反又作隳下注同毋起土

功毋發大眾為妨蠶農之事毋伐大樹亦為逆時氣是月也天子始絺初服暑服絺勑其反○命野虞

出行田原為天子勞農勸民毋或失時重敕之○行下孟反下同勞力報反○命司徒巡行縣鄙

命農勉作毋休于都急趣於農也縣鄙鄉遂之屬主民者也王居明堂禮曰毋宿于國今月令休為伏是月也驅獸毋

害五穀毋大田獵為傷蕃廡之氣農乃登麥天子乃以彘嘗麥先薦寢廟登進也麥之新氣尤盛以

彘食之散其熱也彘水畜是月也聚畜百藥蕃廡之時毒氣盛○畜丑六反又許六反靡草死麥秋至斷薄刑決

小罪舊說云靡草薺亭歷之屬祭統曰草艾則墨謂立秋後也刑無輕於墨者今以純陽之月斷刑決罪與毋有壞墮自相違似非○斷丁亂反注同薺

才禮反艾魚廢反後皆同出輕繫崇寬疏乃命樂師習合禮樂○正義曰不云是月者以承上是月立夏之文也至行爵出祿必當其位皆立夏之

日處分之所為猶如立春之後云命相布德施惠皆同時之事故不云是月也○自繼長增高至毋伐大樹論順時生養不違逆時氣事異於上故言是月

○自天子始絺至毋休於都論天子初服暑服為勞農之時亦事異於前故復言是月○自驅獸至寢廟論生長五穀麥成薦寢廟其事相類是事異於上故

更言是月○自聚畜百藥至出輕繫論熱毒方盛可以聚蓄百藥斷決小罪因斷之時崇尚寬恕事異於前故言是月蠶事既畢不言是月者以季春養蠶孟夏始了非一月之事故不言是月天子飲酎事之大者又異於前故言是月○注贊。出至於古○正義曰贊是贊佐之義故云出桀俊或未仕沉滯者故云出賢良或職卑位下故云遂賢良謂有德行桀俊謂多才藝故鄭注。鄉大夫職云賢者有德行者能者有道藝者蔡。氏辯名記曰十人曰選倍選曰俊萬人曰傑尹文子及毛詩傳皆云萬人爲英異人之說故不同云三王之官有司馬無大尉者按書傳有司馬公司徒公司空公領三卿此夏制也按曲禮下云司徒司馬司空司士司寇此殷制也周禮則有夏官司馬是三王有司馬無大尉按中候握河紀云舜爲太尉此堯時置之三王不置也云秦官則有大尉者按漢書百官表云大尉秦官是也云今俗人皆云周公作月令未通於古者俗人謂賈逵馬融之徒皆云月令周公所作故王肅用焉此等未通。識於古古謂秦已前不知三王無大尉是未通於古經云舉長大者謂用長大之人故王肅云舉形貌壯大者○無繼長增高○正義曰是月草木蕃廡王者施化當繼續長養之道謂勸民長養增益高大之物謂勸其種殖○注縣鄙鄉遂之屬主民者○正義曰按地官遂人職云五家爲鄰五鄰爲里四里爲酇五酇爲鄙五鄙爲縣縣二千五百家鄙五百家是遂之屬今云鄉遂之屬今。直云遂屬舉遂以包鄉故鄭兼云鄉也○注舊說至似非○正義曰靡草無文故引舊說以明之葶藶之屬以其枝葉靡細故云靡草引祭統以下者證此月不當斷薄刑決小罪

蠶事畢后妃獻繭乃收繭稅以桑爲均貴賤長幼如一以給郊廟之服后妃獻繭者內命婦獻繭於后妃收繭稅者收於外命婦外命婦雖就公桑蠶室而蠶其夫亦當有祭服以助祭收以近郊之稅耳貴賤長幼如一國服同○疏蠶。事。至。之。服。○正義曰天子春養蠶此時畢了故云蠶事畢后妃獻繭者謂后妃受內命婦之獻繭乃收繭稅者謂既受內命婦獻繭乃收外命婦繭之賦稅以桑爲均者言收稅之時以受桑多少爲賦之均齊桑多則賦多桑少則賦少貴賤長幼如一

者貴謂公卿大夫之妻賤謂士之妻長幼謂婦老幼無問貴賤長少出之時齊同如一皆以近郊之稅十而稅一也所稅之物以供給天子郊廟之服○注后妃至服同○正義曰內命婦獻繭于后妃者以其經云后妃獻繭恐后妃獻繭於王故明之也知非后妃獻繭於王者祭義曰世婦卒蠶奉繭以示於君遂以獻於夫人是夫人不獻繭也云收繭稅者收於外命婦者內命婦既以獻繭更別云收繭稅故知於外命婦也雖就公桑蠶室而蠶其夫亦有祭服以助祭也皇氏云外命婦既就公家之桑而養蠶則繭當悉輸於公所以惟皆稅其繭餘得自入者以其夫當有祭服以助王祭故令繭得自入以供造也今謂夫助祭之服當公家所爲故禮再命受服言外命婦雖就公桑蠶室而蠶既是官家之桑繭應全入於己所以有稅者以其夫亦當有祭服官家所給故輸繭稅以供造之但稅寡少故云收以近郊稅耳知收以近郊稅者載師云近郊十一公桑在國之北近郊故知收以近郊云貴賤長幼如一國服同者按泉府云凡賒者以國服爲之息國服謂國家貢賦服事在上各有等限謂之國服言貴賤長幼出繭稅俱以十一等限齊同故云國服同其受桑則貴賤異也貴者桑多賤者桑少爲皆計繭爲稅十一之稅

○是月也天子飲酎用禮樂酎之言醇也謂重釀之酒也春酒至此始成與羣臣以禮樂飲之於朝正尊卑也孟冬云大飲烝此言用禮樂互其文○醇音純重直龍反或直用反釀女亮反朝直遙反烝之承反後皆同【疏】注酎之至其文○正義曰酎音近稠稠○醴厚故爲醇也詩豳風云爲此春酒至此始成以用禮樂故飲之於朝正尊卑故左傳云朝以帥長幼之序若漢嘗酎及春秋見於嘗酎皆謂在廟祭而獻酎與此別也孟冬云大飲烝此言用禮樂明孟冬亦用禮樂故云互其文

○孟夏行秋令則苦雨數來五穀不滋申之氣乘之也苦雨白露之類時物得雨傷○數所角反四鄙入保金氣爲害也鄙界上邑小城曰保○【疏】孟夏至入保○正義曰苦雨數來天災五穀不滋地災四鄙入保人災也行冬令則草木蚤枯長日促○後乃大水敗其城郭亥之氣乘之也【疏】行冬

至城郭正義曰草木蚤枯地災後乃大水敗其城郭天災此二句共爲一事也行春令則蝗蟲爲災暴風來格寅之氣乘之也必以蝗蟲爲災者寅有啓蟄之氣行於初暑則當蟄者大出矣格至也○蝗徐華孟反范音橫字林音黃秀草不實氣更生之不得成也疏行春至不實○正義曰蝗蟲爲災及秀草不實地災暴風來格天災也

附釋音禮記注疏卷第十五

禮記注疏卷十五校勘記　阮元撰盧宣旬摘錄

月令

仲春之月節　惠棟校云仲春節其日節始雨節天子節宋本分其器疏以達之上合前三節爲一節

仲春至星中　惠棟校宋本無此五字

言萬物降落而收斂　閩監毛本同惠棟校宋本無萬字衛氏集說同

應一百八十二度餘　閩監毛本作二衛氏集說同此本二誤一

其日甲乙節

律中夾鍾　岳本同嘉靖本同衛氏集說同閩監毛本鍾作鐘石經同釋文出夾鍾注疏放此

是於一寸分爲二千一百八十七分　惠棟校宋本作是於此本是於二字倒閩監毛本同衛氏集說同

始雨水節

釋鳥云鳴鳩鴶鵴　閩監毛本同衛氏集說同浦鏜校鳴改鳲按浦鏜是也

天子居青陽大廟節　惠棟校宋本是月也安萌牙以下合下元鳥節后妃節爲一節

安萌牙　惠棟校宋本同宋監本同岳本同石經同閩監毛本牙作芽嘉靖本同衛氏集說同案呂覽亦作牙○按依說文萌芽字作芽从艸牙聲古多

以芽爲芽

是月至獄訟　惠棟校宋本無此五字

自日夜分至正權概　閩監毛本作正此本正誤平惠棟校宋本同

后土者五官之后土　閩監毛本同考文引宋板者下有謂字衛氏集說同

上罪梏拲而桎拲爲在手　閩監毛本如此此本上拲誤拳下拲誤恭爲誤雷

冷剛問云　閩本同惠棟校宋本同監毛本冷作泠盧文弨校云作冷剛非

是月也元鳥至節

以太牢祠于高禖　監毛本同岳本太作大嘉靖本同衛氏集說同石經同石經考文提要宋大字本宋本九經余仁仲本俱作大

嫁娶之象也　惠棟校宋本作嫁娶宋監本同岳本同嘉靖本同衛氏集說同此本嫁娶二字倒閩監毛本同

故娀簡狄也　監毛本同考文引宋板故下有云字

云後王以爲禖官嘉祥　惠棟校宋本同監毛本禖作媒

是爲媒官嘉祥　監毛本同惠棟校宋本媒作禖衛氏集說同○按依注文當作媒不作禖故下云變媒言禖

是高辛已前舊有　監毛本同考文引宋板無是字

高者尊也監毛本同衞氏集說同惠棟校宋本高誤爲

又生民及元鳥毛詩傳云監毛本同惠棟校宋本無詩字衞氏集說亦作毛傳云

簡狄從帝而祈于郊禖監毛本同惠棟校宋本祈作祠衞氏集說亦作祈無而字

必自有禖氏惠棟校宋本作媒此本作禖監毛本同

娀簡狄吞鳳子之後監毛本同段玉裁校本鳳改鳦

後王爲媒官嘉祥監毛本媒作禖下以先媒配之後王以是爲媒官之嘉祥其古昔先媒此立爲媒神者同○按段玉裁校本王

下有以字

后妃帥九嬪御節

天子有夫人有嬪監毛本同岳本同嘉靖本同衞氏集說同惠棟校宋本嬪上有九字

禮之禖下其子必得天材監毛本如此岳本同衞氏集說同此本材誤林嘉靖本下誤卜

是月也日夜分節惠棟校云是月也日夜分節耕者少舍節毋竭川澤節宋本合爲一節

則同度量鈞衡石監本同岳本同衞氏集說嘉靖本同石經同釋文同考文引宋板作度量毛本度量二字倒

角斗甬閩監毛本作甬岳本同嘉靖本同衞氏集說同此本甬誤角釋文出斗甬呂覽甬作桶盧文弨校云廣疋方斛謂之桶桶與甬同

正義曰日夜分惠棟校宋本同閩本日上誤有空闕監毛本補此字非也

鄭康成注尙書云日中星閩監毛本同齊召南云星下當有鳥字

則正月末皆動監本作未惠棟校宋本作末

其實一籥閩本同監毛本籥作龠下合籥一籥容同

五量加矣閩本同惠棟校宋本同監毛本加作嘉

是月也耕者少舍節

乃脩闔扇閩監本同岳本同嘉靖本同衞氏集說同毛本脩作修石經同

用竹葦曰扇閩本同岳本同嘉靖本同監毛本葦作葦

是月也毋竭川澤節

以饗司寒閩監毛本同岳本同嘉靖本同衞氏集說同惠棟校宋本饗作享考文引古本同

但建辰火星在卯惠棟校宋本作卯此本卯誤昴閩監毛本同

所以校一月也按校下疑脫違字

上丁節

萬舞入學　閩監毛本同嘉靖本同衞氏集說同惠棟校宋本舞作用正義同宋監本同岳本同考文引古本足利本同〇按大戴記正作用

仲丁　閩監毛本同岳本同嘉靖本同衞氏集說同釋文出中丁云音仲本亦作仲正義本作仲

入學習舞　閩監毛本舞作樂岳本同嘉靖本同衞氏集說同此本誤

爲季春將習合樂也　閩監毛本同嘉靖本同惠棟校宋本無習字宋監本同岳本同衞氏集說同考文引古本足利本同案習字衍

則大胥春入學舍采合舞一也　閩監毛本采作菜衞氏集說則作卽采作菜

天子親在不云樂正者　惠棟校宋本同閩監毛本在作往衞氏集說同

樂師脩鞀鞞　閩監毛本作鞀此本鞀字闕

向知不先習舞　惠棟校宋本作何此本誤作向閩監毛本同

舍采合舞舍卽釋　惠棟校宋本作采此本采作菜閩監毛本同下何以亦云春舍采同

萬用入學者　考文引宋板同閩監毛本用作舞案作用是也

于舞稱萬者　毛本于作干考文引宋板同監本同閩本作於尤誤

不須與習　考文引宋板與作更衞氏集說同此本誤與閩監毛本同

是月也祀不用犧牲節　惠棟校云是月節仲春節宋本合爲一節

當祀者古以玉帛而已 閩監毛本同岳本同嘉靖本同衛氏集說同考文引古本足利本古作告

祀不至皮幣 惠棟校宋本無此五字

仲春行秋令節

麥乃不熟 閩監毛本同衛氏集說同石經同惠棟校宋本熟作孰岳本同嘉靖本同宋監本同

其國至來征 閩監毛本同惠棟校宋本國下有大水二字

國乃至爲害 毛本如此此本脫至字閩監本同

故無其災也 惠棟校宋本下標禮記正義卷第二十二終又記云凡二十四頁

季春之月節 惠棟校云季春節其日節桐始華節天子節宋本分其器疏以達之上合前三節爲一節〇惠棟校宋本自此節起至仲夏行秋令節止爲第二十三卷卷首題禮記正義卷第二十三

季春至牛中 惠棟校宋本無此五字

旦女三度中 閩本同監毛本三作二衛氏集說同

日在胃九度凡三十度 閩監毛本同衛氏集說同盧文弨校云九度下有缺文當云昏張十度中旦斗二十五度中三統曆二月之節日在奎五度自奎五度至胃七度共補三十二字然後接以凡三十度云云差爲脗合

其日甲乙節

姑洗所以脩絜百物閩監毛本作姑岳本同嘉靖本同衞氏集說同此本姑誤如

總二寸八分閩監本同衞氏集說同考文引宋板寸作十

桐始華節

田鼠化爲鴽閩監毛本同岳本同嘉靖本同衞氏集說同石經同釋文出爲鴽云音如孫星衍夏小正經文正字云鴽當爲鴽說文䳌牟母也或作鴽今從如誤

萍始生惠棟校宋本萍作蓱岳本同嘉靖本同衞氏集說同石經同此本作萍誤閩監毛本同釋文出蓱始石經考文提要云按鄭注蓱萍也則經文非萍明甚宋大字本亦作蓱

鴽母無閩本同岳本同嘉靖本同考文引古本同足利本同正德本同惠棟校宋本宋監本母作毋釋文本作母無監毛本母無改鴾毋衞氏集說同正義云今此注作毋無毋當作牟謂牟無也可證注文本作母無不作鴾毋

螮蝀謂之虹閩監毛本同岳本同嘉靖本同衞氏集說同釋文出蝃云本又作螮亦作蝃正義作螮

正義曰鴽母無閩本同惠棟校宋本同監毛本母無作鴾毋

某氏云謂鴾也閩本同惠棟校宋本同監毛本某誤郭

一名牟毋閩本同惠棟校宋本同監毛本牟改鴾

舍人云毋作無閩監毛本同段玉裁校本云改本是也

按易乾道變化閩監毛本同惠棟校宋本易下有云字

天子居青陽右个節惠棟校云是月也天子乃薦鞠衣于先帝以下半節宋本合下是月也生氣方盛至不可以內為一節案此本是月也上作○嘉靖本同閩監毛本去○

舟牧主舟之官也監毛本作主岳本同嘉靖本同衛氏集說同此本主誤王閩本同

備傾側也惠棟校宋本側作漏宋監本同岳本同嘉靖本同考文引古本足利本同此本漏誤側閩監毛本及衛氏集說並作側

是月至先帝惠棟校宋本無此五字

王權賀瑒熊氏等惠棟校宋本作瑒此本瑒誤場閩監毛本同

案爾雅釋魚云鮥鮇惠棟校宋本有鮪字衛氏集說同此本鮪字脫閩鮪監毛本同

王鮪似鱣口在頷下閩監毛本如此此本似誤以頷作領

是月也生氣方盛節惠棟校宋本天子布德行惠以下合下命司空節命野虞節命工師節為一節盧文弨校云案百工咸理節似亦當併入上節

陽氣發泄 閩監毛本同岳本同嘉靖本同衞氏集說同石經泄作洩釋文出發泄

以物遂散之時 閩監毛本遂作宣衞氏集說同惠棟校宋本亦作宣

納之在內也 閩監毛本同惠棟校宋本無也字衞氏集說同

發倉至乏絕 閩監毛本同惠棟校宋本無此五字

謂其德行貞絕 惠棟校宋本作純衞氏集說同此本誤作絕閩監毛本同

是月也命司空曰節

羅罔畢翳 惠棟校宋本同宋監本同岳本同嘉靖本同石經此處殘缺閩監毛本罔作網衞氏集說同注同

是月也命野虞無伐桑柘節

趍農急也 嘉靖本同閩監毛本趍作趨岳本同衞氏集說同考文引古本趍作趣

曲薄也 閩監本同岳本同嘉靖本同衞氏集說同毛本薄誤簿

縫線組紃之事 閩監毛本作線岳本同嘉靖本同衞氏集說同此本線誤綫釋文出線云息賤反

戴勝一名鵖鳩 惠棟校宋本作鵖鴔此本誤鵖鳩閩監毛本同衞氏集說同

齊謂之牂 閩監毛本同盧文弨校牂改样

若尋常留養蠶 閩監毛本同惠棟校宋本無留字

及諸臣之妻者 閩監毛本作臣此本臣字闕○按注妻下有也字

是謂效其功 閩監毛本同惠棟校宋本謂效作課効衛氏集說亦作課

是月也命工師節

幹器之木也 閩監本同岳本同嘉靖本同衛氏集說同毛本幹作榦下及疏同○按當作榦从木倝聲作幹者俗字也

百工咸理節

百工至蕩上心 惠棟校宋本無此六字

當依氣序 惠棟校宋本作氣是也衛氏集說同此本氣誤器閩監毛本同

是月之末節 惠棟校云是月之末節命國難節宋本合爲一節

天子乃率三公九卿諸侯大夫 惠棟校宋本同岳本同嘉靖本同閩監毛本率作帥衛氏集說同案呂覽亦作率

則就牧之牡而合之 惠棟校宋本宋監本並作牡岳本同衛氏集說同此本牡誤牝閩監毛本同嘉靖本同疏就牡而合之放此

乃合至其數 惠棟校宋本無此五字

皆書其見在之數 閩監本同衛氏集說同毛本見誤先考文引宋板作見

命國難節

命國難九門磔攘閩監毛本同岳本同嘉靖本同衞氏集說同石經攘字同難作難考文引古本同釋文出國難出禳云本又作攘

昴有大陵積尸之氣閩監毛本如此岳本同嘉靖本同衞氏集說同此本大字闕尸誤尺

索室敺疫以逐之閩監毛本如此岳本同衞氏集說同此本索誤素敺誤毆嘉靖本索字同敺誤毆釋文出索室敺疫○按依說文當作敺

大陵八星在胃北閩監本作北此本北誤此毛本同惠棟校宋本亦作北

季春行冬令節

季春至大恐惠棟校宋本無此五字

寒氣時發天災也閩監毛本作天此本天誤云

行夏令節

民多至不收惠棟校宋本無此五字

民多疾疫閩監毛本同考文引宋板疾作病

行秋令節

陰氣勝也閩監毛本同岳本同嘉靖本衛氏集說勝作盛考文引古本陰作金

淫雨早降閩監毛本早作蚤案石經文蚤作早

孟夏之月節惠棟校云孟夏節其日節螻蟈節天子節是月節以立夏節宋本合爲一節

孟夏至女中惠棟校宋本無此五字

四月節日在畢十二度毛本作十衛氏集說同此本十誤止閩監本十誤上

去日二百一十四度閩監毛本同衛氏集說同惠棟校宋本二作一

日在昴十一度惠棟校宋本作昴此本昴誤品閩監毛本昴誤畢衛氏集說同

旦虛九度中閩監毛本同衛氏集說同盧文弨校云宋書旦虛二度中當從之

七星七度惠棟校宋本如此衛氏集說同此本誤土星十度閩監毛本同

其日丙丁節

丙之言炳也日之行閩監毛本同岳本同嘉靖本同衛氏集說同段玉裁云炳也下當補丁之言強也五字

著德立功者也閩監本同岳本同嘉靖本同衛氏集說同毛本立誤古考文引宋板亦作立

顓頊氏之子曰黎惠棟校宋本宋監本並同岳本同嘉靖本同考文引足利本同閩監毛本黎作犂衛氏集說同

以其微清閩監毛本作微岳本同嘉靖本同衛氏集說同此本微誤徵疏同

祭先胏惠棟校宋本同嘉靖本同閩監毛本胏作肺岳本同衛氏集說同石經同注放此岳本禮記考證曰胏當改肺案說文肺金藏也从肉市聲無作胏者蓋朿與朩同加肉成胏乃乾胏之胏非肺肝之肺也

乃制胏及心肝爲俎毛本同岳本同嘉靖本衛氏集說同正義亦作制閩監本制誤祭

祭醴三惠棟校宋本作三岳本同考文引足利本同此本三誤二閩監毛本同嘉靖本同衛氏集說同

微清者數少爲清惠棟校宋本有微字此本微字脫閩監毛本同

則二寸除二萬九千三百六十六爲二寸閩監毛本同衛氏集說同浦鏜校云二萬當三萬誤按浦校是也

此主位西鄉閩監毛本作位此本位作値

祭醴三者閩監本同毛本三誤二

上祀尸云祭肉三肺一臂再惠棟校宋本作脾此本作肺衛氏集說同○按作脾是也

祭三者始扱一祭閩監毛本三作二衛氏集說同

准特牲少牢惠棟校宋本同閩監毛本准誤唯衛氏集說同

稍東西向閩監毛本同衞氏集說同惠棟校宋本向作面

螻蟈鳴節

蚯蚓出閩監毛本同嘉靖本同衞氏集說同石經同惠棟校宋本蚯作邱岳本同釋文出邱蚓

王瓜萆挈也閩毛本同岳本同嘉靖本同正義同監本挈誤絜衞氏集說同考文引宋本挈作挈釋文出萆挈

王萯秀閩監本同岳本同嘉靖本同衞氏集說同考文引宋板同毛本秀作莠〇按夏小正亦作王萯秀段玉裁云豳風四月秀葽疑葽即王萯也

天子居明堂左个節

其器高以粗閩監本同岳本同嘉靖本同衞氏集說同石經同毛本粗作麤注同釋文出以粗

菽實孚甲堅合屬水惠棟校宋本宋監本亦作水閩監毛本同岳本同嘉靖本同衞氏集說水作木考文引宋板同〇按作木非也

鄭注麥屬木黍屬火麻屬金菽屬水稷屬土五穀所配之方如是

亦以安性也閩監毛本作性岳本同嘉靖本同衞氏集說同此本性字闕

是月也以立夏節

大史謁之天子曰惠棟校宋本宋監本並作大閩本同岳本同嘉靖本同衞氏集說同監毛本大作太注同石經同

乃命樂師節

命太尉 閩監毛本同惠棟校宋本太作大宋監本同岳本同嘉靖本同衞氏集說同注放此

贊桀俊 宋監本亦作桀惠棟校宋本同岳本同嘉靖本同正義同閩監毛本桀作傑衞氏集說同石經同注放此○按傑正字桀假借字

贊猶出也 惠棟校宋本標起訖作贊出

爲妨蠶農之事 閩監毛本同岳本同嘉靖本同衞氏集說蠶農二字倒

命司徒巡行縣鄙 宋監本亦作巡惠棟校宋本同岳本同嘉靖本同閩監毛本巡作循衞氏集說同

急趍於農也 閩監毛本趍作趨岳本同嘉靖本同衞氏集說同考文引古本作急趣農也

靡草薺亭歷之屬 惠棟校宋本同宋監本同岳本同嘉靖本同考文引足利本同閩監毛本亭歷作葶藶衞氏集說同盧文弨校云初學記皆從艸

乃命樂師習合禮樂○正義曰 閩監毛本同惠棟校宋本乃命樂師習合禮樂在正義曰下又監毛本乃誤及

事異於上故言是月也 閩監毛本同惠棟校宋本無也字

注贊出至於古 惠棟校宋本同閩監毛本出作猶

故鄭注鄉大夫職云 惠棟校宋本作鄉此本誤卿閩監毛本同

蔡氏辨名記曰閩監毛本同衞氏集說同段玉裁校本云蔡氏之下當有引字

此等未通識於古惠棟校宋本作識此本誤職閩監毛本同

今直云遂屬惠棟校宋本作直衞氏集說同此本直誤有閩監毛本同

蠶事畢節惠棟校云蠶事畢節是月也天子飲酎節宋本合為一節

蠶事至之服惠棟校宋本無此五字

是月也天子飲酎節

孟冬云大飲蒸閩監毛本同嘉靖本同岳本蒸作烝衞氏集說同釋文出飲蒸

稠醴厚故為醇也閩監毛本同衞氏集說同山井鼎云醴恐釀誤

孟夏行秋令節

申之氣乘之也閩監毛本作申岳本同衞氏集說同此本申誤中嘉靖本同

行冬令節

孟夏至入保惠棟校宋本無此五字

行冬至城郭惠棟校宋本無此五字

行春令節

不得成也非閩監毛本同岳本同嘉靖本同衞氏集說同考文引宋板成作訟

行春至不實惠棟校宋本無此五字

禮記注疏卷十五校勘記

附釋音禮記注疏卷第十六

禮記　　鄭氏注　　孔穎達疏

月令

仲夏之月日在東井昏亢中旦危中仲夏者日月會於鶉首而斗建午之辰也○亢音剛又苦浪反疏仲夏至危中○正義曰按三統曆五月節日在井十六度昏氐二度中去日一百一十九度旦室三度中五月中日在井三十一度昏房二度中去日一百一十九度旦奎十一度中元嘉曆五月節日在井三度昏角十度中旦危九度中五月中日在井十八度昏氐五度中旦室五度中其日丙丁其帝炎帝其神祝融其蟲羽其音徵律中蕤賓其數七其味苦其臭焦其祀竈祭先肺蕤賓者應鍾之所生三分益一律長六寸八十一分寸之二十六仲夏氣至則蕤賓之律應周語曰蕤賓所以安靜神人獻酬交酢○蕤人誰反應應對之應酢才各反疏注蕤賓至交酢○正義曰應鍾律長四寸二十七分寸之二十上生蕤賓三分益一取應鍾三寸更益一寸為四寸其二十七分寸之二十各三分之則一寸分為八十一分也二十七分寸之二十則為八十一分寸之六十其整寸一為八十一分又以六十分益之總為一百四十一分更三分益一一分有四十七更以四十七益前一百四十一總為一百八十八分是為積分之數除之為寸除八十一分則一百六十二分為二寸益前四寸為六寸餘有二十六分不成寸故云蕤賓長六寸八十一分寸之二十六也引周語曰以下者證蕤賓之律何胤云乾九四是月陽反於下為復陰生陽中為姤各應其時所以安靜是安靜神人也陰生為主陽謝為賓賓主之象獻酬之禮獻酢又酬之陰陽代謝之義也○小暑至螳蜋生鵙始鳴反

舌無聲皆記時候也螳蜋螵蛸母也。鶪博勞也反舌百舌。鳥○螳音堂蜋音郎鶪古闃反字林工役反反舌蔡伯喈云蝦蟇螵匹遙反蛸音消搏音博
又作伯【疏】注螳蜋至舌鳥○正義曰按釋蟲云不蝎螳蠰其子蜱蛸舍人云不蝎名蟷蠰今之螳蜋也孫炎云蟷蠰螳蜋一名不蝎李巡云其子名蜱蛸
則螵蛸故云螵蛸母。方。言云。譚魯以南謂之蟷蠰三河之域謂之螳蜋燕趙之際謂之食。厖齊。杞以東謂之馬穀然名其子同云螵。蜋也云。搏勞者詩云七月
鳴鶪箋云。百勞鳴將寒之候五月則鳴豳地晚寒鳥物之候從其氣焉云百舌鳥者蔡云蟲。名蠹也今謂之蝦蟇其舌本前著口側而末鄉內故謂之反舌遥
卦驗曰搏勞鳴蝦蟇無聲又。靡信云昔於長安中與書生數十共往城北水中取蝦蟇屠割視之其舌反鄉後如此鄭君得不通乎蟜夙問曰誠如緯與子言
爲蝦蟇五月中始得水適當聒人耳何反無聲此者著時候今猶昔也是以知蝦蟇非反舌反舌鳥春始鳴至五月稍止其聲數轉故名反舌時候言之今人
識之故不從緯與俗儒也或蝦蟇舌性自然不必爲反舌也○天子居明堂太廟。乘朱路駕赤駵載赤旂衣
朱衣服赤玉食菽與雞其器高以粗明堂。太廟南堂當。太室也養壯佼助長氣也○佼古卯反長丁丈反下長氣
同【疏】養壯佼○正義曰壯謂容體盛大佼謂形容佼好以盛夏長養之時故養壯佼之人助長氣也○是月也命樂師脩。鞀鞞
鼓均琴瑟管簫執干戚戈羽調竽笙箎簧飭鍾。磬柷敔爲將大雩帝習樂也。脩均執調飭者治其器物
習其事之言○鞀大刀反本亦作鞉同鞞步西反竽音于箎音池本又作篪同簧音黃飭音勑柷昌六反敔魚呂反本又作圄爲于僞反下文爲民注爲傷爲
其皆同雩音于【疏】是。月。至。柷。敔○正義曰鞀字或從兆下鼓按周禮小師注云鼗如鼓而小持其柄搖之旁耳還自擊鄭注詩云小鼓在大鼓旁應鞞之屬
也鞞鼓者則周禮鼓人職掌六鼓雷鼓鼓神祀之屬是也劉熙釋名云鞀導也所以導樂作鞞裨也裨助鼓節鼓廓也張皮以冒之其中空廓琴者釋樂云大

琴謂之離孫炎云聲留離廣雅云琴長三尺六寸六分五絃劉熙釋名云施絃張之瑟者釋樂云大瑟謂之灑孫炎云音之。布。告如。歸。灑郭景純云瑟長八尺一寸二十七絃管者釋樂云大管謂之簥音驕郭景純云管長尺圍寸併漆之有底賈氏以爲如篪六孔鄭注周禮云管如篴而小併兩而吹之簫者釋樂云大簫謂之言郭景純云編二十二管長尺四寸鄭注周禮簫編小竹管如今賣飴餳所吹者劉熙釋名簫肅也干盾也戚斧也戈。鉤孑戟羽鳥羽周禮羽舞皇舞之屬是也竽者鄭注周禮云竽三十六簧釋名云竽汙也其中汙空笙者者鄭注周禮云十三簧釋樂云大笙謂之巢郭景純云列管。瓠中施簧管端大者十九簧釋名云笙生也象物出地所生篪者釋樂云大篪謂之沂郭景純云篪以竹爲之長尺四寸圍三寸一孔上出寸三分名翹橫吹之廣雅云八孔鄭司農注周禮云篪七孔釋名云篪啼也聲如。嬰兒啼簧者竽笙之。名也氣鼓之而爲聲釋名云簧橫也於管頭橫施之鍾者按釋樂云大鍾謂之鏞釋名云鍾空也內空受氣多磬者釋樂云大磬謂之毊音囂以玉石爲之釋名。磬磬也聲堅磬磬然柷者釋樂云所以鼓柷謂之止郭景純云柷如漆桶方二尺四寸深一尺八寸中有椎柄連底。桐之令左右擊止者其椎名敔者釋樂云所以鼓敔謂之籈郭景純云敔如伏虎背上有二十七鉏鋙刻以木長尺櫟之○注脩均至之言○正義曰脩者脩理舊物均者均平其聲執者操持營爲調者調和音曲飭者整頓器物故云治其器物習其事之言也

○命有司爲民祈祀山川百源大雩帝用盛樂乃命百縣雩祀百辟卿士有益於民者以祈穀實陽氣盛而常旱山川百源能興雲雨者也衆水始所出爲百源必先祭其本乃雩雩吁嗟求雨之祭也雩帝謂爲壇南郊之旁雩五精之帝配以先帝也自鞀鞞至柷敔皆作曰盛樂凡他雩用歌舞而已百辟卿士古者上。公若句龍后稷之類也春秋傳曰龍見而雩雩之正。常以四月凡周之秋三月之中而旱亦脩雩禮以求雨因著正雩此月失之矣天子雩上帝諸侯以下雩上公周冬及春夏雖旱禮有禱無雩○辟必亦反注同句古侯反見賢遍反下御見同

疏命。有。至。穀。實○正義曰正以將欲雩祭故先命有司爲祈祀山川百源爲將雩之漸重民之義也故先爲民大雩帝用盛樂者爲民祈穀後天子乃大雩天帝用上鞀鞞之等故云用盛樂乃命百縣雩祀百辟卿士者謂天子既雩之後百縣謂諸侯也命此諸侯以雩祀古之百辟及卿士等生存之日能立功有益於人者○注陽氣至無雩○正義曰以四月純陽用事故云陽氣盛而恆旱故制禮此。月爲雩縱令雩祭時不旱亦爲雩祭云雩以吁嗟求雨之祭者以雩音近吁又女巫職云凡邦之大烖歌哭而請歌哭則吁嗟之類旱又是大烖故須吁嗟求雨注春秋者以雩爲遠謂遠爲百穀求雨非鄭義也云雩帝謂爲壇南郊之旁雩五精之帝者以雩是祭天當從陽位以五天總祭不可偏在四方故知在南郊也以春夏秋冬共成歲功不可偏祭。一天故雩五精之帝以自外至者無主不。正當以人帝配之大皥配靈威仰炎帝配赤熛怒黃帝配含樞紐少皥配白招拒顓頊配汁光紀故云皥配以先帝也云凡他雩用歌舞而已者按女巫云旱暵則舞雩是用歌舞正雩則非唯歌舞兼有餘樂故論語云舞雩詠而歸是也云百辟卿士古者上公句龍后稷之類也者百辟則古之上公則國語稱爲崇伯而禮記祭法有祀之文社稷五祀雖爲王朝卿士兼帶上公之官故左氏云封爲上公祀爲貴神是身爲百辟又爲卿士按左傳有社稷五官今直云若句龍后稷不云句芒蓐收之等舉有益於民功之顯者言之引春秋傳曰龍見而雩者欲明正雩在四月不在五月也云凡周之秋三月之中旱亦修雩禮以求雨者釋此經大雩在五月之中爲五月不雨脩雩祭作記者言五月之雩是常雩故記之於五月也云天子雩上帝者以此云大雩帝也云諸侯以下雩上公者此云乃命百縣雩祀百辟卿士是也云周冬及春夏雖旱禮有禱無雩者按春秋周七月八月九月皆書雩穀梁不譏成七年冬大雩穀梁云無爲雩是譏其冬雩是冬無雩也春秋周之春及周之四月五月皆無雩文春夏不雩雖旱不爲脩雩之祭其周季夏當有正雩則。龍。見而雩是也按春秋桓五年秋大雩傳云書不時服注。云雩遠也遠爲百穀祈膏雨言大別山川之雩也僖十一年秋八月大雩十三年秋九月大雩成公三年秋大雩七年冬大雩襄

五年秋大雩傳曰旱八年九月大雩傳曰旱十六年秋大雩十七年秋九月大
雩二十八年秋八月大雩傳曰旱昭三年秋八月大雩傳曰旱六年九月大雩
傳曰旱八年秋大雩十六年秋九月大雩傳曰旱二十四年秋八月大雩傳曰
旱二十五年秋七月上辛大雩季辛又雩傳曰秋書再雩旱甚定元年秋九月
大雩七年秋大雩九月大雩十二年秋大雩僖二十一年夏大旱宣七年秋大
旱莊三十一年冬不雨僖二年冬十月不雨三年正月不雨夏四月不雨六月
雨傳曰自十月不雨至于五月不曰旱不爲災文二年自十有二月不雨至于
秋七月十年云自正月不雨至于秋七月十三年云自正月不雨至于秋七月
是春秋之中不雨有七大旱有二大雩有二十一都幷有三十莊三十一年冬
不雨以冬時旱氣以過故不數僖二十一年夏大旱宣七年秋大旱二旱一災成
故不數昭二十五年一月再雩祇是一旱之事爲再雩一雩不數定七年秋大
雩亦一時之事而爲二雩一雩不數成七年冬大雩穀梁云冬無爲雩七明亦不
數三十之中去此六事不數唯有二十四在就二十四之中分爲四部桓五年
秋大雩說雩禮是一部也僖二年冬十月不雨僖三年正月不雨夏四月不雨
說禱禮是二部也文二年文十年文十三年皆云正月不雨至于秋七月說旱
而不爲災是三部也此三部總有七條於二十四去七條餘有十七條說旱氣
所由故鄭釋廢疾云春秋凡書二十四旱考異郵說云分爲四部各有義焉是
其事也凡正雩在周之六月常事不書書秋大雩傳不云旱者皆過雩也傳言
旱者皆爲旱脩雩也雩書月者爲脩旱雩得禮故定元年穀梁傳曰雩月雩之
正也秋大雩非正也按玉藻云至于八月不雨君不舉注云建子之月不雨盡
建未乃始成災而僖二十一年夏大旱未至建未而爲災者若霧露霑濡壟中
有苗雖麻時不爲災也文二年十年十三年自十二月正月不雨至秋七月是
也至八月不雨乃爲災若無霧露霑濡壟中無苗雖未至八月則爲災故僖。十
一年夏大旱是也穀梁說云得雨曰雩不得雨曰旱公羊說言雩則旱見言旱
則雩不見此二家之說不同鄭釋廢疾從穀梁之義雩之與禱所以異者考異
郵說云天子禱九州山川諸侯禱封內大夫禱所食邑又僖公三時不過帥羣

臣禱山川以過自讓凡雩必先禱故此經云乃命百縣所祀山川百源始大雩帝是也禱者不雩僖公二年冬十月及三年春正月夏四月直爲禱祭不爲雩以非雩月故不雩○農乃登黍登進也是月也天子乃以雛嘗黍羞以含桃先薦寢廟此嘗雛也而云以嘗黍不以牲主穀也必以黍者黍火穀氣之主也含桃櫻桃也○雛仕于反又仕俱反雛也爾雅云生啄雛含桃本又作函湖南反含桃櫻桃也櫻於耕反**疏**注必以至櫻桃○正義曰黍是火穀於夏時與雛同薦之如鄭此言則黍非新成直取舊黍故下孟秋云農乃登穀注云黍稷於是始孰明仲夏末熟也蔡氏以爲此時黍新孰今蟬鳴黍是也非鄭義也按月令諸月無薦果之文此獨羞含桃者以此果先成異於餘物故特記之其實諸果亦時薦

○令民毋艾藍以染爲傷長氣也此月藍始可別夏小正曰五月啟灌藍蓼○藍力甘反別彼列反下文別羣同**疏**注此月至藍蓼○正義曰別種藍之體初必叢生若及早栽移則有所傷損此月藍既長大始可分移布散引小正啟灌藍蓼者證此月養藍熊氏云灌謂叢生也言開闢此叢生藍蓼分移使之稀散○毋燒灰爲傷火氣也火之氣於是爲盛火之滅者爲灰毋暴布不以陰功干大陽之事○暴步卜反大音太

門閭毋閉關市毋索順陽敷縱不難物○索所白反難乃旦反又如字**疏**門閭至毋索○正義曰蔡云門謂城門閭謂二十五家爲閭關市無索者關市停物之所商旅或隱蔽其物以避征稅是月從長之時故不搜索其物

挺重囚益其食挺猶寬也**疏**益其食○正義曰益其食挺重因連文鄭又無注皇氏以爲增益因之飲食義當然也熊氏以爲益羣臣祿食其義非也

○游牝別羣孕妊之欲止也則縶騰駒爲其牡氣有餘相蹄齧也○執如字蔡本作縶蹄大計反蹋也本或作踶音同班馬政馬政謂養馬之政教也度人職曰掌十有二閑之政教以阜馬佚特教駣攻駒此之謂也○度所留反駣音兆又音道字林音桃**疏**注馬政至攻駒○正義曰度人職曰掌十有二閑之政教按校人職云天

子十有二閑諸侯六閑大夫四閑每閑馬有二百一十六。匹又阜馬佚特教駣攻駒注云阜盛壯也鄭司農云二歲曰駒三歲曰駣玄謂逸者用之不使甚勞安其血氣也教駣始乘習之攻駒騬其蹄齧者

○是月也日長至陰陽爭死生分爭者陽方盛陰欲起也分猶半也○爭爭闘之爭注同

疏是。月。至。生。分。○正義曰長至者謂此月之時日長之至極大史漏刻夏至晝漏六十五刻夜漏三十五刻是日長至也死生分者分半也陰氣既起故物半死半生蔡云感陽氣長者生感陰氣成者死故於夏至日相與分也

君子齊戒處必掩身毋躁掩猶隱翳也躁猶動也今月令毋躁爲欲靜止聲色毋或進進。猶御見也聲謂樂也易及樂春秋說夏至人主與羣臣從八能之士作樂五日今止之非其道也○從子用反

疏君子至或進○正義曰蔡氏云君子謂人君以下至在位士也齊戒所以敬道道萌陰也處必掩身處猶居也掩隱翳也陰既始萌故君子居處不顯露恐干陰也毋躁者躁動也既不顯露又不得躁動以安萌陰也鄭引今月令無躁爲欲靜欲靜則無躁之義止聲色者歌樂華麗之事爲助陰靜故止之無或進者進御見也既止聲色故嬪房不得進御侍夕也亦爲微陰始動不可動於陰事也蔡云方齊戒故止色內御之屬勿或有所進也

○注易及至其道○正義曰按易緯通卦驗云夏至人主從八能之士或調黃鍾或調六律或調五音或調五聲或調五行或調律曆或調陰陽或調正德所行注從八能之士謂選於天下人衆之中取其習曉者而使之調黃鍾者縣黃鍾於子其以大小之差展其聲調六律者六律律管陽也又有六呂爲之合管有長短吹之以調樂器之聲調五音者金爲鍾革爲鼓石爲磬竹爲管絲爲絃皆有聲變舒疾也匏也木也土也不言調者聲少變故不調調五聲者宮商角徵羽聲弘殺緩急凡黃鍾六律之聲五音之動與神靈之氣通人君聽之可以察己之得失而知羣臣賢否調五行者五行謂五英調律曆者律曆謂六莖也調陰陽者謂雲門咸池調正德所行者謂之大韶大夏大濩大武此鄭云五英謂顓頊樂名云六莖者帝嚳樂名云從八能之士注云從就也謂人主就八能之

士於習樂之處而觀之作樂五日者謂日至之前豫前五日令八能之士習作其樂以迎日至樂緯協圖徵亦云從八能之士今月令於日至止聲色與諸緯文違故云非其道必知其緯文作樂為是者以周禮大司樂冬至祭。祭圜丘夏至祭地方澤皆有作樂之文不得云止樂故知月令非也薄滋味毋致和為其氣異此時傷人○和戶臥反疏注為其。至傷人○正義曰滋味和調氣味殊異他時可食此時傷人節耆。欲定心氣微陰扶精不可散也○耆市志反百官靜事毋刑罪罰之事不可以聞今月令刑為徑以定晏陰之所成晏安也陰稱安○晏伊見反疏以定晏陰之所成○正義曰上從君子齊戒以下至無刑以上皆是清靜止息之事以正定身中安陰之所成就謂初感安陰若不清靜則微陰與人為病故須定之王肅及蔡氏皆云晏為以安定陰陽之所成非鄭旨也○鹿角解蟬始鳴半夏生木堇。榮又記時候也半夏藥草木堇王蒸也○解戶買反始市志反夏戶嫁反堇音謹一名舜華蒸之承反疏注木槿至。蒸也○正義曰釋草云。椴木槿櫬木槿。某氏云別。三名可食或呼為日及亦云王蒸其花朝生暮落○是月也毋用火南方陽氣盛又用火於其方害微陰也可以居高明可以遠眺望可以升山陵可以處臺榭順陽在上也高明謂樓觀也闍者謂之臺有木者謂之榭○榭音謝觀古喚反闍音都疏注闍者至之榭○正義曰按釋宮云闍謂之臺李巡云積土為之所以觀望郭景純云積土四方又云無室曰榭李巡云但有大殿無室名曰榭郭景純云榭今之堂堭○仲夏行冬令則雹凍傷穀子之氣乘之也陽為雨陰起脅之凝為雹○雹步角反凍丁貢反道路不通暴兵來至盜賊攻劫亦雹之類疏仲夏至來至○正義曰雹凍傷穀天災道路不通暴兵來至人災也行春令則五穀晚熟。卯之氣乘之也生日長百螣時起其國乃饑螣蝗之屬言百者明衆類並為害○螣音特食苗葉虫饑居疑反又音機

【疏】行春至乃饑○正義曰五穀晚熟天災百螣時起地災其國乃饑人災也行秋令則草木零落酉之氣乘之也八月宿直昴畢。爲天
獄主殺○零本又作苓音同果實早成生日短民殃於疫大陵之氣來爲害也○殃於良反疫音役【疏】○行。秋。至。於。疫○正義曰草
木零落果實早成地災民殃於疫人災。也
季。夏之月日在柳昏火中旦奎中季夏者日月會於鶉火而斗建未之辰也【疏】○季。夏。至。奎。中○正義曰按三統曆六月節
日在柳九度昏尾七度中去日一百一十九度旦婁八度中六月中日在張三度昏箕三度中去日一百一十七度旦胃十四度中元嘉曆六月節日在井三
十。二度昏房四度中旦東壁。八度中六月中日在柳十二度昏尾八度中旦奎十二度中其日丙丁其帝炎帝其神祝融其
蟲羽其音徵律中林鍾其數七其味苦其臭焦其祀竈祭先肺林鍾者黃鍾之所生三分去一
律長六寸季夏氣至則林鍾之律應周語曰林鍾和展百物俾莫不任肅純恪○去起呂反後放此任音壬又如字恪苦各反【疏】注林鍾至純恪○正義曰
按律曆志黃鍾長九寸三分去一下生林鍾長六寸引周語曰下者證林鍾之義故周語云林鍾和展百物俾莫不任肅純恪按注云坤初六也林衆
鍾聚肅速純大恪敬言時務和審百事無有詭詐使莫不任其職事速其功而大敬其職溫風始至蟋蟀居壁鷹乃學習腐
草爲。螢。皆記時候也鷹學習。謂攫搏也夏小正曰六月鷹始摯螢飛蟲螢火也○蟋蟀上音悉下音率腐扶矩反熒本又作螢戶扃反或作腐草化爲
螢者非也攫俱縛反一音九碧反搏音博摯音至本亦作鷙同【疏】溫風至爲螢○正義曰蟋蟀居壁者此物生在於土中至季夏羽翼稍成未能遠飛但居
其。壁至七月則能遠飛在野按爾雅釋蟲云蟋蟀蛬也孫炎曰蜻蛚也梁國謂蛬郭景純云今促織蔡以爲蟋蟀斯螽非也○鷹乃學習者於時二陰既起鷹

感陰氣乃有殺心學習搏擊之事按鄭志焦氏問云仲秋乃鳩化爲鷹仲春鷹化爲鳩此六月何言。有鷹學習乎張逸答曰鷹雖爲鳩亦自有真鷹可習矣○腐草爲螢者腐草此時得暑濕之氣故爲螢不云化者蔡氏云鳩化爲鷹鷹還化爲鳩故稱化今腐草爲螢螢不復爲腐草故不稱化○注謂攫至螢火○正義曰攫謂以足取物搏謂以翼擊物云螢飛蟲者按釋蟲云螢火即炤李巡云螢火夜飛腹下如火。光故曰即炤○天子居明堂右个乘朱路駕赤駵載赤旂衣朱衣服赤玉食菽與雞其器高以粗明堂右个南堂西偏也○命漁師伐蛟取鼉登龜取黿四者甲類秋乃堅成周禮曰秋獻龜魚又曰凡取龜用秋時是夏之秋也作月令者以爲此秋據周之時也周之八月夏之六月因書於此似誤也蛟言伐者以其有兵衛也龜言登者尊之也鼉黿言取羞物賤也鼉皮又可以冒鼓今月令漁師爲榜人○蛟音交鼉大多反又徒丹反黿音元冒亡報反榜必孟反【疏】命漁至取黿○正義曰此命漁師及仲夏養壯佼之等皆是煩細之事或非止一月所爲故不言是月也故注云四者甲類秋乃堅成明非獨季夏而取○注周禮至榜人○正義曰引周禮秋獻龜魚是獻人職文又。云凡取龜用秋時。是。夏。之。秋。也。者是龜人職文引之者證作記之人謂此禮是周之秋八月當夏之六月故誤書於此言記。之者非。也。命澤人納材葦蒲葦之屬此時柔刃可取作器物也○葦于鬼反刃而愼反○是月也命四監大合百縣之秩芻以養犧牲令民無不咸出其力四監主山林川澤之官百縣鄉遂之屬地有山林川澤者也秩常也百縣給國養犧牲之芻多少有常民皆當出力爲艾之今月令四爲田○爲艾于僞反下文爲民注爲求福爲其同以共皇天上帝名山大川四方之神以祠宗廟社稷之靈以爲民祈福牲以供祠神靈爲民求福明使民艾芻是不虛取也皇天北辰耀魄。寶冬至所祭於。圜丘也上帝。大微五帝○共音恭【疏】命四至。祈。福○正義曰以四監合其秩芻以共皇天上帝其事既大又異於上故言是月自命婦官至等。給之度論黼黻文章給郊廟祭祀之服事異於上帝養犧牲故言是月自樹木方盛至則有天殃。論。禁。斷餘事助時生養亦事異於上故言是月自土潤。溽暑至土疆論上暑下潤糞地爲宜事異於上故復言是月○注四監至爲田○正義曰按周禮有山虞澤虞林衡川衡之官秩芻出於山林又季冬云乃命四監收秩薪柴薪柴亦出於山林川澤云百縣鄉遂之屬地有林山林川澤者。知百縣非諸侯而云鄉遂之屬以其取芻養牲不可大遠故知是畿內鄉遂仲夏云乃命百縣雩祀百辟卿士者兼外內諸侯也此云鄉遂之屬者不兼公卿大夫之采邑秩常釋詁文云今月令四爲田者今田監人合秩芻義亦通也○注爲民至五帝○正義曰爲民求福者雖是尋常事神因事神之時爲民祈福云是不虛取者若不爲祈福浪使民艾芻是在上虛取民力今還祈福與民民皆蒙福是不虛取民力役使之也云上帝大微五帝者按周禮司服云昊天上帝鄭以爲昊天上帝祇是一神北極耀魄寶也知此皇天上帝不祇是耀魄寶之上帝以爲大微者以周禮司服云祀昊天上帝大裘而冕祀五帝亦如之既別云五帝故知昊天上帝亦唯一神此月令皇天上帝之下更無別五帝之文故分爲二○是月也命婦官染采黼黻文章必以法故無或差貸婦官染人也采五色○黼音甫黻音弗差貸音二又他得反疏命。婦。至。差。貸。○正義曰於此月之時命掌婦功之官謂染人也染此五色之采白與黑謂之黼黑與青謂之黻青與赤謂之文赤與白謂之章染此等之物必以舊法故事無得有參差貸變必以此月染之者以其盛暑濕染帛爲宜此是秦法也若周則於夏。豫。浸。治染纁玄之。石至秋乃總染五色故染人云夏纁玄秋染夏是也蓋從夏至秋皆得染物周秦各用一時也此云黼黻文章下云黑黃蒼赤互相備也○注婦官至五色○正義曰按周禮婦官有典婦功典枲染人等此據染采故爲染人采五色者鄭注皋陶謨曰采施曰色未用謂之采。已。用謂之色此對文耳散則通黑黃倉。赤莫不質良毋敢詐僞質正也良善也所用

染者當得真采正善也以給郊廟祭祀之服以爲旗章以別貴賤等給。之度旗章旌旗。及章識也○別
彼列反旗音其識申志反及如字疏注旗章至章識○正義曰旌旗者則周禮司常九旗是也章識者則周禮事名號故司常云官府象其事州里象其
名家象其號鄭注引士喪禮以緇廣三寸長半幅。赬末長終幅詩織文鳥章是也○是月也樹木方盛。乃命虞人入山
行木毋有斬伐爲其未堅。刃也○行下孟反不可以與土功不可以合諸侯不可以起兵動
衆土將用事氣欲靜疏注土將用事氣欲靜○正義曰土雖寄王。四季但南方火生中央土土生西方金金火之間位當建未之月故云土將用事氣
欲靜也毋舉大事以搖養氣大事。興。繇役以有爲○繇役音遙毋發令而待以妨神農之事也發令
而待謂出。繇役之令以。預驚民也民驚則心動是害土神之氣土神稱曰神農者以其主於稼穡疏毋發至之事○正義曰發令者發動徵召之令也而
待者謂時未順而豫動召以待後時乃使也以妨神農之事者解所以不豫發令也神農者土神也爾時土神用事若逆令召民民驚心動是妨土神之氣事
也○注土神至稼穡○正義曰土神能吐生萬物成其農事故曰神農知土主稼穡者尚書洪範云土爰稼穡孔傳曰種曰稼斂曰穡蔡氏云神農則炎帝非
鄭義也水潦盛昌神農將持功舉大事則有天殃言土以受天雨澤安靜養物爲功動之則致。害也孝經說曰地
順受澤謙虛開張含泉任萌滋物歸中疏水潦至天殃○正義曰六月主未未。有東井東井是水故六月而水潦盛昌也神農將持功者神農猶土神也
土地本受天雨澤水潦以爲生養之功此月多水故土神方得將持功也○舉大事則有天殃者神農方持功若人君有舉大事。于養氣者非唯神農罪之則
天亦殃罰之也犯土而天罰之者地受天澤得以含養今若干地則是干天也○注言土至歸中○正義曰解所以犯天殃之義也云動之則致災害者若動

地則致天災害是地功由天也云孝經說曰地順受澤謙虛開張者引孝經說證地受天澤爲成己功也地體卑順故受天之雨澤而體得謙虛開張也云經含泉任萌滋物歸中者亦孝經說也既謙虛開張故能含於水泉任萌一切之物並滋繁而歸地中也

○是月也土潤溽暑潤溽謂塗溼也○辱如字本或作溽音同溼也大雨時行燒薙行水利以殺草如以熱湯薙謂迫地芟草也此謂欲稼萊地先薙其草草乾燒之至此月大雨流水潦畜於其中則草死不復生而地美可稼也薙人掌殺草職曰夏日至而薙之又曰如欲其化也則以水火變之○薙他計反又直履反芟所銜反萊音來畜勑六反復扶又反夏日人一反

疏大雨至熱湯○正義曰六月建未未值井井主水大雨時行土既潤溽又大雨應時行也不云降降止是下耳欲言其流義故云行行猶通彼也蔡云大雨時行行降也從土潤以下皆爲下句燒薙謂迫地芟除草名也周禮立其官使除田草也五月夏至芟殺暴之至六月合燒之故云燒薙也行水者其時也大雨時行行於所燒田中仍壅遏蓄之以漬燒薙故云行水也○利以殺草者利益也先芟後燒又蓄水漬之即草根爛死是利益得殺田中之草也如以熱湯者日暴水於爛草田中水熱而洙沸如熱湯漬之也○注薙人至變之○正義曰引薙人證芟草時節按薙氏云春始生而萌之夏日至而夷之秋繩而芟之冬日至而耜之杜子春云萌謂耕反其萌牙康成云萌之者以茲其斫其生者夷之以鉤鐮迫地芟之也若今取菱矣含實曰繩芟其繩則實不成孰耜之以耜測凍土剗之按皇氏云夷音薙繩音孕云又曰如欲其化則以水火變之者謂先以火焚燒其草在後以水浸漬之變此瘠地爲肥故云水火變之先火後水而云水火者便言也

可以糞田疇可以美土彊土潤溽膏澤易行也糞美互文耳土彊強檗之地○糞方問反彊其丈反注同易以豉反強其兩反檗好覽反

疏可以至土彊○正義曰於此月之中又可行以下二事也糞壅苗之根也蔡云穀田曰田麻田曰疇言爛草可以糞田使肥也可以美土彊者彊者彊檗磊磈難耕之地此月亦可止水漬之乃壅糞之使田美也○注

土潤至之地○正義曰土潤。辱則土之膏澤易行故可糞美之使肥易也蔡前云從土潤以下皆爲下句是與鄭相合也云糞美互文耳者亦可以美田疇可以糞土彊故言互文也云土彊彊槩之地者彊是不軟槩是鏬鬬也並謂磽礫磊磈之地也草人職云彊槩用蕢彊槩彊堅者也○季夏行春令則穀實鮮落國多風欬辰之氣乘之也未屬巽辰又在巽位二氣相亂爲害○鮮音仙又仙典反欬苦代反民乃遷徙象風轉移物也疏季。夏。至。遷。徙。○正義曰穀實鮮落謂鮮少墮落由風多故也或云以夏召春氣初鮮絜而逢秋氣肅殺故穀鮮絜而墮落也此地災也國多風欬此是天災也民乃遷徙是人災也○注未屬巽○正義曰按易林云震主庚子午巽主辛丑未坎主戊寅申離主己卯酉艮主丙辰戌兌主丁巳亥是未屬巽也行秋令則丘隰水潦戌之氣乘之也九月宿直奎奎爲溝瀆溝瀆與此月大雨并而高下皆水禾稼不熟傷於水也乃多女災含任之類敗也疏丘。隰。至。女。災。○正義曰丘隰水潦及禾稼不熟。此地災也以其水氣多故也乃多女災人災也亦爲水傷含任也行冬令則風寒不時丑之氣乘之也鷹隼蚤鷙得疾厲之氣也○隼息允反蚤鷙上音早下音至亦作鷙擊也四鄙入保象鳥雀之走竄也鄙邑之城曰保○竄七亂反疏風。寒。至。入。保。○正義曰以丑未屬巽十二月建丑得巽之氣故爲風又建丑之月大寒中故多風寒此天災也○鷹隼蚤鷙季夏地氣殺害之象地災也

中央土火休而盛德在土也○央於相反疏中央土○正義曰夫四時五行同是天地所生而四時是氣五行是物氣是輕虛所以麗天物體質。碍所以屬地四時係天年有三百六十日則春夏秋冬各分居九十日五行分配四時布於三百六十日間以木配春以火配夏以金配秋以水配冬以土則每時輒寄王。十八日也雖每分寄而位本未宜處於季夏之末金火之間故在此陳之也其日戊己戊之言茂也己之言起也日之行四時之間從

黃道月爲之佐至此萬物皆枝葉茂盛其含秀者抑屈而起故因以爲日名焉疏其日戊己○正義曰雖處於夏末而實爲四行之主不可没其生用之功故因亦爲日名也○注日之至之佐○正義曰按考靈耀春則星辰西遊謂星辰在黃道之西遊也日依常行在黃道之東至季春之月星辰入黃道復其正處日依黃道而行是春夏之間日從黃道夏則星辰北遊謂星辰在黃道之北遊也日依常行在黃道之南至季夏星辰入黃道復正位日依常行黃道至夏秋之間日從黃道也秋則星辰東遊謂星辰在黃道東遊日依常行在黃道之西至季秋星辰入黃道還復正位日依黃道而行至秋冬之間日從黃道也冬則星辰南遊謂星辰在黃道南遊日依常行在黃道之北至季冬星辰入黃道還正位日依常行黃道至冬春之間日從黃道也鄭注洪範云四時之間合於黃道也月之行道與日同故云月爲之佐也

其帝黃帝其神后土此黃精之君土官之神自古以來著德立功者也黃帝軒轅氏也后土亦顓頊氏之子曰。黎兼爲土官疏注后土至土官○正義曰按昭二十九年左傳云顓頊氏有子曰黎爲祝融共工氏有子曰句龍爲后土后土爲土官知此經后土非句龍而爲黎者以句龍初爲后土後轉爲社后土官闕黎則兼之故鄭注大宗伯云黎食於火土以宗伯別云社稷又云五祀句龍爲社神則不得又爲五祀故云黎兼也

其蟲倮象物露見不隱藏虎豹之屬恒淺毛○倮力果反又乎瓦反見賢遍反疏注象物至淺毛○正義曰大戴禮及樂緯云鱗蟲三百六十龍爲之長羽蟲三百六十鳳爲之長毛蟲三百六十鱗爲之長介蟲三百六十龜爲之長倮蟲三百六十聖人爲之長云象物露見不隱藏者。案仲夏云可以居高明可以處臺榭至六月土王之時物轉盛大露見不隱藏也云虎豹之屬恒淺毛者諸鄭之所云皆象四時之物與鱗羽毛介相似者言之不取五靈之長故中央不言人西云狐。貉之屬東方兼言蛇北方兼言鼈是不取五靈也

其音宮聲始於宮宮數八十一屬土者以其最濁君之象也季夏之氣和則宮聲調樂記曰宮亂則荒其君驕疏注聲始至之象○正義曰按律曆志五聲始於宮陽數極於九九九相乘故數八十

一以五聲中最尊故云以其最濁君之象也

律中黃鍾之宮

黃鍾之宮最長也十二律轉相生五聲具終於六十焉季夏之氣至則黃鍾之宮應禮運曰五聲六律十二管還相為宮

疏律中至之宮○正義曰黃鍾之宮於諸宮為長季夏土王其聲最重謂土之聲氣應此黃鍾之宮聲非黃鍾一聲也故特云律中者黃鍾之宮也黃鍾候氣之管本位在子此是黃鍾宮聲與中央土聲相應但土無候氣之法取黃鍾宮聲以應土耳非候氣也故賀瑒云黃鍾是十一月管何緣復應此月正以土義居中故虛設律於其月實不用候氣也十二律互相為宮據律主言之也崔靈恩云凡陰陽之管合有十二律律各為一調迭相為宮而生五聲合而成樂黃鍾宮最長為聲調之始十二宮之主宮音者是五音之長故與黃鍾之調宮聲相應此論宮聲相應非論候此月氣之相應是以注云季夏氣至則黃鍾之宮應不直云黃鍾之律應也然則直言律應不言宮者明主為所候之氣應也直言律中黃鍾之宮不言律應者明謂中央土聲與黃鍾為宮音相應非為氣應也故鄭引禮運云迭相為宮以證之也四時之律皆取氣應而土王之律獨取聲應者一者欲與四行為互二者為無別候土氣之管故也土無候氣之管者以寄王四季之末故從四時之管而不別候也唯以四行末十八日為土之氣也蔡氏及熊氏以為黃鍾之宮謂黃鍾少宮也半黃鍾九寸之數管長四寸五分六月用為候氣按六月林鍾之律長六寸七月夷則長五寸三分有餘何以四寸五分之律於六月候之乎又土聲最濁何得以黃鍾半聲相應乎蔡熊之說非也○注黃鍾至為宮○正義曰不云黃鍾律最長而云黃鍾之宮最長者唯黃鍾宮聲於諸宮最長故云之宮也云十二律轉相生五聲具終於六十者故黃鍾之調則黃鍾為宮黃鍾生林鍾為徵林鍾生大蔟為商大蔟生南呂為羽南呂生姑洗為角此是黃鍾一調之五聲凡十二律律各有五聲則總有六十聲故云終於六十聲至禮運更具詳之云季夏氣至則黃鍾之宮應者謂季夏土聲與黃鍾之宮聲相應以其非實候氣故不云黃鍾之律應或本云律應者誤也引禮運還相為宮者證所明十二律循環為宮聲調則具而此經得黃鍾之宮

其數五

土生

數五成數十但言五者土以生爲本其味甘其臭香土之臭味也凡甘香者皆屬之其祀中霤祭先心中霤猶中室也土主中央而神在室古者複穴是以名室爲霤云祀之先祭心者五藏之次心次肺至此心爲尊也祀中霤之禮設主於牖下乃制心及肺肝爲俎其祭肉心肺肝各一他皆如祀戶之禮○霤力又反複方服反藏才浪反

【疏】注中霤至之禮○正義曰鄭意言中霤猶中室乃是開牖象中霤之取明則其地不當棟而在室之中央故喪禮云俗於中霤飯於牖下明中霤不關牖下也主中央而神在室者所以必在室中祭土神之義也土五行之主故其神在室之中央也是明中霤所祭則土神也故杜注春秋云在家則祀中霤在野則爲社也又郊特牲云家主中霤而國主社社神亦中霤神也云古者複穴是以名室爲霤云者解所以謂室中爲中霤之由也古者謂未有宮室之時也複穴者謂窟居也古者窟居隨地而造若平地則不鑿但累土爲之謂之爲複言於地上重複爲之也若高地則鑿爲坎謂之爲穴其形皆如陶竈故詩云陶復陶穴是也故毛云陶其土而復之陶其壤而穴之鄭云復者。復於土上鑿地曰穴皆如陶然故庾蔚云複謂地上累土。謂之穴則穿地也復穴皆開其上取明故雨霤之是以後因名室爲中霤也云祀之先祭心者五藏之次心次肺至此心爲尊也云祀中霤之禮設主於牖下者開牖象霤故設主於牖下也五祀皆先席於室之奧此不言者前祀戶注已備言也此別設主當廟室牖內之下而北嚮也云乃制心及肺肝爲俎其祭肉心肺肝各一他皆如祀戶之禮者亦祭竟徹之更陳鼎俎迎尸如祭戶也

天子居大廟大室乘大路駕黃駵載黃旂衣黃衣服黃玉食稷與牛其器圜以閎大廟大室中央室也大路殷路也車如殷路之制而飾之以黃稷五穀之長牛土畜也器圜者象土周。匝於四時閎讀。如紘紘謂中寬象土含物○圜音于權反閎音宏長丁丈反畜呼又反下金畜同

【疏】注大廟至含物○正義曰按考工記云周人明堂東西九筵南北七筵凡室二筵則五室並皆二筵無大小也今中央室稱大室者以中央是土室土爲五行之主尊之

故稱大以夏之世室則四旁之室皆南北三步東西三步三尺中央土室南北四步東西四步四尺則周之明堂亦應土室在中央大於四角之室也但文不具耳云大路殷路者明堂位文也形制似殷之路者但服色尚黃飾之黃耳四時用鸞路此用大路者以土五行之主故取尊大之名乘殷之大路又尚質之義春有青蒼兩色夏有朱赤二色此及秋惟有黃白不更加他色者黃與白更無餘色相涉故不言之耳牛土畜者按易乾爲馬坤爲牛又五行傳云思之不睿則有牛禍是牛屬土也云器圜者象土周匝於四時者方則有所不足圜則無所不覆故云象土周匝於四時云閎讀如紘紘謂中寬者祭義云天子冕而朱紘故讀從此紘謂紐上屬於冕屈從頤下度而還上屬於冕以中央寬緩象土之含物也故云中寬象土含物也

孟秋之月日在翼昏建星中旦畢中孟秋者日月會於鶉尾而斗建申之辰也疏孟秋至畢中○正義曰按三統曆七月節日在張十八度昏斗四度中去日一百十四度旦畢八度中七月中日在翼十五度昏斗十六度中去日一百一十一度旦井初度中元嘉曆七月節日在張五度昏箕二度中旦胃二度中七月中日在翼十度昏斗三度中旦昴七度中其日庚辛庚之言更也辛之言新也日之行秋西從白道成熟萬物月爲之佐萬物皆肅然改更秀實新成又因以爲日名焉其帝少皞其神蓐收此白精之君金官之臣自古以來著德立功者也少皞金天氏蓐收少皞氏之子曰該爲金官○少詩召反注下放此少皞黃帝之子蓐音辱疏注少皞至金官○正義曰案此秋云其帝少皞在西方金位左傳昭元年云昔金天氏有裔子曰昧爲玄冥師生允格臺駘稱金天氏與少皞金位相當故少皞則金天氏也又帝王世紀少皞帝號曰金天氏云少皞氏之子曰該爲金官者按左傳昭二十九年蔡墨云少昊氏之子該又云該爲蓐收是爲金神佐少皞於秋蓐收者言秋時萬物摧辱而收斂其蟲毛象物應涼氣而備寒狐貉之屬生旃毛也○應應對之應貉戶各反依字作貊旃之然反其音商三分徵益一以生商商數七十二屬金者以其濁次

宮臣之象也秋氣和則商聲調樂記曰商亂則陂其官壞○陂彼義反[疏]注三分至官壞○正義曰按律曆志云徵數五十四三分之則一分有十八今於徵數五十有四更加十八是商數七十二也凡五聲濁者尊清者卑爲商聲之濁次於宮宮既爲君商則爲臣故云以其濁次宮臣之象也引樂記云者證商爲臣之義云商亂則陂者謂商聲雜亂感動人心令情性傾陂情既不正是以官司敗壞也

律中夷則

孟秋氣至則夷則之律應夷則者大呂之所生也三分去一律長五寸七百二十九分寸之四百五十一周語曰夷則所以詠歌九則平民無貳[疏]注夷則至無貳○正義曰大呂長八寸二百四十二分寸之一百四三分去一下生夷則故夷則律長五寸七百二十九分寸之四百五十一也六寸去二寸餘有四寸在又大呂一寸爲二百四十三分今每寸更三分之則一寸爲七百二十九分兩个整寸總有一千四百五十八分其大呂二百四十三分寸之一百四每又三分之此一百四爲三百一十二分益前一千四百五十八則總爲一千七百七十分下生三分去一分作三分則每一分得五百九十去其一分五百九十餘有一千一百八十在是其積分以七百二十九分爲一寸益前四爲五寸餘有四百五十一分在故云夷則律長五寸七百二十九分寸之四百五十一也引周語以下者證夷則之義按周語注云乾九五用事夷平則法也言法度平故可詠歌九功之法平民使不貸也

其數九

金生數四成數九但言九者亦舉其成數

其味辛其臭腥

金之臭味也凡辛腥者皆屬焉

其祀門祭先肝

秋陰氣出祀之於門外陰也祀之先祭肝者秋爲陰中於藏直肝肝爲尊也祀門之禮北面設主於門左樞乃制肝及肺心爲俎奠于主南又設盛于俎東其他皆如祭竈之禮[疏]注祀之至之禮○正義曰云祀之先祭肝者秋爲陰中於藏值肝者以陰氣始於五月終於十月其七月八月爲陰之中故云秋爲陰中其陽氣始於十一月終於四月正月二月爲陽中故正月云春爲陽中然陰中之時兼有陽陽中之時兼有陰亦是陰陽之中也今五藏肺最在前心次之肝次之脾次之腎爲後肝在心肺之下脾腎之上故云於藏值肝然脾在肺心肝

之下膂之上則是上有肺心肝下唯有膂不當其中而云春爲陽中於藏值脾者但五行相次水則次木故春繼於冬膂後則次脾其火後則次土土後乃次
金故秋不得繼夏由隔於土由此脾不得繼肺隔於心也爲此肝之上有肺有心脾之下唯有膂俱得爲藏之中也云北面設主於門左樞者謂廟門外左樞
北面以在門外故主得南鄉而北面設之云乃制肝及肺心爲俎奠于主南設盛於俎東者皆約中霤禮文也其他皆如祭竈之禮。也謂祭心肺肝各一及祭
醴三弁設席於奧迎尸之屬也○涼風至白露降寒蟬鳴鷹乃祭鳥用始行戮皆記時候也寒蟬寒蜩謂蜺也
鷹祭鳥者將食之示有先也既祭之後不必盡食若人君行刑戮之而已○戮音六蜩大彫反蜺五兮反寒螿【疏】注寒蟬至而已正義曰按釋蟲云蜺寒蜩
郭景純云寒螿也似蟬而小青赤云鷹祭鳥者將食之示有先者謂鷹欲食鳥之時先殺鳥而不食與人之祭食相似猶若供祀先神不敢即食故云示有先
也云既祭之後不必盡食若人君行刑戮之而已者以經用始行戮不據事以經唯記時候謂鷹祭鳥之後殺鳥不必盡食猶若人君行刑但戮之而已以人
君行戮明鷹之殺言鷹於此時始行戮鳥之事○天子居總章左个乘戎路駕白駱。載白旂衣白衣服
白玉食麻與犬其器廉以深總章左个大寢西堂南偏戎路兵車也制如周革路而飾之以白白馬黑鬣曰駱麻實有文理屬金
犬金畜也器廉以深象金傷害物入藏○總子孔反駱音洛鬣音獵本亦作髦音毛又一本作旄毛也○是月也以立秋先立秋
三日大史謁之天子曰某日立秋盛德在金謁告○先悉薦反天子乃齊立秋之日天
子親帥三公九卿諸侯大夫以迎秋於西郊還反賞軍帥武人於朝迎秋者祭白帝白招
拒於西郊之兆也軍帥諸將也武人謂環人之屬有勇力者○帥於類反下同本或作帥注放此朝直遙反拒音矩將子匠反下同天子乃命將

珍倣宋版印

帥選士厲兵簡練桀俊專任有功以征不義征之言正也伐也詰誅暴慢以明好惡順彼遠方詰謂問其罪窮治之也順猶服也○詰去吉反好惡並如字上呼報反下烏路反是月也命有司脩法制繕囹圄具桎梏禁止姦慎罪邪務搏執順秋氣政尚嚴○繕市戰反邪似嗟反搏音博命理瞻傷察創視折。理治獄官也有虞氏曰士夏曰大理周曰大司寇創之淺者曰傷○創初良反注同審斷決獄訟必端平端猶正也○審斷決丁亂反下同蔡徒管反一讀絶句決字下屬戮有罪嚴斷刑天地始肅不可以贏肅嚴急之言也贏猶解也○贏音盈注同解古賣反

是月也農乃登穀天子嘗新先薦寢廟黍稷之屬於是始孰【疏】是。月。至。寢。廟○正義曰按仲秋云以犬嘗麻今不云牲者皇氏云不云牲記文略也

命百官始收斂順秋氣收斂物完隄坊謹壅塞以備水潦備者備八月也八月宿。直畢畢好雨○完胡官反隄本又作堤丁兮反防本又作坊音房壅於勇反好呼報反脩宮室坏牆。垣。補城郭象秋收斂物當藏也○坏步回反垣音袁

是月也毋以封諸侯立大官毋以割地行大使出大幣古者於嘗出田邑此其。月也。而禁封諸侯割地失其義○使疏吏反【疏】注古者至其義○正義曰按祭統古者於嘗也出田邑嘗謂秋祭於此嘗祭之時王者割出田邑以與諸侯今正是嘗祭之月而禁封諸侯及割地之事故云失其義也鄭唯偏云不封諸侯及割地失其義則毋立大官毋行大使毋出大幣爲得禮以其收斂之月故也

○孟秋行冬令則陰氣大勝亥之氣乘之也介蟲敗穀介甲也甲蟲屬冬敗穀者稻蟹之屬○介音界注同蟹胡買反戎兵乃來十月宿直營室營室之氣爲害也營室主武。事【疏】孟。秋。至。乃。來○正義曰陰氣大勝天災介蟲敗穀地災戎兵乃來人災也○注介甲

至之屬○正義曰按越語云越伐吳吳王使王孫雄請成於越越王欲許之范蠡不許王孫雄謂范蠡曰先人有言曰無助天爲虐助天爲虐者不祥今吳稻蟹無遺種子將助天爲虐乎注稻蟹謂蟹食稻也○注營室至武士○正義曰按元命包云營室星十六度主軍之糧是主武事也行春令則其國乃旱寅之氣乘之也雲雨以風除也陽氣復還五穀無實陽氣能生而不能成○復還扶又反下音環又音旋疏其國至無實○正義曰其國乃旱陽氣復還天災也五穀無實地災也行夏令則國多火災巳之氣乘之也寒熱不節民多瘧疾瘧疾寒熱所爲也今月令瘧疾爲疾疫○瘧魚略反疏國多至瘧疾○正義曰國多火災寒熱不節天災也民多瘧疾人災也

仲秋之月日在角昏牽牛中旦觜觿中仲秋者日月會於壽星而斗建酉之辰也○觜子斯反又子髓反觿戶圭反又戶規反疏仲秋至觿中○正義曰三統厤八月節日在軫十二度昏斗二十六度中去日一百六度旦井二度中八月中日在角十度昏女三度中去日一百六度旦井二十一度中按元嘉厤八月節日在翼十七度昏斗十四度中旦畢十六度中八月中日在軫十五度昏斗二十四度中旦井九度中其日庚辛其帝少皞其神蓐收其蟲毛其音商律中南呂其數九其味辛其臭腥其祀門祭先肝南呂者大蔟之所生三分去一律長五寸三分寸之一仲秋氣至則南呂之律應周語曰南呂者贊陽秀物疏注南呂至秀物○正義曰大蔟長八寸三分去一下生南呂三寸去一寸六寸去二寸得四寸又有整二寸在分一寸作三分二寸爲六分更三分去一餘有四分在以三分爲一寸益前四寸爲五寸仍有一分在故云南呂律長五寸三分寸之一也引周語曰以下者證南呂之義按周語注坤六二也南任也陰任陽事助成萬物贊佐也陰佐陽秀成物也

○盲風至鴻鴈來玄鳥歸羣鳥養羞皆記時候也盲風疾風也玄鳥燕也歸謂去蟄也凡

鳥隨陰陽者不以中國爲居羞謂所食也夏小正曰。九月丹鳥羞白鳥說曰丹鳥也者謂丹良也白鳥也者謂閩蚋也其謂之鳥者重其養者也有翼爲鳥養也者不盡食也二者文異羣鳥丹良未聞孰是○盲亡庚反閩音文依字作蟁又作蚊蚋人銳反又如悅反養餘亮反下同

疏注盲風至孰是○正義曰盲風疾風者皇氏云秦人謂疾風爲盲風玄鳥。鷰者釋鳥文玄鳥歸爲仲秋之候玄鳥至不爲仲春之候由別與郊禖爲候或可仲春時候非一故記時候之中不載玄鳥云凡鳥隨陰陽者不以中國爲居者凡鳥鴻鴈之屬也故季秋云鴻鴈來賓言來賓是不以中國爲居皇氏之說即兼云玄鳥以其稱歸故也然玄鳥之蟄不遠在四夷而。云不以中國爲居者他物之蟄近在本處今玄鳥之蟄雖不遠在四夷必於幽僻之處非中國之所常見故云不以中國爲居也云羞謂所食者按夏小正云羞者進也若食之珍羞相似故云羞謂所食者也云夏小正曰九月丹鳥羞白鳥者今按大戴禮八月丹鳥羞白鳥今云九月者鄭所見本異也丹鳥以白鳥爲珍羞故云丹鳥羞白鳥云說曰丹鳥也者以下至不盡食皆小正文白鳥也者謂閩蚋也其謂之鳥者重其所養者丹良是蟲乃謂之鳥是重其所養之物不盡食之雖蟲而爲鳥也但未知丹良竟是何物皇氏以爲丹良是螢火今按爾雅釋蟲郭氏等諸釋皆不云螢火是丹良未聞皇氏何所依據云二者文異羣鳥丹良未聞孰是者月令云羣鳥養羞夏小正云丹鳥羞白鳥是二者文異月令云羣鳥夏小正說者云丹良故云羣鳥丹良未聞孰是

○天子居總章大廟乘戎路駕白駱載白旂衣白衣服白玉食麻與犬其器廉以深總章大廟西堂當大室也○是月也養衰老授几杖行麋。粥飲食助老氣也行猶賜也○麋亡皮反粥之六反字林羊六反○乃命司服具飭衣裳文繡有恆制有小大度有長短此謂祭服也文謂畫也祭服之制畫衣而繡裳○飭丑力反後放此衣服有量必循其故此謂朝燕及他服凡此爲寒益至也詩云七月流火九月授衣於是

作之可也○量音量下度量同朝直遥反爲于僞反下爲民同冠帶有常因制衣服而作之也○乃命有司申嚴百刑斬

殺必當毋或枉橈枉橈不當反受其殃申重也當謂值其罪○當丁浪反下不當及注同枉紆往反橈女教反又乃絞

反字林作撓非重直用反【疏】是○月○至○其○殃○正義曰此論養老及制衣服之事皆此月所爲故言是月所命有司斬殺必當雖異衣服養老但此事起孟秋

此月申嚴而已故附於養老衣服之下不更別言是月也自乃命○祝○宰至先薦寢廟論循行犧牲享祭上帝并難以達秋氣犬以嘗麻總是祠祀之事事異於

上故言○是○月○自可以築城郭至行罪無疑論築造城邑收斂積聚勸○課○種○麥爲農爲民亦事異於上故云是月自日夜分至角斗○甬○論○晝夜既等齊平度量又

事異於前故言是月自易關市至愼因其類論秋物新成使民財豐備無逆于天有順於時亦事異於前故言是月○注此謂至繡裳○正義曰此云文繡又

下文別云衣服有量故鄭知此經謂祭服也經云具飭衣裳飭謂正也言備具正理衣裳云文謂畫也者以經文與繡相對祭服裳繡而衣畫故以文爲畫也

云祭服之制畫衣而繡裳者按尚書咎繇謨云予欲觀古人之象日月星辰山龍華蟲作會是衣畫也宗彝藻火粉米黼黻絺繡是裳繡也畫色輕故在衣以

法天繡色重故在裳以法地也○衣服有量必循其故○正義曰此朝燕等之衣服小大長短及制度采色皆有度量必因循故法也不得別更改造此云循

其故上云文繡有恒恒則故也但上是祭服委曲言之○注此謂至之可○正義曰上是祭服故知此是朝燕也及他服者謂戰伐田獵等之服○引詩七月流

火者證寒之益至故作衣服此詩是豳風周公所作周公因管蔡流言遂陳先公居豳施化之事言七月之時火星西流九月之時常授民以衣服○注申重

至其罪○正義曰申重也釋詁文云當謂值其罪者言斷決罪人之時必須當值所犯之罪經云枉橈不當枉謂違法曲斷橈謂有理不申應重乃輕應輕更

重是其不當也○是月也乃命宰祝循行犧牲視全具案芻豢瞻肥瘠察物色必比類

量小大視長短皆中度五者備當上帝其饗於鳥獸肥充之時宜省羣牲也宰祝太宰大祝主祭。祀之官也養牛羊曰芻犬豕曰豢五者謂所視也所按也所瞻也所。察也所量也此皆得其正則上帝饗之上帝饗之而無神不饗也○行下孟反芻初俱反草也豢音患養也以所食得名瞻音占瘠在亦反中丁仲反疏乃。命。至。其。饗。○正義曰此月鳥獸肥充因宜省視故命之循行犧牲以下之事也○視全具者亦宰祝所視也下皆然王肅云純色曰犧體完曰全○按芻豢者食草曰芻食穀曰豢皆按行之也瞻肥瘠者瞻亦視也肥充也瘠瘦也○察物色者物色騂黝之別也周禮陽祀用騂陰祀用黝望祀各以其方之色也○必比類者已行故事曰比品物相隨曰類五方本異其色是比也大皞配東亦用青是其類也○量小大者大謂牛羊豕成牲者小謂羔豚之屬也○視長短者謂天地之牛角繭栗宗廟之牛角握之屬也○五者備當上帝其饗者上帝天也若事事當法則天神饗之也○注宰祝至曰豢○正義曰按周禮大宰職祀五帝則掌百官之誓戒及執事眡滌濯及納亨贊王牲事故鄭知此視牲由大宰云養牛羊曰芻犬豕曰豢者按充人云祀五帝繫於牢芻之三月是牛羊曰芻按樂記云豢豕為酒周禮犬人云掌豢祭祀之犬是犬豕曰豢○天子乃難以達秋氣此難難陽氣也陽暑至此不衰害亦將及人所以及人者陽氣左行此月宿直昴畢昴畢亦得大陵積尸之氣氣佚則厲鬼亦隨而出行於是亦命方相氏帥百隸而難之王居明堂禮曰仲秋九門磔禳以發陳氣禦止疾疫○難乃多反注同疏注此難至疾疫○正義曰季冬及季春難皆難陰氣也恐此亦難陰氣故云難陽氣言陽氣至此不衰害亦將及人也秋涼之後陽氣應退至此不退是涼反熱故害及於人云亦將及人者亦謂對季春言季春之時陰氣右行日在昴畢之間得大陵積尸之氣故為災今此月陽氣左行至於昴畢亦得大陵積尸之氣故云亦將及人云陽氣左行此月宿直昴畢者以天左旋星辰與斗建循天而行此月斗建在酉酉是昴畢本位故云宿直昴畢也其八月合昏之時斗柄建指昴畢本位其昴畢之星於時在寅云云氣佚則厲鬼隨而出行者大陵既為積尸秋時又得陽氣增益疾病應氣相感故厲鬼隨而出行云亦命方相氏者亦季冬以周禮季冬命方相氏故云亦也引王居明堂禮者證仲秋難義云以發陳氣者謂秋時凉氣新至發去陽之陳氣防禦禁止疾疫之事也既引明堂禮仲秋九門磔禳則此亦磔禳也但文不備耳季冬云大難明九門磔禳季冬稱大則貴賤皆為也季春云國難熊氏云唯天子諸侯有國為難此云天子乃難唯天子得難以其難陽氣陽是君象則諸侯以下不得難。陽氣也按陰氣陽氣陽氣至大陵俱致積尸疫氣按十一月陽氣至于危虛而不難十二月陰氣至于虛危而為難者以十一月陽氣初起未能與陰相競故無疫疾可難六月宿直柳鬼陰氣至微陰始動未能與陽相競故無疾害可難也季冬亦陽初起而為難者以陰氣在虛危又是一歲之終總除疫氣故為難也其磔禳之牲按小司徒職云小祭祀奉牛牲又牧。人凡毀事用。駹可也是則用牛也羊人云凡沈辜侯禳共。其牲犬人云凡幾珥沈辜用。駹可也雞人云而禳共其雞。牲則用羊用犬用雞也蓋大難用牛其餘雞。大者用羊用犬小者用雞此皆熊氏之說也

○以犬嘗麻先薦寢廟。麻始熟也

○是月也可以築城郭建都邑穿竇窖脩囷倉為民將入物當藏也穿竇窖者入地。隋曰竇方曰窖王居明堂禮曰。仲。秋。命。庶民畢入于室曰時殺將至毋罹其災○竇音豆窖古孝反囷丘倫反隋他果反讀狹而長【疏】注隋曰至。其。災○。正。義曰。隋者似方非方似圓非圓以其名竇與窖相。似。故。云。隋。曰。竇。方曰窖者竇既為隋圓故以窖為方也引王居明堂禮證此月築城郭建都邑之意云殺氣將至無罹。其。災。者。於。此仲秋之時戒勑於民曰此時殺害氣將欲至民當。入。室。無。在田野罹被其災按豳詩十月之後云嗟我婦子曰。為。改。歲。入此室處此仲秋已入室者但仲秋之時耘耨既了。暫時入室以避陰災未盡成熟須出野收。斂至十月之後又入室避寒所以不同

○乃命有司趣民收斂務畜菜多積聚始為禦冬之備○趣七住反本又作趨又七錄反務畜丑六反乃勸種麥毋或失時其有失時行罪無

疑麥者接絶續乏之穀尤重之【疏】注麥者至重之○正義曰前年秋穀至夏絶盡後年秋穀夏時未登是其絶也夏時人民糧食闕短是其乏也麥乃夏時而熟是接其絶續其乏也尤重之者以黍稷百穀不云勸種於麥獨勸之是尤重故也蔡氏云陽氣初胎於酉故八月種麥應時而生也○是月

也日夜分雷始。收聲蟄蟲坏戶殺氣浸盛陽氣日衰水始涸又記時候也雷始收聲在地中動內物也坏益也蟄蟲益戶謂稍小之也涸竭也此甫八月中。雨。氣未止而云水竭非也周語曰辰角見而雨畢天根見而水涸又曰雨畢而除道水涸而成梁辰角見九月本也天根見九月末也王居明堂禮曰季秋除道。致梁以利農也○坏音陪浸子鴆反涸戶各反見賢遍反下同【疏】注雷始至利農正義曰知動內物者以雷是陽氣主於動不惟地中潛伏而已至十一月一陽初生震下坤上復卦用事震為動坤為地是動於地下是從此月為始故云動內物也云蟄蟲益戶稍小之者戶謂穴也以土增益穴之四畔使通明處稍小所以然者以陰氣將至此以坏之稍小以時氣尚溫猶須出入故十月寒甚乃閉之也云此甫八月中。雨。氣未止而云水竭非也者甫始也以雨畢在九月之初今此始八月之中對九月為始八月宿直昴畢畢星主雨故云雨氣未止今言水竭非也引周語以下者證九月水始涸不得在八月也云辰角見而雨畢注云辰角大辰蒼龍之角角星名見者朝見東方殺氣日盛雨氣盡也云天根見而水涸者注云天根亢氐之間謂寒露雨畢之後五日天根朝見水潦盡竭又云雨畢而除道水涸而成梁者以國語上文既云水涸下又云。水畢除道故云又曰所以除道治梁者國語注。治道所以便行旅。通。也成梁所以。使。民不涉。皆國語。文云辰角見九月本天根見九月末此鄭之言也九月本謂九月之初也按律曆志角十二度亢九度天根在亢之後辰角與天根相去二十一度餘日校一度則九月本與九月末相去二十一日有餘也而韋昭注國語辰角見雨畢之後五日天根見不同者蓋辰角見後雨以漸而畢畢後五日始天根見中間亦校二十餘日也非謂辰角見後五日則天根見也國語皆謂朝見以今管曆驗之亦然而皇氏云九月之時辰角天根昏見東方未聞也不知何意如此之說此周語所云單襄公聘宋假道於陳見靈公與孔寧儀行父如夏氏單襄公歸告周定王之辭也鄭又引王居明堂禮以下者證雨畢水涸在季秋也云除道致梁以利農者農既收刈當運輦故法地治道水上為梁便利民之轉運故云以利農也。

○日夜分則同度量平權衡正鈞石角斗甬是月也易關市來商旅納貨賄以便民事四方來集遠鄉皆至則財不匱上無乏用百事乃遂易關市謂輕其稅使民利之商旅賈客也匱亦乏也遂猶成也○易以豉反注同便婢面反匱其位反注同賈音古又古雅反○凡舉大事毋逆大數必順其時慎因其類事謂興土功合諸侯舉兵衆也季夏禁之孟秋始征伐此月築城郭季秋教田獵是以於中為之戒焉

疏○是月至其類○正義曰關市之處輕其賦税不為節礙是易關市也關市既易則商旅自來是來商旅也商旅既來則貨賄自入是納貨賄也以此之故便利民人之事四方總來聚集遠鄉於是皆至貨賄既多則庫財不匱所須皆供故國無乏用上下豐足故百事乃遂遂成也百事皆成於此之時興舉其事無逆天之大數必須順其陰陽之時謹慎因其事類不可煩亂妄為○注事謂至戒焉○正義曰以此月云築城郭故云事謂興土功孟秋云始征伐季秋云教田獵故云合諸侯舉兵衆也但此月上有孟秋始征伐下以季秋教田獵故云是以於中為之戒焉

○仲秋行春令則秋雨不降卯之氣乘之也卯宿直房心心為大火草木生榮應陽動也○應應對之應國乃有恐○以火訛相驚恐丘勇反

疏○仲秋至有恐○正義曰秋雨不降天災草木生榮地災國乃有恐人災○注宿直房心心為大火○正義曰鄭云此者解仲秋行春令時雨不降之意仲秋是應雨之時今行春之令位當卯致大火之氣火是積陽故時雨不降○注以火訛相驚○正義曰以仲秋致仲春火氣故有火但仲秋為金仲春為木金能剋木又仲秋雨水水又剋火火竟

不能爲害但以訛僞言語相驚故云以火訛相驚行夏令則其國乃旱蟄蟲不藏五穀復生午之氣乘之也○復扶又反疏。其。國。至。復。生○正義曰其國乃旱災也蟄蟲不藏五穀復生地災也天行冬令則風災數起子之氣乘之也北風殺物○數所角反收雷先行先猶蚤也冬主閉藏草木蚤死寒氣盛也疏。風。災。至。蚤。死○正義曰風災數起收雷先行天災草木蚤死地災也

附釋音禮記注疏卷第十六

禮記注疏卷十六校勘記

阮元撰盧宣旬摘錄

月令

仲夏之月節 惠棟校云仲夏節其日節小暑節天子節宋本合爲一節

仲夏至危中 惠棟校宋本無此五字

五月節日在井十六度 惠棟校宋本作節此本節誤五閩監毛本同衛氏集說同下五月節日在井三度同

旦危九度中 閩監毛本同衛氏集說同盧文弨校云宋書作危七度是

其日丙丁節

小暑至節

鶪始鳴 惠棟校宋本作鶪岳本同石經同釋文同此本鶪誤鵙閩監毛本同嘉靖本同衛氏集說同

鵙博勞也 閩監本同衛氏集說同考文引宋板同惠棟校宋本鵙作鶪毛本鵙字同博作博嘉靖本同岳本作鶪博釋文出博勞云音博又音伯○按博博皆雙聲假借

反舌百舌鳥 閩監毛本同岳本同衛氏集說同嘉靖本鳥作也

方言云 閩監毛本同盧文弨校云據藝文類聚非方言乃鄭志也段玉裁校本亦云方言二字當作鄭志

譚魯以南閩本同監毛本譚誤潭盧文弨校潭改沛

謂之食厖閩監毛本同盧文弨校云食厖疑食疣

齊杞以東閩監毛本同盧文弨校本杞改濟

然名其子同云螵蛝也閩本同監毛本蛝作蛸

云搏勞者閩毛本同監本搏作博

百勞鳴將寒之候同閩監毛本同衞氏集說同惠棟校宋本百作伯與詩箋

蔡云蟲名蠹也惠棟校宋本作名此本名誤鳴閩監毛本同

又靡信云閩本同考文引宋板同監毛本靡作縻是也

天子居明堂大廟節

天子居明堂太廟閩監毛本同岳本太作大嘉靖本同衞氏集說同石經同注太廟太室同

是月也命樂師節

脩鞀鞞鼓閩監本同岳本同衞氏集說同毛本脩作修嘉靖本同注放此

飭鍾磬柷敔閩本同嘉靖本同衞氏集說同監毛本鍾作鐘岳本同釋文同

是月至柷敔惠棟校宋本無此五字

音之布告如歸灑閩本同惠棟校宋本歸作埽按埽字是也監毛本作音之變布如灑出盧文弨校云本作音多變布如灑出也宋本亦譌

戈鉤子戟惠棟校宋本如此此本鉤子誤釣子閩監本鉤字同子誤孑衞氏集說同毛本亦作鉤孑

列管瓠中閩監毛本同盧文弨云瓠當作匏

聲如鶯兒啼閩本同監毛本鶯作嬰

簧者竽笙之名也閩監毛本同衞氏集說同段玉裁校本云名當作舌

釋名磬罄也閩監毛本同考文引宋板名下有云字是也

中有椎柄連底桐之惠棟校宋本桐作挏閩監毛本同作撞衞氏集說同浦鏜校云撞爾雅注作挏大孔切

命有司爲民祈祀節惠棟校云命有司節農乃登節令民節毋燒節挺重節游牝節宋本合爲一節

古者上公惠棟校宋本宋監本作公岳本同衞氏集說同此本公誤古閩監毛本同嘉靖本同浦鏜從假樂雲漢詩疏校作古者上公以下考文引古本亦作古者上公以下

雩之正常以四月閩本同監毛本常作當岳本同嘉靖本同衞氏集說同

命有至穀實惠棟校宋本無此五字

故制禮此月爲雩閩監毛本同衛氏集說同惠棟校宋本月作時

不可偏祭一天惠棟校宋本作一是也衛氏集說同此本一誤之閩監毛本同

以自外至者無主不正惠棟校宋本作止此本作正閩監毛本同衛氏集說同

則龍見而雩是也閩監毛本同考文引宋板龍見作能國誤也

服注云雩遠也閩監毛本同考文引宋板云字闕

故僖十一年夏大旱是也惠棟校宋本同閩監毛本十上有二字案有二字是也

農乃登黍節

含桃櫻桃也閩監毛本同岳本同嘉靖本同衛氏集說同惠棟校宋本櫻下衍汝字又此本櫻字誤作攖疏同各本皆作櫻釋文亦出櫻

黍稷於是始孰閩監毛本孰作熟下未孰新孰同

毋燒灰節

毋燒灰閩監毛本同岳本同嘉靖本同衛氏集說同案呂覽灰作炭

毋暴布閩監本同岳本同嘉靖本同衛氏集說同毛本暴作㬥釋文出暴布

不以陰功干大陽之事閩本同岳本同嘉靖本同衞氏集說同監毛本大作太釋文出大陽

挻重囚節

益其食閩監本同岳本同嘉靖本同衞氏集說同毛本食誤長考文引宋板作食

皇氏以爲增益囚之飲食惠棟校宋本同閩監毛本飲作飯

游牝別羣節

則縶騰駒閩監毛本同岳本同嘉靖本同衞氏集說同石經同釋文出則執云蔡本作縶考文引古本縶作執

爲其牡氣有餘相蹄齧也惠棟校宋本牡作壯考文引古本足利本同岳本同嘉靖本同閩監毛本誤牝衞氏集說同

每閑馬有二百一十六匹閩監毛本同衞氏集說同惠棟校宋本匹作疋

是月也日長至節惠棟校云是月也日長至節君子節薄滋味節嗜欲節鹿角解節是月也毋用火節宋本合爲一節

是月至生分惠棟校宋本無此五字

君子齊戒節

進猶御見也閩監毛本同衞氏集說同考文引古本猶作謂

或調律磿閩本磿作曆監毛本作歷衞氏集說同○按磿乃曆字之誤古多假歷爲曆戰國策曆室字史記樂毅傳作磿可證也

絲爲紘　閩本同惠棟校宋本同監毛本紘作弦

冬至祭祭圜丘　閩本同監毛本祭字不重空缺一字衛氏集說作冬至祭天是也考文引宋本同

薄滋味節

注爲其至傷人　閩監毛本同惠棟校宋本作注爲其氣異此時傷人

節耆欲節

節耆欲　閩監毛本同岳本同衛氏集說同嘉靖本初作耆後改嗜釋文出嗜欲石經作節嗜慾考文引古本足利本耆亦作嗜盧文弨校云耆惠棟本改作嗜疑宋本亦作嗜也○按嗜正字耆假借字

鹿角解節

木堇榮　閩監毛本同岳本同嘉靖本同衛氏集說同釋文出木堇考文引古本堇作槿案正義標起止作槿

木槿至蒸也　閩監毛本同惠棟校宋本蒸也作王蒸

椵木槿　閩監毛本同盧文弨校云椵當作椴

某氏云別三名　閩本同惠棟校宋本同監毛本某誤郭三誤二

仲夏行冬令節

行春令節

則五穀晚熟閩監毛本同衞氏集說同石經同岳本熟作孰嘉靖本同○按孰熟古今字

行秋令節

八月宿直昴畢爲天獄閩監毛本同岳本同嘉靖本同衞氏集說同考文引古本爲上有昴字山井鼎云宋板八月宿直昴畢下後人補寫昴字不知據何本也嚴杰云考文所云古本多不足據開元占經云黃帝曰昴天牢獄也又云巫咸曰畢爲天獄是昴畢並爲天獄之證注文必不舍畢而言昴古本爲上有昴字非也

行秋至於疫惠棟校宋本無此五字

民殃於疫人災也惠棟校宋本此下標禮記正義卷第二十三終又記云凡二十五頁

季夏之月節惠棟校云季夏節其日節宋本合爲一節○惠棟校宋本自此節起至合諸侯制百縣節止爲第二十四卷首題

季夏至奎中惠棟校宋本無此五字

日在井三十二度閩監毛本同衞氏集說同盧文弨校云宋書六月節日在鬼一度弱此井三十二度當作井三十三差只一度

旦東壁八度中閩監毛本同衞氏集說同盧文弨校云宋書作壁六度是

其日丙丁節

温風始至節　惠棟校云温風節天子節命澤人節宋本分澤人納材葦一句合上二節爲一節

腐草爲螢　閩監毛本同岳本同嘉靖本同衞氏集說同石經同釋文出腐草爲熒云本又作螢或作腐草化爲螢者非也洪頤煊九經古義補云按呂氏春秋淮南子周書時訓解皆有化字藝文類聚三引月令亦有化字〇按有化字非也正義引蔡氏云鳩化爲鷹鷹還化爲鳩故偁化今腐草爲螢螢不復爲腐草故不偁化

鷹學習謂攫搏也　閩監毛本同岳本同嘉靖本同衞氏集說同惠棟校宋本無謂字

但居其壁　閩監毛本同衞氏集說其作在

此六月何言有鷹學習乎　惠棟校宋本作有此本有字闕閩監毛本有誤曰

腹下如火光　閩監毛本同衞氏集說同惠棟校宋本無光字

天子居明堂右个節

又云凡取龜用秋時是夏之秋也者　閩監毛本如此此本云字空闕是夏之秋也者六字亦闕惠棟校宋本無是夏之秋也者六字

言記之者非也　閩監毛本同惠棟校宋本作言記者之非無也字

命澤人納材葦節　惠棟校宋本是月也命四監以下爲一節案此本命澤人上不作〇是連上爲一節是月也上作〇是自

爲節嘉靖本同衞氏集說命澤人納材葦句經注亦屬上節

北辰耀魄寶 閩監毛本作寶此本同嘉靖本衞氏集說同此本寶字闕

冬至所祭於圜丘也上帝大微五帝 閩監毛本同衞氏集說同惠棟校宋本圜作圓大作太嘉靖本同岳本圓字同太亦作大

命四至祈福 惠棟校宋本無此五字

自命婦官至等給之度 閩監毛本同惠棟校宋本給作級

論禁斷餘事 閩監毛本如此此本論斷餘三字闕

自土潤溽暑 閩監毛本同惠棟校宋本溽作辱

知百縣非諸侯 閩監毛本作知此本知字闕

更無別五帝之文 閩監毛本作無此本無字闕

是月也命婦官節 惠棟校云是月也命婦官節黑黃節宋本合爲一節

命婦至差貸 惠棟校宋本無此五字

若周則於夏豫浸治染纁玄之石 閩監毛本如此此本豫字闕治作始衞氏集說作周則於夏豫浸治染纁玄之

色也

已用謂之色此對文耳閩監毛本如此此本已用作色周耳誤章

黑黃倉赤節

黑黃倉赤惠棟校宋本同岳本同嘉靖本同閩監毛本倉作蒼衞氏集說同石經考文提要云宋大字本九經南宋巾箱本余仁仲本劉叔剛本至善堂九經本皆作倉

以別貴賤等給之度閩監毛本同嘉靖本同衞氏集說同岳本給作級石經同案石經作級蓋依呂覽

旌旗及章識也閩監毛本作及岳本同嘉靖本同衞氏集說同此本及誤文

赬末長終幅閩監本作赬末衞氏集說同考文引宋板同與司常注合此本赬字闕毛本赬末誤賁末

是月也樹木方盛節惠棟校云是月也樹本方盛節毋舉大事節水潦節宋本合爲一節

乃命虞人閩監毛本同岳本同嘉靖本同衞氏集說同陳澔集說本脫乃字石經考文提要云宋大字本宋本九經南宋巾箱本余仁仲本劉叔剛本皆有乃字

爲其未堅刃也閩監毛本作刃岳本同嘉靖本同此本刃字闕衞氏集說同刃作韌

土雖寄王四季閩監毛本同衞氏集說同惠棟校宋本四上有於字

毋舉大事節

大事與徭役以有爲閩監毛本同岳本同惠棟校宋本宋監本徭作繇嘉靖本同衞氏集說同又與上有謂字釋文出徭役考文引古本事下有謂字

謂出繇役之令以預驚民也惠棟校宋本同宋監本同岳本同嘉靖本同閩監毛本繇作徭預作豫衞氏集說繇字同預亦作豫○按說文有豫無預

水潦盛昌節

動之則致害也閩監毛本同岳本同嘉靖本同衞氏集說同考文引古本害上有災字盧文弨校云災字按疏亦有

未有東井惠棟校宋本同閩監毛本有作值衞氏集說同

于養氣者惠棟校宋本作干此本干誤于閩監毛本同

若動地則致天災害閩監毛本同惠棟校宋本天作干衞氏集說同

是月也土潤溽暑節惠棟校云是月也土潤節可以糞田疇節宋本合爲一節

土潤溽暑閩監毛本同岳本同嘉靖本同衞氏集說同石經同惠棟校宋本溽作辱宋監本同考文引古本同釋文出辱暑云本或作溽注此本作潤辱與惠棟校宋本同各本俱作溽

謂塗溼也　監毛本作溼岳本作濕嘉靖本同衞氏集說同此本溼誤温閩本同○按溼正字濕假借字

大雨至熱湯　惠棟校宋本無此五字

土既潤辱　閩監毛本辱作溽

行猶通彼也　閩監毛本同衞氏集說同惠棟校宋本彼作被

又蓄水漬之　閩監本同毛本又誤文衞氏集說作又畜水浸漬之

水熱而沫沸　閩監本作沫衞氏集說同此本沫誤洙閩本同

以茲其所其生者　惠棟校宋本亦作茲其與周禮注合閩本同監毛本茲其誤鎡具

夷之以鉤鎌　閩監毛本同惠棟校宋本鎌作鐮

若今取芟矣　閩監毛本作芟此本芟作菱

以耜測涷土剗之　閩監毛本同惠棟校宋本涷作凍浦鏜校測改側○按段玉裁云以畟畟良耜傳箋證之則當作測浦鏜非也

可以糞田疇節

可以美土彊　惠棟校宋本宋監本並作彊岳本同嘉靖本同石經同此本彊誤疆閩監毛本同衞氏集說同注放此釋文出土彊云注同此本疏中皆作彊不誤

土潤溽閩監毛本同岳本同嘉靖本同衞氏集說同考文引宋板溽作辱古本同

土潤辱閩監毛本辱作溽

季夏節

季夏至遷徙惠棟校宋本無此五字

行秋令節

邱隰至女災惠棟校宋本無此五字

及禾稼不熟此地災也閩監毛本同惠棟校宋本無此字衞氏集說同

行冬令節

風寒至入保惠棟校宋本無此五字

中央土節惠棟校云中央節其日節其蟲節其音節律中節其數節天子節宋本合爲一節

物體質礙閩監毛本同惠棟校宋本礙作礙衞氏集說作物體窒礙

輒寄王十八日也惠棟校宋本作王此本王誤五閩監毛本王誤一

其日戊己節

其帝黃帝節

后土亦顓頊氏之子曰黎毛本土誤氏黎作犂閩本監本衞氏集說本亦作犂考文引古本作藜餘本並作黎○按依說文當作黎假借作黎誤作藜俗省作犂

其蟲倮節

恆淺毛閩監毛本作恆岳本同嘉靖本同衞氏集說同此本恆誤淺

案仲夏云惠棟校宋本作案閩本同此本案誤以監毛本同衞氏集說同

至六月土王之時閩監本同衞氏集說同毛本時誤非考文引宋板作時

西云狐貉之屬閩監毛本同衞氏集說同惠棟校宋本貉作狢

律中黃鍾之宮節

律中黃鍾之宮閩本同岳本同嘉靖本同衞氏集說同監毛本鍾作鐘石經同餘放此

案黃鍾之調均惠棟校宋本作案此本案誤故閩監毛本同

其數五節

是以名室爲霤云者惠棟校宋本作以此本以誤所閩監毛本同

故毛云陶其土而復之閩監本同毛本云誤詩考文引宋板作云

鄭云復者復於土上惠棟校宋本作復此本復誤複閩監毛本同

故庾蔚云段玉裁校本云上有之字

複謂地上累土謂之穴閩監毛本同段玉裁校本下謂改爲盧文弨校本亦云當作爲

天子居大廟大室節

器圜者象土周帀於四時惠棟校宋本作帀岳本作匝此本帀誤布閩監毛本同嘉靖本同衞氏集說同考文引古本帀作迊

閎讀如紘閩監毛本同岳本同嘉靖本同衞氏集說同段玉裁校本如改爲

象土周匝於四時者惠棟校宋本匝作帀閩監毛本匝誤布下周匝同

孟秋之月節

孟秋至畢中惠棟校宋本無此五字

昏箕二度中閩監毛本同衞氏集說同盧文弨校本云宋書箕三度非是下翼二度是

其日庚辛節

該爲蓐收閩監毛本同衞氏集說同惠棟校宋本蓐作辱下蓐收者同

言秋時萬物摧辱而收斂閩本同監毛本辱作蓐衞氏集說同

其蟲毛節

今於徵數五十四上更加十八惠棟校宋本如此衞氏集說同此本四上誤有四閩監毛本同

爲商聲之濁次於宮惠棟校宋本如此衞氏集說無爲字聲字同此本無爲字聲誤音之字誤重閩監毛本無爲字聲誤音之字不重

謂商聲雜亂感動人心惠棟校宋本作雜亂此本雜亂誤足以閩監毛本同

律中夷則節

益前四寸爲五寸惠棟校宋本如此衞氏集說同此本上寸字脫閩監毛本同

其數九節

於藏直肝惠棟校宋本同宋監本同岳本同嘉靖本同考文引古本足利本同閩監毛本直作值○按古多以直爲值

其他皆如祭竈之禮也閩監毛本同惠棟校宋本也作者

及祭醴三惠棟校宋本作醴此本醴誤體閩監毛本及衞氏集說同

天子居總章左个節惠棟校云天子節宋本分其氣廉以深之上合孟秋節其日節其蟲節律中節其數節涼風節爲一

節

駕白駱 閩監毛本作駱岳本同嘉靖本同衞氏集說同石經同此本駱誤輅釋文出白駱

是月也以立秋節 惠棟校云是月也以立秋節命百官節宋本合爲一節

順彼遠方 閩監毛本作遠岳本同嘉靖本同衞氏集說同石經同此本遠誤還

察創視折 閩監毛本作折岳本同嘉靖本同衞氏集說同此本折誤析

是月至寢廟 惠棟校宋本無此五字

完隄坊 閩監毛本同衞氏集說同岳本坊作防嘉靖本同釋文出防云本又作坊石經考文提要云宋本九經南宋巾箱本皆作防

八月宿直畢 閩監毛本作直岳本同嘉靖本同衞氏集說同此本直誤在

坏牆垣 閩監毛本同岳本同嘉靖本同衞氏集說同釋文同石經牆垣二字倒石經考文提要云坊本作垣牆此沿唐石經之誤宋大字本宋本九經南宋巾箱本余仁仲本劉叔剛本皆作牆垣

此其月也而禁封諸侯割地 惠棟校宋本如此岳本同嘉靖本同衞氏集說同考文引古本足利本同此本月也而禁四字闕閩監毛本補嘗並秋而禁五字其嘗並秋三字誤也宋監本亦作此其月也無秋字

孟秋行冬令節

營室主武事　閩監毛本同嘉靖本同衞氏集說同惠棟校宋本事作士岳本同考文引古本同案此本疏標起止作士下又作事岐出下孟冬天子乃命將帥講武注亦有此五字而各本皆作武士是此亦當定作士也

孟秋至乃來　惠棟校宋本無此五字

行春令節

其國至無實　惠棟校宋本無此五字

行夏令節

寒熱所爲也　惠棟校宋本作也宋監本同岳本同嘉靖本同衞氏集說同考文引古本足利本同此本也字闕閩監毛本誤者

今月令瘧疾爲疾疫　惠棟校宋本如此宋監本同岳本同嘉靖本同考文引古本足利本同此本下疾字闕閩監毛本疾作厲

仲秋之月節

日月會于壽星　閩監毛本同岳本于作於嘉靖本同衞氏集說同考文引古本足利本同盧文弨校云作於與前一例

仲秋至觿中　惠棟校宋本無此五字

去日一百二度旦井二度中　惠棟校宋本作一百二度此本作一百六度其六字誤也閩監毛本同衞氏集說同

昏斗二十四度中　閩監毛本同衞氏集說同盧文弨校云宋書斗二十五度少強

其日庚辛節

盲風至節

九月丹鳥羞白鳥 閩本監本毛本同岳本同嘉靖本同衛氏集說同惠棟校宋本九作八又云八月作九月傳寫之誤按惠棟說非也正義明言大戴禮八月丹鳥羞白鳥今云九月者鄭所見本異也可見孔氏所依用本作九月

元鳥鷰者 閩監毛本鷰作燕○按燕正字鷰俗字

而云不以中國爲居 惠棟校宋本作云此本云誤亦閩監毛本同

天子居總章大廟 惠棟校云天子節宋本分其器廉以深之上合前仲秋節其日節盲風節爲一節是月也養衰老以下爲一節

行糜粥飲食 閩監毛本同岳本同衛氏集說同嘉靖本糜誤靡釋文出糜粥

是月至其殃 惠棟校宋本無此五字

自乃命祝宰 閩本同惠棟校宋本同監毛本祝宰二字倒○按監本毛本是鄭注謂宰祝大宰大祝也

故言是月自可以築城郭 閩監毛本如此此本是月自三字誤在末行而以下行課種麥三字移入此行此行以下三行首三字俱移上一行

勸課種麥爲農爲民惠棟校宋本如此此本課種麥三字誤在上行而以下行甬論晝三字移入此行閩監毛本課種麥作種通論非也

引詩七月流火者惠棟校宋本作引此本引誤別閩監毛本同

是月也乃命宰祝節

量小大惠棟校宋本同宋監本同岳本同嘉靖本同石經同閩監毛本小大二字倒衞氏集說同石經考文提要云宋大字本宋本九經南宋巾箱本余仁仲本劉叔剛本至善堂九經本皆作小大

大宰大祝主祭祀之官也閩監毛本同岳本同嘉靖本同衞氏集說同惠棟校宋本祀作祝

所察也閩監本同岳本同嘉靖本同衞氏集說同毛本察誤祭考文引宋本作察

乃命至其饗惠棟校宋本無此五字

天子乃難節

則諸侯以下不得難陽氣也閩監毛本同衞氏集說同考文引宋板無陽字

又牧人云惠棟校宋本有云字衞氏集說同此本云字脫閩監毛本同

凡毀事用駹可也閩監毛本同衞氏集說同惠棟校宋本駹作尨下用駹同○按周禮並作尨

凡沈辜侯禳共其羊牲 惠棟校宋本有羊字此本羊字脫閩監毛本同衛氏集說同

是則用羊用犬用雞也 惠棟校宋本有是字衛氏集說同此本是字脫閩監毛本同

其餘雜禳大者用羊犬 惠棟校宋本有禳字此本脫閩監毛本同毛本大誤犬

以犬嘗麻節

麻始熟也 閩監毛本同衛氏集說同岳本熟作孰惠棟校宋本同嘉靖本同

入地隋曰竇 毛本作隋岳本同衛氏集說隋誤惰釋文出隋曰云他果反謂狹而長此本隋誤圜閩監本同嘉靖本同

仲秋命庶民畢入于室 惠棟校宋本如此宋監本同岳本同嘉靖本同考文引古本足利本同此本仲秋命庶四字闕閩本同監毛本命庶誤農隙衛氏集說同

注隋曰至其災 惠棟校宋本作其災此本其災二字闕閩本同監毛本其災誤而長

正義曰隋者似方非方 監毛本如此衛氏集說同此本正義曰隋四字闕閩本同

以其名竇與窖相似故云隋曰竇方曰窖者 惠棟校宋本如此此本似故云隋曰竇方七字闕閩本同監毛本似故云隋四字闕曰竇誤而謂

無罹其災者於此仲秋之時 惠棟校宋本如此此本其災者於此五字闕閩本者於此三字闕監毛本於此誤言當

民當入室無在田野惠棟校宋本如此衞氏集說同此本入室無在四字闕閩本同監毛本在誤處無監本作毋

曰爲改歲入此室處閩監毛本如此此本爲改歲入四字闕

暫時入室惠棟校宋本作暫此本暫字闕閩本同監毛本暫作乘衞氏集說同

須出野收斂閩監毛本作斂此本斂字闕

是月也日夜分節

雷始收聲唐石經始作乃王引之云本作雷乃始收初學記周禮韗人疏可證淮南時則篇同說詳經義述聞

此甫八月中雨氣未止閩監本同岳本同衞氏集說同考文引宋板古本足利本同毛本雨氣作氣雨嘉靖本同按正義云畢星主雨故云雨氣未止雨氣非氣雨

季秋除道致梁閩監毛本同岳本同嘉靖本同衞氏集說同正義亦作致考文引古本致作置

云此甫八月中雨氣未止監毛本作雨氣此本雨氣二字誤倒

水畢除道按國語周語作雨畢

治道所以便行旅通也閩監毛本如此此本旅通二字闕○按治當作除韋注無通也二字

成梁所以使民不涉按韋注作所以便民使不涉也

皆國語文 按文字上當有注字

日夜分則同度量節 惠棟校云宋本分角斗甬之上合前是月也乃命宰祝節天子節以犬節乃命有司節日夜分節爲一節

是月至其類 惠棟校宋本無此五字

仲秋行春令節

仲秋至有恐 惠棟校宋本無此五字

行夏令節

其國至復生 惠棟校宋本無此五字

行冬令節

冬主閉藏 閩監毛本同岳本同嘉靖本同衞氏集說同惠棟校宋本無藏字

風災至蚤死 惠棟校宋本無此五字

草木蚤死地災也 閩監毛本同衞氏集說同惠棟校宋本無也字

禮記注疏卷十六校勘記

附釋音禮記注疏卷第十七

月令

鄭氏注　　孔穎達疏

季秋之月日在房昏虛中旦柳中季秋者日月會於大火而斗建。戌之辰也【疏】季。秋。至柳。中○正義曰三統曆九月節日在氐五度昏虛二度中去日九十七度旦張初度中九月中日在房五度昏危三度中去日九十三度旦張十八度中按元嘉曆九月節日在亢一度昏牛八度中旦井二十九度中九月中日在氐七度昏女十一度中旦柳十。二度中其日庚辛其帝少皞其神蓐收其蟲毛

其音商律中無射其數九其味辛其臭腥其祀門祭先肝無射者夾鍾之所生三分去一律長四寸六千五百六十一分寸之六千五百二十四季秋氣至則無射之律應周語曰無射所以宣布喆人之令德示。小民軌儀○射音亦詁貞列反【疏】注無射至軌儀○正義曰按夾鍾之律長七寸二千一百八十七分寸之七十五下生者三分去一今夾。鍾七寸取六寸三分去一有四寸在夾鍾以一寸爲三千一百八十七分今更三分之則一寸者分爲六千五百六十一分夾鍾二千一百八十七分寸之千七十五者又三分之則爲三千二百二十五其夾鍾整寸有六千五百六十一又以三千二百二十五益之總爲九千七百八十六分三分去一則去三千二百六十二餘有六千五百二十四在故云無射律長四寸六千五百六十一分寸之六千五百二十四也引周語曰以下者證無射之義云宣布喆人之令德示民軌儀者按周語注云乾上九用事無射陽氣上升陰氣收藏萬物無射者也喆人后稷布其德教示以法儀當及時銍穫而收藏也

○鴻鴈來賓爵入大水爲蛤鞠。有黃華

豺乃祭獸戮。禽皆記時候也來賓言其客止未去也大水海也戮猶殺也○來賓高誘注呂氏春秋則云賓雀與鄭異蛤古答反鞠本又作菊

九六反豺音柴僇音六本或作戮疏注來賓至殺也○正義曰上仲秋直云鴻鴈來今季秋云來賓以仲秋初來則過去故不云賓今季秋鴻鴈來賓者
客止未去也猶如賓客故云客止未去也大水海也者按國語云雀入于海爲蛤故知大水是海也云戮猶殺也者以經祭獸戮禽禽獸皆殺之但殺獸而又
陳戮禽則殺之而已不以爲祭故直云戮禽此亦互文也禽獸初得皆殺而祭之後得者殺而不祭也○天子居總章右个乘戎
路駕白駱載白旂衣白衣服白玉食麻與犬其器廉以深總章右个西堂北偏○是月也
申嚴號令申重○重直用反命百官貴賤無不務內以會天地之藏無有宣出內謂收斂入之
也會猶聚也疏命百至宣出○正義曰於此月之時勑命百官貴之與賤無不務內內謂收斂其物言貴之與賤無有一人不勤務收斂內物以會天地
之藏者會猶趣也言心皆趣嚮天地所藏之事謂心順天地以深閉藏也無有宣出者以物皆收斂時又閉藏無得有宣露出散其物以逆時氣○乃
命冢宰農事備收備猶盡也舉五穀之要定其租稅之簿○簿步古反徐步各反藏帝藉之收於神倉
祗敬必飭重粢盛之委也帝藉所耕千畝也藏祭祀之穀爲神倉祗亦敬也○收如字又守又反委紆僞反疏藏帝至必飭○正義曰帝藉者
供上帝之藉田也神倉者貯祀鬼神之倉也言天子於此月命冢宰藏此帝藉所收禾穀於此神倉之中當須敬而復敬必使飭正○注重粢至亦敬○正義
曰委謂委積之物重此粢盛委積之物故內於神倉公羊傳桓十四年御廩災御廩者何粢盛委之所藏皇氏云委謂輸也其義非云帝藉所耕千畝者鄭康
成云藉之言借也借民力所治之田也祭義云天子爲藉千畝冕而朱紘躬秉耒祭統云天子親耕於南郊是藉田在南郊也云藏祭祀之穀爲神倉者以其
供神之物故曰神倉祗亦敬者經有敬字祗又訓爲敬故云祗亦敬言敬者恆以敬敬爲心不有怠慢也是月也霜始降則百工休

寒而膠漆之作不堅好也【疏】是月也霜始降○正義曰上文自中嚴號令至祗敬必飭論務內必須敬慎從此霜始降至習吹論霜降寒來人皆入室又爲
饗帝當習吹順時氣習吹雖與入室不同但饗帝大事則須更云是月故習吹之事附於入室之下自大饗帝至無有所私論大饗明堂及嘗犧牲告備併諸
侯來歲之制稅民輕重貢賦之數皆大事相連事異於上故言是月天子乃教田獵及祭禽于四方論順時田獵以習兵戎事異於前故言是月草木黃落至
供養之不宜論草木黃落蟄蟲閉戶斷決獄刑收減祿秩事異於前故又言是月天子以犬嘗稻先薦寢廟事重故特言是月也○乃命有司
曰寒氣總至民力不堪其皆入室總猶猥卒○猥卒温罪反下七忽反○上丁命樂正入學習吹
爲將饗帝也春夏重舞秋冬重吹也○吹昌睡反注同爲于爲反下文縣爲注王爲又爲同【疏】注爲將至重也○正義曰以下有饗帝之文此有言吹之
事故云爲將饗帝其習舞吹必用丁者取其丁壯成就之義欲使學者藝業成故也○是月也大饗帝言大饗者遍祭五帝也曲禮曰大饗
不問卜謂此也【疏】注言大至謂此○正義曰若祭一帝之時則禮器謂之饗帝今云大饗故知偏祭五帝也此大饗與帝連文故謂祭天禮器大饗其王事
與彼下云三牲魚腊九州之美味是四方助祭之物故以大饗爲祫也與此不同引曲禮云大饗不問卜謂此者以曲禮大饗不云帝此云大饗帝不云不問
卜恐是別事諸儒多以爲疑故鄭執之云曲禮所云謂此也鄭必知曲禮大饗非指祫祭必是此大饗帝者以周禮祀大神享大鬼帥執事而卜日若祫祭不
得云不問卜也此謂五帝皆饗莫適卜可從故知不問卜謂此也嘗犧牲告備于天子嘗者謂嘗羣神也天子親嘗帝使有司祭于羣
神禮畢而告焉【疏】嘗犧至天子○正義曰嘗犧牲者謂嘗祭羣神以犧牲於時有司常祭其事既畢告祭備具於天子也○注嘗者至禮畢而告焉
○正義曰此犧牲之文繼饗帝之下知非欲饗帝之時使有司展犧牲告其備具而云嘗謂嘗羣神者以四月大雩以祈穀實雩上帝之後云雩祀百辟卿士

是雩帝以外別雩羣。神九月大饗以報功明饗帝之外亦饗羣神故知此嘗嘗羣神云使有司祭於羣神者以其經云告備于天子故知是有司帝是尊神故知天子親祭經云饗帝鄭云天子親嘗者嘗是秋祭之名因經有嘗犧牲之文雖天子亦曰嘗以秋物新成故也○合諸侯制百縣爲來歲受朔日與諸侯所稅於民輕重之法貢職之數以遠近土地所宜爲度以給郊廟之事無有所私。秦以建亥之月爲歲首於是歲終使諸侯及鄉遂之官受此法焉合諸侯制者定其國家宮室車旗衣服禮儀也諸侯言合制百縣言受朔日互文也貢職。所入天子凡周之法以正月和之正歲而縣於象魏○合諸侯制絕句縣音玄

疏○合諸至所私○正義曰合諸侯制者秦十月爲歲首此月歲之終也當入新歲故合此諸侯之法制又命百縣爲來歲受朔日之政令幷授諸侯所稅於民輕重之法貢職之數天子有朔日政令諸侯所稅民輕重之法貢職之數皆天子制之百縣此來受處分故云受朔與諸侯所稅於民輕重之法貢職之數皆天子之制言與者兼事之辭以遠近土地所宜爲度者言定稅輕重入貢多少皆以去京遠近之差土地所宜之物爲節度無有所私者言既給郊廟重事。事百縣等物無得有所偏私不如法制也○注秦以至象魏○正義曰按史記秦文公獲黑龍自爲水瑞命河爲德水以十月爲歲首云定其國家宮室車旗衣服禮儀者此皆周禮典命文也彼注云國家國之所居謂。成方也云互文者諸侯言合制則百縣亦合制百縣言來歲受朔日則諸侯亦來歲受朔日也故云互文諸侯謂畿外國百縣謂鄉遂云貢職謂所入天子者以經云稅於民輕重之法又云貢職之數其文既重故知稅於民者是積貯本國貢職之數者是輸納天子云周之法以正月和之者按大宰職正月之吉始和布治于邦國都鄙云正歲而縣於象魏者小宰職云正歲縣治象之法于象魏是。也

○是月也天子乃教於田獵以習五戎班馬政教於田獵因田獵之禮教民以戰法也五戎謂五兵弓矢殳矛戈戟。也馬。政謂齊其色度其力使同乘也

校人職曰凡軍事物馬而頒之○殳音殊矛亡侯反度大各反乘繩證反校戶教反頒音班

疏是月至馬政○正義曰天子乃教於田獵者天子於此陰殺之時乃教人以戰法於田獵之事謂因田獵而教之也○以習五戎者謂於田獵之時令人習用五種兵戎之器○班馬政者謂班布乘馬之政令○注五戎至頒之○正義曰知五戎是五兵者以別云班馬政則五戎非馬也下文云七騶咸駕則知五戎非五戎車也且車不須更習故知五戎五兵也按周禮司兵掌五兵鄭司農注五兵者戈殳戟酋矛夷矛後鄭又注云步卒之五兵則無夷矛而有弓矢如鄭所云則此注據步卒五兵弓矢一也殳長丈二二也矛長二丈三也戈長六尺六寸四也戟長一丈六尺五也此隨便而言不依周禮長短之次也云馬政謂齊其色度其力者按毛詩傳云宗廟齊豪尚純也戎事齊色尚強也田獵齊足尚疾也此對文言之則戎事齊力故校人職云凡軍事物馬而頒之注云物馬齊其力但戎事以弓為主耳亦須齊色故詩云駟騵彭彭是齊色也

命僕及七騶咸駕載旌旐授車以級整設于屏外

僕戎僕及御夫也七騶謂趣馬主為諸官駕說者也既駕之又為之載旌旗司馬職曰仲秋教治兵如振旅之陳辨旗物之用王載大常諸侯載旂軍吏載旗師都載旜。鄉遂載物郊野載旐百官載旟是也級等次也整正列也設陳也屏所田之地門外之蔽○騶側求反載丁代反又如字注同旐音兆級九立反趣七住反又七走反說始銳反陳直覲反大音太旟音餘○

疏命僕至屏外○正義曰前既班馬政乃命戎僕御夫及七騶等皆以馬駕車又載旌旐既畢授此七戎之車以其尊卑等級正其行列設於軍門屏之外東西廂以為行陳於是司徒在兩行之間北面誓之○或者屏之外左右六軍鄉南而陳司徒於陳前北面誓之也○注僕戎至之蔽○正義曰按周禮戎僕掌馭戎軍故知僕是戎僕也以其教戰故不用田僕云及御夫者按周禮馭夫掌馭從車使車注云從車戎路田路之副也使車驅逆之車故知及御夫也云七騶謂趣馬主為諸官駕說者按周禮趣馬職云掌駕說之頒謂第次也是貴賤等列故云為諸官駕說也七騶者皇氏云天子馬有六種種別有騶

則六騶也又有總主之人并六騶爲七故爲七騶引司馬職以下者證九旗之異也載旌旐者。謀舉以言之按周禮司常云日月爲常交龍爲旂通帛爲旜雜帛爲物熊虎爲旗鳥隼爲旟龜蛇爲旐全羽爲旞。析羽爲旌及國之大閱贊司馬頒旗物王建大常諸侯建旂孤卿建旜大夫士建物師都建旗州里建旟縣鄙建旐道車載旞斿車載旌注云師都六鄉六遂大夫也州里縣鄙鄉遂之官互約言之則州里謂鄉中之州長黨正族師遂中里宰鄰長也縣鄙者遂中縣正鄙師鄼長及鄉之閭胥比長也道車象路也視朝行道斿車木路也王以田以鄙此是仲冬大閱之時各象治民之事空習其事故所建旌旗不如仲秋治兵實出軍之事故鄭注大司馬云空辟實也言大閱是空治兵是實故云空辟實實者則此所引司馬職仲秋治兵是也按司馬職云王載大常諸侯載旂軍吏載旗師都載旜鄉遂載物郊野載旐百官載旟注軍吏諸帥也師都遂大夫也鄉遂鄉大夫也或載旜或載物衆屬軍吏無所將也郊謂鄉遂之州長縣正以下也野謂公邑大夫載旐者以其將羨卒也百官。卿大夫也載旟者以其屬衛王也按周。禮云鄉遂今此注師遂載物者轉寫誤也既以師都爲遂大夫載旜無容故違周禮云鄉遂載物然王侯所載與仲冬大閱同尊故不變也其餘則異隨時事也以其出兵教戰故無道車斿車也其王建大常皆乘戎路異於在國也故司常注云玉路金路不出春教振旅者以陽氣方長兵宜止息也夏教茇舍者以草木茂盛故教以草舍秋教治兵者以殺氣方盛則匿邪惡故教兵冬教大閱者以冬。閑無事備習威儀故因其田獵教以簡閱云屏所田之地門外之敝者按詩傳云。褐纏旃以爲門驅而入擊則不得入既門外驅車則不得有屏此門外之屏者蓋車入之時則去屏無事之時則設屏也

司徒搢扑北面誓之誓衆以軍法也○搢如字又音箭扑普卜反○

疏司徒至誓之○正義曰司徒地官掌邦教誓者也故司徒職云施十有二教入曰以誓教恤則民不怠司馬職云遂以蒐田有司表貉誓民鄭云有司大司徒也掌大田役治徒庶之政令誓民誓以犯田法之罰也誓曰無于車無自後射按於經注則司徒主誓今田獵出軍亦於所獵之地而搢扑北面誓之也

搢插也〇注誓衆以軍法也〇正義曰軍法之誓有異田獵之誓則云無干車如蒐田之法也今此大閱之誓以依軍法故司馬中冬大閱云羣吏聽誓于陳前斬牲以左右徇陳曰不用命者斬之鄭注云凡誓之大略甘誓湯誓之屬是也今又按經注則軍法之誓必斬殺也其誓尚書甘誓云左不攻于左右不攻于右予則孥戮汝之屬是也然鄭注司馬中冬大閱引此九月季秋之令將爲大閱之誓而云作月令者說季秋之政於周爲中冬失之矣而今在此不非之者緣己非於彼不復重言於此也而注旌旐不作冬法而依秋禮言之者此文記者雖誤將作周中冬而文既在夏秋故因言秋禮也熊氏以爲此文載旌旐故解爲中秋治兵大司馬有羣吏聽誓故引此司徒北面以誓證爲中冬兩解其義俱得通也

天子乃厲飾執弓挾矢以獵

厲飾謂戎服尚威武也今月令獵爲射〇挾于協反又音協〇【疏】注厲飾至爲射〇正義曰厲飾謂嚴厲武猛容飾定本飾謂容飾也俗本作飭非也熊氏云謂戎服者韋弁服也以秋冬之田故韋弁服若春夏則冠弁服故司服云凡甸冠弁服義或然也

命主祠祭禽于四方

以所獲禽祀四方之神也司馬職曰羅弊致禽以祀祊〇祊鄭注周禮音方〇【疏】命主至四方〇正義曰謂獵竟也主祠謂典祭祀者也禽者獸之通名也四方四方有功於方之神也四時田獵皆祭宗廟而分時各以爲主也春時土方施生獵則祭社爲主也夏時陰氣始起象神之在內獵則祭宗廟爲主也秋時萬物以成獵則以報祭社及四方爲主也冬時萬物衆多獵則主用衆物以祭宗廟而亦報於物有功之神於四方也此天子獵既畢因命典祀之官取田獵所獲之禽還祭於郊以報四方之神也冬獵亦何以知然按鄭注秋獮祀方云秋田主祭四方報成萬物詩曰以社以方下云方迎四方氣於郊也鄭又云秋祭社與四方爲五穀成熟報其功也又司馬冬狩云致禽饁獸于郊入獻禽以享蒸鄭云冬田主用衆物多衆得取也致禽饁獸于郊聚所獲禽因以祭四方神於郊也月令季秋天子既田命主祠祭禽四方是也入又以禽祭宗廟按於經注更相引證如可見矣其祭四方但用此禽又用別牲故甫田云與我犧羊以社以方是也此

祀四方者謂四方五行之神也○是月也草木黃落乃伐薪爲炭○伐木必因殺氣炭吐旦反○蟄蟲咸俯
在內。皆墐其戶墐。爲塗閉之辟殺氣○墐其靳反辟音避【疏】蟄蟲至其戶○正義曰俯垂頭也墐塗也前月但藏而坏戶至此月既寒故垂
頭嚮下以隨陽氣陽氣稍沈在下也而又塗塞其戶穴以避地上陰殺之氣也乃趣獄刑毋留有罪殺氣已至有罪者即決也○趣音促
又七住反收祿秩之不當供養之不宜者天氣殺而萬物咸藏可以去之也祿秩之不當恩所增加也供養之不宜欲所貪者
熊蹯之屬非常食○當丁浪反注同供養九用反下餘亮反注同去起呂反者市志反熊乎弓反蹯音煩【疏】收祿至宜者○正義曰春夏陽氣寬施許。人。主
從時雖祿秩不當亦所權許今秋陰氣急歛禁罰必當是春夏所權置者今悉收停之也祿秩不當謂彼人不應得祿而王恩私與之者供養不宜謂非常之
膳求不可得者也○○是月也天子乃以犬嘗稻先薦寢廟稻始孰也○季秋行夏令則其國
大水冬藏殃敗民多鼽嚏未之氣乘之也六月宿直東井氣多暑雨○鼽音求說文云病塞鼻窒嚏丁計反○【疏】季秋至國鼽嚏○至
正義曰其國大水天災冬藏殃敗地災民多鼽嚏人災行冬令則國多盜賊邊竟不寧土地分裂丑之氣乘之也
極陰爲外邊竟之象也大寒之時地隆坼也○竟音境注及後同隆六中反坼丑白反○【疏】行冬至分裂○正義曰國多盜賊邊竟不寧人災土地分裂地災
○注極陰至之象○正義曰以十一月一陽生十二月二陽生陽在內伏於地下四陰在地上故云極陰爲外也○行春令則煖風來至
民氣解惰辰之氣乘之也巽爲風○煖乃管反又許元反解古買反惰徒臥反師興不居辰宿直角角主兵不居象風行不休止也【疏】
行春至不居○正義曰煖風來至天災民氣解惰師興不居人災○

孟冬之月日在尾昏危中旦七星中孟冬者日月會於析木之津而斗建亥之辰也○析思曆反○疏孟冬至星中○正義曰按三統曆十月節日在尾十度昏危十四度中去日八十九度旦翼初度中十月中日在箕七度昏室十度中去日八十六度旦軫五度中按元嘉曆十月節日在心二度昏危一度中旦張八度中十月中日在尾十二度昏危十三度中旦翼八度中其日壬癸壬之言任也癸之言揆也日之行。東北從黑道閉藏萬物月為之佐時萬物懷任於下揆然萌。芽又因以為日名焉其帝顓頊其神玄冥此黑精之君水官之臣自古以來著德立功者也顓頊高陽氏。也玄冥少皞氏之子曰脩曰熙為水官○顓音專頊音許玉反冥亡丁反疏注顓頊至水官○正義曰按五帝德云顓頊高陽氏姬姓也又帝王世紀云生十年而佐少皞十二年而冠二十年而登帝位在位七十八年而崩以水承金也云玄冥少皞氏之子曰脩曰熙者按昭二十九年左傳云少皞氏有子曰脩曰熙又云脩及熙為玄冥是相代為水官也○云其蟲介介甲也象物閉藏地中龜鼈之屬○鼈必滅反其音羽三分商去一以生羽羽數四十八屬水者以為最清物之象也冬氣和則羽聲調。調樂記曰羽亂則危其財匱○匱其位反○疏注三分至十八○正義曰商數七十二三分之每一分有二十四去其二十四餘有四十八故羽數四十八也其數既少故為最清清者最賤物比於人亦為賤故云物之象也○律中應鍾。孟冬氣至則應鍾之律應應鍾者姑洗之所生三分去一律長四寸二十七分寸之二十周語曰應鍾均利器用俾應復○應應對之應注同疏注應鍾至應復○正義曰姑洗之律長六寸九分寸之一三分去一則六寸去二寸有四寸在餘有整一寸九分寸之一更三分一寸為二十七分九分寸之一為三分并二十七分總為三十分三分去一去其十分餘有二十分在故云應鍾律長四寸二十七分寸之二十也引周語以下者證應鍾之義按春秋說云應其鍾注云應鍾應其種類律曆志應鍾言陰氣應無射該藏萬物而雜陽閡種注。閡藏塞也陰雜陽氣藏塞為萬物作種晉灼曰外閉曰閡以此言之云應其種類正謂應無射也云均利器用俾應復者按周語注坤六三用事應當也言陰當代陽用事百物可。鍾藏則均利百工之器俾應復者陰陽用事終而
復始也○其數六水生數一成數六但言六者亦舉其成數其味鹹其臭朽水之臭味也凡鹹朽者皆屬焉氣若有若無爲朽○朽許
九反本亦作㱙字林云㱙腐也說文云㱙或爲朽字其祀行祭先腎冬陰盛寒於水祀之於行從辟除之類也祀之先祭腎者陰位在下腎亦
在下腎爲尊也行在廟門外之西爲軷。壤厚二寸廣五尺輪四尺祀行之禮北面設主于軷上乃制腎及脾爲俎奠于主南又設盛于俎東祭肉腎一脾再其
他皆如祀門之禮○辟必亦反又婢亦反軷步曷反壤如丈反厚戶豆反廣古曠反疏注行在至之禮○正義曰知行在廟門外之西者約檀弓云毀宗躐
行自此以下皆中霤禮文廣五尺輪四尺者謂軷壇東西爲廣南北爲輪常祀行神之壇則然若於國外祖道軷祭其壇隨路所鄉而爲廣輪尺數同也按鄭
注聘禮云禮畢乘車轢而遂行唯車之一輪轢耳所以然者以兩輪相去八尺今軷唯廣五尺故知不兩輪俱轢云北面設主軷上者以主須南鄉故人北面
設之其主則鄭注大馭云蓋以菩芻棘柏爲神主也○水始冰地始凍雉入大水爲蜃虹藏不見皆記時候也大
水淮也大蛤曰蜃○蜃常忍反見賢遍反下注錄見同○疏注大水淮也○正義曰知大水淮者晉語云雉入于淮爲蜃○○天子居玄堂玄堂左个北堂西偏
左个乘玄路駕鐵驪載玄旂衣黑衣服玄玉食黍與彘其器閎以奄
也鐵驪色如鐵黍秀舒散屬火寒時食之亦以安性也彘水畜也器閎而奄象物閉藏也今月令曰乘軫路似當爲袗字之誤也○驪力知反鐵他結反軫之
忍反袗之刃反疏載玄至玄玉○正義曰春云載青旂衣青衣服蒼玉青深而蒼淺旂與衣雖人。功。所。爲不可淺深異色故同用青也玉是自然之色不可
純。青。故用蒼之淺色夏云載赤旂衣朱衣服赤玉與春不類者。亦。以朱深而赤淺旂可用淺衣必用深故衣旂異色赤玉與。蒼。玉同俱是其色淺也冬云載玄

旂衣黑衣服玄玉者亦以黑深而玄淺旂用淺色故其色玄衣用深色故其色黑與夏同也服玄玉者玉從自然之色故其色淺而用玄玉也猶如夏云赤玉
春云蒼玉相似也○注今月至誤也○正義曰鄭以此月乘軫路軫是車之後材路皆有軫何得云乘軫路此軫字當衣旁着㐱袗是玄色故以今月令軫字
似當爲袗字錯誤以車旁爲之必知袗字爲色者以此經云乘玄路玄袗義同故昏禮云女從者畢袗玄鄭雖以袗爲同要袗是玄之類○是月也
以立冬先立冬三日太史謁之天子曰某日立冬盛德在水天子乃齊謁告○先悉薦
反○立冬之日天子親帥三公九卿大夫以迎冬於北郊還反賞死事恤孤寡迎冬
者祭黑帝叶光紀於北郊之兆也死事謂以國事死者若公叔禺人顏涿聚者也孤寡其妻子也有以惠賜之大功加賞○叶本又作汁音協禺音遇椓丁角
反又作涿同○【疏】天子至孤寡○正義曰亦率羣臣至北郊迎黑帝叶光紀而顓頊玄冥配之不言諸侯亦如夏空其文也○還反賞死事者還於郊反亦
反於朝也賞死事謂臣人有爲國事死者北郊還因殺氣之盛而賞其家後也恤孤寡者恤供給也孤寡即死事者妻子也財祿供給之也○注死事至加賞
○正義曰舉死事之人證之也春秋左傳魯哀十一年魯師與齊戰公叔務人曰上不能謀士不能死何以治民吾既言之矣敢不勉乎乃與其嬖僮汪錡赴
敵皆死雖無賞賜之文而亦死事之義故以證之哀二十三年晉知伯親禽顏庚注云齊大夫顏涿聚二十七年齊師將興屬孤子三日朝設乘車兩馬繫五
邑焉召顏涿聚之子晉曰隰之役而父死焉今君命女以是邑也服車而朝是其加賞也兼平常惠賜養幼少恤孤寡亦是是也○是月也命大
史釁龜筴占兆審卦吉凶筴著也占兆龜之繇文也周禮龜人上春釁龜謂建寅之月也秦以其歲首使大史釁龜筴與周異矣卦
吉凶謂易也審省錄之而不釁筮筮短賤於兆也今月令曰釁祠祠衍字○釁許靳反筴初格反著音尸繇直又反【疏】是月至凶○正義曰從命大史至無

有掩蔽論釁祠龜筴察阿黨事異於上立冬之日故別言是月也從天子始裘至貴賤之等級論天子身事及命飭百官蓋藏之事及喪紀棺槨等級以事異於上故言是月也自命工師至以窮其情論飭工匠營造盡情事異於前故言是月自大飲。烝至射御角力論祭祀之事勞農講武亦事異於前故更言是月自乃命水虞至行罪無赦論收斂藪澤之賦必須得所勿侵削下民亦事異於前故言是月也○命大至吉凶。正義。曰是月大史之官釁龜筴謂殺牲以血塗釁其龜及筴筴謂蓍也亦以血塗之占兆者龜之繇文非但釁此龜筴又釁此占兆繇文此占兆之語蒙上釁文也審卦吉凶者卦吉凶謂易也易有六十四卦或吉或凶故云卦吉凶卦之吉凶但是筮短賤於龜兆不得塗釁但省文視錄之而已故云審卦吉凶卦既云吉凶明兆亦有吉凶但占兆與龜筴連文故略而不言吉凶也○注筴蓍至衍字○正義曰曲禮云筴爲筮知是蓍也云占兆龜之繇文者上與龜筴不同下與卦吉凶又別故言龜之繇文則占兆之書也即周禮大卜云其經兆皆百有二十其頌皆千有二百是也引周禮龜人上春釁龜謂建寅之月秦以孟冬爲歲首謂建亥月釁龜筴故云與周異也鄭之此注與周禮不同周禮云上春釁龜注引月令孟冬釁祠龜策相互矣者周禮云上春釁龜明秦亦以上春釁龜秦以孟冬釁龜筴明周亦孟冬釁龜筴故云相互也注周禮又云月令秦世之書亦或從以歲首釁龜耳則與此同也。而秦十月爲歲首一釁而已周禮上春者亦謂夏之建寅之月但歲首與一釁而已無一年兩釁之事此鄭氏注周禮別解其義也今此月令之注與周禮上春釁龜以爲建寅之月則此與周禮不同彼此鄭爲兩解也云審省錄之而不釁筮短賤於兆者以卦吉凶謂易也直言審不云釁故言審省錄之而不釁所以不釁者易是筮卦之書賤於龜之書故龜繇云釁之筮書則省錄而已觀鄭注占兆釁之分明而皇氏云唯釁龜筴命大史唯占視兆書不釁與鄭注違其義非也云筮短者左傳僖四年晉獻公卜驪姬不吉筮之吉公曰從筮卜人曰筮短龜長不如從長杜元凱注云筮以數告故短龜以象示故長是筮短龜長之事也

是察。阿黨則罪無有掩蔽阿黨謂治獄吏以私恩曲

橈相爲也○爲于僞反下爲仲冬爲天子皆同【疏】是察至掩蔽○正義曰是察阿黨者謂當是正審察獄吏阿黨之事則在下犯罪之人獄吏不能掩蔽故云無有掩蔽

○是月也天子始裘九月授衣至此可以加裘○命有司曰天氣上騰地氣下降天地不通閉塞而成冬使有司助閉藏之氣門戶可閉閉之窗牖可塞塞之○上時掌反又如字下上世同命百官謹蓋藏謂府庫囷倉有藏物○藏才浪反又如字命司徒循行積聚無有不斂謂芻禾薪蒸之屬○行下孟反積聚子賜反下七杜反又才屢反仲冬同【疏】天氣至下降○正義曰若以易卦言之七月三陽在上則天氣上騰三陰在下則地氣下降也今十月乃云天氣上騰地氣下降者易含萬象言非一概周流六虛事無定體若以爻象言之則七月爲天氣上騰地氣下降若氣應言之則從五月地氣上騰至十月地氣六陰俱升天氣六陽並謝天體在上陽歸於虛無故云上騰地氣六陰用事地體在下陰氣下連於地故云地氣下降各取其義不相妨也○坏城郭戒門閭脩鍵閉慎管籥固封疆備邊竟完要塞謹關梁塞徯徑坏益也鍵牡閉牝也管籥搏鍵器也固封疆謂使有司循其溝樹及其衆庶之守法也要塞邊城要害處也梁橋橫也徯徑禽獸之道也今月令疆或爲壃○鍵其蹇反又其偃反籥羊灼反疆居良反注及下注同塞先代反注同塞徯上先則反下音奚徑古定反牡亡古反又茂后反搏音博一本作傳直專反處尺慮反壃音從○【疏】坏城至徯徑○正義曰城郭當須牢厚故言坏門閭備擬非常故云戒鍵閉或有破壞故云脩管籥不可妄開故云審封疆理當險阻故云固邊竟防擬盜賊故云備要塞理宜牢固故云完關梁禁禦姦非故云謹徯徑細小狹路故須塞皆隨事戒約故設文不同也○注坏益至爲壃○正義曰鍵牡閉牝者凡鑠器入者謂之牡受者謂之牝若禽獸牝牡然管籥與鍵閉別文則非鍵閉之物故云搏鍵器以鐵爲之似樂器之管籥搢於鑠內以搏取其鍵也按檀弓注云管鍵也則管鍵一物此爲別者熊氏云

管是鍵之伴類仍非鍵也注稱管鍵者以類言之若云鄰里然也管籥云搏鍵器則管籥一物義或然也而何胤云鍵是門扇之後樹兩木穿上端為孔閉者謂將扃關門以內孔中按漢書五行志每云。牝飛及。牝亡謂失其。鑰須須則。牡也何胤云兩邊樹木非其義也云固封疆謂使有司循其溝樹及其衆庶之守法者溝樹謂掘溝。壍而種樹木也令使衆庶可守之

○飭喪紀辨衣裳審棺椁之薄厚塋丘壟之大。小。高卑厚。薄。之度貴賤之等級此亦閉藏之具順時飭正之也辨衣裳謂襲斂尊卑所用也所用又有多少○塋音營壟力勇反襲音習斂力驗反又力檢反

疏注衣裳至多少○正義曰其衣裳襲斂多少及棺椁厚薄具在喪大記丘壟小大按鄭注冢人云漢律列侯墳高四。丈關內侯以下各有等差又。注檀弓云墳高四尺蓋周之士制外無文○

○是月也命工師效功陳祭器按。度程毋或作為淫巧以蕩上心必功致為上霜降而百工休至此物皆成也工師工官之長也效功錄見百工所作器物也主於祭器祭器尊也度謂制大小也程謂器所容也淫巧謂奢僞怪好也蕩謂搖動生其淫○效戶教反巧如字又若孝反注同致直吏反下注同長丁丈反奢物勒工名以考其誠勒刻也刻工姓名於其以。察其信知其不功致器功有不當必行其罪以窮其情功不當者取材美而器不堅也○當丁浪反注同

疏命工至其情○正義曰於是之時冬。閑無事百工造作器物恐為淫巧故命工師之官師長也命此工官之長效實百工所造之物陳列祭器善惡○按度程者謂。於按此器舊來制度大小及容受程限多少○毋或作為淫巧者或有也勿得有作過制之巧以搖動在上生奢侈之心必功致為上者言作器不須靡麗華侈必功力密致為上又每物之上刻勒所造工匠之名於後以考其誠信與不若其用材精美而器不堅固則功有不當必行其罪罰以窮其詐僞之情○注主於至所容○正義曰百工造作器物則諸器皆營今經直主於祭故云主於祭器祭器尊也度謂制大小程

謂器所容者以經度程文別度是制度大小除制度之外唯有容受多少故以程爲器所容也

○是月也大飲烝十月農功畢天子諸侯與其羣臣飲酒於太學以正齒位謂之大飲別之於他其禮亡今天子以燕禮郡國以鄉飲酒禮代之。烝謂有牲體爲俎也黨正職曰國索鬼神而祭祀則以禮屬民而飲酒于序以正齒位亦謂此時也詩云十月滌場朋酒斯饗曰殺羔羊躋彼公堂稱彼兕觵受福無疆是。頌大飲之詩○別彼列反索所百反屬之玉反下同滌大曆反場直良反躋子兮反兕除履反觵古宏反

【疏】大飲烝○正義曰言於是月之時天子諸侯與羣臣大行飲酒爲饗禮以正齒位烝升也升此牲體於俎之上故云大飲烝○注十月至之詩○正義曰天子諸侯與其羣臣飲酒於太學者按此大飲烝是天子之禮詩豳風躋彼公堂序諸侯之事是諸侯之禮故云天子諸侯與羣臣也豳詩云躋彼公堂毛傳云公堂學校也黨正以禮屬民飲酒于序故云此飲酒於太學也云以正齒位者約黨正文必約黨正者以此是孟冬黨正云國索鬼神謂蜡祭也與此同月故鄭下注引黨正文亦謂此時也云烝謂有牲體爲俎者按國語云王公立飫則有房烝此既大飲饗禮當用房烝半體之俎若黨正飲酒雖饗而用餚烝故宣十六年左。氏云王享有體薦宴有折俎公當享卿當宴是也鄭又引黨正及詩者證大飲是十月正齒位飲羣臣之事云十月滌場者謂場功畢入滌掃其場朋酒斯饗者毛傳云兩樽曰朋鄭云饗謂饗禮而殺羔羊行禮之時升彼公之學校之堂舉彼兕觵之爵以罰失禮臣下慶君。命受福無疆也

○天子乃祈來年于天宗大割祠于公社及門閭臘先祖五祀此周禮所謂蜡祭也天宗謂日月星辰也大割大殺羣牲割之也臘謂以田獵所得禽祭也五祀門戶中霤竈行也或言祈年或言大割或言臘互文○臘力合反蜡仕迓反字林作措

【疏】天子至五祀○正義曰祈來年于天宗者謂祭日月星辰也大割祠于公社者謂大割牲以祠公社以上公配祭故云公社及門閭者非但祭社又祭門閭但先祭社後祭門閭故云及臘先祖五祀者臘獵也謂獵取禽獸以祭先祖五祀也此等之祭總謂之蜡若

細別言之天宗公社門閭謂之蜡其祭則皮弁素服葛帶榛杖其臘先祖五祀謂之息民之祭其服則黃衣黃冠鄭注郊特牲云息民與蜡異也按黨正云國索鬼神而祭祀則以禮屬民而飲酒于序以正齒位則飲酒在蜡祭之後此大飲在蜡祭之前者若黨正屬民飲酒在蜡之後故下云勞農以休息之注黨正飲酒是也若天子諸侯羣臣大飲在蜡祭之前故以大飲敘在祈年之前然鄭爲大飲之下注引黨正飲酒者證其正齒位同在此月不謂大飲卽黨正飲酒也而熊氏以爲大飲烝在蜡之後非其義也凡蜡皆在建亥之月而皇氏以爲夏殷蜡各在己之歲終若如此夏家季冬則計耦耕事也脩耒耜具田器不得方始勞農以休息皇氏之義非也○注此周至互文○正義曰知此周禮所謂蜡者以郊特牲蜡者索也索萬物而饗之按籥章云國祭蜡龡豳頌以息老物蜡而後息老此經亦先祭衆神乃後勞農休息文與籥章相當故經廣祭衆神是周禮籥章所謂蜡祭也而熊氏皇氏皆爲周禮六樂一變而致羽物以致六變而蜡祭此亦廣祭衆神故指彼一變二變而爲之蜡也然彼樂一變二變鄭自解爲蜡耳非周禮正文言蜡何得云周禮所謂蜡也云天宗謂日月星者以蜡祭唯公社不祭地故知祭天宗者不祭天若是祭天何須稱宗下季冬云天之神是天之衆神有司中司命不稱宗明稱宗者謂日月星也按異義六宗賈逵等以爲天宗三謂日月星地宗三謂泰山河海鄭玄六宗以爲星也辰也司中也司命也風師也雨師也不同賈逵之義今此云天宗謂日月星者尚書六宗文承肆類上帝之下凡郊天之時日月從祀故祭以日月配日月在類上帝之中故六宗不得復有日月此不云六宗而云天宗與彼別也蔡邕云日爲陽宗月爲陰宗北辰爲星宗也云臘謂田獵所得禽祭者以欲臘祭之時暫出田獵以取禽非仲冬大閱之獵也左傳云唯君用鮮則天子諸侯祭用鮮獸皇氏云仲秋獵得禽獸以爲乾豆至臘用之其義非也云五祀門戶中霤竈行者月令殷禮言之若周則七祀云或言祈年或言大割或言臘互文者天宗公社門閭先祖五祀等皆祈年大割臘祭之事故云互也皇氏云天宗故云祈社是報功故云大割先祖己之親故臘祭也

勞農以休息之黨正屬民

飲酒正齒位是也○勞力報反【疏】注黨正至是也○正義曰按黨正職國索鬼神而祭祀則以禮屬民此亦祭衆神之後勞農休息文正相當故云是此等休息是正齒位按雜記子貢觀蜡云一國之人皆若狂者按鄉飲酒初立賓行禮至禮終說屨升堂而燕行無算爵然則初時正齒位後則皆狂蜡祭蔡邕云夏曰清祀殷曰嘉平周曰蜡秦曰臘按左傳云虞不臘矣是周亦有臘名也

○天子乃命將帥講武習射御角力爲仲冬將大閱簡習之亦因營室主武士也凡田之禮唯狩最備夏小正十一月王狩○將帥上子匠反下色類反閱音悅狩手又反【疏】注營室至最備○正義曰春秋說云營室主軍士之粮云凡田之禮唯狩最備者解此經孟冬云乃命將帥講武習射御言習是未正用也備擬仲冬教戰之事所須故言唯狩最備謂狩禮大也故仲冬教大閱禮儀備

○是月也乃命水虞漁師收水泉池澤之賦毋或敢侵削衆庶兆民以爲天子取怨于下其有若此者行罪無赦因盛德在水收其稅

○孟冬行春令則凍。閉不密地氣上泄寅之氣乘之也○泄息列反下同○民多流亡象蟄蟲動【疏】孟冬至流亡○正義曰凍閉不密地氣上泄地災也民多流亡人災也○行夏令則國多暴風方冬不寒蟄蟲復出巳之氣乘之也立夏巽用事巽爲風○復扶又反○【疏】國多至復出○正義曰國多暴風方冬不寒天災也蟄蟲復出地災也○行秋令則雪霜不時申之氣乘之也小兵時起土地侵削申陰氣尚微申宿直參伐參伐爲兵○參所林反下同○【疏】雪霜至侵削○正義曰雪霜不時天災也。○小兵時起土地侵削人災也○注申宿直參伐參伐爲兵○正義曰按春秋說云參伐主斬刈示威行伐也

仲冬之月日在斗昏東壁中旦軫中仲冬者日月會於星紀而斗建子之辰也○辟必亦反又必狄反○【疏】仲冬至軫

中○正義曰按律曆志云仲冬之初日在斗十二度故云日在斗也三統曆大雪日在斗十二度昏壁五度中去日八十四度旦角三度中冬至日在牛初度昏奎十度中去日八十二度旦亢七度中元嘉曆云大雪日在箕十度昏氐九度中旦軫八度中冬至日在斗十四度昏東壁八度中晝漏四十五刻旦角七度中

其日壬癸其帝顓頊其神玄冥其蟲介其音羽律中黃。鍾其數六其味鹹其臭朽其祀行祭先腎黃。鍾者律之始也九寸仲冬氣至則黃。鍾之律應周語曰黃。鍾所以宣養六氣九德疏注周語至九德○正義曰按元命包黃。鍾者始黃注云始萌黃泉中律曆志云黃者中之色君之服。鍾種也又云黃五色莫盛焉故陽氣。始種於。泉孳萌萬物為六氣元也周語曰黃。鍾所以宣養六氣九德者按彼注十一月建子陽氣在中六氣陰陽風雨晦明九德金木水火土穀正德利用厚生作樂宣徧黃。鍾象氣伏地物始萌所以偏養六氣九功之德此養之者若施於人六情正德天德利用地德厚生人德六府者金木水火土穀也

○冰益壯地始坼鶡。旦。不鳴虎始交皆記時候也鶡旦求旦之鳥也交猶合也○壯莊亮反曷本亦作鶡同戶割反鶡旦鳥名

○天子居玄堂大廟乘玄路駕鐵驪載玄旂衣黑衣服玄玉食黍與彘其器閎以奄玄堂大廟北堂當大室

○飭死事飭軍士戰必有死志疏飭死事○正義曰事異前也因殺氣之盛以飭軍士使戰者必有死志故曰飭死事也

○命有司曰土事毋作愼毋發蓋毋發室屋及起大衆以固而閉地氣沮。泄是謂發天地之房諸蟄則死民必疾疫又隨以喪命之曰暢月而猶女也暢猶充也大陰用事尤重閉藏○暢敕亮反女音汝大音太○疏命有至暢月○正義曰此不云是月者總是冬月閉藏之事從十月為漸非惟仲冬一月之事故不言是月自命奄尹至淵澤井泉論命奄尹之官謹愼房室

命酒正之職以爲酒醴命掌祠之官祈祀四海幷泉事雖各別同是命告羣官事異於上故揔言是月自農有不收藏積聚至罪之不赦論收斂尤急之時務須積聚之事事異於上故云是月自日短至至取竹箭論日至之時須有所爲之事事異於收斂積聚故云是月自可以罷官之無事至閉藏論去閒務助時寧靜亦事異於前故言是月云土事毋作愼毋發蓋者於此之時土地之事毋得興作又須謹愼毋得開發掩蓋之物則孟冬。云謹蓋藏是也非惟仲冬一月之事故不言是月良爲此也爲陰氣凝固陽須閉藏若起土功開蓋物發室屋起大衆開泄陽氣故下云諸蟄則死人則疾疫也以固而閉者而汝也命此有司云於此之時以堅固汝。閉塞之事勿令開動地氣沮泄是謂發天地之房者約束有司若其不固汝所閉之事令。地沮泄謂泄漏地之陽氣是發徹天地之房房是人次舍之處擁蔽於此之時天地亦擁蔽萬物不使宣露與房舍相似令地氣泄漏是開發天地之房也如此則諸蟄則死人必疾疫非但蟄死人疾又隨以喪者國有大喪隨逐其後命之曰暢月暢月者告有司云所以須閉藏以其命此月曰暢月暢充也言名此月爲充實之月當使萬物充實不發動故也皇氏云又隨以喪者謂逃亡人爲疾疫皆逃亡故云又隨以喪

○是月也命奄尹申宮令審門閭。謹房室必重閉

奄尹主領奄豎之官也於周則爲內宰掌治王之內政宮令。幾出入及開閉之屬重閉外內閉也○重直龍反注同

省婦事毋得淫雖有貴戚近習毋有不禁

省婦事所以靜陰類也淫謂女功奢僞怪好物也貴戚謂姑姊妹之屬近習天子所親幸者○省所景反注同

疏 命奄至不禁○正義曰命奄尹。者謂正此謂命奄官正長申重。之政令常察門閭之事謹愼房室之處必重閉者謂門閭房室必外內重閉遠者謂之門閭近者謂之房室皆有外內門戶必重疊閉之此月陰氣既靜故減省婦人之事順陰類也婦人所事者務。所質素無得過爲淫巧其所禁婦人無限貴戚姑姊妹之徒及王親近愛習嬖寵之類無有不禁言禁之無得淫巧也○注於周至之屬○正義曰此奄尹奄官之尹於周則內宰俱是主領奄官身非奄人故

云於周為內宰內宰非奄也云掌治王之內政者皆解經中宮令也宮令則內政也云譏出入及開閉之屬者解經審門閭謹房室也○乃命大

酋秫稻必齊麴蘖。必時湛熾必絜水泉必香陶器必良火齊必得兼用六物大

酋監之毋有差貸酒孰曰酋大酋者酒官之長也於周則為酒人秫稻必齊謂孰成也湛漬也熾炊也火齊腥孰之。調也物猶事也差貸謂失誤有善有惡也古者穫稻而漬米麴至春而為酒詩云十月穫稻為此春酒以介眉壽○酋子由反又在由反秫音述麴丘六反蘖魚列反湛子廉反熾尺志反齊才計反注火齊同監古銜反貸音二又他得反注同長丁丈反穫戶郭反○

【疏】乃命至差貸○正義曰大酋者酒官之長於此之時始為春酒先須治擇秫稻故云秫稻必齊齊得成孰又須以時料理麴蘖故云必時湛熾必絜者湛漬也熾炊也謂炊漬米麴之時必須清絜水泉必香陶器必良者謂所用水泉必須香美所盛陶器必須一良善火齊必得者謂炊米和酒之時用火齊生孰必得中也兼用六物者秫稻一麴蘖二湛熾三水泉四陶器五火齊六也物事也謂作酒之人用此六事作酒大酋監督之無使有參差貸變使酒誤其善惡○注酒孰至眉壽○正義曰酒孰曰酋然則酋者酒孰之名也云於周則為酒人者周禮酒正引此大酋為酒正也此注大酋為酒人不同者以酒正掌作酒法或及酒材之事故引大酋證之其實酒正掌酒之政令及酒出入之事不親監作此大酋監作故為一酒人也以酒人監作酒故也云古者穫稻而漬米麴至春。事而為酒者證此十一月命大酋作酒之事以十月穫稻於此月漬米麴至春而為酒者謂春成也非春始釀故毛詩傳云春酒凍醪又注酒正云清酒今中山冬釀接夏而成是於仲冬季冬以釀也引詩者豳風七月之詩以證穫稻作酒之事

○天子命有司祈祀四海大川名源淵澤井泉順其德盛之時祭之○也今月令淵為深○

是月也農有不收藏積聚者馬牛畜獸有放佚者取之不詰此收斂尤急之時人有取者。不罪所

以警惕其主也王居明堂禮曰孟冬之月命農畢積聚繫。收牛馬○畜許六反詰起吉反疏注明堂至牛馬○正義曰引之者證若不積聚收牛馬他人取
之不詰俗本作牧定本作收○山林藪澤有能取蔬食田獵禽獸者野虞教道之其有相侵奪
者罪之不赦務收斂野物也大澤曰藪草木之實爲蔬食○藪素口反道音導疏注大澤至蔬食○正義曰按鄭注周禮水鍾曰澤水希曰
藪今言大澤曰藪者以有水之處謂之澤旁無水之處謂之藪草木之實爲蔬食者爾雅云蔬不孰爲饉蔬謂菜蔬以其麤蔬經言蔬食故爲草木實也山林
蔬食榛栗之屬藪澤。蔬食。菱。芡之屬是月也日短至陰陽爭諸生蕩爭者陰方盛陽欲起也蕩謂物動。萌牙也○爭爭鬭之爭
注同君子齊戒處必掩身身欲寧去聲色禁耆欲安形性事欲靜以待陰陽之所
定寧安也聲謂樂也易及樂春秋說云冬至人主與羣臣從八能之士作樂五日此言去聲色又相。反○去起呂反注及下同耆市志反從之用反疏
注易及至相違○正義曰此易。乾。鑿。度文及樂緯春秋緯其語同也其八能之士以具在仲夏疏文又相違者以夏已違今此復違故言又也○芸始
生荔挺出蚯蚓結麋角解水泉動又記時候也芸香草也荔挺馬薤也水泉動潤上。行○芸音云荔力計反挺大頂反麋亡
悲反解音蟹薤戶介反上時丈反疏芸始至泉動○正義曰芸始生荔挺出者皇氏云以其俱香草故應陽氣而出而蚯蚓結者蔡云結猶屈也蚯蚓在
穴屈首下嚮陽氣氣動則宛而上首故其結而屈也麋角解者說者多家皆無明據熊氏云鹿是山獸夏至得陰氣而解角麋是澤獸故冬至得陽氣而解角
今以麋爲陰獸情淫而遊澤冬至陰方退故解角從陰退之象鹿是陽獸情淫而遊山夏至得陰而解角從陽退之象既無明據故略論焉若節氣早則麋角
十一月解故夏小正云十一月麋角隕。墜是也若節氣晚則十二月麋角解故小正云十二月隕麋角○日短至則伐木取竹箭

此其堅成之極時是月也可以罷官之無事去器之無用者謂先時權所建作者也天地閉藏而萬物休可以去之○塗闕廷門閭築囹圄此以助天地之閉藏也順時氣也○仲冬行夏令則其國乃旱午之氣乘之也氛霧冥冥霜露之氣散相亂也○氛芳云反○雷乃發聲震氣動也午屬震○疏○其國至發聲○正義曰其國乃旱氛霧冥冥雷乃發聲皆天災也○行秋令則天時雨汁瓜瓠不成酉之氣乘之也酉宿直昴畢畢好雨雨汁者水雪雜下也子宿直虛危。虛危內有瓜瓠○雨汁于付反下音執注同瓠戶故反好呼報反國有大兵兵亦。軍之氣○疏天時至大兵○正義曰天時雨汁天災也瓜瓠不成地災也國有大兵人災也○注虛危內有瓜瓠○正義曰按天文志瓜瓠四星在危東○行春令則蝗蟲爲敗當蟄者出卯之氣乘之也水泉咸竭大火爲旱民多疥癘疥癘之病孚甲之。象○疥音介疏蝗蟲至疥癘○正義曰蟲蝗爲敗水泉咸竭地災也民多疥癘人災也

季冬之月日在婺女昏婁中旦氐中季冬者日月會於玄枵而斗建丑之辰也○婺無付反婁力侯反氐丁兮又音丁計反枵許驕反○疏季冬至氐中○正義曰按律曆志季冬初日在婺女八度三統曆小寒日在婺女八度昏婁十一度中去日八十四度旦氐十二度中大寒日在危初度昏昴二度中去日八十度旦心五度中元嘉曆日在牛三度昏奎十五度中晝漏四十五刻六分旦亢九度中大寒日在女十度昏胃四度中晝漏四十六刻七分旦氐十三度中其日壬癸其帝顓頊其神玄冥其蟲介其音羽律中大呂其數六其味鹹其臭朽其祀行祭先腎大呂者蕤賓之所生也三分益一律長八寸二百四十三分寸之百四季冬氣至則

大呂之律應周語曰大呂助陽宣物疏注大呂至宣物○正義曰按蕤賓長六寸八十一分寸之二十六上生大呂三分益一三寸益一寸六寸益二寸故爲八寸其八十一分寸之二十六各三分之則爲七十八分三分益一更益一箇二十六則。一百四故云律長八寸二百四十三分寸之一百四也引周語大呂助陽宣物者證大呂之義也按律曆志云大呂呂旅也言陰大旅助黃鍾宣氣而。聚物

○鴈。北鄉鵲始巢。雉雊雞乳皆記時候也雊雉鳴也詩云雉之朝雊尚求其雌○鄉音向雊音豆反乳如住反疏。鴈北至雞乳○正義曰鴈北鄉有早有晚早者則此月北鄉晚者二月乃北鄉故易說云二月驚蟄候鴈北鄉鵲始巢者此據晚者若早者十一月始巢故詩緯推度災云復之日鵲始巢是也雉雊雞乳者易通卦驗云。雉雊雞乳在立春節與此同以立春在此月也通卦驗又云小寒虎始交豺祭獸此季冬不言者文不具也若節氣晚則季冬虎交若節氣早則在仲冬故仲冬虎始交按月令九月豺祭獸通卦驗季冬豺祭獸者熊氏云再祭也一曰易說誤也無此文

○天子居玄堂右个乘玄路駕鐵驪載玄旂衣黑衣服玄玉食黍與彘其器閎以奄玄堂右个北堂東偏

○命有司大難旁磔出土牛。以送寒氣此難難陰氣也難陰始於此者陰氣右行此月之中日歷虛危虛危有墳墓四司之氣爲厲鬼將隨強陰出害人也旁磔於四方之門磔攘也出猶作也作土牛者丑爲牛牛可牽止也送猶畢也○難乃多反下注同磔竹百反爲厲于僞反疏命有至寒氣○正義曰此月之時命有司之官大爲難祭。今難去陰氣言大者以季春唯國家之難仲秋唯天子之難此則下及庶人故云大難旁磔者旁謂四方之門皆披磔其牲以禳除陰氣出土牛以送寒氣者出猶作也此時強陰既盛年歲已終陰若不去凶邪恐來歲更爲人害其時月建丑又土能。刻水持水之陰氣故特作土牛以畢送寒氣也○注此月至畢也○正義曰此月之中者中猶內也謂此月之內也皇氏以爲此月中氣非也云日歷虛危虛危有墳墓四司之氣者熊氏引石氏星經云

司命二星在虛北司祿二星在司命北司危二星在司祿北司中二星在司危北史遷云四司鬼官之長又云。墳四星在危東南是危虛有墳墓四司之氣也皇氏以爲北方蓋藏故爲墳墓北方歲終以司主四時故云四司其義皆非也皇氏又云以季春國難下及於民以。此季冬大難爲不及民也然皇氏解禮違鄭解義也今鄭注論語鄉人。難云十二月命方相氏索室中驅疫鬼鄭既分明云十二月鄉人難而皇氏解季冬難云不及鄉人不知何意如此云送猶畢者此時寒實未畢而言畢者但意欲全畢耳

○征鳥厲疾殺氣當極也征鳥題肩也齊人謂之擊征或名曰鷹仲春化爲鳩○題大兮反

疏征鳥厲疾○正義曰亦命有司辭也征鳥謂鷹隼之屬也謂爲征鳥如征厲嚴猛疾捷速也時殺氣盛極故鷹隼之屬取鳥捷疾嚴猛也蔡云太陰殺氣將盡故猛疾與時競也○注殺氣至爲鳩○正義曰按釋鳥云鷹鶆鳩。某。氏。云鶆鳩鷞鳩月令云鷹化爲鳩左傳曰爽鳩氏司寇也郭景純云鶆當爲鷞鷞卽鷞鳩也此征鳥者則鶆鳩之謂也

乃畢山川之祀及帝之大臣天之神祇四時之功成於冬孟月祭其宗至此可以祭其佐也帝之大臣句芒之屬天之神祇司中司命風師雨。師○祇音祁

疏注四時至雨師○正義曰按上孟冬祈來年于天宗大割祠於公社臘先祖五祀是謂蜡祭則百神皆祭則一變而致羽物山林之祇再變而致鱗物川澤之祇是蜡祭並祭山川也是嶽瀆及衆山川也孟冬不見者文不具孟冬祭嶽瀆因及衆山川至此又更祭衆山川山川少於嶽瀆是孟月祭其宗此月祭其佐前孟冬是祭先嗇神農并祭五帝但孟月其文不具則五帝爲宗大臣句芒等爲佐是孟月祭其宗此月祭其佐也孟冬祭司中等是孟月祭宗此月祭佐則天神人鬼山川等皆有宗有佐也故。鄭。先云孟月祭宗至此祭佐後解帝之大臣天神地祇若然山川卑於帝之大臣在先言故以爲尊卑之序無義例也熊氏云孟冬祭宗至此祭佐唯天恐非也

○是月也命漁師始漁天子親往乃嘗魚先薦寢廟天子必親往視漁明漁非常事重之也此時魚絜美

疏注天子至絜美○正義曰按仲秋以犬嘗麻季

秋以犬嘗稻皆不云天子親往今此天子親往特云嘗魚故云明漁非常事重之也以四時薦新是其常事魚則非常祭之物故云重之也○冰方盛水澤腹堅命取冰腹厚也此月日在北陸冰堅厚之時也北陸謂虛也今月令無堅○腹本又作複又方服反疏冰方至取冰○正義曰言此月冰既方盛於時極寒冰實至盛而云方盛者此謂月半以前小寒之節冰猶未盛故云方也至於月半以後大寒乃盛水澤腹堅者腹厚也謂水濕潤澤厚實堅固冰既堅固故命取冰○注腹厚至無堅○正義曰腹者形體腹長故爲厚也云此月日在北陸者當此月之時日在玄枵之次其星當女虛危也陸道也言女虛危是北方七宿之道故釋天云北陸虛也舉中央星以言之○冰以入令告民出五種冰既入而令田官告民出五種明大寒氣過農事將起也○種章勇反注同命農計耦耕事脩耒耜具田器耜者耒之金也廣五寸田器鎡錤之屬○五鎡音茲錤音基疏冰以至五種○正義曰冰以藏入之後大寒以過暖氣方來故令此典農之官出五種之物以擬種之○注耜者至之屬○正義曰耒者以木爲之長六尺六寸底長尺有一寸中央直者三尺有三寸勾者二尺有二寸底謂耒下嚮前曲接耜者頭而著耜耜金鐵爲之故云耜者耒之金云田器鎡錤之屬者何胤云鎡今之鋤類孟子云齊人曰雖有鎡錤不如待時云鎡之屬者以田器非一也○命樂師大合吹而罷歲將終與族人大飲作樂於大寢以綴恩也言罷者此用禮樂於族人最盛後年若時乃復然也凡用樂必有禮用禮則有不用樂者王居明堂禮季冬命國爲酒以合三族君子說小人樂○合古荅反吹昌睡反罷如字又音皮復扶又反子說音悅人樂音洛○疏命樂至而罷○正義曰於此歲終必族人燕飲樂師之官大合諸樂管籥之吹以綴恩慈之心而遂休罷至來年季冬乃更爲之○注歲將至人樂○正義曰與族人大飲者以王居明堂禮云季冬命國爲酒以合三族故知與族人飲也云作樂於大寢者以其命樂師合吹故知作樂也大寢則路寢也與宗人圖事之處既飲族人故知於大寢云以綴恩者綴謂連綴恩謂

恩親大傳云繫之以姓而弗別綴之以食而弗殊云罷者此用禮樂於族人最盛後年若時乃復然者謂後年季冬乃復如此作樂以一年頓停故云罷云凡用樂必有禮而用禮則有不用樂者以大合吹必當有禮與族人燕飲今唯云以命樂師作樂故云用樂必有禮而食嘗無樂故云禮有不用樂也引明堂禮以合三族者三族父子及身則小記云親親以三為五以五為九是也君子說謂卿大夫士小人樂謂凡庶也

○乃命四監收秩薪柴以共郊廟及百祀之薪燎四監主山林川澤之官也大者可析謂之薪小者合束謂之柴薪施炊爨柴以給燎春秋傳曰其父析薪今月令無及百祀之薪燎○共音恭下文以共皆同燎力召反析思歷反下同爨七亂反疏注四監至薪燎○正義曰以薪柴出於山林川澤故四監為山林川澤之官也薪施炊爨柴以給燎者以薪柴竝文故知各有所用上云薪柴下云薪燎故知柴以給燎引春秋傳曰其父析薪者此昭七年左傳辭也其父析薪其子弗克負荷引之者證薪是麤大可析之物云今月令無及百祀之薪燎者謂無此句之文也

是月也日窮于次月窮于紀。星回于天數將幾終言日月星辰運行于此月皆周匝於故處也次舍也紀會也○幾音祈又音機處昌慮反疏日窮至幾終○正義曰日窮于次者謂去年季冬日次於玄枵從此以來每月移次他辰至此月窮盡還次玄枵故云日窮于次月窮于紀者紀猶會也去年季冬月與日相會於玄枵自此以來月與日相會在於他辰至此月窮盡還復會於玄枵故云月窮于紀星回于天者謂二十八宿隨天而行每日雖周天一匝早晚不同至於此月復其故處與去年季冬早晚相似故云星回于天數將幾終者幾近也以去年季冬至今年季冬二百五十四日未滿三百六十五日未得正終唯近於終故云數將幾終

歲且更始專而農民毋有所使而猶女也言專一女農民之心令之豫有志於耕稼之事不可徭役徭役之則志散失業也○女音汝令力呈反疏歲且至所使○正義曰此脩月令之人為國家戒令之法此月既終歲且更始而女也言在上專一女農之事

無得興起造作有所使役也此是制禮者摠爲約戒之辭。此月令之內不云乃命某官之屬者皆是禮家摠禁也他皆倣此〇天子乃與公卿大夫共飭國典論時令以待來歲之宜飭國典者和六典之法也周禮以正月爲之建寅而縣之今用此月則所因於夏殷也〇縣音玄〇疏注飭國至殷也〇正義曰經云共飭國典調和飭正之故云和六典之法六典者則治典教典禮典政典刑典事典是也云周禮以正月爲之建寅而縣之者按大宰職云正月之吉始和布治小宰云正歲而觀治象之法是也云今月此月則所因於夏殷者不用周法故知因於夏殷以。王者損益不出三代故也〇乃命太史次諸侯之列賦之犧牲以共皇天上帝社稷之饗此所與諸侯共者也列國有大小也賦之犧牲大者出多小者出少饗獻也〇疏乃命至之饗〇正義曰此至之饗皆命大史也列次也來歲方祭。方。祭祀須犧牲犧牲出諸侯之國國有大小故命大史書列之以共賦也諸侯同王南面專王之土故命之出牲以與王共事天地也既漫言諸侯則異姓同姓俱然也賦之犧牲者賦稅出也次之隨國大小而出之也以共皇天者賦牲所共也皇天天皇大帝也上帝者靈威仰五帝也社稷者王之社稷也諸侯乃自有社稷而始封亦割王社土與之故賦牲共王社稷也享獻也出牲以共獻於上帝諸神也〇乃命同姓之邦共寢廟之芻豢此所以與同姓共也芻豢猶犧牲〇疏乃命至芻豢〇正義曰芻豢猶犧牲也皇天社稷與天下共之故通賦天下國家也寢廟先王與同姓國共之故別又命同姓國共之也言芻乃是牛羊而又云豢則是犬豕也天地不用犬豕社稷大牢乃有豕而不用犬故沒其芻豢而徒云天地犧牲也宗廟備六牲故云芻豢也命宰歷卿大夫至于庶民土田之數而賦犧牲以共山林名川之祀此所與卿大夫庶民共者也歷猶次也卿大夫采地亦有大小其非采地以其邑之民多少賦之〇疏命宰至之祀〇正義曰宰小宰也歷亦次也卿大夫謂畿內有采地者歲終又小宰列次畿內之地大小并至於庶民受田淮土田多少之數賦之犧牲以共山林名川之祀不云士者上舉卿大夫下舉庶民則士在其中省文耳注云此所與卿大夫庶人共之則各賦稅之卿大夫出其采地賦稅無采地出其邑之賦稅庶人無邑出其賦稅以與邑宰邑宰以共上是庶人亦出賦也故下云凡在天下九州之人無不咸獻其力是也

凡在天下九州。之民者無不咸獻其力以共皇天上帝社稷寢廟山林名川之祀民非神之福不生雖有其邦國采地此賦要由民出疏注民非至民出○正義曰雖有其邦國采地此賦要由民出者有邦國諸侯有采地謂卿大夫賦稅所來皆由民出必由民者以經中云天下九州之民不云諸侯卿大夫獨云民故鄭云此也○

季冬行秋令則白露蚤降介蟲爲妖戌之氣乘之也九月初尚有白露月中乃爲霜丑爲鼈蟹四鄙入保畏兵辟寒象○辟眦異反疏白露至入保○正義曰白露早降天災介蟲爲妖地災四鄙入保人災○注丑爲鼈蟹○正義曰按陰陽式法丑魚鼈蟹季冬建丑而行秋令丑氣失故云介蟲爲妖○行春令則胎夭多傷。辰之氣乘之也夭少長也此月物甫萌芽季春乃句者畢出萌者盡達胎夭多傷者生氣早至不充其性○胎吐來反夭烏老反注同少長上詩召反下丁丈反句古侯反國多固疾生不充性有久疾也命之曰逆衆害莫大於此疏胎夭至曰逆○正義曰胎夭多傷國多固疾命之曰逆皆人災也○注辰之至其性○正義曰云此月物甫萌芽季春乃句者畢出萌者盡達者甫始也此十二月萌者始牙至三月乃出達地上也云胎夭多傷者生氣蚤至不充其性者三月之氣在十二月內至故胎萌而暴長出既性不得充滿所以多傷也○注衆害莫大於此○正義曰以胎夭既傷國多固疾衆種之行害莫大於此故經云命之曰逆命猶名也言名此曰特逆之事謂惡之。甚也

夏令則水潦敗國時雪不降冰凍消釋未之氣乘之也季夏大雨時行○消釋如字一本作液音亦疏水潦至消

釋○正義曰水潦敗國時雪不降天災也冰凍消釋地災也

附釋音禮記注疏卷第十七

禮記注疏卷十七校勘記　　阮元撰盧宣旬摘錄

月令

季秋之月節　惠棟校云季秋節其日節鴻雁節宋本合下天子節其氣廉以深之上爲一節

而斗建戌之辰也　閩毛本同岳本同嘉靖本同衞氏集說同監本戌誤戊

季秋至柳中　惠棟校宋本無此五字

旦柳十二度中　毛本同閩監本二作一衞氏集說同

其日庚辛節

示民軌儀　惠棟校宋本如此宋監本同岳本同此本民上衍小字閩監毛本同嘉靖本同衞氏集說同

今夾鍾七寸取六寸　閩監本同衞氏集說同毛本鍾誤中考文引宋板亦作鍾

鴻雁來賓節

鞠有黃華　閩監毛本同岳本同嘉靖本同衞氏集說同考文引古本鞠作菊石經同釋文出鞠云本又作菊○按依說文當作蘜从艸𥷚省聲

豺乃祭獸戮禽　閩監毛本同岳本同嘉靖本同衞氏集說同釋文出僇禽云本或作戮○按依說文作戮是也

天子居總章右个節

駕白駱閩監本同岳本同嘉靖本同衛氏集說同毛本駱誤輅考文引宋板作駱

是月也申嚴號令節惠棟校云是月也申嚴號令節乃命冢宰節宋本合爲一節

命百至宣出惠棟校宋本無此五字

乃命冢宰節

藏帝藉之收於神倉惠棟校宋本同岳本同嘉靖本同衛氏集說同閩監毛本藉作籍注及疏同○按依說文當作耤从耒昔聲

其義非大謬惠棟校宋本如此此本非誤亦閩監本同毛本其義亦改義亦同

是月也霜始降節惠棟校云是月也霜始降節乃命有司節大饗帝節嘗犧牲告備節合諸侯節宋本合爲一節

是月也霜始降惠棟校宋本無此六字

蟄蟲閉戶閩監本同考文引宋板同毛本蟄作蜇

先薦寢廟事重閩監毛本如此此本廟事二字倒

是月也大饗帝節

遍祭五帝也閩監毛本同嘉靖本同惠棟校宋本遍作偏岳本同衛氏集說同釋文出偏祭云音遍○按偏正字遍俗字

此謂五帝皆饗閩監毛本同惠棟校宋本謂作既衛氏集說同

嘗犧牲節

使有司祭于羣神　閩監毛本同衞氏集說同岳本于作乎嘉靖本同考文引足利本同惠棟校宋本亦作乎疏中仍作于

於時有司常祭　閩監本同毛本時誤神惠棟校宋本時字同常作嘗

注嘗者至禮畢而告焉　閩監毛本同惠棟校宋本無禮畢而三字

別雩羣神　閩監本同毛本神誤祀衞氏集說亦作神

合諸侯制百縣節

無有所私　閩監本同岳本同嘉靖本同衞氏集說同考文引宋板古本足利本同毛本私誤司

使諸侯及鄉遂之官　閩監本同岳本同嘉靖本同衞氏集說同考文引宋板同毛本官誤國

貢職謂所入天子　惠棟校宋本有謂字宋監本同岳本同考文引古本足利本同此本謂字脫閩監毛本同嘉靖本同衞氏集說同續通解亦有謂字

言旣給郊廟重事事百縣等物　閩監毛本同衞氏集說下事作其

謂成方也　閩監毛本成作城○按作城與周禮典命合

正歲縣治象之法于象魏　惠棟校宋本此下標禮記正義卷第二十四終又記云凡二十七頁

是月也天子乃教於田獵節惠棟校宋本自此節起至月令終爲第二十五卷卷首題禮記正義卷第二十五

弓矢殳矛戈戟也馬政閩監毛本如此岳本同嘉靖本同衞氏集說同此本也誤班政誤故

校人職曰閩監本同岳本同嘉靖本同衞氏集說同毛本校作技餘放此

是月至馬政惠棟校宋本無此五字

命僕節惠棟校云命僕節司徒節天子節命主祠節宋本合爲一節

鄉遂載物閩監毛本同岳本同嘉靖本同衞氏集說同浦鏜校云依疏文當本作師遂此係後人校正〇按浦鏜是也

課舉以言之閩監毛本同衞氏集說課作雜案雜字是也

析羽爲旌閩本同衞氏集說同考文引宋板同監毛本析誤折

百官卿大夫也惠棟校宋本同監毛本卿誤鄉閩本卿字模糊

按周禮云鄉遂閩監本同毛本禮誤里考文引宋板亦作禮

以冬閑無事閩監毛本同浦鏜校云閑當閑字誤與閑同

褐纏旃以爲門惠棟校宋本同閩監毛本褐作揭

司徒搢扑節

而注旌旃不作冬法惠棟校宋本同閩監毛本旃誤旗

熊氏以爲此文載旌旐閩監本同毛本旐誤施考文引宋板亦作旐

天子乃厲飾節

俗本作餝非也閩監本餝誤飾毛本作餝案唐人書寫飾餝兩字混而爲一並食傍作芳見顏師古匡謬正俗

命主祠節

四方四方有功於方之神也閩監毛本同衞氏集說作四方有功於四方之神也

如可見矣閩監毛本同衞氏集說如作始

是月也草木黃落節惠棟校云是月節至行春令節宋本合爲一節

蟄蟲咸俯在內王念孫云內當作穴下言皆墐其戶戶即穴之戶也穴內二字篆隸相似故穴多譌作內

墐爲塗閉之閩監毛本同嘉靖本同岳本爲作謂衞氏集說同考文引古本足利本同

乃趣獄刑節

許人主從時閩監本同衞氏集說同考文引宋板同毛本人主二字倒

行冬令節

土地分裂閩監本同岳本同嘉靖本同衞氏集說同石經同考文引宋板古本足利本同毛本地誤多

行春令節

則煖風來至閩監本同岳本同嘉靖本同衞氏集說同石經同毛本煖作暖疏同

孟冬之月節惠棟校云孟冬節其日節其蟲節律中節其數節水始節天子節宋本合爲一節

其日壬癸節

日之行東北從黑道閩監毛本同嘉靖本同衞氏集說同岳本東作冬考文引古本同岳本考證云案日有九道河圖帝覽嬉云黑道二出黃道北後漢書云青白黑赤各一道其交必于黃道故爲九博雅釋天月行九道立冬冬至北從黑道二蓋立冬星辰南遊日則北遊冬至星辰南遊之極日北遊之極以此推之青白赤黑俱在四正而非四隅此不得云東北從黑道矣觀上孟春注云春東從青道是其句法一例諸本疑冬爲東誤而改之謬矣

揆然萌牙惠棟校宋本同岳本同嘉靖本同閩監毛本牙作芽

顓頊高陽氏也閩監毛本同嘉靖本同衞氏集說同岳本也字脫

其蟲介節

冬氣和則羽聲調惠棟校宋本如此宋監本同岳本同嘉靖本同衞氏集說同此本調字誤重閩監毛本同

律中應鍾節

律中應鍾　閩本同岳本同嘉靖本同衞氏集說同監毛本鍾作鐘石經同

注云閡藏塞也　惠棟校宋本有云字衞氏集說同此本云字脫閩監毛本同

百物可鍾藏　惠棟校宋本同閩本同監毛本鍾誤種衞氏集說同

其數六節

爲軷壤　閩監毛本同岳本同嘉靖本同衞氏集說同釋文出壤云如丈反齊召南校云按壤字當作壇周禮大馭疏引此注作爲軷壇是也又本節疏可證案齊校是也曾子問諸侯適天子節疏引此注亦作壇

天子居元堂左个節

旃與衣雖人功所爲　惠棟校宋本如此衞氏集說同此本功所爲三字闕閩監毛本功所爲誤所常用

不可純青故用蒼之淺色　閩監毛本如此此本青故二字闕

亦以朱深而赤淺　惠棟校宋本如此此本亦以二字闕閩監毛本亦誤蓋

赤玉與蒼玉同　閩監毛本如此此本蒼玉二字闕

亦以黑深而元淺　閩監毛本如此此本黑深二字闕

與夏同也 惠棟校宋本如此此本同也二字闕閩監毛本同也誤亦同考文引宋板作亦同也

猶如夏云赤玉 閩監毛本如此此本夏云二字闕

今月至誤也 惠棟校宋本無也字至下有之字

鄭以此月乘軫路 惠棟校宋本如此此本以此月三字闕閩監毛本以此月誤注云二字

以車旁爲之 惠棟校宋本作之此本之字闕閩監毛本之誤軫

是月也以立冬節

顏涿聚 閩監毛本同岳本同嘉靖本同衞氏集說同正義亦作涿釋文出椓聚云又作涿

魯哀十一年 閩監毛本同惠棟校宋本哀下有公字

是月也命大史節 惠棟校云是月也節是察節宋本合爲一節

是月也至吉凶 惠棟校宋本有吉字此本吉字脫閩監毛本同

自大飲蒸 閩本同惠棟校宋本同監毛本蒸作烝後倣此

正義曰是月大史之官 閩監毛本同惠棟校宋本無正義曰三字

而秦十月爲歲首 閩監毛本而作謂

與周與上春釁龜按次與字當作禮

是察阿黨節

是察阿黨閩監毛本同岳本同嘉靖本同衞氏集說同考文引古本足利本作是月也阿黨

是察至掩蔽閩監毛本同考文引宋板察作月山井鼎云謹按作察者正合于經文矣而宋板作月者蓋經文本作是月也察阿黨而宋板以下諸本皆脫月也二字明矣是亦足證古本之可據也按山井鼎非也上節正義云從命大史至無有掩蔽論釁祠龜筴察阿黨事異於上立冬之日故別言是月也可見唐人據以作正義本此節合爲上節不重出是月也三字宋板疏標起止是察作是月字偶誤耳而考文引古本足利本即據是改經文是察阿黨作是月也察阿黨亦足見其作僞之端委矣

是月也天子始裘節惠棟校云是月也天子始裘節命有司曰節坏城郭節飭喪紀節宋本合爲一節按此節命有司曰上此本有〇是別爲一節閩監毛本去〇是混爲一節

命司徒循行積聚閩監毛本同岳本同嘉靖本同衞氏集說同陳澔集說本司徒誤有司石經考文提要云宋大字本宋本九經南宋巾箱本余仁仲本劉叔剛本皆作司徒

易含萬象惠棟校宋本作象此本象字模糊閩監毛本象誤物

陽歸於虛無閩監毛本同衞氏集說同惠棟校宋本無作无

坏城郭節

脩鍵閉閩監本同岳本同嘉靖本同衞氏集說同毛本脩作修石經同

鍵牡閉牝也閩監毛本如此岳本同嘉靖本同衞氏集說同釋文同此本牝誤牡

今月令疆或爲壟閩監本同岳本同嘉靖本同考文引宋板同毛本爲誤謂

此物以鐵爲之惠棟校宋本如此衞氏集說同此本此物二字脫閩監毛本同

每云牝飛及牝亡閩監毛本同惠棟校宋本下牝作牡盧文弨校云上牝亦當作牡

謂失其鑠須須則牡也閩監本同考文引宋板同毛本鑠誤獵牡誤者

謂掘溝壍閩本同惠棟校宋本同監毛本壍作塹衞氏集說同

飭喪紀節

塋丘壟之大小閩監毛本同岳本同嘉靖本同衞氏集說同考文引古本大小作小大石經同

高卑厚薄之度閩監毛本同岳本同嘉靖本同衞氏集說同惠棟校宋本厚薄作薄厚石經同

漢律列侯墳高四丈閩本同惠棟校宋本同監毛本丈作尺衞氏集說同○按作尺與鄭注冢人合

又注檀弓云閩本同惠棟校宋本同監毛本作又檀弓注云衞氏集說同

是月也命工師節

按度程閩監毛本同岳本按作案嘉靖本同衞氏集說同石經同石經考文提要云宋大字本宋本九經南宋巾箱本余仁仲本皆作案

以察其信閩監毛本同岳本同衞氏集說同嘉靖本察誤祭

冬閉無事閩監本作閉考文引宋板同衞氏集說同此本閉誤閑毛本作閉

謂於按此器舊來制度大小閩監毛本同浦鏜校本於改考

是月也大飲烝節惠棟校云是月節天子節勞農節天子乃命將帥節宋本合爲一節

天子諸侯與其羣臣飲酒於大學閩監本同岳本同嘉靖本同衞氏集說同考文引宋板古本足利本同毛本諸侯與其誤倒作與其諸侯

別之於他閩監毛本同岳本同嘉靖本同衞氏集說同盧文弨校本据𨞴風疏他改燕

郡國以鄉飲酒禮代之惠棟校宋本同宋監本同岳本同嘉靖本同考文引足利本同閩監毛本郡誤羣衞氏集說同

烝謂有牲體爲俎也惠棟校宋本作烝考文引古本同此本烝誤燕閩監毛本同岳本同嘉靖本同衞氏集說同○按正義亦作烝

是頌大飲之詩閩監毛本同岳本同嘉靖本同衞氏集說同盧文弨校本据𨞴風疏頌上增𨞴字

故宣十六年左氏云閩監毛本同惠棟校宋本氏作傳

臣下慶君命受福無疆也閩監毛本同浦鏜校命改會

天子乃祈來年于天宗節

謂大割牲以祠公社閩監毛本同惠棟校宋本祠作祀

以至六變而蜡祭惠棟校宋本作至此本至作致閩監毛本同

孟冬行春令節惠棟校云孟冬節行夏令節行秋令節宋本合爲一節

則凍閉不密監毛本同岳本同嘉靖本同衛氏集說同閩本凍誤涷疏同石經凍字殘闕

行秋令節

天災也小兵時起惠棟校宋本如此此本小上衍〇閩監毛本同

仲冬之月節惠棟校云仲冬節其日節冰益壯節命有司節宋本合爲一節

昏氏九度中閩監毛本同衛氏集說同盧文弨校本云氏本作室是下有晝漏則此亦當有晝漏四十五刻六分八字然他月無之

其日壬癸節

律中黃鍾閩本同岳本同嘉靖本同衛氏集說同監毛本鍾作鐘石經同餘放此注疏放此

故陽氣始種於泉閩監本同衛氏集說同考文引宋板同毛本泉誤前〇按漢志始作施泉上有黃字

冰益壯節

鶡旦不鳴　閩監毛本同岳本同嘉靖本同衞氏集說同釋文出曷旦云本亦作鶡考文引古本鶡作曷石經作鶡鳥不鳴○按說文鶡下云山雉鳴下云渴鴠段玉裁云渴鴠當依月令作曷旦淺人改之也

命有司曰節

地氣沮泄　閩監毛本同岳本同嘉靖本同衞氏集說同石經作地氣且洩考文引古本亦作且山井鼎曰謹按足利本字作沮泄而其訓與方將字同由此觀之則後誤作水旁且明矣石經考文提要曰按呂氏春秋作且泄蓋一陽初生方將萌動亦承上孟冬行春令則陽氣上泄也

則孟冬云謹蓋藏是也　閩監毛本同衞氏集說云作之

以堅固汝閉塞之事　閩監毛本同衞氏集說同惠棟校宋本閉作所

令地沮泄　閩監毛本同衞氏集說地下有氣字

是月也命奄尹節　惠棟校云是月節乃命大酋節天子節山林節是月節芸始生節日短節行秋節行春節宋本合爲一節

審門閭　閩監毛本同岳本同嘉靖本同衞氏集說同石經同浦鏜校云按蔡氏邕云宮中之門曰闈闈尹之職也閭里門非閹主所主當作闈

幾出入及開閉之屬　惠棟校宋本同岳本同閩監毛本幾作譏嘉靖本同衞氏集說同

命奄尹者謂正也　閩監毛本同浦鏜校云者下當脫尹字

申重之政令閩監毛本同衞氏集說之作其

務所質素閩監毛本同衞氏集說所作在

乃命大酋節

麴糵必時惠棟校宋本作糵岳本同嘉靖本同衞氏集說同此本糵誤糵閩監毛本同

火齊腥孰之調也閩監毛本同岳本同嘉靖本同衞氏集說同考文引宋板調作謂非

至春而爲酒者惠棟校宋本如此此本春下衍事字閩監毛本事作時

天子命有司節

此收斂尤急之時閩監毛本同岳本同嘉靖本同衞氏集說同惠棟校宋本無之字

人有取者不罪閩監毛本同岳本同嘉靖本同衞氏集說同惠棟校宋本不作公非

繫收牛馬閩監毛本同岳本同嘉靖本同衞氏集說同考文引足利本收作牧按正義云俗本作牧定本作收

山林藪澤節

藪澤蔬食蔆芡之屬閩本蔆作菱芡誤茨監本菱字同芡字殘闕毛本亦作菱蔬誤疏

是月也日短至節

蕩謂物動將萌芽也惠棟校宋本有將字宋監本同岳本同考文引古本足利本同此本將字脫閩監毛本同嘉靖本同衞氏集說同盧文弨校云初學記作謂物將萌芽者亦有將字也

此言去聲色又相反惠棟校宋本同宋監本同岳本同嘉靖本同考文引足利本同閩監毛本反作違衞氏集說同

此易乾鑿度文閩監毛本同浦鏜校乾鑿度改通卦驗惠棟校云當是通卦驗

芸始生節

水泉動潤上行閩監本同岳本同嘉靖本同衞氏集說考文引宋板同釋文出作行毛本行誤下

十一月麋角隕墜是也閩監毛本同衞氏集說同惠棟校宋本墜作墮

日短至節

此所以助天地之閉藏也惠棟校宋本有所字宋監本同岳本同考文引古本足利本同此本所字脫閩監毛本同嘉靖本同衞氏集說同

霜露之氣散相亂也惠棟校宋本作露宋監本同岳本同衞氏集說同考文引足利本同此本露誤降閩監毛本同嘉靖本同

行秋令節

西宿直昴畢惠棟校宋本亦作直岳本同嘉靖本同考文引古本足利本同閩監毛本直作值衞氏集說同下直虛危同

虛危內有瓜瓠　閩監毛本同岳本同嘉靖本同衞氏集說同惠棟校宋本無虛危二字

兵亦軍之氣　閩監毛本同岳本同嘉靖本同衞氏集說軍作金考文引古本軍作畢○按集說是也

行春令節

孚甲之象　閩監毛本同惠棟校宋本宋監本並作孚甲象也岳本同嘉靖本同衞氏集說作孚甲之象也考文古本同

季冬之月節　惠棟校云季冬節其日節鴈北鄉節天子節征鳥節乃畢山川節是月節氷方盛節氷以入節命樂師節乃命節宋本合爲一節

日在牛三度　閩監毛本同衞氏集說同盧文弨校從本書日上增小寒二字

其日壬癸節

則爲一百四　惠棟校宋本有爲字衞氏集說同此本爲字脫閩監毛本同

宣氣而聚物　閩監毛本同浦鏜校聚改牙○按浦鏜是也作聚與漢志不合

鴈北鄉節

鴈北鄉　閩監本同岳本同嘉靖本同衞氏集說同石經同毛本鴈作雁疏放此

鵲始巢　閩監毛本作巢岳本同嘉靖本同衞氏集說同石經同此本巢誤其

雉雊雞乳在立春節　閩監本同考文引宋板同毛本雉誤惟

天子居元堂右个節

出土牛以送寒氣　閩監本同岳本同嘉靖本同衛氏集說同毛本牛誤地

今難去陰氣　閩監毛本同考文引宋板今作令

又土能刻水　考文引宋板同閩監毛本刻作克衛氏集說同

墳四星在危東南　閩監毛本同衛氏集說同盧文弨校云墳下當有墓字

以此季冬大難爲不及民也　閩監毛本同惠棟校宋本此作比

今鄭注論語鄉人難云　惠棟校宋本亦作難閩本同監毛本難作儺

征鳥厲疾節

某氏云　閩監本同惠棟校宋本作某氏曰監毛本作樊云衛氏集說同

乃畢山川之祀節

司中司命風師雨師　閩監毛本同岳本同嘉靖本同衛氏集說同考文引古本足利本雨師下有之屬是三字

故鄭先云孟月祭宗　閩監本同毛本鄭先二字倒

冰方盛節

腹厚至無堅閩監毛本同惠棟校宋本無堅作謂虛

冰以入節

脩耒耜閩監本同岳本衞氏集說同毛本脩作修嘉靖本同石經同

雖有鎡錤閩監毛本同惠棟校宋本錤作基衞氏集說同

乃命四監節

薪施炊爨閩監毛本作爨岳本同衞氏集說同此本爨誤爨嘉靖本同釋文出炊爨

是月也日窮于次節惠棟校云是月也節歲且節天子節乃命大史節乃命同姓節命宰節凡在節季冬節行春節行夏節宋本合爲一節

月窮于紀閩監本同岳本同嘉靖本同衞氏集說同石經同毛本紀誤幾

皆周匝於故處也閩監毛本同岳本同嘉靖本同衞氏集說同惠棟校宋本匝作帀宋監本同又各本俱作處此本處誤度

紀會也閩監毛本同岳本同嘉靖本同衞氏集說同考文引古本會上有猶字盧文弨校云初學記同○按考文所據古本非取諸正義即取諸唐宋人類書此其一也